中国语言资源保护工程

中国语言资源集·黑龙江　编委会

主　任
刘　涛

口头文化卷

主　编
赵丽娟

副主编
方　悦　冯　璠　王　波

编委（音序）

程亚恒　崔嘉琦　黄　昱　金洪臣　梁晓玲
刘丽丽　刘　宇　苏天运　孙英杰　王　崇
吴立红　闫晶淼　张　颖　周晓燕

教育部语言文字信息管理司
黑 龙 江 省 教 育 厅　指导
中国语言资源保护研究中心　统筹

国家出版基金项目　中国语言资源保护工程

NATIONAL PUBLICATION FOUNDATION

中国语言资源集

黑龙江

口头文化卷

赵丽娟　主编

黑龙江大学出版社
HEILONGJIANG UNIVERSITY PRESS

图书在版编目（CIP）数据

中国语言资源集．黑龙江．口头文化卷 / 赵丽娟主编．-- 哈尔滨：黑龙江大学出版社，2023.12（2024.3 重印）

ISBN 978-7-5686-0932-6

Ⅰ．①中… Ⅱ．①赵… Ⅲ．①北方方言－方言研究－黑龙江省 Ⅳ．① H17

中国国家版本馆 CIP 数据核字（2023）第 013187 号

中国语言资源集　黑龙江　口头文化卷
ZHONGGUO YUYAN ZIYUAN JI HEILONGJIANG KOUTOU WENHUA JUAN
赵丽娟　主编

出版策划	刘剑刚　魏翕然　魏　玲
责任编辑	陈　莹　范丽丽
出版发行	黑龙江大学出版社
地　　址	哈尔滨市南岗区学府三道街 36 号
印　　刷	哈尔滨市石桥印务有限公司
开　　本	787 毫米×1092 毫米　1/16
印　　张	24
字　　数	509 千
版　　次	2023 年 12 月第 1 版
印　　次	2024 年 3 月第 2 次印刷
审 图 号	GS 黑（2022）26 号
书　　号	ISBN 978-7-5686-0932-6
定　　价	128.00 元

内容简介

　　本套书是国家语言文字工作委员会"中国语言资源保护工程·黑龙江汉语方言调查"系列项目的标志性成果之一,涵盖了黑龙江省东北官话四个方言小片 20 个方言点的语言材料。全套书共分三册四卷,分别为语音卷,词汇、语法卷(两卷合并为一册),口头文化卷。语音卷主要是对各地音系及各调查点 1000 个单字字音的汇总,词汇卷收录了各调查点 1200 个词的发音情况,语法卷整理汇编了各调查点 50 个句子的发音情况,口头文化卷汇集了各调查点的歌谣、故事、民谚等。本套书由黑龙江省 8 所高校 40 余位教师历经 5 年田野调查编写而成,可为黑龙江汉语方言研究和语言资源挖掘与保护提供参考,以更好地传承黑龙江语言文化。

总　　序

　　教育部、国家语言文字工作委员会于 2015 年 5 月发布《教育部　国家语委关于启动中国语言资源保护工程的通知》(教语信〔2015〕2 号),启动中国语言资源保护工程(以下简称语保工程),在全国范围开展以语言资源调查、保存、展示和开发利用等为核心的各项工作。

　　在教育部、国家语委统一领导下,经各地行政主管部门、专业机构、专家学者和社会各界人士共同努力,至 2019 年底,语保工程超额完成总体规划的调查任务。调查范围涵盖包括港澳台在内的全国所有省份(自治区、直辖市)、123 个语种及其主要方言。汇集语言和方言原始语料文件数据 1000 多万条,其中音视频数据各 500 多万条,总物理容量达 100 TB,建成世界上规模最大的语言资源库和展示平台。

　　语保工程所获得的第一手原始语料具有原创性、抢救性、可比性和唯一性,是无价之宝,亟待开展科学系统的整理加工和开发应用,使之发挥应有的重要作用。编写"中国语言资源集(分省)"(以下简称资源集)是其中的一项重要工作。

　　早在 2016 年,教育部语言文字信息管理司(以下简称语信司)就委托中国语言资源保护研究中心(以下简称语保中心)编写了《中国语言资源集(分省)编写出版规范(试行)》。2017 年 1 月,语信司印发《关于推进中国语言资源集编写出版工作的通知》(教语信司函〔2017〕6 号),要求"各地按照工程总体要求和本地区进展情况,在资金筹措、成果设计等方面早设计、早谋划、早实施,积极推进分省资源集编写出版工作","努力在第一个'百年'到来之际,打造标志性的精品成果"。2018 年 5 月,又印发了《关于启动中国语言资源集(分省)编写出版试点工作的通知》(教语信司函〔2018〕27 号),部署在北京、上海、山西等地率先开展资源集编写出版试点工作,并明确"中国语言资源集(分省)编写出版工作将于 2019 年在全国范围内全面铺开"。2019 年 3 月,教育部办公厅印发《关于部署中国语言资源保护工程 2019 年度汉语方言调查及中国语言资源集编制工作的通知》(教语信厅函〔2019〕2 号),要求"在试点基础上,在全国范围内开展资源集编制工作"。

为科学有效开展资源集编写工作，语信司和语保中心通过试点、工作会、研讨会等形式，广泛收集意见建议，不断完善工作方案和编写规范。语信司于 2019 年 7 月印发了《中国语言资源集（分省）实施方案（2019 年修订）》和《中国语言资源集（分省）编写出版规范（2019 年修订）》。按规定，资源集收入本地区所有调查点的全部字词句语料，并列表对照排列。该方案和规范既对全国作出统一要求，保证了一致性和可比性，又兼顾了各地的具体情况，保持了一定的灵活性。

各省（区、市）语言文字管理部门高度重视本地区资源集的编写出版工作，在组织领导、管理监督和经费保障等方面做了大量工作，给予大力支持。各位主编认真负责，严格要求，专家团队团结合作，协同作战，保证了资源集的高水准和高质量。我们有信心期待《中国语言资源集》将成为继《中国语言文化典藏》《中国濒危语言志》之后语保工程的又一重大标志性成果。

语保工程最重要的成果就是语言资源数据。各省（区、市）的语言资源按照国家统一规划规范汇集出版，这在我国历史上尚属首次。而资源集所收调查点数之多，材料之全面丰富，编排之统一规范，在全世界范围内亦未见出其右者。从历史的眼光来看，本系列资源集的出版无疑具有重大意义和宝贵价值。我本人作为语保工程首席专家，在此谨向多年来奋战在语保工作战线上的各位领导和专家学者致以崇高的敬意！

曹志耘

2020 年 10 月 5 日

序

本书是国家语言文字工作委员会"中国语言资源保护工程·黑龙江汉语方言调查"系列项目基础性调研成果之一。

2015 年,教育部、国家语委印发了《关于启动中国语言资源保护工程的通知》,决定在全国范围开展以语言资源调查、保存、展示和开发利用等为核心的重大语言文化工程,这标志着我国开始从国家层面以更大范围、更大力度、更加科学有效的方式开展语言资源保护工作。中国语言资源保护工程建设使命光荣、任务艰巨、责任重大,是推进国家语言文字事业科学发展的重要举措,功在当代,利在千秋。黑龙江省教育厅、黑龙江省语言文字工作委员会高度重视语言资源保护工作,于 2013 年委托牡丹江师范学院语言学团队对全省方言岛、世居少数民族语言进行了语音采集和先期调研工作。2016 年 3 月,黑龙江省教育厅、黑龙江省语言文字工作委员会决定由牡丹江师范学院作为秘书处单位负责牵头组织省内 8 所高校(黑龙江大学、哈尔滨工程大学、哈尔滨师范大学、齐齐哈尔大学、牡丹江师范学院、哈尔滨学院、绥化学院、黑河学院)组建调研团队,得到黑龙江大学戴昭铭、马彪、殷树林,哈尔滨师范大学刘小南、陈一、梁晓玲,牡丹江师范学院王磊等专家学者的大力支持。

黑龙江方言是汉藏语系汉语族东北官话中的一个语支,也是黑龙江省大部分地区使用的主要方言。在黑龙江方言区内,虽然方言的总体特征基本一致,但内部仍然存在着若干差异。刘勋宁先生在《再论汉语北方话的分区》中写道:"在近年的研究中,大家不满足于一下子摆出好多方言,希望建立层级系统。这种要求的实质是要说明方言间的亲缘关系。"①所以,我们将方言区按层级关系结构大致分为片-小片-方言点,这样便于寻找小片的相同点,以及小片与小片之间的不同点。

所采用的层级系统架构的标准不同,得到的层级系统自然也就不同。丁邦新先生提出:"以汉语语音史为根据,用早期历史性的条件区别大方言;用晚期历史性的条件区别次方言;用现在平面性的条件区别小方言。早期、晚期是相对的名词,不一定能确

---

① 刘勋宁:《再论汉语北方话的分区》,载《中国语文》1995 年第 6 期。

指其时间。条件之轻重以相对之先后为序，最早期的条件最重要，最晚期的条件也就是平面性的语音差异了。"①在给黑龙江方言进行分片的操作中，采用中古音韵标准划分片乃至小片比较好。根据影疑两母开口一二等字的今读所体现的语言特征及其通行范围，《中国语言地图集》将东北官话分成吉沈片、哈阜片、黑松片，即吉沈片常读成零声母 Ø，哈阜片常读成声母 n，黑松片有些字的声母常读成 n，有些字的声母常读成零声母 Ø。在划分片的基础上，根据古知庄章组字的声母部位和古精组字是否相同，把各方言片又划分成方言小片：属于黑松片的黑龙江方言有佳富小片、嫩克小片和站话小片，属于哈阜片的黑龙江方言有肇扶小片，属于吉沈片的黑龙江方言有蛟宁小片。各小片又涵盖数量不等的方言点。这是用共同特征做标准对黑龙江汉语方言进行的多层次划分。

中国语言资源保护工程在黑龙江省选取了具有代表性的 20 个方言点，即勃利、集贤、佳木斯、林口、同江、黑河、嘉荫、兰西、漠河、嫩江、泰来、哈尔滨、肇东、肇州、东宁、鸡西、密山、穆棱、宁安、尚志，全省 8 所高校 40 余位专家历时 5 年进行了深入的调查。在田野调查的基础上，各方言点系统梳理了收集整理的语料，归纳了各方言点的语音系统。

在田野调查、语料整理、资源集编撰过程中得到中国语言资源保护工程核心专家的专业支持和悉心指导，得到黑龙江省教育厅、黑龙江省语言文字工作委员会及各地语言文字干部的大力支持，在此表示感谢！感谢各地合作发音人的热心参与、全力配合！感谢主持与参与课题研究的专家学者努力认真完成各项任务！

吴媛媛

2022 年 7 月 22 日

---

①　丁邦新：《丁邦新语言学论文集》，商务印书馆 1998 年版，第 168 页。

中国语言资源保护工程·黑龙江汉语方言调查点分布图

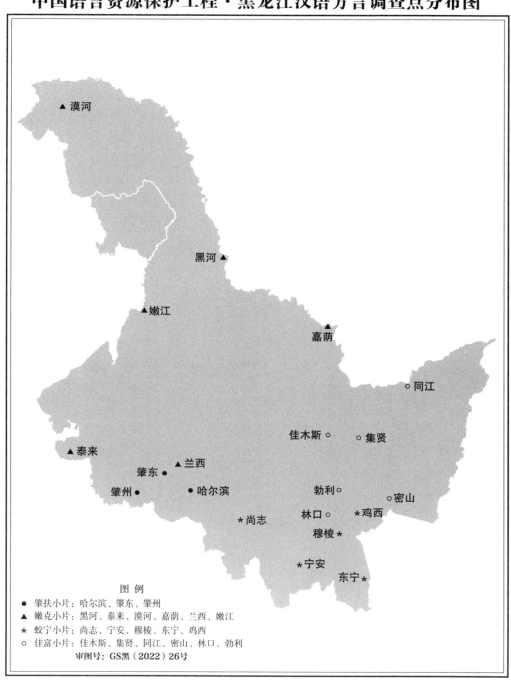

▲ 漠河

黑河 ▲

▲ 嫩江

▲ 嘉荫

◦ 同江

佳木斯 ◦   ◦ 集贤

▲ 泰来

肇东 ●   ▲ 兰西

肇州 ●   ● 哈尔滨

勃利 ◦   ◦ 密山

林口 ◦   ★ 鸡西

★ 尚志

穆棱 ★

★ 宁安

东宁 ★

图 例
● 肇扶小片：哈尔滨、肇东、肇州
▲ 嫩克小片：黑河、泰来、漠河、嘉荫、兰西、嫩江
★ 蛟宁小片：尚志、宁安、穆棱、东宁、鸡西
◦ 佳富小片：佳木斯、集贤、同江、密山、林口、勃利
审图号：GS黑（2022）26号

目　　录

口头文化卷

概　　述

一、黑龙江概况

　　黑龙江省,简称"黑",省会哈尔滨。黑龙江省地处中国东北部,东、北部与俄罗斯隔江相望,西邻内蒙古自治区,南与吉林省接壤,是中国最北端及最东端的省级行政区,位于东经 121°11′至 135°05′,北纬 43°26′至 53°33′,东西跨 14 个经度,南北跨 10 个纬度。全省土地总面积 47.3 万平方千米,居全国第 6 位,边境线长 2981.26 千米。黑龙江省位于东北亚区域腹地,是亚洲与太平洋地区陆路通往俄罗斯远东地区和欧洲大陆的重要通道,是中国沿边开放的重要窗口。

　　黑龙江省地貌特征为"五山一水一草三分田"。地势大致是西北、北部和东南部高,东北、西南部低,主要由山地、台地、平原和水面构成。西北部为东北—西南走向的大兴安岭山地,北部为西北—东南走向的小兴安岭山地,东南部为东北—西南走向的张广才岭、老爷岭、完达山脉。黑龙江省境内江河湖泊众多,有黑龙江、乌苏里江、松花江、绥芬河四大水系,有兴凯湖、镜泊湖、五大连池等众多湖泊。黑龙江省属于寒温带与温带大陆性季风气候。全省气候的主要特征是春季低温干旱,夏季温热多雨,秋季易涝早霜,冬季寒冷漫长,无霜期短,气候地域性差异大。

　　黑龙江省历史悠久。黑龙江作为行政区域名称始于清代。而之前的漫长岁月里,这片土地上生活的东胡(山戎)、濊貊、肃慎(息慎)等民族先民已经与中原民族产生了广泛交流,相互影响。早在帝舜时代,即有"息慎氏来朝,贡弓矢"的记载。周景王时宣布"肃慎……吾北土也"。辽代黑龙江地区西部和东部分属上京道和东京道管辖。金代,今黑龙江省行政区域的绝大部分属金上京路统辖。元朝时,东北地区属辽阳行中书省管辖。明朝时期,今黑龙江地区初为辽东都指挥使司管辖,后由奴儿干都指挥使司管辖。清末设置行省,黑龙江地区在宁古塔将军辖区之内。1683 年清廷划出宁古塔将军所辖之西北地区,归黑龙江将军统辖,这是黑龙江自成一个军事、行政区域并以"黑龙江"命名的开端。

　　截至 2022 年 10 月,黑龙江省共辖 1 个副省级市(哈尔滨)、11 个地级市(齐齐哈尔、鸡西、鹤岗、双鸭山、大庆、伊春、佳木斯、七台河、牡丹江、黑河、绥化)、1 个地区行署(大兴安岭地区),共有 67 个县(市),其中县级市 21 个,有 891 个乡镇,其中乡 345

个、镇546个,有314个街道办事处。黑龙江省人民政府驻哈尔滨市南岗区中山路202号。截至2022年末,黑龙江省常住总人口3099万人。

黑龙江省是语言资源较为丰富的省份。历史上从辽金开始就有大量移民从内地移居东北,辽金时期是北徙黑龙江地区的一次高潮。清代后期解除封禁政策之后,大量移民北来。新中国成立后,为开垦北大荒,很多人移居到黑龙江省。现在的黑龙江人主要来自山东和河北,少数是来自河南、辽宁等省的移民,所以黑龙江方言是在本地方言、山东话、河北话、辽宁话的基础上形成的。从方言分区来看,黑龙江方言可分成蛟宁小片、肇扶小片、嫩克小片和佳富小片。其中蛟宁小片、肇扶小片、嫩克小片分布于黑龙江西部嫩江流域、南部和中部的松花江流域以及北部的黑龙江流域上游地区,佳富小片分布于牡丹江流域、乌苏里江流域、黑龙江下游和松花江中下游地区。另外还有四个主要的方言岛。

黑龙江省流行的主要曲艺形式有二人转、大秧歌、京剧、评剧、拉场戏、快板儿、宁安东北大鼓等,这些艺术形式是汉语方言口头文化的重要组成部分。

二、本卷内容

本卷为口头文化卷,列举了黑龙江省20个调查点的歌谣、规定故事、其他故事(泰来没有"其他故事")和自选条目。

歌谣多是人们口头创作的韵文作品,或吟或唱,贴近生活,能够直接表达人们的思想感情和意志愿望。主要包括民歌、民谣、儿歌、童谣等。这些歌谣大多押韵,具有强烈的节奏感,音节和谐,句式简短,篇幅短小,一般是供儿童游戏时吟唱,也有一些是对风土人情的反映,或记述一些有趣的小事,或阐述一个深刻的道理,具有鲜明的地域特色和民俗特征。规定故事是中国语言资源保护工程项目的指定故事《牛郎和织女》。牛郎和织女的传说在中国家喻户晓,是我国四大民间传说之一,也是在民间流传时间最早、流传地域最广的传说,在民间文学史上具有十分重要的地位。该故事情节一波三折,扣人心弦;故事人物形象鲜明,栩栩如生。每年的农历七月初七被称为"七夕",相传是牛郎织女一年一度在"鹊桥"上相会的日子,这一天也被现代人誉为中国的"情人节"。千百年来,牛郎和织女这个古老而又动人的爱情故事一直在黑龙江地区广为流传,通过不同地区人们的讲述,我们可以感受到当地浓郁的方言色彩,也能够感受到劳动人民对纯真的爱情生活的向往和追求。其他故事选取的是人们口头流传的民间故事,内容包括黑龙江地域内的地名、山川和河流等的由来,也包括生活故事、民俗故事、建筑文化、神话传说和童话故事等,体现了当地的地理地貌、风土人情、人际关系,以及人们的人生追求、抗争精神和美好愿望等。自选条目最能体现地方特色,主要收录了歇后语、谚语、谜语、行酒令、地方戏、丧葬词等。这些语料多具有鲜明的口语色彩,大都是人们口头传下来的、广泛流传于民间的、涉及人们生活的方方面面,往往反映劳动人民的生活经验,或讲述道理,或讽刺某种现象。其中,歇后语是由谜面和谜底两部分构成的暗射事物或文字等供人猜测的隐语,常采用谐音双关或语义双关等形式;谚语是广泛流传于民间的言简意赅的词语;谜语是为了让人猜测所隐射事物或文字等的隐语;行酒令是在喝酒时为了活跃酒席气氛而助兴取乐的一种饮酒游戏,民间多以猜拳的形式进行;地方戏选取的多为当地人们熟悉的二人转选段、评剧选段和快板儿等;丧葬词记录的主要是以往人们在生活中祭祀时吟诵的语句,有时带有书面语色彩。分类时,将地方戏、丧葬词和歇后语分出来,其余归入俗语中。

在记录歌谣和其他故事时,若有固定名称,则记固定名称,若没有固定名称,则选取第一句作为名称。自选条目中的地方戏和丧葬词也同样处理。

黑龙江省集合了参与调查全过程的教师及研究生,将《中国语言资源调查手册·汉语方言》"陆　口头文化"中调查到的所有语料均转写为汉字和国际音标(有的唱词未标注声调),但涉及詈辞、宗教文化、历史、战争的内容未收录在本书中。

对收入此书的语料,绝大多数进行了原始的记录和转写,个别语料有少量的删减、补充或修改。有删减的在文末标注"(有删减)"字样;有补充或修改的,在文中加上括号,并在文末标注"(有修改)"字样。

另外,黑龙江省各个地区的语音系统略有差异,声母、韵母和声调略有不同,而且不同发音人的声调调值也有差别,因此,黑龙江省各个地区口头文化语料的国际音标不完全一致,同一个地区不同发音人的调值也可能会出现差异。方言和国际音标均根据田野调查时所摄录的音视频资料的实际语流情况记录,因调查语料属于方言口语原生态语料,故有时会出现多字、少字、误读或语句不合语法规范的现象。

三、编排方式

(一)调查点排列顺序

按照中国语言资源保护工程相关规定,本卷根据"方言大区—方言区—方言片—方言小片"排序;方言大区(区、片、小片)按在当地重要性排列;地位相同或属于同一小片的,则按音序排列。结合黑龙江方言分区情况,按照佳富小片、嫩克小片、肇扶小片、蛟宁小片排序,各小片内部的方言点再按照音序排序,顺序如下:勃利、集贤、佳木斯、林口、同江、黑河、嘉荫、兰西、漠河、嫩江、泰来、哈尔滨、肇东、肇州、东宁、鸡西、密山、穆棱、宁安、尚志。调查点排列顺序与语音卷、词汇语法卷相同。

(二)内容编排

以调查点为序,每个点再根据《中国语言资源调查手册·汉语方言》"陆　口头文化"的内容罗列。每个条目包括方言、国际音标等内容。所有条目大致按句分行,有的语句过长,则进行适当切分以分行。每一句的方言说法在前,国际音标在后,音标用"[ ]"框起。

黑龙江各调查点方言跟普通话相近,因此不再单独列出所有材料的意译,只对一些较难理解的词语进行注释,简要的注释放在该句音标后,复杂的注释采取脚注的方式进行标注。自选条目涉及俗语、歇后语等,内容比较复杂,因此有的条目增加了意译,用"( )"框起放于该条目下方。

四、凡例

1. 音标一律用 IpaPanNew 字体。

2. 调值一律采用上标。

3. 送气符号一律采用ʰ。

4. 零声母符号一律不标。

5. 语料标记实际调值,不标本调,轻声标"0"。

6. 有本字可写者一律写本字。无本字可写,又不能使用俗字、表音字者,写同音字。同音字在字后右上角加"="表示。

7. 按中国语言资源保护研究中心出版规范要求,语音卷排印各卷总目录,其他各卷只印本卷目录。

勃　利

一　歌谣

(一)小皮球儿

小皮球儿，[ɕiau²¹pʰi²⁴tɕʰiour²⁴]

架脚踢，[tɕia⁵³tɕiau²¹tʰi²⁴]

马兰开花二十一。[ma²¹lan²⁴kʰai³³xua³³ɐr⁵³ʂʅ²⁴i³³]

二八二五六，[ɐr⁵³pa³³ɐr⁵³u²¹liou⁵³]

二八二五七，[ɐr⁵³pa³³ɐr⁵³u²¹tɕʰi³³]

二八二九三十一。[ɐr⁵³pa³³ɐr⁵³tɕiou²¹san³³sʅ²⁴i³³]

三八三五六，[san³³pa³³san³³u²¹liou⁵³]

三八三五七，[san³³pa³³san³³u²¹tɕʰi³³]

三八三九四十一。[san³³pa³³san³³tɕiou²¹sʅ⁵³sʅ²⁴i³³]

四八四五六，[sʅ⁵³pa³³sʅ⁵³u²¹liou⁵³]

四八四五七，[sʅ⁵³pa³³sʅ⁵³u²¹tɕʰi³³]

四八四九五十一。[sʅ⁵³pa³³sʅ⁵³tɕiou²⁴u²¹ʂʅ²⁴i³³]

五八五五六，[u²¹pa³³u²⁴u²¹liou⁵³]

五八五五七，[u²¹pa³³u²⁴u²¹tɕʰi³³]

五八五九六十一。[u²¹pa³³u²⁴tɕiou²¹liou⁵³sʅ²⁴i³³]

六八六五六，[liou⁵³pa³³liou⁵³u²¹liou⁵³]

六八六五七，[liou⁵³pa³³liou⁵³u²¹tɕʰi³³]

六八六九七十一。[liou⁵³pa³³liou⁵³tɕiou²¹tɕʰi³³sʅ²⁴i³³]

七八七五六，[tɕʰi³³pa³³tɕʰi³³u²¹liou⁵³]

七八七五七，[tɕʰi³³pa³³tɕʰi³³u²¹tɕʰi³³]

七八七九八十一。[tɕʰi³³pa³³tɕʰi³³tɕiou²¹pa³³sʅ²⁴i³³]

八八八五六，[pa³³pa³³pa³³u²¹liou⁵³]

八八八五七，[pa³³pa³³pa³³u²¹tɕʰi³³]

八八八九九十一。［pa³³pa³³pa³³tɕiou²⁴tɕiou²¹ʂʅ²⁴i³³］

（二）编花篮儿

编、编、编花篮儿，［pian³³、pian³³、pian³³xua³³lɐr²⁴］
花篮儿里面有小孩儿，［xua³³lɐr²⁴li²¹mian⁰iou²⁴ɕiau²¹xɐr²⁴］
小孩儿的名字叫花篮儿。［ɕiau²¹xɐr²⁴tə⁰miŋ²⁴tsʅ²¹tɕiau⁵³xua³³lɐr²⁴］
编、编、编花篮儿，［pian³³、pian³³、pian³³xua³³lɐr²⁴］
花篮儿里面有小孩儿，［xua³³lɐr²⁴li²¹mian⁰iou²⁴ɕiau²¹xɐr²⁴］
小孩儿的名字叫花篮儿。［ɕiau²¹xɐr²⁴tə⁰miŋ²⁴tsʅ²¹tɕiau⁵³xua³³lɐr²⁴］

（三）上山打老虎

一二三四五，［i³³ɐr⁵³san³³sʅ⁵³u²¹¹］
上山打老虎。［ʂaŋ⁵³san³³ta²¹lau²⁴xu²¹¹］
老虎没打着，［lau²⁴xu²¹mei²⁴ta²¹tsau²⁴］
打着小松儿鼠儿。［ta²¹tsau²⁴ɕiau²¹ʂūr³³ʂur²¹¹］
松儿鼠儿有几只，［ʂūr³³ʂur²¹iou²⁴tɕi²¹tʂʅ³³］
让我数一数。［ẓaŋ²¹uɤ²⁴su²¹i⁵³su²¹¹］
数来又数去，［su²¹lai²⁴iou⁵³su²¹tɕʰy⁵³］
一二三四五。［i³³ɐr⁵³san³³sʅ⁵³u²¹¹］

（四）一个老丁头儿①

一个老丁头儿，［i²⁴kɤ⁵³lau²¹tiŋ³³tʰour²⁴］
该我俩琉琉。［kai³³uɤ²⁴lia²¹liou²⁴liou⁰］该：欠。琉琉：小孩儿玩的由玻璃或瓷制作的小圆球
我说三天还，［uɤ²¹suɤ³³san³³tʰian³³xuan²⁴］
他说四天还。［tʰa³³suɤ³³sʅ⁵³tʰian³³xuan²⁴］
绕了一大圈儿，［ẓau⁵³lə⁰i²⁴ta⁵³tɕʰyɐr³³］
买了三根儿韭菜，［mai²¹lə⁰san³³kər³³tɕiou²¹tsʰai⁵³］
花了三毛三；［xua³³lə⁰san³³mau²¹san³³］
买了一块肉，［mai²¹lə⁰i²⁴kʰuai⁵³ẓou⁵³］
花了六毛六；［xua³³lə⁰liou⁵³mau²¹liou⁵³］
买了俩麻花，［mai²¹lə⁰lia²¹ma²⁴xua³³］
花了八毛八。［xua³³lə⁰pa³³mau²¹pa³³］

---

① 这是利用汉字和数字的组合画简笔画游戏时的说词。

（五）拉大锯

拉大锯，[la²⁴ta⁵³tɕy⁵³]

扯大锯。[tsʰɤ²¹ta⁵³tɕy⁵³]

上姥儿家，[saŋ⁵³laur²¹tɕia³³]

唱大戏。[tsʰaŋ⁵³ta⁵³ɕi⁵³]

接姑娘，[tɕiɛ³³ku³³ɳiaŋ³³]

娶女婿。[tɕʰy²⁴ɳy²¹ɕy⁵³]

小外孙儿，[ɕiau²¹uai⁵³suər³³]

也要去。[iɛ²¹iau⁵³tɕʰy⁵³]

（六）蛤蟆蛤蟆气鼓

蛤蟆蛤蟆气鼓，[xa²⁴ma⁰xa²⁴ma⁰tɕʰi⁵³ku²¹¹]

气到八月十五。[tɕʰi⁵³tau⁵³pa²⁴yɛ⁵³ʂɿ²⁴u²¹¹]

八月十五不杀猪，[pa²⁴yɛ⁵³ʂɿ²⁴u²¹pu⁵³sa³³tsu³³]

气得蛤蟆哇哇哭。[tɕʰi⁵³tə⁰xa²⁴mə⁰ua²⁴ua³³kʰu³³]

（七）小孩儿、小孩儿你别馋儿

小孩儿、小孩儿你别馋儿，[ɕiau²¹xɐr²⁴、ɕiau²¹xɐr²⁴ɳi²¹piɛ²⁴tsʰɐr²⁴]

过了腊八就是年。[kuɤ⁵³lə⁰la⁵³pa³³tɕiou⁵³ʂɿ⁵³ɳian²⁴]

小孩儿、小孩儿你别哭，[ɕiau²¹xɐr²⁴、ɕiau²¹xɐr²⁴ɳi²¹piɛ²⁴kʰu³³]

过了腊八就杀猪。[kuɤ⁵³lə⁰la⁵³pa³³tɕiou⁵³sa³³tsu³³]

（以上由发音人殷秀玲提供）

二　规定故事

牛郎和织女

相传，在古时候，[ɕiaŋ³³tʂʰuan²⁴，tsai⁵³ku²¹ʂɿ²⁴xou⁰]

有个小伙子，叫牛郎。[iou²¹kə⁰ɕiau²⁴xuɤ²¹tsɿ⁰，tɕiau⁵³ɳiou²⁴laŋ²⁴]

他的父母去世得都很早，[tʰa³³tə⁰fu⁵³mu²¹tɕʰy⁵³ʂɿ⁵³tə⁰tou³³xən²⁴tʂau²¹¹]

一个人孤苦伶仃。[i²⁴kə⁰ʐ̩ən²⁴ku³³kʰu²¹liŋ²⁴tiŋ³³]

这天，他在山上[tʂei⁵³tʰian³³，tʰa³³tsai⁵³ʂan³³ʂaŋ⁵³]

发现了一头病重的老黄牛。[fa³³ɕian⁵³lə⁰i⁵³tʰou²⁴piŋ⁵³tsuŋ⁵³tə⁰lau²¹xuaŋ²⁴ɳiou²⁴]

他没有嫌弃，[tʰa³³mei⁵³iou²¹ɕian²⁴tɕʰi⁵³]

在他精心的照料[tsai⁵³tʰa³³tɕiŋ³³ɕin³³tə⁰tsau⁵³liau⁵³]

和饲养之下，[xɤ²⁴sʅ⁵³iaŋ²¹tʂʅ³³ɕia⁵³]

老牛痊愈了。[lau²¹ȵiou²⁴tɕʰyan²⁴y⁵³lə⁰]

牛郎靠老牛耕田种地为生，[ȵiou²⁴laŋ²⁴kʰau⁵³lau²¹ȵiou²⁴kəŋ³³tʰian²⁴tsuŋ⁵³ti⁵³uei²⁴səŋ³³]

与老牛终日为伴，[y²⁴lau²¹ȵiou²⁴tsuŋ³³zʅ⁵³uei²⁴pan⁵³]

相依为命。[ɕiaŋ³³i³³uei²⁴miŋ⁵³]

这头老牛其实是[tsei⁵³tou²⁴lau²¹ȵiou²⁴tɕʰi²⁴sʅ²⁴sʅ⁵³]

天上的金牛星，[tʰian³³saŋ⁵³tə⁰tɕin³³ȵiou²⁴ɕiŋ³³]

他喜欢牛郎的诚恳、正直、[tʰa³³ɕi²¹xuan³³ȵiou²⁴laŋ²⁴tə⁰tsʰəŋ²⁴kʰən²¹、tsəŋ⁵³tʂʅ²⁴]

勤劳、善良，[tɕʰin²⁴lau²⁴、san⁵³liaŋ⁰]

所以想帮他成个家。[suɤ²⁴i²¹ɕiaŋ²¹paŋ³³tʰa³³tsʰəŋ²⁴kə⁰tɕia³³]

有一天，[iou²¹i⁵³tʰian³³]

金牛星得知天上的仙女们[tɕin³³ȵiou²⁴ɕiŋ³³tɤ²¹tsʅ³³tʰian³³saŋ⁵³tə⁰ɕian³³ȵy²¹mən⁰]

要下凡洗澡。[iau⁵³ɕia⁵³fan²⁴ɕi²⁴tsau²¹¹]

他非常高兴，[tʰa³³fei³³tsʰaŋ²⁴kau³³ɕiŋ⁵³]

知道机会来啦，[tsʅ³³tau⁵³tɕi³³xuei⁵³lai²⁴la⁰]

他便指点牛郎[tʰa³³pian⁵³tsʅ²⁴tian²¹ȵiou²⁴laŋ²⁴]

如何如何去做。[z̩u²⁴xɤ²⁴z̩u²⁴xɤ²⁴tɕʰy⁵³tsuɤ⁵³]

第二天早晨，[ti⁵³ɚ⁵³tʰian³³tsau²¹tʂʰən⁰]

牛郎按照老牛说的，[ȵiou²⁴laŋ²⁴an⁵³tʂau⁰lau²¹ȵiou²⁴suɤ³³tə⁰]

来到村东边的山脚下。[lai²⁴tau⁵³tsʰuən³³tuŋ³³pian³³tə⁰san³³tɕiau²¹ɕia⁵³]

趁七个美丽的仙女，[tsʰən⁵³tɕʰi²⁴kə⁰mei²¹li⁵³tə⁰ɕian³³ȵy²¹¹]

在湖中戏水的时候，[tsai⁵³xu²⁴tʂuŋ³³ɕi⁵³suei²¹tə⁰sʅ²⁴xou⁰]

悄悄地摘走了一件[tɕʰiau³³tɕʰiau³³tə⁰tsai²⁴tsou²¹lə⁰i²⁴tɕian⁵³]

挂在树上的、粉红色的衣裳，[kua⁵³tsai⁵³su⁵³saŋ³³tə⁰、fən²¹xuŋ²⁴sɤ⁵³tə⁰i³³saŋ⁰]

飞快地跑回家去。[fei³³kʰuai⁵³ti⁰pʰau²¹xuei²⁴tɕia³³tɕʰy⁵³]

仙女们洗好澡后，[ɕian³³ȵy²¹mən⁰ɕi²⁴xau²⁴tʂau²¹xou⁵³]

就得返回天庭。[tɕiou⁵³tei²⁴fan²¹xuei²⁴tʰian³³tʰiŋ²⁴]

可是织女的衣服不见了，[kʰɤ²¹sʅ⁵³tsʅ³³ȵy²¹tə⁰i³³fu⁰pu²⁴tɕian⁵³lə⁰]

只好留了下来。[tsʅ²⁴xau²¹liou²⁴lə⁰ɕia⁵³lai⁰]

于是，便和牛郎相遇了，[y²⁴sʅ⁵³，pian⁵³xɤ²⁴ȵiou²⁴laŋ²⁴ɕiaŋ³³y⁵³lə⁰]

相恋了。[ɕiaŋ³³lian⁵³lə⁰]

最后结为恩爱的夫妻。[tsuei⁵³xou⁵³tɕiɛ²⁴uei²⁴ən³³ai⁵³tə⁰fu³³tɕʰi³³]

时光荏苒，[sๅ²⁴kuaŋ³³ ʐᵊn²⁴ʐan²¹¹]

日月如梭。[ʐๅ⁵³yɛ⁵³ʐu²⁴ʂɤ³³]

一转眼三年过去了，[i⁵³tʂuan²⁴ian²¹ʂan³³n̠ian²⁴kuɤ⁵³tɕʰy⁵³lə⁰]

牛郎织女婚后男耕女织。[n̠iou²⁴laŋ²⁴tʂๅ³³n̠y²¹xuən³³xou⁵³nan²⁴kəŋ³³n̠y²¹tʂๅ³³]

生下来一男一女[ʂəŋ³³ɕia⁵³lə⁰i⁵³nan²⁴i⁵³n̠y²¹¹]

两个可爱的孩子，[liaŋ²¹kə⁰kʰɤ²¹ai⁵³tə⁰xai²⁴tsๅ⁰]

生活儿过得十分幸福美满。[səŋ³³xuɤ²⁴kuɤ⁵³tə⁰sๅ²⁴fən³³ɕiŋ⁵³fu²⁴mei²⁴man²¹¹]

可是，织女私自下凡的事儿，[kʰɤ²¹ʂๅ⁵³, tʂๅ³³n̠y²¹sๅ³³tʂๅ⁵³ɕia⁵³fan²⁴tə⁰ʂər⁵³]

最终还是让玉皇大帝知道了。[tsuei⁵³tsuŋ³³xai²⁴ʂi⁵³iaŋ⁵³y⁵³xuaŋ²⁴ta⁵³ti⁵³tʂๅ³³tau⁵³lə⁰]

由于触犯了天规，[iou²⁴y²⁴tsʰu⁵³fan²⁴lə⁰tʰian³³kuei³³]

玉帝便命令王母娘娘[y⁵³ti⁵³pian⁵³miŋ⁵³liŋ⁵³uaŋ²⁴mu²¹n̠iaŋ²⁴n̠iaŋ⁰]

下凡押解织女回天界受审。[ɕia⁵³fan²⁴ia³³tɕiɛ⁵³tʂๅ³³n̠y²¹xuei²⁴tʰian³³tɕiɛ⁵³ʂou⁵³ʂən²¹¹]

老牛不忍心[lau²¹n̠iou²⁴pu⁵³ʐᵊn²¹ɕin³³]

看着他们妻离子散。[kʰan⁵³tʂə⁰tʰa³³mən⁰tɕʰi³³li²⁴tsๅ²¹ʂan⁵³]

碰断了头上的角，[pʰəŋ⁵³tuan⁵³lə⁰tʰou²⁴ʂaŋ⁵³tə⁰tɕiau²¹¹]

变成了一只小船，[pian⁵³tʂʰəŋ²⁴lə⁰i⁵³tʂๅ³³ɕiau²¹tʂʰuan²⁴]

让牛郎挑着儿女[ʐᵃŋ⁵³n̠iou²⁴laŋ²⁴tʰiau³³tʂə⁰ɚ²⁴n̠y²¹]

乘船追赶。[tsʰəŋ²⁴tʂʰuan²⁴tsuei³³kan²¹¹]

小船腾云驾雾地飞了起来，[ɕiau²¹tʂʰuan²⁴tʰəŋ²⁴yn²⁴tɕia⁵³u⁵³tə⁰fei³³lə⁰tɕʰi²¹lai⁰]

向天宫追去。[ɕiaŋ⁵³tʰian³³kuŋ³³tsuei³³tɕʰy⁵³]

追呀，飞呀。[tsuei³³ia⁰, fei³³ia⁰]

不知道过了多久，[pu⁵³tʂๅ²⁴tau⁵³kuɤ⁵³lə⁰tuɤ²⁴tɕiou²¹¹]

眼看就要追上织女了。[ian²¹kʰan⁵³tɕiou⁵³iau⁵³tsuei³³ʂaŋ⁵³tʂๅ²⁴n̠y²¹lə⁰]

王母娘娘忽然从头上，[uaŋ²⁴mu²¹n̠iaŋ²⁴n̠iaŋ⁰xu³³ʐan²⁴tsʰuŋ²⁴tʰou²⁴ʂaŋ⁰]

拔下了一根金钗，[pa²⁴ɕia⁵³lə⁰i⁵³kən³³tɕin³³tsʰai³³]

在天上，[tsai⁵³tʰian³³ʂaŋ⁵³]

划了一道波涛滚滚的天河，[xua⁵³lə⁰i²⁴tau⁵³pɤ³³tʰau³³kuən²⁴kuən²¹tə⁰tʰian³³xɤ²⁴]

又把恩爱的小夫妻隔开了。[iou⁵³pa²¹ən³³ai⁵³tə⁰ɕiau²¹fu³³tɕʰi³³kɤ²⁴kʰai³³lə⁰]

牛郎织女只能在河边，[n̠iou²⁴laŋ²⁴tʂๅ²⁴n̠y²¹tʂๅ²¹nəŋ²⁴tsai⁵³xɤ²⁴pian³³]

相对遥望，哭泣。[ɕiaŋ³³tuei⁵³iau²⁴uaŋ⁵³, kʰu³³tɕʰi⁵³]

他们坚贞的爱情，[tʰa³³mən⁰tɕian³³tsən³³tə⁰ai⁵³tɕʰiŋ²⁴]

感动了喜鹊。[kan²¹tuŋ⁵³lə⁰ɕi²¹tɕʰyɛ⁵³]

无是，无数只喜鹊飞来，[u²⁴ʂๅ⁵³, u²⁴ʂu⁵³tʂๅ³³ɕi²¹tɕʰyɛ⁵³fei³³lai⁰] 无是：口误，于是

在天河上用身体[tsai⁵³tʰian³³xɤ²⁴ʂaŋ⁵³yŋ⁵³ʂən³³tʰi²¹¹]

搭起了一座长长的彩桥，［ta³³tɕʰi²¹lə⁰i²⁴tsuɤ⁵³tsʰaŋ²⁴tsʰaŋ²⁴tə⁰tsʰai²¹tɕʰiau²⁴］

让牛郎织女得以相会。［z̩aŋ⁵³ȵiou²⁴laŋ²⁴tsʐ̩²⁴ȵy²⁴tɤ²⁴i²¹ɕiaŋ³³xuei⁵³］

王母娘娘也为此动容了，［uaŋ²⁴mu²¹ȵiaŋ²⁴ȵiaŋ⁰iɛ²¹uei²⁴tʂʐ̩²¹tuŋ⁵³zʊ̩ŋ²⁴lə⁰］

只好允许他们每年的七夕，［tsʐ̩²⁴xau²¹yn²⁴ɕy²¹tʰa³³mən⁰mei²¹ȵian²⁴tə⁰tɕʰi³³ɕi³³］

也就是农历的七月初七，［iɛ²¹tɕiou⁵³ʂʐ̩⁵³nəŋ²⁴li⁵³tə⁰tɕʰi³³yɛ⁵³tʂʰu³³tɕʰi³³］

两人才可以［liaŋ²¹zʐ̩ən²⁴tsʰai²⁴kʰɤ²⁴i²¹］

在天河鹊桥上，［tsai⁵³tʰian³³xɤ²⁴tɕʰyɛ⁵³tɕʰiau²⁴ʂaŋ⁵³］

相会，团聚。［ɕiaŋ³³xuei⁵³，tʰuan²⁴tɕy⁵³］

成为了一段佳话。［tʂʰəŋ²⁴uei⁵³lə⁰i²⁴tuan⁵³tɕia³³xua⁵³］

（以上由发音人曲占奎提供）

三　其他故事

勃利青龙山的传说

我讲述一段儿［uɤ²⁴tɕiaŋ²¹ʂu⁵³i²⁴tuɐr⁵³］

勃利青龙山的传说。［pɤ²⁴li⁵³tɕʰiŋ³³luŋ²⁴ʂan³³tə⁰tsʰuan²⁴ʂuɤ³³］

在很久很久以前，［tsai⁵³xən²⁴tɕiou²¹xən²⁴tɕiou²¹i²¹tɕʰian²⁴］

勃利青龙山一带［pɤ²⁴li⁵³tɕʰiŋ³³luŋ²⁴ʂan³³i²⁴tai⁵³］

两年灾害不断，［liaŋ²¹ȵian²⁴tsai³³xai⁵³pu²⁴tuan⁵³］

民不聊生。［min²⁴pu⁵³liau²⁴ʂəŋ³³］

东海龙王知道了此事以后，［tuŋ³³xai²¹luŋ²⁴uaŋ²⁴tʂʐ̩²⁴tau⁵³lə⁰tʂʰʐ̩²¹ʂʐ̩⁵³i²¹xou⁵³］

带领松江龙王等［tai⁵³liŋ²¹ʂuŋ³³tɕiaŋ³³luŋ²⁴uaŋ²⁴təŋ²¹］

来勃利巡视，［lai²⁴pɤ²⁴li⁵³ɕyn²⁴sʐ̩⁵³］

发现上年［fa³³ɕian⁵³ʂaŋ⁵³ȵian²⁴］

在勃利青山附近的上空，［tsai⁵³pɤ²⁴li⁵³tɕʰiŋ³³ʂan³³fu⁵³tɕin⁵³tə⁰ʂaŋ⁵³kʰuŋ³³］

经常刮起龙卷风，［tɕiŋ³³tʂʰaŋ²⁴kua³³tɕʰi²¹luŋ²⁴tɕyan²¹fəŋ³³］

而且滴雨不下，［ɚ²⁴tɕʰiɛ²¹ti³³y²¹pu²⁴ɕia⁵³］

造成了罕见的大旱。［tsau²⁴tʂʰəŋ²⁴lə⁰xan²¹tɕian⁵³tə⁰ta⁵³xan⁵³］

而第二年又是连降暴雨，［ɚ²¹ti⁵³ɚ⁵³ȵian²⁴iou⁵³ʂʐ̩⁵³lian²⁴tɕiaŋ⁵³pau⁵³y²¹¹］

泛滥成灾，［fan⁵³lan⁵³tʂʰəŋ²⁴tsai³³］

致使农民地里的庄稼［tsʐ̩⁵³sʐ̩²¹nuŋ²⁴min²⁴ti⁵³li²¹ti⁰tʂuaŋ³³tɕia⁰］

颗粒不收。［kʰɤ³³li⁵³pu⁵³ʂou³³］

人们卖儿卖女，流离失所，［zʐ̩ən²⁴mən²⁴mai⁵³ɚ²⁴mai⁵³ȵy²¹¹，liou²⁴li²⁴ʂʐ̩³³ʂuɤ²¹¹］

处在水深火热之中，[tʂʰu⁵³tʂai⁵³ʂuei²¹ʂən³³xuɤ²¹ʐɤ⁵³tʂʅ³³tʂuŋ³³]

使当地的民众 [ʂʅ²¹taŋ³³ti⁵³tə⁰min³³tsuŋ⁵³]

遭受了无尽的灾难。[tsau³³ʂou⁵³lə⁰u²⁴tɕin⁵³tə⁰tsai³³nan⁵³]

于是东海龙王 [y²⁴ʂʅ⁵³tuŋ³³xai²¹luŋ²⁴uaŋ²⁴]

就派松江龙王 [tɕiou⁵³pʰai⁵³suŋ³³tɕiaŋ³³ luŋ²⁴uaŋ²⁴]

和他的九个儿子，[xɤ²⁴tʰa³³tə⁰tɕiou⁵³kə⁰ɚ²⁴tʂʅ⁰]

来彻查此事。[lai²⁴tʂʰɤ⁵³tʂʰa²⁴tʂʰʅ²¹ʂʅ⁵³]

经过几天 [tɕiŋ³³kuɤ⁵³tɕi²¹tʰian³³]

连续不断地追踪调查，[lian²⁴ɕy⁵³pu²⁴tuan⁵³tə⁰tsuei³³tsuŋ³³tiau⁵³tʂʰa²⁴]

一日，终于发现了，[i²⁴ʐʅ⁵³，tsuŋ³³y²⁴fa³³ɕian⁵³lə⁰]

是一条青龙在此作怪。[sʅ⁵³i⁵³tʰiau²⁴tɕʰiŋ³³luŋ²⁴tsai⁵³tsʰʅ²¹tsuɤ⁵³kuai⁵³]

松江龙王一怒之下 [suŋ³³tɕiaŋ³³luŋ²⁴uaŋ²⁴i²⁴nu⁵³tʂʅ³³ɕia⁵³]

就将青龙斩杀了，[tɕiou⁵³tɕiaŋ²¹tɕʰiŋ³³luŋ²⁴tsan²¹sa³³lə⁰]

青龙的龙身，[tɕʰiŋ³³luŋ²⁴tə⁰luŋ²⁴ʂən³³]

就落在了 [tɕiou⁵³luɤ⁵³tsai⁵³lə⁰]

勃利青山东面的一个大岗上。[pɤ²⁴li³³tɕʰiŋ³³ʂan³³tuŋ³³mian⁵³tə⁰i²⁴kə⁰ta⁵³kaŋ⁵³ʂaŋ⁰]

虽然人们对青龙 [ʂuei³³ʐan²⁴ʐən²⁴mən⁰tuei⁵³tɕʰiŋ³³luŋ²⁴]

有些怨恨，[iou²¹ɕiɛ³³yan⁵³xən⁵³]

但是为了尊重龙的化身，[tan⁵³ʂʅ⁵³uei⁵³lə⁰tʂuən³³tʂuŋ⁵³luŋ²⁴tə⁰xua⁵³ʂən³³]

就将他埋葬在大岗下，[tɕiou⁵³tɕiaŋ²¹tʰa³³mai²⁴tsaŋ⁵³tsai⁵³ta⁵³kaŋ⁵³ɕia⁵³]

又将这个大岗 [iou⁵³tɕiaŋ²¹tsei⁵³kə⁰ta⁵³kaŋ⁵³]

改叫了青龙山大岗。[kai²¹tɕiau⁵³lə⁰tɕʰiŋ³³luŋ²⁴ʂan³³ta⁵³kaŋ⁵³]

松江龙王看到人们 [suŋ³³tɕiaŋ³³luŋ²⁴uaŋ²⁴kʰan⁵³tau⁵³ʐən²⁴mən²⁴]

没有对青龙的过去 [mei²⁴iou²¹tuei⁵³tɕʰiŋ³³luŋ²⁴tə⁰kuɤ⁵³tɕʰy⁵³]

追究怪罪，[tsuei³³tɕiou³³kuai⁵³tsuei⁵³]

反而却宽宏善良地 [fan²⁴ɚ²¹tɕʰyɛ⁵³kʰuan³³xuŋ²⁴ʂan⁵³liaŋ²⁴tə⁰]

给予了厚葬，[tɕi²⁴y²¹lə⁰xou⁵³tʂaŋ⁵³]

为了回报当地民众，[uei⁵³lə⁰xuei²⁴pau⁵³taŋ⁵³ti⁵³min²⁴tsuŋ⁵³]

也是为了让青龙悔过自新，[iɛ²¹ʂʅ⁵³uei⁵³lə⁰ʐaŋ⁵³tɕʰiŋ³³luŋ²⁴xuei²¹kuɤ⁵³tʂʅ⁵³ɕin³³]

就将青龙的身体 [tɕiou⁵³tɕiaŋ²¹tɕʰiŋ³³luŋ²⁴tə⁰ʂən³³tʰi²¹¹]

化成了源源不断的煤炭。[xua⁵³tʂʰəŋ²⁴lə⁰yan²⁴yan²⁴pu²⁴tuan⁵³tə⁰mei²⁴tʰan⁵³]

从此，[tsʰuŋ²⁴tsʰʅ²¹¹]

煤炭富裕了青龙山，[mei²⁴tʰan⁵³fu⁵³y⁵³lə⁰tɕʰiŋ³³luŋ²⁴ʂan³³]

生活在这里的人们 [ʂəŋ³³xuɤ²⁴tsai⁵³tʂɤ⁵³li²¹tə⁰ʐən²⁴mən⁰]

也得到了温暖。[iɛ²⁴tɤ²¹tau⁵³lə⁰uən³³nuan²¹¹]

青龙的头〔tɕʰiŋ³³luŋ²⁴tə⁰tʰou²⁴〕

就落在了〔tɕiou⁵³luɤ⁵³tʂai⁵³lə⁰〕

青龙山大岗北面的〔tɕʰiŋ³³luŋ²⁴ʂan³³ta⁵³kaŋ⁵³pei²¹mian⁵³tə⁰〕

一个山头儿。〔i²⁴kə⁰ʂan³³tʰour²⁴〕

渐渐地这座山头儿〔tɕian⁵³tɕian⁵³tə⁰tsei⁵³tsuɤ⁵³ʂan³³tʰour²⁴〕

也就变成了龙脑袋的模样，〔iɛ²¹tɕiou⁵³pian⁵³tʂʰəŋ²⁴lə⁰luŋ²⁴nau²¹tai⁰tə⁰mu²⁴iaŋ⁵³〕

当地人们就〔taŋ³³ti⁵³ʐən²⁴mən²⁴tɕiou⁵³〕

称其为老龙头。〔tsʰəŋ³³tɕʰi²⁴uei²⁴lau²¹luŋ²⁴tʰou²⁴〕

松江龙王又将〔ʂuŋ³³tɕiaŋ³³luŋ²⁴uaŋ²⁴iou⁵³tɕiaŋ²¹〕

自己的九个儿子〔tʂʐ⁵³tɕi²¹tə⁰tɕiou²¹kə⁰ɚ²⁴tʂʐ⁰〕

派驻到勃利城南的〔pʰai⁵³tsu⁵³tau⁵³pɤ²⁴li⁵³tsʰəŋ²⁴nan²⁴tə⁰〕

九个山头儿，〔tɕiou²¹kə⁰ʂan³³tʰour²⁴〕

让他们为勃利的山山水水〔ʐaŋ⁵³tʰa³³mən³³uei⁵³pɤ²⁴li⁵³tə⁰ʂan³³ʂan³³ʂuei²⁴ʂuei²¹〕

按时行雨，〔an⁵³ʂʐ²⁴ɕiŋ²⁴y²¹¹〕

以保证当地风调雨顺〔i²⁴pau²¹tʂəŋ⁵³taŋ³³ti⁵³fəŋ³³tʰiau²⁴y²¹suan⁵³〕

民泰年丰，〔min²⁴tʰai⁵³ȵian²⁴fəŋ³³〕

生活儿富裕。〔səŋ³³xuɤr²⁴fu⁵³y⁰〕

从那之后，〔tsʰuŋ²⁴na⁵³tsʐ³³xou⁵³〕

每个山头儿〔mei²¹kə⁰ʂan³³tʰour²⁴〕

都会泻出一道清澈的小溪，〔tou³³xuei⁵³ɕiɛ⁵³tsʰu²⁴i²⁴tau⁵³tɕʰiŋ³³tsʰɤ⁵³tə⁰ɕiau²¹ɕi³³〕

九股清澈纯净的泉水〔tɕiou²⁴ku²¹tɕʰiŋ³³tʂʰɤ⁵³tsʰuan²⁴tɕiŋ⁵³tə⁰tɕʰyan²⁴suei²¹¹〕

汇成了一条九龙小河儿，〔xuei⁵³tsʰəŋ²⁴lə⁰i⁵³tʰiau²⁴tɕiou²¹luŋ²⁴ɕiau²¹xɤr²⁴〕

流入了碾子河，〔liou²⁴lu⁵³lə⁰ȵian²¹tsʐ⁰xɤ²⁴〕

汇入倭肯河，〔xuei⁵³ʐu⁵³uɤ³³kʰən²⁴xɤ²⁴〕

最后流入了松花江。〔tsuei⁵³xou⁵³liou²⁴ʐu⁵³lə⁰ʂuŋ³³xua³³tɕiaŋ³³〕

后来人们〔xou⁵³lai²⁴ʐən²⁴mən²⁴〕

就把勃利南山的〔tɕiou⁵³pa²¹pɤ²⁴li⁵³nan²⁴ʂan⁵⁵tə⁰〕

一道九龙小河儿山沟儿，〔i²⁴tau⁵³tɕiou²¹luŋ²⁴ɕiau²¹xɤr²⁴ʂan³³kour³³〕

称为九龙沟儿，〔tsʰəŋ³³uei²⁴tɕiou²¹luŋ²⁴kour³³〕

到现在仍然一直这样叫着。〔tau⁵³ɕian⁵³tsai⁵³ʐəŋ²⁴ʐan²⁴i⁵³tsʐ²⁴tsɤ⁵³iaŋ⁵³tɕiau⁵³tsə⁰〕

从此，〔tsʰuŋ²⁴tsʰʐ²¹¹〕

勃利风调雨顺，城泰民安，〔pɤ²⁴li⁵³fəŋ³³tʰiau²⁴y²¹suan⁵³，tsʰəŋ²⁴tʰai⁵³min²⁴an³³〕

丰衣足食，幸福吉祥。〔fəŋ³³i³³tsu²⁴ʂʐ²⁴，ɕiŋ⁵³fu²¹tɕi²⁴ɕiaŋ²⁴〕

（有删减）

（以上由发音人曲占奎提供）

四　自选条目

（一）丧葬词①《一到灵前抬头观》

一到灵前抬头观，［i²⁴tau⁵³liŋ²⁴tɕʰian²⁴tʰai²⁴tʰou²⁴kuan³³］

灵棚搭得不一般。［liŋ²⁴pʰəŋ²⁴ta³³ti⁰pu²⁴i⁵³pan³³］

高下足有三丈六，［kau³³ɕia⁵³tʂu²⁴iou²¹san²⁴tʂaŋ⁵³liou⁵³］

宽下也有两丈三。［kʰuan³³ɕia⁵³iɛ²⁴iou²⁴liaŋ²¹tʂaŋ⁵³ʂan³³］

三丈六，两丈三，［ʂan²⁴tʂaŋ⁵³liou⁵³，liaŋ²¹tʂaŋ⁵³ʂan³³］

遮住地，苫住天。［tʂɤ³³tʂu⁵³ti⁵³，ʂan⁵³tʂu⁵³tʰian³³］

上打九曲歪把儿黄罗伞，［ʂaŋ⁵³ta²¹tɕiou²⁴tɕʰy²¹uai³³par⁵³xuaŋ²⁴luɤ²⁴ʂan²¹¹］

下照八宝紫金棺。［ɕia⁵³tsau⁵³pa²⁴pau²⁴tʂʅ²¹tɕin³³kuan³³］

质量上乘好棺椁，［tʂʅ²¹liaŋ⁵³ʂaŋ⁵³tʂʰəŋ²⁴xau²¹kuan³³kuɤ²¹¹］

二十四孝画上边。［ɤr⁵³ʂʅ²⁴ʂʅ⁵³ɕiau⁵³xua⁵³ʂaŋ⁵³pian³³］

一座高楼材头绘，［i⁵³tsuɤ²¹kau³³lou²⁴tsʰai²⁴tʰou²⁴xuei⁵³］

莲花画在脚下边。［lian²⁴xua³³xua⁵³tʂai⁵³tɕiau²⁴ɕia⁵³pian³³］

左边海马朝云腾空起，［tʂuɤ²¹pian³³xai²⁴ma²¹tʂʰau²⁴yn²⁴tʰəŋ²⁴kʰuŋ³³tɕʰi²¹¹］

右边犀牛望月踏云端。［iou⁵³pian³³ɕi³³ɳiou²⁴uaŋ⁵³yɛ⁵³tʰa⁵³yn²⁴tuan³³］

众星捧月拜北斗，［tsuŋ⁵³ɕiŋ³³pʰəŋ²¹yɛ⁵³pai⁵³pei³³tou²¹¹］

红日东升半空悬。［xuŋ²⁴zʅ⁵³tuŋ³³ʂəŋ³³pan⁵³kʰuŋ³³ɕyan²⁴］

你老的生辰八字写清楚，［ɳi²⁴lau²¹ti⁰ʂəŋ³³tʂʰən²⁴pa²⁴tʂʅ⁵³ɕiɛ²¹tɕʰiŋ³³tʂʰu⁰］

名堂就在材头粘。［miŋ²⁴tʰaŋ²⁴tɕiou⁵³tsai⁵³tsʰai²⁴tʰou²⁴tsan³³］

（二）丧葬词《一统天下秦始皇》

为你老上的第三十道供菜是：［uei⁵³ɳi²⁴lau²¹ʂaŋ⁵³tə⁰ti⁵³ʂan³³ʂʅ²⁴tau⁵³kuŋ⁵³tsʰai⁵³ʂʅ⁵³］

一统天下秦始皇，［i⁵³tʰuŋ²¹tʰian³³ɕia⁵³tɕʰin²⁴ʂʅ²¹xuaŋ²⁴］

二郎担山赶太阳。［ɤr⁵³laŋ²⁴tan³³ʂan³³kan²¹tʰai⁵³iaŋ²⁴］

三国桃园三结义，［san³³kuɤ²⁴tʰau²⁴yan²⁴san³³tɕiɛ²⁴i⁵³］

四马投唐小梁王。［sʅ⁵³ma²¹tʰou²⁴tʰaŋ²⁴ɕiau²¹liaŋ²⁴uaŋ²⁴］

伍子胥打马沙江过，［u²⁴tʂʅ²¹ɕy³³ta²⁴ma²¹ʂa³³tɕiaŋ³³kuɤ⁵³］

六郎镇关武艺强。［liou⁵³laŋ²⁴tsən⁵³kuan³³u²¹i⁵³tɕʰiaŋ²⁴］

---

① 勃利采录的丧葬词是过去勃利人们在丧礼中使用的语句，反映了过去人们民俗生活中的丧葬文化。随着社会的进步、丧葬制度的改革以及人们观念的转变，丧葬词已基本消失。但从保留语言文化的角度，我们对部分丧葬词进行了采录并加以转写。其内容涉及古今的诸多文化，语言也富有特色。

齐国的军师燕孙膑，[tɕʰi²⁴kuɤ²⁴tə⁰tɕyn³³ʂʐ³³yan³³ʂuən³³pin⁵³]

八王千岁是忠良。[pa³³uaŋ²⁴tɕʰian³³ʂuei⁵³ʂʐ⁵³tsuŋ³³liaŋ²⁴]

九里山前除韩信，[tɕiou²⁴li²¹san³³tɕʰian²⁴tʂʰu²⁴xan²⁴ɕin⁵³]

十面埋伏楚霸王。[ʂʐ²⁴mian⁵³mai²⁴fu²⁴tsʰu²¹pa⁵³uaŋ²⁴]

（三）丧葬词《一盏明灯亮堂堂》

一盏明灯亮堂堂，[i⁵³tsan²¹miŋ²⁴təŋ³³liaŋ⁵³tʰaŋ³³tʰaŋ³³]

两摞儿供果儿摆桌上。[liaŋ²¹luɤr²⁴kuŋ⁵³kuɤr²⁴pai²¹tsuɤ³³ʂaŋ⁵³]

三杯美酒祭天地，[san³³pei³³mei²⁴tɕiou²¹tɕi⁵³tʰian³³ti⁵³]

四架宝幡列两旁，[sʐ⁵³tɕia⁵³pau²¹fan³³liɛ⁵³liaŋ²¹pʰaŋ²⁴]

五谷粮囤儿盛五谷，[u²⁴ku²¹liaŋ²⁴tuər⁵³tsʰəŋ²⁴u²⁴ku²¹¹]

六律凄婉曲悲凉。[liou⁵³ly⁵³tɕʰi³³uan²¹tɕʰy²¹pei³³liaŋ²⁴]

七魄荡荡阴曹去，[tɕʰi²⁴pʰɤ⁵³taŋ⁵³taŋ⁵³in³³tsʰau²⁴tɕʰy⁵³]

八宝亭前降夜香。[pa³³pau²¹tʰiŋ²⁴tɕʰian²⁴tɕiaŋ⁵³iɛ⁵³ɕiaŋ³³]

九泉英灵含笑往，[tɕiou²¹tɕʰyan²⁴iŋ³³liŋ²⁴xan²⁴ɕiau⁵³uaŋ²¹¹]

十全功德永流芳。[ʂʐ²⁴tɕʰyan²⁴kuŋ³³tɤ²⁴yŋ²¹liou²⁴faŋ³³]

时时难舍儿和女，[ʂʐ²⁴ʂʐ²⁴nan²⁴ʂɤ²¹ɚ²⁴xɤ²⁴n̠y²¹¹]

九霄难忍辞故乡。[tɕiou²¹ɕiau³³nan²⁴z̩ən²¹tʂʰʐ²⁴ku⁵³ɕiaŋ³³]

八方宾客来吊唁，[pa³³faŋ³³pin³³kʰɤ⁵³lai²⁴tiau⁵³ian⁵³]

七星暗淡月无光。[tɕʰi³³ɕiŋ³³an⁵³tan⁵³yɛ⁵³u²⁴kuaŋ³³]

六亲哀戚同追悼，[liou⁵³tɕʰin³³ai³³tɕʰi⁵³tʰuŋ²⁴tʂuei³³tau⁵³]

五内如焚痛心伤。[u²¹nei⁵³z̩u²⁴fən²⁴tʰuŋ⁵³ɕin³³ʂaŋ³³]

四野茫茫夜死寂，[sʐ⁵³iɛ²¹maŋ²⁴maŋ²⁴iɛ⁵³sʐ²¹tɕi⁵³]

三魂悠悠奔上苍。[san³³xuən²⁴iou³³iou³³pən⁵³ʂaŋ⁵³tsʰaŋ³³]

两个童子来引路，[liaŋ²¹kə⁰tʰuŋ²⁴tʂʐ²¹lai²⁴in²¹lu⁵³]

一对玉女送西方。[i²⁴tuei²⁴y⁵³n̠y²¹ʂuŋ⁵³ɕi³³faŋ³³]

（四）丧葬词《千古一帝骂名流》

为你老上的第五十道供菜是：[uei⁵³n̠i²⁴lau²¹ʂaŋ⁵³ti⁰ti⁵³u²¹sʐ²⁴tau⁵³kuŋ⁵³tʂʰai⁵³sʐ⁵³]

千古一帝骂名流，[tɕʰian³³ku²¹i⁵³ti⁵³ma⁵³miŋ²⁴liou²⁴]

二世胡亥儿自断头。[ɚ⁵³sʐ⁵³xu²⁴xɐr⁵³tʂʐ⁵³tuan⁵³tʰou²⁴]

曹操三发求贤令，[tsʰau²⁴tsʰau²⁴san³³fa³³tɕʰiou²⁴ɕian²⁴liŋ⁵³]

褒姒烽火戏诸侯，[pau³³sʐ⁵³fəŋ³³xuɤ²¹ɕi⁵³tʂu⁵³xou²⁴]

春秋五霸争天下，[tsʰuən³³tɕʰiou³³u²¹pa⁵³tsəŋ³³tʰian³³ɕia⁵³]

六出祁山志未酬。[liou⁵³tsʰu²⁴tɕʰi²⁴san³³tsʐ⁵³uei⁵³tsʰou²⁴]

钟子期砍柴高山上，[tsuŋ³³tʂʅ²¹tɕʰi³³kʰan²¹tʂʰai²⁴kau³³ʂan³³ʂan⁵³]

宋八帝徽宗井下因。[ʂuŋ⁵³pa³³ti⁵³xuei³³tsuŋ³³tɕiŋ²¹ɕia⁵³tɕʰiou²⁴]

九战九捷猛项羽，[tɕiou²¹tsan⁵³tɕiou²¹tɕiɛ²⁴məŋ²¹ɕiaŋ²¹y²¹¹]

劫法场石秀跳高楼。[tɕiɛ²⁴fa²⁴tʂʰaŋ²¹ʂʅ²⁴ɕiou⁵³tʰiau⁵³kau³³lou²⁴]

（五）丧葬词《一代名相叫魏徵》

为你老上的第六十道供菜是：[uei⁵³n̠i²⁴lau²¹ʂaŋ⁵³ti⁰ti⁵³liou⁵³ʂʅ²⁴tau⁵³kuŋ⁵³tʂʰai⁵³ʂʅ⁵³]

一代名相叫魏徵，[i²⁴tai⁵³miŋ²⁴ɕiaŋ⁵³tɕiau⁵³uei⁵³tsəŋ³³]

二爷秦琼真威风。[ɐr⁵³iɛ²⁴tɕʰin²¹tɕʰyŋ²⁴tsən⁵³uei³³fəŋ³³]

三气周瑜死得苦，[san²⁴tɕʰi⁵³tsou⁵³y²⁴sʅ²¹ti⁰kʰu²¹¹]

四面楚歌遭围攻。[sʅ⁵³mian⁵³tʂʰu²¹kɤ³³tsau³³uei²⁴kuŋ³³]

武王伐纣兴霸业，[u²¹uaŋ²⁴fa²⁴tsou⁵³ɕiŋ³³pa⁵³iɛ⁵³]

六和塔出家天伤星。[liou⁵³xɤ²⁴tʰa²¹tʂʰu²⁴tɕia³³tʰian³³ʂaŋ³³ɕiŋ³³]

七步成诗曹子建，[tɕʰi²⁴pu⁵³tsʰəŋ²⁴ʂʅ³³tsʰau²⁴tsʅ²¹tɕian⁵³]

八大王延安举义兵。[pa²⁴ta⁵³uaŋ²⁴ian²⁴an³³tɕy²¹i⁵³piŋ³³]

九宫山闯王遭劫难，[tɕiou²¹kuŋ³³ʂan³³tʂʰuaŋ²¹uaŋ²⁴tsau²¹tɕiɛ²⁴nan⁵³]

十字坡儿开店是张青。[ʂʅ²⁴tsʅ⁵³pʰɤr³³kʰai³³tian⁵³ʂʅ⁵³tsaŋ³³tɕʰiŋ³³]

（六）丧葬词《一生好酒李太白》

为你老上的第七十道供菜是：[uei⁵³n̠i²⁴lau²¹ʂaŋ⁵³tə⁰ti⁵³tɕʰi³³ʂʅ²⁴tau⁵³kuŋ⁵³tʂʰai⁵³ʂʅ⁵³]

一生好酒李太白，[i⁵³səŋ³³xau⁵³tɕiou²⁴li²¹tʰai⁵³pai²⁴]

唐二祖探病入秦宅。[tʰaŋ²⁴ɐr⁵³tʂu²¹tʰan⁵³piŋ⁵³ʐu²⁴tɕʰin²⁴tsai²⁴]

宋公明三败高太尉，[suŋ⁵³kuŋ³³miŋ²⁴san²⁴pai⁵³kau³³tʰai⁵³uei⁵³]

四个字儿岳飞记心怀。[sʅ⁵³kə⁰tsɐr⁵³yɛ⁵³fei³³tɕi⁵³ɕin³³xuai²⁴]

商王武丁战功赫，[ʂaŋ³³uaŋ²⁴u²¹tiŋ³³tsan⁵³kuŋ³³xɤ⁵³]

善说六国展奇才。[san⁵³ʂuɤ³³liou⁵³kuɤ²⁴tsan²¹tɕʰi²⁴tsʰai²⁴]

比干玲珑心七孔儿，[pi²¹kan³³liŋ²⁴luŋ²⁴ɕin³³tɕʰi²⁴kʰũr²¹¹]

姜子牙八十时运来。[tɕiaŋ³³tʂʅ²¹ia²⁴pa³³ʂʅ²⁴ʂʅ²⁴yn⁵³lai²⁴]

九天月宫嫦娥儿女，[tɕiou²¹tʰian³³yɛ⁵³kuŋ³³tʂʰaŋ²⁴ɤr²⁴n̠y²¹¹]

十里长亭别英台。[sʅ²⁴li²¹tsʰaŋ²⁴tʰiŋ²⁴piɛ²⁴iŋ³³tʰai²⁴]

（七）丧葬词《一代文豪号易安》

为你老上的第八十道供菜是：[uei⁵³n̠i²⁴lau²¹ʂaŋ⁵³ti⁰ti⁵³pa³³ʂʅ²⁴tau⁵³kuŋ⁵³tʂʰai⁵³ʂʅ⁵³]

一代文豪号易安，[i²⁴tai⁵³uən²⁴xau²⁴xau⁵³i⁵³an³³]

孙二娘聚义上梁山。[sun³³ɐr⁵³n̠iaŋ²⁴tɕy⁵³i⁵³ʂaŋ⁵³liaŋ²⁴ʂan³³]

三霄女摆下黄河阵，［ʂan³³ɕiau³³ȵy²⁴pai²¹ɕia⁵³xuaŋ²⁴xɤ²⁴tsən⁵³］

张四姐临凡到人间。［tʂaŋ³³ʂʅ⁵³tɕiɛ²¹lin²⁴fan²⁴tau⁵³ʐən²⁴tɕian³³］

武则天称帝治天下，［u²¹tʂɤ²⁴tʰian³³tsʰən³³ti⁵³tʂʅ⁵³tʰian³³ɕia⁵³］

六月雪窦娥蒙奇冤。［liou⁵³yɛ⁵³ɕyɛ²¹tou⁵³ɤ²⁴məŋ²⁴tɕʰi²⁴yan³³］

七仙女儿下凡天仙配，［tɕʰi³³ɕian³³ȵyɚ²¹ɕia⁵³fan²⁴tʰian³³ɕian³³pʰei⁵³］

杨八姐游春心喜欢。［iaŋ²⁴pa³³tɕiɛ²¹iou²⁴tsʰuən³³ɕin³³ɕi²¹xuan³³］

祝九红吊孝肝肠断，［tʂu⁵³tɕiou²¹xuŋ²⁴tiau⁵³ɕiau⁵³kan³³tʂʰaŋ²⁴tuan⁵³］

炼巨石女娲巧补天。［lian⁵³tɕy⁵³ʂʅ²⁴ȵy³³ua³³tɕʰiau²⁴pu²¹tʰian³³］

（八）丧葬词《一代贤儒孔圣人》

为你老上的前十道供菜是：［uei⁵³ȵi²⁴lau²¹ʂaŋ⁵³ti⁰tɕʰian²⁴ʂʅ²⁴tau⁵³kuŋ⁵³tʂʰai⁵³ʂʅ⁵³］

一代贤儒孔圣人，［i²⁴tai⁵³ɕian²⁴ʐu²⁴kʰuŋ²¹ʂəŋ⁵³ʐən²⁴］

武二郎醉打蒋门神。［u²¹ɐr⁵³laŋ²⁴tsuei⁵³ta²⁴tɕiaŋ²¹mən²⁴ʂən²⁴］

三顾茅庐汉刘备，［ʂan²⁴ku⁵³mau²⁴lu²⁴xan⁵³liou²⁴pei⁵³］

张士贵儿狡诈大奸臣。［tsaŋ³³ʂʅ⁵³kuɚ⁵³tɕiau²¹tʂa⁵³ta⁵³tɕian³³tʂʰən²⁴］

五丈原孔明归天位，［u²¹tʂaŋ⁵³yan²⁴kʰuŋ²¹miŋ²⁴kuei⁵³tʰian³³uei⁵³］

六国丞相是苏秦。［liou⁵³kuɤ²¹tsʰəŋ²⁴ɕiaŋ⁵³ʂʅ⁵³su³³tɕʰin²⁴］

杨七郎打擂劈潘豹，［iaŋ²⁴tɕʰi³³laŋ²⁴ta²¹lei⁵³pʰi³³pʰan³³pau⁵³］

八仙过海驾祥云。［pa³³ɕian³³kuɤ⁵³xai²¹tɕia⁵³ɕiaŋ²⁴yn²⁴］

九子赵构建南宋，［tɕiou²¹tʂʅ²¹tʂau⁵³kou⁵³tɕian⁵³nan²⁴ʂuŋ⁵³］

石崇巨富显豪门。［ʂʅ²⁴tʂʰuŋ²¹tɕy⁵³fu⁵³ɕian²¹xau²⁴mən²⁴］

（九）丧葬词《首屈一指将白袍》

为你老上的第二十道供菜是：［uei⁵³ȵi²⁴lau²¹ʂaŋ⁵³ti⁰ti⁵³ɐr⁵³ʂʅ²⁴tau⁵³kuŋ⁵³tʂʰai⁵³ʂʅ⁵³］

首屈一指将白袍，［sou²¹tɕʰy³³i⁵³tʂʅ²¹tɕiaŋ⁵³pai²⁴pʰau²⁴］

和合二仙任逍遥。［xɤ²⁴xɤ²⁴ɐr⁵³ɕian³³ʐən⁵³ɕiau³³iau²⁴］

三请梨花寒江帝，［san³³tɕʰiŋ²¹li²⁴xua³³xan²⁴tɕiaŋ³³ti⁵³］

四个月杨坚灭陈朝。［ʂʅ⁵³kə⁰yɛ⁵³iaŋ²⁴tɕian³³miɛ⁵³tsʰən²⁴tʂau²⁴］

苏武牧羊十九载，［ʂu³³u²¹mu⁵³iaŋ²⁴ʂʅ²⁴tɕiou²⁴tsai²¹¹］

刘六儿起义逞英豪。［liou²⁴liour⁵³tɕʰi²¹i⁵³tsʰəŋ²¹iŋ³³xau²⁴］

水淹七军美关羽，［ʂuei²¹ian³³tɕʰi³³tɕyn³³mei²⁴kuan³³y²¹¹］

周瑜巴丘撇小乔。［tsou³³y²⁴pa³³tɕʰiou³³pʰiɛ³³ɕiau²¹tɕʰiau²⁴］

九伐中原忠良将，［tɕiou²¹fa²⁴tsuŋ³³yan²⁴tsuŋ³³liaŋ²⁴tɕiaŋ⁵³］

王安石变法立功劳。［uaŋ²⁴an³³ʂʅ²⁴pian⁵³fa²¹li⁵³kuŋ³³lau²⁴］

（十）丧葬词《金银二乔过去后》

金银二乔过去后，[tɕin³³in²⁴ɐr⁵³tɕʰiau²⁴kuɤ⁵³tɕʰy⁵³xou⁵³]

迎你老又来了中八仙：[iŋ²⁴ɳi²⁴lau²¹iou⁵³lai²⁴lə⁰tsuŋ³³pa³³ɕian³³]

倒骑毛驴张果儿老，[tau⁵³tɕʰi²⁴mau²⁴ly²⁴tsaŋ³³kuɤ²⁴lau²¹¹]

汉钟离扇子扇得欢。[xan⁵³tʂuŋ³³li²⁴san⁵³tsʅ⁰san³³tei⁰xuan³³]

洞宾老祖手持剑，[tuŋ⁵³pin³³lau²⁴tʂu²⁴ʂou²¹tʂʰʅ²⁴tɕian⁵³]

铁拐李葫芦背后颈边。[tʰiɛ²⁴kuai²⁴li²¹xu²⁴lu⁰pei³³xou⁵³tɕiŋ²¹pian³³]

曹国舅手使阴阳板，[tsʰau²⁴kuɤ²¹tɕiou⁵³ʂou²⁴ʂʅ²¹in³³iaŋ²⁴pan²¹¹]

韩湘子得道终南山。[xan²⁴ɕiaŋ³³tʂʅ²¹tɤ²¹tau⁵³tsuŋ³³nan²⁴ʂan³³]

蓝采和长笛儿吹得好，[lan²⁴tsʰai²¹xɤ²⁴tsʰaŋ²⁴tiər²⁴tsʰuei³³ti⁰xau²¹¹]

何仙姑笊篱扛在肩。[xɤ²⁴ɕian³³ku³³tsau⁵³liʔ⁰kʰaŋ²¹tsai⁵³tɕian³³]

中八仙送你老上归西路，[tsuŋ³³pa³³ɕian³³suŋ⁵³ɳi²⁴lau²¹ʂaŋ⁵³kuei³³ɕi³³lu⁵³]

你老一见心喜欢。[ɳi²⁴lau²¹i²⁴tɕian⁵³ɕin³³ɕi²¹xuan³³]

瑞气萦绕灵棚前，[zuei⁵³tɕʰi⁵³iŋ²⁴iau⁵³liŋ²⁴pʰəŋ²⁴tɕʰian²⁴]

祥云悠悠飘满天。[ɕiaŋ²⁴yn²⁴iou³³iou³³pʰiau³³man²¹tʰian³³]

满堂儿女为你老把行送，[man²¹tʰaŋ²⁴ɚ²⁴ɳy²¹uei⁵³ɳi²⁴lau²⁴pa²¹ɕiŋ²⁴ʂuŋ⁵³]

归西必须经过南海边。[kuei³³ɕi³³pi⁵³ɕy³³tɕiŋ³³kuɤ⁵³nan²⁴xai²¹pian³³]

观世音送你老莲花团，[kuan³³sʅ⁵³in³³suŋ⁵³ɳi²⁴lau²¹lian²⁴xua³³tʰuan²⁴]

你老脚踏莲花上西天。[ɳi²⁴lau²⁴tɕiau²¹tʰa⁵³lian²⁴xua³³ʂaŋ⁵³ɕi³³tʰian³³]

你老安然升天界，[ɳi²⁴lau²¹an³³zan²⁴səŋ³³tʰian³³tɕiɛ⁵³]

迎你老又来了上八仙。[iŋ²⁴ɳi²⁴lau²¹iou⁵³lai²⁴lə⁰ʂaŋ⁵³pa³³ɕian³³]

要说仙，净说仙，[iau⁵³ʂuɤ³³ɕian³³，tɕiŋ⁵³ʂuɤ³³ɕian³³]

听我把上八仙再报一番：[tʰiŋ³³uɤ²⁴pa²¹ʂaŋ⁵³pa³³ɕian³³tsai⁵³pau⁵³i⁵³fan³³]

东指东海东方朔，[tuŋ³³tʂʅ²¹tuŋ³³xai²¹tuŋ³³faŋ³³ʂuɤ⁵³]

还有长眉李大仙。[xai⁵³iou²¹tsʰaŋ²⁴mei²⁴li²¹ta⁵³ɕian³³]

南指南海南极子，[nan²⁴tsʅ²¹nan²⁴xai²¹nan²⁴tɕi²⁴tʂʅ²¹¹]

陈塘老祖到身边。[tsʰən²⁴tʰaŋ²⁴lau²⁴tsu²¹tau⁵³sən³³pian³³]

王禅王敖亲哥儿俩，[uaŋ²⁴tʂʰan²⁴uaŋ²⁴au²⁴tɕʰin³³kɤr³³lia²¹¹]

孙膑骑牛把拐端。[ʂuən³³pin⁵³tɕʰi²⁴ɳiou²⁴pa²⁴kuai²¹tuan³³]

上八仙还有最后一位，[saŋ⁵³pa³³ɕian³³xai⁵³iou²¹tsuei⁵³xou⁵³i²⁴uei⁵³]

就是偷桃孝母的小白猿。[tɕiou⁵³ʂʅ⁵³tʰou²⁴tʰau²⁴ɕiau⁵³mu²¹ti⁰ɕiau²¹pai²⁴yan²⁴]

金童玉女同陪伴，[tɕin³³tʰuŋ²⁴y⁵³ɳy²¹tʰuŋ²⁴pʰei²⁴pan⁵³]

护送你老到西天。[xu⁵³ʂuŋ⁵³ɳi²⁴lau²¹tau⁵³ɕi³³tʰian³³]

一到西天见佛祖，[i²⁴tau⁵³ɕi³³tʰian³³tɕian⁵³fɤ²⁴tsu²¹¹]

佛祖封你老是神仙。［fɤ²⁴tʂu²¹fəŋ³³n̠i²⁴lau²¹sɿ⁵³sən²⁴ɕian³³］

你老在天之灵多保佑，［n̠i²⁴lau²¹tsai⁵³tʰian³³tsɿ³³liŋ²⁴tuɤ³³pau²¹iou⁵³］

保佑子孙后代前程似锦，［pau²¹iou⁵³tsɿ²¹suən³³xou⁵³tai⁵³tɕʰian²⁴tsʰəŋ²⁴sɿ⁵³tɕin²¹¹］

富贵荣华万万年！［fu⁵³kuei⁵³ʐuŋ²⁴xua⁵³uan⁵³uan⁵³n̠ian²⁴］

（十一）丧葬词《松花江的鲤鱼》

松花江的鲤鱼，［suŋ³³xua³³tɕiaŋ³³təʰli²¹y²⁴］

渤海湾的虾。［pɤ²⁴xai²¹uan³³tiʰɕia³³］

沟帮的烧鸡，［kou³³paŋ³³tiʰsau³³tɕi³³］

北京的板儿鸭。［pei²¹tɕiŋ³³tiʰpɐr²¹ia³³］

吐鲁番的葡萄，［tʰu²⁴lu²¹fan³³tiʰpʰu²⁴tʰouʰ］

新疆的哈密瓜。［ɕin³³tɕiaŋ³³tiʰxa²¹mi⁵³kua³³］

山中走兽云中燕［ʂan³³tʂuŋ³³tsou²¹ʂou⁵³yn²⁴tʂuŋ³³yan⁵³］

陆地牛羊海底鲜。［lu⁵³ti⁵³n̠iou²¹iaŋ²⁴xai²⁴ti²¹ɕian³³］

猴头儿燕儿窝儿鲨鱼翅，［xou²⁴tʰour²⁴iɐr⁵³uɤr³³ʂa³³y²⁴tsʰɿ⁵³］

驼蹄熊掌鹿肉干。［tʰuɤ²⁴tʰi²⁴ɕyŋ²⁴tʂaŋ²¹lu⁵³ʐou⁵³kan³³］

大刀切，小刀儿拦，［ta⁵³tau⁵³tɕʰiɛ³³, ɕiau²¹taur³³lan²⁴］

厨师手艺不一般。［tʂʰu²⁴ʂɿ³³ʂou²¹i⁵³pu²⁴i⁵³pan³³］

大刀切的色子块儿，［ta⁵³tau³³tɕʰiɛ³³tiʰsai²¹sɿ⁵³kʰuɐr⁵³］

小刀儿拦的柳叶尖。［ɕiau²¹taur³³lan²⁴tiʰliou²¹iɛ⁵³tɕian³³］

一招熘炒三鲜美，［i⁵³tʂau³³liou³³tʂʰau²¹san³³ɕian³³mei²¹¹］

精致调和五味全。［tɕiŋ³³tsɿ⁵³tʰiau²⁴xɤ²⁴u²¹uei⁵³tɕʰyan²⁴］

为你老准备［uei⁵³n̠i²⁴lau²¹tsuən²¹pei⁵³］

丰盛的酒席宴菜，［fəŋ³³ʂəŋ⁵³tiʰtɕiou²¹ɕi²⁴ian⁵³tsʰai⁵³］

你老慢饮慢用，多吃多喝。［n̠i²⁴lau²¹man²¹in²¹man⁵³yŋ⁵³, tuɤ³³tʂʰɿ³³tuɤ³³xɤ³³］

吃饱喝足，［tsʰɿ³³pau²¹xɤ³³tʂu²⁴］

好送你老驾鹤西游，［xau²¹suŋ⁵³n̠i²⁴lau²¹tɕia³³xɤ³³ɕi³³iou²⁴］

直奔极乐世界。［tʂɿ²⁴pən⁵³tɕi²⁴lɤ⁵³ʂɿ⁵³tɕiɛ⁵³］

（十二）丧葬词《梁山蔡庆一枝花》

为你老上的第四十道供菜是：［uei⁵³n̠i²⁴lau²¹ʂaŋ⁵³təʰti⁵³sɿ⁵³sɿ²⁴tau⁵³kuŋ⁵³tʂʰai⁵³sɿ⁵³］

梁山蔡庆一枝花，［liaŋ²⁴ʂan³³tsʰai⁵³tɕʰiŋ⁵³i⁵³tʂɿ³³xua³³］

杨二郎下山把孙猴儿抓。［iaŋ²⁴ɐr⁵³laŋ²⁴ɕia⁵³ʂan³³pa²¹sun³³xour²⁴tʂua³³］

三口铜铡包文正，［san³³kʰou²¹tʰuŋ²⁴tʂa²⁴pau³³uən²⁴tʂəŋ⁵³］

四郎探母转回家。［sɿ⁵³laŋ²⁴tʰan⁵³mu²⁴tsuan²¹xuei²⁴tɕia³³］

五马分尸商鞅死，［u²⁴ma²¹fən³³ʂʅ³³ʂaŋ³³iaŋ³³ʂʅ²¹¹］
六出祁山把兵发。［liou⁵³tʂʰu²⁴tɕʰi²⁴san³³pa²¹piŋ³³fa³³］
七擒孟获常胜将，［tɕʰi³³tɕʰin²⁴məŋ²⁴xuɤ⁵³tʂʰaŋ²⁴ʂəŋ⁵³tɕiaŋ⁵³］
八弟罗成把敌杀。［pa²⁴ti⁵³luɤ²⁴tsʰəŋ²⁴pa²¹ti²⁴sa³³］
九方埋春秋善识马，［tɕiou²¹faŋ³³in³³tʂʰuən³³tɕʰiou³³ʂan⁵³ʂʅ²⁴ma²¹¹］
十签儿易经人人夸。［sʅ²⁴tɕʰiɐr³³i⁵³tɕiŋ³³ʐən²⁴ʐən²⁴kʰua³³］

（十三）丧葬词《要抽烟不犯难》

要抽烟不犯难，［iau⁵³tsʰou³³ian³³pu²⁴fan⁵³nan²⁴］
听我把烟名儿报个全：［tʰiŋ³³uɤ²⁴pa²¹ian³³miə̃r²⁴pau⁵³kə⁰tɕʰyan²⁴］
大福红梅老仁义，［ta⁵³fu²⁴xuŋ²⁴mei²⁴lau²¹ʐən²⁴i⁵³］
国宾熊猫儿红塔山。［kuɤ²⁴pin³³ɕyŋ²⁴maur³³xuŋ²⁴tʰa²¹ʂan³³］
三五良友大重九，［san³³u²¹liaŋ²⁴iou²¹ta⁵³tʂʰuŋ²⁴tɕiou²¹¹］
中华红河红牡丹。［tsuŋ³³xua²⁴xuŋ²⁴xɤ²⁴xuŋ²⁴mu²¹tan³³］
画苑八喜黄果儿树，［xua⁵³yan⁵³pa³³ɕi²¹xuaŋ²⁴kuɤr²¹ʂu⁵³］
石林吉庆长白山。［sʅ²⁴lin²⁴tɕi²⁴tɕʰiŋ⁵³tsʰaŋ²⁴pai²⁴san³³］
你老抽了这颗烟，［ȵi²⁴lau²¹tsʰou³³lə⁰tsei⁵³kʰɤ³³ian³³］
一到九天成神仙。［i²⁴tau⁵³tɕiou²¹tʰian³³tsʰəŋ²⁴ʂən²⁴ɕian³³］

（十四）丧葬词《一盏明灯亮堂堂》

一张儿供桌儿摆灵前，［i⁵³tsãr³³kuŋ⁵³tʂuɤr³³pai²¹liŋ²⁴tɕʰian²⁴］
杯盘筷箸摆得全。［pei³³pʰan²⁴kʰuai⁵³tʂu²⁴pai²¹ti⁰tɕʰyan²⁴］
满满斟上三杯酒，［man²⁴man²¹tsən³³saŋ⁵³san³³pei³³tɕiou²¹¹］
你老一见心喜欢。［ȵi²⁴lau²¹i²⁴tɕian⁵³ɕin³³ɕi²¹xuan³³］
头杯酒敬苍天，［tʰou²⁴pei³³tɕiou²¹tɕiŋ⁵³tsʰaŋ³³tʰian³³］
这杯美酒泼天边。［tsei⁵³pei³³mei²⁴tɕiou²¹pʰɤ³³tʰian³³pian³³］
二杯酒敬土地，［ɐr⁵³pei³³tɕiou²¹tɕiŋ⁵³tʰu²¹ti⁵³］
这杯美酒泼平川。［tsei⁵³pei³³mei²⁴tɕiou²¹pʰɤ³³pʰiŋ²⁴tsʰuan³³］
三杯酒专为你老用，［san³³pei³³tɕiou²¹tsuan³³uei⁵³ȵi²⁴lau²¹yŋ⁵³］
你老就把酒杯端。［ȵi²⁴lau²¹tɕiou⁵³pa²⁴tɕiou²¹pei³³tuan³³］
头口喝得甜如蜜，［tʰou³³kʰou²¹xɤ³³tə⁰tʰian²⁴ʐu³³mi⁵³］
二口喝得比蜜甜。［ɐr⁵³kʰou²¹xɤ³³tə⁰pi²¹mi⁵³tʰian²⁴］
有心多饮几杯酒，［iou²¹ɕin³³tuɤ³³in²⁴tɕi²¹pei³³tɕiou²¹¹］
心里暗自打算盘。［ɕin³³li²¹an⁵³tʂʅ⁵³ta²¹suan⁵³pʰan²⁴］

事儿多想，[ʂər⁵³tuɤ³³ɕiaŋ²¹¹]

酒少贪。[tɕiou²⁴ʂau²¹tʰan³³]

聚精会神还得闯阴阳界，[tɕy⁵³tɕiŋ³³xuei⁵³ʂən²⁴xai⁵³tei²⁴tsʰuaŋ²¹in³³iaŋ²⁴tɕiɛ⁵³]

过鬼门关。[kuɤ⁵³kuei²¹mən²⁴kuan³³]

（十五）丧葬词《金斗银斗加彩电》

你的孝男孝女为你老办置的：[ȵi²¹tə⁰ɕiau⁵³nan²⁴ɕiau⁵³ȵy²¹uei⁵³ȵi²⁴lau²¹pan⁵³tʂʅ⁵³tə⁰]

金斗银斗加彩电，[tɕin³³tou²¹in²⁴tou²¹tɕia³³tsʰai²¹tian⁵³]

条幡球幡有花圈。[tʰiau²⁴fan³³tɕʰiou²⁴fan³³iou²¹xua³³tɕʰyan³³]

豪华儿轿车刚进口，[xau²⁴xuar²⁴tɕiau⁵³tʂʅ⁸³³kaŋ³³tɕin⁵³kʰou²¹¹]

高级公寓三套间。[kau³³tɕi⁵³kuŋ³³y⁵³san²⁴tʰau⁵³tɕian³³]

老太公，这匹马真好看，[lau²¹tʰai²⁴kuŋ³³,tsei⁵³pʰi³³ma²¹tsən³³xau²¹kʰan⁵³]

肚又大，腰也圆。[tu⁵³iou⁵³ta⁵³,iau³³iɛ²¹yan²⁴]

丈二长，身不短，[tsaŋ⁵³ɐr⁵³tʂʰaŋ²⁴,ʂən³³pu⁵³tuan²¹¹]

高儿八尺，赛虎獾。[kaur³³pa³³tsʰʅ²¹¹,ʂai⁵³xu²¹xuan³³]

鬃枣红，如火炭，[tʂuŋ⁵³tʂau²¹xuŋ²⁴,ʐu²⁴xuɤ²¹tʰan⁵³]

半根儿杂毛儿都不见。[pan⁵³kər³³tsa²⁴maur³³tou³³pu²⁴tɕian⁵³]

四蹄圆，雪里站，[sʅ⁵³tʰi²⁴yan²⁴,ɕyɛ²⁴li²¹tsan⁵³]

鬃尾好似千条线。[tʂuŋ³³uei²⁴xau²¹sʅ⁵³tɕʰian³³tʰiau²⁴ɕian⁵³]

能穿山，能跳涧，[nəŋ²⁴tʂʰuan³³ʂan³³,nəŋ³³tʰiau⁵³tɕian⁵³]

咴儿咴儿大叫声不断。[xuər³³xuər³³ta³³tɕiau⁵³ʂən³³pu²⁴tuan⁵³]

慢八百，紧一千，[man⁵³pa³³pai²¹¹,tɕin²¹i⁵³tɕʰian³³]

日行千里都嫌慢。[ʐʅ⁵³ɕiŋ²⁴tɕʰian³³li²⁴tou²⁴ɕian²⁴man⁵³]

火龙飞下九天来，[xuɤ²¹luŋ²⁴fei³³ɕia⁵³tɕiou²¹tʰian³³lai²⁴]

万两黄金无处换。[uan⁵³liaŋ²¹xuaŋ²⁴tɕin³³u²⁴tʂʰu⁵³xuan⁵³]

背上钱褡装得满，[pei⁵³saŋ⁵³tɕʰian²⁴ta³³tsuaŋ³³ti⁰man²¹¹]

内有冥钞千千万。[nei⁵³iou²¹miŋ²⁴tsʰau³³tɕʰian³³tɕʰian³³uan⁵³]

你老跨上这匹马，[ȵi²⁴lau²¹kʰua⁵³ʂaŋ⁵³tsei⁵³pʰi³³ma²¹¹]

怡然自得随心愿。[i²⁴ʐan²⁴tsʅ⁵³tɤ²¹ʂuei²⁴ɕin³³yan⁵³]

（十六）丧葬词《开天辟地到如今》

开天辟地到如今，[kʰai³³tʰian³³pʰi²¹ti⁵³tau⁵³ʐu²⁴tɕin³³]

人留后世草留根。[ʐən²⁴liou²⁴xou⁵³ʂʅ⁵³tsʰau²¹liou²⁴kən³³]

人留后世防备老，[ʐən²⁴liou²⁴xou⁵³ʂʅ⁵³faŋ²⁴pei⁵³lau²¹¹]

草留根恒待来春。[tsʰau²¹liou²⁴kən³³xəŋ²⁴tai⁵³lai²⁴tʂʰuən³³]

东海年年添溪水，［tuŋ³³xai²¹n̠ian²⁴n̠ian²⁴tʰian³³ɕi³³ʂuei²¹¹］

西山层层起浮云。［ɕi³³san³³tsʰəŋ²⁴tʂʰəŋ²⁴tɕʰi²¹fu²⁴yn²⁴］

西山起云云不断，［ɕi³³ʂan³³tɕʰi²¹yn²⁴yn²⁴pu²⁴tuan⁵³］

东海添水水不深。［tuŋ³³xai²¹tʰian³³suei²⁴suei²¹pu⁵³ʂən³³］

三国有位诸葛亮，［ʂan³³kuɤ²⁴iou²¹uei⁵³tʂu³³kɤ²¹liaŋ⁵³］

明朝出个刘伯温。［miŋ²⁴tʂʰau²⁴tʂʰu³³kə⁰liou²⁴pai²¹uən³³］

这两位古人不得了，［tsei⁵³liaŋ²¹uei⁵³ku²¹z̠ən²⁴pu⁵³tɤ²⁴liau²¹¹］

能掐会算功夫深。［nəŋ²⁴tɕʰia³³xuei⁵³ʂuan⁵³kuŋ³³fu⁰ʂən³³］

任你道行再深远，［z̠ən⁵³n̠i²¹tau⁵³xəŋ⁰tsai⁵³sən³³yan²¹¹］

谁人也无力扭乾坤。［sei²⁴z̠ən²⁴iɛ²¹u²⁴li⁵³n̠iou²¹tɕʰian²⁴kʰuən³³］

生死原本由天命，［ʂəŋ³³ʂʅ²¹yan²⁴pən²¹iou²⁴tʰian³³miŋ⁵³］

要挽留太公枉费心。［iau⁵³uan²¹liou²⁴tʰai⁵³kuŋ³³uaŋ²¹fei⁵³ɕin³³］

人吃土来皆欢喜，［z̠ən²⁴tʂʰʅ³³tʰu²¹lai²⁴tɕiɛ³³xuan³³ɕi²¹¹］人吃土：人吃土里长出来的食物

土吃人来泪纷纷。［tʰu²¹tʂʰʅ³³z̠ən²⁴lai²⁴lei⁵³fən³³fən³³］土吃人：人死后埋在地下

我说此话您不信，［uɤ²¹ʂuɤ³³tʂʰʅ²¹xua³³n̠in²⁴pu²⁴ɕin⁵³］

墓地每天不添新坟？［mu⁵³ti⁵³mei²¹tʰian³³pu⁵³tʰian³³ɕin³³fən²⁴］

人世轮回阴阳界，［z̠ən²⁴sʅ⁵³luən²⁴xuei²⁴in³³iaŋ²⁴tɕiɛ⁵³］

自古延续到如今。［tʂʅ⁵³ku²¹ian²⁴ɕy⁵³tau⁵³z̠u²⁴tɕin³³］

（以上由发音人曲占奎提供）

集　贤

一　歌谣

七星峰

没有人知道你，［mei iəu ʐən tʂʅ tau ɲi］

到底有多少传奇，［tau ti iəu tuɤ ʂau tʂʰuan tɕʰi］

古老的故事是那么动人，［ku lau ti ku ʂʅ ʂʅ na mə tuŋ ʐən］

那么美丽。［na mə mei li］

没有人知道你，［mei iəu ʐən tʂʅ tau ɲi］

究竟有多么神秘，［tɕiəu tɕiŋ iəu tuɤ mə ʂən mi］

那沧海桑田的变迁，［na tsʰaŋ xai saŋ tʰian ti pian tɕʰian］

镌刻在你的身躯，［tɕyan kʰɤ tsai ɲi ti ʂən tɕʰy］

啊，镌刻在你的身躯。［a，tɕyan kʰɤ tsai ɲi ti ʂən tɕʰy］

吁，［y］

松涛林海是你的秀发，［suŋ tʰau lin xai ʂʅ ɲi ti ɕiəu fa］

流霞飞瀑是你的纱衣，［liəu ɕia fei pʰu ʂʅ ɲi ti ʂa i］

斜阳晚晴是你的笑脸，［ɕiɛ iaŋ uan tɕʰiŋ ʂʅ ɲi ti ɕiau lian］

啊，安邦河水是你的裙裙。［a，an paŋ xɤ ʂuei ʂʅ ɲi ti tɕʰyn tɕʰyn］

吁，［y］

啊，七星峰，［a，tɕʰi ɕiŋ fəŋ］

啊，完达山脉第一峰。［a，uan ta ʂan mai ti i fəŋ］

你播撒着绿色，［ɲi pɤ sa tʂɤ ly sɤ］

照亮了蓝天，［tʂau liaŋ liau lan tʰian］

呵护着生灵，［xɤ xu tʂɤ ʂəŋ liŋ］

福佑着大地！［fu iəu tʂɤ ta ti］

（以上由发音人王圆圆提供）

二　规定故事

牛郎和织女

今天给大家讲一段儿［tɕin³³tʰian³³kei²¹ta⁵³tɕia³³tɕiaŋ²¹i²⁴tuɐr⁵³］

神话儿故事，［sən²⁴xuar⁵³ku⁵³ʂɻ⁰］

题目叫《牛郎织女》。［tʰi²⁴mu⁵³tɕiau⁵³《ȵiəu²⁴laŋ²⁴tsɻ³³ȵy²¹²》］

很古很古以前，［xən²⁴ku²¹xən²⁴ku²⁴i²¹tɕʰian²⁴］

有一个小伙子，孤苦啊，［iəu²¹i²⁴kə⁰ɕiau²⁴xuɤ²¹tsɻ⁰，ku³³kʰu²¹a⁰］

父母去世了，［fu⁵³mu²¹tɕʰy⁵³sɻ⁵³lə⁰］

自己孤苦伶仃，［tsɻ⁵³tɕi²¹ku³³kʰu²¹liŋ²⁴tiŋ³³］

就和一头老牛相依为命。［tɕiəu⁵³xɤ²⁴i⁵³tʰəu²⁴lau²¹ȵiəu²⁴ɕiaŋ³³i³³uei²⁴miŋ⁵³］

他靠老牛和他一起，［tʰa³³kʰau⁵³lau²¹ȵiəu²⁴xɤ²⁴tʰa³³i⁵³tɕʰi²¹²］

耕地，种庄稼生活儿。［kəŋ³³ti⁵³，tsuŋ⁵³tʂuaŋ³³tɕia⁰səŋ³³xuɤr²⁴］

这个老牛实际就是［tsei⁵³kə⁰lau²¹ȵiəu²⁴sɻ²⁴tɕi⁵³tɕiəu⁵³ʂɻ⁵³］

天上的金牛星下凡，［tʰian³³ʂaŋ⁰tə⁰tɕin³³ȵiəu²⁴ɕiŋ³³ɕia⁵³fan²⁴］

它为了帮助小伙子，［tʰa³³uei⁵³lə⁰paŋ³³tʂu⁰ɕiau²⁴xuɤ²¹tsɻ⁰］

它看小伙子勤劳，［tʰa³³kʰan⁵³ɕiau²⁴xuɤ²¹tsɻ⁰tɕʰin²⁴lau²⁴］

为了帮助他，［uei⁵³lə⁰paŋ³³tʂu⁵³tʰa⁰］

为他娶一个妻子，［uei⁵³tʰa³³tɕʰy²¹i²⁴kə⁰tɕʰi⁵⁵tsɻ⁰］

所以下凡来和他相依为命。［ʂɤ²⁴i²¹ɕia⁵³fan²⁴lai²⁴xɤ²⁴tʰa³³ɕiaŋ³³i³³uei⁵³miŋ⁵³］

有一天，［iəu²¹i⁵³tʰian³³］

老牛得到一个消息，［lau²¹ȵiəu²⁴tɤ²¹tau⁵³i²⁴kə⁰ɕiau³³ɕi⁰］

说天上的仙女，［ʂuɤ³³tʰian³³ʂaŋ⁰tiɤ⁰ɕian³³ȵy²¹²］

要到他们村子的［iau⁵³tau⁵³tʰa³³mən⁰tsʰuən³³tsɻ²¹ti⁰］

东边儿的山脚儿下，［tuŋ³³piɐr³³ti⁰san³³tɕiaur²¹ɕia⁵³］

呃，有一个湖里洗澡儿。［ə⁰，iəu²¹i²⁴kə⁰xu²⁴li⁰ɕi²⁴tʂaur²¹²］

它老牛告诉牛郎，［tʰa³³lau²¹ȵiəu²⁴kau⁵³ʂu⁵³ȵiəu²⁴laŋ²⁴］

你第二天早晨，清晨过去，［ȵi²¹ti⁵³ɐr⁵³tʰian³³tsau²¹tʂʰən²⁴，tɕʰiŋ³³tʂʰən²⁴kuɤ⁵³tɕʰy⁰］

她们那个仙女正在湖里，［tʰa³³mən⁴⁴nei⁵³kə⁰ɕian³³ȵy²¹tʂəŋ⁵³tsai⁵³xu²⁴li²¹²］

戏水，［ɕi⁵³ʂuei²¹²］

你就挑，［ȵi²¹tɕiəu⁵³tʰiau³³］

挂在树上的那件儿衣服［kua⁵³tʂai⁵³ʂu⁵³ʂaŋ⁵³ti⁰nei⁵³tɕiɐr⁵³i³³fu⁰］

把它拿回来，［pa²¹tʰa³³na²⁴xuei²⁴lai⁰］

那么的，[na⁵³mə⁰tə⁰]

她就成为你的，[tʰa³³tɕiəu⁵³tsʰəŋ²⁴uei⁵³n̠i²¹tə⁰]

她就会成为你的妻子。[tʰa³³tɕiəu⁵³xuei⁵³tsʰəŋ²⁴uei⁵³n̠i²¹tə⁰tɕʰi³³tsʅ⁰]

牛郎有些不信，[n̠iəu²⁴laŋ²⁴iəu²¹ɕiɛ³³pu²⁴ɕin⁵³]

但是第二天早晨，[tan⁵³sʅ⁵³ti⁵³ɐr⁵³tʰian³³tsau²¹tʂʰən⁰]

呃，他就，[ə⁰，tʰa³³tɕiəu⁵³]

按照牛，[an⁵³tʂau⁵³n̠iəu²⁴]

老牛说的这话，去了。[lau²¹n̠iəu²⁴ʂuɤ³³tə⁰tsei⁵³xua⁵³，tɕʰy⁵³lə⁰]

他在朦胧中看到，[tʰa³³tsai⁵³məŋ³³luŋ³³tʂuŋ³³kʰan⁵³tau⁵³]

果然，湖里有七个仙女，[kuɤ²¹ian²⁴，xu²⁴li²⁴iəu²¹tɕʰi²⁴kə⁰ɕian³³n̠y²¹²]

在那儿里洗澡儿，[tsai⁵³nər⁵³li²¹ɕi²⁴tʂaur²¹²]

于是他就按照[y²⁴sʅ⁵³tʰa³³tɕiəu⁵³an⁵³tʂau⁵³]

老牛的指、指引，[lau²¹n̠iəu²⁴ti⁰tsʅ²¹、tsʅ²⁴in²¹²]

拿走了挂在树上的一个粉红，[na²⁴tʂəu²¹lə⁰kua⁵³tsai⁵³ʂu⁵³ʂaŋ⁵³tə⁰i²⁴kə⁰fən²¹xuŋ²⁴]

一件儿粉红的衣服跑回家。[i²⁴tɕiɐr⁵³fən²¹xuŋ²⁴tə⁰i³³fu⁰pau²¹xuei²⁴tɕia³³]

到了晚，到了晚上，[tau⁵³lə⁰uan²¹，tau⁵³lə⁰uan²¹ʂaŋ⁰]

一个仙女，[i²⁴kə⁰ɕian³³n̠y²¹²]

飘飘悠悠地[pʰiau³³pʰiau³³iəu³³iəu³³ti⁰]

来到了他们家的门口儿，[lai²⁴tau⁵³lə⁰tʰa³³mən⁰tɕia³³ti⁰mən²⁴kʰəur²¹²]

敲了门，[tɕʰiau³³lə⁰mən²⁴]

走进他的屋里，[tsəu²¹tɕin⁵³tʰa³³tə⁰u³³li²¹²]

于是牛郎就和这个仙女[y²⁴sʅ⁵³n̠iəu²⁴laŋ²⁴tɕiəu⁵³xɤ²⁴tʂei⁵³kə⁰ɕian³³n̠y²¹]

成了夫妻。[tsʰəŋ²⁴lə⁰fu³³tɕʰi³³]

三年之后，[san³³n̠ian²⁴tsʅ³³xəu⁵³]

夫妻生活得非常幸福，[fu³³tɕʰi³³səŋ³³xuɤ²⁴tə⁰fei³³tʂʰaŋ²⁴ɕiŋ⁵³fu²¹²]

生了一男一女两个孩子，[səŋ³³lə⁰i⁵³nan²⁴i⁵³n̠y²¹liaŋ²¹kə⁰xai²⁴tsʅ⁰]

生活过得很美满。[səŋ³³xuɤ²⁴kuɤ⁵³tə⁰xən²¹mei²⁴man²¹²]

但是仙女下凡这件事，[tan⁵³sʅ⁵³ɕian³³n̠y²¹ɕia⁵³fan²⁴tsei⁵³tɕian⁵³sʅ⁵³]

被玉皇大帝知道了，[pei⁵³y⁵³xuaŋ²⁴ta⁵³ti⁵³tsʅ³³tau⁵³lə⁰]

于是他就催仙女[y²⁴sʅ⁵³tʰa³³tɕiəu⁵³tsʰuei³³ɕian³³n̠y²¹²]

归回天庭。[kuei³³xuei²⁴tʰian³³tʰiŋ²⁴]

一天晚上，[i⁵³tʰian³³uan²¹ʂaŋ⁵³]

雷雨大作，[lei²⁴y²¹ta⁵³tʂuɤ⁵³]

闪电雷鸣，[san²¹tian⁵³lei²⁴miŋ²⁴]

狂风骤起，[kʰuaŋ²⁴fəŋ³³tsəu⁵³tɕʰi²¹²]

不一会儿仙女也就没了。[pu⁵³i²⁴xuər⁵³ɕian³³n̠y²⁴iɛ²¹tɕiəu⁵³mei²⁴lə⁰]

仙女一没,[ɕian³³n̠y²¹i⁵³mei²⁴]

两个孩子就找妈妈,[liaŋ²¹kə⁰xai²⁴tʂʅ⁰tɕiəu⁵³tsau²¹ma³³ma⁰]

哭喊着喊妈妈。[kʰu³³xan²¹tʂə⁰xan²¹ma³³ma⁰]

就在这关键时刻,[tɕiəu⁵³tʂai⁵³tʂɤ⁵³kuan³³tɕian⁵³sʅ²⁴kʰɤ⁵³]

老牛就说话了,告诉他:[lau²¹n̠iəu²⁴tɕiəu⁵³ʂuɤ³³xua²¹lə⁰, kau⁵³ʂu⁰tʰa³³]

"你把我的角取下来,["n̠i²¹pa²⁴uɤ²¹ti⁰tɕiau²¹tɕʰy²¹ɕia⁵³lai⁰]

把我两只角取下来,[pa²⁴uɤ²¹liaŋ²¹tsʅ³³tɕiau²⁴tɕʰy²¹ɕia⁵³lai⁰]

变成两个箩筐,[pian⁵³tʂʰəŋ²⁴liaŋ²¹kə⁰luɤ²⁴kʰuaŋ³³]

装着孩子[tsuaŋ³³tsə⁰xai²⁴tsʅ⁰]

就可以追到仙女织女。"[tɕiəu⁵³kʰɤ²⁴i²¹tsuei³³tau⁵³ ɕian³³n̠y²¹tsʅ³³n̠y²¹² 。"]

牛郎有点儿不相信,[n̠iəu²⁴laŋ²⁴iəu²⁴tiɐr²¹pu²⁴ɕiaŋ³³ɕin⁵³]

正说着牛就,[tsəŋ⁵³ʂuɤ³³tʂə⁰n̠iəu²⁴tɕiəu⁵³]

牛呢两只角就掉在地上,[n̠iəu²⁴n̠i⁰liaŋ²¹tsʅ³³tɕiau²¹tɕiəu⁵³tiau⁵³tsai⁵³ti⁵³saŋ⁰]

一会儿就变成了两只箩筐。[i²⁴xuər⁵³tɕiəu⁵³pian⁵³tʂʰəŋ²⁴lə⁰liaŋ²¹tsʅ³³luɤ²⁴kʰuaŋ³³]

牛郎赶紧把两个孩子[n̠iəu²⁴laŋ²⁴kan²⁴tɕin²⁴pa²⁴liaŋ²¹kə⁰xai²⁴tsʅ⁰]

装进箩筐,[tsuaŋ³³tɕin⁵³luɤ²⁴kʰuaŋ³³]

拿起扁担,[na²⁴tɕʰi²⁴pian²¹tan⁰]

挑起两只箩筐,[tʰiau³³tɕʰi⁰liaŋ²¹tsʅ³³luɤ²⁴kʰuaŋ³³]

刚要出门儿就飘、飘起来,[kaŋ³³iau⁵³tʂʰu³³mər²⁴tɕiəu⁵³pʰiau³³、pʰiau³³tɕʰi²¹lai⁰]

于是就飘起来,飞向空中。[y²⁴sʅ⁵³tɕiəu⁵³pʰiau³³tɕʰi²¹lai⁰, fei³³ɕiaŋ⁵³kʰuŋ³³tʂuŋ³³]

风驰电掣般地,[fəŋ³³tsʰʅ²⁴tian⁵³tʂʰɤ⁵³pan³³ti⁰]

向,去追仙女。[ɕiaŋ⁵³, tɕʰy⁵³tsuei³³ɕian³³n̠y²¹²]

追着追着,[tsuei³³tsau⁰tsuei³³tsau⁰]

眼看就要追到仙女了,[ian²¹kʰan⁵³tɕiəu⁵³iau⁵³tsuei³³tau⁵³ɕian³³n̠y²¹lə⁰]

这时候儿王母娘娘发现了,[tʂɤ⁵³ʂʅ²⁴xəur⁰uaŋ²⁴mu²¹n̠iaŋ²⁴n̠iaŋ²⁴fa³³ɕian⁵³lə⁰]

拔下她头后的金、金簪,[pa²⁴ɕia⁵³tʰa³³tʰəu²⁴xou⁵³tə⁰tɕin³³、tɕin³³tsan³³]

在牛郎和织女之间[tsai⁵³n̠iəu²⁴laŋ²⁴xɤ²⁴tsʅ³³n̠y²¹tsʅ³³tɕian³³]

划了一道,[xua⁵³lə⁰i²⁴tau⁵³]

于是就变成了[y²⁴sʅ⁵³tɕiəu⁵³pian⁵³tʂʰəŋ²⁴lə⁰]

滔滔滚滚的这个天河,[tʰau³³tʰau³³kuən²⁴kuən²¹tə⁰tʂei⁵³kə⁰tʰian³³xɤ²⁴]

把俩牛郎和织女隔开。[pa²⁴lia²¹n̠iəu²⁴laŋ²⁴xɤ²⁴tsʅ³³n̠y²¹kɤ²⁴kʰai³³]

这个美丽的爱情传说儿,[tʂei⁵³kə⁰mei²¹li⁵³ti⁰ai⁵³tɕʰiŋ²⁴tʂʰuan²⁴ʂuɤr³³]

得到了同情,[tɤ²¹tau⁵³lə⁰tʰuŋ²⁴tɕʰiŋ²⁴]

喜鹊们飞来了，[ɕy²¹tɕʰyɛ⁵³mən²⁴fei³³lai²⁴lə⁰]

它们成千上万地飞来，[tʰa³³mən⁰tsʰəŋ²⁴tɕʰian³³san⁵³uan⁵³tə⁰fei³³lai²⁴]

它们互相儿衔着尾巴，[tʰa³³mən⁰xu⁵³ɕiãr³³ɕian²⁴tʂəu⁰uei²¹pa⁰]

在万里长城中搭上了一个，[tsai⁵³uan⁵³li²¹tsʰaŋ²⁴tʰəŋ²⁴tʂuŋ³³ta³³ʂaŋ⁵³lə⁰i²⁴kə⁰]万里
长城：口误，音标按实际读音记录

呃，在这个银河呀上[ə⁰,tsai⁵³tʂei⁵³kə⁰in²⁴xɤ²⁴ia⁰saŋ⁵³]

搭了一个鹊桥。[ta³³lə⁰i²⁴kə⁰tɕʰyɛ⁵³tɕʰiau²⁴]

这样儿牛郎和织女，[tsɤ⁵³iãr⁵³ȵiəu²⁴laŋ²⁴xɤ²⁴tsʅ³³ȵy²¹²]

在每年的七月七日，[tsai⁵³mei²¹ȵian²⁴tə⁰tɕʰi²⁴yɛ⁵³tɕʰi²⁴zʅ⁵³]

在鹊桥上就相会了。[tsai⁵³tɕʰyɛ⁵³tɕʰiau²⁴ʂaŋ⁵³tɕiəu⁵³ɕiaŋ³³xuei⁵³lə⁰]

（以上由发音人陈海提供）

三　其他故事

活泉

今天给大家讲一段，[tɕin³³tʰian³³kei²¹ta⁵³tɕia³³tɕiaŋ²¹i²⁴tuan⁵³]

发生在集贤小镇的[fa³³ʂəŋ³³tsai⁵³tɕi³³ɕian²⁴ɕiau²¹tʂən⁵³ti⁰]

一个神奇的故事，[i²⁴kə⁰sən²⁴tɕʰi²⁴ti⁰ku⁵³sʅ⁰]

题目叫《活泉》。[tʰi²⁴mu⁵³tɕiau⁵³《xuɤ²⁴tɕʰyan²⁴》]

离小镇三里多顿多地远，[li²⁴ɕiau²¹tʂən⁵³san³³li²¹tuɤ³³tuən⁵³tuɤ³³ti⁵³yan²¹²]离小镇三
里多顿多地远：指离小镇三里多地远

有一个土丘，[iəu²¹i²⁴kə⁰tʰu²¹tɕʰiəu³³]

它的下面，[tʰa³³ti⁰ɕia⁵³mian⁰]

整整齐齐地排着[tʂəŋ²⁴tʂəŋ²¹tɕʰi³³tɕʰi³³ti⁰pʰai²⁴tʂə⁰]

七个泉眼，[tɕʰi²⁴kə⁰tɕʰyan²⁴ yan²¹²]

泉眼的距离[tɕʰyan²⁴yan²¹tə⁰tɕi⁵³ly²⁴]

大约都是半里地一个。[ta⁵³yɛ³³təu²⁴ʂʅ⁵³pan⁵³li²¹ti⁵³i²⁴kɤ⁵³]

这个泉眼呢[tʂɤ⁵³kə⁰tɕʰyan²⁴ian²¹nei⁰]

有的呢像一口锅，[iəu²¹ti⁰nei⁰ɕiaŋ⁵³i⁵³kʰəu²¹ kuɤ⁰]

有的呢像一个洞，[iəu²¹ti⁰nei⁰ɕiaŋ⁵³i²⁴kə⁰tuŋ⁵³]

还冒着水柱儿，[xai²⁴mau⁵³tʂau⁰ʂuei²¹tʂur⁵³]

水柱呢一冒呢就是，[ʂuei²¹tʂu⁵³ȵi⁰i²⁴mau⁵³ȵi⁰tɕiəu⁵³ʂʅ⁵³]

呃，两尺多高。[ə⁰,liaŋ²⁴tsʰʅ²¹tuɤ³³kau³³]

据老人们讲啊，[tɕy⁵³lau²¹in²⁴mən⁰tɕiaŋ²¹ŋa⁰]

这个，[tʂei⁵³kə⁰]

在这个很久很久以前，[tsai⁵³tʂei⁵³kə⁰xən²⁴tɕiəu²¹xən²⁴tɕiəu²⁴i²⁴tɕʰian²⁴]

大约也就是，[ta⁵³yɛ³³iɛ²¹tɕiəu⁵³ʂʅ⁵³]

呃，八九十年之前吧，[ə⁰，pa³³tɕiəu²¹sʅ²⁴n̠ian²⁴tsʅ³³tɕʰian²⁴pa⁰]

这个这个时候，[tʂei⁵³kə⁰tʂei⁵³kə⁰ʂʅ²⁴xəu⁰]

哎，这个南南方 [ai⁰，tʂei⁵³kə⁰nan²⁴nan²⁴faŋ³³]

来了一个叫单身汉。[lai²⁴lə⁰i²⁴kə⁰tɕiau⁵³tan³³ʂən³³xan⁵³]

他到这儿一看这泉眼 [ta³³tau⁵³tʂɤʅ⁵³i²⁴kʰan⁵³tʂei⁵³tɕʰyan²⁴ian²¹]

这家一冒二两两尺多高，[tʂei⁵³tɕia³³i²⁴mau⁵³ɚ⁵³liaŋ²⁴liaŋ²⁴tsʰʅ²¹tuɤ³³kau³³]

这个翻着水花儿，[tʂɤ⁵³kə⁰fan³³tʂə⁰ʂuei²¹xuar³³]

像冰凌花儿一样，[ɕiaŋ⁵³piŋ³³liŋ²⁴xuar³³i²⁴iaŋ⁵³]

哎，非常漂亮。[ai⁰，fei³³tʂʰaŋ²⁴pʰiau⁵³liaŋ⁰]

还灌溉了这个[xai²⁴kuan⁵³kai⁵³lə⁰tʂɤ⁵³kə⁰]

周围的这个草原，[tsəu³³uei²⁴ti⁰tʂei⁵³kə⁰tsʰau²¹yan²⁴]

他寻思这个地方儿[tʰa³³ɕin²⁴sʅ⁰tʂɤ²⁴kə⁰ti⁵³fãr⁰]

一定是个好地方儿，[i²⁴tiŋ⁵³ʂʅ⁵³kə⁰xau²¹ti⁵³fãr⁰]

于是就在这个地方儿 [y²⁴ʂʅ⁵³tɕiəu⁵³tsai²¹tʂei⁵³kə⁰ti⁵³fãr⁰]

就搭了一个窝棚就住下了。[tɕiəu⁵³ta³³lə⁰i²⁴kə⁰uɤ³³pʰəŋ⁰tɕiəu⁵³tʂu⁵³ɕia⁵³lə⁰]

这以后呢人们都知道了，[tʂei⁵³i²⁴xəu⁵³nei⁰in²⁴mən³³təu³³tsʅ²⁴tau⁵³lə⁰]

说这旮有一个活泉。[ʂuɤ³³tʂei⁵³ka³³iəu²¹i²⁴kə⁰xuɤ²⁴tɕʰyan²⁴]这旮：这个地方

这活泉呢[tʂɤ⁵³xuɤ²⁴tɕʰyan²⁴n̠i⁰]

这个能灌溉这个，[tʂei⁵³kə⁰nəŋ²⁴kuan⁵³kai⁵³tʂei²⁴kə⁰]

呃，水呢一冒二三尺高，[ə⁰，suei²¹nei⁰i²⁴mau⁵³ɚ⁵³ʂan³³tsʰʅ²¹kau³³]

就都来了。[tɕiəu⁵³təu³³lai²⁴lə⁰]

这以后呢就逐渐地 [tʂei⁵³i²⁴xəu⁵³nei⁰tɕiəu⁵³tʂu⁵³tɕian⁵³ti⁰]

就形成了一个小镇，[tɕiəu⁵³ɕiŋ²⁴tʂʰəŋ²⁴lə⁰i²⁴kə⁰ɕiau²¹tʂən⁵³]

也就是现在的集贤镇。[iɛ²¹tɕiəu⁵³ʂʅ⁵³ɕian⁵³tʂai⁵³tə⁰tɕi³³ɕian²⁴tʂən⁵³]

泉水呢就灌溉着草原，[tɕʰyan²⁴ʂuei²¹nei⁰tɕiəu⁵³kuan⁵³kai⁵³tʂə⁰tʂʰau²¹yan²⁴]

草原里有一种，[tʂʰau²¹yan²⁴li²⁴iəu²¹i⁵³tʂuŋ²¹²]

呃，东北的三件宝之一 [ə⁰，tuŋ³³pei²¹ti⁰san²⁴tɕian⁵³pau²¹tsʅ³³i³³]

就是靰鞡草。[tɕiəu⁵³ʂʅ⁵³u³³ləu⁰tʂʰau²¹²]靰鞡草：也叫"乌拉草"，具有较高的药用价值。因其
具有保暖防寒的特点，旧时东北人们多用来制作鞋垫等

靰鞡草，这个这个草特别，[u³³ləu⁰tʂʰau²¹²，tʂɤ⁵³kə⁰tʂei⁵³kə⁰tsʰau²¹tʰə⁵³piɛ²⁴]

和别的那个三茎草[xɤ²⁴piɛ²⁴ti⁰na⁵³kə⁰san²⁴tɕiŋ⁵³tʂʰau²¹]

还不一样。[xai²⁴pu⁵³i²⁴iaŋ⁵³]

它那根儿吧是红的,圆的,[ta³³na⁵³kər³³pa⁰sʅ⁵³xuŋ²⁴ti⁰,yan²⁴ti⁰]

而且叶儿呢也是不分叶儿。[ɚ²⁴tɕʰiɛ²¹iɛr⁵³nei⁰iɛ²¹sʅ⁵³pu⁵³fən³³iɛr⁵³]

不分那个杈儿,那个,[pu⁵³fən³³nei⁵³kə⁰tʂar⁵³,nei⁵³kə⁰]

非常地那个高,[fei³³tʂʰaŋ²⁴ti⁰nei⁵³kə⁰kau³³]

大约有一米多高,[ta⁵³yɛ³³iəu²¹i⁵³mi²¹tuɤ³³kau³³]

人们把它割回去啊,[z̞ən²⁴mən³³pa²¹ta³³kɤ²¹xuei²⁴tɕy⁵³a⁰]

就把它那个晒干了以后,[tɕiəu⁵³pa²¹ta³³na⁵³kə⁰sai⁵³kan³³lə⁰i²¹xəu⁵³]

把它砸得软乎乎的,[pa²¹ta³³tsa²⁴ti⁰yan²¹xu³³xu³³tə⁰]

可以絮到那个,[kʰɤ²⁴i²¹ɕy⁵³tau⁵³nɤ⁵³kə⁰]

当时那时候穿靰鞡,[taŋ³³sʅ²⁴na⁵³sʅ²⁴xəu⁰tʂʰuan³³u³³ləu⁰] 靰鞡:过去东北人们冬天常穿的鞋,用皮革制成,里面垫保暖的靰鞡草。也作"乌拉"

絮在靰鞡儿里做鞋垫儿,[ɕy⁵³tsai⁵³u³³ləur⁰li²¹tsuɤ⁵³ɕiɛ²⁴tiɚr⁵³]

有的呢还把它再絮成那个,[iəu²¹ti⁰ȵiɛ⁰xai⁵³pa²¹ta³³tsai⁵³ɕy⁵³tʂʰəŋ²⁴nei⁵³kə⁰]

编絮成这个被子、[pian³³ɕy⁵³tʂʰəŋ²⁴tʂɤ⁵³kə⁰pei⁵³tsʅ⁰]

褥子这样儿。[z̞u⁵³tsʅ⁰tʂʅ⁵³iãr⁵³]

这个,[tʂei⁵³kə⁰]

活泉里的这个靰鞡草哇,[xuɤ²⁴tɕʰyan²⁴li²¹ti⁰tʂei⁵³kə⁰u³³ləu⁰tʂau²¹ua⁰]

它不但滋润着这个 [tʰa³³pu⁵³tan³³tsʅ³³in²¹tʂə⁰tʂei⁵³kə⁰]

这个草原这个地方,[tʂei⁵³kə⁰tsʰau²¹yan²⁴tʂei⁵³kə⁰ti⁵³faŋ³³]

而且它还有有过战功。[ɚ²⁴tɕʰiɛ²¹tʰa³³xai²⁴iəu²¹iəu²¹kuɤ⁵³tsan⁵³kuŋ³³]

当时抗日联军,[taŋ³³sʅ²⁴kʰaŋ²⁴z̞ʅ⁵³lian²⁴tɕyn³³]

经过这个地方的时候,[tɕiŋ³³kuɤ⁵³tʂɤ⁵³kə⁰ti⁵³faŋ⁰ti⁰sʅ²⁴xəu⁰]

都这个,到到这个地方 [təu²⁴tʂɤ⁵³kə⁰,tau⁵³tau⁵³tʂei⁵³kə⁰ti⁵³faŋ⁰]

去割这个靰鞡儿草。[tɕʰy⁵³kɤ²¹tʂei⁵³kə⁰u³³ləur⁰tʂʰau²¹²]

割回之后 [kɤ²¹xuei²⁴tsʅ³³xəu⁵³]

都把它铺在靰鞡儿里,[təu²⁴pa²¹tʰa³³pʰu³³tsai⁵³u³³ləur⁰li²¹²]

有的呢把它砸碎了 [iəu²¹ti⁰ȵi⁰pa²¹tʰa³³tsa²⁴ʂuei⁵³lə⁰]

做成那个垫子。[tʂuɤ⁵³tʂʰəŋ²⁴nɤ⁵³kə⁰tian⁵³tsʅ⁰]

露营的时候在外边儿,[lu⁵³iŋ²⁴ti⁰sʅ²⁴xəu⁰tsai⁵³uai⁵³piɚ⁰]

那就铺靰鞡草,[na⁵³tɕiəu⁵³pʰu³³u³³lə⁰tʂʰau²¹²]

穿着这个靰鞡鞋,[tʂʰuan³³tʂə⁰tʂei⁵³kə⁰u⁵³ləu⁰ɕiɛ²⁴]

又防防暖,[iəu⁵³faŋ²⁴faŋ²⁴nan²¹²]

在那种风吹,[tsai⁵³nei⁵³tʂuŋ²¹faŋ³³tʂʰuei³³]

呃,不是,火烤胸前暖,[ə⁰,pu²⁴sʅ⁰,xuɤ²⁴kʰau²¹ɕyŋ³³tɕʰyan²⁴nuan²¹²]

风吹背后寒这种情况下,[fəŋ³³tʂʰuei³³pei⁵³xəu⁵³xan²⁴tʂei⁵³tʂuŋ²¹tɕʰiŋ²⁴kʰuaŋ⁵³ɕia⁵³]

靰鞡草也为我们立了功。［u³³lə⁰tʂʰau²⁴iɛ²¹uei⁵³uɤ²¹mən⁰li⁵³lə⁰kuŋ³³］

所以这个这个地方儿的奇，［ʂuɤ²⁴i²¹tʂɤ⁵³kə⁰tʂei⁵³kə⁰ti⁵³far⁰ti⁰tɕʰi²⁴］

这也是一奇，［tʂei⁵³iɛ²¹sɿ⁵³i⁵³tɕʰi²⁴］

也可以算作是一奇。［iɛ²⁴kʰɤ²⁴i²¹suan⁵³tʂuɤ⁵³sɿ⁵³i⁵³tɕʰi²⁴］

另外呢这个，呃，［liŋ⁵³uai⁵³ȵi⁰tʂɤ⁵³kə⁰,ə⁰］

活泉呢冬天，［xuɤ²⁴tɕyan²⁴nə⁰tuŋ³³tʰian³³］

因为它这个是泉水，［yŋ³³u⁰tʰa³³tʂɤ⁵³kə⁰sɿ⁵³tɕʰyan²⁴ʂuei²¹］

哎，又比较温暖，［ai⁰,iəu⁵³pi²⁴tɕiau²¹uən³³nuan²¹²］

冬天是不冻的。［tuŋ³³tʰian³³sɿ⁵³pu²⁴tuŋ⁵³ti⁰］

不冻呢就是，呃，［pu²⁴tuŋ⁵³nei⁰tɕiəu⁵³ʂɿ⁵³,ə⁰］

一冒就二尺多高，［i²⁴mau⁵³tɕiəu⁵³ɐr⁵³tʂʰɿ²¹tuɤ³³kau³³］

咕咚咕咚儿地就往出冒，［ku³³tuŋ³³ku³³tũr⁰ti⁰tɕiəu⁵³uaŋ⁵³tʂʰu³³mau⁵³］

这样儿呢［tʂei⁵³iãr⁵³ȵi⁰］

就形成了一个冰丘。［tɕiəu⁵³ɕiŋ²⁴tʂʰəŋ²⁴lə⁰i²⁴kə⁰piŋ³³tɕʰiəu³³］

形成冰丘之后这小朋友，［ɕiŋ²⁴tʂʰəŋ²⁴piŋ³³tɕʰiəu³³tsɿ³³xəu⁵³tʂɤ⁵³ɕiau²¹pʰəŋ²⁴iəu²¹²］

就拿着爬犁在这个，呃，冰鞋，［tɕiəu⁵³na²⁴tʂə⁰pʰa²⁴li⁰tsai²¹tʂei⁵³kə⁰,ə⁰,piŋ³³ɕiɛ²⁴］

在这冰丘上，［tsai⁵³tʂɤ⁵³piŋ³³tɕʰiəu³³ʂaŋ⁰］

来回地玩儿，［lai²⁴xuei²⁴ti⁰uɐr²⁴］

这也是小朋友的［tʂɤ⁵³iɛ²¹sɿ⁵³ɕiau²¹pʰəŋ²⁴iəu²¹ti⁰］

一个欢天喜地的地方。［i²⁴kə⁰xuan³³tʰian⁵³ɕi²¹ti⁵³tə⁰ti⁵³faŋ⁰］

再一个就是夏天，［tsai⁵³i²⁴kə⁰tɕiəu⁵³ʂɿ⁵³ɕia⁵³tian⁰］

夏天这个活泉，［ɕia⁵³tian⁰tʂɤ⁵³kə⁰xuɤ²⁴tɕʰyan²⁴］

这个比冬天那还要好，［tʂɤ⁵³kə⁰pʰi²¹tuŋ³³tʰian³³na⁵³xai²⁴iau⁵³xau²¹²］

好到什么地方呢？［xau²¹tau⁵³ʂən²⁴mə⁰ti⁵³faŋ⁰nei⁰］

它那个夏天水冒出来之后，［tʰa³³nɤ⁵³kə⁰ɕia⁵³tʰian³³suei²¹mau⁵³tʂʰu²⁴lai⁰tsɿ³³xəu⁵³］

二尺多高翻着花儿，是吧。［ɐr⁵³tʂʰɿ²¹tuɤ²⁴kau³³fan³³tʂə⁰xuar³³,ʂɿ⁵³pa⁰］

这个，人们呢，［tʂei⁵³kə⁰,ʐən²⁴mən²⁴nei⁰］

到这个地方去那个挖，［tau⁵³tʂɤ⁵³kə⁰ti⁵³faŋ⁰tɕʰy⁵³na⁵³kə⁰ua³³］

那个挖冰。［na⁵³kə⁰ua³³piŋ³³］

为什么这个地方有冰呢？［uei⁵³ʂən²⁴mə⁰tʂei⁵³kə⁰ti⁵³faŋ⁰iəu²¹piŋ³³ȵi⁰］

这是三伏天为什么有冰呢？［tʂɤ⁵³ʂɿ⁵³san³³fu²⁴tʰian³³uei⁵³ʂən²⁴mə⁰iəu²¹piŋ³³ȵi⁰］

由于泉水啊流到以后，［iəu²⁴y²⁴tɕʰyan²⁴ʂuei²¹a⁰liəu²⁴tau⁵³i²¹xəu⁵³］

这个底下上边儿是草筏子，［tʂɤ⁵³kə⁰ti²¹ɕia⁰ʂaŋ⁵³piɐr³³ʂɿ⁵³tsʰau²¹fa²⁴tsɿ⁰］

筏子大约有，呃，一尺多厚，［fa²⁴tsɿ⁰ta⁵³yɛ³³iəu²¹²,ə⁰,i⁵³tsʰɿ²¹tuɤ³³xəu⁵³］

你把这筷子这个掀起来，[n̠i²⁴pa²¹tʂɤ⁵³fa²⁴tsʅ⁰tʂei⁵³kə⁰ɕian³³tɕʰiɛ²¹lai²⁴]

底下就是冰，[ti²¹ɕia⁰tɕiəu⁵³sʅ⁵³piŋ³³]

然后用那个泉水，[ian²⁴xəu⁵³yŋ⁵³na⁵³kə⁰tɕʰyan²⁴ʂuei²¹²]

一冲那就都是白碴儿的，[i⁵³tsʰuŋ³³na⁵³tɕiəu⁵³təu²⁴ʂʅ⁵³pai²⁴tʂar²⁴ti⁰]

透明儿的，[tʰəu⁵³miə̃r²⁴tai⁰]

呃，透明剔透这样的冰块儿。[ə⁰, tʰəu⁵³miŋ²⁴tʰi⁵³tʰəu⁵³ti⁰tʂɤ⁵³iaŋ⁵³tə⁰piŋ³³kʰuɐr⁵³]

然后用那个冰镩哪 [z̠an²⁴xəu⁵³yŋ⁵³na⁵³kə⁰piŋ³³tʂʰuan³³na⁰] 冰镩：一种尖头的凿冰工具

把它镩喽，[pa²¹tʰa³³tʂʰuan³³lou⁰]

然后把它用盆儿[z̠an²⁴xəu⁵³pa²¹tʰa³³yŋ⁵³pʰər²⁴]

端到家里去。[tuan³³tau⁵³tɕia⁵³li²¹ tɕʰy⁵³]

这既能防暑又能解馋，[tsei⁵³tɕi⁵³nəŋ²⁴faŋ²⁴ʂu²¹iəu⁵³nəŋ²⁴tɕiɛ²¹tʂʰan²⁴]

当时也是一个，[taŋ³³ʂʅ²⁴iɛ²¹sʅ⁵³i²⁴kɤ⁵³]

把这个地方叫作啥，[pa²¹tʂei⁵³kə⁰ti⁵³faŋ⁰tɕiau⁵³tʂuɤ⁵³ʂa²⁴]

叫作土冰箱。[tɕiau⁵³tʂuɤ⁵³tʰu²¹piŋ³³ɕiaŋ³³]

这是一种情况儿。[tʂɤ⁵³ʂʅ⁵³i⁵³tʂuŋ²¹tɕʰiŋ²⁴kʰuãr⁵³]

到了冬天呢，这个，[tau⁵³lə⁰tuŋ³³tʰian³³nei⁰, tʂɤ⁵³kə⁰]

——封冻，[i²⁴i⁵³fəŋ³³tuŋ⁵³]

但是但是这个泉子不冻，[tan⁵³ʂʅ⁵³tan⁵³sʅ⁵³tʂei⁵³kə⁰tɕʰyan²⁴tsʅ⁰pu²⁴tuŋ⁵³]

不冻里面呢就有很多 [pu²⁴tuŋ⁵³li²¹mian³³nei⁰tɕiəu⁵³iəu²⁴xən²¹tuɤ³³]

那个红肚蛤蟆，[nɤ⁵³kə⁰xuŋ²⁴tu⁵³xa²⁴ma⁰]

还有那些小鱼在里边儿游。[xai⁵³iəu²¹nei⁵³ɕiɛ³³ɕiau²¹y²⁴tsai⁵³li²¹piɐr³³iəu²⁴]

要是你拿着筛子拿着这个网，[iau⁵³sʅ⁰n̠i²¹na²⁴tʂə⁰sai³³tsʅ⁰na²⁴tʂə⁰tʂei⁵³kə⁰uaŋ²¹²]

到那块儿轻而易举地 [tau⁵³nə⁵³kʰuɐr⁵³tɕʰiŋ²⁴ɚ²¹i⁵³tɕy²¹ti⁰]

就把那个，就把，[tɕiəu⁵³pa²¹na⁵³kə⁰, tɕiəu⁵³pa²¹²]

就抓了很多蛤蟆、小鱼儿，[tɕiəu⁵³tsua³³lə⁰xən²¹tuɤ³³xa²⁴ma⁰、ɕiau²¹yər²⁴]

在那个隆冬数九时候这个，[tsai⁵³nɤ⁵³kə⁰luŋ²⁴tuŋ³³ʂu²⁴tɕiəu²¹²sʅ²⁴xəu⁰tʂɤ⁵³kə⁰]

能吃上这个蛤蟆，[nəŋ²⁴tsʰʅ³³saŋ⁵³tʂei⁵³kə⁰xa²⁴ma⁰]

能吃上小鱼儿，[nəŋ²⁴tsʰʅ³³saŋ⁵³ɕiau²¹yər²⁴]

那也是一种美餐，[nei⁵³iɛ²¹sʅ⁵³i⁵³tʂuŋ²⁴mei²¹tsʰan³³]

也是极好的。[iɛ²¹sʅ⁵³tɕi²⁴xau²¹tə⁰]

这也是可以看成[tʂɤ⁵³iɛ²¹sʅ⁵³kʰɤ²⁴i²¹kʰan⁵³tsʰəŋ²⁴]

这是一奇了，也是。[tʂɤ⁵³sʅ⁵³i⁵³tɕʰi²⁴lə⁰, iɛ²¹sʅ⁵³]

冰川这个，[piŋ³³tʂʰuan³³tʂɤ⁵³kə⁰]

这个地方的一奇，[tʂei⁵³kə⁰ti⁵³faŋ⁰tə⁰i⁵³tɕʰi²⁴]

另外呢一个，一奇呢那就是，[liŋ⁵³uai⁵³nei⁰i²⁴kɤ⁵³, i⁵³tɕʰi²⁴nei⁰nɤ⁵³tɕiəu⁵³sʅ⁵³]

这个活泉呢，[tʂɤ⁵³kə⁰xuɤ²⁴tɕʰyan²⁴nə⁰]

还有一个特点，[xai⁵³iəu²¹i²⁴kə⁰tʰɤ⁵³tian²¹²]

那就是它啊，[na⁵³tɕiəu⁵³ʂʅ⁵³tʰa³³a⁰]

川流不息，呃，积水，成库。[tʂʰuan³³liəu²⁴pu⁵³ɕi³³，ə⁰，tɕi³³ʂuei²¹²，tʂʰəŋ²⁴kʰu⁵³]

在它的这个泉子的[tsai⁵³tʰa³³ti⁰tʂɤ⁵³kə⁰tɕʰyan²⁴tsʅ⁰ti⁰]

这个东边儿啊，[tʂei⁵³kə⁰tuŋ³³piɐr³³ʐa⁰]

由于泉水它这个[iəu²⁴y²⁴tɕʰyan²⁴ʂuei²¹tʰa³³tʂɤ⁵³kə⁰]

在那个大甸哪，[tsai⁵³na⁵³kə⁰ta⁵³tian⁵³na⁰]

它是有范围的，它流不出去，[tʰa³³sʅ⁵³iəu²¹fan²⁴uei⁰ti⁰，tʰa³³liəu²⁴pu⁵³tʂʰu³³tɕʰy⁵³]

然后积水在旁边，[ian²⁴xəu⁵³tɕi³³suei⁵³tsai⁵³pʰaŋ²⁴pian⁰]

就形成了一个水库，[tɕiəu⁵³ɕiŋ²⁴tʂʰəŋ²⁴lə⁰i²⁴kə⁰suei²¹kʰu⁵³]

呃，就现在的这个[ə⁰，tɕiəu⁵³ɕian⁵³tsai⁵³ti⁰tʂei⁵³kə⁰]

集贤镇南面儿的[tɕi³³ɕian²⁴tʂən⁵³nan²⁴miɐr⁵³ti⁰]

这个三八水库，[tʂɤ⁵³kə⁰san³³pa³³suei²¹kʰu⁵³]

那就小活泉，[na⁵³tɕiəu⁵³ɕiau²¹xuɤ²⁴tɕʰyan²⁴]

就是它的这个水源。[tɕiəu⁵³sʅ⁵³tʰa³³ti⁰tʂei⁵³kə⁰suei²¹yan²⁴]

解这个解放以后哇，[tɕʰiɛ²¹tʂɤ⁵³kə⁰tɕiɛ²¹faŋ³³i²¹xəu⁵³ua⁰]

这个活泉就完成了[tʂei⁵³kə⁰xuɤ²⁴tɕʰyan²⁴tɕiəu⁵³uan²⁴tʂʰəŋ²⁴lə⁰]

它的这个历史任务。[tʰa³³ti⁰tʂei⁵³kə⁰li⁵³sʅ²¹in⁵³u⁰]

都开垦，[təu³³kʰai³³kʰən²¹²]

现在都开垦成稻田，[ɕian⁵³tsai⁵³təu³³kʰai³³kən²¹tʂʰəŋ²⁴tau⁵³tʰian²⁴]

稻田这个纵横是吧，交错，[tau⁵³tʰian²⁴tʂɤ⁵³kə⁰tsuŋ⁵³xəŋ²⁴sʅ⁵³pa⁰，tɕiau³³tʂʰuɤ⁵³]

就像一个巨大的棋盘[tɕiəu⁵³ɕiaŋ⁵³i²⁴kə⁰tɕy⁵³ta⁵³ti⁰tɕʰi²⁴pʰan²⁴]

放在那个地上。[faŋ⁵³tsai⁵³na⁵³kə⁰ti⁵³ʂaŋ⁰]

所以说这个[ʂuɤ²⁴i²¹ʂuɤ³³tʂei⁵³kə⁰]

从这个故事看呢 [tsʰuŋ²⁴tʂei⁵³kə⁰ku⁵³ʂʅ⁰kʰan⁵³ȵi⁰]

就是说这个，[tɕiəu⁵³ʂʅ⁰ʂuɤ³³tʂei⁵³kə⁰]

泉有三奇，是不是？[tɕʰyan²⁴iəu²¹san³³tɕʰi²⁴，ʂʅ⁵³pu⁰ʂʅ⁵³]

一是能冒很高的水很高，[i³³sʅ⁵³nəŋ²⁴mau⁵³xən²¹kau³³ti⁰ʂuei²¹xən²¹kau³³]

再就是冬天不冻，[tsai⁵³tɕiəu⁵³ʂʅ⁵³tuŋ³³tʰian³³pu²⁴tuŋ⁵³]

在夏天这个地方有冰，啊。[tsai⁵³ɕia⁵³tʰian³³tʂɤ⁵³kə⁰ti⁵³faŋ⁰iəu²¹piŋ³³，a⁰]

好，故事我就讲到这儿，[xau²¹²，ku⁵³ʂʅ⁰uɤ²¹tɕiəu⁵³tɕiaŋ²¹tau⁵³tʂɤr⁵³]

谢谢大家。[ɕiɛ⁵³ɕiɛ⁰ta⁵³tɕia⁰]

（以上由发音人陈海提供）

四 自选条目

(一) 俗语

1. 放着四只眼睛的不教，[faŋ⁵³ tʂə⁰ sʐ⁵³ tʂʐ³³ ian²¹ tɕiŋ⁰ tə⁰ pu⁵³ tɕiau³³] 四只眼睛:指戴眼镜
教两只眼睛的。[tɕiau³³ liaŋ²¹ tʂʐ³³ ian²¹ tɕiŋ⁰ tə⁰]
(放着有文化的不教，教没文化的。)

2. 该井死，河死不了。[kai³³ tɕiŋ²⁴ sʐ²¹² , ɤ²⁴ sʐ²¹ pu⁵³ liau²¹²]
(不必过分担心忧虑，该发生的事情早晚会发生，不该发生的事情永远不会发生。)

3. 姑娘怕误女婿，[ku³³ ȵiaŋ⁰ pʰa⁰ u⁵³ ȵy²¹ ɕy⁰]
庄稼怕误天气。[tʂuaŋ³³ tɕia⁰ pʰa⁵³ u⁵³ tʰian³³ tɕʰi⁵³]
(姑娘怕耽误了找女婿而没有好归宿，庄稼怕耽误了好天气而没有好收成。)

4. 好吃不如饺子，[xau²¹ tʂʰʐ³³ pu⁵³ ʐu²⁴ tɕiau²¹ tsʐ⁰]
站着不如倒着。[tʂan⁵³ tʂə⁰ pu⁵³ ʐu²⁴ tau²¹ tʂə⁰] 倒着:躺着
(什么都不如饺子好吃，站着不如躺着舒服。)

5. 肩有力养一人，[tɕian³³ iəu²¹ li⁵³ iaŋ²¹ i⁵³ ʐən²⁴]
心有力养千人。[ɕin³³ iəu²¹ li⁵³ iaŋ²¹ tɕʰian³³ ʐən²⁴]
(靠劳动能养家糊口，凭知识能奉献社会。)

6. 今儿个儿莲花儿，[tɕiər³³ kər⁰ lian²⁴ xuar³³]
明儿个儿牡丹。[miə̃r²⁴ kər⁰ mu²¹ tan³³]
(今天喜欢这个，明天喜欢那个。)

7. 快楞快楞嘴儿。[kʰuai⁵³ ləŋ⁰ kʰuai³³ ləŋ⁰ tsuər²¹²]
(形容逞口舌之欲。)

8. 懒汉骂庄稼。[lan²¹ xan⁵³ ma⁵³ tʂuaŋ³³ tɕia⁰]
(指不从自身找原因。)

9. 来猫去狗，[lai²⁴ mau³³ tɕʰy⁵³ kəu²¹²]
越过越有。[yɛ⁵³ kuɤ⁵³ yɛ⁵³ iəu²¹²]
(猫和狗都闻着香味儿来了，说明日子过得越来越好。)

10. 六月的天，孩子的脸。[liəu⁵³ yɛ⁵³ tə⁰ tʰian³³ , xai²⁴ tsʐ⁰ tə⁰ lian²¹²]
(六月的天气像小孩子的脸一样，说下雨就下雨，说晴天就晴天。形容人或事物的发展变化很快。)

11. 脸上的灰能上一坰地。[lian²¹ ʂaŋ⁵³ tə⁰ xuei³³ nəŋ²⁴ ʂaŋ⁵³ i⁵³ ʂaŋ²¹ ti⁵³]
(形容脸上的灰很多。)

12. 爹有娘有，[tiɛ³³ iəu²¹ ȵiaŋ²⁴ iəu²¹²]

不如怀揣自有。［pu⁵³ʐu²⁴xuai²⁴tʂʰuai³³tsʅ⁵³iəu²¹²］

13. 官不修衙门，［kuan³³pu⁵³ɕiəu³³ia²⁴mən⁰］

客不修店。［kʰɤ⁵³pu⁵³ɕiəu³³tian⁵³］

（旧时官员不愿修缮衙门，住店的旅客不修缮旅店的房子。比喻临时应付差事。）

14. 得病如山倒，［tɤ²⁴piŋ⁵³ʐu²⁴ʂan³³tau²¹²］

去病如抽丝。［tɕʰy⁵³piŋ⁵³ʐu²⁴tʂʰəu³³sʅ³³］

（运用夸张的修辞手法，形容得病时如山倒一样快而猛，病愈却像抽掉丝一样十分慢。）

（以上由发音人洪花提供）

15. 春天比粪堆，［tʂʰuən³³tʰian³³pi²¹fən⁵³tuei³³］

秋天比粮堆。［tɕʰiəu³³tʰian³³pi²¹liaŋ²⁴tuei³³］

16. 吃不穷穿不穷，［tʂʰʅ³³pu⁵³tɕʰyŋ²⁴tʂʰuan³³pu⁵³tɕʰyŋ²⁴］

算计不到才受穷。［suan⁵³tɕi⁵³pu⁰tau⁵³tsʰai²⁴ʂəu⁵³tɕʰyŋ²⁴］

（指过日子要精打细算。）

17. 除了肚脐眼儿，［tʂʰu²⁴lə⁰tu⁵³tɕʰi²⁴iɐr²¹¹］

浑身没疤瘌。［xuən²⁴ʂən³³mei⁵³pa³³la⁰］

（形容人优秀完美，没有缺点。）

18. 车船店脚牙，［tʂʰɤ³³tʂʰuan²⁴tian⁵³tɕiau²¹ia²⁴］车船店脚牙:指车夫、船夫、店小二、脚夫和牙人

无罪也该杀。［u²⁴tʂuei⁵³iɛ²¹kai³³ʂa³³］

（旧时这五种行业的人许多心术不正，奸诈狡猾，常坑骗好人，甚至谋财害命，所以他们就算没有罪也该杀。）

（以上由发音人石继廷提供）

（二）歇后语

1. 吃一百个豆儿——不嫌腥。

　［tsʰʅ³³i⁵³pai²¹kə⁰təur⁵³——pu⁵³ɕian²⁴ɕiŋ³³］

　（指屡屡上当受骗，还不接受教训。）

2. 刀口药上眼睛——爱受不受。

　［tau³³kʰəu²¹iau⁵³ʂaŋ⁵³ian²¹tɕiŋ⁰——ai⁵³ʂəu⁵³pu²⁴ʂəu⁵³］

　（用上刀口的药给眼睛上药，愿上不上。）

3. 臭鱼烂虾——送饭冤家。

　［tʂʰəu⁵³y²⁴lan⁵³ɕia³³——suŋ⁵³fan⁵³yan³³tɕia⁰］

　（用小鱼小虾做成酱，吃起来特别下饭。）

（以上由发音人石继廷提供）

4. 干豆腐炒韭菜——有言（盐）在先。

　　［kan³³təu⁵³fə⁰tʂʰau²⁴tɕiəu²¹tsʰei⁰——iəu²¹ian²⁴tsai⁵³ɕian³³］

5. 蛤蟆没毛——各路神。

　　［xa²⁴ma⁰mei²⁴mau²⁴——kɤ²⁴lu⁵³ʂən²⁴］各路神：贬义，指个性强、不合群的人

（以上由发音人洪花提供）

佳木斯

一 歌谣

（一）皎洁的月光

皎洁的月光，［tɕiau tɕiɛ ti yɛ kuaŋ］

洒向楼亭。［sa ɕiaŋ ləu tʰiŋ］

白雪，［pai ɕyɛ］

轻轻地吻着潭影。［tɕʰiŋ tɕʰiŋ ti uən tʂə tʰan iŋ］

冰城像少女，［piŋ tʂʰəŋ ɕiaŋ ʂau ȵy］

一样文静。［i iaŋ uən tɕiŋ］

引得那，［in tɤ na］

星星眨着眼睛。［ɕiŋ ɕiŋ tʂa tʂə ian tɕiŋ］

我多想，［uɤ tuɤ ɕiaŋ］

多想唱支优美的歌。［tuɤ ɕiaŋ tʂʰaŋ tʂʅ iəu mei ti kɤ］

又怕，［iəu pʰa］

又怕惊醒小城的梦。［iəu pʰa tɕiŋ ɕiŋ ɕiau tʂʰəŋ ti məŋ］

嗯嗯嗯嗯嗯嗯嗯嗯，［m m m m m m m m］

又怕惊醒小城的梦。［iəu pʰa tɕiŋ ɕiŋ ɕiau tʂʰəŋ ti məŋ］

轻轻的夜风，［tɕʰiŋ tɕʰiŋ ti iɛ fəŋ］

吹过小桥，［tʂʰuei kuɤ ɕiau tɕʰiau］

冰雪的小路上双双牵引。［piŋ ɕyɛ ti ɕiau lu ʂaŋ ʂuaŋ ʂuaŋ tɕʰian in］

呢喃的细雨，呀个滴滴。［ȵi nan ti ɕi y,ia kɤ ti ti］

羞得那，［ɕiəu tɤ na］

月亮藏在云中。［yɛ liaŋ tsʰaŋ tsai yn tʂuŋ］

我多想，［uɤ tuɤ ɕiaŋ］

多想唱支轻柔的歌。［tuɤ ɕiaŋ tʂʰaŋ tʂʅ tɕʰiŋ ʐəu ti kɤ］

但愿，[tan yan]

但愿长随小城的梦。[tan yan tsʰaŋ suei ɕiau tsʰəŋ ti məŋ]

唔唔唔唔唔唔唔唔，[m m m m m m m m]

但愿，[tan yan]

长随小城的梦。[tsʰaŋ suei ɕiau tsʰəŋ ti məŋ]

（二）你走来呀，我走来呀

你走来呀，我走来呀，[n̠i tsəu lai ia，uɤ tsəu lai ia]

咱们到江边儿去走圈儿啊。[tsan mən tau tɕiaŋ piɐr tɕʰy tsəu tɕʰyɐr z̩a]

大塔下呀，外滩边儿啊，[ta tʰa ɕia ia，uai tʰan piɐr z̩a]

咱们把队形来摆开。[tsan mən pa tuei ɕiŋ lai pai kʰai]

火辣辣的歌曲放起来，[xuɤ la la ti kɤ tɕʰy faŋ tɕʰi lai]

美滋儿滋儿的步子儿走起来，[mei tsər tsər ti pu tsər tsəu tɕʰi lai]

姐妹们走得那叫一个美，[tɕiɛ mei mən tsəu tə na tɕiau i kɤ mei]

小伙子儿们走得那个叫帅呆。[ɕiau xuɤ tsər mən tsəu tə nei kə tɕiau ʂuai tai]

火辣辣的歌曲放起来，[xuɤ la la ti kɤ tɕʰy faŋ tɕʰi lai]

美滋儿滋儿的步子儿走起来，[mei tsər tsər ti pu tsər tsəu tɕʰi lai]

姐妹们走得那叫一个美，[tɕiɛ mei mən tsəu tə na tɕiau i kɤ mei]

小伙子儿们走得那个叫帅呆。[ɕiau xuɤ tsər mən tsəu tə nei kə tɕiau ʂuai tai]

你走来呀，我走来呀，[n̠i tsəu lai ia，uɤ tsəu lai ia]

东城和西城走到一起来呀。[tuŋ tsʰəŋ xɤ ɕi tsʰəŋ tsəu tau i tɕʰi lai ia]

挺起胸啊，把头抬呀，[tʰiŋ tɕʰi ɕyŋ ŋa，pa tʰəu tʰai ia]

走出咱城市的风采。[tsəu tsʰu tsan tsʰəŋ ʂ̩ ti fəŋ tsʰai]

清一色儿的白T恤舞起来，[tɕʰiŋ i sɐr ti pai tʰi ɕy u tɕʰi lai]

清一色的白手套甩起来。[tɕʰiŋ i sɤ ti pai ʂəu tʰau ʂuai tɕʰi lai]

脸上的笑容那叫一个美，[lian ʂaŋ ti ɕiau z̩uŋ nei tɕiau i kɤ mei]

齐刷刷的步子那个叫帅呆。[tɕʰi ʂua ʂua ti pu tsɿ nei kə tɕiau ʂuai tai]

清一色的白T恤舞起来，[tɕʰiŋ i sɤ ti pai tʰi ɕy u tɕʰi lai]

清一色的白手套甩起来。[tɕʰiŋ i sɤ ti pai ʂəu tʰau ʂuai tɕʰi lai]

脸上的笑容那叫一个美，[lian ʂaŋ ti ɕiau z̩uŋ nei tɕiau i kɤ mei]

齐刷刷的步子那个叫帅呆。[tɕʰi ʂua ʂua ti pu tsɿ nei kɤ tɕiau ʂuai tai]

来呀来，大家一起来。[lai ia lai，ta tɕia i tɕʰi lai]

来呀来，大家一起来。[lai ia lai，ta tɕia i tɕʰi lai]

来呀来，大家一起来。[lai ia lai，ta tɕia i tɕʰi lai]

来呀来，大家一起来。[lai ia lai，ta tɕia i tɕʰi lai]

大家一起来。［ta tɕia i tɕʰi lai］

（以上由发音人王爽提供）

（三）小耗子，上灯台

小耗子，上灯台。［ɕiau²¹xau⁵³tsʅ⁰，ʂaŋ⁵³təŋ³³tʰai²⁴］

偷油吃，下不来。［tʰəu³³iəu²⁴tʂʅ³³，ɕia⁵⁵pu⁵³lai²⁴］

喵，喵，猫来啦，［miau³³，miau³³，mau³³lai²⁴la⁰］

叽了咕噜滚下来。［tɕi³³lə⁰ku³³lu⁰kuən²¹ɕia⁵³lai²⁴］叽了咕噜：形容滚动碰撞的声音

（四）拉大锯，扯大锯

拉大锯，扯大锯，［la³³ta⁵³tɕy⁵³，tʂʰɤ²¹ta⁵³tɕy⁵³］

姥家门口儿唱大戏。［lau²¹tɕia³³mən²⁴kʰəur²¹tʂʰaŋ⁵³ta⁵³ɕi⁵³］

接姑娘，请女婿，［tɕiɛ³³ku³³niaŋ⁰，tɕʰiŋ²⁴n̠y²¹ɕy⁵³］

就是不让冬冬去，［tɕiəu⁵³ʂʅ⁵³pu²⁴ʐaŋ⁵³tuŋ³³tuŋ⁰tɕʰy⁵³］

不让去，也得去，［pu²⁴ʐaŋ⁵³tɕʰy⁵³，iɛ²⁴tɤ²¹tɕʰy⁵³］

骑着小车儿赶上去。［tɕʰi²⁴tʂə⁰ɕiau²¹tʂʰɤr³³kan²¹ʂaŋ⁵³tɕʰy⁵³］

（五）大米粥，稀溜溜

大米粥，稀溜溜，［ta⁵³mi²¹tsəu³³，ɕi³³liəu³⁵liəu³³］

咸菜疙瘩艮啾啾。［ɕian²⁴tsʰai⁵³ka³³ta⁰kən²¹tɕiəu³³tɕiəu³³］艮啾啾：指食物坚韧而不脆

起早贪黑流血汗，［tɕʰi²⁴tsau²¹tʰan³³xei³³liəu²⁴ɕyɛ²¹xan⁵³］

挣点儿小钱儿难进兜儿。［tsəŋ⁵³tiɐr²⁴ɕiau²¹tɕʰiɐr²⁴nan²⁴tɕin⁵³təur³³］

（以上由发音人马群提供）

二　规定故事

牛郎和织女

下面我给大家讲一个故事，［ɕia⁵³mian⁰uɤ²⁴kei²¹ta⁵³tɕia³³tɕiaŋ²¹i²⁴kə⁰ku⁵³ʂʅ⁰］

叫作《牛郎和织女》。［tɕiau⁵³tsuɤ⁵³《n̠iəu²⁴laŋ²⁴xɤ²⁴tsʅ³³n̠y²¹¹》］

从前，有一个年轻人，［tsʰuŋ²⁴tɕʰian²¹，iəu²¹i²⁴kə⁰n̠ian²⁴tɕʰiŋ³³ʐən²⁴］

家里很穷，父母还早亡了。［tɕia³³li⁰xən²¹tɕʰyŋ²⁴，fu⁵³mu²¹xai²⁴tsau²¹uaŋ²⁴lə⁰］

他呀，每天靠耕地为生。［tʰa³³ia⁰，mei²¹tʰian³³kʰau⁵³kəŋ³³ti⁵³uei²⁴səŋ³³］

养了一只他养了一只牛，［iaŋ²¹lə⁰i⁵³tsʅ³³tʰa³³iaŋ²¹lə⁰i⁵³tsʅ³³n̠iəu²⁴］

这个牛呢，跟他非常亲热，［tsei⁵³kə⁰n̠iəu²⁴n̠iɛ⁰，kən³³tʰa³³fei³³tsʰaŋ²⁴tɕʰin³³ʐɤ⁵³］

好像是懂得人情道理。［xau²¹ɕiaŋ⁵³ʂʅ⁵³tuŋ²¹tɤ²⁴ʐən²⁴tɕʰiŋ²⁴tau⁵³li²¹¹］

大家呢，［ta⁵³tɕia³³n̠i⁰］

就管这个年轻人［tɕiəu⁵³kuan²¹tsei⁵³kə⁰n̠ian²⁴tɕʰiŋ³³ʐən²⁴］

叫作"牛郎"。［tɕiau⁵³tsuɤ⁵³"n̠iəu²⁴laŋ²⁴"］

因为金牛非常理解牛郎，［in³³uei⁵³tɕin³³n̠iəu²⁴fei³³tsʰaŋ²⁴li²⁴tɕiɛ²¹n̠iəu²⁴laŋ²⁴］

知道他勤劳，善良，［tsʅ³³tau⁵³tʰa³³tɕʰin²⁴lau²⁴，san⁵³liaŋ²⁴］

所以呢，它就想帮助牛郎。［suɤ²⁴i²¹n̠i⁰，tʰa³³tɕiəu⁵³ɕiaŋ²¹paŋ³³tʂu⁰n̠iəu²⁴laŋ²⁴］

有一天晚上，［iəu²¹i⁵³tʰian³³uan²¹ʂaŋ⁰］

它托梦给牛郎，［tʰa³³tuɤ³³məŋ⁵³kei²¹n̠iəu²⁴laŋ²⁴］

说："明天早晨，［suɤ³³："miŋ²⁴tʰian³³tsau²¹tsʰən⁰］

天上要下来七个仙女，［tʰian³³ʂaŋ⁰iau⁵³ɕia⁵³lai⁰tɕʰi³³kə⁰ɕian³³n̠y²¹¹］

到河边去洗澡儿。［tau⁵³xɤ²⁴pian³³tɕʰy⁵³ɕi²⁴tsaur²¹¹］

你就把呀，［n̠i²¹tɕiəu⁵³pa²¹ia⁰］

挂在树上的那件儿衣服，［kua⁵³tsai⁵³su⁵³saŋ⁰ti⁰nei⁵³tɕiɐr⁵³i³³fu⁰］

拿回来，［na²⁴xuei²⁴lai⁰］

头也不回地往家跑。［tʰəu²⁴iɛ²¹pu⁵³xuei²⁴ti⁰uaŋ²¹tɕia³³pʰau²¹¹］

以后呢，［i²¹xəu⁵³n̠iɛ⁰］

她就可以做你的妻子。"［tʰa³³tɕiəu⁵³kʰɤ²⁴i²¹tsuɤ⁵³n̠i²¹ti⁰tɕʰi³³tsʅ⁰。"］

牛郎呢，半信半疑。［n̠iəu²⁴laŋ²⁴n̠iɛ⁰，pan⁵³ɕin⁵³pan⁵³i²⁴］

第二天早晨呢，［ti⁵³ɐr⁵³tʰian³³tsau²¹tsʰən⁰n̠iɛ⁰］

他就到了河边。［tʰa³³tɕiəu⁵³tau⁵³lə⁰xɤ²⁴pian³³］

哎，真的发现了有七个仙女，［ai⁰，tsən³³tə⁰fa³³ɕian⁵³lə⁰iəu²¹tɕʰi²⁴kə⁰ɕian³³n̠y²¹¹］

在河里洗澡儿。［tsai⁵³xɤ²⁴li²¹ɕi²⁴tsaur²¹¹］

七个仙女，一个比一个漂亮。［tɕʰi²⁴kə⁰ɕian³³n̠y²¹¹，i²⁴kɤ⁵³pi²¹i²⁴kə⁰pʰiau⁵³liaŋ⁰］

牛郎呢，这时候儿就从树上，［n̠iəu²⁴laŋ²⁴n̠iɛ⁰，tʂɤ⁵³ʂʅ²⁴xəur⁰tɕiəu⁵³tʂʰuŋ²⁴su⁵³ʂaŋ⁰］

拿下来一件粉红色的衣服，［na²⁴ɕia⁵³lai⁰i²⁴tɕian⁵³fən²¹xuŋ²⁴sɤ⁵³ti⁰i³³fu⁰］

头也不回地跑回了家。［tʰəu²⁴iɛ²¹pu⁵³xuei²⁴ti⁰pʰau²¹xuei²⁴lə⁰tɕia³³］

刚到家，［kaŋ³³tau⁵³tɕia³³］

这，一个仙女［tsə⁵³，i²⁴kə⁰ɕian³³n̠y²¹］

就随后跟了过来，［tɕiəu⁵³suei²⁴xəu⁵³kən³³lə⁰kuɤ⁵³lai⁰］

仙女告诉他，［ɕian³³n̠y²¹kau⁵³ʂu⁵³tʰa³³］

以后，我要做你的妻子了。［i²¹xəu⁵³，uɤ²¹iau⁵³tsuɤ⁵³n̠i²¹ti⁰tɕʰi³³tsʅ²¹lə⁰］

牛郎听了以后呢，非常高兴。［n̠iəu²⁴laŋ²⁴tʰiŋ³³lə⁰i²¹xəu⁵³n̠i⁰，fei³³tsʰaŋ²⁴kau³³ɕiŋ⁵³］

就和七仙女生活在了一起。［tɕiəu⁵³xɤ²⁴tɕʰi³³ɕian³³n̠y²¹səŋ³³xuɤ²⁴tsai⁵³lə⁰i⁵³tɕʰi²¹¹］

他们的日子过得非常好。［tʰa³³mən⁰ti⁰ʐʅ⁵³tsʅ⁰kuɤ⁵³ti⁰fei³³tsʰaŋ²⁴xau²¹¹］

三年过去了，［san³³ȵian²⁴kuɤ⁵³tɕʰy⁰lə⁰］

他们有了自己的孩子，［tʰa³³mən⁰iəu²¹lə⁰tsʅ⁵³tɕi²¹tə⁰xai²⁴tsʅ⁰］

一双儿女，聪明，可爱，［i⁵³suaŋ³³ɚ²⁴ȵy²¹¹，tsʰuŋ³³miŋ²⁴，kʰɤ²¹ai⁵³］

他们的小日子，［tʰa³³mən⁰ti⁰ɕiau⁰zʅ⁵³tsʅ⁰］

一天比一天过得红火。［i⁵³tʰian³³pi²¹i⁵³tʰian³³kuɤ⁵³ti⁰xuŋ²⁴xuɤ²¹¹］

这件事儿呢，［tsei⁵³tɕian⁵³sər⁵³ȵiɛ⁰］

被天上的王母娘娘知道了。［pei⁵³tʰian³³saŋ⁰ti⁰uaŋ²⁴mu²¹ȵiaŋ²⁴ȵiaŋ⁰tsʅ³³tau⁵³lə⁰］

她不喜欢七仙女下凡，［tʰa³³pu⁵³ɕi²¹xuan³³tɕʰi³³ɕian³³ȵy²¹ɕia⁵³fan²⁴］

所以她就命令了［suɤ²⁴i²¹tʰa³³tɕiəu⁰miŋ⁰liŋ⁵³lə⁰］

她的天兵天将，［tʰa³³ti⁰tʰian³³piŋ³³tʰian³³tɕiaŋ⁵³］

要把七仙女召回去。［iau⁵³pa²¹tɕʰi³³ɕian³³ȵy²¹tsau³³xuei²⁴tɕʰy⁰］

有一天，［iəu²¹i⁵³tʰian³³］

忽然刮起了狂风，［xu³³ʐan²⁴kua²⁴tɕʰi²¹lə⁰kʰuaŋ²⁴fəŋ³³］

下起了大雨，［ɕia⁵³tɕʰi²¹lə⁰ta⁵³y²¹¹］

他们把七仙女［tʰa³³mən⁰pa²¹tɕʰi³³ɕian³³ȵy²¹］

抓回了河天上。［tsua³³xuei²⁴lə⁰xɤ²⁴tʰian³³ʂaŋ⁰］

孩子看见妈妈没有了，［xai²⁴tsʅ⁰kʰan⁵³tɕian⁵³ma³³ma⁰mei⁵³iəu²¹lə⁰］

非常着急，［fei³³tsʰaŋ²⁴tsau³³tɕi²⁴］

一个劲儿地喊：妈妈，妈妈。［i²⁴kɤ⁵³tɕiər⁵³tə⁰xan²¹¹：ma³³ma⁰，ma³³ma⁰］

牛郎呢，也是毫无办法儿。［ȵiəu²⁴laŋ²⁴ȵiɛ⁰，iɛ²¹sʅ⁵³xau²⁴u²⁴pan⁵³far²¹¹］

后来呀，［xəu⁵³lai²⁴ia⁰］

这件事儿被老牛知道了。［tsei⁵³tɕian⁵³sər⁵³pei⁵³lau²¹ȵiəu²⁴tsʅ³³tau⁵³lə⁰］

它就对牛郎说：［tʰa³³tɕiəu⁵³tuei⁵³ȵiəu²⁴laŋ²⁴suɤ³³］

"牛郎，你不用着急。［"ȵiəu²⁴laŋ²⁴，ȵi²¹pu²⁴yŋ⁵³tsau³³tɕi²⁴］

我会帮助你，救出七仙女。"［uɤ²¹xuei⁵³paŋ³³tsu⁵³ȵi²¹¹，tɕiəu⁵³tsʰu³³tɕʰi³³ɕian³³ȵy²¹¹。"］

它就说：［tʰa³³tɕiəu⁵³suɤ³³］

"你把我头上的角剪下来，［"ȵi²⁴pa²⁴uɤ²¹tʰəu²⁴saŋ⁰ti⁰tɕiau²⁴tɕian²¹ɕia⁵³lai⁰］

做两个担子，挑着孩子，［tsuɤ⁵³liaŋ²¹kə⁰tan⁵³tsʅ⁰，tʰiau³³tsə⁰xai²⁴tsʅ⁰］

上天上去找七仙女。"［saŋ⁵³tʰian³³ʂaŋ⁰tɕʰy⁵³tsau⁵³tɕʰi³³ɕian³³ȵy²¹¹。"］

牛郎按照它的话去做了，［ȵiəu²⁴laŋ²⁴an⁵³tʂau⁵³tʰa³³ti⁰xua⁵³tɕʰy⁵³tsuɤ⁵³lə⁰］

挑上自己的儿女，［tʰiau³³ʂaŋ⁰tsʅ³³tɕi²¹tə⁰ɚ²⁴ȵy²¹］

追上了七仙女。［tsuei³³ʂaŋ⁵³lə⁰tɕʰi³³ɕian³³ȵy²¹¹］

王母娘娘这个时候儿［uaŋ²⁴mu²¹ȵiaŋ²⁴ȵiaŋ⁰tsei⁵³kə⁰ʂʅ²⁴xəur⁰］

更下了狠心，［kəŋ⁵³ɕia⁵³lə⁰xən²¹ɕin³³］

她觉得啊，［tʰa³³tɕyɛ²⁴tɤ²¹a⁰］

牛郎来救自己的孩子，[ȵiəu²⁴laŋ²⁴lai²⁴tɕiəu⁵³tsʅ⁵³tɕi²¹təᵒxai²⁴tsʅᵒ]

我不能让那夫、夫妻团聚。[uɤ²¹pu⁵³nəŋ²⁴ʐaŋ⁵³na⁵³fu³³、fu³³tɕʰi³³tʰuan²⁴tɕy⁵³]

她就拿出自己的金簪子，[tʰa³³tɕiəu⁵³na²⁴tsʰu³³tsʅ⁵³tɕi²¹təᵒtɕin³³tsan³³tsʅᵒ]

划了一道河。[xua²⁴ləᵒi²⁴tau⁵³xɤ²⁴]

这个时候儿，河水涨了，[tsei⁵³kɤ⁵³ʂʅ²⁴xəurᵒ，xɤ²⁴suei²⁴tsaŋ²¹ləᵒ]

天上又下起了大雨。[tʰian³³ʂaŋᵒiəu⁵³ɕia⁵³tɕʰi²¹ləᵒta⁵³y²¹¹]

狠心的王母娘娘，[xən²¹ɕin³³tiᵒuaŋ²⁴mu²¹ȵiaŋ²⁴ȵiaŋᵒ]

就没有让七牛郎[tɕiəu⁵³mei²⁴iəu²¹ʐaŋ⁵³tɕʰi³³ȵiəu²⁴laŋ²⁴]

和织女相聚。[xɤ²⁴tsʅ⁵³ȵy²¹ɕiaŋ³³tɕy⁵³]

他们没有办法儿了，[tʰa³³mənᵒmei²⁴iəu²¹pan⁵³farᵒləᵒ]

只是成天地哭哇。[tsʅ²¹sʅ⁵³tsʰəŋ²⁴tʰian³³tiᵒkʰu³³uaᵒ]

孩子找妈妈，丈夫找妻子。[xai²⁴tsʅᵒtsau²¹ma³³maᵒ，tsaŋ⁵³fuᵒtsau²¹tɕʰi³³tsʅ²¹¹]

这件事儿[tsei⁵³tɕian⁵³sər⁵³]

被善良的喜鹊知道了，[pei⁵³san⁵³liaŋ²⁴tiᵒɕi²¹tɕʰyɛ⁵³tsʅ³³ tau⁵³ləᵒ]

它就想帮助牛郎，[tʰa³³tɕiəu⁵³ɕiaŋ²¹paŋ³³tsu⁵³ȵiəu²⁴laŋ²⁴]

它对牛郎说：[tʰa³³tuei⁵³ȵiəu²⁴laŋ²⁴suɤ³³]

"你不要着急，我可以帮助你。"["ȵi²¹pu²⁴iau⁵³tsau²⁴tɕi²¹，uɤ²⁴kʰɤ²⁴i²¹paŋ³³tsu⁵³ȵi²¹¹。"]

后来呀，[xəu⁵³lai²⁴iaᵒ]

很多喜鹊用自己的尾巴[xən²¹tuɤ³³ɕi²¹tɕʰyɛ⁵³yŋ⁵³tsʅ⁵³tɕi²¹tiᵒuei²¹paᵒ]

连到一起，[lian²⁴tau⁵³i⁵³tɕʰi²¹¹]

搭起了一座桥，[ta³³tɕʰi²¹ləᵒi²⁴tsuɤ⁵³tɕʰiau²⁴]

来帮助牛郎和七仙女相聚。[lai²⁴paŋ³³tsu⁵³ȵiəu²⁴laŋ²⁴xɤ²⁴tɕʰi³³ɕian³³ȵy²¹ɕiaŋ³³tɕy⁵³]

每年的七月七号儿，[mei²¹ȵian²⁴tiᵒtɕʰi³³yɛ⁵³tɕʰi³³xaur⁵³]

就是他们俩相聚的日子。[tɕiəu⁵³sʅ⁵³tʰa³³mənᵒlia²¹ɕiaŋ³³tɕy⁵³tiᵒʐʅ⁵³tsʅᵒ]

我的故事讲完了。[uɤ²¹tiᵒku⁵³sʅᵒtɕiaŋ²¹uan²⁴ləᵒ]

（以上由发音人闫敏霞提供）

三　其他故事

（一）佳木斯

佳木斯，[tɕia³³mu⁵³sʅ³³]

是松花江冲积出来的[sʅ⁵³suŋ³³xua³³tɕiaŋ³³tsʰuŋ³³tɕi³³tsʰu³³laiᵒtəᵒ]

一块平原。[i²⁴kʰuai⁵³pʰiŋ²⁴yan²⁴]

它就像是［tʰa³³tɕiəu⁵³ɕiaŋ⁵³sʅ⁵³]

一块一条绸缎般的手帕 [i²⁴kʰuai⁵³i⁵³tʰiau²⁴tʂʰəu²⁴tuan⁵³pan³³tə⁰ʂəu²¹pʰa⁵³]

舒展开来。[ʂu³³tʂan²¹kʰai³³lai²⁴]

它就像是一颗珍珠, [tʰa³³tɕiəu⁵³ɕiaŋ⁵³ʂʅ⁵³i⁵³kʰɤ³³tʂən³³tʂu³³]

闪闪发光。[ʂan²⁴ʂan²¹fa³³kuaŋ³³]

令人神往, 令人释怀。[liŋ⁵³ʐən²⁴ʂən²⁴uaŋ²¹¹, liŋ⁵³ʐən²⁴ʂʅ⁵³xuai²⁴]

看如今繁荣美丽的佳木斯, [kʰan⁵³ʐu²⁴tɕin³³fan²⁴ʐuŋ²⁴mei²¹li⁵³tə⁰tɕia³³mu⁵³sʅ³³]

已是高楼林立、[i²¹ʂʅ⁵³kau³³ləu²⁴lin²⁴li⁵³]

车水马龙的大都市。[tʂʰɤ³³ʂuei²⁴ma²¹luŋ²⁴tə⁰ta⁵³tu³³ʂʅ⁵³]

那么, 我们就会[na⁵³mə⁰, uɤ²¹mən⁰tɕiəu⁵³xuei⁵³]

想到原始的时候, [ɕiaŋ²¹tau⁵³yan²⁴ʂʅ²¹tə⁰ʂʅ²⁴xəu⁰]

是谁发现了[ʂʅ⁵³ʂei²⁴fa³³ɕian⁵³lə⁰]

这块神奇的宝地? [tsei⁵³kʰuai⁵³ʂən²⁴tɕʰi²⁴tə⁰pau²¹ti⁵³]

又是谁, [iəu⁵³ʂʅ⁵³ʂei²⁴]

起的"佳木斯" [tɕʰi²¹tə⁰"tɕia³³mu⁵³sʅ³³"]

这个令人神往的名字的呢? [tsei⁵³kə⁰liŋ⁵³ʐən²⁴ʂən²⁴uaŋ²¹tə⁰miŋ²⁴tsʅ⁵³tə⁰nə⁰]

考究起来, [kʰau²¹tɕiəu³³tɕʰi²¹lai⁰]

这就和传说中一个[tʂɤ⁵³tɕiəu⁵³xɤ²⁴tʂʰuan²⁴ʂuɤ³³tʂuŋ³³i²⁴kə⁰]

叫恰克默的赫哲人有关了。[tɕiau⁵³tɕʰia⁵³kʰɤ⁵³mɤ⁵³tə⁰xɤ⁵³tʂɤ²⁴ʐən²⁴iəu²¹kuan³³lə⁰]

那是在[na⁵³ʂʅ⁵³tsai⁵³]

明朝末年的事儿事情啦。[miŋ²⁴tʂʰau²⁴mɤ⁵³n̠ian²⁴tə⁰ʂər⁵³ʂʅ⁵³tɕʰiŋ²⁴la⁰]

啊, 三江流域呀, [a⁰, san³³tɕiaŋ³³liəu²⁴y⁵³ia⁰]

散落着赫哲的各个部落, [san²¹luɤ⁵³tʂə⁰xɤ⁵³tʂɤ²⁴tə⁰kɤ⁵³kə⁰pu⁵³luɤ⁵³]

其中有一个部、部落, [tɕʰi³³tʂuŋ³³iəu²¹i²⁴kə⁰pu⁵³, pu⁵³luɤ⁵³]

它的族长叫乌热肯。[tʰa³³tə⁰tʂu²⁴tʂaŋ²¹tɕiau⁵³u²⁴ʐɤ⁵³kʰən²¹¹]

他的妻子给他生了一个儿子。[tʰa³³tə⁰tɕʰi³³tsʅ²¹kei²¹tʰa³³ʂəŋ³³lə⁰i²⁴kə⁰ɚ²⁴tsʅ⁰]

他非常高兴, [tʰa³³fei³³tʂʰaŋ²⁴kau²⁴ɕiŋ⁵³]

给他起名叫恰克默。[kei²¹tʰa³³tɕʰi²¹miŋ²⁴tɕiau⁵³tɕʰia⁵³kʰɤ⁵³mɤ⁵³]

恰克默啊, [tɕʰia⁵³kʰɤ⁵³mɤ⁵³a⁰]

从小就跟他的父母[tʂʰuŋ²⁴ɕiau²¹tɕiəu⁵³kən³³tʰa³³tə⁰fu⁵³mu²¹]

参加各式类的活动。[tsʰan³³tɕia³³kɤ⁵³ʂʅ⁵³lei⁵³tə⁰xuɤ²⁴tuŋ⁵³]

后来, [xəu⁵³lai²⁴]

他的父亲病逝了。[tʰa³³tə⁰fu⁵³tɕʰin⁰piŋ⁵³ʂʅ⁵³lə⁰]

他接替了族长一职。[tʰa³³tɕiɛ³³tʰi⁵³lə⁰tʂu²⁴tʂaŋ²¹i⁵³tʂʅ²⁴]

后来, 他代表, [xəu⁵³lai²⁴, tʰa³³tai⁵³piau²¹¹]

带、带领了他的族人[tai⁵³、tai⁵³liŋ²¹lə⁰tʰa³³tə⁰tʂu²⁴ʐən²⁴]

大举西迁。［ta⁵³tɕy²¹ɕi³³ tɕʰian³³］

当他沿着松花江而上，［taŋ³³tʰa³³ian²⁴tʂə⁰ʂuŋ³³xua³³tɕiaŋ³³ɚ²⁴ʂaŋ⁵³］

行，走到佳木斯［ɕiŋ²⁴，tsəu²⁴tau⁵³tɕia³³mu⁵³sŋ³³］

这个地方的时候，［tʂei⁵³kə⁰ti⁵³ faŋ⁰tə⁰ʂʐ²⁴xəu⁰］

他感觉到这里的山呀，［tʰa³³kan²¹tɕyɛ²⁴tau⁵³tʂɤ⁵³li²¹tə⁰ʂan³³ia⁰］

水呀，草哇，［ʂuei²¹ia⁰，tʂʰau²¹ua⁰］

花鸟鱼虫都有灵气。［xua³³ȵiau²¹y²⁴tʂʰuŋ²⁴təu⁰iəu²¹liŋ²⁴tɕʰi⁵³］

他站在江边，环顾四周。［tʰa³³tsan⁵³tsai⁵³tɕiaŋ³³pian³³，xuan²⁴ku⁵³ʂʐ⁵³tʂəu³³］

然后他看见［ʐan²⁴xəu⁵³tʰa³³kʰan⁵³tɕian⁵³］

东、西侧东南的地方，［tuŋ³³、ɕi³³tsʰɤ⁵³tuŋ³³nan²⁴tə⁰ti⁵³faŋ⁰］

有蜿蜒的群山。［iəu²¹uan³³ian²⁴tə⁰tɕʰyn²⁴san³³］

山下平坦的土地上，［ʂan³³ɕia⁵³pʰiŋ²⁴tʰan²¹tə⁰tʰu²¹ti⁵³ʂaŋ⁵³］

河流正纵横，草木兴旺。［xɤ²⁴liəu²⁴tʂəŋ⁵³tʂuŋ⁵³xəŋ²⁴，tʂʰau²¹mu⁵³ɕiŋ³³uaŋ⁵³］

鸟哇，野兽啊，都非常多。［ȵiau²¹ua⁰，iɛ²¹ʂəu⁵³a⁰，təu³³fei³³tʂʰaŋ²⁴tuɤ³³］

他感觉到，［tʰa³³kan²¹tɕyɛ²⁴tau⁵³］

这指定是一个风水宝地。［tʂei⁵³tʂʐ²¹tiŋ⁵³ʂʐ⁵³i²⁴kə⁰fəŋ³³ʂuei²⁴pau²¹ti⁵³］

他就领他、他的族人，［tʰa³³tɕiəu⁵³liŋ²¹tʰa³³、tʰa³³tə⁰tʂu²⁴ʐən²⁴］

驻扎了下来。［tʂu⁵³tʂa³³lə⁰ɕia⁵³lai⁰］

后来，人们把这个地方［xəu⁵³lai²⁴，ʐən²⁴mən²⁴pa²¹tʂei⁵³kə⁰ti⁵³faŋ⁰］

就叫作恰克默。［tɕiəu⁵³tɕiau⁵³tʂuɤ⁵³tɕʰia⁵³kʰɤ⁵³mɤ⁵³］

历史验证了，恰克默是对的。［li⁵³ʂʐ²¹ian⁵³tʂəŋ⁵³lə⁰，tɕʰia⁵³kʰɤ⁵³mɤ⁵³ʂʐ⁵³tuei⁵³tə⁰］

佳木斯真是一块风水宝地。［tɕia³³mu⁵³sŋ³³tʂən³³ʂʐ⁵³i²⁴kʰuai⁵³fəŋ³³ʂuei²⁴pau²¹ti⁵³］

物产丰富，人杰地灵。［u⁵³tsʰan²¹fəŋ³³fu⁵³，ʐən²⁴tɕiɛ²⁴ti⁵³liŋ²⁴］

每逢天灾人祸，［mei²¹¹fəŋ²⁴tʰian³³tsai³³ʐən²⁴xuɤ⁵³］

都能够化险为夷。［təu³³nəŋ²⁴kəu⁵³xua⁵³ɕian²¹uei²⁴i²⁴］

现在呢，［ɕian⁵³tsai⁵³nə⁰］

我们再讲一下［uɤ²¹mən⁰tsai⁵³tɕiaŋ²¹i²⁴ɕia⁵³］

佳木斯这个名字的由来。［tɕia³³mu⁵³sŋ³³tʂei⁵³kə⁰miŋ²⁴tsʐ⁰tə⁰iəu²⁴lai²⁴］

在各个年代的地图上啊，［tsai⁵³kɤ⁵³kə⁰ȵian⁰tai⁵³ti⁰ti⁵³tʰu²⁴ʂaŋ⁵³a⁰］

都有佳木斯［təu³³iəu²¹tɕia³³mu⁵³sŋ³³］

这个五花八门的标音。［tsei⁵³kə⁰u²¹xua³³pa³³mən³³tə⁰piau³³in³³］

其中就有什么呢，［tɕʰi³³tʂuŋ³³tɕiəu⁵³iəu²¹ʂən²⁴mə⁰nə⁰］

就有佳穆斯、贾木司。［tɕiəu⁵³iəu²¹tɕia³³mu⁵³sŋ³³、tɕia²¹mu⁵³sŋ³³］

最后尾儿，［tsuei⁵³xəu⁵³ɚ²¹¹］

慢慢演变为［man⁵³man³³ian²¹pian⁵³uei²⁴］

今天的佳木斯了。［tɕin³³tʰian³³tə⁰tɕia³³mu⁵³sʅ³³lə⁰］

嗯，"佳木"呢，就是氏族，［əŋ⁰，"tɕia³³mu⁵³"nə⁰，tɕiəu⁵³sʅ⁵³sʅ⁵³tʂu²⁴］

是人名，是姓氏的意思，［sʅ⁵³zʅən²⁴miŋ²⁴，sʅ⁵³ɕiŋ⁵³sʅ⁵³tə⁰i⁵³sʅ⁰］

是代表恰默的意思。［sʅ⁵³tai⁵³piau²¹tɕʰia⁵³mɤ⁵³tə⁰i⁵³sʅ⁰］

佳木斯是黑龙江东部的［tɕia³³mu⁵³sʅ³³sʅ⁵³xei³³luŋ²⁴tɕiaŋ²⁴tuŋ³³pu⁵³tə⁰］

中心地带。［tʂuŋ³³ɕin³³ti⁵³tai⁵³］

它集军事、政治、文化，［tʰa³³tɕi²⁴tɕyn³³sʅ⁵³、tʂəŋ⁵³tʂʅ⁵³、uən²⁴xua⁵³］

嗯，于一体。［əŋ⁰，y²⁴i⁵³tʰi²¹¹］

（有删减）

（二）四丰山的传说

四丰山位于 ［sʅ⁵³fəŋ³³ʂan³³uei⁵³y²⁴］

佳木斯正南，七公里。［tɕia³³mu⁵³sʅ³³tʂəŋ⁵³nan²⁴，tɕʰi³³kuŋ³³li²¹¹］

四个山头儿紧紧相依，［sʅ⁵³kə⁰san³³tʰəur²⁴tɕin²⁴tɕin²¹ɕiaŋ³³i³³］

因此得名。［in³³tsʰʅ²¹tɤ²⁴miŋ²⁴］

相传，［ɕiaŋ³³tsʰuan²⁴］

四丰山原来不叫"四丰山"，［sʅ⁵³fəŋ³³ʂan³³yan²⁴lai²⁴pu²⁴tɕiau⁵³"sʅ⁵³fəŋ³³ʂan³³"］

叫"四凤山"，［tɕiau⁵³"sʅ⁵³fəŋ⁵³san³³"］

四只凤凰，各个占一个山头。［sʅ⁵³tsʅ³³fəŋ⁵³xuaŋ²⁴，kɤ⁵³kɤ⁵³tsan⁵³i²⁴kə⁰san³³tʰəu²⁴］

凤凰不落无宝之地，［fəŋ⁵³xuaŋ²⁴pu²⁴luɤ⁵³u²⁴pau²¹tʂʅ³³ti⁵³］

有凤凰落山，［iəu²¹fəŋ⁵³xuaŋ²⁴luɤ⁵³san³³］

才有佳木斯的粮食丰收、［tsʰai²⁴iəu²¹tɕia³³mu⁵³sʅ³³tə⁰liaŋ²⁴sʅ⁰fəŋ³³ʂəu³³］

六畜兴旺，［liəu⁵³tʂʰu⁵³ɕiŋ³³uaŋ⁵³］

国泰民安、福泽吉祥的福兆。［kuɤ²⁴tʰai⁵³min²⁴an³³、fu²⁴tʂɤ²⁴tɕi⁵³ɕiaŋ²⁴tə⁰fu²⁴tsau⁵³］

远近的人们都说 ［yan²¹tɕin⁵³tə⁰zʅən²⁴mən²⁴təu³³ʂuɤ³³］

四丰山是块生风水宝地。［sʅ⁵³fəŋ³³ʂan³³sʅ⁵³kʰuai⁵³ʂəŋ³³fəŋ³³ʂuei²⁴pau²¹ti⁵³］生：口误，多字

所以四丰山也叫"落凤山"。［ʂuɤ²⁴i²¹sʅ⁵³fəŋ³³ʂan³³iɛ²¹tɕiau⁵³"luɤ⁵³fəŋ⁵³san³³"］

有凤凰落此，［iəu²¹fəŋ⁵³xuaŋ²⁴luɤ⁵³tsʅ²¹¹］

才有佳木斯的风调雨顺。［tsʰai⁵³iəu²¹tɕia³³mu⁵³sʅ³³tə⁰fəŋ³³tʰiau²⁴y²¹suən⁵³］

相传，在四丰山脚下，［ɕiaŋ³³tsʰuan²⁴，tsai⁵³sʅ⁵³fəŋ³³san³³tɕiau²¹ɕia⁵³］

有一个村子啊叫新鲜村，［iəu²¹i²⁴kə⁰tsʰuən³³tsʅ⁰a⁰tɕiau⁵³ɕin³³ɕian³³tsʰuən³³］

村头住着一个［tsʰuən³³tʰəu²⁴tʂu⁵³tʂə⁰i²⁴kə⁰］

憨厚勤劳的农民，［xan³³xəu⁵³tɕʰin²⁴lau²⁴tə⁰nuŋ²⁴min²⁴］

叫作葛六儿。［tɕiau⁵³tsuɤ⁵³kɤ²¹liəur⁵³］

他家境贫穷,父母早逝。[tʰa³³ tɕia³³ tɕiŋ⁵³ pʰin²⁴ tɕʰy²⁴, fu⁵³ mu²⁴ tsau²¹ ʂ̩⁵³]

三个哥哥都成家立业,[san³³ kɤ⁰ kɤ³³ kɤ⁰ təu³³ tʂʰəŋ²⁴ tɕia³³ li⁵³ iɛ⁵³]

他独自一人,砍柴为生。[tʰa³³ tu²⁴ tsʐ⁵³ i⁵³ ʐən²⁴, kʰan²¹ tsʰai²⁴ uei²⁴ ʂəŋ³³]

有一天,他走在山脚下,[iəu²¹ i⁵³ tʰian³³, tʰa³³ tsəu²⁴ tsai⁵³ san³³ tɕiau²¹ ɕia⁵³]

他正常上山砍柴。[tʰa³³ tʂəŋ⁵³ tʂʰaŋ²⁴ ʂaŋ⁵³ san³³ kʰan²¹ tsʰai²⁴]

这一天,[tsei⁵³ i⁵³ tʰian³³]

他感觉阳光格外地温暖,[tʰa³³ kan²¹ tɕyɛ²⁴ iaŋ²⁴ kuaŋ³³ kɤ²⁴ uai⁵³ tə⁰ uən³³ nuan²¹¹]

鸟儿叫得格外地悦耳,[ȵiau²¹ ɚ²⁴ tɕiau⁵³ tə⁰ kɤ²⁴ uai⁵³ tə⁰ yɛ⁵³ ɚ²¹¹]

他的脚步呢,也格外地轻盈。[tʰa³³ tə⁰ tɕiau²¹ pu⁵³ nə⁰, iɛ²¹ kɤ²⁴ uai⁵³ tə⁰ tɕʰiŋ³³ iŋ²⁴]

他感觉呀,[tʰa³³ kan²¹ tɕyɛ²⁴ ia⁰]

今天一定有好事情要发生。[tɕin³³ tian³³ i²⁴ tiŋ⁵³ iəu²¹ xau²¹ ʂ̩⁵³ tɕʰiŋ⁰ iau⁵³ fa³³ ʂəŋ³³]

很快,[xən²¹ kʰuai⁵³]

他就走过了两个山头。[tʰa³³ tɕiəu⁵³ tʂəu²¹ kuɤ⁵³ lə⁰ liaŋ²¹ kə⁰ san³³ tʰəu²⁴]

他发现前面 [tʰa³³ fa³³ ɕian⁵³ tɕʰian²⁴ mian⁰]

有一片非常好的干柴,[iəu²¹ i²⁴ pʰian⁵³ fei³³ tʂʰaŋ²⁴ xau²¹ tə⁰ kan³³ tsʰai²⁴]

他想,[tʰa³³ ɕiaŋ²¹]

啊,上天给我的好运 [a⁰, ʂaŋ⁵³ tʰian³ kei²⁴ uɤ²¹ tə⁰ xau²¹ yn⁵³]

原来是这个呀。[yan²⁴ lai²⁴ ʂ̩⁵³ tsei⁵³ kə⁰ ia⁰]

这一片柴,[tʂei⁵³ i²⁴ pʰian⁵³ tsʰai²⁴]

可以卖一个好价钱了。[kʰɤ²⁴ i²¹ mai⁵³ i²⁴ kə⁰ xau²¹ tɕia⁵³ tɕʰian²⁴ lə⁰]

他很快就砍了两担柴。[tʰa³³ xən²¹ kʰuai⁵³ tɕiəu⁵³ kʰan²¹ lə⁰ liaŋ²¹ tan⁵³ tsʰai²⁴]

歇了一会儿,刚要回家,[ɕiɛ³³ lə⁰ i⁵³ xuər²¹¹, kaŋ³³ iau⁵³ xuei²⁴ tɕia³³]

这时候,[tʂɤ⁵³ ʂ̩²⁴ xəu⁰]

突然来了南边来了一大鸟。[tʰu³³ ʐan²⁴ lai²⁴ lə⁰ nan²⁴ pian³³ lai²⁴ lə⁰ i²⁴ ta⁵³ ȵiau²¹¹]

这只鸟停在了他的旁边,[tʂei⁵³ tʂʐ³³ ȵiau²¹ tʰiŋ²⁴ tsai⁵³ lə⁰ tʰa³³ tə⁰ pʰaŋ²⁴ pian³³]

身上闪闪发光,[ʂən³³ ʂaŋ⁰ ʂan²⁴ ʂan²¹ fa³³ kuaŋ³³]

还有一道,[xai⁵³ iəu²¹ i²⁴ tau⁰]

身上还会发出一道道光芒。[ʂən³³ ʂaŋ⁰ xai²⁴ xuei⁵³ fa³³ tʂʰu³³ i²⁴ tau⁵³ tau⁰ kuaŋ²⁴ maŋ²⁴]

鸟儿一会儿就飞走了,[ȵiau²¹ ɚ²⁴ i⁵³ xuər²¹ tɕiəu⁵³ fei³³ tsəu²¹ lə⁰]

他非常纳闷儿,[tʰa³³ fei³³ tʂʰaŋ²⁴ na⁵³ mər⁵³]

他走过去一看,[tʰa³³ tʂəu²¹ kuɤ²¹ tɕʰy⁰ i²⁴ kʰan⁵³]

鸟儿落地的地方,[ȵiau²¹ ɚ²⁴ luɤ⁵³ ti⁵³ tə⁰ ti⁵³ faŋ⁰]

有一块铜钱,[iəu²¹ i²⁴ kʰuai⁵³ tʰuŋ²⁴ tɕʰian²⁴]

他一看,[tʰa³³ i²⁴ kʰan⁵³]

这个铜钱跟普通的铜钱 [tsei⁵³ kə⁰ tʰuŋ²⁴ tɕʰian²⁴ kən³³ pʰu²¹ tʰuŋ³³ tə⁰ tʰuŋ²⁴ tɕʰian²⁴]

没有什么区别呀。［mei²⁴iəu²¹ʂən²⁴mə⁰tɕʰy³³piɛ²⁴ia⁰］

他就装到了兜里。［tʰa³³tɕiəu⁵³tʂuaŋ³³tau⁵³lə⁰təu³³li²¹¹］

他拿起担子担起了柴，［tʰa³³na²⁴tɕʰi²¹tʰan³³tsʅ⁰tʰan³³tɕʰi²¹lə⁰tsʰai²⁴］

往家走。［uaŋ²¹tɕia³³tsəu²¹¹］

一会儿，他感觉到口渴了。［i⁵³xuər²¹¹，tʰa³³kan²¹tɕyɛ²⁴tau⁵³kʰəu²⁴kʰɤ²¹lə⁰］

他看见旁边，有一棵梨树。［tʰa³³kʰan⁰tɕian⁰pʰaŋ²⁴pian³³，iəu²¹i⁵³kʰɤ³³li²⁴ʂu⁵³］

放下了柴，［faŋ⁵³ɕia⁵³lə⁰tsʰai²⁴］

爬到了树上去吃梨子。［pʰa²⁴tau⁵³lə⁰ʂu⁵³ʂaŋ⁰tɕʰy⁵³tʂʰʅ³³li²⁴tsʅ⁰］

这时，［tʂɤ⁵³ʂʅ²⁴］

树下走过来［ʂu⁵³ɕia⁵³tsəu²¹kuɤ⁵³lai²⁴］

一老一少两个人，［i⁵³lau²¹i²⁴ʂau⁵³liaŋ²¹kə⁰ʐən²⁴］

年轻的问：［ȵian²⁴tɕʰiŋ³³tə⁰uən⁵³］

"师傅，那个铜钱是什么呀？［"ʂʅ³³fu⁰，nei⁵³kə⁰tʰuŋ²⁴tɕʰian²⁴ʂʅ⁵³ʂən²⁴mə⁰ia⁰］

为什么我们［uei⁵³ʂən²⁴mə⁰uɤ²¹mən⁰］

要着急去找这个铜钱呢？"［iau⁵³tʂau³³tɕi²⁴tɕʰy⁵³tʂau²¹tʂei⁵³kə⁰tʰuŋ²⁴tɕʰian²⁴nə⁰？"］

师傅环顾了一下四周，［ʂʅ³³fu⁰xuan²⁴ku⁵³lə⁰i²⁴ɕia⁵³ʂʅ⁵³tʂəu³³］

神秘地说：［ʂən²⁴mi⁵³tə⁰ʂuɤ³³］

"这是一个宝贝，［"tʂɤ⁵³ʂʅ⁵³i²⁴kə⁰pau²¹pei⁵³］

如果把它放着海里，［ʐu²⁴kuɤ²¹pa²¹tʰa³³faŋ⁵³tsau²⁴xai²⁴li²¹¹］

就会有好东西的。"［tɕiəu⁵³xuei⁵³iəu²⁴xau²¹tuŋ³³ɕi⁰tə⁰。"］

然后，少的说：［ʐan²⁴xəu⁵³，ʂau⁵³tə⁰ʂuɤ³³］

"那我们快去找吧。"［"na⁵³uɤ²¹mən⁰kʰuai⁵³tɕʰy⁵³tʂau²¹pa⁰。"］

他感觉他就下树，［tʰa³³kan²¹tɕyɛ²⁴tʰa³³tɕiəu⁵³ɕia⁵³ʂu⁵³］

他感觉他砍了柴回家了。［tʰa³³kan²¹tɕyɛ²⁴tʰa³³kʰan²¹lə⁰tsʰai²⁴xuei²⁴tɕia³³lə⁰］

回家一想，［xuei²⁴tɕia³³i⁵³ɕiaŋ²¹¹］

不管它是真的是假的，［pu⁵³kuan²¹tʰa³³ʂʅ⁵³tʂən³³tə⁰ʂʅ⁵³tɕia²¹tə⁰］

我们试一试就对了嘛。［uɤ²¹mən⁰ʂʅ⁵³i⁰ʂʅ⁵³tɕiəu⁵³tuei⁵³lə⁰ma⁰］

第二天，他拿着铜钱，［ti⁵³ɚ⁵³tʰian³³，tʰa³³na²⁴tə⁰tʰuŋ²⁴tɕʰian²⁴］

走了很久，走到了海边，［tsəu²¹lə⁰xən²⁴tɕiəu²¹¹，tsəu²¹tau⁵³lə⁰xai²¹pian³³］

他把铜钱用红绳儿［tʰa³³pa²¹tʰuŋ²⁴tɕʰian²⁴yŋ⁵³xuŋ²⁴ʂə̃r²⁴］

串起来以后，［tʂʰuan³³tɕʰi²¹lai⁰i²¹xəu⁵³］

拿着红钱把铜钱放里了［na²⁴tʂə⁰xuŋ²⁴tɕʰian²⁴pa²¹tʰuŋ²⁴tɕʰian²⁴faŋ⁵³li²¹lə⁰］

放进海里。［faŋ⁵³tɕin⁵³xai²⁴li²¹¹］

不久，神奇的事情发生了。［pu⁵³tɕiəu²¹¹，ʂən²⁴tɕʰi²⁴tə⁰ʂʅ⁵³tɕʰiŋ⁰fa³³ʂəŋ³³lə⁰］

海水像被开，［xai²⁴ʂuei²¹ɕiaŋ⁵³pei⁵³kʰai³³］

煮开了一样沸腾了。[tʂu²¹kʰai³³lə⁰i²⁴iaŋ⁵³ fei⁵³tʰəŋ²⁴lə⁰]

一会儿，[i⁵³xuər²¹¹]

海上出现了一道一、一、一道，[xai²¹ʂaŋ⁵³tʂʰu³³ɕian⁵³lə⁰i²⁴tau⁵³i²⁴、i²⁴、i²⁴tau⁵³]

分开了一个道儿。[fən³³kʰai³³lə⁰i²⁴kə⁰taur⁵³]

一个人过来[i²⁴kə⁰z̩ən²⁴kuɤ⁵³lai⁰]

把他请进了海里龙宫里。[pa²¹tʰa³³tɕʰiŋ²¹tɕin⁵³lə⁰xai²⁴li²¹luŋ²⁴kuŋ³³li²¹¹]

龙王接待了热情地接待了他，[luŋ²⁴uaŋ²⁴tɕiɛ³³tai⁵³lə⁰z̩ɤ⁵³tɕʰiŋ²⁴tə⁰tɕiɛ³³tai⁵³lə⁰tʰa³³]

问："大侠，你有什么法力呀？[uən⁵³："ta⁵³ɕia²⁴，n̠i²⁴iəu²¹ʂən²⁴mə⁰fa²¹li⁵³ia⁰]

可以把我们的海水煮沸腾？"[kʰɤ²⁴i²¹pa²⁴uɤ²¹mən⁰tə⁰xai²⁴ʂuei⁵³tʂu²¹fei⁵³tʰəŋ²⁴?"]

葛六说啊："原来是这件事啊。"[kɤ²¹liəu⁵³ʂuɤ³³a⁰："yan²⁴lai²⁴ʂɻ̩⁵³tʂei⁵³tɕian⁵³ʂɻ̩⁵³a⁰。"]

他把铜钱给龙王看了，[tʰa³³pa²¹tʰuŋ²⁴tɕʰian²⁴kei²¹luŋ²⁴uaŋ²⁴kʰan⁵³lə⁰]

啊，龙、龙王说[a⁰，nuŋ²⁴、luŋ²⁴uaŋ²⁴ʂuɤ³³]

"哇，这是一个宝物啊，["ua⁰，tʂɤ⁵³ʂɻ̩⁵³i²⁴kə⁰pau²¹u⁵³ua⁰]

这是一个闹海钱呀！[tʂɤ⁵³ʂɻ̩⁵³i²⁴kɤ⁵³nau⁵³xai²¹tɕʰian²⁴ia⁰]

这是世上仅有的一个。"[tʂɤ⁵³ʂɻ̩⁵³ʂɻ̩⁵³ʂaŋ⁵³tɕin²⁴iəu²¹tə⁰i²⁴kə⁰。"]

然后，葛六说：[z̩an²⁴xəu⁵³，kɤ²¹liəu⁵³ʂuɤ³³]

"你既然喜欢，那么就给你吧。"["n̠i²¹tɕi⁵³ian²⁴ɕi²¹xuan³³，na⁵³mə⁰tɕiəu⁵³kei²¹n̠i²¹pa⁰。"]

龙王说：[luŋ²⁴uaŋ²⁴ʂuɤ³³]

"那，我龙宫里的所有的宝物，["na⁵³，uɤ²¹luŋ²⁴kuŋ³³li²¹tə⁰ʂuɤ²⁴iəu²¹tə⁰pau²¹u⁵³]

你可以随便挑。"[n̠i²⁴kʰɤ²⁴i²¹ʂuei²⁴pian⁵³tʰiau³³。"]

这时，龙有一只金丝疤癞狗儿，[tʂɤ⁵³ʂɻ̩²⁴，luŋ²⁴iəu²¹i⁵³tʂɻ̩³³tɕin³³ʂɻ̩³³pa³³la⁰kəur²¹¹]

停在了龙王的脚边。[tʰiŋ²⁴tsai⁵³lə⁰luŋ²⁴uaŋ²⁴tə⁰tɕiau²¹pian³³]

葛六儿想，[kɤ²¹liəur⁵³ɕiaŋ²¹¹]

我要把它拿回去[uɤ²¹iau⁵³pa²¹tʰa³³na²⁴xuei²¹tɕʰy⁵³]

陪我做个伴儿[pʰei²⁴uɤ²¹tsuɤ⁵³kə⁰pɐr⁵³]

也挺好的呀。[iɛ²¹tʰiŋ²⁴xau²¹tə⁰ia⁰]

他就向龙王说啦：[tʰa³³tɕiəu⁵³ɕiaŋ⁵³luŋ²⁴uaŋ²⁴ʂuɤ³³la⁰]

"我就要这个金丝疤癞狗儿吧。"["uɤ²¹tɕiəu⁵³iau⁵³tʂei⁵³kə⁰tɕin³³sɻ̩³³pa³³la⁰kəur²¹pa⁰。"]

这时，龙王为难了，[tʂɤ⁵³ʂɻ̩²⁴，luŋ²⁴uaŋ²⁴uei²⁴nan²⁴lə⁰]

原来呀，[yan²⁴lai²⁴ia⁰]

这个疤癞狗儿[tsei⁵³kə⁰pa³³la⁰kəur²¹]

是他最喜欢的[ʂɻ̩⁵³tʰa³³tsuei⁵³ɕi²¹xuan³³tə⁰]

一个公主变的。[i²⁴kə⁰kuŋ³³tʂu²¹pian⁵³tə⁰]

公主想看看凡人[kuŋ³³tʂu²⁴ɕiaŋ²¹kʰan⁵³kʰan⁰fan²⁴z̩ən²⁴]

是什么样子，[ʂʅ⁵³ ʂən²⁴ mə⁰iaŋ⁵³tsʅ⁰]

所以呀，变成了一条小狗儿。[ʂuɤ²⁴i²¹ia⁰，pian⁵³tʂʰəŋ²⁴lə⁰i⁵³tiau²⁴ɕiau²⁴kəur²¹¹]

龙王答应以后，[luŋ²⁴uaŋ²⁴ta²⁴iŋ⁵³i²¹xəu⁵³]

没……说过了话，[mei²⁴……ʂɤ³³kuɤ⁵³lə⁰xua⁵³]

不能再收回去。[pu⁵³nəŋ²⁴tsai⁵³ʂəu³³xuei²⁴tɕʰy⁵³]

所以他答应了葛六儿。[ʂuɤ²⁴i²¹tʰa³³ta²⁴iŋ⁵³lə⁰kɤ²¹liəur⁵³]

葛六儿欢快地[kɤ²¹liəur⁵³xuan³³kʰuai⁵³tə⁰]

把这个狗带回了家。[pa²¹tʂei⁵³kə⁰kəu²¹tai⁵³xuei²⁴lə⁰tɕia³³]

回家以后啊，[xuei²⁴tɕia³³i²¹xəu⁵³a⁰]

狗变成了美丽的公主，[kəu²¹pian²⁴tʂʰəŋ²⁴lə⁰mei²¹li⁵³tə⁰kuŋ³³tʂu²¹¹]

葛六儿乐坏了。[kɤ²¹liəur⁵³lɤ⁵³xuai⁵³lə⁰]

他跟公主结了婚。[tʰa³³kən³³kuŋ³³tʂu²¹tɕiɛ²¹lə⁰xuən³³]

原来公主啊，会变法术。[yan²⁴lai²⁴kuŋ³³tʂu²¹a⁰，xuei⁵³pian⁵³fa²¹ʂu⁵³]

她吹口气，[tʰa³³tʂʰuei³³kʰəu²¹tɕʰi⁵³]

就把草房变成了宫殿。[tɕiəu⁵³pa²⁴tʂʰau²¹faŋ²⁴pian⁵³tʂʰəŋ²⁴lə⁰kuŋ³³tian⁵³]

他的几个哥哥，[tʰa³³tə⁰tɕi²¹kə⁰kɤ³³kə⁰]

过来询问葛六儿，[kuɤ⁵³lai²⁴ɕyn²⁴uən⁵³kɤ²¹liəur⁵³]

怎么一夜之间[tsən²¹mə⁰i²⁴iɛ⁵³tʂʅ³³tɕian³³]

就会致富的呢？[tɕiəu⁵³xuei⁵³tʂʅ⁵³fu⁵³tə⁰nə⁰]

公主为难了。[kuŋ³³tʂu²¹uei²⁴nan²⁴lə⁰]

第二，当天晚上，[ti⁵³ɐr⁵³，taŋ³³tʰian⁵³uan²¹ʂaŋ⁰]

公主做了一个梦。[kuŋ³³tʂu²¹tʂuɤ⁵³lə⁰i²⁴kə⁰məŋ⁵³]

梦里跟公主说，[məŋ⁵³li²¹kən³³kuŋ³³tʂu²¹ʂuɤ³³]

其他三个山头[tɕʰi²⁴tʰa³³san²⁴kə⁰san³³tʰəu²⁴]

都会有三只凤凰，[təu³³xuei⁵³iəu⁵³san³³tʂʅ³³fəŋ⁵³xuaŋ⁰]

放下三个铜钱，让她去取。[faŋ⁵³ɕia⁵³san²⁴kə⁰tʰuŋ²⁴tɕʰian²⁴，iaŋ⁵³tʰa³³tɕʰy⁵³tɕʰy²¹¹]

第二天，[ti⁵³ɐr⁵³tʰian³³]

公主真的捡到了[kuŋ³³tʂu²¹tʂən³³tə⁰tɕian²¹tau⁵³lə⁰]

三个铜钱。[san³³kɤ⁵³tʰuŋ²⁴tɕʰian²⁴]

她对大哥说：[tʰa³³tuei⁵³ta⁵³kɤ³³ʂɤ³³]

"大哥，你想要什么？"[ta⁵³kɤ³³，ɳi²⁴ɕiaŋ²¹iau⁵³ʂən²⁴mə⁰？]

大哥说："我，想要一片鱼塘，[ta⁵³kɤ³³ʂɤ³³："uɤ²¹¹，ɕiaŋ²¹iau⁵³i²⁴pʰian⁵³y²⁴tʰaŋ²⁴]

鱼塘里有很多很多鱼。"[y²⁴tʰaŋ²⁴li²¹iəu²⁴xən²¹tuɤ³³xən²¹tuɤ³³y²⁴。]

第二天，上四丰山脚下，[ti⁵³ɐr⁵³tʰian³³，ʂan⁵³ʂʅ⁵³fəŋ³³ʂan³³tɕiau²¹ɕia⁵³]

真的出现了一片鱼塘，[tʂən³³tə⁰tʂʰu³³ɕian⁵³lə⁰i²⁴pʰian⁵³y²⁴tʰaŋ²⁴]

里头有好多好多鱼。［li²¹tʰəu⁰iəu²⁴xau²¹tuɤ³³xau²¹tuɤ³³y²⁴］

公主问二哥：［kuŋ³³tʂu²¹uən⁵³ɐr⁵³kɤ³³］

"二哥，你想要什么？"［"ɐr⁵³kɤ³³，n̠i²⁴ɕiaŋ²¹iau⁵³ʂən²⁴mə⁰?"］

二哥说：［ɐr⁵³kɤ³³ʂuɤ³³］

"我，想要一窝猪、一圈马，［"uɤ²¹¹，ɕiaŋ²¹iau⁵³i⁵³uɤ³³tʂu³³、i²⁴tɕyan⁵³ma²¹¹］

猪要肥，马要壮。"［tʂu³³iau⁵³fei²⁴，ma²¹iau⁵³tʂuaŋ⁵³。"］

第二天，他的院子里，［ti⁵³ɐr⁵³tʰian³³，tʰa³³tə⁰yan⁵³tsʅ⁰li²¹¹］

真出现了一窝猪、一圈马。［tʂən³³tʂʰu³³ɕian⁵³lə⁰i⁵³uɤ³³tʂu³³、i²⁴tɕyan⁵³ma²¹¹］

三哥没有出现。［ʂan³³kɤ³³mei²⁴iəu²¹tʂʰu³³ɕian⁵³］

公主就到三哥家问三哥：［kuŋ³³tʂu²¹tɕiəu⁵³tau⁵³san³³kɤ³³tɕia³³uən⁵³san³³kɤ³³］

"三哥，你想要什么呀？"［"san³³kɤ³³，n̠i²⁴ɕiaŋ²¹iau⁵³ʂən²⁴mə⁰ia⁰?"］

三哥说：［san³³kɤ³³ʂuɤ³³］

"我什么也不想要，［"uɤ²¹ʂən²⁴mə⁰iɛ²¹pu⁵³ɕiaŋ²¹iau⁵³］

我靠我想要劳动致富，［uɤ²¹kʰau⁵³uɤ²⁴ɕiaŋ²¹iau⁵³lau²⁴tuŋ⁵³tʂʅ⁵³fu⁵³］

我的愿望啊，就是需要，［uɤ²¹tə⁰yan⁵³uaŋ⁵³a⁰，tɕiəu⁵³ʂʅ⁵³ɕy³³iau⁵³］

以后都风调雨顺，没有灾难。"［i²¹xəu⁵³təu³³fəŋ³³tʰiau²⁴y²¹suən⁵³，mei²⁴iəu²¹tsai³³nan⁵³。"］

于是，［y²⁴ʂʅ⁵³］

公主把铜钱放在了［kuŋ³³tʂu²⁴pa²¹tʰuŋ²⁴tɕʰian²⁴faŋ⁵³tsai⁵³lə⁰］

四丰山顶上。［ʂʅ⁵³fəŋ³³ʂan³³tiŋ²¹ʂaŋ⁰］

从此以后，［tsʰuŋ²⁴tsʰʅ²⁴i²¹xəu⁵³］

佳木斯真的没有灾难，［tɕia³³mu⁵³sʅ³³tʂən⁵³tə⁰mei²⁴iəu²¹tsai³³nan⁵³］

风调雨顺。［fəŋ³³tʰiau²⁴y²¹suən⁵³］

如果有灾难，［z̩u²⁴kuɤ²⁴iəu²¹tsai³³nan⁵³］

也会很快地消退。［iɛ²¹xuei⁵³xən²¹kʰuai⁵³tə⁰ɕiau³³tʰuei⁵³］

（以上由发音人陈继春提供）

四　自选条目

（一）俗语

1. 干啥啥不行，［kan⁵³ʂa²⁴ʂa²⁴pu⁵³ɕiŋ²⁴］
   吃啥啥包了儿。［tʂʰʅ³³ʂa²⁴ʂa²⁴pau³³liaur²¹¹］包了儿：完，光

2. 落难的凤凰不如鸡。［luɤ⁵³nan⁵³tə⁰fəŋ⁵³xuaŋ⁰pu⁵³z̩u²⁴tɕi³³］

3. 吃着碗儿里的，［tʂʰʅ³³tʂə⁰uɐr²⁴li²¹tə⁰］

看着锅里的。[kʰan⁵³tʂə⁰kuɤ³³li²¹tə⁰]

（形容人比较贪心的样子。）

4. 狗不嫌家贫，[kəu²¹pu⁵³ɕian²⁴tɕia³³pʰin²⁴]

儿不嫌母丑。[ɚ²⁴pu⁵³ɕian²⁴mu²⁴tʂʰəu²¹¹]

5. 害人之心不可有，[xai⁵³ʐən²⁴tʂʅ³³ɕin³³pu⁵³kʰɤ²⁴iəu²¹¹]

防人之心不可无。[faŋ²⁴ʐən²⁴tʂʅ³³ɕin³³pu⁵³kʰɤ²¹u²⁴]

6. 站着不如倒着，[tʂan⁵³tʂə⁰pu⁵³ʐu²⁴tau²¹tʂə⁰]

好吃不如饺子。[xau²¹tʂʰʅ³³pu⁵³ʐu²⁴tɕiau²¹tsə⁰]

7. 林子大了什么鸟儿都有。[lin²⁴tsʅ⁰ta⁵³lə⁰ʂən²⁴mə⁰ȵiaur²¹təu³³iəu²¹¹]

（这是说什么样的人都有，含有贬义。）

8. 酒壮尿人胆。[tɕiəu²¹tsuaŋ⁵³suŋ²⁴ʐən²⁴tan²¹¹]

（人喝酒之后，胆子会变大，会做出一些清醒的时候不敢做的事情。）

9. 一两二两漱漱口，[i⁵³liaŋ²¹ɚ⁵³liaŋ²¹su⁵³su⁵³kʰəu²¹¹]

三两四两不算酒，[san³³liaŋ²¹sʅ⁵³liaŋ²¹pu²⁴suan⁵³tɕiəu²¹¹]

五两六两扶墙走，[u²⁴liaŋ²¹liəu⁵³liaŋ²¹fu²⁴tɕʰiaŋ²⁴tsəu²¹¹]

七两八两还在吼。[tɕʰi³³liaŋ²¹pa³³liaŋ²¹xai²⁴tsai⁵³xəu²¹¹]

（一两、二两酒喝下去，就和漱了漱口一样，三两、四两酒不算酒，喝了五两、六两酒得扶着墙走，喝了七两、八两酒，还在喊着要喝酒。）

10. 大路朝天各走半边。[ta⁵³lu⁵³tʂʰau³⁵tʰian³³kɤ⁵³tʂəu²¹pan⁵³pian³³]

（二）歇后语

1. 癞蛤蟆不咬人——膈应人。

[la⁵³xa²⁴ma⁰pu⁵³iau²¹ʐən²⁴——kɤ⁵³iŋ⁰ʐən²⁴] 膈应：令人讨厌

2. 水仙不开花儿——装蒜。

[ʂuei²¹ɕian³³pu⁵³kʰai³³xuar³³——tʂuaŋ³³suan⁵³]

3. 猪鼻子插大葱——装相（象）。

[tʂu³³pi²⁴tsʅ⁰tsʰa²¹ta⁵³tsʰuŋ³³——tʂuaŋ³³ɕiaŋ⁵³]

4. 打个巴掌再给个甜枣儿——堵嘴。

[ta²¹kə⁰pa³³tsaŋ⁰tsai⁵³kei²¹kə⁰tʰian²⁴tsaur²¹¹——tu²⁴tsuei²¹¹]

（以上由发音人马群提供）

林　　口

一　歌谣

(一)卖锁咧

卖锁咧！［mai⁵³suo²¹lai⁰］

什么锁？［sən²⁴mə⁰suo²¹¹］

钉钢打瓦溜溜锁。［tiŋ³³kaŋ³³ta²⁴ua²¹liou²⁴liou⁰suo²¹¹］钉钢打瓦溜溜锁:指坚硬结实的光溜溜的锁

什么开？［sən²⁴mə⁰kʰai³³］

钥匙开。［iau⁵³sʅ⁰kʰai³³］

开不开，［kʰai³³pu⁵³kʰai³³］

铁棍打。［tʰiɛ²¹kuən⁵³ta²¹¹］

打不开。［ta²¹pu⁵³kʰai³³］

(二)蚍蜉撼树不自量

蚍蜉撼树不自量，［pʰi²⁴fu²⁴xan⁵³su⁵³pu²⁴tsʅ⁵³liaŋ⁵³］

乌金银冠蛇吞象。［u³³tɕin³³in²⁴kuan⁵³sɤ²⁴tʰuən³³ɕiaŋ⁵³］

乾坤自有春秋日，［tɕʰian²⁴kʰuən³³tsʅ⁵³iou²¹tsʰuən³³tɕʰiou³³i⁵³］

倒行逆施定遭殃。［tau⁵³ɕiŋ²⁴ȵi⁵³sʅ³³tiŋ⁵³tsau³³iaŋ³³］

白石黑石堆成山，［pai²⁴sʅ²⁴xei³³sʅ²⁴tuei³³tʂʰəŋ²⁴ʂan³³］

单等后人派用场。［tan³³təŋ²¹xou⁵³ʐən²⁴pʰai⁵³yŋ⁵³tsʰaŋ⁰］

（以上由发音人李道华提供）

(三)东北八大怪

大东北，八大怪。［ta⁵³tuŋ³³pei²¹²，pa³³ta⁵³kuai⁵³］

窗户纸，糊在外，［tʂʰuaŋ³³xu⁵³tʂʅ²¹²，xu²⁴tsai⁵³uai⁵³］

大姑娘，叼烟袋。［ta⁵³ku³³ȵiaŋ⁰，tiau³³ian³³tai⁵³］烟袋:吸旱烟或水烟的用具,特指旱烟袋

— 50 —

大缸小缸渍酸菜,［ta⁵³kaŋ³³ɕiau²¹kaŋ³³tɕi³³suan³³tʂʰai⁵³］渍酸菜:泡制酸菜

养活孩子吊起来。［iaŋ²¹xu⁰xai²⁴tsʅ⁰tiau⁵³tɕʰi²¹lai⁰］养活孩子吊起来:用吊起来的悠悠车来哄孩子

黏豆包老太太爱,［ȵian²⁴tou⁵³pau³³lau²¹tʰai⁵³tʰai⁰ai⁵³］

翻穿皮袄毛儿朝外。［fan³³tsʰuan³³pʰi²⁴au²¹maur²⁴tʂau²⁴uai⁵³］

草坯房子篱笆寨,［tsʰau²¹pʰi³³faŋ²⁴tsʅ⁰li²⁴pa³³tsai⁵³］草坯房子篱笆寨:造房子时用篱笆编好外墙,用含草的泥一遍遍糊在篱笆上

狗皮帽子头上戴。［kou²¹pʰi²⁴mau⁵³tə⁰tʰou²⁴ʂaŋ⁰tai⁵³］

（四）天皇皇

天皇皇,［tʰian³³xuaŋ³³xuaŋ³³］

地皇皇,［ti⁵³xuaŋ³³xuaŋ³³］

我家有个哭夜郎。［uo²¹tɕia³³iou²¹kɤ⁵³kʰu³³iɛ⁵³laŋ²⁴］

过路君子念三遍,［kuo⁵³lu⁵³tɕyn³³tsʅ²¹ȵian³³san³³pian⁵³］

一觉儿睡到大天亮。［i²⁴tɕiaur⁵³ʂuei⁵³tau⁵³ta⁵³tʰian³³liaŋ⁵³］

（以上由发音人王海娟提供）

（五）天蓝蓝,云飘飘

天蓝蓝,云飘飘,［tʰian³³lan²⁴lan²⁴,yn²⁴pʰiau³³pʰiau³³］

莲花峰下两水泡儿。［lian²⁴xua³³fəŋ³³ɕia⁵³liaŋ²⁴ʂuei²¹pʰaur³³］

美儿不美心邪恶,［mei²¹ɚ²⁴pu⁵³mei²¹ɕin³³ɕiɛ²⁴ɤ⁵³］

兴风作浪妖精泡儿。［ɕiŋ³³fəŋ³³tsuo⁵³laŋ⁵³iau³³tɕiŋ⁰pʰaur³³］

丑儿不丑心肠好,［tʂʰou²¹ɚ²⁴pu⁵³tʂʰou²¹ɕin³³tʂʰaŋ²⁴xau²¹¹］

伤心落泪莲花泡儿。［ʂaŋ³³ɕin³³luo⁵³lei⁵³lian²⁴xua³³pʰaur³³］

丑儿丑儿不伤心,［tʂʰou²¹ɚ²⁴tʂʰou²¹ɚ²⁴pu⁵³ʂaŋ³³ɕin³³］

百姓把你当作宝儿。［pai²¹ɕiŋ⁵³pa²⁴ȵi²¹taŋ³³tsuo⁵³paur²¹¹］

丑儿丑儿不落泪,［tʂʰou²¹ɚ²⁴tʂʰou²¹ɚ²⁴pu²⁴luo⁵³lei⁵³］

莲花美景天下骄。［lian²⁴xua³³mei²⁴tɕiŋ²¹tʰian³³ɕia⁵³tɕiau³³］

（六）天苍苍呀野茫茫

天苍苍呀野茫茫,［tʰian³³tsʰaŋ³³tsʰaŋ³³ia⁰iɛ²¹maŋ²⁴maŋ²⁴］

哥哥如今在何方?［kɤ³³kə⁰zu²⁴tɕin³³tsai⁵³xɤ²⁴faŋ³³］

自从劫难分手后,［tsʅ⁵³tsʰuŋ²⁴tɕiɛ²⁴nan⁵³fən³³ʂou²¹xou⁵³］

妹妹日夜想得慌。［mei⁵³mei⁰zʅ⁰iɛ⁵³ɕiaŋ²¹tə⁰xuaŋ⁰］

（以上由发音人武孟超提供）

二　规定故事

牛郎和织女

今天哪，我给大家讲个故事。［tɕin³³tʰian³³na⁰, uo²⁴kei²¹ta⁵³tɕia³³tɕiaŋ²¹kə⁰ku⁵³sʅ⁰］

这个故事名字［tsei⁵³kə⁰ku⁵³sʅ⁰miŋ²⁴tsʅ⁰］

叫《牛郎与织女》。［tɕiau⁵³《ȵiou²⁴laŋ²⁴y⁵³tsʅ³³ȵy²¹¹》］

古时候儿啊，有一个小孩子，［ku²¹sʅ²⁴xour⁰a⁰, iou²¹i²⁴kə⁰ɕiau²¹xai²⁴tsʅ⁰］

小时候他父母啊，都死了。［ɕiau²¹sʅ²⁴xou⁰tʰa³³fu⁵³mu²¹a⁰, tou²⁴sʅ²¹lə⁰］

家里有一头黄牛，［tɕia³³li⁰iou²¹i⁵³tʰou²⁴xuaŋ²⁴ȵiou²⁴］

后来人村里的人们吧，［xou⁵³lai²⁴ʐən²⁴tsʰuən³³li²¹tə⁰in²⁴mən⁰pa⁰］

就管他叫了牛郎。［tɕiou⁵³kuan²¹tʰa³³tɕiau⁵³lə⁰ȵiou²⁴laŋ²⁴］

牛郎啊，与这头黄牛哇，［ȵiou²⁴laŋ²⁴a⁰, y²¹tsei⁵³tʰou²⁴xuaŋ²⁴ȵiou²⁴ua⁰］

以耕地为生，［i²¹kəŋ³³ti⁵³uei²⁴səŋ³³］

他们两个啊相依为命。［tʰa³³mən⁰liaŋ²¹kə⁰a⁰ɕiaŋ³³i³³uei³³miŋ⁵³］

其实这个牛郎这个黄牛哇，［tɕʰi³³sʅ²⁴tsei⁵³kə⁰ȵiou²⁴laŋ²⁴tsei⁵³kə⁰xuaŋ²⁴ȵiou²⁴ua⁰］

是天牛星。［sʅ⁵³tʰian³³ȵiou²⁴ɕiŋ³³］天牛星：口误, 实为"金牛星"

天牛星看牛郎［tʰian³³ȵiou²⁴ɕiŋ³³kʰan⁵³ȵiou²⁴laŋ²⁴］天牛星：口误, 实为"金牛星"

非常勤劳心地善良，［fei³³tsʰaŋ²⁴tɕʰin²⁴lau²⁴ɕin³³ti⁵³san⁵³liaŋ⁰］

就想啊，给他成一个家。［tɕiou⁵³ɕiaŋ²¹ŋa⁰, kei²¹tʰa³³tsʰəŋ²⁴i²⁴kə⁰tɕia³³］

有一天哪，这个金牛星，［iou²¹i⁵³tʰian³³na⁰, tsei⁵³kə⁰tɕin³³ȵiou²⁴ɕiŋ³³］

知道了天上的仙女儿，［tsʅ³³tau⁵³lə⁰tʰian³³ʂaŋ⁵³tə⁰ɕian³³ȵyər²¹¹］

要到湖里呀，去洗澡儿。［iau⁵³tau⁵³xu²⁴li²¹ia⁰, tɕʰy⁵³ɕi²⁴tsaur²¹¹］

这天晚上，［tsɤ⁵³tʰian³³uan²¹ʂaŋ⁰］

金牛星啊，［tɕin³³ȵiou²⁴ɕiŋ³³ŋa⁰］

就给牛郎托了个梦，［tɕiou⁵³kei²¹ȵiou²⁴laŋ²⁴tʰuo³³lə⁰kə⁰məŋ⁵³］

让他第二天哪，［iaŋ⁵³tʰa³³ti⁵³ɚ⁵³tʰian³³na⁰］

去湖里把仙女儿洗澡的衣服哇，［tɕʰy⁵³xu²⁴li²¹pa²¹ɕian³³ȵyər²¹ɕi²⁴tsau²¹tə⁰i³³fu⁰ua⁰］

偷偷地抱回家。［tʰou³³tʰou³³ti⁰pau⁵³xuei²⁴tɕia³³］

第二天，［ti⁵³ɚ⁵³tʰian³³］

牛郎带着半信半疑的心哪，［ȵiou²⁴laŋ²⁴tai⁵³tʂə⁰pan⁵³ɕin⁵³pan⁵³i²⁴tə⁰ɕin³³na⁰］

呃，来到了湖边，一看，［ə⁰, lai²⁴tau⁵³lə⁰xu²⁴pian³³, i²⁴kʰan⁵³］

果然有很多仙女呀，［kuo²¹ian²⁴iou²⁴xən²¹tuo³³ɕian³³ȵy²¹ia⁰］

在那洗澡。［tsai⁵³na⁵³ɕi²⁴tsau²¹¹］

他看见 ［tʰa³³kʰan⁵³tɕian⁵³］

树上挂着一件粉红色的衣裳，［ʂu⁵³ʂaŋ⁰kua⁵³tʂə⁰i²⁴tɕian⁵³fən²¹xuŋ²⁴sɤ⁵³tə⁰i³³saŋ⁰］

他就偷偷地摘了下来，［tʰa³³tɕiou⁵³tʰou³³tʰou³³ti⁰tsai²⁴lə⁰ɕia⁵³lai⁰］

跑回了家。［pʰau²¹xuei²⁴lə⁰tɕia³³］

这件儿衣裳呢，［tʂei⁵³tɕiɐr⁵³i³³saŋ⁰ȵiɛ⁰］

是仙女儿织女的。［sʅ⁵³ɕian³³ȵyər²¹tsʅ²⁴ȵy²¹tə⁰］

傍晚哪，［paŋ⁵³uan²¹na⁰］

仙女儿就来到了牛郎的家，［ɕian³³ȵyər²¹tɕiou⁵³lai²⁴tau⁰lə⁰ȵiou²⁴laŋ²⁴tə⁰tɕia³³］

他们两个就成了［tʰa³³mən⁰liaŋ²¹kə⁰tɕiou⁵³tsʰəŋ²⁴lə⁰］

恩爱的夫妻。［ən³³nai⁵³tə⁰fu³³tɕʰi³³］

一晃儿三年过去了，［i⁵³xuãr²¹san³³ȵian²⁴kuo⁵³tɕʰy⁰lə⁰］

他们两啊有了自己的孩子，［tʰa³³mən⁰liaŋ²¹ŋa⁰iou²¹lə⁰tsʅ⁵³tɕi²¹tə⁰xai²⁴tsʅ⁰］两：口误，实为"俩"

一男一女两个孩子。［i⁵³nan²⁴i⁵³ȵy²¹liaŋ²¹kə⁰xai²⁴tsʅ⁰］

因为织女呀，她是私自下凡的，［in³³uei²⁴tsʅ³³ȵy²¹ia⁰，tʰa³³sʅ⁵³sʅ³³tsʅ⁵³ɕia⁵³fan²⁴tə⁰］

后来呀，叫玉皇大帝知道了。［xou⁵³lai²⁴ia⁰，tɕiau⁵³y⁵³xuaŋ²⁴ta⁵³ti⁵³tsʅ³³tau⁵³lə⁰］

玉皇大帝呀，他非常地气愤，［y⁵³xuaŋ²⁴ta⁵³ti⁵³ia⁰，tʰa³³fei³³tsʰaŋ²⁴tə⁰tɕʰi⁵³fən⁵³］

就派天兵天将，［tɕiou⁵³pʰai⁵³tʰian³³piŋ³³tʰian³³tɕiaŋ⁵³］

到下凡到人间哪，［tau⁵³ɕia⁵³fan²⁴tau⁵³in²⁴tɕian³³na⁰］

来捉拿织女。［lai³⁵tsuo³³na²⁴tsʅ³³ȵy²¹¹］

有一天哪，又刮风又下雨。［iou²¹i⁵³tʰian³³na⁰，iou⁵³kua³³fəŋ³³iou⁵³ɕia⁵³y²¹¹］

这时候儿呢，织女就不见了。［tsei⁵³sʅ²⁴xour⁰ȵiɛ⁰，tsʅ³³ȵy²¹tɕiou⁵³pu²⁴tɕian⁵³lə⁰］

牛郎啊，非常着急。［ȵiou²⁴laŋ²⁴ŋa⁰，fei³³tsʰaŋ²⁴tsau³³tɕi²⁴］

两个孩子呢，［liaŋ²¹kə⁰xai²⁴tsʅ²¹ȵiɛ⁰］

也哭着闹地喊着要妈妈。［iɛ²¹kʰu³³tsə⁰nau⁵³tə⁰xan²¹tsə⁰iau⁵³ma³³ma⁰］

这时啊，［tsɤ⁵³sʅ²⁴a⁰］

金牛星就说开口说话了。［tɕin³³ȵiou²⁴ɕiŋ³³tɕiou⁵³suo³³kʰai³³kʰou²¹suo³³xua⁵³lə⁰］

他说呀：［tʰa³³suo³³ia⁰］

"牛郎，你不要着急，［"ȵiou²⁴laŋ²⁴，ȵi²¹pu²⁴iau⁵³tsau³³tɕi²⁴］

哎，把我两个角啊，［ai⁰，pa²⁴uo²⁴liaŋ²¹kə⁰tɕiau²¹a⁰］

拿下来变成筐，［na²⁴ɕia⁵³lai⁰pian⁵³tʂʰəŋ²⁴kʰuaŋ³³］

带上两个孩子啊，［tai⁵³ʂaŋ⁰liaŋ²¹kə⁰xai²⁴tsʅ⁰a⁰］

去追织女去吧。"［tɕʰy⁵³tsuei³³tsʅ³³ȵy²¹tɕʰy⁵³pa⁰。"］

这时候儿啊，［tʂɤ⁵³sʅ²⁴xour⁰a⁰］

这个金牛星的两个触角哇，［tsei⁵³kə⁰tɕin³³ȵiou²⁴ɕiŋ³³tə⁰liaŋ²¹kə⁰tsʰu⁵³tɕiau²¹ua⁰］触

角：即角，口误

落在地上［luo⁵³tsai⁵³ti⁵³saŋ⁰］

马上变成两个箩筐。［ma²¹ʂaŋ⁰pian⁵³tsʰəŋ²⁴liaŋ²¹kə⁰luo²⁴kʰuaŋ³³］

牛郎啊，［ȵiou²⁴laŋ²⁴a⁰］

把两个孩子放在筐里，［pa²⁴liaŋ²¹kə⁰xai²⁴tsɿ⁰faŋ⁵³tsai⁵³kʰuaŋ³³li²¹¹］

挑起来呀，就去追织女。［tʰiau³³tɕʰi²¹lai²⁴ia⁰，tɕiou⁵³tɕʰy⁵³tsuei³³tsɿ³³ȵy²¹¹］

眼看就要追上了，［ian²¹kʰan⁵³tɕiou⁵³iau⁵³tsuei³³saŋ⁰lə⁰］

这时候儿呢，［tsei⁵³sɿ²⁴xour⁰ȵiɛ⁰］

叫王母娘娘发现了。［tɕiau⁵³uaŋ²⁴mu²¹ȵiaŋ²⁴ȵiaŋ⁰fa³³ɕian⁵³lə⁰］

王母娘娘啊心机一动，［uaŋ²⁴mu²¹ȵiaŋ²⁴ȵiaŋ⁰ŋa⁰ɕin³³tɕi³³i²⁴tuŋ⁵³］

从头上啊，拿下了针簪，［tsʰuŋ²⁴tʰou²⁴ʂaŋ⁰ŋa⁰，na²⁴ɕia⁵³lə⁰tsən³³tsan³³］

就在织女和牛郎的身边哪，［tɕiou⁵³tsai⁵³tsɿ³³ȵy²¹xɤ²⁴ȵiou²⁴laŋ²⁴tə⁰sən³³pian³³na⁰］

划了一下，变成了天河。［xua⁵³lə⁰i²⁴ɕia⁵³，pian⁵³tsʰəŋ²⁴lə⁰tʰian³³xɤ²⁴］

使他两啊，［sɿ²¹tʰa³³liaŋ²¹ŋa⁰］两：口误，实为"俩"

天河的一南一北隔河相望。［tʰian³³xɤ²⁴tə⁰i⁵³nan²⁴i⁵³pei²¹kɤ²⁴xɤ²⁴ɕiaŋ³³uaŋ⁵³］

喜鹊呀，非常同情［ɕi²¹tɕʰyɛ⁵³ia⁰，fei³³tsʰaŋ²⁴tʰuŋ²⁴tɕʰiŋ²⁴］

这个牛郎和织女的遭遇。［tʂei⁵³kə⁰ȵiou²⁴laŋ²⁴xɤ²⁴tsɿ³³ȵy²¹tə⁰tʂau³³y⁵³］

也非常知道他们两个恩爱，［iɛ²¹fei³³tsʰaŋ²⁴tsɿ³³tau⁵³tʰa³³mən⁰liaŋ²¹kə⁰ən³³nai⁵³］

和两个孩子［xɤ²⁴liaŋ²¹kə⁰xai²⁴tsɿ⁰］

失去母亲的痛苦。［sɿ³³tɕʰy⁵³mu²¹tɕʰin³³tə⁰tʰuŋ⁵³kʰu²¹¹］

就在每年的［tɕiou⁵³tsai⁵³mei²¹ȵian²⁴tə⁰］

七月七这一天哪，［tɕʰi³³yɛ⁵³tɕʰi³³tʂɤ⁵³i⁵³tʰian³³na⁰］

就你衔着我的尾巴，［tɕiou⁵³ȵi²¹ɕian²⁴tʂə⁰uo²¹tə⁰uei²¹pa⁰］

我衔着你的尾巴，［uo²¹ɕian²⁴tʂə⁰ȵi²¹tə⁰uei²¹pa⁰］

搭成一个长长的鹊桥。［ta³³tsʰəŋ²⁴i²⁴kə⁰tsʰaŋ²⁴tsʰaŋ²⁴tə⁰tɕʰyɛ⁵³tɕʰiau²⁴］

这时候哇，［tʂɤ⁵³sɿ²⁴xou⁰ua⁰］

牛郎啊和织女登上了鹊桥，［ȵiou²⁴laŋ²⁴a⁰xɤ²⁴tsɿ³³ȵy²¹təŋ³³saŋ⁵³lə⁰tɕʰyɛ⁵³tɕʰiau²⁴］

在鹊桥上两个相聚，［tsai⁵³tɕʰyɛ⁵³tɕʰiau²⁴ʂaŋ⁵³liaŋ²¹kə⁰ɕiaŋ³³tɕy⁵³］

谈着人间的快乐、幸福。［tʰan²⁴tʂə⁰in²⁴tɕian³³tə⁰kʰuai⁵³lɤ⁵³、ɕiŋ⁵³fu²¹¹］

（以上由发音人赵常福提供）

三 其他故事

(一)小孤山和乌斯浑河

今天哪,我给大家讲个故事。[tɕin³³tʰian³³na⁰,uo²⁴kei²¹ta⁵³tɕia³³tɕiaŋ²¹kə⁰ku⁵³sɿ⁰]

故事的名字啊 [ku⁵³sɿ⁰tə⁰miŋ²⁴tsɿ⁰a⁰]

叫作《小孤山和乌斯浑河》。[tɕiau⁵³tʂuo⁵³《ɕiau²¹ku³³san³³xɤ²⁴u³³sɿ³³xuən⁵³xɤ²⁴》]

在黑龙江省啊林口县,[tsai⁵³xei³³luŋ²⁴ɕiaŋ³³səŋ²¹a⁰lin²⁴kʰou²¹ɕian⁵³]

刁翎镇政府后面哪,[tiau³³liŋ²⁴tsən⁵³tsəŋ⁵³fu²¹xou⁵³mian⁵³na⁰]

有一座小山,[iou²¹i²⁴tsuo⁵³ɕiau²¹san³³]

小山的周围呀,是大草地,[ɕiau³³san³³tə⁰tsou³³uei²⁴ia⁰,sɿ⁵³ta⁵³tsʰau²¹ti⁵³]

当地的老百姓啊 [taŋ³³ti⁵³tə⁰lau²⁴pai²¹ɕiŋ⁵³ŋa⁰]

就管它叫作小孤山。[tɕiou⁵³kuan²¹tʰa³³ɕiau⁵³tʂuo⁵³ɕiau²¹ku³³ʂan³³]

据传说呀,很久很久以前,[tɕy⁵³tsʰuan²⁴suo³³ia⁰,xən²⁴tɕiou²¹xən²⁴tɕiou²⁴i²¹tɕʰian²⁴]

玉皇大帝呀 [y⁵³xuaŋ²⁴ta⁵³ti⁵³ia⁰]

要请王母娘娘吃饭,[iau⁵³tɕʰiŋ²¹uaŋ²⁴mu²¹ɲiaŋ²⁴ɲiaŋ⁰tsʰɿ³³fan⁵³]

王母娘娘啊就非常高兴,[uaŋ²⁴mu²¹ɲiaŋ²⁴ɲiaŋ⁰ŋa⁰tɕiou⁵³fei³³tsʰaŋ²⁴kau³³ɕiŋ⁵³]

就做了梳洗打扮,[tɕiou⁵³tsuo⁵³lə⁰su³³ɕi²¹ta²⁴pan⁵³]

由于呀,[iou²⁴i²⁴ia⁰]

王母娘娘着急去吃饭,[uaŋ²⁴mu²¹ɲiaŋ²⁴ɲiaŋ⁰tsau³³tɕi²⁴tɕʰy⁵³tsʰɿ³³fan⁵³]

她就把一颗珍珠哇,[tʰa³³tɕiou⁵³pa²¹i⁵³kʰɤ³³tsən³³tsu³³ua⁰]

给忘在托盘儿里啦,[kei²¹uaŋ⁵³tsai⁵³tʰuo³³pʰɐr²⁴li²¹la⁰]

等王母娘娘走了之后哇,[təŋ²¹uaŋ²⁴mu²¹ɲiaŋ²⁴ɲiaŋ⁰tsou²¹lə⁰tsɿ³³xou⁵³ua⁰]

宫殿里的这个金童们 [kuŋ³³tian⁵³li²¹tə⁰tʂɤ⁵³kə⁰tɕin³³tʰuŋ²⁴mən⁰]

看见了珍珠,[kʰan⁵³tɕian⁵³lə⁰tsən³³tʂu³³]

就爱不释手,[tɕiou⁵³ai⁵³pu²⁴sɿ⁵³sou²¹³]

你玩儿,你、你抢我夺地 [ɲi²¹uɐr²⁴,ɲi²¹、ɲi²¹tɕʰiaŋ²⁴uo²¹tuo²⁴tə⁰]

就玩儿起来了,[tɕiou⁵³uɐr²⁴tɕʰi²¹lai²⁴lə⁰]

就忘记,因为贪玩儿啊,[tɕiou⁵³uaŋ⁵³tɕi⁰,in³³uei⁵³tʰan³³uɐr²⁴a⁰]

他们就忘记了 [tʰa³³mən⁰tɕiou⁵³uaŋ⁵³tɕi⁵³lə⁰]

王母娘娘什么时候儿 [uaŋ²⁴mu²¹ɲiaŋ²⁴ɲiaŋ⁰ʂən²⁴mə⁰ʂɿ²⁴xour⁰]

能回来。[nəŋ²⁴xuei²⁴lai⁰]

王母娘娘吃完饭之后哇,[uaŋ²⁴mu²¹ɲiaŋ²⁴ɲiaŋ⁰tsʰɿ³³uan²⁴fan⁵³tsɿ³³xou⁵³ua⁰]

回来之后一看,[xuei²⁴lai⁰tsɿ³³xou⁵³i²⁴kʰan⁵³]

这些金童们［tsei⁵³ɕiɛ³³ tɕin³³ tʰuŋ²⁴ mən⁰］

在玩儿这颗珍珠，［tsai⁵³ uɐr⁵³ tsei⁵³ kʰɤ³³ tsən³³ tsu³³］

就非常气愤，［tɕiou⁵³ fei³³ tsʰaŋ²⁴ tɕʰi⁵³ fən⁵³］

就让这些人哪，［tɕiou⁵³ iaŋ⁵³ tsei⁵³ ɕiɛ³³ in²⁴ na⁰］

端着托盘儿和珍珠哇［tuan³³ tʂə⁰ tʰuo³³ pʰɐr²⁴ xɤ²⁴ tsən³³ tsu³³ ua⁰］

在一排儿罚站。［tsai⁵³ i⁵³ pʰɐr²⁴ fa²⁴ tsan⁵³］

还不解气，后来呀，［xai²⁴ pu⁵³ tɕiɛ²¹ tɕʰi⁵³，xou⁵³ lai²⁴ ia⁰］

她又叫来雷公雷母儿啊，［tʰa³³ iou²⁴ tɕiau⁵³ lai²⁴ lei²⁴ kuŋ³³ lei²⁴ mur²¹ a⁰］

在一、一阵大风大雨之后哇，［tsai⁵³ i²⁴、ᵢi²⁴ tsən²⁴ ta⁵³ fəŋ³³ ta⁵³ y²¹ tsʐ³³ xou²⁴ ua⁰］

王母娘娘甩着金簪哪，［uaŋ²⁴ mu²¹ n̪iaŋ²⁴ n̪iaŋ⁰ suai²¹ tsə⁰ tɕin³³ tsan³³ na⁰］

就把他们连同［tɕiou⁵³ pa²¹ tʰa³³ mən⁰ lian²⁴ tʰuŋ²⁴］

珍珠哇托盘儿啊，［tsən³³ tsu³³ ua⁰ tʰuo³³ pʰɐr²⁴ a⁰］

一起打到人间。［i⁵³ tɕʰi²¹ ta²¹ tau⁵³ ʐən²⁴ tɕian³³］

后来呀，这个珍珠哇，［xou⁵³ lai²⁴ ia⁰，tsei⁵³ kə⁰ tsən³³ tsu³³ ua⁰］

就变成了一座小山，［tɕiou⁵³ pian⁵³ tsʰəŋ²⁴ lə⁰ i²⁴ tsuo⁵³ ɕiau²¹ san³³］

就当今，当今的小孤山，［tɕiou⁵³ tan³³ tɕin³³，taŋ³³ tɕin³³ tə⁰ ɕiau²¹ ku³³ ʂan³³］当：口误，按实际发音记

托盘儿啊，变成了大草甸子，［tʰuo³³ pʰɐr²⁴ ʐa⁰，pian⁵³ tsʰəŋ²⁴ lə⁰ ta⁵³ tsʰau²¹ tian⁵³ tsʐ⁰］

这九个金童啊［tsei⁵³ tɕiou²¹ kə⁰ tɕin³³ tʰuŋ²⁴ ŋa⁰］

围绕在小孤山周围，［uei²⁴ iau⁵³ tsai⁵³ ɕiau²¹ ku³³ san³³ tsou³³ uei²⁴］

大小不等的九个山头儿。［ta⁵³ ɕiau²¹ pu⁵³ təŋ²⁴ tə⁰ tɕiou²¹ kə⁰ san³³ tʰour²⁴］

王母娘这个金簪哪，［uaŋ²⁴ mu²¹ n̪iaŋ²⁴ tsei⁵³ kə⁰ tɕin³³ tsan³³ na⁰］

就变成当今的［tɕiou⁵³ pian⁵³ tsʰəŋ²⁴ taŋ³³ tɕin³³ tə⁰］

现在的乌斯浑河。［ɕian⁵³ tsai⁵³ tə⁰ u²⁴ sʐ³³ xuən⁵³ xɤ²⁴］

（有删减）

（以上由发音人赵常福提供）

(二) 黄芪和人参的故事

听说很早以前，［tʰiŋ³³ ʂuɤ³³ xən²⁴ tsau²⁴ i²¹ tɕʰian²⁴］

在县城北部的深山老林里［tsai⁵³ ɕian⁵³ tʂʰəŋ²⁴ pei²¹ pu⁵³ tə⁰ ʂən³³ ʂan³³ lau²¹ lin²⁴ li²¹］

有个人参闷得慌，［iou²¹ kə⁰ ʐən²⁴ sən³³ mən³³ tə⁰ xuaŋ⁰］

就是慢慢地［tɕiou⁵³ ʂʐ⁵³ man⁵³ man⁵³ tə⁰］

从山上走下来，［tsʰuŋ²⁴ san³³ ʂaŋ⁰ tsou²¹ ɕia⁵³ lai²⁴］

在一个山坡上［tsai⁵³ i²⁴ kə⁰ san³³ pʰɤ³³ ʂaŋ⁰］

他遇到了黄芪，［tʰa³³ y⁵³ tau⁵³ lə⁰ xuaŋ²⁴ tɕʰi²⁴］

两个人一见如故，［liaŋ²¹kɤ⁵³ʐən²⁴i²⁴tɕian⁵³ʐu²⁴ku⁵³］

很快成了最要好的朋友。［xən²¹kʰuai⁵³tʂʰəŋ²⁴lə⁰tsuei⁵³iau⁵³xau²¹tə⁰pʰəŋ²⁴iou²¹²］

有一天，［iou²¹i⁵³tʰian³³］

两个朋友，在山坡儿上玩儿，［liaŋ²¹kə⁰pʰəŋ²⁴iou²¹²，tsai⁵³san³³pʰɤr³³ʂaŋ⁰uɐr²⁴］

人参一回头［ʐən²⁴ʂən³³i⁵³xuei²⁴tʰou²⁴］

看见了挖药的人，［kʰan⁵³tɕian⁵³lə⁰ua³³iau⁵³tə⁰ʐən²⁴］

就悄悄地告诉黄芪：［tɕiou⁵³tɕʰiau³³tɕʰiau³³tə⁰kau⁵³ʂu⁰xuan²⁴tɕʰi²⁴］

"挖药的人来了，兄弟，快跑。"［"ua³³iau⁵³tə⁰ʐən²⁴lai²⁴lə⁰，ɕyŋ³³ti⁰，kʰuai⁵³pʰau²¹²。"］

他俩就向大山里跑去，［tʰa³³lia²¹tɕiou⁵³ɕiaŋ⁵³ta⁵³san³³li²¹pʰau²¹tɕʰy⁵³］

跑着跑着［pʰau²¹tʂə⁰pʰau²¹tʂə⁰］

黄芪怎么也跑不动，［xuan²⁴tɕʰi²⁴tsən²¹mə⁰iɛ²⁴pʰau²¹pu²⁴tuŋ⁵³］

就被挖药的人逮到了。［tɕiou⁵³pei⁵³ua³³iau⁵³tə⁰ʐən²⁴tai²¹tau⁵³lə⁰］

挖药人高兴极了，［ua³³iau⁵³ʐən²⁴kau³³ɕiŋ⁵³tɕi²⁴lə⁰］

就告诉自己的伙伴：［tɕiou⁵³kau⁵³ʂu⁰tsʅ⁵³tɕi²¹tə⁰xuɤ²¹pan⁵³］

"我挖到人参了。"［"uɤ²¹ua³³tau⁵³ʐən²⁴ʂən³³lə⁰。"］

黄芪一听，［xuan²⁴tɕʰi²⁴i⁵³tʰiŋ³³］

他是错把自己当作人参了。［tʰa³³ʂʅ⁵³tʂʰuo⁵³pa²¹tsʅ⁵³tɕi²¹taŋ³³tʂuo⁵³ʐən²⁴ʂən³³lə⁰］

如果我要是说了明白，［ʐu²⁴kuɤ²¹uɤ²¹iau⁵³ʂʅ⁵³ʂuɤ³³lə⁰miŋ²⁴pai⁰］

他就，我还有活的希望，［tʰa³³tɕiou⁵³，uɤ²¹xai²⁴iou²¹xuɤ²⁴tə⁰ɕi³³uaŋ⁵³］

就大声地喊道：［tɕiou⁵³ta⁵³ʂəŋ³³tə⁰xan²¹tau⁵³］

"我不是人参，我是黄芪。"［"uɤ²¹pu²⁴ʂʅ⁵³ʐən²⁴sən³³，uɤ²¹ʂʅ⁵³xuan²⁴tɕʰi²⁴。"］

采药人一听［tsʰai²¹iau⁵³ʐən²⁴i⁵³tʰiŋ³³］

把黄芪摔到山脚下，［pa²¹xuan²⁴tɕʰi²⁴ʂuai³³tau⁵³san³³tɕiau²¹ɕia⁵³］

就去继续追人参。［tɕiou⁵³tɕʰy⁵³tɕi⁵³ɕy⁵³tsuei⁵³ʐən²⁴ʂən³³］

从那以后［tsʰuŋ²⁴na⁵³i²¹xou⁵³］

黄芪就生长在山脚下，［xuan²⁴tɕʰi²⁴tɕiou⁵³ʂəŋ³³tʂaŋ²¹tsai⁵³san³³tɕiau²¹ɕia⁵³］

而人参［ɚ²¹ʐən²⁴sən³³］

就生长在茂密的高山处。［tɕiou⁵³ʂəŋ³³tʂaŋ²¹tsai⁵³mau⁵³mi⁵³tə⁰kau³³san³³tʂʰu⁵³］

听说要如果长了［tʰiŋ³³ʂuɤ³³iau⁵³ʐu²⁴kuɤ²¹tʂaŋ²¹lə⁰］

很多年的黄芪［xən²¹tuɤ³³ɳian²⁴tə⁰xuan²⁴tɕʰi²⁴］

都是空心的，［tou³³sʅ⁵³kʰuŋ³³ɕin³³tə⁰］

那是因为它［na⁵³ʂʅ⁵³in³³uei⁰tʰa³³］

出卖了朋友的缘故。［tʂʰu³³mai⁵³lə⁰pʰəŋ²⁴iou²¹tə⁰yan²⁴ku⁵³］

（以上由发音人王海娟提供）

四 自选条目

(一)评剧《小女婿》

自幼儿生来我的心眼儿好,［tsʅ iour ʂəŋ lai uo tə ɕin iɐr xau］
专替人家把媒保,［tʂuan tʰi ʐən tɕia pa mei pau］
闲了没有事儿,［ɕian lə mei iou ʂər］
我往东街里走,西街跑。［uo uaŋ tuŋ tɕiɛ li tsou,ɕi tɕiɛ pʰau］
提起保媒我的小嘴儿巧,［tʰi tɕʰi pau mei uo tə ɕiau tsuɐr tɕʰiau］
我在当中把钱儿捞,［uo tsai taŋ tʂuŋ pa tɕʰiɐr lau］
得了钱儿,［tɤ liau tɕʰiɐr］
我买双儿缎儿鞋绣花儿的袄,［uo mai ʂuɐr tuɐr ɕiɛ ɕiou xuar ti au］
装上一瓶雪花儿膏儿。［tʂuaŋ ʂaŋ i pʰiŋ ɕyɛ xuar kaur］
提起我那当家的,［tʰi tɕʰi uo na taŋ tɕia ti］
可真叫我心里恼,［kʰɤ tʂən tɕiau uo ɕin li nau］
他也不好说,［tʰa iɛ pu xau ʂuo］
他也不好笑,［tʰa iɛ pu xau ɕiau］
就会干活儿吃饭睡大觉。［tɕiou xuei kan xuor tʂʰʅ fan ʂuei ta tɕiau］
头两年儿,我看他还挺好,［tʰou liaŋ ȵiɐr,uo kʰan tʰa xai tʰiŋ xau］
这两年,我越看越恼糟。［tsei liaŋ ȵian,uo yɛ kʰan yɛ nau tsau］恼糟:心烦
只要有了好对象儿,［tʂʅ iau iou liau xau tuei ɕiɐr］
我一定跟他打八刀。［uo i tiŋ kən tʰa ta pa tau］打八刀:离婚,"八"和"刀"合起来写就是"分"

(以上由发音人李侠提供)

(二)评剧《夺印》

何支书,吃元宵喽。［xɤ tsʅ ʂu,tʂʰʅ yan ɕiau lou］
从东庄儿到西庄儿我到处把你找,［tʂʰuŋ tuŋ tʂuɐr tau ɕi tʂuɐr uɤ tau tʂʰu pa ȵi tʂau］
找了这么大半天我才把你找着,［tʂau lə tʂɤ mən ta pan tʰian uɤ tsʰai pa ȵi tʂau tʂau］
你看我这两只脚都走起了泡,［ȵi kʰan uɤ tʂɤ liaŋ tʂʅ tɕiau tou tsou tɕʰi liau pʰau］
衣服湿透了,我的周身汗水浇,［i fu ʂʅ tʰou liau,uɤ tə tʂou ʂən xan ʂuei tɕiau］
原来您在这儿啊,参加劳动啊,［yan lai ȵin tsai tʂɤr ʐa,tsʰan tɕia lau tuŋ ŋa］
哎哟哟我的何支书,［ai iau iau uɤ tə xɤ tsʅ ʂu］
哎哟喂,我的书记呀,［ai iau uei,uɤ tə ʂu tɕi ia］
干这样的力气活儿［kan tsei iaŋ tə li tɕʰi xuɤr］

你怎么能够吃得消？［n̠i tsən mə nəŋ kou tʂʰʅ tə ɕiau］

吃不消，哦，哦，吃不消，［tʂʰʅ pu ɕiau，ou，ou，tʂʰʅ pu ɕiau］

我给您做了一碗儿元宵，［uɤ kei n̠in tsuɤ liau i uɐr yan ɕiau］

擦擦汗那个歇一会儿啊，［tsʰa tsʰa xan nei kə ɕiɛ i xuɐr ʐa］

您看看，［n̠in kʰan kʰan］

这是一碗又热又黏又香又甜，［tʂɤ ʂʅ i uan iou ʐɤ iou n̠ian iou ɕiaŋ iou tʰian］

滴溜溜的圆哪，［ti liou liou ti yan na］

团团转的黏米面儿的，［tʰuan tʰuan tʂuan ti n̠ian mi miɐr ti］

白糖馅儿的大个儿的元宵。［pai tʰaŋ ɕiɐr ti ta kɤr ti yan ɕiau］

了哩个儿咚个儿呆。［lə li kɤr tuŋ kɤr tai］

（以上由发音人姜乃平提供）

（三）评剧《花为媒》选段（报花名）

阮妈妈呀，［ʐuan ma ma ia］

她怎儿么么还不来呀？［tʰa tsər mə xai pu lai ia］

春季里风吹万物生，［tʂʰuan tɕi li fəŋ tʂʰuei uan u ʂəŋ］

花红叶绿草青青，［xua xuŋ iɛ ly tsʰau tɕʰiŋ tɕʰiŋ］

桃儿花儿艳，梨花儿浓，杏花儿茂盛，［tʰaur xuar ian，li xuar nuŋ，siŋ xuar mau ʂəŋ］

哒哒儿哩个儿哩个儿咚哒噔哒，［ta tar li kɤr li kɤr tuŋ ta təŋ ta］

扑人面的杨花，［pʰu ʐən mian ti iaŋ xua］

哒个儿哩个儿哩个儿咚，［ta kɤr li kɤr li kɤr tuŋ］

飞满城。［fei man tʂʰəŋ］

你再报夏季给我听啊啊啊。［n̠i tsai pau ɕia tɕi kei uo tʰiŋ ŋa a a］

夏季里端阳五月天，［ɕia tɕi li tuan iaŋ u yɛ tʰian］

火红的石榴，白玉簪，［xuo xuŋ ti ʂʅ liou，pai y tsan］

爱它一阵黄啊黄昏雨呀，［ai tʰa i tʂən xuaŋ ŋa xuaŋ xuən y ia］

哒个儿哩个儿哩个儿咚，哒噔哒。［ta kɤr li kɤr li kɤr tuŋ，ta təŋ ta］

出水的荷花，［tʂʰu ʂuei ti xɤ xua］

亭亭玉立在晚风前，［tʰiŋ tʰiŋ y li tsai uan fəŋ tɕʰian］

都是那个并蒂莲哪，啊啊。［tou ʂʅ nei kə pin ti lian na，a a］

五姑娘啊，［u ku n̠iaŋ ŋa］

春季里开花儿十四五六，［tʂʰuan tɕi li kʰai xuar ʂʅ sʅ u liou］

六？六，是六。［liou⁵³？liou⁵³，ʂʅ⁵³ liou⁵³］

春季里怎么出来六啦？［tʂʰuən³³ tɕi⁵³ li²⁴ tsən²¹ mə⁰ tʂʰu²⁴ lai⁰ liou⁵³ la⁰］

六月六看谷秀，［liou yɛ liou kʰan ku ɕiou］

春打六九头。[tʂʰuən ta liou tɕiou tʰou]

头上梳的本是桂花儿油，[tʰou ʂaŋ ʂu ti pən ʂʅ kuei xuar iou]

有了裤，有了袄啊，[iou liau kʰu, iou liau au ua]

有了我的花儿枕头。[iou liau uo ti xuar tʂən tʰou]

夏季里开花儿热得难受，[ɕia tɕi li kʰai xuar ʐɤ ti nan ʂou]

受，[ʂou]

受不了到河里去打跟头，[ʂou pu liau tau xɤ li tɕʰy ta kən tʰou]

头上的荷花儿和莲儿生藕，[tʰou ʂaŋ ti xɤ xuar xɤ liɐr ʂəŋ ou]

藕塘里去摸鱼，[ou tʰaŋ li tɕʰy mau y]

我就摸哇，[uo tɕiou mau ua]

我就摸哇，[uo tɕiou mau ua]

阮妈儿，您摸什么呀？[ʐuan²¹ mar³³, ŋin²⁴ mau³³ ʂən²⁴ məˀ⁰ia⁰]

我就摸了一条大泥鳅，哈哈哈。[uo tɕiou mau lə i tʰiau ta ŋi tɕʰiou, xa xa xa]

当个儿哩个儿呆。[taŋ kɤr li kɤr tai]

（以上由发音人姜乃平、李侠提供）

（四）俗语

1. 编筐窝篓儿，[pian³³ kʰuaŋ³³ uo³³ lour²¹²]
   全在收口儿。[tɕʰyan²⁴ tsai⁵³ sou³³ kʰour²¹²]
   （做好一件事情的收尾工作，是非常重要的。）

2. 不怕慢，就怕站，[pu²⁴ pʰa⁵³ man⁵³, tɕiou⁵³ pʰa⁵³ tsan⁵³]
   慢雀儿先飞夺状元。[man⁵³ tɕʰiaur²¹ ɕian³³ fei⁵³ tuo²⁴ tsuaŋ⁵³ yan⁰]
   （不怕慢，就怕停，哪怕是麻雀，先飞，不停地飞，也能第一个到达终点。）

3. 树活一张皮，[ʂu⁵³ xuo²⁴ iˀ⁵³ tsaŋ⁴⁴ pʰi²⁴]
   人活一口气。[ʐən²⁴ xuo²⁴ iˀ⁵³ kʰou²¹ tɕʰi⁵³]
   （树活一张皮，人要有志气。）

4. 多个朋友多条路，[tuo³³ kɤ⁵³ pʰəŋ²⁴ iou²¹ tuo³³ tʰiau²⁴ lu⁵³]
   多个冤家多堵墙。[tuo³³ kəˀ⁰ yan³³ tɕia³³ tuo³³ tu²¹ tɕʰiaŋ²⁴]
   （朋友多了能够帮忙的人也就多，冤家对头多了遇到的麻烦事就多。）

5. 君子得罪百个不多，[tɕyn³³ tsʅ²¹ tɤ²⁴ tsuei⁵³ pai²¹ kəˀ⁰ pu⁵³ tuo³³]
   小人得罪一个不少。[ɕiau²¹ ʐən²⁴ tɤ²⁴ tsuei⁵³ iˀ³³ kɤ⁵³ pu⁵³ sau²¹²]
   （宁愿得罪一百个君子，也不得罪一个小人。）

6. 要打当面鼓，[iau⁵³ ta²¹ taŋ³³ mian⁵³ ku²¹²]
   不敲背后锣。[pu⁵³ tɕʰiau³³ pei⁵³ xou⁵³ luo²⁴]
   （有话要当面说清楚，不在背后议论。）

7. 穿衣戴帽，[tsʰuan³³i³³tai⁵³mau⁵³]

各好一套。[kɤ⁵³xau⁵³i²⁴tʰau⁵³]

（每个人都有自己的喜好。）

8. 不听老人言，[pu⁵³tʰiŋ³³lau²¹ʐən²⁴ian²⁴]

吃亏在眼前。[tsʰɿ³³kʰuei³³tsai⁵³ian²¹tɕʰian²⁴]

9. 人人都有难唱的曲儿，[ʐən²⁴ʐən²⁴tou³³iou²¹nan²⁴tsʰaŋ⁵³tə⁰tɕʰyər²¹²]

家家都有难念的经。[tɕia³³tɕia³³tou³³iou²¹nan²⁴ȵian⁵³tə⁰tɕiŋ³³]

（每个人都有自己的不容易，每家都有难以处理的事情。）

10. 家鸡打死围家转，[tɕia³³tɕi³³ta²⁴sɿ²¹uei²⁴tɕia³³tsuan⁵³]

野鸡不打满天飞。[iɛ²¹tɕi³³pu⁵³ta²⁴man²¹tʰian³³fei³³]

（家养的鸡，即使被打，也只是在家里转圈；而野生的鸡，就算不被打也会高高地飞走。比喻自家人就算有矛盾也难以割舍亲情，而外人就算不吵不闹也会离心离德。）

11. 烂眼边儿招苍蝇。[lan⁵³ian²¹piɐr³³tsau³³tʂaŋ³³iŋ⁰]

（意思是倒霉透了。）

12. 宁尝鲜桃儿一个，[ȵiŋ⁵³tsʰaŋ²⁴ɕian³³tʰaur²⁴i²⁴kɤ⁵³]

不吃烂杏儿一筐。[pu⁵³tsʰɿ³³lan⁵³ɕiər⁵³i⁵³kʰuaŋ³³]

13. 虎落平阳被犬欺，[xu²¹luo⁵³pʰiŋ²⁴iaŋ²⁴pei⁵³tɕʰyan²¹tɕʰi³³]

落配的凤凰不如鸡。[luo⁵³pʰei⁵³tə⁰fəŋ⁵³xuaŋ²⁴pu⁵³ʐu²⁴tɕi³³]

14. 小时偷针，[ɕiau²¹ʂɿ²⁴tʰou³³tsən³³]

长大偷金。[tsaŋ²¹ta⁵²tʰou³³tɕin³³]

（以上由发音人王海娟提供）

15. 大家一条心，[ta⁵³tɕia³³i⁵³tʰiau²⁴ɕin³³]

黄土变成金。[xuaŋ²⁴tʰu²¹pian⁵³tsʰəŋ²⁴tɕin³³]

（只要大家团结一致，就能创造奇迹。）

16. 人怕见面，[ʐən²⁴pʰa⁵³tɕian⁵³mian⁵³]

树怕扒皮。[su⁵³pʰa⁵³pa³³pʰi²⁴]

（人与人当面能把事情谈清楚，就像把树皮剥去后才能看清本质一样。）

17. 喝凉酒，[xɤ³³liaŋ²⁴tɕiou²¹²]

花赃钱，[xua³³tsaŋ³³tɕʰian²⁴]

早晚儿是病。[tsau²⁴uɐr²¹ʂɿ⁵³piŋ⁵³]

（以上由发音人王艳琴提供）

18. 看树看根，[kʰan⁵³ʂu⁵³kʰan⁵³kən³³]

看人看心。[kʰan⁵³ʐən²⁴kʰan⁵³ɕin³³]

（看树木的好坏要看树根如何，看人好坏要看其心地是否善良。）

19. 巴豆虽小坏肠胃,［pa³³tou⁵³suei³³ɕiau²¹xuai⁵³tʂʰaŋ²⁴uei⁵³］

　　酒盅不深淹死人。［tɕiou²¹tʂuŋ³³pu⁵³ʂən³³ian³³sʅ²¹ʐ̩ən²⁴］

（巴豆虽然小,但吃了会拉肚子,酒喝多了不利于身体健康。）

（以上由发音人武孟超提供）

（五）歇后语

1. 狗撵鸭子——呱呱叫。

　　［kou²⁴n̠ian²¹ia³³tsʅ⁰——kua³³kua³³tɕiau⁵³］呱呱叫:指非常好

2. 小葱拌豆儿腐——一清（青）二白。

　　［ɕiau²¹tsʰuŋ³³pan⁵³tour⁵³fu⁰——i⁵³tɕʰiŋ³³ɚr⁵³pai²⁴］

3. 媒婆儿提亲——专拣好听的说。

　　［mei²⁴pʰɣr²⁴tʰi²⁴tɕʰin³³——tsuan³³tɕian²⁴xau²¹tʰiŋ³³tə⁰suo³³］

4. 猪鼻子插大葱儿——装相（象）儿。

　　［tʂu³³pi²⁴tsʅ⁰tsʰa²¹ta⁵³tsʰuŋ³³——tʂuaŋ³³ɕiãr⁵³］

5. 癞蛤蟆上脚背——不咬人,膈应人。

　　［lai⁵³xa²⁴mən⁰saŋ⁵³tɕiau²¹pei⁵³——pu⁵³iau²¹in²⁴,kɣ⁵³iŋ⁰in⁰］膈应:恶心,令人生厌

6. 麻袋布做龙袍——不是这块料儿。

　　［ma²⁴tai⁵³pu⁵³tsuo⁵³luŋ²⁴pʰau²⁴——pu²⁴sʅ⁵³tsei⁵³kʰuai⁵³liaur⁵³］

7. 哑巴吃饺子——心里有数儿。

　　［ia²¹pa³³tsʰʅ³³tɕiau²¹tsə⁰——ɕin³³li⁰iou²¹ʂur⁵³］

8. 三九天穿裙子——美丽动（冻）人。

　　［san⁴⁴tɕiou²¹tʰian⁴⁴tʂʰuan⁴⁴tɕʰyn²⁴tsʅ⁰——mei²¹li⁵³tuŋ⁵³ʐ̩ən²⁴］

9. 萤火虫儿的屁股——没多大亮儿。

　　［iŋ²⁴xuo²¹tʂʰuə̃r²⁴tə⁰pʰi⁵³xu⁰——mei²⁴tuo²⁴ta⁵³liãr⁵³］

（以上由发音人赵常福提供）

10. 大水冲了龙王庙——自家人不认自家人。

　　［ta⁵³ʂuei²¹tʂʰuŋ³³lə⁰luŋ²⁴uaŋ²⁴miau⁵³——tsʅ⁵³tɕia³³ʐ̩ən²⁴pu⁵³ʐ̩ən⁵³tsʅ⁵³tɕia³³ʐ̩ən²⁴］

（以上由发音人武孟超提供）

同 江

一 歌谣

（一）大雨哗哗下

大雨哗哗下，[ta⁵³y²¹xua³³xua³³ɕia⁵³]
北京来电话儿，[pei²¹tɕiŋ³³lai²⁴tian⁵³xuar⁵³]
让我去当兵，[ʐaŋ⁵³uɤ²¹tɕʰy²¹taŋ³³piŋ³³]
我还没长大。[uɤ²¹xai²⁴mei²⁴tʂaŋ²¹ta⁵³]

（二）天皇皇

天皇皇，[tʰian³³xuaŋ²⁴xuaŋ²⁴]
地皇皇，[ti⁵³xuaŋ²⁴xuaŋ²⁴]
我家有个夜哭郎，[uɤ²¹tɕia³³iou²¹kɤ⁵³iɛ⁵³kʰu³³laŋ²⁴]夜哭郎：指夜晚哭闹的孩子
过路君子念三遍，[kuɤ⁵³lu⁰tɕyn³³tsʅ²¹ȵian⁵³san³³pian⁵³]
一觉睡到大天亮。[i²⁴tɕiau⁵³ʂuei⁵³tau⁵³ta⁵³tʰian³³liaŋ⁵³]

（三）小皮球儿

小皮球儿，[ɕiau²¹pʰi²⁴tɕʰiour²⁴]
架脚踢，[tɕia⁵³tɕiau²¹tʰi³³]
马莲开花儿二十一，[ma²¹lian²⁴kʰai³³xuar³³ɤr⁵³ʂʅ⁰i³³]
二八二五六，[ɤr⁵³pa³³ɤr⁵³u²¹liou⁵³]
二八二五七，[ɤr⁵³pa³³ɤr⁵³u²¹tɕʰi³³]
二八二九三十一。[ɤr⁵³pa³³ɤr⁵³tɕiou²¹san³³ʂʅ²⁴·i³³]
三八三五六，[san³³pa³³san³³u²¹liou⁵³]
三八三五七，[san³³pa³³san³³u²¹tɕʰi³³]
三八三九四十一。[san³³pa³³san³³tɕiou²¹sʅ⁵³ʂʅ²⁴·i³³]

四八四五六儿，［sʅ⁵³pa³³sʅ⁵³u²¹liour⁵³］

四八四五七，［sʅ⁵³pa³³sʅ⁵³u²¹tɕʰi³³］

四八四九五十一。［sʅ⁵³pa³³sʅ⁵³tɕiou²⁴u²¹ʂʅ²⁴i³³］

五八五五六儿，［u²¹pa³³u²⁴u²¹liour⁵³］

五八五五七，［u²¹pa³³u²⁴u²¹tɕʰi³³］

五八五九六十一。［u²¹pa³³u²⁴tɕiou²¹liou⁵³ʂʅ²⁴i³³］

六八六五六，［liou⁵³pa³³liou⁵³u²¹liour⁵³］

六八六五七，［liou⁵³pa³³liou⁵³u²¹tɕʰi³³］

六八六九七十一。［liou⁵³pa³³liou⁵³tɕiou²¹tɕʰi³³ʂʅ²⁴i³³］

七八七五六儿，［tɕʰi³³pa³³tɕʰi³³u²¹liour⁵³］

七八七五七，［tɕʰi³³pa³³tɕʰi³³u²¹tɕʰi³³］

七八七九八十一。［tɕʰi³³pa³³tɕʰi³³tɕiou²¹pa³³ʂʅ²⁴i³³］

八八八五六，［pa³³pa³³pa³³u²¹liou⁵³］

八八八五七，［pa³³pa³³pa³³u²¹tɕʰi³³］

八八八九九十一。［pa³³pa³³pa³³tɕiou²⁴tɕiou²¹ʂʅ²⁴i³³］

九八九五六，［tɕiou²¹pa³³tɕiou²⁴u²¹liou⁵³］

九八九五七，［tɕiou²¹pa³³tɕiou²⁴u²¹tɕʰi³³］

九八九九一百一。［tɕiou²¹pa³³tɕiou²⁴tɕiou²¹i⁵³pai²¹i³³］

（以上由发音人邱德勇提供）

（四）腊八歌

小孩儿小孩儿你别馋，［ɕiau²¹xɐr²⁴ɕiau²¹xɐr²⁴ȵi²¹piɛ²⁴tsʰan²⁴］

过了腊八就是年，［kuɤ⁵³lə⁰la⁵³pa³³tɕiou⁵³sʅ⁵³ȵian²⁴］

腊八粥喝几天，［la⁵³pa³³tsou³³xɤ³³tɕi²¹tʰian³³］

哩哩啦啦二十三。［li²⁴li⁰la³³la³³ɐr⁵³ʂʅ²⁴san³³］

二十三糖瓜粘，［ɐr⁵³ʂʅ²⁴san³³tʰaŋ²⁴kua³³tsan³³］

二十四扫房子，［ɐr⁵³ʂʅ²⁴sʅ⁵³sau²¹faŋ²⁴tsʅ⁰］

二十五冻豆腐，［ɐr⁵³ʂʅ²⁴u²¹tuŋ⁵³tou⁵³fu⁰］

二十六去买肉，［ɐr⁵³ʂʅ²⁴liou⁵³tɕʰy⁵³mai²¹zou⁵³］

二十七宰公鸡，［ɐr⁵³ʂʅ²⁴tɕʰi³³tsai²¹kuŋ³³tɕi³³］

二十八把面发，［ɐr⁵³ʂʅ²⁴pa³³pa²¹mian⁵³fa³³］

二十九蒸馒头，［ɐr⁵³ʂʅ²⁴tɕiou²¹tʂən³³man²⁴tʰou⁰］

三十晚上熬一宿，［san³³ʂʅ²⁴uan²¹ʂaŋ⁰au²⁴i⁵³ɕiou²¹²］

初一初二满街走。［tʂʰu³³i³³tʂʰu³³ɐr⁵³man²¹tɕiɛ³³tsou²¹²］

（五）未入九

未入九，[uei⁵³ʐu⁵³tɕiou²¹]九：从冬至起每九天是一个"九"，从一"九"数起，二"九"、三"九"，一直数到九"九"为止

冰上走，[piŋ³³saŋ⁵³tsou²¹²]

一九二九冻死狗，[i³³tɕiou²¹ɚ⁵³tɕiou²¹tuŋ⁵³sʅ²⁴kou²¹²]

三九四九石头裂口儿，[san³³tɕiou²¹sʅ⁵³tɕiou²¹sʅ²⁴tʰou³³liɛ⁵³kʰour²¹²]

五九六九不出大门口儿，[u²⁴tɕiou²¹liou⁵³tɕiou²¹pu⁵³tsʰu³³ta⁵³mən²⁴kʰour²¹²]

七九八九隔着玻璃往外瞅，[tɕʰi³³tɕiou²¹pa³³tɕiou²¹kɤ²⁴tʂə⁰pɤ³³li²⁴uaŋ²¹uai⁵³tsʰou²¹²]

九九加一九，[tɕiou²⁴tɕiou²¹tɕia³³i⁵³tɕiou²¹]

出门扭一扭。[tʂʰu³³mən²⁴ȵiou²¹i⁵³ȵiou²¹²]

（六）拉大锯

拉大锯，[la²⁴ta⁵³tɕy⁵³]

扯大锯，[tʂʰɤ²¹ta⁵³tɕy⁵³]

姥姥儿家唱大戏，[lau²¹laur⁰tɕia³³tsʰaŋ⁵³ta⁵³ɕi⁵³]

接姑娘，[tɕiɛ³³ku³³ȵiaŋ³³]

聘女婿，[pʰin⁵³ȵy²¹ɕy⁵³]

小外孙也要去。[ɕiau²¹uai⁵³suən³³iɛ²¹iau⁵³tɕʰy⁵³]

（有删减）

（七）上山打老虎

一二三四五，[i³³ɚ⁵³san³³sʅ⁵³u²¹²]

上山打老虎，[saŋ⁵³san³³ta²¹lau²⁴xu²¹²]

老虎没打到，[lau²⁴xu²¹mei⁵³ta²¹tau⁵³]

打到小松鼠儿。[ta²¹tau²¹ɕiau²¹suŋ³³sur²¹²]

让我数一数。[ʐaŋ⁵³uɤ²⁴ʂu²¹i⁵³ʂu²¹²]

数来又数去，[ʂu²¹lai²⁴iou⁵³ʂu²¹tɕʰy⁵³]

一二三四五。[i³³ɚ⁵³san³³sʅ⁵³u²¹²]

（八）丢手绢儿

丢、丢、丢手绢儿，[tiou³³、tiou³³、tiou³³ʂou²¹tɕyɚr⁵³]

轻轻地放在小朋友的后面，[tɕʰiŋ³³tɕʰiŋ³³tə⁰faŋ⁵³tsai⁵³ɕiau²¹pʰəŋ²⁴iou²¹tə⁰xou⁵³mian⁵³]

大家不要告诉他，[ta⁵³tɕia³³pu²⁴iau⁵³kau⁵³ʂu⁰tʰa³³]

快点快点抓住他。[kʰuai⁵³tian²¹kʰuai⁵³tian²¹tʂua³³tʂu⁵³tʰa³³]

丢、丢、丢手绢儿，［tiou³³、tiou³³、tiou³³ ʂou²¹ tɕyɐr⁵³］

轻轻地放在小朋友的后面，［tɕʰiŋ³³tɕʰiŋ³³tə⁰faŋ⁵³tsai⁵³ɕiau²¹pʰəŋ²⁴iou²¹tə⁰xou⁵³ mian⁵³］

大家不要告诉他，［ta⁵³tɕia³³pu²⁴iau⁵³kau²¹ʂu⁰tʰa³³］

快点快点抓住他。［kʰuai⁵³tian²¹kʰuai⁵³tian²¹tʂua³³tʂu⁵³tʰa³³］

（以上由发音人王东平提供）

（九）瑞雪飘飘洒梨花

瑞雪飘飘洒梨花，［z̩uei⁵³ɕyɛ²¹pʰiau³³pʰiau³³ʂa²¹li²⁴xua³³］

喜鹊喳喳乐万家。［ɕi²¹tɕʰyɛ⁵³tʂa³³tʂa³³lɤ⁵³uan⁵³tɕia³³］

北国隆冬虽寒冷，［pei²¹kuɤ²⁴luŋ²⁴tuŋ³³ʂuei³³xan²⁴ləŋ²¹¹］

冰灯异彩赞奇葩。［piŋ³³təŋ³³i⁵³tʂʰai²¹tʂan⁵³tɕʰi²⁴pʰa³³］

冰清玉洁真情在，［piŋ³³tɕʰiŋ³³y⁵³tɕiɛ²⁴tʂən³³tɕʰiŋ²⁴tsai⁵³］

纯情实爱似梅花。［tʂʰuən²⁴tɕʰiŋ²⁴ʂɻ²⁴ai⁵³ʂɻ⁵³mei²⁴xua³³］

但愿人间充满爱，［tan⁵³yan⁵³zən²⁴tɕian³³tʂʰuŋ³³man²¹ai⁵³］

孕育新绿满天涯。［yn⁵³y⁵³ɕin³³lɤ⁵³man²¹tʰian³³ia²⁴］

（十）赞街津

街津口，街津山，［tɕiɛ³³tɕin³³kʰou²¹¹，tɕiɛ³³tɕin³³ʂan³³］

三面环水水一湾。［ʂan³³mian⁵³xuan²⁴ʂuei²¹ʂuei²¹i⁵³uan³³］

应是地杰人灵处，［iŋ³³ʂɻ⁵³ti⁵³tɕiɛ²⁴zən²⁴liŋ²⁴tʂʰu⁵³］

不亚塞北小江南。［pu²⁴ia⁵³ʂai⁵³pei²⁴ɕiau²¹tɕiaŋ³³nan²⁴］

（以上由发音人邱德勇提供）

二　规定故事

牛郎和织女

古时候，有个小伙子，［ku²¹ʂɻ²⁴xou⁰，iou²¹kə⁰xiau²⁴xuɤ²¹tsɻ⁰］

父母去世得早，［fu⁵³mu²¹tɕʰy⁵³ʂɻ⁵³tə⁰tsau²¹¹］

他一个人孤苦伶仃。［tʰa³³i²⁴kə⁰zən²⁴ku³³kʰu²¹liŋ²⁴tiŋ³³］

家里呀，只有一头老牛相伴，［tɕia³³li²¹ia⁰，tsɻ²⁴iou²¹i⁵³tʰou²⁴lau²¹ȵiou²⁴ɕiaŋ³³pan⁵³］

人们叫他牛郎，［zən²⁴mən⁰tɕiau⁵³tʰa³³ȵiou²⁴laŋ²⁴］

牛郎靠老牛［ȵiou²⁴laŋ²⁴kʰau⁵³lau²¹ȵiou²⁴］

辛勤耕作为生。［ɕin³³tɕʰin²⁴kəŋ³³tsuɤ⁵³uei²⁴ʂəŋ³³］

这个老牛哇，［tʂei⁵³kə⁰lau²¹ȵiou²⁴ua⁰］

其实是天上的金牛星下凡。[tɕʰi²⁴ʂʅ²⁴ʂʅ⁵³tʰian³³ʂaŋ⁰tə⁰tɕin³³n̠iou²⁴ɕiŋ³³ɕia⁵³fan²⁴]

他非常喜欢[tʰa³³fei³³tʂʰaŋ²⁴ɕi²¹xuan³³]

牛郎的辛勤和善良，[n̠iou²⁴laŋ²⁴tə⁰ɕin³⁵tɕʰin²⁴xɤ²⁴ʂan⁵³liaŋ²⁴]

于是，就决定，[y²⁴ʂʅ⁵³, tɕiou⁵³tɕyɛ⁵³tiŋ⁵⁵]

帮牛郎娶个妻子。[paŋ³³n̠iou²⁴laŋ²⁴tɕʰy²¹kə⁰tɕʰi³³tsʅ²¹¹]

有一天，[iou²¹i⁵³tʰian³³]

金牛星打探到，[tɕin³³n̠iou²⁴ɕiŋ³³ta²¹tʰan⁵³tau⁵³]

天上的仙女儿[tʰian³³ʂaŋ⁰tə⁰ ɕian³³n̠yɚ²¹¹]

要到村东边的湖里[iau⁵³tau⁵³tʂʰuən³³tuŋ³³pian³³tə⁰xu²⁴li²¹]

去洗澡儿，[tɕʰy⁵³ɕi²⁴tʂaur²¹¹]

于是啊，[y²⁴ʂʅ⁵³ʐa⁰]

它就托梦给牛郎，[tʰa³³tɕiou⁵³tʰuɤ³³məŋ⁵³kei²¹n̠iou²⁴laŋ²⁴]

告诉牛郎，[kau⁵³su⁰n̠iou²⁴laŋ²⁴]

第二天早晨到湖边去，[ti⁵³ɚ⁵³tʰian³³tsau²¹tʂʰən⁰tau⁵³xu²⁴pian³³tɕʰy⁵³]

拿走一件挂在树上的衣裳，[na²⁴tsou²¹i²⁴tɕian⁵³kua⁵³tʂai⁵³ʂu⁵³ʂaŋ⁰tə⁰i³³ʂaŋ⁰]

然后哪，[ʐan²⁴xou⁵³na⁰]

头也不回地跑回家去，[tʰou²⁴iɛ²¹pu⁵³xuei²⁴tə⁰pʰau²¹xuei²⁴tɕia³³tɕʰy⁵³]

这样，[tʂɤ⁵³iaŋ⁵³]

他就会得到一位仙女儿[tʰa³³tɕiou⁵³xuei⁵³tɤ²⁴tau²⁴i²⁴uei⁵³ɕian³³n̠yɚ²¹¹]

做妻子。[tʂuɤ⁵³tɕʰi³³tsʅ²¹¹]

牛郎半信半疑。[n̠iou²⁴laŋ²⁴pan⁵³ɕin⁵³pan⁵³i²⁴]

第二天早上，[ti⁵³ɚ⁵³tʰian³³tsau²¹ʂaŋ⁰]

他在湖边，果然看到了，[tʰa³³tsai⁵³xu²⁴pian³³, kuɤ²¹ʐan²⁴kʰan⁵³tau⁵³lə⁰]

有七个美女，在湖里戏水。[iou²¹tɕʰi³³kə⁰mei²⁴n̠y²¹¹, tsai⁵³xu²⁴li²¹ɕi⁵³ʂuei²¹¹]

于是啊，[y²⁴ʂʅ⁵³ʐa⁰]

他偷偷地，拿走了一件[tʰa³³tʰou³³tʰou³³tə⁰, na²⁴tsou²¹lə⁰i²⁴tɕian⁵³]

挂在树上的粉色的衣裳，[kua⁵³tʂai⁵³ʂu⁵³ʂaŋ⁰tə⁰fən²¹ʂɤ⁵³tə⁰i³³ʂaŋ⁰]

然后头也不回地[ʐan²⁴xou⁵³tʰou²⁴iɛ²¹pu⁵³xuei²⁴tə⁰]

跑回家去了。[pʰau²¹xuei²⁴tɕia³³ tɕʰy⁰lə⁰]

这个被抢走衣裳的是织女，[tsɤ⁵³kə⁰pei⁵³tɕʰiaŋ²⁴tʂou²¹i³³ʂaŋ⁰tə⁰ʂʅ⁵³tʂʅ³³n̠y²¹¹]

当天晚上，[taŋ³³tʰian³³uan²¹ʂaŋ⁰]

她轻轻地，[tʰa³³tɕʰiŋ³³tɕʰiŋ³³tə⁰]

敲开了牛郎家的门，[tɕʰiau³³kʰai³³lə⁰n̠iou²⁴laŋ²⁴tɕia³³tə⁰mən²⁴]

两个人做了恩爱的夫妻。[liaŋ²¹kɤ⁵³ʐən³⁵tʂuɤ⁵³lə⁰ən³³ai⁵³tə⁰fu³³tɕʰi³³]

一晃三年的时间过去了，[i⁵³xuaŋ²¹san²³n̠ian²⁴tə⁰ʂʅ²⁴tɕian³³kuɤ⁵³tɕʰy⁵³lə⁰]

牛郎和织女，[n̠iou²⁴laŋ²⁴xɤ²⁴tʂʅ³³n̠y²¹¹]

生了一男一女[ʂəŋ³³lə⁰i⁵³nan²⁴i⁵³n̠y²¹]

两个可爱的娃娃，[liaŋ²¹kɤ⁵³kʰɤ²¹ai⁵³tə⁰ua²⁴ua⁰]

一家人过得非常开心。[i⁵³tɕia³³ʐən²⁴kuɤ⁵³tə⁰fei³³tʂʰaŋ³⁵kʰai³³ɕin³³]

可是，织女私自下凡的事儿，[kʰɤ²¹ʂʅ⁵³,tʂʅ³³n̠y²¹ʂʅ³³tʂʅ⁵³ɕia⁵³fan³⁵tə⁰ʂər⁵³]

被玉皇大帝知道了，[pei⁵³y⁵³xuaŋ²⁴ta⁵³ti⁵³tʂʅ³³tau⁵³lə⁰]

他非常生气，[tʰa³³fei³³tʂʰaŋ³³ʂəŋ³³tɕʰi⁵³]

决定抓织女回去。[tɕyɛ²⁴tiŋ⁵³tʂua³³tʂʅ³³n̠y²¹xuei²⁴tɕʰy⁵³]

有一天，[iou²¹i⁵³tʰian³³]

电闪雷鸣，狂风大作，[tian⁵³ʂan²¹lei²⁴miŋ²⁴,kʰuaŋ²⁴fəŋ³³ta⁵³tʂuɤ⁵³]

织女突然不见了。[tʂʅ³³n̠y²¹tʰu³³ʐan²⁴pu²⁴tɕian⁵³lə⁰]

两个孩子哭着喊着要妈妈，[liaŋ²¹kɤ⁰xai²⁴tsʅ⁰kʰu⁵³tʂə⁰xan²¹tʂə⁰iau⁵³ma³³ma⁰]

牛郎急得不知怎么办才好，[n̠iou²⁴laŋ²⁴tɕi²⁴tə⁰pu⁵³tʂʅ³³tʂən²¹mə⁰pan⁵³tsʰai²⁴xau²¹¹]

这时，老牛突然说话了：[tʂɤ⁵³ʂʅ²⁴,lau²¹n̠iou²⁴tʰu³³ʐan²⁴ʂuɤ³³xua⁵³lə⁰]

"哞儿，不要难过，["mər³³,pu²⁴iau⁵³nan²⁴kuɤ⁵³]

你把我的两个角拿去，[n̠i²¹pa²⁴uɤ²¹tə⁰liaŋ²¹kə⁰tɕiau²¹na²⁴tɕʰy⁵³]

就会变成两个箩筐，[tɕiou⁵³xuei⁵³pian⁵³tʂʰəŋ²⁴liaŋ²¹kə⁰luɤ²⁴kʰuaŋ³³]

把孩子装在箩筐中，[pa²¹xai²⁴tsʅ⁰tʂuaŋ³³tsai⁵³luɤ²⁴kʰuaŋ³³tʂuŋ³³]

你用扁担挑上，[n̠i²¹yŋ⁵³pian²¹tan⁰tʰiau³³ʂaŋ⁰]

就可以到天宫[tɕiou⁵³kʰɤ²⁴i²¹tau⁵³tʰian³³kuŋ³³]

去找织女啦。"[tɕʰy⁵³tʂau²¹tʂʅ³³n̠y²¹la⁰。"]

牛郎正奇怪，[n̠iou²⁴laŋ²⁴tʂəŋ⁵³tɕʰi²⁴kuai⁵³]

这时两个牛角[tʂɤ⁵³ʂʅ²⁴liaŋ²¹kə⁰n̠iou²⁴tɕiau²¹]

突然掉到了地上，[tʰu³³ʐan²⁴tiau⁵³tau⁵³lə⁰ti⁵³ʂaŋ⁰]

果然变成了两个箩筐，[kuɤ²¹ʐan²⁴pian⁵³tʂʰəŋ²⁴lə⁰liaŋ²¹kə⁰luɤ²⁴kʰuaŋ³³]

于是，[y²⁴ʂʅ⁵³]

牛郎就把两个孩子[n̠iou²⁴laŋ²⁴tɕiou⁵³pa²¹liaŋ²¹kə⁰xai²⁴tsʅ⁰]

放在了箩筐中，[faŋ⁵³tsai⁵³lə⁰luɤ²⁴kʰuaŋ³³tʂuŋ³³]

然后用扁担挑起来，[ʐan²⁴xou⁵³yŋ⁵³pian²¹tan⁰tʰiau³³tɕʰi²¹lai⁰]

这时，[tʂɤ⁵³ʂʅ²⁴]

箩筐像长了翅膀一样[luɤ²⁴kʰuaŋ³³ɕiaŋ⁵³tʂaŋ²¹lə⁰tʂʰʅ⁵³paŋ²¹i²⁴iaŋ⁵³]

飞了起来，[fei³³lə⁰tɕʰi²¹lai⁰]

一阵清风吹过，[i²⁴tʂən⁵³tɕʰiŋ³³fəŋ³³tʂʰuei³³kuɤ⁵³]

牛郎挑着箩筐[n̠iou²⁴laŋ²⁴tʰiau³³tʂə⁰luɤ²⁴kʰuaŋ³³]

向天空飞去。［ɕiaŋ⁵³tʰian³³kʰuŋ³³fei³³tɕʰy⁵³］

飞呀，飞呀，［fei³³ia⁰，fei³³ia⁰］

马上就要追上织女了，［ma²¹ʂaŋ⁵³tɕiou⁵³iau⁵³tʂuei³³ʂaŋ⁵³tʂʅ³³ȵy²¹lə⁰］

却被王母娘娘发现了，［tɕʰyɛ⁵³pei⁵³uaŋ³⁵mu²¹ȵiaŋ²⁴ȵiaŋ⁰fa³³ɕian⁵³lə⁰］

王母娘娘从头上［uaŋ²⁴mu²¹ȵiaŋ²⁴ȵiaŋ⁰tʂʰuŋ²⁴tʰou²⁴ʂaŋ⁵³］

拔下一只金钗，［pa²⁴ɕia⁵³i⁵³tʂʅ³³tɕin³³tʂʰai³³］

在牛郎和织女的中间［tsai⁵³ȵiou²⁴laŋ²⁴xɤ²⁴tʂʅ³³ȵy²¹tə⁰tʂuŋ³³tɕian³³］

那么一划，［na⁵³mə⁰i⁵³xua²⁴］

于是啊，［y²⁴ʂʅ⁵³ʐa⁰］

就变成了一条波涛滚滚、［tɕiou⁵³pian⁵³tʂʰəŋ²⁴lə⁰i⁵³tʰiau²⁴pɤ³³tʰau³³kuən²⁴kuən²¹¹］

一眼望不到边的天河，［i⁵³ian²¹uaŋ⁵³pu²⁴tau⁵³pian³³tə⁰tʰian³³xɤ²⁴］

把牛郎和织女隔了开来。［pa²¹ȵiou²⁴laŋ²⁴xɤ²⁴tʂʅ³³ȵy²¹kɤ²⁴lə⁰kʰai³³lai²⁴］

天上的喜鹊［tʰian³³ʂaŋ⁰tə⁰ɕi²¹tɕʰyɛ⁵³］

非常同情牛郎和织女，［fei³³tʂʰaŋ²⁴tʰuŋ²⁴tɕʰiŋ²⁴ȵiou²⁴laŋ²⁴xɤ²⁴tʂʅ³³ȵy²¹¹］

于是啊，［y²⁴ʂʅ⁵³ʐa⁰］

每年的农历七月初七，［mei²¹ȵian²⁴tə⁰nuŋ²⁴li⁵³tɕʰi³³yɛ⁵³tʂʰu³³tɕʰi³³］

它们就飞到天上，［tʰa³³mən⁰tɕiou⁵³fei³³tau³³tʰian³³ʂaŋ⁵³］

一只衔着另一只的尾巴，［i⁵³tʂʅ³³ɕian²⁴tʂə⁰lin⁵³i⁵³tʂʅ³³tə⁰uei²¹pa⁰］

搭成一条长长的鹊桥，［ta³³tʂʰəŋ²⁴i⁵³tʰiau²⁴tʂʰaŋ²⁴tʂʰaŋ²⁴tə⁰tɕʰyɛ⁵³tɕʰiau²⁴］

让牛郎和织女相聚。［ʐaŋ⁵³ȵiou²⁴laŋ²⁴xɤ²⁴tʂʅ³³ȵy²¹ɕiaŋ³³tɕy⁵³］

（以上由发音人邱德勇提供）

三　其他故事

（一）龙王庙和青龙山的传说

在同江啊，东南角儿，［tsai⁵³tʰuŋ²⁴tɕiaŋ³³ŋa⁰，tuŋ³³nan²⁴tɕiaur²¹¹］

有一座龙王庙。［iou²¹i²⁴tʂuɤ⁵³luŋ²⁴uaŋ²⁴miau⁵³］

庙呢，［miau⁵³nə⁰］

虽然说不上是金碧辉煌，［ʂuei³³ʐan²⁴ʂuɤ³³pu³³ʂaŋ⁵³ʂʅ⁵³tɕin³³pi⁵³xuei³³xuaŋ²⁴］

但是龙王爷的雕像［tan⁵³ʂʅ⁵³luŋ²⁴uaŋ²⁴iɛ²⁴tə⁰tiau³³ɕiaŋ⁵³］

却是栩栩如生的。［tɕʰyɛ⁵³ʂʅ⁵³ɕy²⁴ɕy²¹ʐu²⁴ʂəŋ³³tə⁰］

再就是哪，［tsai⁵³tɕiou⁵³ʂʅ⁵³na⁰］

同江的东南六十里开外呀，［tʰuŋ²⁴tɕiaŋ³³tə⁰tuŋ³³nan²⁴liou⁵³ʂʅ²⁴li²¹kʰai³³uai⁵³ia⁰］

有一座山，叫青龙山。［iou²¹i²⁴tʂuɤ⁵³ʂan³³，tɕiau⁵³tɕʰiŋ³³luŋ²⁴ʂan³³］

这个山哪，虽然说不上巍峨，[tʂɤ⁵³kə⁰ʂan³³na⁰，ʂuei³³ʐan²⁴ʂuɤ³³pu³³ʂaŋ⁵³uei³³ɤ²⁴]

但是啊，它蜿蜒盘伏的样子，[tan⁵³ʂʅ⁵³ʐa⁰，tʰa³³uan³³ian²⁴pʰan²⁴fu²⁴təⁱiaŋ⁵³tʂʅ⁰]

就像一条苍龙[tɕiou⁵³ɕiaŋ⁵³i⁵³tʰiau²⁴tsʰaŋ³³luŋ²⁴]

盘踞在莲花河的东岸。[pʰan²⁴tɕy⁵³tsai⁵³lian²⁴xua³³xɤ²⁴təⁱtuŋ³³an⁵³]

那说起龙王庙和青龙山，[na⁵³ʂuɤ³³tɕʰi²¹luŋ²⁴uaŋ²⁴miau⁵³xɤ²⁴tɕʰiŋ³³luŋ²⁴ʂan³³]

在同江啊[tsai⁵³tʰuŋ²⁴tɕiaŋ³³ŋa⁰]

还有这样一个传说，[xai²⁴iou²¹tʂɤ⁵³iaŋ⁰i²⁴kəⁱtʂʰuan²⁴ʂuɤ³³]

人们都说，三江口，[ʐən²⁴mən⁰tou³³ʂuɤ³³，ʂan³³tɕiaŋ³³kʰou²¹¹]

是每年的农历六月十八，[ʂʅ⁵³mei²¹ȵian²⁴təⁱnuŋ²⁴li⁵³liou⁵³yɛ⁵³ʂʅ²⁴pa³³]

龙王们相聚的地方，[luŋ²⁴uaŋ²⁴mən⁰ɕiaŋ³³tɕy⁵³təⁱti⁵³faŋ⁰]

每年的这一天哪，[mei²¹ȵian²⁴təⁱtsɤ⁵³i⁵³tʰian³³na⁰]

各路龙王，[kɤ⁵³lu⁵³luŋ²⁴uaŋ²⁴]

呃，都哪，啊，腾云驾雾，[ə⁰，tou³³na⁰，a⁰，tʰəŋ²⁴yn²⁴tɕia⁵³u⁵³]

或者是啊，[xuɤ⁵³tʂɤ²¹ʂʅ⁵³ʐa⁰]

从四通八达的水路[tʂʰuŋ²⁴ʂʅ⁵³tʰuŋ³³pa³³ta²⁴təⁱʂuei²¹lu⁵³]

来到三江口共同相聚。[lai²⁴tau⁵³ʂan³³tɕiaŋ³³kʰou²¹kuŋ⁵³tʰuŋ²⁴ɕiaŋ³³tɕy⁵³]

每年的聚会呀，[mei²¹ȵian²⁴təⁱtɕy⁵³xuei⁵³ia⁰]

无外乎就是各自的龙王，[u²⁴uai⁵³xu³³tɕiou⁵³ʂʅ⁵³kɤ⁵³tʂʅ⁵³təⁱluŋ²⁴uaŋ²⁴]

歌颂一下自己[kɤ³³ʂuŋ⁵³i²⁴ɕia⁵³tsʅ⁵³tɕi²¹]

一年来所统辖的领地，[i⁵³ȵian²⁴lai²⁴ʂuɤ²⁴tʰuŋ²¹ɕia²⁴təⁱliŋ²¹ti⁵³]

是否百姓安居乐业，[ʂʅ⁵³fou²¹pai²¹ɕiŋ⁵³an³³tɕy³³lɤ⁵³iɛ⁵³]

五谷丰登。[u²⁴ku²¹fəŋ³³təŋ³³]

再就是啊，[tsai⁵³tɕiou⁵³ʂʅ⁵³ʐa⁰]

显摆一下，[ɕian²¹pai⁰i²⁴ɕia⁵³]

各自练的神功妙法。[kɤ⁵³tʂʅ⁵³lian⁵³təⁱʂən²⁴kuŋ³³miau⁵³fa²¹¹]

最后哪，[tsuei⁵³xou⁵³na⁰]

品尝大家带来的美味佳肴。[pʰin²¹tʂʰaŋ²⁴ta⁵³tɕia³³tai⁵³lai²⁴təⁱmei²¹uei⁵³tɕia³³iau²⁴]

话说呀，今年的聚会，[xua⁵³ʂuɤ³³ia⁰，tɕin³³ȵian²⁴təⁱtɕy⁵³xuei⁵³]

按照惯例，[an⁵³tʂau⁵³kuan⁵³li⁵³]

由黑龙大哥主持。[iou²⁴xei³³luŋ²⁴ta⁵³kɤ³³tʂu²¹tʂʰʅ²⁴]

在聚会上啊，大家呀，[tsai⁵³tɕy⁵³xuei⁵³ʂaŋ⁵³a⁰，ta⁵³tɕia³³ia⁰]

都把自己一年的统治情况[tou³³pa²¹tsʅ²¹tɕi²¹i⁵³ȵian²⁴təⁱtʰuŋ²¹tʂʅ⁵³tɕʰiŋ²⁴kʰuaŋ⁵³]

向大家做个汇报，[ɕiaŋ⁵³ta⁵³tɕia³³tsuɤ⁵³kə⁰xuei⁵³pau⁵³]

尤其呀，[iou²⁴tɕʰi³³ia⁰]

是金龙统治的同江，[ʂʅ⁵³tɕin³³luŋ²⁴tʰuŋ²¹tʂʅ⁵³tə⁰tʰuŋ²⁴tɕiaŋ³³]

百姓安居乐业，五谷丰登，[pai²¹ɕiŋ⁵³an³³tɕy³³lɤ⁵³iɛ⁵³,u²⁴ku²¹fəŋ³³təŋ³³]

受到了其他龙王的[ʂou⁵³tau⁵³lə⁰tɕʰi²⁴tʰa³³luŋ²⁴uaŋ²⁴tə⁰]

一致称赞。[i²⁴tʂʅ⁵³tʂʰən³³tʂan⁵³]

还有的龙王哪，[xai²⁴iou²¹tə⁰luŋ²⁴uaŋ²⁴na⁰]

要上报天庭，为金龙请功。[iau⁵³ʂaŋ⁵³pau⁵³tʰian³³tʰiŋ²⁴,uei⁵³tɕin³³luŋ²⁴tɕʰiŋ²¹kuŋ³³]

这时候啊，[tʂɤ⁵³ʂʅ²⁴xou⁵³a⁰]

有条青龙，[iou²¹tʰiau²⁴tɕʰiŋ³³luŋ²⁴]

心里呀，十分地生气。[ɕin³³li²¹ia⁰,ʂʅ²⁴fən³³tə⁰ʂəŋ³³tɕʰi⁵³]

因为呢，他心眼儿狭小，[in³³uei²⁴nə⁰,tʰa³³ɕin³³iɐr²¹ɕia²⁴ɕiau²¹¹]

看不了别人比他强，[kʰan⁵³pu⁰liau²¹piɛ²⁴ʐən²⁴pi²¹tʰa³³tɕʰiaŋ²⁴]

他一看大家都夸金龙，[tʰa³³i²⁴kʰan⁵³ta⁵³tɕia³³tou³³kʰua³³tɕin³³luŋ²⁴]

他很不服气。[tʰa³³xən²¹pu⁵³fu²⁴tɕʰi⁵³]

但是哪，他没有表露出来。[tan⁵³ʂʅ⁵³na⁰,tʰa³³mei²⁴iou²⁴piau²¹lou⁵³tʂʰu³³lai²⁴]

大家哪，[ta⁵³tɕia³³na⁰]

就开始，练起了自己的武功，[tɕiou⁵³kʰai³³ʂʅ²¹¹,lian⁵³tɕʰi²¹lə⁰tsʅ⁵³tɕi²¹tə⁰u²¹kuŋ³³]

并且哪，喝起了美味佳肴。[piŋ⁵³tɕʰiɛ²¹na⁰,xɤ³³tɕʰi²¹lə⁰mei²¹uei⁵³tɕia³³iau²⁴] 喝：即吃，口误

当喝得差不多的时候，[taŋ³³xɤ³³tə⁰tʂʰa⁵³pu⁰tuɤ³³tə⁰ʂʅ²⁴xou⁰]

青龙啊，[tɕʰiŋ³³luŋ²⁴ŋa⁰]

偷偷地藏到了水底下，[tʰou³³tʰou³³tə⁰tʂʰaŋ²⁴tau⁵³lə⁰ʂuei²⁴ti²¹ɕia⁵³]

当其他的龙王们[taŋ³³tɕʰi²⁴tʰa³³tə⁰luŋ²⁴uaŋ²⁴mən⁰]

乘兴打道回府的时候，[tʂʰəŋ⁵³ɕiŋ⁵³ta²¹tau⁵³xuei²⁴fu²¹tə⁰ʂʅ²⁴xou⁰]

青龙却偷偷地跃出了水面，[tɕʰiŋ³³luŋ²⁴tɕʰyɛ⁵³tʰou³³tʰou³³tə⁰yɛ⁵³tʂʰu³³lə⁰ʂuei²¹mian⁵³]

来到了金龙统辖的领地。[lai²⁴tau⁰lə⁰tɕin³³luŋ²⁴tʰuŋ²¹ɕia²⁴tə⁰liŋ²¹ti⁵³]

他就施展法力，[tʰa³³tɕiou⁵³ʂʅ³³tʂan²⁴fa²¹li⁵³]

刹那间，[tʂʰa⁵³na⁵³tɕian³³]

就狂风大作，电闪雷鸣。[tɕiou⁵³kʰuaŋ²⁴fəŋ³³ta⁵³tʂuɤ⁵³,tian⁵³ʂan²¹lei²⁴miŋ²⁴]

天上哪，下起了瓢泼的大雨，[tʰian³³ʂaŋ⁵³na⁰,ɕia⁵³tɕʰi²¹lə⁰pʰiau²⁴pʰɤ⁵³tə⁰ta⁵³y²¹¹]

只见汪洋一片，[tʂʅ²¹tɕian⁵³uaŋ³³iaŋ²⁴i²⁴pʰian⁵³]

打翻了渔船，[ta²¹fan³³lə⁰y²⁴tʂʰuan²⁴]

冲毁了庄稼，[tʂʰuŋ³³xuei²¹lə⁰tʂuaŋ³³tɕia⁰]

也淹死了牛羊。[iɛ²¹ian³³sʅ²¹lə⁰ɳiou²⁴iaŋ²⁴]

人们哪，哀号着，[ʐən²⁴mən²⁴na⁰,ai³³xau²⁴tʂə⁰]

不断地向高处逃去，[pu²⁴tuan⁵³tə⁰ɕiaŋ⁵³kau³³tʂʰu⁵³tʰau²⁴tɕʰy⁵³]

他们就逃到了 [tʰa³³mən⁰tɕiou⁵³tʰau²⁴tau⁰lə⁰]

村东南角儿的一个高岗上，[tsʰuən³³tuŋ³³nan²⁴tɕiaur²¹tə⁰i²⁴kə⁰kau³³kaŋ²¹ʂaŋ⁵³]

不断向金龙磕头，[pu²⁴tuan⁵³ɕiaŋ⁵³tɕin³³luŋ²⁴kʰɤ³³tʰou²⁴]

求金龙啊，[tɕʰiou²⁴tɕin³³luŋ²⁴ŋa⁰]

救他们于水深火热之中。[tɕiou⁵³tʰa³³mən⁰y²⁴ʂuei²¹ʂən³³xuɤ²¹ʐɤ⁵³tʂʅ³³tʂuŋ³³]

再说金龙啊，在水底下，[tsai⁵³ʂuɤ³³tɕin³³luŋ²⁴ŋa⁰,tsai⁵³ʂuei²⁴ti²¹ɕia⁵³]

感受到了龙宫的晃动，[kan²¹ʂou⁵³tau⁵³lə⁰luŋ²⁴kuŋ³³tə⁰xuaŋ⁵³tuŋ⁵³]

也听到了老百姓的呼唤。[iɛ²¹tʰiŋ³³tau⁵³lə⁰lau²⁴pai²¹ɕiŋ⁵³tə⁰xu³³xuan⁵³]

他哪，跃出水面一看，[tʰa³³na⁰,yɛ⁵³tʂʰu³³ʂuei²¹mian⁵³i²⁴kʰan⁵³]

气得他是两眼冒火，[tɕʰi⁵³tə⁰tʰa³³ʂʅ⁵³liaŋ²⁴ian²¹mau⁵³xuɤ²¹¹]

因为他看到 [in³³uei⁵³tʰa³³kʰan⁵³tau⁰]

青龙正在祸害着他的百姓。[tɕʰiŋ³³luŋ²⁴tʂəŋ⁵³tsai⁵³xuɤ⁵³xai⁵³tʂə⁰tʰa³³tə⁰pai²¹ɕiŋ⁵³]

于是，金龙拿出了 [y²⁴ʂʅ⁵³,tɕin³³luŋ²⁴na²⁴tʂʰu³³lə⁰]

自己的武器——一条长鞭，[tʂʅ⁵³tɕi²¹tə⁰u²¹tɕʰi⁵³——i⁵³tʰiau²⁴tʂʰaŋ²⁴pian³³]

向青龙打去，[ɕiaŋ⁵³tɕʰiŋ³³luŋ²⁴ta²¹tɕʰy⁵³]

一下子打在了青龙的后背上，[i²⁴ɕia⁵³tsʅ⁰ta²¹tsai⁵³lə⁰tɕʰiŋ³³luŋ²⁴tə⁰xou⁵³pei⁵³ʂaŋ⁰]

把龙片也打掉了不少。[pa²¹luŋ²⁴pʰian⁵³iɛ²⁴ta²¹tiau⁵³lə⁰pu⁵³ʂau²¹¹]

这时候哪，[tʂɤ⁵³ʂʅ²⁴xou⁵³na⁰]

青龙受痛以后，[tɕʰiŋ³³luŋ²⁴ʂou⁵³tʰuŋ⁵³i²¹xou⁵³]

也拿出了自己的武器，[iɛ²¹na²⁴tʂʰu³³lə⁰tsʅ⁵³tɕi²¹tə⁰u²¹tɕʰi⁵³]

和金龙你来我往地 [xɤ²⁴tɕin³³luŋ²⁴n̠i²¹lai²⁴uɤ²⁴uaŋ²¹tə⁰]

打在了一起。[ta²¹tsai⁵³lə⁰i⁵³tɕʰi²¹¹]

本来呀，[pən²¹lai²⁴ia⁰]

金龙想教训一下青龙 [tɕin³³luŋ²⁴ɕiaŋ²¹tɕiau⁵³ɕyn⁵³i²⁴ɕia⁵³tɕʰiŋ³³luŋ²⁴]

就可以了，[tɕiou⁵³kʰɤ²⁴i²¹lə⁰]

想私下放他一马儿。[ɕiaŋ²¹ʂ̩³³ɕia⁵³faŋ⁵³tʰa³³i⁵³mar²¹¹]

这时候哇，[tʂɤ⁵³ʂʅ²⁴xou⁵³ua⁰]

老百姓不断地喊着：[lau²⁴pai²¹ɕiŋ⁵³pu²⁴tuan⁵³tə⁰xan²¹tʂə⁰]

"金龙王，金龙王，["tɕin³³luŋ²⁴uaŋ²⁴,tɕin³³luŋ²⁴uaŋ²⁴]

斩草除根哪，[tʂan²⁴tsʰau²¹tʂʰu²⁴kən³³na⁰]

别让他再祸害我们啦！"[piɛ²⁴ʐaŋ⁵³tʰa³³tsai⁵³xuɤ⁵³xai⁵³uɤ²¹mən⁰la⁰！"]

金龙一想，也是，[tɕin³³luŋ²⁴i⁵³ɕiaŋ²⁴,iɛ²¹ʂʅ⁵³]

于是啊，[y²⁴ʂʅ⁵³ʐa⁰]

就集中精力 [tɕiou⁵³tɕi²⁴tʂuŋ³³tɕiŋ³³li⁵³]

继续和青龙打斗起来。[tɕi⁵³ɕy⁵³xɤ²⁴tɕʰiŋ³³luŋ²⁴ta²¹tou⁵³tɕʰi²¹lai²⁴]

也许是青龙做了亏心事儿，［iɛ²⁴ɕy²¹ʂʅ⁵³tɕʰiŋ³³luŋ²⁴tʂuɤ⁵³lə⁰kʰuei³³ɕin³³ʂər⁵³］

心虚，［ɕin³³ɕy³³］

再就是哪，［tsai⁵³tɕiou⁵³ʂʅ⁵³na⁰］

他刚才作法的时候啊，［tʰa³³kaŋ³³tʂʰai²⁴tʂuɤ⁵³fa²¹tə⁰ʂʅ²⁴xou⁰a⁰］

也泄了不少功力，［iɛ²¹ɕiɛ⁵³lə⁰pu⁵³ʂau²¹kuŋ³³li⁵³］

一不小心，［i⁵³pu⁵³ɕiau²¹ɕin³³］

就被金龙啊，［tɕiou⁵³pei⁵³tɕin³³luŋ²⁴ŋa⁰］

打在了后背上，［ta²¹tsai⁵³lə⁰xou⁵³pei⁵³ʂaŋ⁵³］

他哀嚎一声，［tʰa³³ai³³xau²⁴i⁵³ʂəŋ³³］

就死去了。［tɕiou⁵³ʂʅ²¹tɕʰy⁵³lə⁰］

青龙死了，［tɕʰiŋ³³luŋ²⁴ʂʅ²¹lə⁰］

老百姓们得救了，［lau²⁴pai²¹ɕiŋ⁵³mən⁰tɤ²⁴tɕiou⁵³lə⁰］

于是，老百姓［y²⁴ʂʅ⁵³，lau²⁴pai²¹ɕiŋ⁵³］

为了感恩金龙的救命之恩，［uei⁵³lə⁰kan²¹ən³³tɕin³³luŋ²⁴tə⁰tɕiou⁵³miŋ⁵³tʂʅ³³ən³³］

就在刚才的村南角儿的［tɕiou⁵³tsai⁵³kaŋ³³tsʰai²⁴tə⁰tʂʰuən³³nan²⁴tɕiaur²¹tə⁰］

村落上，高岗上，［tʂʰuən³³luɤ⁵³ʂaŋ⁵³，kau³³kaŋ²¹ʂaŋ⁵³］

就建起了一座龙王庙。［tɕiou⁵³tɕian⁵³tɕʰi²¹lə⁰i²⁴tsuɤ⁵³luŋ²⁴uaŋ²⁴miau⁵³］

人们哪，［ʐən²⁴mən²⁴na⁰］

世世代代供奉着金龙，［ʂʅ⁵³ʂʅ⁵³tai⁵³tai⁵³kuŋ⁵³fəŋ⁵³tʂə⁰tɕin³³luŋ²⁴］

也祈求金龙，［iɛ²⁴tɕʰi²¹tɕʰiou²⁴tɕin³³luŋ²⁴］

保佑他们五谷丰登。［pau²¹iou⁵³tʰa³³mən²⁴u²⁴ku²¹fəŋ³³təŋ³³］

金龙啊，［tɕin³³luŋ²⁴ŋa⁰］

也正是这样保佑着老百姓。［iɛ²¹tʂəŋ⁵³ʂʅ⁵³tʂɤ⁵³iaŋ⁵³pau²¹iou⁵³tʂə⁰lau²⁴pai²¹ɕiŋ⁵³］

再说那条死去的青龙啊，［tʂai⁵³ʂuɤ⁵³na⁵³tʰiau⁵³ʂʅ²¹tɕʰy⁵³tə⁰tɕʰiŋ³³luŋ²⁴ŋa⁰］

就变成了一座山，［tɕiou⁵³pian⁵³tʂʰəŋ²⁴lə⁰i²⁴tsuɤ⁵³ʂan³³］

也就是现在的青龙山。［iɛ²¹tɕiou⁵³ʂʅ⁵³ɕian⁵³tsai⁵³tə⁰tɕʰiŋ³³luŋ²⁴ʂan³³］

（以上由发音人邱德勇提供）

（二）大话吓人

下面我来讲一段儿［ɕia⁵³mian⁰uɤ²¹lai²⁴tɕiaŋ²¹i²⁴tuɐr⁵³］

东北的民间故事，［tuŋ³³pei²¹tə⁰min²⁴tɕian³³ku⁵³ʂʅ⁰］

故事的名字叫《大话吓人》。［ku⁵³ʂʅ⁰tə⁰miŋ²⁴tsʅ⁰tɕiau⁵³《ta⁵³xua⁵³xɤ⁵³ʐən²⁴》］

一户农家，养了一头驴，［i²⁴xuŋ⁵³nuŋ²⁴tɕia³³，iaŋ²¹lə⁰i⁵³tʰou²⁴ly²⁴］

农活儿干完了，用不上驴了，［nuŋ²⁴xuɤr²⁴kan⁵³uan²⁴lə⁰，yŋ⁵³pu²⁴ʂaŋ⁵³ly²⁴lə⁰］

怎么办呢？［tsən²¹mə⁰pan⁵³nə⁰］

放在家里还得喂草喂料，［faŋ⁵³ tṣai⁰ tɕia³³ li⁰ xai²⁴ tɤ²¹ uei⁵³ tṣʰau²¹ uei⁵³ liau⁵³］

主人便把它牵到了山上，［tṣu²¹ ʐən²⁴ pian⁵³ pa²¹ tʰa³³ tɕʰian³³ tau⁵³ lə⁰ ṣan³³ ṣaŋ⁰］

任由这头驴自己去吃草。［ʐən⁵³ iou²⁴ tsei⁵³ tʰou²⁴ ly²⁴ tsʅ⁵³ tɕi²¹ tɕʰy⁵³ tṣʰʅ³³ tṣʰau²¹²］

有这么一天，［iou²¹ tṣɤ⁵³ mə⁰ i⁵³ tʰian³³］

驴正在吃草，［ly²⁴ tṣəŋ⁵³ tṣai⁵³ tṣʰʅ³³ tṣʰau²¹²］

忽然看见来了一只狼，［xu³³ ʐan²⁴ kʰan⁵³ tɕian⁰ lai²⁴ lə⁰ i⁵³ tṣʅ³³ laŋ²⁴］

狼没见过驴，［laŋ²⁴ mei²⁴ tɕian⁵³ kuɤ⁰ ly²⁴］

但是驴却见过狼，［tan⁵³ sʅ⁵³ ly²⁴ tɕʰyɛ⁵³ tɕian⁵³ kuɤ⁰ laŋ²⁴］

驴心里这个怕呀，［ly²⁴ ɕin³³ li⁰ tṣɤ⁵³ kə⁰ pʰa⁵³ ia⁰］

狼是吃肉的东西呀，［laŋ²⁴ ʂʅ⁵³ tṣʰʅ³³ ʐou⁵³ tə⁰ tuŋ³³ ɕi⁰ ia⁰］

我怎么能斗过它呢？［uɤ²⁴ tṣən²¹ mə⁰ nəŋ²⁴ tou⁵³ kuɤ⁵³ tʰa³³ nə⁰］

我得赶紧想办法，［uɤ²⁴ tei²¹ kan²⁴ tɕin²⁴ ɕiaŋ²¹ pan⁵³ fa²¹²］

跑是来不及啦，［pʰau²¹ sʅ⁵³ lai²⁴ pu⁰ tɕi²⁴ la⁰］

灵机一动，［liŋ²⁴ tɕi³³ i²⁴ tuŋ⁵³］

它把四条腿叉开，［tʰa³³ pa⁵³ sʅ⁵³ tʰiau²⁴ tʰuei²¹ tṣʰa⁵³ kʰai³³］

尖叫一声，［tɕian³³ tɕiau⁵³ i⁵³ ʂəŋ³³］

当时吟诗一首。［taŋ³³ ʂʅ²⁴ in²⁴ ʂʅ³³ i⁵³ sou²¹²］

它是这样说的：［tʰa³³ ʂʅ⁰ tṣei⁵³ iaŋ⁰ ʂuɤ³³ tə⁰］

"两耳尖尖嘴巴长，［"liaŋ²⁴ ɚ²¹ tɕian³³ tɕian³³ tsuei²¹ pa⁰ tṣʰaŋ²⁴］

上帝派我到下方。［ṣaŋ⁵³ ti³³ pai⁵³ uɤ²¹ tau⁵³ ɕia⁵³ faŋ³³］

昨天我本吃个虎，［tsuɤ²⁴ tʰian³³ uɤ²⁴ pən²¹ tṣʰʅ³³ kə⁰ xu²¹²］

今天我要尝尝狼。"［tɕin³³ tʰian³³ uɤ²¹ iau⁵³ tṣʰaŋ²⁴ tṣʰaŋ⁰ laŋ²⁴。"］

这狼一听，［tṣɤ⁵³ laŋ²⁴ i⁵³ tʰiŋ³³］

我的老天，可了不得！［uɤ²⁴ tə⁰ lau²¹ tʰian³³，kʰɤ²⁴ liau²¹ pu⁰ tɤ²¹²］

这么大的家伙［tṣɤ⁵³ mə⁰ ta⁵³ tə⁰ tɕia³³ xuɤ⁰］

到底儿什么东西？［tau⁵¹ tiɚ⁰ ʂən²⁴ mə⁰ tuŋ³³ ɕi⁰］

它把老虎都给吃了，［tʰa³³ pa³³ lau²⁴ xu²¹ tou³³ kei²¹ tṣʰʅ³³ lə⁰］

还要尝尝狼。［xai²⁴ iau⁵³ tṣʰaŋ²⁴ tṣʰaŋ⁰ laŋ²⁴］

此时不跑更待何时？［tsʰʅ²¹ ʂʅ²⁴ pu⁵³ pʰau²¹ kəŋ⁵³ tai⁵³ xɤ²⁴ ʂʅ²⁴］

我赶紧跑吧。［uɤ²¹ kan²⁴ tɕin²⁴ pʰau²¹ pa⁰］

说时迟那时快，［suɤ³³ sʅ²⁴ tṣʰʅ²⁴ na⁵³ sʅ²⁴ kʰuai⁵³］

狼掉转身唰唰唰唰唰［laŋ²⁴ tiau⁵³ tṣuan²¹ ʂən³³ sua³³ sua³³ sua³³ sua³³ sua³³］

就跑下山去，［tɕiou⁵³ pʰau²¹ ɕia⁵³ ṣan³³ tɕʰy⁵³］

跑着跑着，［pʰau²¹ tṣə⁰ pʰau²¹ tṣə⁰］

被一只猴子拦住了去路。［pei⁵³i⁵³tʂʅ³³xou²⁴tʂʅ⁰lan²⁴tʂu⁵³lə⁰tɕʰy⁵³lu⁵³］

猴子问它：［xou²⁴tʂʅ⁰uən⁵³tʰa³³］

"喂喂喂，狼大哥，［"uei⁵³uei⁵³uei⁵³，laŋ²⁴ta⁵³kɤ³³］

你干什么慌慌张张［n̻i²¹kan⁵³ʂən²⁴mə⁰xuaŋ³³xuaŋ³³tʂaŋ³³tʂaŋ³³］

跑得这么急呀？"［pʰau²¹ti⁰tsən⁵³mə⁰tɕi²⁴ia⁰？"］

这个狼停下脚步，［tʂei⁵³kə⁰laŋ²⁴tʰiŋ²⁴ɕia⁵³tɕiau²¹pu⁵³］

气喘吁吁地说：［tɕʰi⁵³tsʰuan²¹ɕy³³ɕy³³ti⁰suɤ³³］

"不了得啦，猴老弟，［"pu⁵³liau²¹tɤ²⁴la⁰，xou²⁴lau²¹ti⁵³］

刚才呀，我看见一个大东西，［kaŋ³³tsʰai²⁴ia⁰，uɤ²¹kʰan⁵³tɕian⁰i²⁴kə⁰ta⁵³tuŋ³³ɕi⁰］

这，脸，很长，嘴很大，［tsɤ⁵³，lian²¹²，xən²¹tʂʰaŋ²⁴，tsuei²⁴xən²¹ta⁵³］

四个腿，更长，［sʅ⁵³kə⁰tʰuei²¹²，kən⁵³tʂʰaŋ²⁴］

啊，还有一条长长的尾巴，［a⁰，xai²⁴iou²¹i⁵³tʰiau²⁴tʂʰaŋ²⁴tʂʰaŋ²⁴tə⁰uei²¹pa⁰］

不知什么东西，［pu⁵³tʂʅ³³ʂən²⁴mə⁰tuŋ³³ɕi⁰］

它说它昨天吃了一只虎，［tʰa³³ʂuɤ³³tʰa⁰tsuɤ²⁴tʰian³³tʂʰʅ³³lə⁰i⁵³tʂʅ³³xu²¹²］

今天还要尝尝狼，［tɕin³³tʰian³³xai²⁴iau⁵³tʂʰaŋ²⁴tʂʰaŋ⁰laŋ²⁴］

幸亏我跑得快。"［ɕiŋ⁵³kʰuei³³uɤ²⁴pʰau²¹tə⁰kʰuai⁵³。"］

猴子说：［xou²⁴tʂʅ⁰ʂuɤ³³］

"没听说有这么大的动物哇，［"mei²⁴tʰiŋ³³ʂuɤ³³iou²¹tʂən⁵³mə⁰ta⁵³ti⁰tuŋ⁵³u⁰ua⁰］

它长什么样子？"［tʰa³³tʂaŋ²¹ʂən²⁴mə⁰iaŋ⁵³tsʅ⁰？"］

这狼一五一十地［tʂɤ⁵³laŋ²⁴i³³u²¹i³³ʂʅ²⁴tə⁰］

把驴的长相和它学了一遍。［pa²¹ly²⁴tə⁰tsaŋ²¹ɕiaŋ⁰xɤ²⁴tʰa³³ɕyɛ²⁴lə⁰i²⁴pian⁰］

猴子一听，［xou²⁴tʂʅ⁰i⁵³tʰiŋ³³］

当时啊，拍掌大笑，［taŋ³³ʂʅ²⁴z̩a⁰，pʰai³³tʂaŋ²¹ta⁵³ɕiau⁵³］

说："老兄老兄，［ʂuɤ³³："lau²¹ɕyŋ³³lau²¹ɕyŋ³³］

你被它吓着了吧！［n̻i²¹pei⁵³tʰa³³ɕia⁵³tʂau²⁴lə⁰pa⁰］

它是头驴呀，［tʰa³³ʂʅ⁵³tʰou²⁴ly²⁴ia⁰］

它是吃草的动物，［tʰa³³ʂʅ⁵³tʂʰʅ³³tʂʰau²¹tə⁰tuŋ⁵³u⁰］

你正应该吃它呀，［n̻i²¹tʂəŋ⁵³iŋ³³kai⁵³tʂʰʅ³³tʰa³³ia⁰］

你怎么还被它吓着了呢？"［n̻i²⁴tsən²¹mə⁰xai²⁴pei⁵³tʰa³³ɕia⁵³tsau⁰lə⁰n̻iɛ⁰？"］

狼说：［laŋ²⁴ʂuɤ³³］

"能吗？"［"nəŋ²⁴ma⁰？"］

猴子说：［xou²⁴tʂʅ⁰ʂuɤ³³］

"当然啦，我见过很多次啦。［"taŋ³³z̩an²⁴la⁰，uɤ²¹tɕian⁵³kuɤ⁰xən²¹tuɤ³³tsʰʅ⁵³la⁰］

你不信？［n̻i²¹pu²⁴ɕin⁵³］

咱俩再回去，看看？［tsan²⁴lia²¹tsai⁵³xuei²⁴tɕʰi⁰，kʰan⁵³kʰan⁰］

你正应该吃它。"［ȵi²¹tʂən⁵³iŋ³³kai³³tʂʅʅ³³tʰa³³。"］

狼还是半信半疑，［laŋ²⁴xai²⁴ʂʅ⁵³pan⁵³ɕin⁵³pan⁵³i²⁴］

说："我不太相信。［ʂuɣ³³："uɣ²¹pu²⁴tʰai⁵³ɕiaŋ³³ɕin⁵³］

那那么办吧，［na³³na⁵³mə⁰pan⁵³pa⁰］

咱们俩找一条绳子，［tsan²⁴mən⁰lia²¹tsau²¹i⁵³tʰiau²⁴ʂəŋ²⁴tʂʅ⁰］

拴在你脖子上，［suan³³tsai⁰ȵi²¹pɣ²⁴tʂʅ⁰ʂaŋ⁰］

拴在我腰上。［suan³³tsai⁰uɣ²¹iau³³ʂaŋ⁰］

跑不了你，［pʰau²¹pu⁵³liau²⁴ȵi²¹²］

也跑不了我，［iɛ²⁴pʰau²¹pu⁵³liau²⁴uɣ²¹²］

咱俩一起回去看看好吗？"［tsan²⁴lia²¹i⁵³tɕʰi²¹xuei²⁴tɕʰy⁰kʰan⁵³kʰan⁰xau²¹ma⁰？"］

猴子一想，［xou²⁴tʂʅ⁰i⁵³ɕiaŋ²⁴］

可也没事儿：［kʰɣ²⁴iɛ²¹mei²⁴ʂər⁵³］

"好吧，咱俩一起回去，［"xau²¹pa⁰，tsa²⁴lia²¹i⁵³tɕʰi²¹xuei²⁴tɕʰi⁵³］

我陪着你看看。"［uɣ²¹pʰei²⁴tsə⁰ȵi²¹kʰan⁵³kʰan⁰。"］

这两个人找了一条绳子，［tʂei⁵³liaŋ²¹kə⁰ʐən²⁴tsau²¹lə⁰i⁵³tʰiau²⁴ʂəŋ²⁴tʂʅ⁰］

啊，拴在它的脖子上，［a⁰，suan³³tsai⁰tʰa³³ti⁰pɣ²⁴tʂʅ⁰ʂaŋ⁰］

拴在它的腰上，［suan³³tsai⁰tʰa³³ti⁰iau³³ʂaŋ⁰］

它们俩开始往回走。［tʰa³³mən⁰lia²¹kʰai³³ʂʅ²¹uaŋ²¹xuei²⁴tsou²¹²］

单说这头驴呀，［tan³³ʂuɣ³³tʂei⁵³tʰou²⁴ly²⁴ia⁰］

好不容易用大话，用智慧，［xau²¹pu⁵³ʐuŋ²⁴i⁰yŋ⁵³ta⁵³xua⁵³，yŋ⁵³tʂʅ⁵³xuei⁰］

啊，把这头狼给吓跑了，［a⁰，pa²¹tʂei⁵³tʰou²⁴laŋ²⁴kei²¹ɕia⁵³pʰau²¹lə⁰］

低头继续吃草。［ti³³tʰou²⁴tɕi⁵³ɕy⁵³tʂʅʅ³³tʂʰau²¹²］

不一会儿，听到远处，［pu⁵³i²⁴xuər⁵³，tʰiŋ³³tau⁵³yan²¹tʂʰu⁵³］

有啪嗒啪嗒的声音，［iou²¹pʰa³³ta⁰pʰa³³ta⁰tə⁰ʂəŋ³³in³³］

抬头一看，［tʰai²⁴tʰou²⁴i²⁴kʰan⁵³］

我的妈吔！［uɣ²⁴ti⁰ma³³iɛ⁰］

这怎么又回来啦？［tʂɣ⁵³tsən²¹mə⁰iou⁵³xuei²⁴lai⁰la⁰］

不但回来了，［pu²⁴tan⁵³xuei²⁴lai⁰lə⁰］

旁边儿还跟着一个军师。［paŋ²⁴piɐr³³xai²⁴kən³³tʂə⁰i²⁴kə⁰tɕyn³³ʂʅ³³］

这军师，驴明白呀，［tʂɣ⁵³tɕyn³³ʂʅ³³，ly²⁴miŋ²⁴pai⁰ia⁰］

那猴子它什么都懂啊，［na⁵³xou²⁴tʂʅ⁰tʰa³³ʂən²⁴mə⁰tou³³tuŋ²¹ŋa⁰］

肯定跟它说了实话，［kʰən²¹tiŋ⁵³kən³³tʰa³³ʂuɣ³³lə⁰ʂʅ²⁴xua⁵³］

不好，我还得继续想办法。［pu⁵³xau²⁴，uɣ²¹xai²⁴tɣ²¹tɕi⁵³ɕy⁰ɕiaŋ²¹pan⁵³fa²¹²］

怎么办呢？还是如法炮制，［tsən²¹mə⁰pan⁵³nə⁰？xai²⁴ʂʅ⁵³ʐu²⁴fa²¹pʰau²⁴tʂʅ⁵³］

我再给它作诗一首。［uɣ²¹tsai⁵³kei²¹tʰa³³tsuɣ⁵³ʂʅ³³i⁵³ʂou²⁴］

眼看猴子和狼［ian²¹kʰan⁵³xou²⁴tʂɤ⁰xɤ²⁴laŋ²⁴］

就来到跟前儿了，［tɕiou⁵³lai²⁴tau²⁴kən³³tɕʰiɐr²⁴lə⁰］

这个驴呀，假装没有看见，［tʂɤ⁵³kə⁰ly²⁴ia⁰，tɕia²¹tʂuaŋ³³mei²⁴iou²¹kʰan⁵³tɕian⁵³］

叉开四蹄，［tʂʰa⁵³kʰai³³sʐ⁵³tʰi²⁴］

打了个响鼻儿，［ta²¹lə⁰kə⁰ɕiaŋ²¹piɐr²⁴］

继续吟道：［tɕi⁵³ɕy⁵³in²⁴tau⁵³］

"我两耳尖尖嘴巴白，［"uɤ²¹liaŋ²⁴ɚ²¹tɕian³³tɕian³³tsuei²¹pa⁰pai²⁴］

猴老兄弟你听明白。［xou²⁴lau²¹ɕyŋ³³ti⁵³ȵi²¹tʰiŋ³³miŋ²⁴pai⁰］

昨天送礼你答应给我俩，［tʂuɤ²⁴tʰian³³suŋ⁵³li²⁴ȵi²¹ta²⁴iŋ⁵³kei²⁴uɤ²⁴lia²¹²］

今天为什么只牵一个来？"［tɕin³³tʰian³³uei⁵³ʂən²⁴mə⁰tʂʅ²¹tɕʰian³³i²⁴kə⁰lai²⁴？"］

这话一出口，［tʂɤ⁵³xua⁵³i⁵³tʂʰu³³kʰou²¹²］

狼不干了。［laŋ²⁴pu²⁴kan⁵³lə⁰］

听得明白呀，［tiŋ³³tə⁰miŋ²⁴pai⁰ia⁰］

原来你猴子，［yan²⁴lai²⁴ȵi²¹kə⁰xou²⁴tsʅ⁰］

你个臭猴子，［ȵi²¹kə⁰tʂʰou⁵³xou²⁴tsʅ⁰］

你拿我送礼来啦，［ȵi²¹na²⁴uɤ²¹suŋ⁵³li²¹lai²⁴la⁰］

还准备送俩。［xai²⁴tʂuən²¹pei⁰suŋ⁵³lia²¹²］

这头大动物不干了，［tʂei⁵³tʰou²⁴ta⁵³tuŋ⁵³u⁰pu²⁴kan⁵³lə⁰］

说送一个，它还挑礼了。［ʂuɤ³³suŋ⁵³i²⁴kə⁰，tʰa³³xai⁵³tʰiau³³li²¹lə⁰］

我被它骗了，［uɤ²¹pei⁵³tʰa³³pʰian⁵³lə⁰］

不行，我得赶紧跑。［pu⁵³ɕiŋ²⁴，uɤ²⁴tei²¹kan²⁴tɕin²⁴pʰau²¹²］

狼掉转身就跑，［laŋ²⁴tiau⁵³tsuan²¹ʂən³³tɕiou⁵³pʰau²¹²］

这猴子还没等说话，［tʂɤ⁵³xou²⁴tsʅ⁰xai²⁴mei⁵³təŋ²¹ʂuɤ³³xua⁵³］

因为绳子拴在它的脖子上啊，［iŋ³³uei⁵³ʂən²⁴tsʅ⁰suan³³tsai⁰tʰa³³ti⁰pɤ²⁴tsʅ⁰ʂaŋ⁵³ŋa⁰］

一下子就被捞倒了，［i²⁴ɕia⁵³tsʅ⁰tɕiou⁵³pei⁵³lau⁵³tau²¹lə⁰］

狼啊，这个跑，［laŋ²⁴ŋa⁰，tʂei⁵³kə⁰pau²¹²］

啊，一个劲儿地跑，［a⁰，i²⁴kə⁰tɕiɐr⁵³tə⁰pʰau²¹²］

不一会儿［pu²⁴i⁵³xuɐr⁵³］

就把猴子这个捞死了，［tɕiou⁵³pa²¹xou²⁴tsʅ⁰tʂei⁵³kə⁰lau⁵³sʅ²¹lə⁰］

捞没气儿了。［lau⁵³mei²⁴tɕʰiɐr⁵³lə⁰］

啊，这个驴，［a⁰，tsei⁵³kə⁰ly²⁴］

两次运用它的智慧，［liaŋ²¹tʂʰʅ⁵³yn⁵³yŋ⁵³tʰa³³tə⁰tʂʅ⁵³xuei⁰］

运用它的大话，［yn⁵³yŋ⁵³tʰa³³tə⁰ta⁵³xua⁵³］

吓走了凶恶的狼，［ɕia⁵³tsou²¹lə⁰ɕyŋ³³ɤ⁵³tə⁰laŋ²⁴］

这也是一种智慧。［tsɤ⁵³iɛ²¹sʅ⁵³i⁵³tʂuŋ²¹tʂʅ⁵³xuei⁰］

作为人,［tsuɣ⁵³uei²⁴ʐən²⁴］

啊,应该也具备这种智慧,［a⁰,iŋ³³kai³³iɛ²¹tɕy⁵³pei⁵³tʂei⁵³tʂuŋ²¹tʂʅ⁵³xuei⁰］

在关键的时候［tsai⁵³kuan³³tɕian⁵³tə⁰ʂʅ²⁴xou⁰］

能够吓跑强者,［nəŋ²⁴kou⁵³ɕia⁵³pʰau²¹tɕʰiaŋ²⁴tʂɣ²¹²］

保护自己。［pau²¹xu⁵³tsʅ⁵³tɕi²¹²］

(三)讲笑话

下面哪,我来讲一个笑话。［ɕia⁵³mian⁰na⁰,uɣ²¹lai²⁴tɕiaŋ²¹i²⁴kə⁰ɕiau⁵³xua⁰］

早些年哪,在农村,［tsau²¹ɕiɛ³³ȵian²⁴na⁰,tsai⁵³nuŋ²⁴tʂʰuən³³］

能吃上一块雪糕［nəŋ²⁴tʂʰʅ³³ʂaŋ⁰i²⁴kʰuai⁵³ɕyɛ²¹kau³³］

那是一件很幸福的事情。［na⁵³ʂʅ²⁴i²⁴tɕian⁵³xən²¹ɕiŋ⁵³fu²⁴tə⁰ʂʅ⁵³tɕʰiŋ⁰］

一些大叔大婶们,［i⁵³ɕiɛ³³ta⁵³su³³ta⁵³ʂən²¹mən⁰］

他们用一个纸壳箱子［tʰa³³mən⁰yŋ⁵³i²⁴kə⁰tʂʅ²¹kʰɣ²⁴ɕiaŋ³³tsə⁰］

里面放上泡沫,［li²¹mian⁰faŋ⁵³ʂaŋ⁰pʰau⁵³mɣ⁵³］

然后把雪糕装进去,［ʐan²⁴xou⁵³pa²⁴ɕyɛ²¹kau³³tʂuaŋ³³tɕin⁵³tɕʰy⁰］

能够保证半天不化。［nəŋ²⁴kou⁵³pau²¹tʂəŋ⁵³pan⁵³tʰian³³pu²⁴xua⁵³］

他们便用这种方式［tʰa³³mən⁰pian⁵³yŋ⁵³tsei⁵³tʂuŋ²¹faŋ³³ʂʅ⁵³］

把雪糕卖到田间地头儿。［pa²⁴ɕyɛ²¹kau³³mai⁵³tau⁵³tʰian²⁴tɕian³³ti⁵³tʰour²⁴］

但是,不是每一个家庭啊,［tan⁵³ʂʅ⁵³,pu²⁴ʂʅ⁵³mei²¹i²⁴kə⁰tɕia³³tʰiŋ²⁴ŋa⁰］

都能有,［tou³³nəŋ²⁴iou²¹］

啊,吃上雪糕的零钱。［a⁰,tʂʰʅ³³ʂaŋ⁵³ɕyɛ²¹kau³³tə⁰liŋ²⁴tɕʰian²⁴］

那个时候儿经济呀,很困难。［nei⁵³kə⁰ʂʅ²⁴xour⁰tɕiŋ³³tɕi⁰ia⁰,xən²¹kʰuən⁵³nan⁰］

有一天,这一个大婶儿,［iou²¹i⁵³tʰian³³,tsə⁰i²⁴kə⁰ta⁵³ʂər²¹²］

推着自行车儿,［tʰuei³³tsə⁰tsʅ⁵³ɕiŋ²⁴tʂɣr³³］

推着一箱的雪糕,［tʰuei³³tsə⁰i⁵³ɕiaŋ³³tə⁰ɕyɛ²¹kau³³］

就来到了我们村儿里来卖。［tɕiou⁵³lai²⁴tau⁵³lə⁰uɣ²¹mən⁰tsʰuər²¹li²¹lai²⁴mai⁵³］

正赶上一个十三四、四岁的［tsəŋ⁵³kan²¹ʂaŋ⁵³i²⁴kə⁰sʅ²⁴san³³ʂʅ⁵³、sʅ⁵³ʂuei⁵³tə⁰］

半大孩子看见了,［pan⁵³ta⁰xai²⁴tsʅ⁰kʰan⁵³tɕian⁰lə⁰］

这嘴馋得呀!［tsɣ⁵³tsuei²¹tʂʰan²⁴tə⁰ia⁰］

他兜儿里没钱哪,［tʰa³³tour³³li²¹mei²¹tɕʰian²⁴na⁰］

他想来想去,就喊了:［tʰa³³ɕiaŋ²¹lai²⁴ɕiaŋ²¹tɕʰy⁵³,tɕiou⁵³xan²¹lə⁰］

"大娘大娘,我想吃雪糕。"［"ta⁵³ȵiaŋ²⁴ta⁵³ȵiaŋ²⁴,uɣ²⁴ɕiaŋ²¹tʂʰʅ³³ɕyɛ²¹kau³³。"］

老太太说:［lau²¹tʰai⁵³tʰai⁰ʂuɣ³³］

"好哇,你想买多少?"［"xau²¹ua⁰,ȵi²⁴ɕiaŋ²⁴mai²¹tuɣ⁰ʂau²¹²?"］

他说我吃完［tʰa³³ʂuɣ³³uɣ²¹tʂʰʅ³³uan²⁴］

一堆儿跟你算账儿吧。［i⁵³tuər²¹kən³³ȵi²¹ suan⁵³tʂãr⁵³pa⁰］

大娘说：［ta⁵³ȵiaŋ²⁴suɣ³³］

"那好吧，来你先吃吧。"［"na⁵³xau²¹pa⁰, lai²⁴ȵi²¹ɕian³³tʂʅ³³pa⁰。"］

这个孩子过来之后一边儿吃，［tsei⁵³kə⁰xai²⁴tʂʅ⁰kuɣ⁵³lai⁰tʂʅ³³xou⁵³i⁵³piɐr³³tʂʅ³³］

一边儿跟这个大娘啊，［i⁵³piɐr³³kən³³tsei⁵³kə⁰ta⁵³ȵiaŋ²⁴ŋa⁰］

就唠嗑儿聊天儿。［tɕiou⁵³lau⁵³kʰɣr³³liau²⁴tʰiɐr³³］

他说：［tʰa³³ʂuɣ³³］

"大娘，呃，你不在农村，［"ta⁵³ȵiaŋ²⁴, ə⁰, ȵi²¹pu²⁴tsai⁵³nuŋ²⁴tʂʰuən³³］

你知道农村有马吗？"［ȵi²¹tsʅ³³tau⁰nuŋ²⁴tsʰuən³³iou²⁴ma²¹ma⁰？"］

大娘说：［ta⁵³ȵiaŋ²⁴ʂuɣ³³］

"我知道哇，马我见过呀。"［"uɣ²¹tʂʅ³³tau⁰ua⁰, ma²⁴uɣ²¹tɕian⁵³kuə⁰ia⁰。"］

这孩子又说了：［tsɣ⁵³xai²⁴tə⁰iou⁵³ʂuɣ³³lə⁰］

"但是马有的时候儿会毛的，［"tan⁵³ʂʅ⁵³ma²¹iou²¹tə⁰ʂʅ²⁴xour⁰xuei⁵³mau²⁴tə⁰］

你知道马毛吗？"［ȵi²¹tsʅ³³tau⁰ma²¹mau²⁴ma⁰？"］

大娘说：［ta⁵³ȵiaŋ²⁴ʂuɣ³³］

"我知道，［"uɣ²¹tʂʅ³³tau⁰］

马毛就是马受了惊吓，［ma²¹mau²⁴tɕiou⁵³ʂʅ⁵³ma²¹sou⁵³lə⁰tɕiŋ³³ɕia⁵³］

跑起来了，［pau²⁴tɕʰi²¹lai⁰lə⁰］

啊，很难追上。"［a⁰, xən²¹nan²⁴tsuei³³ʂaŋ⁰。"］

孩子说：［xai²⁴tʂʅ⁰ʂuɣ³³］

"对呀，那您懂得，［"tuei⁵³ia⁰, na⁵³ȵin²⁴tuŋ²¹tə⁰］

你看过马毛，［ȵi²¹kʰan⁵³kuɣ⁵³ma²¹mau²⁴］

那你看见过人毛吗？"［na⁵³ȵi⁵³kʰan⁵³tɕian⁰kuɣ⁵³ʐən²⁴mau²⁴ma⁰？"］

大娘挺惊愕的：［ta⁵³ȵiaŋ²⁴tʰiŋ²¹tɕiŋ³³ɣ⁵³tə⁰］

"人毛？没见过！"［"ʐən²⁴mau²⁴？ mei²⁴tɕian⁵³kuə⁰！"］

孩子说：［xai²⁴tʂʅ⁰ʂuɣ³³］

"没见过啊？我告诉你，［"mei²⁴tɕian⁵³kuɣ⁵³a⁰？ uɣ²¹kau⁵³su⁰ȵi²¹²］

你看，人毛是这样的。"［ȵi²¹kʰan⁵³, ʐən²⁴mau²⁴ʂʅ⁵³tsɣ⁵³iaŋ⁵³tə⁰。"］

这孩子正好儿［tsɣ⁵³xai²⁴tʂʅ⁰tʂəŋ⁵³xaur²¹］

一根儿雪糕吃完啦，［i⁵³kər³³ɕyɛ²¹kau³³tʂʰʅ³³uan²⁴la⁰］

起来之后飞跑啦。［tɕʰi²¹lai⁰tsʅ³³xou⁵³fei³³pau²¹la⁰］

一溜烟就跑没影儿了。［i²⁴liou⁵³ian³³tɕiou⁵³pʰau²¹mei²⁴iər²¹lə⁰］

一边儿跑还一边儿喊：［i⁵³piɐr³³pʰau²¹xai²⁴i⁵³piɐr³³xan²¹²］

"你看，人毛啦！人毛啦！"［"ȵi²¹kʰan⁵³, ʐən²⁴mau²⁴la⁰！ ʐən²⁴mau²⁴la⁰！"］

大娘张开嘴就笑，[ta⁵³ ȵiaŋ²⁴ tsaŋ³³ kʰai³³ tsuei²¹ tɕiou⁵³ ɕiau⁵³]

等醒过腔来，[təŋ²⁴ ɕiŋ²¹ kuɤ⁵³ tɕʰiaŋ³³ lai⁰]

孩子已经没影儿啦。[xai²⁴ tsʅ⁰ i²¹ tɕiŋ³³ mei²⁴ iər²¹ la⁰]

大娘拍嘴大叫：[ta⁵³ ȵiaŋ²⁴ pʰai³³ tsuei²¹ ta⁵³ tɕiau⁵³]

"我的雪糕钱！我的雪糕钱！"["uɤ²¹ tə⁰ ɕyɛ²¹ kau³³ tɕʰian²⁴！ uɤ²¹ tə⁰ ɕyɛ²¹ kau³³ tɕʰian²⁴！"]

雪糕钱早就没有啦。[ɕyɛ²¹ kau³³ tɕʰian²⁴ tsau²¹ tɕiou⁵³ mei²⁴ iou²¹ la⁰]

（以上由发音人汪文春提供）

四　自选条目

（一）俗语

1. 吃甘蔗，上楼梯，[tʂʰʅ³³ kan³³ tʂɤ²⁴，ʂaŋ⁵³ lou²⁴ tʰi³³]

节节甜，步步高，[tɕiɛ²⁴ tɕiɛ²⁴ tʰian²⁴，pu⁵³ pu⁵³ kau³³]

花开富贵，永葆平安。[xua³³ kʰai³³ fu⁵³ kuei⁵³，yŋ²⁴ pau²¹ pʰiŋ²⁴ an³³]

2. 东南西北行好运，[tuŋ³³ nan²⁴ ɕi³³ pei²¹ ɕiŋ²⁴ xau²¹ yn⁵³]

春夏秋冬大发财，[tʂʰuən³³ ɕia⁵³ tɕʰiou³³ tuŋ³³ ta⁵³ fa³³ tʂʰai²⁴]

一顺百顺千帆顺，[i²⁴ ʂuən⁵³ pai²¹ ʂuən⁵³ tɕʰian³³ fan³³ ʂuən⁵³]

家和人和万事和。[tɕia³³ xɤ²⁴ ʐ.ən²⁴ xɤ²⁴ uan⁵³ ʂʅ⁵³ xɤ²⁴]

3. 一帆风顺，二龙腾飞，[i⁵³ fan³³ fəŋ³³ ʂuən⁵³，ɤr⁵³ luŋ²⁴ tʰəŋ²⁴ fei³³]

三阳开泰，四季平安，[ʂan³³ iaŋ²⁴ kʰai³³ tʰai⁵³，ʂʅ⁵³ tɕi⁵³ pʰiŋ²⁴ an³³]

五福临门，六六大顺，[u²¹ fu²⁴ lin²⁴ mən²⁴，liou⁵³ liou⁵³ ta⁵³ ʂuən⁵³]

七星高照，八面威风，[tɕi³³ ɕiŋ³³ kau³³ tʂau⁵³，pa³³ mian⁰ uei³³ fəŋ³³]

九子登科，十全十美，[tɕiou²⁴ tsʅ²¹ təŋ³³ kʰɤ³³，ʂʅ²⁴ tɕʰyan²⁴ ʂʅ²⁴ mei²¹¹]

百事顺心，千般美好，[pai²¹ ʂʅ⁵³ ʂuən⁵³ ɕin³³，tɕʰian³³ pan³³ mei²⁴ xau²¹¹]

万事顺意！[uan⁵³ ʂʅ⁵³ ʂuən⁵³ i⁵³]

（以上由发音人邱德勇提供）

4. 早晨下雨一天晴。[tʂau²¹ tʂʰən²⁴ ɕia⁵³ y²¹ i⁵³ tʰian³³ tɕʰiŋ²⁴]

5. 雷声儿大，[lei²⁴ ʂ ɤr³³ ta⁵³]

雨点儿小。[y²⁴ tiɐr²⁴ ɕiau²¹²]

6. 东三省三大宝：[tuŋ³³ san³³ səŋ²¹ san²⁴ ta⁵³ pau²¹²]

貂皮、鹿茸、靰鞡草。[tiau³³ pʰi²⁴、lu⁵³ ʐ.uŋ²⁴、u³³ la³³ tʂʰau²¹²]靰鞡草：也叫"乌拉草"，具有较高的药用价值。因其具有保暖防寒的特点，旧时东北人们多用来制作鞋垫等

7. 不愁不卖钱，[pu⁵³ tʂʰou²⁴ pu²⁴ mai⁵³ tɕʰian²⁴]

就怕货不全。[tɕiou⁵³ pʰa⁵³ xuɤ⁵³ pu⁵³ tɕʰyan²⁴]

8. 冷在三九，［ləŋ²¹tsai⁵³san³³tɕiou²¹²］

　　热在三伏。［ʐ̱ɤ⁵³tsai⁵³san³³fu²⁴］

　　（三九天最冷，三伏天最热。）

9. 先打雷，后下雨。［ɕian³³ta²¹lei²⁴，xou⁵³ɕia⁵³y²¹²］

10. 不怕初一阴，［pu²⁴pʰa⁵³tʂʰu³³i³³in³³］

　　就怕初二下。［tɕiou⁵³pʰa⁵³tʂʰu³³ɐr⁵³ɕia⁵³］

（以上由发音人王东平提供）

11. 淹死会水的，［ian³³sɿ²¹xuei⁵³suei²¹tə⁰］

　　打死犟嘴的。［ta²⁴sɿ²¹tɕiaŋ⁵³tsuei²¹tə⁰］

12. 吃人家的嘴短，［tsʰɿ³³in²⁴tɕia⁰tə⁰tsuei²⁴tuan²¹²］

　　拿人家的手短。［na²⁴in²⁴tɕia⁰tə⁰sou²⁴tuan²¹²］

13. 脚正不怕鞋歪。［tɕiau²¹tsəŋ⁵³pu²⁴pʰa⁵³ɕiɛ²⁴uai³³］

14. 浪子回头金不换。［laŋ⁵³tsɿ²¹xuei²⁴tʰou²⁴tɕin³³pu²⁴xuan⁵³］

15. 有理走遍天下，［iou²⁴li²⁴tsou²¹pian⁵³tʰian³³ɕia⁵³］

　　无理寸步难行。［u²⁴li²¹tsʰuən⁵³pu²⁴nan²⁴ɕiŋ²⁴］

16. 车到山前必有路。［tsʰɤ³³tau⁵³san³³tɕʰian²⁴pi⁵³iou²¹lu⁵³］

17. 临阵磨枪，［lin²⁴tsən⁵³mɤ²⁴tɕʰiaŋ³³］

　　不快也光。［pu²⁴kʰuai⁵³iɛ²¹kuaŋ³³］

18. 好花儿还得绿叶儿扶。［xau²¹xuar³³xai²⁴tɤ²¹ly⁵³yɛr⁵³fu²⁴］

19. 不怕慢，［pu²⁴pʰa⁵³man⁵³］

　　就怕站。［tɕiou⁵³pʰa⁵³tsan⁵³］

20. 真金不怕火炼。［tsən³³tɕin³³pu²⁴pʰa⁵³xuɤ²¹lian⁵³］

21. 一锹不能挖个井。［i⁵³tɕʰiau³³pu⁵³nəŋ²⁴ua³³kə⁰tɕiŋ²¹²］

　　（指凡事得一步一步来。）

22. 惯子如杀子。［kuan⁵³tsɿ²¹ʐ̱u²⁴ʂa³³tsɿ²¹²］

　　（对孩子宠溺、娇惯不利于孩子的健康成长。）

23. 不听老人劝，［pu⁵³tʰiŋ³³lau²¹in²⁴tɕʰyan⁵³］

　　吃亏在眼前。［tsʰɿ³³kʰuei³³tsai⁵³ian²¹tɕʰian²⁴］

（以上由发音人汪文春提供）

（二）歇后语

1. 大姑娘上轿——头一回。

　　［ta⁵³ku³³ȵiaŋ⁰ʂaŋ⁵³tɕiau⁵³——tʰou²⁴i⁵³xuei²⁴］

2. 大米饭不熟——欠闷（焖）。

　　［ta⁵³mi²¹fan⁵³pu⁵³ʂou²⁴——tɕʰian⁵³mən³³］欠焖:还需要时间来焖。"欠闷"与之谐音,指欠

揍。第6条、7条中的"欠拍""欠踹"与"欠闷"意思相同

3. 擀面杖吹火———一窍不通。

[kan²¹mian⁵³tʂaŋ⁵³tʂʰuei³³xuɤ²¹¹———i²⁴tɕʰiau⁵³pu⁵³tʰuŋ³³]

4. 狗带嚼子———胡勒。

[kou²¹tai⁵³tɕiau²⁴tʂʅ⁰———xu²⁴lei³³] 嚼子:是一根铁棍,横穿于牲口嘴中,两端从脸颊露出,系于笼头上固定,主要是便于驾驭,多用在大型畜力身上,小家畜身上用不着。胡勒:指胡说八道

5. 狗戴帽子———装人。

[kou²¹tai⁵³mau⁵³tʂʅ⁰———tʂuan³³z̩ən²⁴]

6. 锅盖上的苍蝇———欠拍。

[kuɤ³³kai⁵³ʂaŋ⁰tə⁰tʂʰaŋ³³iŋ⁰———tɕʰian⁵³pʰai³³]

7. 摩托车不着火儿———欠踹。

[mɤ²⁴tʰuɤ³³tʂʰɤ³³pu⁵³tʂau²⁴xuɤr²¹¹———tɕʰian⁵³tʂʰuai⁵³]

8. 脱裤子放屁———多此一举。

[tʰuɤ³³kʰu⁵³tʂʅ⁰faŋ⁵³pʰi⁵³———tuɤ³³tʂʰʅ²¹i⁵³tɕy²¹¹]

（以上由发音人邱德勇提供）

9. 狗拿耗子———多管闲事儿。

[kou²¹na²⁴xau⁵³tsʅ⁰———tuɤ³³kuan²¹ɕian²⁴ʂər⁵³]

10. 小葱儿拌豆腐———一清（青）二白。

[ɕiau²¹tʂʰūr³³pan⁵³tou⁵³fu⁰———i⁵³tɕʰiŋ³³ɚr⁵³pai²⁴]

11. 瞎子踢毽儿———一个不个儿。

[ɕia³³tsʅ⁰tʰi³³tɕʰiɐr⁵³———i²⁴kɤ⁵³pu²⁴kɤr⁵³] 一个不个儿:一个也踢不到

（指某人能力低下,没有擅长之处,或者众人都无法胜任某事。）

12. 门缝儿里看人———把人看扁。

[mən²⁴fɚr⁵³li²¹kʰan⁵³z̩ən²⁴———pa²¹z̩ən²⁴kʰan⁵³pian²¹²]

13. 猪鼻子插葱———装相（象）。

[tʂu⁴⁴pi²⁴tsʅ⁰tsʰa²¹tsʰuŋ⁴⁴———tsuan⁴⁴ɕiaŋ⁵³]

14. 哑巴吃黄连———有苦说不出。

[ia²¹pa⁰tsʰʅ³³xuaŋ²⁴lian²⁴———iou²⁴kʰu²¹ʂuɤ³³pu⁵³tʂʰu³³]

15. 骑毛驴儿看唱本儿———走着瞧。

[tɕʰi²⁴mau³³lyər²⁴kʰan⁵³tsʰaŋ⁵³pər²¹²———tʂʰou²¹tʂə⁰tɕʰiau²⁴]

（以上由发音人王东平提供）

黑　　河

一　歌谣

（一）小手绢儿

小手绢儿，［ɕiau²⁴ʂəu²¹tɕyɐr⁵³］
四方方，［sɿ⁵³faŋ⁴⁴faŋ⁴⁴］
天天带在我身上。［tʰian⁴⁴tʰian⁴⁴tai⁵³tsai⁵³uɤ²¹ʂən⁴⁴ʂaŋ⁰］
又擦鼻涕，［iəu⁵³tsʰa⁴⁴pi²⁴tʰi⁵³］
又擦汗，［iəu⁵³tsʰa⁴⁴xan⁵³］
干干净净，［kan⁴⁴kan⁴⁴tɕiŋ⁵³tɕiŋ⁵³］
真好看！［tʂən⁴⁴xau²¹kʰan⁵³］

（二）钢笔水儿

钢笔水儿，［kaŋ⁴⁴pi²⁴ʂuər²¹¹］
哗啦啦，［xua⁴⁴la⁴⁴la⁴⁴］
我和姐姐去采花儿，［uɤ²¹xɤ²⁴tɕiɛ²¹tɕiɛ⁰tɕʰy⁵³tsʰai²¹xuar⁴⁴］
姐姐采了一大把，［tɕiɛ²¹tɕiɛ⁰tsʰai²¹lə⁰i²⁴ta⁵³pa²¹¹］
我只采了一小把。［uɤ²⁴tʂɿ²⁴tsʰai²¹lə⁰i⁵³ɕiau²⁴pa²¹¹］

（三）我是小海军

我是小海军，［uɤ²¹ʂɿ⁵³ɕiau²⁴xai²¹tɕyn⁴⁴］
开着小炮艇，［kʰai⁴⁴tʂə⁰ɕiau²¹pʰau⁵³tʰiŋ²¹¹］
不怕风，［pu²⁴pʰa⁵³fəŋ⁴⁴］
不怕浪，［pu²⁴pʰa⁵³laŋ⁵³］
勇敢向前进。［yŋ²⁴kan²¹ɕiaŋ⁵³tɕʰian²⁴tɕin⁵³］
炮艇开得快，［pʰau⁵³tʰiŋ²¹kʰai⁴⁴tə⁰kʰuai⁵³］

大炮瞄得准。［ta⁵³pʰau⁵³miau²⁴tə⁰tʂuən²¹¹］

敌人胆敢来侵犯，［ti²⁴ʐən²⁴tan²⁴kan²¹lai²⁴tɕʰin⁴⁴fan⁵³］

轰！轰！轰！［xuŋ⁵³！xuŋ⁵³！xuŋ⁵³］

打得他呀，［ta²¹tə⁰tʰa⁴⁴ia⁴⁴］

海底沉！［xai²⁴ti²¹tʂʰən²⁴］

（四）小黄鸡

小黄鸡，［ɕiau²¹xuaŋ²⁴tɕi⁴⁴］

下黄蛋，［ɕia⁵³xuaŋ²⁴tan⁵³］

一加俩，［i⁴⁴tɕia⁴⁴lia²⁴］

俩加仨，［lia²¹tɕia⁴⁴sa⁴⁴］

七十二个加十八。［tɕʰi⁴⁴ʂʅ²⁴ɐr⁵³kə⁰tɕia⁴⁴ʂʅ²⁴pa⁴⁴］

（五）学习李向阳

学习李向阳，［ɕyɛ²⁴ɕi²⁴li²¹ɕiaŋ⁵³iaŋ²⁴］

坚决不投降。［tɕian⁴⁴tɕyɛ²⁴pu⁵³tʰəu²⁴ɕiaŋ²⁴］

敌人来抓我，［ti²⁴ʐən²⁴lai²⁴tʂua⁴⁴uɤ²¹¹］

赶快跳山墙。［kan²¹kʰuai⁵³tʰiau⁵³ʂan⁴⁴tɕʰiaŋ²⁴］

山墙没有用，［ʂan⁴⁴tɕʰiaŋ²⁴mei²⁴iəu²¹yŋ⁵³］

赶快钻地洞。［kan²¹kʰuai⁵³tʂuan⁴⁴ti⁵³tuŋ⁵³］

地洞有炸弹，［ti⁵³tuŋ⁵³iou²¹tʂa⁵³tan⁵³］

炸死……①［tʂa⁵³sʅ²¹……］

（六）小老鼠

小老鼠，［ɕiau²¹lau²⁴ʂu²¹¹］

上灯台，［ʂaŋ⁵³təŋ⁴⁴tʰai²⁴］

偷油吃，［tʰou⁴⁴iəu²⁴tʂʰʅ⁴⁴］

下不来。［ɕia⁵³pu⁵³lai²⁴］

喵喵喵，［miau⁴⁴miau⁴⁴miau⁴⁴］

猫来啦，［mau⁴⁴lai²⁴la⁰］

吓得叽里咕噜，［ɕia⁵³tə⁰tɕi⁴⁴li⁰ku⁴⁴lu⁴⁴］

滚下来。［kuən²¹ɕia⁵³lai²⁴］

---

①　省略号处放一个敌人的名字，黑龙江地区的歌谣《学习李向阳》情况一致，后文不赘述。

（七）三岁的娃娃来上学

三岁的娃娃来上学，［san⁴⁴suei⁵³tə⁰ua²⁴ua⁰lai²⁴ʂaŋ⁵³ɕyɛ²⁴］

老师说他年纪小，［lau²¹ʂʅ⁴⁴ʂuɤ⁴⁴tʰa⁴⁴ȵian²⁴tɕi⁵³ɕiau²¹¹］

背着书包往家跑。［pei⁴⁴tʂə⁰ʂu⁴⁴pau⁴⁴uaŋ²¹tɕia⁴⁴pʰau²¹¹］

跑，跑，跑不了，［pʰau²⁴，pʰau²⁴，pʰau²¹pu⁵³liau²¹¹］

了，了，了不起，［liau²⁴，liau²⁴，liau²¹pu⁵³tɕʰi²¹¹］

起，起，起不来，［tɕʰi²⁴，tɕʰi²⁴，tɕʰi²¹pu⁵³lai²⁴］

来，来，来上学，［lai²⁴，lai²⁴，lai²⁴ʂaŋ⁵³ɕyɛ²⁴］

学，学，学文化，［ɕyɛ²⁴，ɕyɛ²⁴，ɕyɛ²⁴uən²⁴xua⁵³］

画，画，画图画，［xua⁵³，xua⁵³，xua⁵³tʰu²⁴xua⁵³］

图，图，图书馆，［tʰu²⁴，tʰu²⁴，tʰu²⁴ʂu⁴⁴kuan²¹¹］

管，管，管不着，［kuan²⁴，kuan²⁴，kuan²¹pu⁵³tʂau²⁴］

着，着，着火啦，［tʂau²⁴，tʂau²⁴，tʂau²⁴xuɤ²¹la⁰］

火，火，火车头，［xuɤ²⁴，xuɤ²¹，xuɤ²¹tʂʰɤ⁴⁴tʰəu²⁴］

头，头，大馒头。［tʰəu²⁴，tʰəu²⁴，ta⁵³man²⁴tʰəu²⁴］

（八）石头剪子布

石头剪子布，［ʂʅ²⁴tʰəu⁰tɕian²¹tsʅ⁰pu⁵³］

小猫背小兔，［ɕiau²¹mau⁴⁴pei⁴⁴ɕiau²¹tʰu⁵³］

扯了二尺布，［tʂʰɤ²¹lə⁰ɐr⁵³tʂʰʅ²¹pu⁵³］

回家做个开裆裤。［xuei²⁴tɕia⁴⁴tsuɤ⁵³kə⁰kʰai⁴⁴taŋ⁴⁴kʰu⁵³］

（九）小姑娘

小姑娘，［ɕiau²¹ku⁴⁴ȵiaŋ⁰］

扎小辫儿，［tsa⁴⁴ɕiau²¹piɐr⁵³］

扭搭扭搭上江沿儿。［ȵiəu²¹ta⁰ȵiəu²¹ta⁰ʂaŋ⁵³tɕiaŋ⁴⁴iɐr⁵³］

打呲溜滑儿，［ta²¹tsʰʅ⁴⁴liəu⁰xuar²⁴］打呲溜滑儿：在平地或斜坡的冰雪路面上或光滑的地方滑行，多是两脚一前一后，借助惯性作用滑行

摔屁股蛋儿，［ʂuai⁴⁴pʰi⁵³ku⁰tɐr⁵³］

买个冰糖摔两半儿。［mai²¹kə⁰piŋ⁴⁴tʰaŋ²⁴ʂuai⁴⁴liaŋ²¹pɐr⁵³］

（以上由发音人于洋提供）

二　规定故事

牛郎和织女

古时候儿啊，[ku²¹ ʂ̩²⁴ xəur⁰ a⁰]

有这么一个小伙子，[iəu²¹ tʂɤ⁵³ mə⁰ i²⁴ kə⁰ ɕiau²⁴ xuɤ²¹ tsʅ⁰]

父母都不在了，[fu⁵³ mu²¹ təu³³ pu²¹ tsai⁵³ lə⁰]

孤苦伶仃地就剩他一个人，[ku³³ kʰu²¹ liŋ²⁴ tiŋ³³ tə⁰ tɕiəu⁵³ ʂəŋ⁵³ tʰa³³ i²⁴ kə⁰ ʐən²⁴]

和他做伴儿相依为命的，[xɤ²⁴ tʰa³³ tsuɤ²¹ pɐr⁵³ ɕiaŋ³³ i³³ uei²⁴ miŋ⁵³ tə⁰]

唯独有一头老牛，[uei²⁴ tu²⁴ iəu²¹ i⁵³ tʰəu²⁴ lau²¹ ȵiəu²⁴]

这个老牛和他在一起呀，[tʂei⁵³ kə⁰ lau²¹ ȵiəu²⁴ xɤ²⁴ tʰa³³ tsai⁵³ i⁵³ tɕʰi²¹ ia⁰]

就种点儿庄稼，[tɕiəu⁵³ tʂuŋ⁵³ tiɐr²¹ tsuaŋ³³ tɕia⁰]

维持生活。[uei²⁴ tʂʰʅ²⁴ ʂəŋ³³ xuɤ⁰]

其实啊，[tɕʰi³³ ʂ̩²⁴ ʐa⁰]

这个牛啊，是天上的一头，[tʂei⁵³ kə⁰ ȵiəu²⁴ a⁰, ʂʅ⁵³ tʰian³³ ʂaŋ⁵³ tə⁰ i⁵³ tʰəu²⁴]

天上的一头，[tʰian³³ ʂaŋ⁵³ tə⁰ i⁵³ tʰəu²⁴]

嗯，叫金牛星它是。[ən⁰, tɕiau⁵³ tɕin³³ ȵiəu²⁴ ɕiŋ³³ tʰa³³ ʂʅ⁵³]

这个老牛哇，[tʂei⁵³ kə⁰ lau²¹ ȵiəu²⁴ ua⁰]

也很同情这个小伙子。[iɛ²⁴ xən²¹ tʰuŋ²⁴ tɕʰiŋ²⁴ tʂei⁵³ kə⁰ ɕiau²⁴ xuɤ²¹ tsʅ⁰]

村里的人们哪，[tsʰuən³³ li⁰ tə⁰ ʐən²⁴ mən⁰ na⁰]

都把这个小伙子，[təu⁵³ pa²¹ tʂei⁵³ kə⁰ ɕiau²⁴ xuɤ²¹ tsʅ⁰]

他就一头牛 [tʰa³³ tɕiəu⁵³ i⁵³ tʰəu²⁴ ȵiəu²¹]

就管他叫牛郎。[tɕiəu⁵³ kuan²¹ tʰa³³ tɕiau⁵³ ȵiəu²⁴ laŋ²⁴]

这个金牛星啊，[tʂei⁵³ kə⁰ tɕin³³ ȵiəu²⁴ ɕiŋ³³ ŋa⁰]

就想帮助他，[tɕiəu⁵³ ɕiaŋ²¹ paŋ³³ tʂu⁵³ tʰa³³]

找个媳妇儿，成个家。[tʂau²¹ kə⁰ ɕi²¹ fər⁰, tʂʰəŋ²⁴ kə⁰ tɕia³³]

一天哪，这个金牛星知道，[i³³ tʰian³³ na⁰, tʂei⁵³ kə⁰ tɕin³³ ȵiəu²⁴ ɕiŋ³³ tʂʅ²⁴ tau⁵³]

天上的七个仙女呀，[tʰian³³ ʂaŋ⁵³ tei⁰ tɕʰi²⁴ kə⁰ ɕian³³ ȵy²¹ ia⁰]

要到人间，[iau²¹ tau⁵³ ʐən²⁴ tɕian³³]

到这个地方，[tau⁵³ tʂei⁵³ kə⁰ ti⁰ faŋ⁰]

有一个湖泊呀，[iəu²¹ i²⁴ kə⁰ xu⁰ pɤ²¹ ia⁰]

到这来要嬉水，洗澡。[tau⁵³ tʂɤ⁵³ lai²⁴ iau⁵³ ɕi³³ suei²¹¹, ɕi²⁴ tsau²¹¹]

所以这老牛啊，[suɤ²⁴ i²¹ tʂei⁵³ lau²¹ ȵiəu²⁴ a⁰]

就给这牛郎托了一个梦，[tɕiəu⁵³ kei²¹ tʂɤ⁵³ ȵiəu²⁴ laŋ²⁴ tʰuɤ³³ lə⁰ i²⁴ kə⁰ məŋ⁵³]

告诉他，[kau⁵³su⁰tʰa³³]

明天你到这个湖边儿上，[miŋ²⁴tʰian³³ȵi²⁴tau⁵³tʂɤ⁵³kə⁰xu²⁴piɐr³³ʂaŋ⁰]

看到有一些个仙女 [kʰan⁵³tau⁵³iəu²¹i³³ɕiɛ³³kə⁰ɕian³³ȵy²¹]

在那里嬉水、洗澡。[tsai⁵³na⁵³li⁰ɕi³³suei²¹、ɕi²⁴tsau²¹¹]

把她们挂在树上的衣服哇，[pa²¹tʰa³³mən⁰kua⁵³tsai⁵³ʂu⁵³ʂaŋ⁵³tə⁰i³³fu⁰ua⁰]

你拿一件儿你就往家跑。[ȵi²¹na²⁴i³³tɕiɐr⁵³ȵi²¹tɕiəu⁵³uaŋ²¹tɕia³³pʰau²¹¹]

牛郎早晨起来呀，[ȵiəu²⁴laŋ²⁴tsau²¹tʂʰəŋ⁰tɕʰi²¹lai²⁴ia⁰]

想起这个梦，半信半疑。[ɕiaŋ²⁴tɕʰi²¹tʂei⁵³kə⁰məŋ⁵³，pan⁵³ɕin⁵³pan⁵³i²⁴]

可是呢，[kʰɤ²¹ʂʅ⁵³nə⁰]

他还是去了这个湖边儿上。[tʰa³³xai²⁴ʂʅ⁵³tɕʰy⁵³lə⁰tʂɤ⁵³kə⁰xu²⁴piɐr³³ʂaŋ⁰]

到了湖边儿一看哪，[tau⁵³lə⁰xu²⁴piɐr³³i³³kʰan⁵³na⁰]

真的有七个美女呀。[tʂən³³tə⁰iəu²¹tɕʰi²⁴kə⁰mei²⁴ȵy²¹ia⁰]

仙女在那湖里嬉水儿、掀浪，[ɕian³³ȵy²¹tsai⁵³na⁵³xu²⁴li⁰ɕi³³suər²¹¹、ɕian³³laŋ⁵³]

玩儿闹。[uɐr²⁴nau⁵³]

他就按照[tʰa³³tɕiəu⁵³an⁵³tʂə⁰]

老牛给托的梦的做法儿，[lau²¹ȵiəu²⁴kei²¹tʰuɤ³³tə⁰ məŋ⁵³tei⁰tsuɤ²¹far²¹¹]

他就把树上的一件儿[tʰa³³tɕiəu⁵³pa²¹ʂu⁵³ʂaŋ⁰tə⁰i²⁴tɕiɐr⁵³]

很漂亮的衣服，[xən²¹pʰiau⁵³liaŋ⁰tə⁰i³³fu⁰]

摘下来他就跑。[tsai³³ɕia⁵³lai²⁴tʰa³³tɕiəu⁵³pau²¹¹]

后边儿的这几个仙女[xou²¹piɐr³³ti⁰tʂɤ⁵³tɕi²¹kə⁰ɕian³³ȵy²¹]

一看衣服，[i³³kʰan⁵³i²⁴fu⁰]

被这个小伙子给拿跑了，[pei⁵³tʂei⁵³kə⁰ɕiau²⁴xuɤ²¹tsʅ⁰kei²¹na²⁴pʰau²¹lə⁰]

也没撵上。[iɛ²¹mei⁵³ȵian²¹ʂaŋ⁵³]

这天夜里呀，[tʂɤ⁵³tʰian³³iɛ⁵³li²¹ia⁰]

这个，他拿这件儿衣服的[tʂei⁵³kə⁰，tʰa³³na²⁴tsei⁵³tɕiɐr⁵³i³³fu⁰tə⁰]

这个仙女啊，[tʂei⁵³kə⁰ɕian³³ȵy²¹a⁰]

正是，天上[tʂəŋ⁵³ʂʅ⁵³，tʰian³³ʂaŋ⁰]

这七个仙女的第七个，[tʂei⁵³tɕʰi²⁴kə⁰ɕian³³ ȵy²¹tə⁰ti⁵³tɕʰi³³kə⁰]

就是最小的那个七仙女。[tɕiəu⁵³ʂʅ⁰tsuei⁵³ɕiau²¹ti⁰na²¹kə⁰tɕʰi³³ɕian³³ȵy²¹¹]

这天夜里呀，这个仙女呀，[tʂɤ⁵³tʰian³³yɛ⁵³li²¹ia⁰，tʂɤ⁵³kə⁰ɕian³³ȵy²¹ia⁰]

就来到了牛郎家前，[tɕiəu⁵³lai²⁴tau⁵³lə⁰ȵiəu²⁴laŋ²⁴ɕia³³tɕʰian²⁴]

敲门儿。[tɕʰiau³³mər²⁴]

到了他家以后，[tau⁵³lə⁰tʰa³³ɕia³³i²¹xou⁵³]

两个人哪，就成为了夫妻。[liaŋ²¹kə⁰ʐən²⁴na⁰，tɕiəu⁵³tʂʰəŋ²⁴uei²⁴lə⁰fu³³tɕʰi³³]

非常和睦，就在一起生活。[fei³³tʂʰaŋ²⁴xɤ²⁴mu⁵³，tɕiəu⁵³tsai⁵³i⁵³tɕʰi²¹ʂəŋ³³xuɤ²⁴]

后来呀，[xou⁵³lai²⁴ia⁰]

她给这牛郎啊，生了一男一女，[tʰa³³kei²¹tʂɤ⁵³ȵiəu²⁴laŋ²⁴a⁰，ʂəŋ³³lə⁰i⁵³nan²⁴i⁵³ȵy²¹¹]

生了两个孩子，[ʂəŋ³³lə⁰liaŋ²¹kə⁰xai²⁴tsɿ⁰]

两个人过着[liaŋ²¹kə⁰ʐən²⁴kuɤ⁵³tʂə⁰]

夫妻恩爱的生活。[fu³³tɕʰi³³ən³³ai⁵³ti⁰ʂəŋ³³xuɤ²⁴]

可是好景不长，[kʰɤ²¹ʂɿ⁵³xau²⁴tɕiŋ²¹pu⁵³tʂʰaŋ²⁴]

过了三年哪，[kuɤ⁵³lə⁰san³³ȵian²⁴na⁰]

这点儿事情，[tʂɤ⁵³tiɐr²¹ʂɿ⁵³tɕʰiŋ⁰]

被天上的玉皇大帝给知道了。[pei⁵³tʰian³³ʂaŋ⁰ti⁰y⁵³xuaŋ²⁴ta⁵³ti⁵³kei²¹tʂɿ³³tau⁵³lə⁰]

这还了得，[tʂɤ⁵³xai²⁴liau²¹tɤ²⁴]

天上的仙女随便儿到下凡，[tʰian³³ʂaŋ⁰tə⁰ɕian³³ȵy²¹suei²⁴piɐr⁵³tau⁵³ɕia⁵³fan²⁴]

到人间去，[tau⁵³ʐən²⁴tɕian³³tɕʰy⁵³]

跟凡人去结婚，生子，[kən³³fan²⁴ʐən²⁴tɕʰy⁵³tɕiɛ²¹xuən³³，ʂəŋ³³tsɿ²¹¹]

生活儿，[ʂəŋ³³xuɤr²⁴]

违反了天规呀，[uei²⁴fan⁵³lə⁰tʰian³³kuei³³ia⁰]

这是绝对不允许的。[tʂɤ⁵³ʂɿ⁵³tɕyɛ²⁴tuei⁵³pu⁵³yn²⁴ɕy²¹tə⁰]

于是啊，[y²⁴ʂɿ²¹ʐa⁰]

这玉皇大帝[tʂɤ⁵³y⁵³xuaŋ²⁴ta⁵³ti⁵³]

就派天兵天将下凡，[tɕiəu⁵³pʰai⁵³tʰian³³piŋ³³tʰian³³tɕiaŋ⁵³ɕia⁵³fan²⁴]

去把这个七仙女啊[tɕʰy⁵³pa²¹tʂɤ⁵³kə⁰tɕʰi³³ɕian³³ȵy²¹a⁰]

捉拿回来。[tʂuɤ³³na²⁴xuei²⁴lai⁰]

这一天啊，[tʂei⁵³i⁵³tʰian³³na⁰]

牛郎发现天上啊，[ȵiəu²⁴laŋ²⁴fa³³ɕian⁵³tʰian³³ʂaŋ⁵³ŋa⁰]

是，乌云漫、漫布、电闪雷鸣，[ʂɿ⁵³，u³³yn²⁴man⁵³、man⁵³pu⁵³，tian⁵³ʂan²¹lei²⁴miŋ²⁴]

风雨交加，[fəŋ³³y²¹tɕiau³³tɕia³³]

他就赶紧往家跑，[tʰa³³tɕiəu⁵³kan⁵³tɕin²⁴uaŋ²¹tɕia³³pʰau²¹¹]

害怕这个家里的小草屋啊[xai⁵³pʰa⁵³tʂɤ⁵³kə⁰tɕia³³li²¹tə⁰ɕiau²⁴tsʰau²¹u³³a⁰]

给刮坏了，[kei²¹kua³³xuai⁵³lə⁰]

织女别给浇到了，[tʂɿ³³ȵy²¹piɛ²⁴kei²¹ɕiau³³tau⁵³lə⁰]

孩子别给吓到了。[xai²⁴tsɿ⁰piɛ²⁴kei²¹ɕia⁵³tau⁵³lə⁰]

等他到家呀，[təŋ²¹tʰa³³tau⁵³ɕia³³ia⁰]

正看到，[tʂəŋ⁵³kʰan⁵³tau⁵³]

天兵天将把他的妻子，[tʰian³³piŋ³³tʰian³³tɕiaŋ⁵³pa²¹tʰa³³tə⁰tɕʰi³³tsɿ⁰]

就是把他的七、七仙女呀，[tɕiəu⁵³ʂɿ⁰pa²¹tʰa³³tə⁰tɕʰi³³、tɕʰi³³ɕian³³ȵy²¹ia⁰]

给捉拿走了。[kei²¹tʂuɤ³³na²⁴tsou²¹lə⁰]

这个时候儿啊，[tʂei⁵³kə⁰ʂʅ²⁴xəur⁰a⁰]

他就想追也追不上，[tʰa³³tɕiəu⁵³ɕiaŋ²¹tsuei³³iɛ²¹tsuei³³pu²⁴ʂaŋ⁵³]

赶也赶不上。[kan²⁴iɛ²¹kan²¹pu²⁴ʂaŋ⁵³]

这个时候儿啊，[tʂei⁵³kə⁰ʂʅ²⁴xəur⁰a⁰]

他的这头老牛啊，说话了，[tʰa³³ti⁰tʂei⁵³tʰou²⁴lau²¹ȵiəu²⁴a⁰，ʂuɤ³³xua⁵³lə⁰]

说呀，[ʂuɤ³³ia⁰]

我、我把我的这两只犄角啊，[uɤ²⁴、uɤ²⁴pa²⁴uɤ²¹ti⁰tʂɤ⁵³liaŋ²¹tʂʅ³³tɕi³³tɕiau⁰a⁰]

拿下来，[na²⁴ɕia⁵³lai⁰]

变成两个筐和担子，[pian⁵³tʂʰəŋ²⁴liaŋ²¹kə⁰kʰuaŋ³³xɤ²⁴tan⁵³tsʅ⁰]

你装挑上儿女去追赶，[ȵi²⁴tʂuaŋ³³tʰiau³³ʂaŋ⁰ɚ²⁴ȵy²¹tɕʰy⁵³tsuei³³kan²¹¹]

能追赶上。[nəŋ²⁴tsuei³³kan²¹ʂaŋ⁰]

话说完哪，[xua⁵³ʂuɤ³³uan²⁴na⁰]

这个老牛的两个犄角啊 [tʂɤ⁵³kə⁰lau²¹ȵiəu²⁴ti⁰liaŋ²¹kə⁰tɕi³³tɕiau⁰a⁰]

真的掉了下来，[tʂən³³tə⁰tiau⁵³lə⁰ɕia⁵³lai⁰]

就变成了两个箩筐 [tɕiəu⁵³pian⁵³tʂʰəŋ²⁴lə⁰liaŋ²¹kə⁰luɤ²⁴kʰuaŋ³³]

和还有扁担。[xɤ²⁴xai²⁴iəu²⁴pian²¹tan⁰]

牛郎把孩子装到筐里呀，[ȵiəu²¹laŋ²⁴pa²¹xai²⁴tsʅ⁰tʂuaŋ³³tau⁵³kʰuaŋ³³li²¹ia⁰]

就去追赶，[tɕiəu⁵³tɕʰy⁵³tsuei³³kan²¹¹]

这个时候儿啊，[tʂɤ⁵³kə⁰ʂʅ²⁴xour⁰a⁰]

这个，他们就，[tʂɤ⁵³kə⁰，tʰa³³mən⁰tɕiəu⁵³]

他就飞起来一样，[tʰa³³tɕiəu⁵³fei³³tɕʰi²¹lai²⁴i²⁴iaŋ⁵³]

就追到天上去。[tɕiəu⁵³tsuei³³tau⁵³tʰian³³ʂaŋ⁵³tɕʰy⁵³]

眼看就要追上 [ian²¹kʰan⁵³tɕiəu⁵³iau⁵³tsuei³³ʂaŋ⁵³]

织女的时候啊，[tʂʅ³³ȵy²¹tə⁰ʂʅ²⁴xəu⁰a⁰]

王母娘娘，[uaŋ²⁴mu²¹ȵiaŋ²⁴ȵiaŋ⁰]

拔下了头上的一个金簪子，[pa²⁴ɕia⁵³lə⁰tʰou²⁴ʂaŋ⁵³tə⁰i²⁴kə⁰tɕin³³tsan³³tsʅ⁰]

扔了过去，[ləŋ³³lə⁰kuɤ⁵³tɕʰy⁰]

就在织女和牛郎的中间 [tɕiəu⁵³tsai²¹tʂʅ³³ȵy²¹xɤ²⁴ȵiəu²⁴laŋ²⁴ti⁰tʂuŋ³³tɕian³³]

形成了一道 [ɕiŋ²⁴tʂʰəŋ²¹lə⁰i²⁴tau⁵³]

波涛汹涌的天河，[pɤ³³tʰau³³ɕyŋ²⁴yŋ²¹ti⁰tʰian³³xɤ²⁴]

把他俩隔开。[pa²¹tʰa³³lia²¹kɤ³³kʰai³³]

织女呼喊着孩子，[tʂʅ³³ȵy²¹xu³³xan²¹tʂə⁰xai²⁴tsʅ⁰]

孩子啊要找妈妈。[xai²⁴tsʅ⁰a⁰iau⁵³tʂau²¹ma³³ma⁰]

可是把他们分开了，[kʰɤ²¹ʂʅ⁵³pa²¹tʰa³³mən⁰fən³³kʰai³³lə⁰]

这么宽的一道天河，[tsei⁵³mə⁰kʰuan³³ti⁰i²⁴tau⁵³tʰian³³xɤ²⁴]

是不可能过去的。[ʂʅ⁵³pu⁵³kə²¹nəŋ²⁴kuɤ⁵³tɕʰy⁵³ti⁰]

他们两个的这种 [tʰa³³mən⁰liaŋ²¹kə⁰ti⁰tʂei⁵³tʂuŋ²¹]

恩爱的感情啊，[ən³³ai⁵³tə⁰kan²¹tɕʰiŋ²⁴ŋa⁰]

感动了天上的喜鹊。[kan²¹tuŋ⁵³lə⁰tʰian³³ʂaŋ⁵³ti⁰ɕi²¹tɕʰyɛ⁵³]

喜鹊们哪，都飞过来，[ɕi²¹tɕʰyɛ⁵³mən⁵³na⁰，tou²⁴fei³³kuɤ⁵³lai²⁴]

一个连着一个儿，[i²⁴kɤ⁵³lian²⁴tʂə⁰i²⁴kɤr⁵³]

这个含着衔着 [tʂei⁵³kə⁰xan²⁴tʂə⁰ɕian²⁴tʂə⁰]

前边儿的那个尾巴，[tɕʰian²⁴piɐr³³tə⁰ na⁵³kə⁰uei²¹pa⁰]

一个含着一个，[i²⁴kə⁰xan²⁴tʂə⁰i²⁴kə⁰]

形成了一道鹊桥。[ɕiŋ²⁴tʂʰəŋ²⁴lə⁰i²⁴tau⁵³tɕʰyɛ⁵³tɕʰiau²⁴]

把这条河呢，给连接过来了。[pa²¹tʂei⁵³tʰiau²⁴xɤ²⁴n̠iɛ⁰，kei²¹lian²⁴tɕiɛ³³kuɤ⁵³lai²⁴lə⁰]

所以啊，牛郎踏上了 [suɤ²⁴i²¹a⁰，n̠iəu²⁴laŋ²⁴tʰa⁵³ʂaŋ⁰lə⁰]

由喜鹊搭成的这个鹊桥，[iəu²⁴ɕi²¹tɕʰyɛ⁵³ta³³tʂʰəŋ²⁴ti⁰tʂɤ⁵³kə⁰tɕʰyɛ⁵³tɕʰiau²⁴]

织女呢，也走上了这个桥，[tʂʅ³³n̠y²¹nə⁰，iɛ²⁴tsuɤ²¹ʂaŋ⁵³lə⁰tʂɤ⁵³kə⁰tɕʰiau²⁴]

他俩在桥上的相会了。[tʰa³³lia²¹tsai⁵³tɕʰiau²⁴ʂaŋ⁵³ti⁰ɕiaŋ³³xuei⁵³lə⁰]

这一天正是七月七。[tʂɤ⁵³i⁵³tʰian³³tʂəŋ⁵³ʂʅ⁵³tɕʰi²⁴yɛ⁵³tɕʰi³³]

所以，[suɤ²⁴i²¹¹]

每年的七月儿七这一天，[mei²¹n̠ian²⁴tə⁰tɕʰi²⁴yər⁵³tɕʰi³³tʂei⁵³i⁵³tʰian³³]

我们民间呢，[uɤ²¹mən⁰miŋ²⁴tɕian³³nə⁰]

就把这样式儿的 [tɕiəu⁵³pa²¹tʂɤ⁵³iaŋ⁵³ʂər⁰tə⁰]

牛郎织女相会日。[n̠iəu²⁴laŋ²⁴tʂʅ³³n̠y²¹ɕiaŋ³³xuei⁵³zʅ⁵³]

每年的这一天哪，[mei²¹n̠ian²⁴tə⁰tʂei⁵³i⁵³tʰian³³na⁰]

喜鹊啊都会去飞到，[ɕi²¹tɕʰyɛ⁵³a⁰tou²⁴xuei⁵³tɕʰy⁵³fei³³tau⁵³]

天河那块儿 [tʰian³³xɤ²⁴na⁵³kʰuɐr⁰]

去给他们两个去搭鹊桥。[tɕʰy⁵³kei²¹tʰa³³mən⁰liaŋ²¹kə⁰tɕʰy⁵³ta³³tɕʰyɛ⁵³tɕʰiau²⁴]

还有的民间传说呀，[xai²⁴iəu²¹tə⁰miŋ²⁴tɕian³³tʂʰuan²⁴ʂuɤ⁵³ia⁰]

说到七月八的那天 [ʂuɤ³³tau⁵³tɕʰi²⁴yɛ⁵³pa³³ti⁰nei⁵³tʰian³³]

你看那个天上的喜鹊，[n̠i²¹kʰan⁵³nə⁵³kə⁰tʰian³³ʂaŋ⁵³ti⁰ɕi²¹tɕʰyɛ⁵³]

树上落的喜鹊呀，[ʂu⁵³ʂaŋ⁰luɤ⁵³tə⁰ɕi²¹tɕʰyɛ⁵³ia⁰]

它的羽毛啊，都很凌乱。[tʰa³³ti⁰y²¹mau²⁴a⁰，təu³³xən²¹liŋ²⁴luan⁵³]

就是在搭桥的过程中啊，[tɕiəu⁵³ʂʅ⁵³tsai⁵³ta³³tɕʰiau²⁴tə⁰kuɤ⁵³tʂʰəŋ²⁴tʂuŋ³³a⁰]

造成的。[tsau⁵³tʂʰəŋ²⁴ti⁰]

这个传说儿啊，[tʂei⁵³kə⁰tʂʰuan²⁴ʂuɤr³³a⁰]

在民间哪，[tsai⁵³min²⁴tɕian³³na⁰]

是看得见,但是摸不着。[ʂʅ⁵³kʰan⁵³tə⁰tɕian⁵³,tan⁵³ʂʅ⁰mɤ³³pu⁵³tʂau²⁴]

另外还有一个真实的说法儿,[liŋ⁵³uai⁵³xai²⁴iəu²¹i²⁴kə⁰tʂən³³ʂʅ²⁴ti⁰ʂuɤ³³far²¹¹]

就是每天晚上啊,[tɕiəu⁵³ʂʅ⁵³mei²¹tʰian³³uan²¹ʂaŋ⁰a⁰]

就是晴天的时候,[tɕiəu⁵³ʂʅ⁰tɕʰiŋ²¹tʰian³³tə⁰ʂʅ²⁴xəu⁰]

你看天上的星星,[n̠i²¹kʰan⁵³tʰian³³ʂaŋ⁵³tə⁰ɕiŋ³³ɕiŋ⁰]

有一条银河,[iəu²¹i²⁴tʰiau²⁴in²⁴xɤ²⁴]

就是很多小星星组成的[tɕiəu⁵³ʂʅ⁰xən²¹tuɤ³³ɕiau²¹ɕiŋ³³ɕiŋ⁰tsu²¹tʂʰəŋ²⁴tə⁰]

一条银河。[i⁵³tʰiau²⁴in²⁴xɤ²⁴]

在这个银河的两边儿啊,[tsai²¹tʂei⁵³kə⁰in²⁴xɤ²⁴ti⁰liaŋ²¹piɐr³³z̩a⁰]

一边儿有一个织女星,[i⁵³piɐr³³iəu²¹i²⁴kə⁰tʂʅ³³n̠y²¹ɕiŋ³³]

有一个牛郎。[iəu²¹i²⁴kə⁰n̠iəu²⁴laŋ²⁴ɕiŋ³³]

这是真实存在的。[tʂɤ⁵³ʂʅ⁵³tʂən³³ʂʅ²⁴tsʰuən²⁴tsai⁵³ti⁰]

织女星[tʂʅ³³n̠y²¹ɕiŋ³³]

就是有四个小星儿星儿[tɕiəu⁵³ʂʅ⁵³iəu²¹sʅ⁵³kə⁰ɕiau²¹ɕiər³³ɕiər³³]

组成的一个锥形儿,[tsu²¹tʂʰəŋ²⁴ti⁰i²⁴kə⁰tsuei³³ɕiər²⁴]

这个呢,[tʂei⁵³kɤ⁵³nə⁰]

就是织女织布的梭子形状。[tɕiəu⁵³ʂʅ⁰tʂʅ³³n̠y²¹tʂʅ³³pu⁵³tə⁰suɤ³³tsʅ⁰ɕiŋ²⁴tʂuaŋ⁵³]

河的这边儿啊[xɤ²⁴ti⁰tʂei⁵³piɐr³³a⁰]

有一个三个星儿星儿,[iəu²¹i²⁴kə⁰san³³kə⁰ɕiər³³ɕiər³³]

组成三角形儿,[tsu²¹tʂʰəŋ²⁴san³³tɕiau²¹ɕiər²⁴]

就好像是[tɕiəu⁵³xau²¹ɕiaŋ⁵³ʂʅ⁵³]

老牛拉犁的那个牛鞅子。[lau²¹n̠iəu²⁴la³³li²⁴ti⁰nai⁵³kə⁰n̠iəu²⁴iaŋ⁵³tsʅ⁰]

人民传说这两个就是[z̩ən²⁴min⁰tʂʰuan²⁴ʂɤ³³tʂɤ⁵³liaŋ²¹kə⁰tɕiəu⁵³ʂʅ⁵³]

一个织女星,一个牛郎星。[i²⁴kə⁰tʂʅ³³n̠y²¹ɕiŋ³³,i²⁴kə⁰n̠iəu²⁴laŋ²⁴ɕiŋ³³]

这个现在都能看得到。[tʂei⁵³kə⁰ɕian⁵³tsai⁵³təu³³nəŋ²⁴kʰan⁵³tə⁰tau⁵³]

它究竟[tʰa³³tɕiəu³³tɕiŋ⁵³]

是不是织女星牛郎星呢,[ʂʅ⁵³pu⁰ʂʅ⁵³tʂʅ³³n̠y²¹ɕiŋ³³n̠iəu²⁴laŋ²⁴ɕiŋ³³n̠iɛ⁰]

我想这是一个美丽的故事,[uɤ²⁴ɕiaŋ²¹tʂɤ⁵³ʂʅ⁵³i²⁴kə⁰mei²¹li⁵³tə⁰ku⁵³ʂʅ⁰]

一个美丽的传说,[i²⁴kə⁰mei²¹li⁵³tə⁰tʂʰuan²⁴ʂuɤ³³]

一直流传在民间,[i⁵³tʂʅ²⁴liəu²⁴tʂʰuan²⁴tsai⁵³min²⁴tɕian³³]

一直流传在广大民间。[i⁵³tʂʅ²⁴liəu²⁴tʂʰuan²⁴tsai⁵³kuaŋ²¹ta⁵³min²⁴tɕian³³]

（以上由发音人肖琦提供）

三 其他故事

门当户对

现如今哪，[ɕian⁵³ ʐu²⁴ tɕin³³ na⁰]

随着社会的发展，[suei²⁴ tʂə⁰ ʂɤ⁵³ xuei⁵³ tə⁰ fa³³ tʂan²¹¹]

和时代的变化，[xɤ²⁴ ʂʅ²⁴ tai⁵³ tə⁰ pian⁵³ xua⁵³]

和人的意识在改变，[xɤ²⁴ ʐən²⁴ tə⁰ i⁵³ ʂʅ⁰ tsai⁵³ kai²¹ pian⁵³]

对这个择偶问题呀，[tuei⁵³ tʂɤ⁵³ kə⁰ tsɤ²⁴ əu²¹ uən⁵³ tʰi²⁴ ia⁰]

选择会很多，[ɕyan²¹ tsɤ²⁴ xuei⁵³ xən²¹ tuɤ³³]

标准也不一样。[piau³³ tʂuən²¹ iɛ²¹ pu⁵³ i²⁴ iaŋ⁵³]

但是有一段儿话，[tan⁵³ ʂʅ⁵³ iəu²¹ i²⁴ tuɐr⁵³ xua⁵³]

从古到今从来没变过，[tsʰuŋ²⁴ ku²¹ tau⁵³ tɕin³³ tsʰuŋ²⁴ lai²⁴ mei²⁴ pian⁵³ kuɤ⁰]

没变过，[mei²⁴ pian⁵³ kuɤ⁰]

是什么呢？[ʂʅ⁵³ ʂən²⁴ mə⁰ nə⁰]

门当户对。[mən²⁴ taŋ³³ xu⁵³ tuei⁵³]

过去讲这个门当户对呀，[kuɤ⁵³ tɕʰy⁵³ tɕiaŋ²¹ tʂɤ⁵³ kə⁰ mən²⁴ taŋ³³ xu⁵³ tuei⁵³ ia⁰]

说的是什么呢？[ʂuɤ³³ tə⁰ ʂʅ⁵³ ʂən²⁴ mə⁰ nai⁰]

儿女们找对象儿，[ɚ²⁴ ȵy²¹ mən⁰ tʂau²¹ tuei⁵³ ɕiãr⁵³]

得这个，[tei²¹ tʂɤ⁵³ kə⁰]

看他的家庭，社会地位，[kʰan⁵³ tʰa³³ tə⁰ tɕia³³ tʰiŋ⁰, ʂɤ⁵³ xuei⁵³ ti⁵³ uei⁰]

官品大小。[kuan³³ pʰin²¹ ta⁵³ ɕiau²¹¹]

但是说起这个[tan⁵³ ʂʅ⁵³ ʂuɤ³³ tɕʰi²¹ tʂɤ⁵³ kə⁰]

门当户对的由来，[mən²⁴ taŋ³³ xu⁵³ tuei⁵³ tə⁰ iəu²⁴ lai²⁴]

好像还是有人[xau²¹ ɕiaŋ⁵³ xai²⁴ ʂʅ⁵³ iəu²¹ ʐən²⁴]

说不太准确，[ʂuɤ³³ pu³³ tʰai⁵³ tʂuən²¹ tɕʰyɛ⁵³]

有的人甚至可能还不知道。[iəu²¹ tə⁰ ʐən²⁴ ʂən⁵³ tʂʅ⁵³ kʰɤ²¹ nəŋ²⁴ xai²⁴ pu⁵³ tʂʅ³³ tau⁵³]

我下边儿[uɤ²¹ ɕia⁵³ piɐr³³]

我就讲讲这个门当户对。[uɤ²¹ tɕiəu⁵³ tɕiaŋ²¹ tɕiaŋ⁰ tʂɤ⁵³ kə⁰ mən²⁴ taŋ³³ xu⁵³ tuei⁵³]

什么叫门当呢？[ʂən²⁴ mə⁰ tɕiau⁵³ mən²⁴ taŋ³³ nə⁰]

门当就是，[mən²⁴ taŋ³³ tɕiəu⁵³ ʂʅ⁵³]

你的门前有两个石头，[ȵi²¹ tə⁰ mən²⁴ tɕʰian²⁴ iəu²⁴ liaŋ²¹ kə⁰ ʂʅ²⁴ tʰəu⁰]

两块方石头，[liaŋ²¹ kʰuai⁵³ faŋ³³ ʂʅ²⁴ tʰəu⁰]

方石头上边儿吧[faŋ³³ ʂʅ²⁴ tʰəu⁰ ʂaŋ⁵³ piɐr³³ pa⁰]

还有两块圆石头，［xai²⁴iəu²⁴liaŋ²¹kʰuai⁵³yan²⁴ʂʅ²⁴tʰəu⁰］

这个圆石头啊，［tʂɤ⁵³kə⁰yan²⁴ʂʅ²⁴tʰəu⁰a⁰］

是鼓形儿的，是扁的，［ʂʅ⁵³ku²¹ɕiə̃r²⁴tə⁰，ʂʅ⁵³pian²¹ti⁰］

它的门两边儿这个宽度啊，［tʰa³³tiᵒmən²⁴liaŋ²¹piɐr³³tʂɤ⁵³kə⁰kʰuan³³tu⁵³a⁰］

是和你这个门的宽度［ʂʅ⁵³xɤ²⁴n̠i²¹tsɤ⁵³kə⁰mən²⁴ti⁰kʰuan³³tu⁵³］

是一样的。［ʂʅ⁵³i²⁴iaŋ⁵³tə⁰］

如果你要想往院儿里，［z̠u²⁴kuɤ²⁴n̠i²¹iau⁵³ɕiaŋ²⁴uaŋ²¹yɐr⁵³li⁰］

抬东西走人，［tʰai²⁴tuŋ³³ɕiᵒtsəu²⁴z̠ən²⁴］

这个门当你要是过不去，［tsei⁵³kə⁰mən²⁴taŋ³³n̠i²¹iau⁵³ʂʅ⁰kuɤ⁵³pu²⁴tɕʰy⁵³］

你这个门你就进不去，［n̠i²¹tsei⁵³kə⁰mən²⁴n̠i²¹tɕiəu⁵³tɕin⁵³pu²⁴tɕʰy⁵³］

它就是代表的门的宽窄。［tʰa³³tɕiəu⁵³ʂʅ⁵³tai⁵³piau²¹tə⁰mən²⁴tə⁰kʰuan³³tsai²¹¹］

户对呢，户对就是，［xu⁵³tuei⁵³nə⁰，xu⁵³tuei⁵³tɕiəu⁵³ʂʅ⁵³］

门上边儿［mən²⁴ʂaŋ⁵³piɐr⁰］

就上边儿那个门弦上边儿啊，［tɕiəu⁵³ʂaŋ⁵³piɐr⁰na⁵³kə⁰mən²⁴ɕian²⁴ʂaŋ⁵³piɐr⁰a⁰］

有这么几个，［iəu²¹tsɤ⁵³mə⁰tɕi²¹kə⁰］

是有的是圆形儿，［ʂʅ⁵³iəu²¹tə⁰ʂʅ⁵³yan²⁴ɕiə̃r²⁴］

有的是六棱形儿的，［iəu²¹tə⁰ʂʅ⁵³liəu⁵³ləŋ⁵³ɕiə̃r²⁴ti⁰］

那个装饰，［na⁵³kə⁰tʂuaŋ³³ʂʅ⁵³］

这个呢叫户对。［tsei⁵³kə⁰nei⁰tɕiau⁵³xu⁵³tuei⁵³］

这个户对多少啊，［tsei⁵³kə⁰xu⁵³tuei⁵³tuɤ³³ʂau²¹a⁰］

是有绝对规矩的，有讲究的。［ʂʅ⁵³iəu²¹tɕyɛ²⁴tuei⁵³kuei³³tɕy⁰tə⁰，iəu²⁴tɕiaŋ²¹tɕiəu⁰tə⁰］

过去啊，［kuɤ⁵³tɕʰy⁵³a⁰］

是七品以上允许安四个，［ʂʅ⁵³tɕʰi³³pʰin²⁴i²¹ʂaŋ⁵³yn²⁴ɕy²¹an³³sʅ⁵³kə⁰］

不够七品你只能安两个。［pu²⁴kəu⁵³tɕʰi³³pʰin²⁴n̠i²⁴tʂʅ²¹nəŋ²⁴an³³liaŋ²¹kə⁰］

可是后来一点儿点儿演变哪，［kʰɤ²¹ʂʅ⁵³xəu⁵³lai²⁴i⁵³tiɐr²⁴tiɐr²⁴ian²¹pian⁵³na⁰］

就演变到后来啊，［tɕiəu⁵³ian²¹pian⁵³tau⁵³xəu⁵³lai²⁴a⁰］

到这个，清朝末年，［tau⁵³tʂɤ⁵³kə⁰，tɕʰiŋ³³tʂʰau²⁴mɤ⁵³n̠ian²⁴］

民国初年那个时候啊，［min²⁴kuɤ²¹tʂʰu³³n̠ian²⁴na⁵³kə⁰ʂʅ²⁴xəu⁰a⁰］

不管你是这个官儿大官儿小，［pu²⁴kuan²¹n̠i²¹ʂʅ⁵³tʂɤ⁵³kə⁰kuɐr³³ta⁵³kuɐr³³ɕiau²¹¹］

家里有钱没钱，［tɕia⁵³li²⁴iəu²¹tɕʰian²⁴mei²⁴tɕʰian²⁴］

有的是为了漂亮，［iəu²¹tə⁰ʂʅ⁵³uei⁵³lə⁰pʰiau⁵³liaŋ⁰］

有的是为了这个，［iəu²¹tə⁰ʂʅ⁵³uei⁵³lə⁰tʂɤ⁵³kə⁰］

有的是这个［iəu²¹tə⁰ʂʅ⁵³tʂɤ⁵³kə⁰］

为了这个这个面子，［uei⁵³lə⁰tʂɤ⁵³kə⁰tʂɤ⁵³kə⁰ mian⁵³tsə⁰］

都是四个，［təu²⁴ʂʅ⁵³sʅ⁵³kə⁰］

没有超过四个的，［mei⁵³iəu²¹tʂʰau³³kuɤ⁵³sʅ⁵³kə⁰ti⁰］

没有少于四个的。［mei⁵³iəu²¹ʂau²¹y²⁴sʅ⁵³kə⁰ti⁰］

这就叫门当户对。［tʂɤ²¹tɕiəu⁵³tɕiau⁵³mən²⁴taŋ³³xu⁵³tuei⁵³］

找对象儿，［tʂau²¹tuei⁵³ɕiãr⁵³］

过去呀，一看，［kuɤ⁵³tɕʰy⁵³ia⁰，i²⁴kʰan⁵³］

就是一说，［tɕiəu⁵³sʅ⁵³i⁵³ʂuɤ³³］

谁谁家的儿子什么样子的，［sei²⁴sei²⁴tɕia³³ti⁰ɚ²⁴tsʅ⁰ʂən²⁴mə⁰iaŋ⁵³tsʅ⁰tə⁰］

先去到他家看看，［ɕian³³tɕʰy⁵³tau⁵³tʰa³³tɕia³³kʰan⁵³kʰan⁰］

看看他家是门当有多宽，［kʰan⁵³kʰan⁰tʰa³³tɕia³³sʅ⁵³mən²⁴taŋ³³iəu²¹tuɤ²⁴kʰuan³³］

门当的宽窄，［mən²⁴taŋ³³tə⁰kʰuan³³tsai²¹¹］

代表着这家的门路，［tai⁵³piau²¹tʂə⁰tsei⁵³tɕia³³tə⁰mən²⁴lu⁵³］

社会门路宽。［ʂɤ⁵³xuei⁵³mən²⁴lu⁵³kʰuan³³］

门当多代表这家的品级高，［mən²⁴taŋ³³tuɤ³³tai⁵³piau²¹tsei⁵³tɕia³³tə⁰pʰin²¹tɕi³³kau³³］

后来呢就是演变成，［xəu⁵³lai²⁴nə⁰tɕiəu⁵³sʅ⁵³ian²¹pian⁵³tʂʰəŋ²⁴］

全是四个呢，［tɕʰyan²⁴sʅ⁵³sʅ⁵³kə⁰nə⁰］

就是有的你看我有钱，［tɕiəu⁵³sʅ⁵³iəu²¹tə⁰n̺i²¹kʰan⁵³uɤ²⁴iəu²¹tɕʰian²⁴］

我也安了四个，［uɤ²⁴iɛ²¹an³³lə⁰sʅ⁵³kə⁰］

但是绝对没有超过四个的。［tan⁵³sʅ⁵³tɕyɛ²⁴tuei⁵³mei²⁴iəu²¹tʂʰau³³kuɤ⁵³sʅ⁵³kə⁰ti⁰］

可是，就是这个门当户对，［kʰɤ²¹sʅ⁵³，tɕiəu⁵³sʅ⁵³tʂɤ⁵³kə⁰mən²⁴taŋ³³xu⁵³tuei⁵³］

在我们瑷珲，［tsai⁵³uɤ²¹mən⁰ai⁵³xuei³³］

在这个［tsai⁵³tʂɤ⁵³kə⁰］

民国啊初年那个时候，［min²⁴kuɤ²¹a⁰tʂʰu³³n̺ian²⁴nɤ⁵³kə⁰sʅ²⁴xəu⁰］

它就不这么叫，［tʰa³³tɕiəu⁵³pu²⁴tsən⁵³mə⁰tɕiau⁵³］

它不叫门当户对，［tʰa³³pu²⁴tɕiau⁵³mən²⁴taŋ³³xu⁵³tuei⁵³］

管它叫什么呢？［kuan²¹tʰa³³tɕiau⁵³ʂən²⁴mə⁰nə⁰］

管门当叫石鼓，［kuan²¹mən²⁴taŋ³³tɕiau⁵³sʅ²⁴ku²¹¹］

管户对叫门突。［kuan²¹xu⁵³tuei⁵³tɕiau⁵³mən²⁴tʰu³³］

好像在别的地方我还，［xau²¹ɕiaŋ⁵³tsai⁵³piɛ²⁴tə⁰ti⁵³faŋ⁰uɤ²¹xai²⁴］

至今我还没听说过，［tsʅ⁵³tɕin³³uɤ²¹xai²⁴mei²⁴tʰiŋ³³ʂuɤ³³kuɤ⁵³］

可能是有，［kʰɤ²¹nəŋ²⁴sʅ⁵³iəu²¹¹］

但是我不知道。［tan⁵³sʅ⁵³uɤ²¹pu⁵³tʂʅ³³tau⁵³］

谢谢。［ɕiɛ⁵³ɕiɛ⁰］

（有删减）

（以上由发音人肖琦提供）

四　自选条目

歇后语

1. 坐飞机放二踢脚——想(响)得高。

　　［tsuɤ⁵³fei³³tɕi³³faŋ⁵³ɚr⁵³tʰi³³tɕiau²¹¹——ɕiaŋ²¹tə⁰kau³³］

2. 打破砂锅——问(璺)到底。

　　［ta²¹pʰɤ⁵³ʂa³³kuɤ³³——uən⁵³tau⁵³ti²¹¹］

3. 窗户窟儿窿儿吹喇叭儿——名(鸣)声在外。

　　［tʂʰuaŋ³³xu⁰kʰur³³lũr⁰tsʰuei³³la²¹par⁰——miŋ²⁴ʂəŋ³³tsai⁵³uai⁵³］

4. 豆腐掉到灰堆里——打不得—拍不得。

　　［təu⁵³fu⁰tiau⁵³tau⁵³xuei³³tuei³³li²¹¹——ta²¹pu⁵³tɤ²⁴，pʰai³³pu⁵³tɤ²⁴］

5. 二斤面摊两张饼——落后(烙厚)。

　　［ɚr⁵³tɕin³³mian⁵³tʰan³³liaŋ²¹tʂaŋ³³piŋ²¹¹——lau⁵³xəu⁵³］

6. 嘴巴抹石灰——白说。

　　［tsuei²¹pa⁰mɤ²¹ʂʅ²⁴xuei³³——pai²⁴ʂuɤ⁴⁴］

7. 狗吃青草——装样(羊)儿。

　　［kəu²¹tʂʰʅ³³tɕʰiŋ³³tsʰau²¹¹——tʂuaŋ³³iãr⁵³］

8. 耗子拉木锨——大头在后尾儿。

　　［xau⁵³tsʅ⁰la³³mu⁵³ɕian³³——ta⁵³tʰəu²⁴tsai²¹xəu⁵³yɤr²¹¹］后尾儿:后边

9. 推小车儿晃屁股——不由自主。

　　［tʰuei³³ɕiau²¹tʂɤr³³xuaŋ⁵³pʰi⁵³ku⁰——pu⁵³iəu²⁴tsʅ⁵³tʂu²¹¹］

10. 炕上安锅——改造(灶)儿。

　　［kʰaŋ⁵³ʂaŋ⁰an³³kuɤ³³——kai²¹tsaur⁵³］

11. 癞蛤蟆上脚面子——不咬人膈应人。

　　［lai⁵³xa²⁴ma⁰ʂaŋ⁵³tɕiau²¹mian⁵³tsʅ⁰——pu⁵³iau²¹ʐən²⁴kɤ⁵³iŋ⁰ʐən²⁴］膈应:令人生
厌,恶心

12. 老猫房上睡——一辈传一辈。

　　［lau²¹mau³³faŋ²⁴ʂaŋ⁵³suei⁵³——i²⁴pei⁵³tʂʰuan²⁴·i²⁴pei⁵³］

　　(老猫一般都在房上睡觉,这种习性是一辈辈传下来的。形容一个家庭中孩
子品性的好坏在很大程度上传承于上辈。)

13. 老郑家姑娘嫁给老何家——正合适(郑何氏)。

　　［lau²¹tʂəŋ⁵³tɕia⁰ku³³ȵiaŋ⁰tɕia⁵³kei²⁴lau²¹xɤ²⁴tɕia⁰——tʂəŋ⁵³xɤ²⁴ʂʅ⁵³］老郑家姑娘嫁
给老何家:口误,应为"老何家姑娘嫁给老郑家"

14. 梁山军师——无用(吴用)。

[liaŋ²⁴ ʂan³³ tɕyn³³ ʂʅ³³——u²⁴ yŋ⁵³]

15. 纳鞋底儿不用锥子——真(针)行。

[na⁵³ ɕiɛ²⁴ tiər²¹ pu²⁴ yŋ⁵³ tsuei³³ tsʅ⁰——tʂən³³ ɕiŋ²⁴]

16. 旗杆顶儿上挂暖瓶——高水平(瓶)儿。

[tɕʰi²⁴ kan³³ tiə̃r²¹ ʂaŋ⁰ kua⁵³ nan²¹ pʰiŋ²⁴——kau³³ suei²¹ pʰiə̃r²⁴]

17. 十五个吊桶打水——七上八下。

[ʂʅ²⁴ u²¹ kə⁰ tiau⁵³ tʰuŋ²¹ ta²⁴ suei²¹¹——tɕʰi³³ ʂaŋ⁵³ pa²⁴ ɕia⁵³]

18. 秃头上的虱子——明摆着。

[tʰu³³ tʰəu²⁴ ʂaŋ⁵³ tə⁰ ʂʅ³³ tsʅ⁰——miŋ²⁴ pai²¹ tʂə⁰]

（以上由发音人张杰提供）

嘉　荫

一　歌谣

（一）小溪流水哗啦啦

小溪流水哗啦啦，［ɕiau²¹ɕi⁴⁴liou²⁴suei²¹xua⁴⁴la⁴⁴la⁴⁴］

我和姐姐去采花儿。［uɤ²¹xɤ⁴⁴tɕiɛ²¹tɕiɛ⁰tɕʰy⁵³tsʰai²¹xuar⁴⁴］

姐姐采了八斤八，［tɕiɛ²¹tɕiɛ⁰tsʰai²¹lə⁰pa⁴⁴tɕin⁴⁴pa⁴⁴］

我采了一朵马兰花儿。［uɤ²⁴tsʰai²¹lə⁰i⁵³tuɤ²⁴ma²¹lan²⁴xuar⁴⁴］

马兰花儿啊马兰花儿，［ma²¹lan²⁴xuar⁴⁴a⁰ma²¹lan²⁴xuar⁴⁴］

马兰花儿会说话，［ma²¹lan²⁴xuar⁴⁴xuei⁵³ʂuɤ⁴⁴xua⁵³］

马兰花儿就要开花儿。［ma²¹lan²⁴xuar⁴⁴tɕiou⁵³iau⁵³kʰai⁴⁴xuar⁴⁴］

（二）小皮球儿

小皮球儿，［ɕiau²¹pʰi²⁴tɕʰiour²⁴］

架脚踢。［tɕia⁵³tɕiau²¹tʰi⁴⁴］

马莲开花儿二十一。［ma²¹lian²⁴kʰai⁴⁴xuar⁴⁴ɐr⁵³ʂʅ²⁴i⁴⁴］

二五六，二五七，［ɐr⁵³u²¹liou⁵³，ɐr⁵³u²¹tɕʰi⁴⁴］

二八二九三十一。［ɐr⁵³pa⁴⁴ɐr⁵³tɕiou²¹san⁴⁴ʂʅ²⁴i⁴⁴］

三五六，三五七，［san⁴⁴u²¹liou⁵³，san⁴⁴u²¹tɕʰi⁴⁴］

三八三九四十一。［san⁴⁴pa⁴⁴san⁴⁴tɕiou²¹sʅ⁵³ʂʅ²⁴i⁴⁴］

四五六，四五七，［sʅ⁵³u²¹liou⁵³，sʅ⁵³u²¹tɕʰi⁴⁴］

四八四九五十一。［sʅ⁵³pa⁴⁴sʅ⁵³tɕiou²⁴u²¹ʂʅ²⁴i⁴⁴］

五五六，五五七，［u²⁴u²¹liou⁵³，u²⁴u²¹tɕʰi⁴⁴］

五八五九六十一。［u²¹pa⁴⁴u²⁴tɕiou²¹liou⁵³ʂʅ²⁴i⁴⁴］

六五六，六五七，［liou⁵³u²¹liou⁵³，liou⁵³u²¹tɕʰi⁴⁴］

六八六九七十一。［liou⁵³pa⁴⁴liou⁵³tɕiou²¹tɕʰi⁴⁴ʂʅ²⁴i⁴⁴］

七五六，七五七，［tɕʰi⁴⁴u²¹liou⁵³，tɕʰi⁴⁴u²¹tɕʰi⁴⁴］

七八七九八十一。［tɕʰi⁴⁴pa⁴⁴tɕʰi⁴⁴tɕiou²¹pa⁴⁴ʂʅ²⁴ʔi⁴⁴］

八五六，八五七，［pa⁴⁴u²¹liou⁵³，pa⁴⁴u²¹tɕʰi⁴⁴］

八八八九九十一。［pa⁴⁴pa⁴⁴pa⁴⁴tɕiou²⁴tɕiou²¹ʂʅ²⁴ʔi⁴⁴］

九五六，九五七，［tɕiou²⁴u²¹liou⁵³，tɕiou²⁴u²¹tɕʰi⁴⁴］

九八九九一百一。［tɕiou²¹pa⁴⁴tɕiou²⁴tɕiou²¹i⁵³pai²¹ʔi⁴⁴］

（三）大雨哗哗下

大雨哗哗下，［ta⁵³y²¹xua⁴⁴xua⁴⁴ɕia⁵³］

北京来电话儿。［pei²¹tɕiŋ⁴⁴lai³⁵tian⁵³xuar⁵³］

让我去当兵，［ʐˌaŋ⁵³uɤ²¹tɕʰy⁵³taŋ⁴⁴piŋ⁴⁴］

我还没长大。［uɤ²¹xai³⁵mei³⁵tʂaŋ²¹ta⁵³］

（四）小白兔儿，白又白

小白兔儿，白又白。［ɕiau²¹pai²⁴tʰur⁵³，pai²⁴iou⁵³pai²⁴］

两只耳朵竖起来。［liaŋ²¹tʂʅ⁴⁴ɚ²¹tʰou⁰ʂu⁵³tɕʰi²¹lai²⁴］

爱吃萝卜，爱吃菜。［ai⁵³tʂʰʅ⁴⁴luɤ²⁴pʰə⁰，ai⁵³tʂʰʅ⁴⁴tsʰai⁵³］

蹦蹦跳跳儿真可爱。［pəŋ⁵³pəŋ⁵³tʰiau⁵³tʰiaur⁵³tʂən⁴⁴kʰɤ²¹ai⁵³］

（五）小竹桥儿，摇又摇

小竹桥儿，摇又摇，［ɕiau²¹tsu²⁴tɕʰiaur²⁴，iau²⁴iou⁵³iau²⁴］

摇出小熊儿来过桥。［iau²⁴tʂʰu²⁴ɕiau²¹ɕỹr²⁴lai²⁴kuɤ⁵³tɕʰiau²⁴］

站不稳，站不牢，［tʂan⁵³pu⁵³uən²¹¹，tʂan⁵³pu⁵³lau²⁴］

吓得小熊心里扑咚扑咚跳。［ɕia⁵³ti⁰ɕiau²¹ɕyŋ²⁴ɕin⁴⁴li²¹pu⁴⁴tuŋ⁴⁴pu⁴⁴tuŋ⁴⁴tʰiau⁵³］

河里鲤鱼露出来，［xɤ²⁴li⁰li²¹y²⁴lou⁵³tʂʰu⁴⁴lai²⁴］

向着小熊大声叫。［ɕiaŋ⁵³tʂə⁰ɕiau²¹ɕyŋ²⁴ta⁵³ʂəŋ⁴⁴tɕiau⁵³］

小熊小熊儿不要怕，［ɕiau²¹ɕyŋ²⁴ɕiau²¹ɕỹr²⁴pu²⁴iau⁵³pʰa⁵³］

一、二、三，［i⁴⁴、ɐr⁵³、san⁴⁴］

向前走。［ɕiaŋ⁵³tɕʰian²⁴tsou²¹¹］

小熊过了桥，［ɕiau²¹ɕyŋ²⁴kuɤ⁵³lə⁰tɕʰiau²⁴］

向着鲤鱼微微笑。［ɕiaŋ⁵³tsə⁰li²¹y²⁴uei⁴⁴uei⁴⁴ɕiau⁵³］

（六）挤香油儿①

挤、挤、挤香油儿，［tɕi²⁴、tɕi⁴⁴、tɕi²¹ɕiaŋ⁴⁴iour²⁴］

挤出香油换糖球儿。［tɕi²¹tʂʰu⁴⁴ɕiaŋ⁴⁴iou²⁴xuan⁵³tʰaŋ²⁴tɕʰiour²⁴］

（七）你拍一

你拍一，我拍一，［n̠i²¹pʰai⁴⁴i⁴⁴，uɣ²¹pʰai⁴⁴i⁴⁴］

一个小孩儿叠飞机。［i²⁴kɣ⁵³ɕiau²¹xɐr²⁴tiɛ²⁴fei⁴⁴tɕi⁴⁴］

你拍二，我拍二，［n̠i²¹pʰai⁴⁴ɐr⁵³，uɣ²¹pʰai⁴⁴ɐr⁵³］

两个小闺女梳小辫儿。［liaŋ²¹kə⁰ɕiau²¹kuei⁴⁴n̠y⁰ʂu⁴⁴ɕiau²¹piɐr⁵³］

你拍三，我拍三，［n̠i²¹pʰai⁴⁴san⁴⁴，uɣ²¹pʰai⁴⁴san⁴⁴］

三个孩子去爬山。［san²⁴kɣ⁵³xai²⁴tsɻ⁰tɕʰy⁵³pʰa²⁴ʂan⁴⁴］

你拍四，我拍四，［n̠i²¹pʰai⁴⁴sɻ⁵³，uɣ²¹pʰai⁴⁴sɻ⁵³］

四四方儿方儿写大字。［sɻ⁵³sɻ⁵³fãr⁴⁴fãr⁴⁴ɕiɛ²⁴ta⁵³tsɻ⁵³］

你拍五，我拍五，［n̠i²¹pʰai⁴⁴u²¹¹，uɣ²¹pʰai⁴⁴u²¹¹］

武松上山打老虎。［u²¹suŋ⁴⁴ʂaŋ⁵³ʂan⁴⁴ta²¹lau²⁴xu²¹¹］

你拍六，我拍六，［n̠i²¹pʰai⁴⁴liou⁵³，uɣ²¹pʰai⁴⁴liou⁵³］

六碗包子六碗肉。［liou⁵³uan²¹pau⁴⁴tə⁰liou⁵³uan²¹ʐou⁵³］

你拍七，我拍七，［n̠i²¹pʰai⁴⁴tɕʰi⁴⁴，uɣ²¹pʰai⁴⁴tɕʰi⁴⁴］

七个闺女去杀鸡。［tɕʰi²⁴kɣ⁵³kuei⁴⁴n̠iŋ⁰tɕʰy⁵³ʂa⁴⁴tɕi⁴⁴］

（八）咣儿咣儿歘儿

咣儿咣儿歘儿、［kuãr⁴⁴kuãr⁴⁴tʂʰuar²¹¹］咣儿咣儿:形容快速地大口吃饭的样子。歘:动词,快速吃

咣儿咣儿歘儿，［kuãr⁴⁴kuãr⁴⁴tʂʰuar²¹¹］

大米干饭炒猪爪儿。［ta⁵³mi²¹kan²⁴fan⁵³tʂʰau²¹tʂu⁴⁴tʂuar²¹¹］

爹吃一个，妈吃俩。［tiɛ⁴⁴tʂɻ⁴⁴i²⁴kɣ⁵³，ma⁴⁴tʂɻ⁴⁴lia²¹¹］

最后给小崽儿留半儿拉。［tsuei⁵³xou⁵³kei²¹ɕiau²⁴tsɐr²¹liou²⁴pɐr⁵³la²¹¹］

（九）腊八歌

小孩儿小孩儿你别哭，［ɕiau²¹xɐr²⁴ɕiau²¹xɐr²⁴n̠i²¹piɛ⁵³kʰu⁴⁴］

过了腊八儿就杀猪。［kuɣ⁵³lə⁰la⁵³par⁴⁴tɕiou⁵³ʂa⁴⁴tʂu⁴⁴］

小孩儿小孩儿你别急，［ɕiau²¹xɐr²⁴ɕiau²¹xɐr²⁴n̠i²¹piɛ⁵³tɕi²⁴］

---

① 挤香油儿:挤香油游戏是旧时冬天孩子爱玩的一种群体游戏,游戏规则大体是一群孩子靠墙站成一排,左右两边的人像挤油渣一样使劲往中间挤,可以让孩子们身体迅速暖和起来。

过了腊八儿就是年。［kuɤ⁵³lə⁰la⁵³par⁴⁴tɕiou⁵³ʂʅ⁵³ŋian²⁴］

（十）天皇皇

天皇皇，地皇皇，［tʰian⁴⁴xuaŋ²⁴xuaŋ²⁴，ti⁵³xuaŋ²⁴xuaŋ²⁴］

我家有个吵夜郎。［uɤ²¹tɕia⁴⁴iou²¹kɤ⁵³tʂʰau²¹iɛ⁵³laŋ²⁴］吵夜郎：一到夜里就爱哭闹、睡不安稳的孩子

过路君子念一遍，［kuɤ⁵³lu⁵³tɕyn⁴⁴tsʅ²¹ŋian⁵³i²⁴pian⁵³］

一觉儿睡到大天亮儿。［i²⁴tɕiaur⁵³suei⁵³tau⁵³ta⁵³tʰian⁴⁴liãr⁵³］

（十一）大头、大头，下雨不愁

大头、大头，下雨不愁。［ta⁵³tʰou²⁴、ta⁵³tʰou²⁴，ɕia⁵³y²¹pu⁵³tʂʰou²⁴］

你有雨伞，我有大头。［ŋi²⁴iou²¹y²⁴ʂan²¹，uɤ²⁴iou²¹ta⁵³tʰou²⁴］

（十二）摸摸毛儿

摸摸毛儿，吓不着。［mɤ⁴⁴mɤ⁰maur²⁴，ɕia⁵³pu⁵³tʂau²⁴］

提拉耳朵吓一会儿。［ti⁴⁴lə⁰ɚ²¹tʰou⁰ɕia⁵³i⁵³xuər²¹¹］提拉：提溜

（以上由发音人王亚军提供）

（十三）丢手绢

丢手绢，丢手绢，［tiou ʂou tɕyan，tiou ʂou tɕyan］

轻轻地放在小朋友的后面，［tɕʰiŋ tɕʰiŋ ti faŋ tsai ɕiau pʰəŋ iou tə xou mian］

大家不要告诉他，［ta tɕia pu iau kau su tʰa］

快点快点抓住他，［kʰuai tian kʰuai tian tʂua tʂu tʰa］

快点快点抓住他。［kʰuai tian kʰuai tian tʂua tʂu tʰa］

（以上由发音人代宇涵提供）

二　规定故事

牛郎和织女

很久以前哪，［xən³⁵tɕiou³⁵i²¹tɕʰian³⁵na⁰］

有这么村子啊，［iou²¹tʂɤ⁵¹mə⁰tʂʰuən³³tsʅ⁰a⁰］

有这么个小伙儿啊，［iou²¹tʂɤ⁵¹mə⁰kə⁰ɕiau³⁵xuɤr²¹a⁰］

这个，父母哇，都去世了。［tʂɤ⁵¹kə⁰，fu⁵¹mu²¹ua⁰，tou³⁵tɕʰy⁵¹ʂʅ⁵¹lə⁰］

剩他一个人哪，孤苦伶仃啊。［ʂəŋ⁵¹tʰa³³i³⁵kə⁰zən³⁵na⁰，ku³³fu²¹liŋ³⁵tiŋ³³ŋa⁰］

家里头呢,养了一头牛,[tɕia³³li²¹tʰou⁰nai⁰,iaŋ²¹lə⁰i⁵¹tʰou³⁵n̠iou³⁵]

这头牛呢,是个神牛。[tʂei⁵¹tʰou³⁵n̠iou³⁵n̠iɛ⁰,ʂʅ⁵¹kə⁰ʂən³⁵n̠iou³⁵]

啊,就是天上[a⁰,tɕiou⁵¹ʂʅ⁵¹tʰian³³ʂaŋ⁰]

那个叫金牛星啊,[na⁵¹kə⁰tɕiau⁵¹tɕin³³n̠iou³⁵ɕiŋ³³ŋa⁰]

这个牛呢,[tʂei⁵¹kə⁰n̠iou³⁵n̠iɛ⁰]

非常喜欢这个牛郎啊,[fei³³tʂʰaŋ³⁵ɕi²¹xuan³³tʂei⁵¹kə⁰n̠iou³⁵laŋ³⁵ŋa⁰]

它认为牛郎啊,[tʰa³³ʐən⁵¹uei⁰n̠iou³⁵laŋ³⁵a⁰]

能吃苦能耐哎哎耐劳啊,[nəŋ³⁵tʂʰʅ³³kʰu²¹nəŋ³⁵nai⁵¹ai⁰ai⁰nai⁵¹lau³⁵a⁰]

吃苦耐劳,非常能干。[tʂʰʅ³³kʰu²¹nai⁵¹lau³⁵,fei³³tʂʰaŋ³⁵nəŋ³⁵kan⁵¹]

它总想啊,[tʰa³³tsuŋ³⁵ɕiaŋ²¹a⁰]

帮这个牛郎啊,找个媳妇儿。[paŋ³³tʂɤ⁵¹kə⁰n̠iou³⁵laŋ³⁵ŋa⁰,tʂau²¹kə⁰ɕi²¹fər⁰]

有这么一天哪,[iou²¹tʂɤ⁵¹mə⁰i⁵¹tʰian³³na⁰]

这个,这个,呃,这个牛哇,[tʂɤ⁵¹kə⁰,tʂɤ⁵¹kə⁰,ə⁰,tʂɤ⁵¹kə⁰n̠iou³⁵ua⁰]

这个,金牛哇,就想起[tʂɤ⁵¹kə⁰,tɕin³³n̠iou³⁵ua⁰,tɕiou⁵¹ɕiaŋ³⁵tɕʰiɛ²¹¹]

就,就知道个事儿啊。[tɕiou⁵¹,tɕiou⁵¹tʂʅ³⁵tau⁵¹kə⁰ʂər⁵¹a⁰]

啊,就说这个天上仙女儿啊,[a⁰,tɕiou⁵¹ʂuɤ³³tʂɤ⁵¹kə⁰tʰian³³ʂaŋ⁰ɕian³³n̠yər²¹a⁰]

要下来上这个东湖哇,[iau⁵¹ɕia⁵¹lai⁰ʂaŋ⁵¹tʂei⁵¹kə⁰tuŋ³³xu³⁵ua⁰]

去洗澡儿啊。[tɕʰy⁵¹ɕi³⁵tʂaur²¹a⁰]

它就给这个牛郎啊,[tʰa³³tɕiou⁵¹kei²¹tʂɤ⁵¹kə⁰n̠iou³⁵laŋ³⁵ŋa⁰]

托了个梦啊。[tʰuɤ³³lə⁰kə⁰məŋ⁵¹a⁰]

告唤他,[kau⁵¹xuan⁰tʰa³³]告唤:告诉

第二天早上啊,[ti⁵¹ɐr⁵¹tʰian³³tsau²¹ʂaŋ⁰ŋa⁰]

啊,到这个,呃,湖边儿上去呀,[a⁰,tau⁵¹tʂɤ⁵¹kə⁰,ə⁰,xu³⁵piɐr³³ʂaŋ⁰tɕʰy⁵¹ia⁰]

啊,拿一件儿衣服啊,[a⁰,na³⁵i³⁵tɕiɐr⁵¹i³³fu⁰a⁰]

就往家跑哇,别回头啊。[tɕiou⁵¹uaŋ²¹tɕia³³pʰau²¹ua⁰,piɛ⁵¹xuei³⁵tʰou³⁵a⁰]

这些事儿它告唤了牛郎。[tɕiɛ⁵¹ɕiɛ³³ʂər⁵¹tʰa³³kau⁵¹xuan⁰lə⁰n̠iou³⁵laŋ³⁵]

这牛郎呢,睡醒觉儿,[tʂɤ⁵¹n̠iou³⁵laŋ³⁵n̠iɛ⁰,ʂuei⁵¹ɕiŋ²¹tɕiaur⁵¹]

第二天早晨呢,[ti⁵¹ɐr⁵¹tʰian³³tsau²¹ɕin⁰n̠iɛ⁰]

正往外走,[tʂəŋ⁵¹uaŋ²¹uai⁵¹tsou²¹³]

走的时候儿,[tsou²¹ti⁰ʂʅ³⁵xour⁰]

他就琢磨呀,[tʰa³³tɕiou⁵¹tʂuɤ³⁵mə⁰ia⁰]

这个,这个,是不是真事儿啊?[tʂɤ⁵¹kə⁰,tʂɤ⁵¹kə⁰,ʂʅ⁵¹pu⁰ʂʅ⁵¹tʂən³³ʂər⁵¹a⁰]

就边走边琢磨。[tɕiou⁵¹pian³³tsou²¹pian³³tʂuɤ³⁵mə⁰]

也快走到湖边儿了,[iɛ²¹kʰuai⁵¹tsou²¹tau⁵¹xu³⁵piɐr³³lə⁰]

再往那边儿一瞅,[tsai²¹uaŋ²¹na⁵¹piɐr³³i⁵¹tʂʰou²¹³]

哎呀,真有七个美女呀,［ai⁰ia⁰,tsən³³iou²¹tɕʰi³⁵kə⁰mei³⁵n̠y²¹ia⁰］

在那儿洗澡儿呢。［tai²¹nar⁵¹ɕi³⁵tʂaur²¹n̠iɛ⁰］

他到这个树跟前儿啊,［tʰa³³tau⁵¹tʂɤ⁵¹kə⁰ʂu⁵¹kən³³tɕʰiɐr³⁵a⁰］

挑了一个,［tʰiau³³lə⁰i³⁵kə⁰］

啊,这个,非常艳丽这个衣服哇,［a⁰,tʂɤ⁵¹kə⁰,fei³³tʂʰaŋ³⁵ian⁵¹li⁵¹tʂɤ⁵¹kə⁰i³³fu⁰ua⁰］

就往家跑。［tɕiou⁵¹uaŋ²¹tɕia³³pʰau²¹³］

他拿这个衣服,是谁的衣服呢?［tʰa³³na³⁵tʂei⁵¹kə⁰i³³fu⁰,ʂʅ⁵¹sei³⁵ti⁰i³³fu⁰nei⁰］

是织女的衣服。［ʂʅ⁵¹tʂʅ³³n̠y²¹ti⁰i³³fu⁰］

他就跑到家了,［tʰa³³tɕiou⁵¹pʰau²¹tau⁵¹tɕia³³lə⁰］

那个头也不回呀,这家伙的。［na⁵¹kə⁰tʰou³⁵iɛ²¹pu⁵¹xuei³⁵ia⁰,tʂɤ⁵¹tɕia³³xuə⁰tə⁰］

就寻思这个,［tɕiou⁵¹ɕin³⁵sʅ⁰tʂɤ⁵¹kə⁰］

这回能娶着媳妇儿啦,［tʂei⁵¹xuei³⁵nəŋ³⁵tɕʰy²¹tʂou⁰ɕi²¹fər⁰la⁰］

就往家跑。［tɕiou⁵¹uaŋ²¹tɕia³³pʰau²¹³］

等傍晚的时候儿呢,［təŋ³⁵paŋ⁵¹uan²¹ti⁰ʂʅ³⁵xour⁵¹nei⁰］

这个织女呀,［tʂɤ⁵¹kə⁰tʂʅ³³n̠y²¹ia⁰］

就到他家去敲门去了。［tɕiou⁵¹tau⁵¹tʰa³³tɕia³³tɕʰy⁵¹tɕʰiau³³mən³⁵tɕʰi⁵¹lə⁰］

一敲门呢,［i⁵¹tɕʰiau³³mən³⁵n̠iɛ⁰］

他就把门开开了。［tʰa³³tɕiou⁵¹pa²¹mən³⁵kʰai³³kʰai⁰lə⁰］

他俩呢,就成了夫妻。［tʰa³³lia²¹n̠iɛ⁰,tɕiou⁵¹tʂʰəŋ³⁵lə⁰fu³³tɕʰi³³］

恩爱夫妻,他俩成了。［ən³³ai⁵¹fu³³tɕʰi³³,tʰa³³lia²¹tʂʰəŋ³⁵lə⁰］

这个,一晃儿啊,［tʂɤ⁵¹kə⁰,i⁵¹xuãr²¹ŋa⁰］

这个时间哪,［tʂɤ⁵¹kə⁰ʂʅ³⁵tɕian³³na⁰］

就是,呃,三年,啊。［tɕiou⁵¹ʂʅ⁵¹,ə⁰,san³³n̠ian³⁵,a⁰］

这个牛郎跟织女呀,［tʂɤ⁵¹kə⁰n̠iou³⁵laŋ³⁵kən³³tʂʅ³³n̠y²¹ia⁰］

生了两个孩子。［ʂəŋ³³lə⁰liaŋ²¹kə⁰xai³⁵tsʅ⁰］

一个男的,一个女的,啊。［i³⁵kə⁰nan³⁵ti⁰,i³⁵kə⁰n̠y²¹ti⁰,a⁰］

这个小家庭啊,［tʂɤ⁵¹kə⁰ɕiau²¹tɕia³³tʰiŋ³⁵ŋa⁰］

过得非常好啊,［kuɤ⁵¹ti⁰fei³³tʂʰaŋ³⁵xau²¹a⁰］

风风火火吧,就是,啊。［fəŋ³³fəŋ³³xuɤ³⁵xuɤ²¹pa⁰,tɕiou⁵¹ʂʅ⁵¹,a⁰］

这个牛郎种地,啊,［tʂɤ⁵¹kə⁰n̠iou³⁵laŋ³⁵tsuŋ⁵¹ti⁵¹,a⁰］

织、织女呢,［tʂʅ³³、tʂʅ³³n̠y²¹nai⁰］

待家这个,这个,又,［tai²¹tɕia³³tʂɤ⁵¹kə⁰,tʂɤ⁵¹kə⁰,iou⁵¹］

这个照顾家务啊,［tʂɤ⁵¹kə⁰tʂau⁵¹ku⁵¹tɕia³³u⁵¹a⁰］

又、又、又织布的啊。［iou⁵¹、iou⁵¹、iou⁵¹tʂʅ³³pu⁵¹ti⁰a⁰］

非常不错,［fei³³tʂʰaŋ³⁵pu³⁵tʂuɤ⁵¹］

这小日子过得非常红火,啊。［tʂɤ⁵¹ɕiau²¹ zˌˌ⁵¹tʂˌʅ⁰kuɤ⁵¹ti⁰fei³³tʂʰaŋ³⁵xuŋ³⁵xuɤ²¹,a⁰］

有这么一天哪,就是这个,［iou²¹tʂɤ⁵¹mə⁰i⁵¹tʰian³³na⁰,tɕiou⁵¹ʂˌ⁵¹tʂɤ⁵¹kə⁰］

呃,天上啊,这个电闪雷鸣啊。［ɤ³³,tʰian³³ʂaŋ⁰ŋa⁰,tʂɤ⁵¹kə⁰tian⁵¹ʂan²¹lei³⁵miŋ³⁵ŋa⁰］

就,就,就,又刮风又下雨的,［tɕiou⁵¹,tɕiou⁵¹,tɕiou⁵¹,iou⁵¹kua²¹fəŋ³³iou⁵¹ɕia⁵¹y²¹ti⁰］

啊,这阵刮呀。［a⁰,tʂei⁵¹tʂən⁵¹kua²¹ia⁰］

完了,这个这个,［uan³⁵lə⁰,tʂɤ⁵¹kə⁰tʂɤ⁵¹kə⁰］

就把这个织女呀,［tɕiou⁵¹pa²¹tʂei⁵¹kə⁰tʂˌʅ³³n̠y²¹ia⁰］

就给刮没了。［tɕiou⁵¹kei³⁵kua²¹ mei³⁵lə⁰］

这怎么刮没了呢?［tsə⁵¹tsən²¹mə⁰kua²¹mei³⁵lə⁰n̠iɛ⁰］

让人天上给抓去了,啊。［iaŋ⁵¹in³⁵tʰian³³ʂaŋ⁰kei²¹tʂua³³tɕʰi⁵¹lə⁰,a⁰］

因为这个织女吧,［in³³uei⁰tʂɤ⁵¹kə⁰tʂˌʅ³³n̠y²¹pa⁰］

她是犯了天条了。［tʰa³³ʂ̩⁵¹fan⁵¹lə⁰tʰian³³tʰiau³⁵lə⁰］

她下界,嫁给这个民间,［tʰa³³ɕia⁵¹tɕiɛ⁵¹,tɕia⁵¹kei²¹tʂɤ⁵¹kə⁰min³⁵tɕian³³］

不行,不允许。［pu⁵¹ɕiŋ³⁵,pu⁵¹yn³⁵ɕy²¹³］

这就给抓走了。［tʂɤ⁵¹tɕiou⁵¹kei²¹tʂua³³tʂou²¹lə⁰］

这个,孩子呢,［tʂɤ⁵¹kə⁰,xai³⁵tsˌʅ⁰n̠i⁰］

一看,这个他妈没了。［i³⁵kʰan⁵¹,tʂɤ⁵¹kə⁰tʰa³³ma³³mei³⁵lə⁰］

啊,这个牛郎呢,也找媳妇儿,［a⁰,tʂɤ⁵¹kə⁰n̠iou³⁵laŋ³⁵n̠iɛ⁰,iɛ³⁵tʂau³⁵ɕi²¹fər⁰］

这孩子哭,［tʂɤ⁵¹xai³⁵tsˌʅ⁰kʰu³³］

这个,这这,［tʂɤ⁵¹kə⁰,tʂɤ⁵¹tʂɤ⁵¹］

掌柜的也就是着急上火的,［tʂaŋ²¹kuei⁵¹ti⁰iɛ²¹tɕiou⁵¹ʂˌʅ⁵¹tʂau³³tɕi³⁵ʂaŋ⁵¹xuɤ²¹ti⁰］

这怎么整呢?［tʂɤ⁵¹tsən²¹mə⁰tʂəŋ²¹n̠iɛ⁰］

正在这儿琢磨呢,［tʂəŋ⁵¹tai²¹tʂɤr⁵¹tʂuɤ³⁵mə⁰n̠iɛ⁰］

这个,这个,老牛,又说话了:［tʂɤ⁵¹kə⁰,tʂɤ⁵¹kə⁰,lau²¹n̠iou³⁵,iou⁵¹ʂuɤ³³xua⁵¹lə⁰］

"啊,你把我的角,啊,拿下来,［"a⁰,n̠i³⁵pa³⁵uɤ²¹ti⁰tɕiau²¹³,a⁰,na³⁵ɕia⁵¹lai³⁵］

呃,变成两个筐,你,你驮着,［ə⁰,pian⁵¹tʂʰəŋ³⁵liaŋ²¹kə⁰kʰuaŋ³³,n̠i²¹,n̠i²¹tʰuɤ³⁵tsə⁰］

把孩子装到这个筐里呀,［pa²¹xai³⁵tsˌʅ⁰tʂuaŋ³³tau⁵¹tʂɤ⁵¹kə⁰kʰuaŋ³³li²¹ia⁰］

就,奔天庭去追织女。"［tɕiou⁵¹,pən⁵¹tʰian³³tʰiŋ³⁵tɕʰy⁵¹tʂuei³³tʂˌʅ³³n̠y²¹³。"］

这个牛郎寻思,［tʂɤ⁵¹kə⁰n̠iou³⁵laŋ³⁵ɕin³⁵sˌʅ⁰］

这个角,长上挺结实的,［tʂɤ⁵¹kə⁰tɕia²¹³,tʂaŋ²¹ʂaŋ⁰tʰiŋ²¹tɕiɛ³³ʂˌʅ⁰ti⁰］

怎么往下拿呀?［tsən²¹mə⁰uaŋ²¹ɕia⁵¹na³⁵ia⁰］

正在这儿琢磨的时候儿呢,［tʂəŋ⁵¹tsai²¹tʂɤr⁵¹tʂuɤ³⁵mə⁰ti⁰ʂˌʅ³⁵xour⁰n̠iɛ⁰］

这牛角自动就掉地下了,［tʂɤ⁵¹n̠iou³⁵tɕia²¹tsˌʅ⁵¹tuŋ⁵¹tɕiou⁵¹tiau⁵¹ti⁵¹ɕia⁰lə⁰］

一下就变成两个箩筐。［i³⁵ɕia⁵¹tɕiou⁵¹pian⁵¹tʂʰəŋ³⁵liaŋ²¹kə⁰luɤ³⁵kʰuaŋ³³］

哎，这个牛郎呢，［ ai⁰, tʂɤ⁵¹kə⁰ȵiou³⁵laŋ³⁵ȵiɛ⁰ ］

就把这个，啊，两个孩子呢，［ tɕiou⁵¹pa²¹tʂə⁰kə⁰, a⁰, liaŋ²¹kə⁰xai³⁵tsʅ⁰ȵiɛ⁰ ］

就装到这个箩筐里头。［ tɕiou⁵¹tʂuaŋ³³tau⁵¹tʂɤ⁵¹kə⁰luɤ³⁵kʰuaŋ³³li²¹tʰou⁰ ］

啊，前边儿一个，后边儿一个。［ a⁰, tɕʰian³⁵piɐr³³i³⁵kə⁰, xou⁵¹piɐr³³i³⁵kɤ⁵¹ ］

啊，搁扁担一挑。［ a⁰, kau³⁵pian²¹tan⁰i⁵¹tʰiau³³ ］

这个，这个，呃，［ tʂɤ⁵¹kə⁰, tʂɤ⁵¹kə⁰, ə⁰ ］

来了一阵哪，清风啊。［ lai³⁵lə⁰i³⁵tʂən⁵¹na⁰, tɕʰiŋ³³fəŋ³³ŋa⁰ ］

就像这个箩筐啊［ tɕiou⁵¹ɕiaŋ⁵¹tʂɤ⁵¹kə⁰luɤ³⁵kʰuaŋ³³ŋa⁰ ］

长了翅膀儿似的，［ tʂaŋ²¹lə⁰tʂʰʅ¹¹pãr²¹ʂʅ⁵¹ti⁰ ］

就往空中飞去呀。［ tɕiou⁵¹uaŋ²¹kʰuŋ³³tʂuŋ³³fei³³tɕʰy⁵¹ia⁰ ］

这个，越飞越快呀，［ tʂɤ⁵¹kə⁰, yɛ⁵¹fei³³yɛ⁵¹kʰuai⁵¹ia⁰ ］

这个，［ tʂɤ⁵¹kə⁰ ］

眼瞅着就追上织女了。［ ian³⁵tʂʰou²¹tʂə⁰tɕiou⁵¹tʂuei³³ʂaŋ⁵¹tʂʅ³³ȵy²¹lə⁰ ］

这让王母娘娘发现了，［ tʂɤ⁵¹iaŋ⁵¹uaŋ³⁵mu²¹ȵiaŋ³⁵ȵiaŋ⁰fa³³ɕian⁵¹lə⁰ ］

这下坏了。［ tʂei⁵¹ɕia⁵¹xuai⁵¹lə⁰ ］

奔脑袋上［ pən⁵¹nau²¹tai⁰ʂaŋ⁰ ］

拿下这个金簪子啊，［ na³⁵ɕia⁵¹tʂɤ⁵¹kə⁰tɕin³³tsan³³ tsʅ⁰a⁰ ］

顺，顺他俩这个中间哪，［ suən⁵¹, suən⁵¹tʰa³³lia²¹tʂɤ⁵¹kə⁰tʂuŋ³³tɕian³³na⁰ ］

就划了一道，［ tɕiou⁵¹xua³⁵lə⁰i³⁵tau⁵¹ ］

这个叫是天河呀。［ tʂɤ⁵¹kə⁰tɕiau⁵¹ʂʅ⁵¹tʰian³³xɤ³⁵ia⁰ ］

这个水呀，［ tʂɤ⁵¹kə⁰suei²¹ia⁰ ］

滚滚的大浪，贼大。［ kuən³⁵kuən²¹ti⁰ta⁵¹laŋ⁵¹, tsei³⁵ta⁵¹ ］

啊，这个宽得，［ a⁵¹, tʂɤ⁵¹kə⁰kʰuan³³ti⁰ ］

就是，对面你都看不着哇。［ tɕiou⁵¹ʂʅ⁵¹, tuei⁵¹mian⁵¹ȵi²¹tou³⁵kʰan⁵¹pu⁵¹tʂau³⁵ua⁰ ］

这个喜鹊呢，这个对他俩呀，［ tʂɤ⁵¹kə⁰ɕi²¹tɕʰyɛ⁵¹nei⁰, tʂɤ⁵¹kə⁰tuei⁵¹tʰa³³lia²¹ia⁰ ］

就比较这个，［ tɕiou⁵¹pi³⁵tɕiau²¹tʂɤ⁵¹kə⁰ ］

啊，就是怎么说呢？［ a⁰, tɕiou⁵¹ʂʅ⁵¹tsən²¹mə⁰ʂuɤ³³ȵiɛ⁰ ］

这个喜鹊，［ tʂɤ⁵¹kə⁰ɕi²¹tɕʰyɛ⁵¹ ］

这个一看他俩这个，［ tʂɤ⁵¹kə⁰i³⁵kʰan⁵¹tʰa³³lia²¹tʂɤ⁵¹kə⁰ ］

这种情况儿，啊，让这个，［ tʂei⁵¹tʂuŋ²¹tɕʰiŋ³⁵kʰuãr⁵¹, a⁰, iaŋ⁵¹tʂɤ⁵¹kə⁰ ］

人给隔开了，［ in³⁵kei²¹kɤ³⁵kʰai³³lə⁰ ］

也，也挺那个什么的。［ iɛ³⁵, iɛ³⁵tʰiŋ²¹nɤ⁵¹kə⁰ʂən³⁵mə⁰ti⁰ ］

就是，每年七月七呀，［ tɕiou⁵¹ʂʅ⁵¹, mei²¹ȵian³⁵tɕʰi³⁵yɛ⁵¹tɕʰi³³ia⁰ ］

就是成千上万的［ tɕiou⁵¹ʂʅ⁵¹tʂʰəŋ³⁵tɕʰian³³ʂaŋ⁵¹uan⁵¹ti⁰ ］

这个喜鹊呀，［tʂɣ⁵¹kə⁰ɕi²¹ tɕʰyɛ⁵¹ia⁰］

就飞到这个天河上啊，［tɕiou⁵¹fei³³tau⁵¹tʂɣ⁵¹kə⁰tʰian³³xɣ³⁵ʂaŋ⁵¹a⁰］

啊，一个衔一个的尾巴，［a⁰,i³⁵kɣ⁵¹ɕian³³i³⁵kɣ⁵¹ti⁰i²¹pa⁰］

搭成啊，一座儿呀，［ta³³tʂʰəŋ³⁵a⁰,i⁵¹tsuɣ²¹ia⁰］

这个非常大的这座桥。［tʂɣ⁵¹kə⁰fei³³tʂʰaŋ³⁵ta⁵¹ti⁰tʂei⁵¹tsuɣ²¹tɕʰiau³⁵］

啊，让这个牛郎跟织女呀，［a⁵¹,iaŋ⁵¹tʂɣ⁵¹kə⁰ȵiou³⁵laŋ³⁵kən³³tʂʅ³³ȵy²¹ia⁰］

每年七月七的时候儿呢，［mei²¹ȵian³⁵tɕʰi³⁵yɛ⁵¹tɕʰi³³ti⁰ʂʅ³⁵xour⁰nə⁰］

都在这个桥顶儿上相会，［tou³⁵tsai²¹tʂei⁵¹kɣ⁵¹tɕʰiau³⁵tiə̃r²¹ʂaŋ⁰ɕiaŋ³³xuei⁵¹］

团聚。［tʰuan³⁵tɕy⁵¹］

这就是牛郎织女的故事。［tʂɣ⁵¹tɕiou⁵¹ʂʅ⁵¹ȵiou³⁵laŋ³⁵tʂʅ³³ȵy²¹ti⁰ku⁵¹ʂʅ⁰］

（以上由发音人王世海提供）

三　其他故事

（一）恐龙的故事

我给大家讲一个［uɣ²⁴kei²¹ta⁵³tɕia⁴⁴tɕiaŋ²¹i²⁴kə⁰］

恐龙的故事。［kʰuŋ²¹luŋ²⁴tə⁰ku⁵³ʂʅ⁰］

嘉荫是一个平静的小镇。［tɕia⁴⁴in⁴⁴ʂʅ⁵³i²⁴kə⁰pʰiŋ²⁴tɕiŋ⁵³tə⁰ɕiau²¹tʂən⁵³］

可是这里以前［kʰɣ²¹ʂʅ⁵³tʂɣ⁵³li²⁴i²¹tɕian²⁴］

可是恐龙的王国。［kʰɣ²¹ʂʅ⁵³kʰuŋ²¹luŋ²⁴tə⁰uaŋ²⁴kuɣ²⁴］

这里的气候特别好，［tʂɣ⁵³li²¹tə⁰tɕʰi⁵³xou⁰tʰɣ²¹piɛ²⁴xau²¹²］

所以恐龙在这里［suɣ²⁴i²¹kʰuŋ²¹luŋ²⁴tsai⁵³tʂɣ⁵³li²¹］

繁衍了一代又一代。［fan²⁴ian²¹lə⁰i²⁴tai⁵³iou⁵³i²⁴tai⁵³］

直到最后［tʂʅ²⁴tau⁵³tsuei⁵³xou⁵³］

自然环境发生了变化，［tsʅ⁵³ʐan²⁴xuan²⁴tɕiŋ⁵³fa⁴⁴ʂəŋ⁴⁴lə⁰pian⁵³xua⁵³］

它们才灭绝的。［tʰa⁴⁴mən⁴⁴tsʰai⁴⁴miɛ⁵³tɕyɛ²⁴tə⁰］

嘉荫有一座小山，［tɕia⁴⁴in⁴⁴iou²¹i²⁴tsuɣ⁵³ɕiau²¹ʂan⁴⁴］

叫龙骨山。［tɕiau⁵³luŋ²⁴ku²¹ʂan⁴⁴］

这座山外貌平平，很矮小。［tʂɣ⁵³tsuɣ⁵³ʂan⁴⁴uai⁵³mau⁵³pʰiŋ²⁴pʰiŋ²⁴,xən²¹ai²⁴ɕiau²¹²］

可是这里，［kʰɣ²¹ʂʅ⁵³tʂɣ⁵³li²¹²］

可是嘉荫人发现恐龙，［kʰɣ²¹ʂʅ⁵³tɕia⁴⁴in⁴⁴ʐən²⁴fa⁴⁴ɕian⁵³kʰuŋ²¹luŋ²⁴］

探究恐龙的来源。［tʰan⁵³tɕiou⁴⁴kʰuŋ²¹luŋ²⁴tə⁰lai²⁴yan²⁴］

人们在下大雨后，［ʐ̩ən²⁴mən²⁴tsai⁵³ɕia⁵³ta⁵³y²¹xou⁵³］

或者在江水退潮后，［xuɤ⁵³tʂɤ²¹tsai⁵³tɕiaŋ⁴⁴ʂuei²¹tʰuei⁵³tʂʰau²⁴xou⁵³］

总是会发现龙骨山上［tsuŋ²¹ʂʅ⁵³xuei⁵³fa⁴⁴ɕian⁵³luŋ²⁴ku²¹ʂan⁴⁴ʂaŋ⁵³］

有很多的大块的化石。［iou²⁴xən²¹tuɤ⁴⁴tə⁰ta⁵³kʰuai⁵³tə⁰xua⁵³ʂʅ²⁴］

这些化石不像是［tʂɤ⁵³ɕiɛ⁴⁴xua⁵³ʂʅ²⁴pu²⁴ɕiaŋ⁵³ʂʅ⁵³］

普通动物的化石，［pʰu²¹tʰuŋ⁴⁴tuŋ⁵³u⁵³tə⁰xua⁵³ʂʅ²⁴］

它们是很巨大的。［tʰa⁴⁴mən⁰ʂʅ⁵³xən²¹tɕy⁵³ta⁵³tə⁰］

后来经过探究才知道［xou⁵³lai²⁴tɕiŋ⁴⁴kuɤ⁵³tʰan⁵³tɕiou⁴⁴tsʰai²⁴tʂʅ⁴⁴tau⁵³］

它们是恐龙的化石，［tʰa⁴⁴mən⁰ʂʅ⁵³kʰuŋ²¹luŋ²⁴tə⁰xua⁵³ʂʅ²⁴］

人们叫它龙骨。［ʐən²⁴mən⁴⁴tɕiau⁵³tʰa⁴⁴luŋ²⁴ku²¹²］

后来我们国家［xou⁵³lai²⁴uɤ²¹mən⁰kuɤ²⁴tɕia⁴⁴］

也组成了一个探究小队，［iɛ²⁴tsu²¹tʂʰəŋ²⁴lə⁰i²⁴kə⁰tʰan⁵³tɕiou⁴⁴ɕiau²¹tuei⁵³］

在龙骨山上挖掘化石。［tsai⁵³luŋ²⁴ku²¹ʂan⁴⁴ʂaŋ⁵³ua⁴⁴tɕyɛ²⁴xua⁵³ʂʅ²⁴］

经过了两年的时间，［tɕiŋ⁴⁴kuɤ⁵³lə⁰liaŋ²¹n̢ian²⁴tə⁰ʂʅ²⁴tɕian⁴⁴］

我们组成了［uɤ²¹mən²⁴tsu²¹tʂʰəŋ²⁴lə⁰］

一个鸭嘴龙的恐龙骨架，［i²⁴kə⁰ia⁴⁴tsuei²¹luŋ²⁴tə⁰kʰuŋ²¹luŋ²⁴ku²¹tɕia⁵³］

并且成立了［piŋ⁵³tɕʰiɛ²¹tʂʰəŋ²⁴li⁵³lə⁰］

一个恐龙的化石博物馆，［i²⁴kə⁰kʰuŋ²¹luŋ²⁴tə⁰xua⁵³ʂʅ²⁴pɤ²⁴u⁵³kuan²¹²］

这个骨架呀，［tʂɤ⁵³kə⁰ku²¹tɕia⁵³ia⁰］

就在化石博物馆里展出。［tɕiou⁵³tsai⁵³xua⁵³ʂʅ²⁴pɤ²⁴u⁵³kuan²⁴li²⁴tʂan²¹tʂʰu⁴⁴］

恐龙博物馆里面［kʰuŋ²¹luŋ²⁴pɤ²⁴u⁵³kuan²⁴li²¹mian⁵³］

还有许多的化石，［xai²⁴iou²⁴ɕy²¹tuɤ⁴⁴tə⁰xua⁵³ʂʅ²⁴］

有霸王龙的，有鸭嘴龙的，［iou²¹pa⁵³uaŋ²⁴luŋ²⁴tə⁰，iou²¹ia⁴⁴tsuei²¹luŋ²⁴tə⁰］

还有甲龙的。［xai²⁴iou²⁴tɕia²¹luŋ²⁴tə⁰］

这里还建了一个灯塔。［tʂɤ⁵³li²¹xai²⁴tɕian⁵³lə⁰i²⁴kɤ⁵³təŋ⁴⁴tʰa²¹²］

很多的小孩儿［xən²¹tuɤ⁴⁴tə⁰ɕiau²¹xɚ²⁴］

都喜欢来这里玩。［tou⁴⁴ɕi²¹xuan⁴⁴lai²⁴tʂɤ⁵³li²¹uan²⁴］

嘉荫也有恐龙之乡的称号，［tɕia⁴⁴in⁴⁴iɛ²⁴iou²¹kʰuŋ²¹luŋ²⁴tʂʅ⁴⁴ɕiaŋ⁴⁴tə⁰tʂʰəŋ⁴⁴xau⁵³］

声名也传得越来越远，［ʂəŋ⁴⁴miŋ²⁴iɛ²¹tʂʰuan²⁴tə⁰yɛ⁵³lai²⁴yɛ⁵³yan²¹²］

吸引了很多游客的目光，［ɕi⁴⁴in²¹lə⁰xən²¹tuɤ⁴⁴iou²⁴kʰɤ⁵³tə⁰mu⁵³kuaŋ⁴⁴］

人们都到这里来玩，［ʐən²⁴mən⁴⁴tou⁴⁴tau⁵³tʂɤ⁵³li²¹lai²⁴uan²⁴］

嗯，逛龙，逛龙塔，走龙运。［ən⁴⁴，kuaŋ⁵³luŋ²⁴，kuaŋ⁵³luŋ²⁴tʰa²¹²，tsou²¹luŋ²⁴yn⁵³］

这就是恐龙的故事。［tʂɤ⁵³tɕiou⁵³ʂʅ⁵³kʰuŋ²¹luŋ²⁴tə⁰ku⁵³ʂʅ⁰］

（有删减）

（以上由发音人代宇涵提供）

（二）黑龙江的传说

我今天给大家讲一个故事，[uɤ²¹tɕin³³tʰian³³kei²¹ta⁵³tɕia³³tɕiaŋ²¹i²⁴kə⁰ku⁵³ʂʅ⁰]

是关于[ʂʅ⁵³kuan³³y²⁴]

这个黑龙江的传说。[tʂei⁵³kə⁰xei³³luŋ²⁴tɕiaŋ³³tə⁰tʂʰuan²⁴ʂuɤ³³]

其实呢，这个黑龙江呢，[tɕʰi²⁴ʂʅ²⁴nə⁰,tʂei⁵³kə⁰xei³³luŋ²⁴tɕiaŋ³³nə⁰]

以前它不叫黑龙江，[i²¹tɕʰian²⁴tʰa³³pu²⁴tɕiau⁵³xei³³luŋ²⁴tɕiaŋ³³]

其实呢，它叫白龙江。[tɕʰi²⁴ʂʅ²⁴nə⁰,tʰa³³tɕiau⁵³pai²⁴luŋ²⁴tɕiaŋ³³]

这是怎么回事儿呢？[tʂɤ⁵³ʂʅ⁵³tsən²¹mə⁰xuei²⁴ʂər⁵³nə⁰]

其实老话儿是这么讲的。[tɕʰi²⁴ʂʅ²⁴lau²¹xuar⁵³ʂʅ⁵³tʂɤ⁵³mə⁰tɕiaŋ²¹tə⁰]

说在那个，以前哪，[ʂuɤ³³tsai⁵³nei⁵³kə⁰,i²¹tɕʰian²⁴na⁰]

就在山东，[tɕiou⁵³tsai⁵³ʂan³³tuŋ³³]

住着一个，一对兄妹。[tʂu⁵³tʂə⁰i²⁴kə⁰,i²⁴tuei⁵³ɕyŋ³³mei⁵³]

啊，这个哥哥和妹妹，[a⁰,tʂei⁵³kə⁰kɤ³³kə⁰xɤ²⁴mei⁵³mei⁰]

这个，额，妹妹呢，叫李姐。[tʂei⁵³kə⁰,ə⁰,mei⁵³mei⁰nə⁰,tɕiau⁵³li²⁴tɕiɛ²¹¹]

然后呢，有一天，[ʐan²⁴xou⁵³nə⁰,iou²¹i⁵³tʰian³³]

这个哥哥就出门了。[tʂei⁵³kə⁰kɤ³³kə⁰tɕiou⁵³tʂʰu³³mən²⁴lə⁰]

然后，妹妹呢，[ʐan²⁴xou⁵³,mei⁵³mei⁰nə⁰]

她就想去上那个河，[tʰa³³tɕiou⁵³ɕiaŋ²¹tɕʰy⁵³ʂaŋ⁵³nei⁵³kə⁰xɤ²⁴]

江边儿那儿[tɕiaŋ³³piɐr³³nar⁵³]

去洗衣服去。[tɕʰy⁵³ɕi²¹i³³fu⁰tɕʰy⁵³]

然后洗着洗着呢，[ʐan²⁴xou⁵³ɕi²¹tʂə⁰ɕi²¹tʂə⁰nə⁰]

她就感觉，那个，累了。[tʰa³³tɕiou⁵³kan²¹tɕyɛ²⁴,nei⁵³kə⁰,lei⁵³lə⁰]

然后，她就赶紧[ʐan²⁴xou⁵³,tʰa³³tɕiou⁵³kan²⁴tɕin²¹]

她就睡了，睡着了。[tʰa³³tɕiou⁵³ʂuei⁵³lə⁰,ʂuei⁵³tʂau²⁴lə⁰]

然后，睡着了之后，[ʐan²⁴xou⁵³,ʂuei⁵³tʂau²⁴lə⁰tʂʅ³³xou⁵³]

她就感觉肚子特别不舒服。[tʰa³³tɕiou⁵³kan²¹tɕyɛ²⁴tu⁵³tsʅ⁰tʰɤ⁵³piɛ²⁴pu⁵³ʂu³³fu⁰]

她赶紧收拾收拾东西，[tʰa³³kan²⁴tɕin²¹ʂou³³ʂʅ⁰ʂou³³ʂʅ⁰tuŋ³³ɕi⁰]

她就回家了。[tʰa³³tɕiou⁵³xuei²⁴tɕia³³lə⁰]

回家之后呢，[xuei²⁴tɕia³³tʂʅ³³xou⁵³nə⁰]

她这个就感觉，[tʰa³³tʂei⁵³kə⁰tɕiou⁵³kan²¹tɕyɛ²⁴]

她这身体[tʰa³³tʂei⁵³ʂən³³tʰi²¹]

就不一样儿了跟以前，[tɕiou⁵³pu²⁴i²⁴iãr⁵³lə⁰kən³³i²¹tɕʰian²⁴]

就感觉肚子[tɕiou⁵³kan²¹tɕyɛ²⁴tu⁵³tsʅ⁰]

怎么越来越大了呢？[tsən²¹mə⁰yɛ⁵³lai²⁴yɛ⁵³ta⁵³lə⁰nə⁰]

然后又过了一段时间呢，［ʐan²⁴xou⁵³iou⁵³kuɤ⁵³lə⁰i²⁴tuan⁵³ʂʅ²⁴tɕian³³nə⁰］

这个李姐呢，［tʂɤ⁵³kə⁰li²⁴tɕiɛ²¹nə⁰］

就生下来一个小黑龙儿。［tɕiou⁵³ʂəŋ³³ɕia⁰lai⁰i²⁴kə⁰ɕiau²¹xei³³lūr²⁴］

这个李姐［tʂei⁵³kə⁰li²⁴tɕiɛ²¹］

就感觉特别地奇怪呀，［tɕiou⁵³kan²¹tɕyɛ²⁴tʰɤ⁵³piɛ²⁴tə⁰tɕʰi²⁴kuai⁵³ia⁰］

感觉那个也、也非常地害羞，［kan²¹tɕyɛ²⁴nei⁵³kə⁰iɛ²¹、iɛ²¹fei³³tʂʰaŋ²⁴tə⁰xai⁵³ɕiou³³］

我就怎么生了一个怪物儿呢？［uɤ²¹tɕiou⁵³tsən²¹mə⁰ʂəŋ³³lə⁰i²⁴kə⁰kuai⁵³ur⁵³nə⁰］

她就整天［tʰa³³tɕiou⁵³tʂəŋ²¹tʰian³³］

她心里头也、也不舒服。［tʰa³³ɕin³³li²¹tʰou⁰iɛ²¹、iɛ²¹pu⁵³ʂu³³fu⁰］

后来呢，［xou⁵³lai²⁴nə⁰］

但是这也是她自己的孩子呀。［tan⁵³ʂʅ⁵³tʂɤ⁵³iɛ²¹ʂʅ⁵³tʰa³³tsʅ⁵³tɕi²¹tə⁰xai²⁴tsʅ⁰ia⁰］

然后她每天呢，［ʐan²⁴xou⁵³tʰa³³mei²¹tʰian³³nə⁰］

她就给这个小黑龙儿，喂奶。［tʰa³³tɕiou⁵³kei²¹tʂei⁵³kə⁰ɕiau²¹xei³³lūr²⁴，uei⁵³nai²¹¹］

可是这个小黑龙儿呢，［kʰɤ²¹ʂʅ⁵³tʂei⁵³kə⁰ɕiau²¹xei³³lūr²⁴nə⁰］

每次他吃完奶之后，［mei²¹tsʰʅ⁵³tʰa³³tʂʅ³³uan²⁴nai²¹tʂʅ³³xou⁵³］

他就跑出去了。［tʰa³³tɕiou⁵³pʰau²¹tʂʰu³³tɕy⁵³lə⁰］

晚上的时候儿呢，［uan²¹ʂaŋ⁰ti⁰ʂʅ²⁴xour⁰nə⁰］

他又回来吃奶。［tʰa³³iou⁵³xuei²⁴lai⁰tʂʅ³³nai²¹¹］

然后，过了一段儿时间呢，［ʐan²⁴xou⁵³，kuɤ⁵³lə⁰i²⁴tuɐr⁵³ʂʅ²⁴tɕian³³nə⁰］

她这个哥哥就回来了。［tʰa³³tʂei⁵³kə⁰kɤ³³kə⁰tɕiou⁵³xuei²⁴lai⁰lə⁰］

回来也觉得［xuei²⁴lai⁰iɛ²¹tɕyɛ²⁴tə⁰］

这个事情很奇怪呀，［tʂei⁵³kə⁰ʂʅ⁵³tɕʰiŋ⁰xən²¹tɕʰi²⁴kuai⁵³ia⁰］

你说怎么，［ȵi²¹ʂɤ³³tsən²¹mə⁰］

这人还能生出来一个龙呢？［tʂei⁵³ʐən²⁴xai⁵³nəŋ²⁴ʂəŋ³³tʂʰu³³lai⁰i²⁴kə⁰luŋ²⁴nə⁰］

就感觉这，［tɕiou⁵³kan²¹tɕyɛ²⁴tʂɤ⁵³］

这肯定是有啥事儿。［tʂɤ⁵³kʰən²¹tiŋ⁵³ʂʅ⁵³iou²¹ʂa²⁴ʂər⁵³］

然后，他就想，那个想办法，［ʐan²⁴xou⁵³，tʰa³³tɕiou⁵³ɕiaŋ²¹¹，nei⁵³kə⁰ɕiaŋ²¹pan⁵³fa⁰］

想把这小黑龙给整死。［ɕiaŋ²⁴pa²¹tʂei⁵³ɕiau²¹xei³³luŋ²⁴kei²¹tʂəŋ²⁴sʅ²¹¹］

有一天，［iou²¹i⁵³tʰian³³］

他趁着这个小黑龙儿不注意，［tʰa³³tʂʰən⁵³tʂə⁰tʂei⁵³kə⁰ɕiau²¹xei³³lūr²⁴pu²⁴tʂu⁵³i⁵³］

然后他就那个，［ʐan²⁴xou⁵³tʰa³³tɕiou⁵³nei⁵³kə⁰］

拿了藏了一把刀，［na²⁴lə⁰tsʰaŋ²⁴lə⁰i⁵³pa²¹tau³³］

趁那个小黑龙儿不注意，［tʂʰən⁵³nei⁵³kə⁰ɕiau²¹xei³³lūr²⁴pu²⁴tʂu⁵³i⁵³］

他就向那个小黑龙儿，［tʰa³³tɕiou⁵³ɕiaŋ⁵³nei⁵³kə⁰ɕiau²¹xei³³lūr²⁴］

砍过去了。［kʰan²¹kuɤ⁵³tɕʰy⁰lə⁰］

然后这个小黑龙儿 [ʐan²⁴xou⁵³tʂei⁵³kə⁰ɕiau²¹xei³³lūr²⁴]

也是拼命地往外逃。[iɛ²¹ʂʅ⁵³pʰin³³miŋ⁵³tə⁰uaŋ⁵³uai⁵³tʰau²⁴]

但是呢,[tan⁵³ʂʅ⁵³nə⁰]

就把这小黑龙的尾巴 [tɕiou⁵³pa²¹tʂei⁵³ɕiau²¹xei³³luŋ²⁴tə⁰i²¹pa⁰]

就给砍掉了。[tɕiou⁵³kei²¹kʰan²¹tiau⁵³lə⁰]

然后这姐姐就特别地,[ʐan²⁴xou⁰tʂei⁵³tɕiɛ²¹tɕiɛ⁰tɕiou⁵³tʰɤ⁵³piɛ²⁴tə⁰] 姐姐:口误,应为"妹妹"

这个叫李姐这个 [tʂei⁵³kə⁰tɕiau⁵³li²⁴tɕiɛ²¹tʂei⁵³kə⁰]

就特别地伤心。[tɕiou⁵³tʰɤ⁵³piɛ²⁴ tə⁰ʂaŋ³³ɕin³³]

这毕竟是自己的孩子呀,[tʂɤ⁵³pi⁵³tɕiŋ⁵³ʂʅ⁵³tsʅ⁵³tɕi²¹tə⁰xai²⁴tsʅ⁰ia⁰]

被她哥哥给砍,砍,砍坏了。[pei⁵³tʰa³³kɤ³³kə⁰kei²⁴kʰan²¹¹,kʰan²¹¹,kʰan²¹xuai⁵³lə⁰]

然后后来那个,[ʐan²⁴xou⁵³xou⁵³lai²⁴nei⁵³kə⁰]

这个事情呢,[tʂɤ⁵³kə⁰ʂʅ⁵³tɕʰiŋ²⁴nə⁰]

反正过一段儿时间 [fan²¹tʂəŋ⁵³kuɤ⁵³i²⁴tuɐr⁵³ʂʅ²⁴tɕian³³]

也就过去了。[iɛ²¹tɕiou⁵³ kuɤ⁵³tɕʰi⁵³lə⁰]

又过了一年春天的时候儿,[iou⁵³kuɤ⁵³lə⁰i⁵³ȵian²⁴tʂʰuən³³tʰian³³tə⁰ʂʅ²⁴xour⁰]

在江边儿吧,[tsai⁵³tɕiaŋ³³piɐr³³pa⁰]

就住着一个老头儿。[tɕiou⁵³tʂu⁵³tʂə⁰i²⁴kə⁰lau²¹tʰour²⁴]

这老头儿呢,[tsɤ⁵³lau²¹tʰour²⁴nə⁰]

天天搭着个帐篷,[tʰian³³tʰian³³ta³³tʂə⁰kə⁰tʂaŋ⁵³pʰəŋ⁰]

在江边儿打鱼什么的。[tsai²¹tɕiaŋ³³piɐr³³ta²¹y²⁴ʂən²⁴mə⁰ti⁰]

就看见来了 [tɕiou⁵³kʰan⁵³tɕian⁵³lai²⁴lə⁰]

一个又黑又壮的一个小伙子,[i²⁴kə⁰iou⁵³xei³³iou⁵³tʂuaŋ⁵³ti⁰i²⁴kə⁰ɕiau²⁴xuɤ²¹tsʅ⁰]

然后呢,这个小伙子呢,[ʐan²⁴xou²⁴nə⁰,tʂei⁵³kə⁰ɕiau²⁴xuɤ²¹tsʅ⁰nə⁰]

特别地那个招人儿稀罕。[tʰɤ⁵³piɛ²⁴ti⁰nei⁵³kə⁰tʂau³³ʐər²⁴ɕi³³xan⁰]

然后这个老头儿呢,就说的,[ʐan²⁴xou⁵³tʂei⁵³kə⁰lau²¹tʰour²⁴nə⁰,tɕiou⁵³ʂuɤ³³ti⁰]

这个小伙子,[tʂei⁵³kə⁰ɕiau²⁴xuɤ²¹tsʅ⁰]

说你就别走啦,[ʂuɤ³³ȵi²¹tɕiou⁵³piɛ²⁴ tsou²¹la⁰]

你就在我家待着吧,[ȵi²¹tɕiou⁵³tsai⁵³uɤ²¹tɕia³³tai³³tʂə⁰pa⁰]

然后我给你吃的。[ʐan²⁴xou⁵³uɤ²⁴kei²¹ȵi²¹tʂʅ̩³³tə⁰]

小伙子也正好儿是 [ɕiau²⁴xuɤ²¹tsʅ⁰iɛ²¹tʂəŋ⁵³xaur²¹ʂʅ⁵³]

饿了好几天了,[ɤ⁵³lə⁰xau²⁴ tɕi²¹tʰian³³lə⁰]

也没啥吃的。[iɛ²¹mei²⁴ʂa²⁴tʂʰʅ̩³³tə⁰]

这老头儿就给他留下了,[tʂei⁵³lau²¹tʰour²⁴tɕiou⁵³kei²¹tʰa³³liou²⁴ɕia⁰lə⁰]

他在他家吃饭。[tʰa³³tsai²¹tʰa³³tɕia³³tʂʅ̩³³fan⁵³]

但这小伙子就特别能吃，[tan⁵³ tʂei⁵³ ɕiau²⁴ xuɤ²¹ tsʅ⁰ tɕiou⁵³ tʰɤ⁵³ piɛ²⁴ nəŋ²⁴ tʂʅ³³]

一顿饭能吃十多个馒头，[i²⁴ tuən⁵³ fan⁵³ nəŋ²⁴ tʂʅ³³ ʂʅ²⁴ tuɤ³³ kɤ⁵³ man²⁴ tʰou⁰]

要是给他吃大米饭，[iau⁵³ ʂʅ⁵³ kei²¹ tʰa³³ tʂʅ³³ ta⁵³ mi²¹ fan⁵³]

那就得吃好几盆。[na⁵³ tɕiou⁵³ tei⁵³ tʂʅ³³ xau²⁴ tɕi²¹ pʰən²⁴]

然后把人家老头儿的 [ʐan²⁴ xou⁵³ pa²¹ in²⁴ tɕia⁰ lau²¹ tʰour²⁴ ti⁰]

好几天准备的东西，[xau²⁴ tɕi²¹ tʰian³³ tʂuən²¹ pei⁵³ ti⁰ tuŋ³³ ɕi⁰]

他一、一次都给人吃光了。[tʰa³³ i³³ 、i²⁴ tsʅ⁵³ tou²⁴ kei²¹ ʐən²⁴ tʂʅ³³ kuaŋ³³ lə⁰]

这样儿一来二去的，[tʂɤ⁵³ iãr⁵³ i³³ lai²⁴ ɤr⁵³ tɕy⁵³ ti⁰]

又搁这儿待了好长时间。[iou⁵³ kei²¹ tʂɤr⁵³ tai³³ lə⁰ xau²¹ tʂʰaŋ²⁴ ʂʅ²⁴ tɕian³³]

然后有一天 [ʐan²⁴ xou⁵³ iou²¹ i⁵³ tʰian³³]

这个小伙子又回来吃饭了，[tʂei⁵³ kə⁰ ɕiau²⁴ xuɤ²¹ tsʅ⁰ iou⁵³ xuei²⁴ lai⁰ tʂʅ³³ fan⁵³ lə⁰]

但是他就感觉 [tan⁵³ ʂʅ⁵³ tʰa³³ tɕiou⁵³ kan²¹ tɕyɛ²⁴]

自己的心里头挺憋屈的。[tsʅ⁵³ tɕi²¹ tə⁰ ɕin³³ li²¹ tʰou⁰ tʰiŋ²¹ piɛ³³ tɕʰy⁰ tə⁰]

然后就闹心，总搁那叹气。[ʐan²⁴ xou⁵³ tɕiou⁵³ nau⁵³ ɕin³³ , tsuŋ²⁴ kɤ²¹ na⁵³ tʰan⁵³ tɕʰi⁵³]

人老头儿就问呢，说，[ʐən²⁴ lau²¹ tʰour²⁴ tɕiou⁵³ uən⁵³ nə⁰ , ʂuɤ³³]

你因为啥那个总不高兴啊？[ŋi²¹ in³³ uei⁵³ ʂa²⁴ nei⁵³ kə⁰ tsuŋ²¹ pu⁵³ kau³³ ɕiŋ⁵³ ŋa⁰]

然后这个，[ʐan²⁴ xou⁵³ tʂei⁵³ kə⁰]

说，你是不是 [ʂuɤ³³ , ŋi²¹ ʂʅ⁵³ pu²⁴ ʂʅ⁵³]

就寻思你天天，[tɕiou⁵³ ɕin⁵³ sʅ⁰ ŋi²¹ tʰian³³ tʰian⁰]

把我家东西给吃光了，[pa²⁴ uɤ²¹ tɕia³³ tuŋ³³ ɕi⁰ kei²¹ tʂʅ³³ kuaŋ³³ lə⁰]

你就不好意思了？[ŋi²¹ tɕiou⁵³ pu⁵³ xau²¹ i⁵³ sʅ⁰ lə⁰]

你是，是怎么回事儿呢？[ŋi²¹ ʂʅ⁵³ , ʂʅ⁵³ tsən²¹ mə⁰ xuei²⁴ ʂər⁵³ nə⁰]

然后这小伙子就说的，[ʐan²⁴ xou⁵³ tʂei⁵³ ɕiau²⁴ xuɤ²¹ tsʅ⁰ tɕiou⁵³ ʂuɤ³³ ti⁰]

嗯，哎呀，这吃饱一顿，容易，[m⁰ , ai⁵³ ia⁰ , tʂɤ⁵³ tʂʅ³³ pau²¹ i²⁴ tuən⁵³ , ʐuŋ²⁴ i⁵³]

这顿顿吃饱可是挺难哪。[tʂɤ⁵³ tuən⁵³ tuən⁵³ tʂʅ³³ pau²⁴ kʰɤ²¹ ʂʅ⁵³ tʰiŋ²¹ nan²⁴ na⁰]

人家老头儿 [ʐən²⁴ tɕia⁰ lau²¹ tʰour⁰]

也不知道他啥意思，[iɛ²¹ pu⁵³ tsʅ³³ tau⁵³ tʰa³³ ʂa²⁴ i⁵³ sʅ⁰]

然后，老头儿也怪累挺的，[ʐan²⁴ xou⁵³ , lau²¹ tʰour²⁴ iɛ²¹ kuai⁵³ lei⁵³ tʰiŋ²¹ tə⁰]

然后迷迷糊糊地就睡着了。[ʐan²⁴ xou⁵³ mi²⁴ mi²⁴ xu³³ xu³³ ti⁰ tɕiou⁵³ ʂuei⁵³ tʂau²⁴ lə⁰]

睡着睡着，[ʂuei⁵³ tʂə⁰ ʂuei⁵³ tʂə⁰]

他就突然做了一个梦，[tʰa³³ tɕiou⁵³ tʰu³³ ʐan²⁴ tsuɤ⁵³ lə⁰ i²⁴ kə⁰ məŋ⁵³]

就梦见 [tɕiou⁵³ məŋ⁵³ tɕian⁵³]

他身边儿有个小黑龙。[tʰa³³ ʂən³³ piɤr³³ iou⁵³ kə⁰ ɕiau²¹ xei³³ luŋ²⁴]

就跟他说，说的，我吧，[tɕiou⁵³ kən³³ tʰa³³ ʂuɤ³³ , ʂuɤ³³ ti⁰ , uɤ²¹ pa⁰]

本来就是一个小黑龙儿，[pən²¹ lai²⁴ tɕiou⁵³ ʂʅ⁵³ i²⁴ kə⁰ ɕiau²¹ xei³³ lũr²⁴]

我家呢，住在山东。［uɤ²¹tɕia³³nə⁰，tʂu⁵³tsai⁵³ʂan³³tuŋ³³］

我那舅舅吧，［uɤ²¹na⁵³tɕiou⁵³tɕiou⁰pa⁰］

就把我这个尾巴给砍掉了。［tɕiou⁵³pa²⁴uɤ²¹tʂei⁵³kə⁰i²¹pa⁰kei²⁴kʰan²¹tiau⁵³lə⁰］

其实我的名字［tɕʰi²⁴ʂʅ²⁴uɤ²¹tə⁰miŋ²⁴tsʅ⁰］

叫"秃尾巴老李"。［tɕiau⁵³"tʰu³³i²¹pa⁰lau²⁴li²¹¹"］

说，但是呢，我发现吧，［ʂuɤ³³，tan⁵³ʂʅ⁵³nə⁰，uɤ²¹fa³³ɕian⁵³pa⁰］

咱们最近这个江边儿［tsan²⁴mən⁰tsuei⁵³tɕin⁵³tʂɤ⁵³kə⁰tɕiaŋ³³piɐr³³］

就有一个小白龙儿，［tɕiou⁵³iou²¹i²⁴kə⁰ɕiau²¹pai²⁴lũr²⁴］

总在作怪。［tsuŋ²¹tsai⁵³tsuɤ⁵³kuai⁵³］

然后他就，那个，［ʐan²⁴xou⁵³tʰa³³tɕiou⁵³，nei⁵³kə⁰］

让百姓受苦。［ʐaŋ⁵³pai²¹ɕiŋ⁵³ʂou⁵³kʰu²¹¹］

然后也总经常来出来［ʐan²⁴xou⁵³iɛ²¹tsuŋ⁵³tɕiŋ²¹tʂʰaŋ²⁴lai²⁴tʂʰu³³lai⁰］

祸害庄稼什么的。［xuɤ⁵³xai⁵³tʂuaŋ³³tɕia⁰ʂən²⁴mə⁰ti⁰］

然后他说，［ʐan²⁴xou⁵³tʰa³³ʂuɤ³³］

我这得那个，想个，想个招儿，［uɤ²¹tʂɤ⁵³tei²¹nei⁵³kə⁰，ɕiaŋ²¹kə⁰，ɕiaŋ²¹kə⁰tʂaur³³］

得把他制服了呀。［tei²¹pa²¹tʰa³³tʂʅ⁵³fu²⁴lə⁰ia⁰］

然后后来呢，［ʐan²⁴xou⁵³xou⁵³lai²⁴nə⁰］

他就说，［tʰa³³tɕiou⁵³ʂuɤ³³］

但是我这家，不在跟前儿啊，［tan⁵³ʂʅ⁵³uɤ²¹tʂɤ⁵³tɕia³³，pu⁵³tsai²¹kən³³tɕiɐr²¹a⁰］

我家在山东，也没吃的呀。［uɤ²¹tɕia³³tsai²¹ʂan³³tuŋ³³，iɛ²¹mei²⁴tʂʰʅ³³ti⁰ia⁰］

说，人家小白龙儿，［ʂuɤ³³，in²⁴tɕia⁰ɕiau²¹pai²⁴lũr²⁴］

人家这守家在地儿的，［ʐən²⁴tɕia⁰tʂɤ⁵³ʂou²¹tɕia³³tsai⁵³tiər⁵³tei⁰］

然后有，有好吃的，［ʐan²⁴xou⁵³iou²¹¹，iou²⁴xau²¹tʂʰʅ³³ti⁰］

然后体力还好，［ʐan²⁴xou⁵³tʰi²¹li⁵³xai²⁴xau²¹¹］

那我也打不过他呀。［nɤ⁵³uɤ²⁴iɛ²⁴ta²¹pu²⁴kuɤ⁵³tʰa³³ia⁰］

我得，［uɤ²⁴tei²¹¹］

那个希望咱们村民们［nei⁵³kə⁰ɕi³³uaŋ⁵³tsan²⁴mən⁰tsʰuən³³min²⁴mən⁰］

能帮助帮助我。［nəŋ²⁴paŋ³³tʂu⁵³paŋ³³tʂu⁵³uɤ²¹¹］

说的，晚上吧，［ʂuɤ³³ti⁰，uan²¹ʂaŋ⁵³pa⁰］

我们俩还会那个，打仗。［uɤ²¹mən⁰lia²¹xai²⁴xuei⁵³nei⁵³kə⁰，ta²¹tʂaŋ⁵³］

但如果那个江水吧，［tan⁵³ʐu²⁴kuɤ²¹nei⁵³kə⁰tɕiaŋ³³ʂuei²¹pa⁰］

要是翻上来那个黑水，［iau⁵³ʂʅ⁵³fan³³ʂaŋ⁵³lai⁰nei⁵³kə⁰xei³³ʂuei²¹¹］

大家伙儿呢，［ta⁵³tɕia³³xuɤr²¹nə⁰］

就往里边儿，那个扔吃的；［tɕiou⁵³uaŋ²⁴li²¹piɐr³³，nei⁵³kə⁰ʐəŋ³³tʂʰʅ³³tə⁰］

要翻上白水呢，[iau⁵³fan³³ʂaŋ⁵³pai²⁴ʂuei²¹nə⁰]

你就往里扔石头。[n̠i²¹tɕiou⁵³uaŋ²⁴li²¹z̠ən³³ʂʅ²⁴tʰou⁰]

这样的话呢，[tʂɤ⁵³iaŋ⁵³tə⁰xua⁵³nə⁰]

我就能把那个小白龙儿[uɤ²¹tɕiou⁵³nəŋ²⁴pa²¹nei⁵³kə⁰ɕiau²¹pai²⁴lũr²⁴]

给打败了。[kei²⁴ta²¹pai⁵³lə⁰]

然后这个老人，嗯，[z̠an²⁴xou⁵³tʂei⁵³kə⁰lau²¹z̠ən²⁴，ən⁰]

做着做着梦，[tsuɤ⁵³tʂə⁰tsuɤ⁵³tʂə⁰məŋ⁵³]

然后就醒了。[z̠an²⁴xou⁵³tɕiou⁵³ɕiŋ²¹lə⁰]

醒了他寻思出去干活儿去，[ɕiŋ²¹lə⁰tʰa³³ɕin²⁴sʅ⁰tʂʰu²⁴tɕʰy⁵³kan⁵³xuɤr²⁴tɕʰi⁵³]

然后，这个村民们吧，[z̠an²⁴xou⁵³，tʂei⁵³kə⁰tsʰuən³³min²⁴mən⁰pa⁰]

大家都在议论这个事儿。[ta⁵³tɕia³³tou³³tsai³³i⁵³luən⁵³tʂei⁵³kə⁰ʂər⁵³]

啊，他一想，[a⁰，tʰa³³i⁵³ɕiaŋ²¹¹]

这肯定，这是，这是真的了。[tʂɤ⁵³kʰən²¹tiŋ⁵³，tʂɤ⁵³ʂʅ⁵³，tʂɤ⁵³ʂʅ⁵³tʂən³³tə⁰lə⁰]

然后，[z̠an²⁴xou⁵³]

村民们就拎着这个食物哇，[tsʰuən³³min²⁴mən⁰tɕiou⁵³lin³³tʂə⁰tʂei⁵³kə⁰ʂʅ²⁴u⁵³ua⁰]

这个馒头哇，[tʂei⁵³kə⁰man²⁴tʰou⁰ua⁰]

什么东西啥的，石头，[ʂən²⁴mə⁰tuŋ³³ɕi⁰ʂa²⁴ti⁰，ʂʅ²⁴tʰou⁰]

然后就开始[z̠an²⁴xou⁰tɕiou⁵³kʰai³³ʂʅ²¹]

来这个江边儿了。[lai²⁴tʂei⁵³kə⁰tɕiaŋ³³piɐr³³lə⁰]

一看，哎呀，[i²⁴kʰan⁵³，ai³³ia⁰]

果然是啊，[kuɤ²¹z̠an²⁴ʂʅ⁵³z̠a⁰]

这个江上就是，[tʂei⁵³kə⁰tɕiaŋ³³ʂaŋ⁰tɕiou⁵³ʂʅ⁵³]

有一些风浪啊，[iou²¹i⁵³ɕiɛ³³fəŋ³³laŋ⁵³ŋa⁰]

然后一会儿上来黑水，[z̠an²⁴xou⁵³i⁵³xuər²¹ʂaŋ⁵³lai⁰xei³³ʂuei²¹¹]

一会儿上来白水。[i⁵³xuər²¹ʂaŋ⁵³lai⁰pai²⁴ʂuei²¹¹]

然后村民们就跟那个[z̠an²⁴xou⁵³tsʰuən³³min²⁴mən⁰tɕiou⁵³kən³³nei⁵³kə⁰]

就往江、江边儿喊，[tɕiou⁵³uaŋ²¹tɕiaŋ³³、tɕiaŋ³³piɐr³³xan²¹¹]

就说的，秃尾巴老李，[tɕiou⁵³ʂuɤ³³ti⁰，tʰu³³i²¹pa⁰lau²⁴li²¹¹]

说我们来救你来啦。[ʂuɤ³³uɤ²¹mən⁰lai²⁴tɕiou⁵³n̠i²¹lai²⁴la⁰]

然后他一看见[z̠an²⁴xou⁵³tʰa³³i²⁴kʰan⁵³tɕian⁵³]

那个黑水上来了，[nei⁵³kə⁰xei³³ʂuei²¹ʂaŋ⁵³lai⁰lə⁰]

然后，[z̠an²⁴xou⁵³]

村民们就赶紧往里边儿[tsʰuən³³min²⁴mən⁰tɕiou⁵³kan²⁴tɕiŋ²¹uaŋ²⁴li²¹piɐr³³]

扔这个馒头，扔吃的。[z̠əŋ³³tʂei⁵³kə⁰man²⁴tʰou⁰，z̠əŋ³³tʂʅ³³ti⁰]

然后一会儿又白水又上来了，[z̠an²⁴xou⁵³i⁵³xuər²¹iou⁵³pai²⁴ʂuei²¹iou⁵³ʂaŋ⁵³lai⁰lə⁰]

然后村民们 [ʐan²⁴xou⁵³tsʰuən³³min²⁴mən⁰]

又开始往里边儿扔石头。[iou⁵³kʰai³³ʂʅ²¹¹uaŋ²⁴li²¹piɐr³³ʐəŋ³³ʂʅ²⁴tʰou⁰]

就这样地一来二去的,[tɕiou⁵³tʂɤ⁵³iaŋ⁰təi³³lai²⁴ɐr⁵³tɕʰy⁵³ti⁰]

然后江面儿呢,[ʐan²⁴xou⁵³tɕiaŋ³³miɐr⁵³nə⁰]

哎,一会儿就恢复了平静。[ai²⁴ i²⁴xuər⁵³tɕiou⁵³xuei³³fu⁵³lə⁰pʰiŋ²⁴tɕiŋ⁵³]

然后呢,[ʐan²⁴xou⁵³nə⁰]

哎,这个小、小黑龙儿呢,[ai⁰ tʂei⁵³kə⁰ɕiau²¹、ɕiau²¹xei³³lũr²⁴nə⁰]

其实就把这个小白龙儿 [tɕʰi²⁴ʂʅ²⁴tɕiou⁵³pa²¹tʂei⁵³kə⁰ɕiau²¹pai²⁴lũr²⁴]

就给打败了。[tɕiou⁵³kei²⁴ta²¹pai⁵³lə⁰]

然后这个老人呢,村民,[ʐan²⁴xou⁵³tʂei⁵³kə⁰lau²¹ʐən²⁴nə⁰,tsuən³³min²⁴]

他们都回自己的家了。[tʰa³³mən⁰tou³³xuei²⁴tsʅ⁵³tɕi²¹tə⁰tɕia³³lə⁰]

然后这个,[ʐan²⁴xou⁵³tʂei⁵³kə⁰]

这个又黑又壮这个小伙子,[tʂei⁵³kə⁰iou⁵³xei³³iou⁵³tʂuaŋ⁵³tʂei⁵³kə⁰ɕiau²⁴xuɤ²¹tsʅ⁰]

就咱们 [tɕiou⁵³tsan²⁴mən⁰]

刚才说这小伙子啊,[kaŋ²⁴tsʰai²⁴ʂuɤ³³tʂei⁵³ɕiau²⁴xuɤ²¹ tsʅ⁰a⁰]

又出现了。[iou⁵³tʂʰu³³ɕian⁵³lə⁰]

到老人面前,[tau⁵³lau²¹ʐən²⁴mian⁵³tɕʰian²⁴]

然后说的,那个要想那个,[ʐan²⁴xou⁵³ʂuɤ³³ti⁰,nei⁵³kə⁰iau⁵³ɕiaŋ²¹nei⁵³kə⁰]

跟老人说,[kən³³lau²¹ʐən²⁴ʂuɤ³³]

说:"你看我这段儿时间呢,[ʂuɤ³³:"ȵi²¹kʰan⁵³uɤ²¹tʂei⁵³tuɐr⁵³ʂʅ²⁴tɕian³³nə⁰]

总你家吃喝儿的,[tsuŋ²⁴ȵi²¹tɕia³³tʂʰʅ³³xɤr³³tei⁰]

我得帮你干点儿啥呀。"[uɤ²⁴tei²¹paŋ³³ȵi²¹kan⁵³tiɐr²¹ʂa²⁴ia⁰。"]

老人说:[lau²¹ʐən²⁴ʂuɤ³³]

"正好儿我要上山上去,["tʂəŋ⁵³xaur²⁴uɤ²¹iau⁵³ʂaŋ⁵³ʂan³³ʂaŋ⁰tɕʰi⁵³]

我去开垦一块儿地去。"[uɤ²¹tɕʰy⁵³kʰai³³kʰən²¹i²⁴kʰuɐr⁵³ti⁵³tɕʰi⁵³。"]

然后那个小伙子说:[ʐan²⁴xou²⁴nei⁵³kə⁰ɕiau²⁴xuɤ²¹tsʅ⁰ʂuɤ³³]

"那你别去啦,我去吧。"["na⁵³ȵi²¹piɛ²⁴tɕʰy⁵³la⁰,uɤ²¹tɕʰy⁵³pa⁰。"]

小伙子就拿着工具,[ɕiau²⁴xuɤ²¹tsʅ⁰tɕiou⁵³na²⁴tʂə⁰kuŋ³³tɕy⁵³]

就,就上山了。[tɕiou⁵³,tɕiou⁵³ʂaŋ⁵³ʂan³³lə⁰]

老人就觉得挺、挺奇怪的,[lau²¹ʐən²⁴tɕiou⁵³tɕyɛ²⁴tə⁰tʰiŋ²¹、tʰiŋ²¹tɕʰi²⁴kuai⁵³ti⁰]

也一直就心里头纳闷儿。[iɛ²⁴i⁵³tʂʅ²⁴tɕiou⁵³ɕin³³li²¹tʰou⁰na⁵³mər⁵³]

然后他就跟着 [ʐan²⁴xou⁵³tʰa³³tɕiou⁵³kən³³tʂə⁰]

这个小伙子去了。[tʂei⁵³ kə⁰ɕiau²⁴xuɤ²¹tsʅ⁰tɕʰy⁵³lə⁰]

然后他就看见,那个,[ʐan²⁴xou⁵³tʰa³³tɕiou⁵³kʰan⁵³tɕian⁵³,nei⁵³kə⁰]

小伙子就变成了 [ɕiau²⁴xuɤ²¹tsʅ⁰tɕiou⁵³pian⁵³tʂʰəŋ²⁴lə⁰]

一个小黑龙，[i²⁴kə⁰ɕiau²¹ xei³³luŋ²⁴]

然后他还没尾巴，[ʐan²⁴xou⁵³tʰa³³xai²⁴mei²⁴uei²¹pa⁰]

就在那块儿［tɕiou⁵³tsai²¹nei⁵³kuɐr⁵³］

给大家开垦这个地呢。［kei²¹ta⁵³tɕia³³kʰai³³kʰən²¹tʂei⁵³kə⁰ti⁵³nə⁰］

后来就想，［xou⁵³lai²⁴tɕiou⁵³ɕiaŋ²¹¹］

啊，原来这个小伙子啊，[a⁰，yan²⁴lai²⁴tʂei⁵³kə⁰ɕiau²⁴xuɤ²¹tsɿ⁰a⁰]

其实就是那个小黑龙。［tɕʰi²⁴ʂɿ²⁴tɕiou⁵³ʂɿ⁵³nei⁵³kə⁰ɕiau²¹xei³³luŋ²⁴］

然后他就回家了。［ʐan²⁴xou⁵³tʰa³³tɕiou⁵³xuei²⁴tɕia³³lə⁰］

回家了之后，［xuei²⁴tɕia³³lə⁰tʂɿ³³xou⁵³］

这个小黑龙儿寻思，［tʂɤ⁵³kə⁰ɕiau²¹xei³³lūr²⁴ɕin²⁴sɿ⁰］

这老人肯定也是知道［tʂei⁵³lau²¹ʐən²⁴kʰən²¹tiŋ⁵³iɛ²¹ʂɿ⁵³tʂɿ²⁴tau⁵³］

他这个真实的身份了。［tʰa³³tʂei⁵³kə⁰ʂən³³ʂɿ²⁴tə⁰ʂən³³fən⁵³lə⁰］

然后就跟他说了，说的那个：[ʐan²⁴xou⁵³tɕiou⁵³kən³³tʰa³³ʂuɤ³³lə⁰，ʂuɤ³³ti⁰nei⁵³kə⁰]

我刚才吧，[uɤ²¹¹kaŋ³³tsʰai²⁴pa⁰]

给大家伙儿［kei²¹ta⁵³tɕia³³xuɤr²¹］

开垦了一块儿荒地。［kʰai³³kʰən²¹lə⁰i²⁴kuɐr⁵³ xuaŋ³³ti⁵³］

说，以后咱们村民吧，[ʂuɤ³³，i²¹xou⁵³tsa²⁴mən⁰tsʰuən³³min²⁴pa⁰]

就可以利用它种点儿庄稼。［tɕiou⁵³kʰɤ²⁴i²¹li⁵³yŋ⁵³tʰa³³tʂuŋ⁵³tiɐr²¹tʂuaŋ³³tɕia⁰］

说以后吧，［ʂuɤ³³i²¹xou⁵³pa⁰］

这个黑龙，这个江呢，［tʂei⁵³kə⁰xei³³luŋ²⁴，tʂei⁵³kə⁰ tɕiaŋ³³nə⁰］

就由我来掌管啦。［tɕiou⁵³iou²⁴uɤ²¹lai²⁴tʂaŋ²⁴kuan²¹la⁰］

说，保整，［ʂuɤ³³，pau²⁴tʂəŋ²¹¹］

保证呢，［pau²¹tʂəŋ⁵³nə⁰］

让咱们这个村民［ʐaŋ⁵³tsan²⁴mən⁰tʂei⁵³kə⁰tsʰuən³³min²⁴］

过上好日子。［kuɤ⁵³ʂaŋ⁵³xau²¹ʐɿ⁵³tʂɿ⁰］

啊从此也确实是。［a⁰tsʰuŋ²⁴tsʰɿ²⁴iɛ²¹tɕʰyɛ⁵³ʂɿ²⁴ʂɿ⁵³］

这个，小白龙就开，［tʂei⁵³kə⁰，ɕiau²¹pai²⁴luŋ²⁴tɕiou⁵³kʰai³³］

小黑龙儿就开始那个，［ɕiau²¹xei³³lūr²⁴tɕiou⁵³kʰai³³ʂɿ²¹nei⁵³kə⁰］

把小白龙儿不打败啦嘛，［pa²¹ɕiau²¹pai²⁴lūr²⁴pu⁵³ta²¹pai⁵³la⁰ma⁰］

小白龙儿也没有啦，［ɕiau²¹pai²⁴lūr²⁴iɛ²¹mei²⁴iou²¹la⁰］

就开始由小黑龙儿［tɕiou⁵³kʰai³³ʂɿ²¹iou²⁴ɕiau²¹xei³³lūr²⁴］

开始掌管这黑龙江。［kʰai³³ʂɿ²¹tʂaŋ²⁴kuan²¹tʂei⁵³xei³³luŋ²⁴tɕiaŋ³³］

哎，自从他掌管之后了，［ai²⁴，tsɿ⁵³tsʰuŋ²⁴tʰa³³tʂaŋ²⁴kuan²¹tʂɿ³³xou⁵³lə⁰］

这个江呢，就，哎，［tʂɤ⁵³kə⁰tɕiaŋ³³nə⁰，tɕiou⁵³，ai⁰］

就能给这个村民们［tɕiou⁵³nəŋ²⁴kei²¹tʂei⁵³kə⁰tsʰuən³³min²⁴mən⁰］

带来很多好处。［tai⁵³lai²⁴xən²¹tuɤ³³xau²¹tʂʰu⁵³］

也没有什么灾、灾祸儿啥的。［iɛ²¹mei²⁴iou²¹ʂən²⁴mə⁰tsai³³、tsai³³xuɤr⁵³ʂa²⁴ti⁰］

然后呢，［ʐan²⁴xou⁵³nə⁰］

人们就为了纪念［ʐ̩ən²⁴mən⁰tɕiou⁵³uei⁵³lə⁰tɕi⁵³ɲian⁵³］

这个秃尾巴老李，［tʂei⁵³kə⁰tʰu³³i²¹pa⁰lau²⁴li²¹¹］

就把这个江的名字［tɕiou⁵³pa²¹tʂei⁵³kə⁰tɕiaŋ³³tə⁰miŋ²⁴tsʅ²⁴］

就改名儿了，［tɕiou⁵³kai²¹miə̃r²⁴lə⁰］

就叫"黑龙江"。［tɕiou⁵³tɕiau⁵³"xei³³luŋ²⁴tɕiaŋ³³"］

这就是我给大家讲的［tʂɤ⁵³tɕiou⁵³ʂʅ⁵³uɤ²⁴kei²¹ta⁵³tɕia³³tɕiaŋ²¹tə⁰］

关于黑龙江的传说。［kuan³³y²⁴xei³³luŋ²⁴tɕiaŋ³³tə⁰tʂʰuan²⁴ʂuɤ³³］

（以上由发音人孙洪丽提供）

（三）嫦娥奔月

我给大家讲一个故事，［uɤ²⁴kei²¹ta⁵³tɕia³³tɕiaŋ²¹i²⁴kə⁰ku⁵³ʂʅ⁰］

这个故事的名字呢，［tsei⁵³kə⁰ku⁵³ʂʅ⁰tə⁰miŋ²⁴tsʅ⁰nə⁰］

叫《嫦娥奔月》。［tɕiau⁵³《tʂʰaŋ²⁴ɤ²⁴pən⁵³yɛ⁵³》］

在以前吧，［tsai⁵³i²¹tɕʰian²⁴pa⁰］

这个天上呢［tʂɤ⁵³kə⁰tʰian³³ʂaŋ⁵³nə⁰］

实质上是住着十个太阳。［ʂʅ²⁴tʂʅ⁵³ʂaŋ⁵³ʂʅ⁵³tʂu⁵³tʂə⁰ʂʅ²⁴kə⁰tʰai⁵³iaŋ⁰］

然后这些太阳呢，［ʐan²⁴xou⁰tʂɤ⁵³ɕiɛ³³tʰai⁵³iaŋ⁰nə⁰］

就是天天在这块儿值班儿的［tɕiou⁵³ʂʅ⁵³tʰian³³tʰian³³tsai²¹tʂei⁵³kuɐr⁵³tʂʅ²⁴pɐr³³tə⁰］

也是非常地认真。［iɛ²¹ʂʅ⁵³fei³³tʂʰaŋ²⁴tə⁰ʐ̩ən⁵³tʂən³³］

然后结果呢，［ʐan²⁴xou⁵³tɕiɛ²⁴kuɤ²¹nə⁰］

这，天天就特别地热。［tʂɤ⁵³，tʰian³³tʰian³³tɕiou⁵³tʰɤ⁵³piɛ²⁴tə⁰ʐ̩ɤ⁵³］

几乎是把人［tɕi³³xu³³ʂʅ⁵³pa²¹ʐ̩ən²⁴］

都晒得就直冒油了。［tou³³sai⁵³tə⁰tɕiou⁵³tʂʅ²⁴mau⁵³iou²⁴lə⁰］

然后这个时候儿呢，［ʐan²⁴xou⁰tʂei⁵³kə⁰ʂʅ²⁴xour⁰nə⁰］

就是有一个非常强壮的［tɕiou⁵³ʂʅ⁵³iou²¹i²⁴kə⁰fei³³tʂʰaŋ²⁴tɕʰiaŋ²⁴tʂuaŋ⁵³tə⁰］

一个，一个男士。［i²⁴kə⁰，i²⁴kə⁰nan²⁴ʂʅ⁵³］男士：即后羿

然后呢，他就是一个神箭手。［ʐ̩an²⁴xou⁵³nə⁰，tʰa³³tɕiou⁵³ʂʅ⁵³i²⁴kə⁰ʂən²⁴tɕian⁵³sou²¹¹］

他，他就把用这个箭，［tʰa³³，tʰa³³tɕiou⁵³pa²¹yŋ⁵³tʂɤ⁵³kə⁰tɕian⁵³］

就射掉了这个九个太阳，［tɕiou⁵³ʂɤ⁵³tiau⁵³lə⁰tʂɤ⁵³kə⁰tɕiou²¹kə⁰tʰai⁵³iaŋ⁰］

最后就留了一个。［tsuei⁵³xou⁵³tɕiou⁵³liou²⁴lə⁰i²⁴kɤ⁵³］

然后就跟这个太阳说，［ʐ̩an²⁴xou⁵³tɕiou⁵³kən³³tʂei⁵³kə⁰tʰai⁵³iaŋ²⁴ʂuɤ³³］

以后呢,［i²¹xou⁵³nə⁰］

你就天天得按时值班儿。［n̠i²¹tɕiou⁵³tʰian³³tʰian³³tei²¹an⁵³ʂʅ²⁴tʂʅ²⁴pɐr³³］

白天呢你就出来,［pai²⁴tʰian³³nə⁰n̠i²¹¹tɕiou⁵³tʂʰu³³lai⁰］

然后晚上呢［ʐan²⁴xou⁵³uan²¹ʂaŋ⁰nə⁰］

你就赶紧回去。［n̠i²¹tɕiou⁵³kan²⁴tɕin²¹xuei²⁴tɕʰy⁵³］

一定要认真值班儿,［i²⁴tiŋ⁵³iau⁵³ʐən⁵³tʂən³³tʂʅ²¹pɐr³³］

你要不好好儿值班儿的话呢,［n̠i²¹iau⁵³pu⁵³xau²¹xaur³³tʂʅ²¹pɐr³³tə⁰xua⁵³nə⁰］

那我也得把你呢［na⁵³uɤ²⁴iɛ²⁴tei²¹pa²⁴n̠i²¹n̠i⁰］

用箭也给你射下来。［yŋ⁵³tɕian⁵³iɛ²¹kei²⁴n̠i²¹ʂɤ⁵³ɕia⁵³lai⁰］

然后这个太阳［ʐan²⁴xou⁰tʂɤ⁵³kə⁰tʰai⁵³iaŋ⁰］

其实呢,就,也挺听话的。［tɕʰi²⁴ʂʅ²⁴nə⁰,tɕiou⁵³,iɛ²⁴tʰiŋ²¹tʰiŋ³³xua⁵³tei⁰］

每天也都是按时值班儿。［mei²¹tʰian³³iɛ²¹tou³³ʂʅ⁵³an⁵³ʂʅ²⁴tʂʅ²¹pɐr³³］

然后这个后羿呢［ʐan²⁴xou⁵³tʂɤ⁵³kə⁰xou⁵³i⁵³nə⁰］

其实就算立了个大功了。［tɕʰi²⁴ʂʅ²⁴tɕiou⁵³suan⁵³li⁵³lə⁰kə⁰ta⁵³kuŋ³³lə⁰］

然后那个,［ʐan²⁴xou⁵³nei⁵³kə⁰］

大家也都非常地高兴。［ta⁵³tɕia³³iɛ²¹tou³³fei³³tʂʰaŋ²⁴tə⁰kau³³ɕiŋ⁵³］

哎,特别是那个王母娘娘,［ai⁰,tʰɤ⁵³piɛ²⁴ʂʅ⁵³nei⁵³kə⁰uaŋ²⁴mu²¹n̠iaŋ²⁴n̠iaŋ⁰］

特别高兴。［tʰɤ⁵³piɛ²⁴kau³³ɕiŋ⁵³］

说的,那个后羿,［ʂuɤ³³ti⁰,nei⁵³kə⁰xou⁵³i⁵³］

说,你过来吧,［ʂuɤ³³,n̠i²¹kuɤ⁵³lai⁰pa⁰］

说,我给你一个药丸儿。［ʂuɤ³³,uɤ²⁴kei²⁴n̠i²¹i²⁴kə⁰iau⁵³uɐr²⁴］

这个药丸儿,你要吃了吧,［tʂɤ⁵³kə⁰iau⁵³uɐr²⁴,n̠i²¹iau⁵³tʂʰʅ³³lə⁰pa⁰］

你就能长生不老。［n̠i²¹tɕiou⁵³nəŋ²⁴tʂʰaŋ²⁴ʂəŋ³³pu⁵³lau²¹¹］

然后后羿拿了这个,［ʐan²⁴xou⁵³xou⁵³i⁵³na²⁴lə⁰tʂei⁵³kə⁰］

这个药丸儿,［tʂei⁵³kə⁰iau⁵³uɐr²⁴］

也非常地高兴。［iɛ²¹fei³³tʂʰaŋ²⁴tə⁰kau³³ɕiŋ⁵³］

然后就赶紧拿回家了。［ʐan²⁴xou⁵³tɕiou⁵³kan²⁴tɕiŋ²¹na²⁴xuei²⁴tɕia³³lə⁰］

然后后羿其实有个妻子,［ʐan²⁴xou⁵³xou⁵³i⁵³tɕʰi²⁴ʂʅ²⁴iou²¹kɤ⁵³tɕʰi³³tsʅ²¹¹］

他妻子的名字叫"嫦娥"。［tʰa³³tɕʰi³³tsʅ²¹tə⁰miŋ²⁴tsʅ⁰tɕiau⁵³"tʂʰaŋ²⁴ɤ²⁴"］

长得也特别漂亮。［tʂaŋ²¹tə⁰iɛ²¹tʰɤ⁵³piɛ²⁴pʰiau⁵³liaŋ⁰］

这十里八村儿的［tʂɤ⁵³ʂʅ²⁴li²¹pa³³tsʰuɐr³³tə⁰］

也都知道这个嫦娥。［iɛ²¹tou³³tʂʅ³³tau⁵³tʂei⁵³kə⁰tʂʰaŋ²⁴ɤ²⁴］

然后呢,［ʐan²⁴xou⁵³nə⁰］

他就跟那个嫦娥说,［tʰa³³tɕiou⁵³kən³³nei⁵³kə⁰tʂʰaŋ²⁴ɤ²⁴ʂuɤ³³］

说的这个药哇，[ʂuɤ³³ti⁰tʂei⁵³kə⁰iau⁵³ua⁰]

能够长生不老。[nəŋ²⁴kou⁵³tʂʰaŋ²⁴ʂəŋ³³pu⁵³lau²¹¹]

然后呢，那个你把它收好了。[ʐan²⁴xou⁵³nə⁰，nei⁵³kə⁰n̠i²⁴pa²¹tʰa³³ʂou³³xau²¹lau⁰]

等那啥时候呢，[təŋ²¹nei⁵³ʂa²⁴ʂʅ²⁴xou⁵³nə⁰]

咱俩选一个好日子，[tsa²⁴lia²¹ɕyan²¹i²⁴kə⁰xau²¹ʐʅ⁵³tsa⁰]

咱俩把它吃了，[tsa²⁴lia²¹pa²¹tʰa³³tʂʅ³³lau⁰]

那咱俩以后 [na⁵³tsa²⁴lia²⁴i²¹xou⁵³]

就可以那个长生不老啦。[tɕiou⁵³kʰɤ²⁴i²¹nei⁵³kə⁰tʂʰaŋ²⁴ʂəŋ³³pu⁵³lau²¹la⁰]

然后那个，[ʐan²⁴xou⁵³nei⁵³kə⁰]

这个嫦娥也非常高兴。[tʂei⁵³kə⁰tʂʰaŋ²⁴ɤ²⁴iɛ²¹fei³³tʂʰaŋ²⁴kau³³ɕiŋ⁵³]

把这个药呢，[pa²¹tʂei⁵³kə⁰iau⁵³nə⁰]

赶紧就藏起来了，[kan²⁴tɕin²¹tɕiou⁵³tsʰaŋ²⁴tɕʰi²¹lai⁰lə⁰]

藏到她家一个，[tsʰaŋ²⁴tau⁵³tʰa³³tɕia³³i²⁴kə⁰]

一个柜子里边儿去。[i²⁴kə⁰kuei⁵³tsʅ⁰li²¹piɐr³³tɕʰy⁵³]

然后这个事儿呢，[ʐan²⁴xou⁵³tʂei⁵³kə⁰ʂər⁵³nə⁰]

就被这个村民们 [tɕiou⁵³pei⁵³tʂei⁵³kə⁰tsʰuən³³min²⁴mən⁰]

就很多人 [tɕiou⁵³xən²¹tuɤ³³ʐən²⁴]

就知道这个事儿了。[tɕiou⁵³tʂʅ²⁴tau⁰tʂei⁵³kə⁰ʂər⁵³lə⁰]

他家有个邻居，[tʰa³³tɕia³³iou²¹kə⁰lin²⁴tɕy⁰]

那个邻居叫"逢蒙"。[nei⁵³kə⁰lin²⁴tɕy⁰tɕiau⁵³"fəŋ²⁴məŋ²⁴"]

他就是一肚子坏心眼儿，[tʰa³³tɕiou⁵³ʂʅ⁵³i²⁴tu⁵³tsʅ⁰xuai⁵³ɕin³³iɐr²¹¹]

哎，他也想长生不老。[ai⁰，tʰa³³iɛ²⁴ɕiaŋ²¹tʂʰaŋ²⁴ʂəŋ³³pu⁵³lau²¹¹]

然后他就想找个机会，[ʐan²⁴xou⁵³tʰa³³tɕiou⁵³ɕiaŋ²¹tʂau²¹kə⁰tɕi³³xuei⁵³]

就把这药给偷出来。[tɕiou⁵³pa²¹tʂei⁵³iau⁵³kei²¹tʰou³³tʂʰu³³lai⁰]

正巧儿有一天，[tʂəŋ⁵³tɕʰiaur²¹iou²¹i⁵³tʰian³³]

这个后羿呢，[tʂei⁵³kə⁰xou⁵³i⁵³nə⁰]

去上山去那个去打猎去了，[tɕʰy⁵³ʂaŋ⁵³ʂan³³tɕʰy⁵³nei⁵³kə⁰tɕʰy⁵³ta²¹liɛ⁵³tɕʰi⁵³lə⁰]

不在家，[pu²⁴tsai⁵³tɕia³³]

就嫦娥一个人儿在家。[tɕiou⁵³tʂʰaŋ²⁴ɤ²⁴i²⁴kə⁰ʐər²⁴tsai⁵³tɕia³³]

哎，这逢蒙就想，[ai⁰，tʂei⁵³fəŋ²⁴məŋ²⁴tɕiou⁵³ɕiaŋ²¹¹]

哎呀，这回机会可是来啦。[ai⁰ia⁰，tʂei⁵³xuei²⁴tɕi³³xuei⁰kʰɤ²¹ʂʅ⁵³lai²⁴la⁰]

然后呢，[ʐan²⁴xou⁵³nə⁰]

他就，到那个嫦娥家。[tʰa³³tɕiou⁵³，tau⁵³nei⁵³kə⁰tʂʰaŋ²⁴ɤ²⁴tɕia³³]

拿着刀，就指着嫦娥说，[na²⁴tʂə⁰tau³³，tɕiou⁵³tʂʅ²¹tʂə⁰tʂʰaŋ²⁴ɤ²⁴ʂuɤ³³]

你把你那个药，[n̠i²⁴pa²⁴n̠i²¹nei⁵³kə⁰iau⁵³]

赶紧给我拿出来，［kan²⁴tɕin²⁴kei²⁴uɤ²¹na²⁴tʂʰu³³lai⁰］

你要不拿出来，［n̺i²¹iau⁵³pu⁵³na²⁴tʂʰu³³lai⁰］

我就把你杀了。［uɤ²¹tɕiou⁵³pa²⁴n̺i²¹ʂa³³lau⁰］

那嫦娥一看，也挺害怕的，［na⁵³tʂʰaŋ²⁴ɤ²⁴i²⁴kʰan⁵³，iɛ²⁴tʰiŋ²¹xai²⁴pʰa⁵³tə⁰］

哎，这怎么办呢？［ai⁰，tʂɤ⁵³tsən²¹mə⁰pan⁵³nə⁰］

后羿也不在家，［xou⁵³i⁵³iɛ²¹pu²⁴tsai⁵³tɕia³³］

她也保护不了、不了［tʰa³³iɛ²⁴pau²¹xu⁵³pu⁵³liau²¹、pu⁵³liau²¹］

这个药了。［tʂei⁵³kə⁰iau⁵³lə⁰］

然后她就，情急之下，［ʐan³xou⁰tʰa³³tɕiou⁵³，tɕʰiŋ²⁴tɕi²⁴tʂʅ²⁴ɕia⁵³］

她就把这药丸儿［tʰa³³tɕiou⁵³pa²¹tʂei⁵³iau⁵³uɐr²⁴］

一下吞进自己肚子里去了。［i²⁴ɕia⁵³tʰuən³³tɕin⁵³tsʅ⁵³tɕi²¹tu⁵³tsʅ⁰li²¹tɕʰi⁵³lə⁰］

吞了之后呢，［tʰuən³³lə⁰tʂʅ³³xou⁵³nə⁰］

然后这个嫦娥［ʐan²⁴xou⁵³tʂei⁵³kə⁰tʂʰaŋ²⁴ɤ²⁴］

就飘飘忽忽、飘飘忽，［tɕiou⁵³pʰiau³³pʰiau³³xu³³xu³³、pʰiau³³pʰiau³³xu⁰］

就飘出去了，［tɕiou⁵³pʰiau³³tʂʰu³³tɕy⁵³lə⁰］

她就会飞了。［tʰa³³tɕiou⁵³xuei⁵³fei³³lə⁰］

然后就飞，［ʐan²⁴xou⁵³tɕiou⁵³fei³³］

她就着急呀，［tʰa³³tɕiou⁵³tʂau³³tɕi²⁴ia⁰］

说这怎么办呢？［ʂuɤ³³tʂɤ⁵³tsən²¹mə⁰pan⁵³nə⁰］

这、这、这，飞走了，［tʂɤ⁵³、tʂɤ⁵³、tʂɤ⁵³，fei³³tsou²¹lə⁰］

这以后［tʂɤ⁵³i²¹xou⁵³］

留这个后羿可怎么办呢？［liou²⁴tʂɤ⁵³kə⁰xou⁵³i⁵³kʰɤ²⁴tsən²¹ mə⁰pan⁵³nə⁰］

然后她就寻思，［ʐan²⁴xou⁵³tʰa³³tɕiou⁵³ɕin²⁴sʅ⁰］

赶紧，那个，［kan²⁴tɕin²¹，nei⁵³kə⁰］

找个近的地上儿［tʂau²¹kə⁰tɕin⁵³tə⁰ti⁵³sɐr⁰］

赶紧停下来吧。［kan²⁴tɕin²¹tʰiŋ²⁴ɕia⁵³lai⁰pa⁰］

然后她就［ʐan²⁴xou⁵³tʰa³³tɕiou⁵³］

飞到那个月亮上了，［fei³³tau⁵³nei⁵³kə⁰yɛ⁵³liaŋ⁰ʂaŋ⁰lə⁰］

在这个月亮上［tsai²¹tʂei⁵³kə⁰yɛ⁵³liaŋ⁰ʂaŋ⁰］

就开始住下了。［tɕiou⁵³kʰai³³ʂʅ²¹tʂu⁵³ɕia⁰lə⁰］

然后呢，在月亮呢，［ʐan²⁴xou⁵³nə⁰，tsai⁵³yɛ⁵³liaŋ⁰nə⁰］

它离地球儿，地面呢也不远。［tʰa³³li²⁴ti⁵³tɕʰiour²⁴，ti⁵³mian⁵³nə⁰iɛ²¹pu⁵³yan²¹¹］

这样的话，［tʂɤ⁵³iaŋ⁵³tə⁰xua⁵³］

她也能经常看到那个，［tʰa³³iɛ²¹nəŋ²⁴tɕiŋ³³tʂʰaŋ²⁴kʰan⁵³tau⁵³nei⁵³kə⁰］

她的丈夫——这个后羿。［tʰa³³tə⁰tʂaŋ⁵³fu⁰——tʂei⁵³kə⁰xou⁵³i⁵³］

然后在这月宫上，[ʐan²⁴xou⁵³tsai²¹tʂei⁵³yɛ⁵³kuŋ³³ʂaŋ⁰]

其实也是非常地冷。[tɕʰi²⁴ʂɿ²⁴iɛ²¹ʂɿ⁵³fei³³tʂʰaŋ²⁴təᵒləŋ²¹¹]

然后呢，她也过得也不开心，[ʐan²⁴xou⁵³nəᵒ,tʰa³³iɛ²¹kuɤ⁵³təᵒiɛ²¹pu⁵³kʰai³³ɕin³³]

也思念这个后羿。[iɛ²¹sɿ³³ȵian²¹tʂei⁵³kəᵒxou⁵³i⁵³]

然后后来[ʐan²⁴xou⁵³xou⁵³lai²⁴]

她就养了一个小兔子，[tʰa³³tɕiou⁵³iaŋ²¹ləᵒi²⁴kəᵒ ɕiau²¹tʰu⁵³tsɿᵒ]

叫玉兔儿，[tɕiau⁵³y⁵³tʰur⁵³]

天天就陪伴嫦娥。[tʰian³³tʰian³³tɕiou⁵³pʰei²⁴pan⁵³tʂʰaŋ²⁴ɤ²⁴]

嫦娥呢，也是过得也，也，[tʂʰaŋ²⁴ɤ²⁴nəᵒ,iɛ²¹ʂɿ⁵³kuɤ⁵³təᵒiɛ²¹,iɛ²¹]

也是很不开心的，每天。[iɛ²¹ʂɿ⁵³xən²¹pu⁵³kʰai³³ɕin³³təᵒ,mei²¹tʰian³³]

然后那个这个后羿呢，[ʐan²⁴xou⁵³nei⁵³kəᵒtʂei⁵³kəᵒxou⁵³i⁵³nəᵒ]

其实呢，[tɕʰi²⁴ʂɿ²⁴nəᵒ]

他在这个地下呢，也是，[tʰa³³tsai²¹tʂei⁵³kəᵒti⁵³ɕiaᵒnəᵒ,iɛ²¹ʂɿ⁵³]

天天就思念[tʰian³³tʰian³³tɕiou⁵³sɿ³³ȵian⁵³]

他的妻子嫦娥。[tʰa³³təᵒtɕʰi³³tsɿ²¹tʂʰaŋ²⁴ɤ²⁴]

然后他到每天[ʐan²⁴xou⁵³tʰa³³tau⁵³mei²¹tʰian³³]

到晚上的时候儿，[tau⁵³uan²¹ʂaŋᵒtəᵒʂɿ²⁴xour⁵³]

他就看着月亮那块儿呢，[tʰa³³tɕiou⁵³kʰan⁵³tʂəᵒyɛ⁵³liaŋᵒnei⁵³kʰuɐr⁵³nəᵒ]

就好像是有个人影儿，[tɕiou⁵³xau²¹ɕiaŋ⁵³ʂɿ⁵³iou²¹kəᵒʐən²⁴iə̃r²¹¹]

总在走动。[tsuŋ²¹tsai⁵³tsuŋ²¹tuŋ⁵³]

他就想啊，[tʰa³³tɕiou⁵³ɕiaŋ²¹aᵒ]

这是，应该是他的妻子。[tʂɤ⁵³ʂɿ⁵³,iŋ³³kai³³ʂɿ⁵³tʰa³³təᵒtɕʰi³³tsɿ²¹¹]

然后每天晚上呢，[ʐan²⁴xou⁵³mei²¹tʰian³³uan²¹ʂaŋᵒnəᵒ]

他也就出来看这个月亮。[tʰa³³iɛ²¹tɕiou⁵³tʂʰu³³laiᵒkʰan⁵³tʂei⁵³kəᵒyɛ⁵³liaŋᵒ]

然后和他的妻子那个相会。[ʐan²⁴xou⁵³xɤ²⁴tʰa³³təᵒtɕʰi³³tsɿ²¹nei⁵³kəᵒɕiaŋ³³xuei⁵³]

其实我们现在呢，[tɕʰi²⁴ʂɿ²⁴uɤ²¹mənᵒɕian⁵³tsai⁵³nəᵒ]

每年的八月十五的时候儿，[mei²¹ȵian²⁴təᵒpa³³yɛ⁵³ʂɿ²⁴u²¹tiᵒʂɿ²⁴xour⁵³]

就是我们说赏月，[tɕiou⁵³ʂɿ⁵³uɤ²¹mənᵒʂuɤ³³ʂaŋ²¹yɛ⁵³]

其实也就是[tɕʰi²⁴ʂɿ²⁴iɛ²¹tɕiou⁵³ʂɿ⁵³]

为了纪念这个嫦娥。[uei⁵³ləᵒtɕi⁵³ȵian⁵³tʂei⁵³ kəᵒtʂʰaŋ²⁴ɤ²⁴]

我讲这个故事呢，[uɤ²⁴tɕiaŋ²¹tʂei⁵³kəᵒku⁵³ʂɿᵒnəᵒ]

就叫作《嫦娥奔月》。[tɕiou⁵³tɕiau⁵³tsuɤ⁵³《tʂʰaŋ²⁴ɤ²⁴pən³³yɛ⁵³》]

（有修改）

（以上由发音人孙洪丽提供）

四　自选条目

俗语

1. 立夏到小满，[li⁵³ ɕia⁵³ tau⁵³ ɕiau²⁴ man²¹²]
   种啥也不晚。[tʂuŋ⁵³ ʂa²⁴ iɛ²¹ pu⁵³ uan²¹²]

2. 蚂蚁搬家蛇过道，[ma²⁴ i²¹ pan⁴⁴ tɕia⁴⁴ ʂɤ²⁴ kuɤ⁵³ tau⁵³]
   大雨马上要来到。[ta⁵³ y²⁴ ma²¹ ʂaŋ⁵³ iau⁵³ lai²⁴ tau⁵³]

3. 牛马年好种田，[ȵiou²⁴ ma²¹ ȵian²⁴ xau²¹ tʂuŋ⁵³ tʰian²⁴]
   就怕鸡猴那一年。[tɕiou⁵³ pʰa⁵³ tɕi⁴⁴ xou²⁴ na⁵³ i⁵³ ȵian²⁴]
   （农民认为牛年、马年庄稼收成好，而鸡年、猴年庄稼会减产。）

（以上由发音人代宇涵提供）

4. 老猫炕上睡，[lau²¹ mau⁴⁴ kʰaŋ⁵³ ʂaŋ⁰ suei⁵³]
   一辈留一辈。[i²⁴ pei⁵³ liou²⁴ i²⁴ pei⁵³]
   （指某种习惯或习性是辈辈相传的，父母要给子女做好榜样。）

5. 姑舅亲，[ku⁴⁴ tɕiou⁵³ tɕʰin⁴⁴]
   辈儿辈儿亲，[pər⁵³ pər⁵³ tɕʰin⁴⁴]
   打断骨头连着筋。[ta²¹ tuan⁵³ ku²¹ tʰou⁰ lian²⁴ tʂə⁰ tɕin⁴⁴]

6. 远亲不如近邻，[yan²¹ tɕʰin⁴⁴ pu⁵³ ʐu²⁴ tɕin⁵³ lin²⁴]
   近邻不如对门。[tɕin⁵³ lin²⁴ pu⁵³ ʐu²⁴ tuei⁵³ mən²⁴]

7. 惯子如杀子，[kuan⁵³ tsʅ²¹ ʐu²⁴ sa⁴⁴ tsʅ²¹¹]
   棍棒底下出孝子。[kuən⁵³ paŋ⁵³ ti²¹ ɕia⁵³ tʂʰu²⁴ ɕiau⁵³ tsʅ²¹¹]

（以上由发音人王亚军提供）

兰　西

一　歌谣

（一）老天爷别下雨

老天爷别下雨，［lau²¹tʰian⁴⁴iɛ²⁴piɛ²⁴ɕia⁵³y²¹²］

黄瓜茄子都给你。［xuaŋ²⁴kua⁰tɕʰiɛ²⁴tsʐ⁰tou²⁴kei²⁴n̠i²¹²］

老天爷大大下，［lau²¹tʰian⁴⁴iɛ²⁴ta⁵³ta⁵³ɕia⁵³］

黄瓜茄子一边儿大。［xuaŋ²⁴kua⁰tɕʰiɛ²⁴tsʐ⁰i⁵³piɐr⁴⁴ta⁵³］

（二）蛤蟆蛤蟆气鼓

蛤蟆蛤蟆气鼓，［xa²⁴ma⁰xa²⁴ma⁰tɕʰi⁵³ku²¹²］

气到八月十五。［tɕʰi⁵³tau⁵³pa²⁴yɛ⁵³ʂʐ²⁴u²¹²］

八月十五杀猪，［pa²⁴yɛ⁵³ʂʐ²⁴u²¹ʂa⁴⁴tʂu⁴⁴］

气得蛤蟆直哭。［tɕʰi⁵³tə⁰xa²⁴ma⁰tʂʐ²⁴kʰu⁴⁴］

（三）拉大锯，扯大锯

拉大锯，扯大锯，［la²⁴ta⁵³tɕy⁵³，tʂʰɤ²¹ta⁵³tɕy⁵³］

姥家门口儿唱大戏。［lau²¹tɕia⁴⁴mən²⁴kʰour²¹tʂʰaŋ⁵³ta⁵³ɕi⁵³］

接姑娘，唤媳妇儿，［tɕiɛ⁴⁴ku⁴⁴n̠iaŋ⁰，xuan⁵³ɕi²¹fər⁰］

小外孙儿也要去。［ɕiau²¹vai⁵³suər⁴⁴iɛ²¹iau⁵³tɕʰy⁵³］

没啥吃，煮鸭蛋，［mei²⁴ʂa²⁴tʂʰʐ⁴⁴，tʂu²⁴ia⁴⁴tan⁵³］

煮也煮不熟，［tʂu²¹iɛ²⁴tʂu²¹pu⁵³ʂou²⁴］

蒸也蒸不烂，［tʂəŋ⁴⁴iɛ²¹tʂəŋ⁴⁴pu²⁴lan⁵³］

气得小外孙儿直捣蛋。［tɕʰi⁵³tə⁰ɕiau²¹vai⁵³suər⁴⁴tʂʐ²⁴tau²¹tan⁵³］

（有删减）

（四）小板凳儿

小板凳儿四条腿儿，［ɕiau²⁴pan²¹tə̃r⁵³sʅ⁵³tʰiau²⁴tʰuər²¹²］

我给奶奶嗑瓜子儿。［uɤ²⁴kei²⁴nai²¹nai⁰kʰɤ⁵³kua⁴⁴tsər²¹²］

奶奶嫌我嗑得慢，［nai²¹nai⁰ɕian²⁴uɤ²¹kʰɤ⁵³tə⁰man⁵³］

我给奶奶下挂面。［uɤ²⁴kei²⁴nai²¹nai⁰ɕia⁵³kua⁵³mian⁵³］

奶奶嫌我下得少，［nai²¹nai⁰ɕian²⁴uɤ²¹ɕia⁵³tə⁰ʂau²¹²］

我给奶奶包水饺儿。［uɤ²⁴kei²⁴nai²¹nai⁰pau⁴⁴ʂuei²⁴tɕiaur²¹²］

（五）马兰花儿

马兰花儿，［ma²¹lan²⁴xuar⁴⁴］

马兰花儿，［ma²¹lan²⁴xuar⁴⁴］

风吹雨打都不怕。［fəŋ⁴⁴tʂʰuei⁴⁴y²⁴ta²¹tou⁴⁴pu²⁴pʰa⁵³］

勤劳的人在说话儿，［tɕʰin²⁴lau²⁴tə⁰ʐən²⁴tsai⁵³ʂuɤ⁴⁴xuar⁵³］

请你马上就开花儿。［tɕʰiŋ²⁴ȵi²⁴ma²¹ʂaŋ⁵³tɕiou⁵³kʰai²⁴xuar⁴⁴］

（以上由发音人杨显凤提供）

二　规定故事

牛郎和织女

古时候儿，［ku²¹ʂʅ²⁴xour⁰］

有一个小伙子，［iou²¹i²⁴kə⁰ɕiau²⁴xuɤ²¹tsʅ⁰］

父母都相继地离世啦，［fu⁵³mu²¹tou³³ɕiaŋ³³tɕi⁵³ti⁰li²⁴ʂʅ⁵³la⁰］

孤苦伶仃的，［ku³³kʰu²¹liŋ²⁴tiŋ³³tə⁰］

只有一头老牛，［tʂʅ³³iou²¹i⁵³tʰou²⁴lau²¹ȵiou²⁴］

所以，人们都叫他牛郎。［suɤ²⁴i²¹¹，ʐən²⁴mən⁰tou³³tɕiau⁵³tʰa³³ȵiou²⁴laŋ²⁴］

牛郎靠着老牛耕地为生，［ȵiou²⁴laŋ²⁴kʰau⁵³tʂau⁰lau²¹ȵiou²⁴kəŋ³³ti⁵³vei²⁴ʂəŋ³³］

其实呢，［tɕʰi³³ʂʅ²⁴ȵiɛ⁰］

老牛是天上的金牛星，［lau²¹ȵiou²⁴ʂʅ⁵³tʰian³³ʂaŋ⁵³tə⁰tɕin³³ȵiou²⁴ɕiŋ³³］

他非常喜欢［tʰa³³fei³³tʂʰaŋ²⁴ɕi²¹xuan³³］

牛郎的善良和勤劳，［ȵiou²⁴laŋ²⁴tə⁰ʂan⁵³liaŋ²⁴xɤ²⁴tɕʰin²⁴lau²⁴］

他为牛郎想成一个家。［tʰa³³vei⁵³ȵiou²⁴laŋ²⁴ɕiaŋ²¹tʂʰəŋ²⁴i²⁴kə⁰tɕia³³］

有这么一天呢，［iou²¹tsən⁵³mə⁰i⁵³tʰian³³ȵiɛ⁰］

金牛星得知天上的仙女，[tɕin³³ȵiou²⁴ɕiŋ³³tɤ²¹tʂʅ³³tʰian³³ʂaŋ⁵³təⁿɕian³³ȵy²¹¹]

要到村东头山脚下的 [iau⁵³tau⁵³tsʰuən³³tuŋ³³tʰou²⁴ʂan³³tɕiau²¹ɕia⁵³təⁿ]

湖中洗澡儿。[xu²⁴tʂuŋ³³ɕi²⁴tsaur²¹¹]

他就托梦给牛郎，[tʰa³³tɕiou⁵³tʰuɤ³³məŋ⁵³kei²¹ȵiou²⁴laŋ²⁴]

让牛郎第二天早晨 [iaŋ⁵³ȵiou²⁴laŋ²⁴ti⁵³ɚr⁵³tʰian³³tsau²¹tʂʰən⁰]

到山村的东边，[tau⁵³ʂan³³tsʰuən³³təⁿtuŋ³³pian³³]

取下树上挂的一件儿衣服，[tɕʰy²¹ɕia⁵³ʂu⁵³ʂaŋ⁵³kua⁵³təⁿi²⁴tɕiɐr⁵³i³³fu³³]

头也不回地跑。[tʰou²⁴iɛ²¹pu⁵³xuei²⁴tiⁿpʰau²¹¹]

这样儿就能得到[tʂei⁵³iãr⁵³tɕiou⁵³nəŋ²⁴tɤ²¹tau⁵³]

一个美丽的妻子。[i²⁴kəⁿmei²¹li⁵³təⁿtɕʰi³³tsʅ⁰]

第二天早晨，[ti⁵³ɚr⁵³tʰian³³tsau²¹tʂʰən⁰]

牛郎半信半疑地 [ȵiou²⁴laŋ²⁴pan⁵³ɕin⁵³pan⁵³i²⁴tiⁿ]

来到了山村脚下，[lai²⁴tau⁵³ləⁿʂan³³tsʰuən³³tɕiau²¹ɕia⁵³]

正在朦胧的时候儿，[tʂəŋ⁵³tsai⁵³məŋ³³luŋ²⁴təⁿʂʅ²⁴xour⁰]

忽然看见，[xu³³ian²⁴kʰan⁵³tɕian⁵³]

七个美丽的仙女 [tɕʰi²⁴kɤ⁵³mei²¹li⁵³təⁿɕian³³ȵy²¹]

在湖中戏水。[tsai⁵³xu²⁴tʂuŋ³³ɕi⁵³ʂuei²¹¹]

他就立即取下 [tʰa³³tɕiou⁵³li⁵³tɕi⁵³tɕʰy²¹ɕia⁵³]

一件儿树上挂的粉红色的衣服，[i²⁴tɕiɐr⁵³ʂu⁵³ʂaŋ⁵³kua⁵³təⁿfən²¹xuŋ²⁴sɤ⁵³təⁿi³³fu²⁴]

头也不回，[tʰou²⁴iɛ²¹pu⁵³xuei²⁴]

抱着飞快地跑回了家。[pau⁵³tʂauⁿfei³³kʰuai⁵³tiⁿpʰau²¹xuei²⁴ləⁿtɕia³³]

当天晚上，[taŋ³³tʰian³³van²¹ʂaŋ⁰]

织女轻轻地[tʂʅ³³ȵy²¹tɕʰiŋ³³tɕʰiŋ³³tiⁿ]

敲开了牛郎家的门，[tɕʰiau³³kʰai³³liau⁰ȵiou²⁴laŋ²⁴tɕia³³təⁿmən²⁴]

和牛郎成了恩爱的夫妻。[xɤ²⁴ȵiou²⁴laŋ²⁴tʂʰəŋ²⁴liau²¹ən³³ai⁵³təⁿfu³³tɕʰi³³]

转眼之间，[tʂuan²⁴ian²¹tʂʅ³³tɕian³³]

三年过去啦，[san³³ȵian²⁴kuɤ⁵³tɕʰy⁵³la⁰]

他们生了一对儿可爱的孩子。[tʰa³³mən²⁴ʂəŋ³³lauⁿi²⁴tuɐr⁵³kʰɤ²¹ai⁵³təⁿxai²⁴tsʅ⁰]

一个男孩儿，一个女孩儿，[i²⁴kəⁿnan²⁴xɐr²⁴,i²⁴kəⁿȵy²¹xɐr²⁴]

两个孩子[liaŋ²¹kəⁿxai²⁴tsʅ²¹]

非常地漂亮和聪明。[fei³³tʂʰaŋ²⁴təⁿpʰiau⁵³liaŋ⁰xɤ²⁴tsʰuŋ³³miŋ²⁴]

但是玉皇大帝知道 [tan⁵³ʂʅ⁵³y⁵³xuaŋ²⁴ta⁵³ti⁵³tʂʅ³³tau⁵³]

织女私自下凡的事，[tʂʅ³³ȵy²¹sʅ³³tsʅ⁵³ɕia⁵³fan²⁴təⁿʂʅ⁵³]

非常地生气。[fei³³tʂʰaŋ²⁴təⁿʂəŋ³³tɕʰi⁵³]

有一天晚上，[iou²¹i⁵³tʰian³³van²¹ʂaŋ⁰]

电闪雷鸣,风雨交加,［tian⁵³ ʂan²¹ lei²⁴ miŋ²⁴ ,fəŋ³³ y²¹ tɕiau³³ tɕia³³］

雨下得很大很大。［y²¹ ɕia⁵³ tə⁰ xən²¹ ta⁵³ xən²¹ ta⁵³］

织女呢忽然不见啦,［tʂʅ³³ ȵy²¹ ȵia⁰ xu³³ ian²⁴ pu²⁴ tɕian⁵³ la⁰］

孩子们哭着喊着要妈妈,［xai²⁴ tsʅ²¹ mən²⁴ kʰu³³ tʂau⁰ xan²¹ tʂau⁰ iau⁵³ ma³³ ma⁰］

牛郎也抱着两个孩子［ȵiou²⁴ laŋ²⁴ iɛ²¹ pau⁵³ tʂau⁰ liaŋ²¹ kə⁰ xai²⁴ tsʅ²¹］

伤心地哭了。［ʂaŋ³³ ɕin³³ tə⁰ kʰu³³ lə⁰］

这时候儿,［tʂɤ⁵³ ʂʅ²⁴ xour⁰］

老牛走到牛郎面前,［lau²¹ ȵiou²⁴ tsou²¹ tau⁵³ ȵiou²⁴ laŋ²⁴ mian⁵³ tɕʰian²⁴］

张开嘴巴说话啦:［tʂaŋ³³ kʰai³³ tsuei²¹ pa⁵³ ʂuɤ³³ xua⁵³ la⁰］

"牛郎,不要难过,［" ȵiou²⁴ laŋ²⁴ ,pu²⁴ iau⁵³ nan²⁴ kuɤ⁵³］

等我死了之后,［təŋ²⁴ uɤ²⁴ sʅ²¹ lau⁰ tʂʅ³³ xou⁵³］

你就把我的角取下来［ȵi²¹ tɕiou⁵³ pa²⁴ uɤ²¹ tə⁰ tɕiau²⁴ tɕʰy²¹ ɕia⁵³ lai⁰］

变成两个箩筐,［pian⁵³ tʂʰəŋ²⁴ liaŋ²¹ kə⁰ luɤ²⁴ kʰuaŋ³³］

把孩子装在里面,［pa²¹ xai²⁴ tsʅ⁰ tʂuaŋ³³ tsai⁵³ li²¹ mian⁰］

就能飞到天上去［tɕiou⁵³ nəŋ²⁴ fei³³ tau⁵³ tʰian³³ ʂaŋ⁵³ tɕʰy⁵³］

见到织女啦。"［tɕian⁵³ tau⁵³ tʂʅ³³ ȵy²¹ la⁰ 。"］

说完,［ʂuɤ³³ van²⁴］

老牛慢慢地闭上眼睛,［lau²¹ ȵiou²⁴ man⁵³ man⁵³ tə⁰ pi⁵³ ʂaŋ⁵³ ian²¹ tɕiŋ⁰］

死啦。［sʅ²¹ la⁰］

牛郎正发愣的时候儿,［ȵiou²⁴ laŋ²⁴ tʂəŋ⁵³ fa³³ ləŋ⁵³ tə⁰ ʂʅ²⁴ xour⁰］

忽然,两个牛角掉了下来,［xu³³ ian²⁴ ,liaŋ²¹ kə⁰ ȵiou²⁴ tɕiau²¹ tiau⁵³ liau⁰ ɕia⁵³ lai²⁴］

变成了两个箩筐。［pian⁵³ tʂʰəŋ²⁴ lə⁰ liaŋ²¹ kə⁰ luɤ²⁴ kʰuaŋ³³］

他就把两个孩子放在筐里,［tʰa³³ tɕiou⁵³ pa²⁴ liaŋ²¹ kə⁰ xai²⁴ tsʅ²¹ faŋ⁵³ tsai⁵³ kʰuaŋ³³ li⁰］

拿起扁担,挑了起来。［na²⁴ tɕʰi²⁴ pian²⁴ tan⁰ ,tʰiau³³ liau⁰ tɕʰi²⁴ lai²⁴］

说也怪,［ʂuɤ³³ iɛ²¹ kuai⁵³］

两个箩筐［liaŋ²¹ kə⁰ luɤ²⁴ kʰuaŋ³³］

就像长了翅膀儿一样儿,［tɕiou⁵³ ɕiaŋ⁵³ tʂaŋ²¹ lau⁰ tʂʅ⁵³ pãr²¹ i²⁴ iãr⁵³］

腾云驾雾飞起来啦。［tʰəŋ²⁴ yn²⁴ tɕia⁵³ u⁵³ fei³³ tɕʰi²¹ lai²⁴ la⁰］

飞呀飞,一直飞到了天宫,［fei³³ ia⁵³ fei³³ ,i⁵³ tʂʅ²⁴ fei³³ tau⁵³ lau⁰ tʰian³³ kuŋ³³］

眼看就要追上织女啦。［ian²¹ kʰan⁵³ tɕiou⁵³ iau⁵³ tsuei³³ ʂaŋ⁵³ tʂʅ³³ ȵy²¹ la⁰］

这时,［tʂɤ⁵³ ʂʅ²⁴］

王母娘娘［vaŋ²⁴ mu²¹ ȵiaŋ²⁴ ȵiaŋ⁰］

在云中伸出一只手,［tsai⁵³ yn²⁴ tʂuŋ³³ ʂən³³ tʂʰu³³ i⁵³ tʂʅ³³ ʂou²¹¹］

拿着一颗金簪,［na²⁴ tʂau⁰ i⁵³ kʰɤ³³ tɕin³³ tʂan³³］

在牛郎和织女中间一划儿。［tsai⁵³ ȵiou²⁴ laŋ²⁴ xɤ³³ tʂʅ³³ ȵy²¹ tsuŋ³³ tɕian³³ i²⁴ xuar⁵³］

霎时间，[ʂa⁵³ ʂʅ²⁴ tɕian³³]

一条天河横在了 [i⁵³ tʰiau²⁴ tʰian³³ xɤ²⁴ xəŋ²⁴ tsai⁵³ lə⁰]

牛郎和织女之间，[ȵiou²⁴ laŋ²⁴ xɤ²⁴ tʂʅ³³ ȵy²¹ tʂʅ³³ tɕian³³]

这就是人们看到的银河。[tʂɤ⁵³ tɕiou⁵³ ʂʅ⁵³ ʐən²⁴ mən²⁴ kʰan⁵³ tau⁵³ tə⁰ in²⁴ xɤ²⁴]

银河很宽很宽，[in²⁴ xɤ²⁴ xən²¹ kʰuan³³ xən²¹ kʰuan³³]

水流儿也很急，[ʂuei²¹ liour²⁴ iɛ²⁴ xən²¹ tɕi²⁴]

就这样儿[tɕiou⁵³ tʂei⁵³ iãr⁵³]

牛郎和织女被隔在两岸。[ȵiou²⁴ laŋ²⁴ xɤ²⁴ tʂʅ³³ ȵy²¹ pei⁵³ kɤ²⁴ tsai⁵³ liaŋ²¹ an⁵³]

喜鹊非常同情[ɕi²¹ tɕʰyɛ⁵³ fei³³ tʂʰaŋ²⁴ tʰuŋ²⁴ tɕʰiŋ²⁴]

牛郎和织女的，[ȵiou²⁴ laŋ²⁴ xɤ²⁴ tʂʅ³³ ȵy²¹ tə⁰]

它们就在每年的 [tʰa³³ mən²⁴ tɕiou⁵³ tsai⁵³ mei²¹ ȵian²⁴ tə⁰]

农历七月初七的晚上，[nəŋ²⁴ li⁵³ tɕʰi³³ yɛ⁵³ tʂʰu³³ tɕʰi³³ tə⁰ van²¹ ʂaŋ⁰]

成千上万只喜鹊，[tʂʰəŋ²⁴ tɕʰian³³ ʂaŋ⁵³ van⁵³ tʂʅ³³ ɕi²¹ tɕʰyɛ⁵³]

飞来搭成一座 [fei³³ lai²⁴ ta³³ tʂʰəŋ³³ i²⁴ tsuɤ⁵³]

长长的鹊桥，[tʂʰaŋ²⁴ tʂʰaŋ²⁴ tə⁰ tɕʰyɛ⁵³ tɕʰiau²⁴]

让牛郎和织女团聚。[iaŋ⁵³ ȵiou²⁴ laŋ²⁴ xɤ²⁴ tʂʅ³³ ȵy²¹ tʰuan²⁴ tɕy⁵³]

（以上由发音人于德玲提供）

三　其他故事

(一)卧牛之地

在很久很久以前，[tsai⁵³ xən²⁴ tɕiou²¹ xən²⁴ tɕiou²⁴ i²¹ tɕʰian²⁴]

呼兰河的中游，[xu⁴⁴ lan²⁴ xɤ²⁴ tə⁰ tʂuŋ⁴⁴ iou⁰]

兰西和青冈的交界处，[lan²⁴ ɕi⁴⁴ xɤ²⁴ tɕʰiŋ⁴⁴ kaŋ²¹ tə⁰ tɕiau⁴⁴ tɕiɛ⁵³ tʂʰu⁵³]

这里景色宜人，[tʂɤ⁵³ li²⁴ tɕiŋ²¹ sɤ⁵³ i²⁴ ʐən²⁴]

水草丰茂，牛羊成群，[ʂuei²⁴ tsʰau²¹ fəŋ⁴⁴ mau⁵³，ȵiou²⁴ iaŋ²⁴ tʂʰəŋ²⁴ tɕʰyn²⁴]

经常有人来这里放牛。[tɕiŋ⁴⁴ tʂʰaŋ²⁴ iou²¹ ʐən²⁴ lai²⁴ tʂɤ⁵³ li⁰ faŋ⁵³ ȵiou²⁴]

有一天来了一个南方人，[iou²¹ i²⁴ tʰian⁴⁴ lai²⁴ lə⁰ i²⁴ kə⁰ nan²⁴ faŋ⁴⁴ ʐən⁰]

南方人走到 [nan²⁴ faŋ⁴⁴ ʐən²⁴ tsou²¹ tau⁵³]

一个小牛倌儿的面前，[i²⁴ kə⁰ ɕiau²⁴ ȵiou²⁴ kuɐr⁴⁴ tə⁰ mian⁵³ tɕʰian²⁴]

亲切地叫了一声：[tɕʰin⁴⁴ tɕʰiɛ⁵³ tə⁰ tɕiau⁵³ lə⁰ i⁵³ ʂəŋ⁴⁴]

"小老弟儿，["ɕiau²⁴ lau²¹ tiər⁵³]

求小老弟儿[tɕʰiou²⁴ ɕiau²⁴ lau²¹ tiər⁵³]

帮我办一件儿事儿。"[paŋ⁴⁴ uɤ²¹ pan⁵³ i²⁴ tɕiɐr⁵³ ʂər⁵³。"]

小牛倌儿就问：［ɕiau²¹ n̠iou²⁴kuɐr⁴⁴tɕiou⁵³vən⁵³］

"什么事啊？"［"ʂən²⁴mə⁰ʂər⁵³z̥a⁰?"］

南方人说：［nan²⁴faŋ⁴⁴z̥ən²⁴ʂuɤ⁴⁴］

"你有没有在下大雾的天气，［n̠i²⁴iou²¹mei²⁴iou⁰tsai⁵³ɕia⁵³ta⁵³u⁵³tə⁰tʰian⁴⁴tɕʰi⁵³］

看到一头黄毛牛，［kʰan⁵³tau⁵³i⁵³tʰou²⁴xuaŋ²⁴mau²⁴n̠iou²⁴］

哞儿哞儿直叫地［mər⁴⁴mər⁴⁴tʂʅ²⁴tɕiau⁵³tə⁰］

来河边喝水呀？"［lai²⁴xɤ²⁴pian⁴⁴xɤ⁴⁴ʂuei²¹ia⁰?"］

小牛倌儿说：［ɕiau²¹n̠iou²⁴kuɐr⁴⁴ʂuɤ⁴⁴］

"看见过呀，怎么啦？"［"kʰan⁵³tɕian⁵³kuɤ⁵³ia⁰, tsən²¹mə⁰la⁰?"］

南方人就说：［nan²⁴faŋ⁴⁴z̥ən²⁴tɕiou⁵³ʂuɤ⁴⁴］

"我就是［"uɤ²¹tɕiou⁵³ʂʅ⁵³］

来找这头黄毛牛的。［lai²⁴tʂau²¹tʂei⁵³tʰou²⁴xuaŋ²⁴mau²⁴ n̠iou²⁴tə⁰］

我给你一个笼头，一根儿竹竿儿，［uɤ²¹kei²⁴n̠i²¹i²⁴kə⁰luŋ²⁴tʰou²⁴, i⁵³kər⁴⁴tʂu²⁴kɐr⁴⁴］

你把竹竿儿插在地上，［n̠i²⁴pa²¹tʂu²⁴kɐr⁴⁴tʂʰa⁴⁴tsai⁵³ti⁵³ʂaŋ⁰］

再见到这头［tsai⁵³tɕian⁵³tau⁵³tʂei⁵³tʰou²⁴］

黄毛牛的时候，［xuaŋ²⁴mau²⁴n̠iou²⁴tə⁰ʂʅ²⁴xou⁰］

就把笼头套在它的身上，［tɕiou⁵³pa²¹luŋ²⁴tʰou²⁴tʰau⁵³tsai⁵³tʰa⁴⁴tə⁰ʂən⁴⁴ʂaŋ⁵³］

把它系到竹竿儿上，［pa²¹tʰa⁴⁴tɕi⁵³tau⁵³tʂu²⁴kɐr⁴⁴ʂaŋ⁰］

就算完事儿，［tɕiou⁵³suan⁵³van²⁴ʂər⁵³］

我就重重地赏你。"［uɤ²¹tɕiou⁵³tʂuŋ⁵³tʂuŋ⁵³tə⁰ʂaŋ²⁴n̠i²¹². "］

小牛倌儿一想，［ɕiau²¹n̠iou²⁴kuɐr⁴⁴i⁵³ɕiaŋ²¹²］

这事儿简单呀，［tʂei⁵³ʂər⁵³tɕian²¹tan⁴⁴ia⁰］

就满口地答应了下来。［tɕiou⁵³man²⁴kʰou²¹tə⁰ta⁴⁴iŋ⁰lə⁰ɕia⁵³lai⁰］

可是一连几天都没有下雾，［kʰɤ²¹ʂʅ⁵³i⁵³lian²⁴tɕi²¹tʰian⁴⁴tou⁰mei²⁴iou²¹ɕia⁵³u⁵³］

小牛倌儿就和他的朋友们，［ɕiau²¹n̠iou²⁴kuɐr⁴⁴tɕiou⁵³xɤ²⁴tʰa⁴⁴tə⁰pʰəŋ²⁴iou⁰mən⁰］

在河边儿烤苞米吃，［tsai⁵³xɤ²⁴piɐr⁴⁴kʰau²¹pau⁴⁴mi²¹tʂʰʅ⁴⁴］

烤苞米的时候［kʰau²¹pau⁴⁴mi²¹tə⁰ʂʅ²⁴xou⁰］

就用这个竹竿儿扒拉着，［tɕiou⁵³yŋ⁵³tʂei⁵³kə⁰tʂu²⁴kɐr⁴⁴pa⁴⁴la⁰tʂə⁰］

就把这个竹竿儿给扒拉煳了。［tɕiou⁵³pa²¹tʂei⁵³kə⁰tʂu²⁴kɐr⁴⁴kei²¹pa⁴⁴la⁰xu²⁴lə⁰］

终于有一天下了大雾，［tʂuŋ⁴⁴y²⁴iou²¹i⁵³tʰian⁴⁴ɕia⁵³lə⁰ta⁵³u⁵³］

小牛倌儿就赶快［ɕiau²¹n̠iou²⁴kuɐr⁴⁴tɕiou⁵³kan²¹kʰuai⁵³］

把他的牛赶到了河边。［pa²¹tʰa⁴⁴tə⁰n̠iou²⁴kan²¹tau⁵³lə⁰xɤ²⁴pian⁴⁴］

过了一会儿，一头黄毛牛，［kuɤ⁵³lə⁰i²⁴xuɐr⁴⁴, i⁵³tʰou²⁴xuaŋ²⁴mau²⁴n̠iou²⁴］

果然哞儿哞儿叫地［kuɤ²¹z̥an²⁴mər⁴⁴mər⁴⁴tɕiau⁵³tə⁰］

来河边喝水了。［lai²⁴xɤ²⁴ pian⁴⁴xɤ⁴⁴ʂuei²¹lə⁰］

小牛倌儿［ɕiau²¹ȵiou²⁴kuɐr⁴⁴］

一见到这个黄毛牛，［i²⁴tɕian⁵³tau⁵³tʂei⁵³kə⁰xuaŋ²⁴mau²⁴ȵiou²⁴］

就赶快地把这个竹竿儿［tɕiou⁵³kan²¹kʰuai⁵³tə⁰pa²¹tʂei²⁴kə⁰tʂu²⁴kɐr⁴⁴］

插在了地上，［tʂʰa⁴⁴tsai⁵³lə⁰ti⁵³ʂaŋ⁰］

把笼头套在了［pa²¹luŋ²⁴tʰou²⁴tʰau⁵³tsai⁵³lə⁰］

这头黄毛牛的身上，［tʂei⁵³tʰou²⁴xuaŋ²⁴mau²⁴ȵiou²⁴tə⁰ʂən⁴⁴ʂaŋ⁰］

系在了竹竿儿上。［tɕi⁵³tsai⁵³lə⁰tʂu²⁴kɐr⁴⁴ʂaŋ⁰］

说来也奇怪，［ʂuɤ⁴⁴lai²⁴iɛ²¹tɕʰi²⁴kuai⁵³］

这个黄毛牛［tʂei⁵³kə⁰xuaŋ²⁴mau²⁴ȵiou²⁴］

被系在竹竿儿上以后，［pei⁵³tɕi⁵³tsai⁵³tʂu²⁴kɐr⁴⁴ʂaŋ⁰i²¹xou⁵³］

虽然瞪着大眼睛［suei⁴⁴ʐan²⁴təŋ⁵³tʂə⁰ta⁵³ian²¹tɕiŋ⁰］

喘着粗气，［tʂʰuan²¹tʂə⁰tsʰu⁴⁴tɕʰi⁵³］

但是，［tan⁵³ʂ↓⁵³］

怎么挣也挣不开［tsən²¹mə⁰tsəŋ⁵³iɛ²¹tsəŋ⁵³pu⁵³kʰai⁴⁴］

这个竹竿儿。［tʂei⁵³kə⁰tʂu²⁴kɐr⁴⁴］

小牛倌儿就心里想：［ɕiau²¹ȵiou²⁴kuɐr⁴⁴tɕiou⁵³ɕin⁴⁴li²⁴ɕiaŋ²¹²］

这个南方人真厉害，［tʂɤ⁵³kə⁰nan²⁴faŋ⁴⁴ʐən²⁴tʂən⁴⁴li⁵³xai⁰］

他的这个笼头和竹竿儿［tʰa⁴⁴tə⁰tʂɤ⁵³kə⁰luŋ²⁴tʰou⁰xɤ²⁴tʂu²⁴kɐr⁴⁴］

是宝物啊！［ʂ↓⁵³pau²¹u⁵³a⁰］

过了一会儿，［kuɤ⁵³lə⁰i²⁴xuɐr⁵³］

只见这个南方人［tʂʅ²¹tɕian⁵³tʂei⁵³kə⁰nan²⁴faŋ⁴⁴ʐən²⁴］

从远处走了过来，［tsʰuŋ²⁴yan²¹tʂʰu⁵³tsou²¹lə⁰kuɤ⁵³lai⁰］

南方人看到［nan²⁴faŋ⁴⁴ʐən²⁴kʰan⁵³tau⁵³］

这个黄毛牛以后，［tʂei⁵³kə⁰xuaŋ²⁴mau²⁴ȵiou²⁴i²¹xou⁵³］

就满脸堆笑地，［tɕiou⁵³man²⁴lian²¹tuei⁴⁴ɕiau⁵³tə⁰］

直奔它走去。［tʂʅ²⁴pən⁵³tʰa⁴⁴tsou²¹tɕʰy⁵³］

黄毛牛一见到了［xuaŋ²⁴mau²⁴ȵiou²⁴i²⁴tɕian⁵³tau⁵³lə⁰］

这个南方人，［tʂei⁵³kə⁰nan²⁴faŋ⁴⁴ʐən⁰］

就瞪大了双眼，［tɕiou⁵³təŋ⁵³ta⁵³lə⁰ʂuaŋ⁴⁴ian²¹²］

像铜铃一样，［ɕiaŋ⁵³tʰuŋ²⁴liŋ²⁴i²⁴iaŋ⁵³］

喘着粗气，像打雷一样。［tʂʰuan²¹tʂə⁰tsʰu⁴⁴tɕʰi⁵³，ɕiaŋ⁵³ta²¹lei²⁴i²⁴iaŋ⁵³］

只见这个黄毛牛［tʂʅ²¹tɕian⁵³tʂei⁵³kə⁰xuaŋ²⁴mau²⁴ȵiou²⁴］

前腿儿弓，［tɕʰian²⁴tʰuɐr²¹kuŋ⁴⁴］

后腿儿绷，［xou⁵³tʰuɐr²¹pəŋ⁴⁴］

弯腰一用力，［van⁴⁴iau⁴⁴i²⁴yŋ⁵³li⁵³］

听到咔嚓一声巨响，［tʰiŋ⁴⁴tau⁵³kʰa⁴⁴tʂʰa⁴⁴i⁵³ ʂəŋ⁴⁴tɕy⁵³ɕiaŋ²¹²］

就挣断了这个竹竿儿。［tɕiou⁵³tsəŋ⁵³tuan⁵³lə⁰tʂei⁵³kə⁰tʂu²⁴kɐr⁴⁴］

可是黄牛因为用力过度，［kʰɤ²¹ʂʅ⁵³xuaŋ²⁴ȵiou²⁴in⁴⁴vei⁵³yŋ⁵³li⁵³kuɤ⁵³tu⁵³］

口吐鲜血，趴在了地上，［kʰou²¹tʰu⁵³ɕyan⁴⁴ɕyɛ²¹²，pʰa⁴⁴tsai⁵³lə⁰ti⁵³ʂaŋ⁰］

后腿儿再也抬不起来了。［xou⁵³tʰuər⁵³tsai⁵³iɛ²¹tʰai²⁴pu⁵³tɕʰi²¹lai²⁴lə⁰］

南方人见了这个情况，［nan²⁴faŋ⁴⁴ʐən²⁴tɕian⁵³lə⁰tʂei⁵³kə⁰tɕʰiŋ²⁴kʰuaŋ⁵³］

就赶快问小牛倌儿：［tɕiou⁵³kan²¹kʰuai⁵³vən⁵³ɕiau²¹ȵiou²⁴kuɐr⁴⁴］

"怎么回事儿啊？"［"tsən²¹mə⁰xuei²⁴ʂər⁵³a⁰？"］

小牛倌儿说：［ɕiau²¹ȵiou²⁴kuɐr⁴⁴ʂuɤ⁴⁴］

"这是我扒拉苞米，［"tʂɤ⁵³ʂʅ⁵³uɤ²¹pa⁴⁴la⁰pau⁴⁴mi²¹²］

把竹竿儿给扒拉煳了。"［pa²¹tʂu²⁴kɐr⁴⁴kei²¹pa⁴⁴la⁰xu²⁴lə⁰。"］

从此以后呢，［tsʰuŋ²⁴tsʰʅ²⁴i²¹xou⁵³nə⁰］

人们就说这个拉哈冈［ʐən²⁴mən⁰tɕiou⁵³ʂuɤ⁵³tʂɤ⁵³kə⁰la⁴⁴xa⁴⁴kaŋ²¹］

是老黄牛变的，［ʂʅ⁵³lau²¹xuaŋ²⁴ȵiou²⁴pian⁵³tə⁰］

牛头就是河口的北山头，［ȵiou²⁴tʰou²⁴tɕiou⁵³ʂʅ⁵³xɤ²⁴kʰou²¹tə⁰pei²¹ʂan⁴⁴tʰou²⁴］

牛屁股呢［ȵiou²⁴pʰi⁵³ku²¹nə⁰］

是兰西和青冈的交界处，［ʂʅ⁵³lan²⁴ɕi⁴⁴xɤ²⁴tɕʰiŋ⁴⁴kaŋ²¹tə⁰tɕiau⁴⁴tɕiɛ⁵³tʂʰu⁵³］

牛尾巴甩到了青冈。［ȵiou²⁴uei²¹pa⁵³ʂuai²¹tau⁵³lə⁰tɕʰiŋ⁴⁴kaŋ²¹²］

人们都说拉哈冈［ʐən²⁴mən⁰tou⁴⁴ʂuɤ⁴⁴la⁴⁴xa⁴⁴kaŋ²¹］

是一块儿宝冈，［ʂʅ⁵³i²⁴kʰuɐr⁵³pau²⁴kaŋ²¹²］

拉哈冈确实是一块儿宝冈，［la⁴⁴xa⁴⁴kaŋ²¹tɕʰyɛ⁵³ʂʅ²⁴ʂʅ⁵³i²⁴kʰuɐr⁵³pau²⁴kaŋ²¹²］

在冈上种植的庄稼，［tsai⁵³kaŋ²¹ʂaŋ⁰tʂuŋ⁵³tʂʅ²⁴tə⁰tʂuaŋ⁴⁴tɕia⁰］

都比其他的地方收成要好。［tou⁴⁴pi²¹tɕʰi²⁴tʰa⁴⁴tə⁰ti⁵³faŋ⁰ʂou⁴⁴tʂʰəŋ²⁴iau⁵³xau²¹²］

从此，［tsʰuŋ²⁴tsʰʅ²¹²］

人们就管这个地方［ʐən²⁴mən⁰tɕiou⁵³kuan²¹tʂei⁵³kə⁰ti⁵³faŋ⁰］

叫卧牛之地。［tɕiau⁵³uɤ⁵³ȵiou²⁴tʂʅ⁴⁴ti⁵³］

（以上由发音人杨泽提供）

（二）龙坑

后汤窑的前面是一趟大沟，［xou⁵³tʰaŋ⁴⁴iau²⁴tə⁰tɕʰian²⁴mian⁵³ʂʅ⁵³i²⁴tʰaŋ⁵³ta⁵³kou⁴⁴］

东沿儿上是一个大坑，［tuŋ⁴⁴iɐr⁵³ʂaŋ⁰ʂʅ⁵³i²⁴kə⁰ta⁵³kʰəŋ⁴⁴］

原来听老人说过，［yan²⁴lai²⁴tʰiŋ⁴⁴lau²¹ʐən²⁴ʂuɤ⁴⁴kuɤ⁵³］

说是天上的困龙［ʂuɤ⁴⁴ʂʅ⁵³tʰian⁴⁴ʂaŋ⁵³tə⁰kʰuən⁵³luŋ²⁴］

掉下来砸的。［tiau⁵³ɕia⁵³lai²⁴tsa²⁴tə⁰］

那年大旱不下雨，［na⁵³ȵian²⁴ta⁵³xan⁵³pu²⁴ɕia⁵³y²¹²］

地旱得直冒烟儿。［ti⁵³xan⁵³tə⁰tʂʅ²⁴mau⁵³iɐr⁴⁴］

有一天下午，［iou²¹i⁵³tʰian⁴⁴ɕia⁵³u²¹²］

天阴得黢黑黢黑的，［tʰian⁴⁴in⁴⁴tə⁰tɕʰyɛ⁵³xei⁴⁴tɕʰyɛ⁵³xei⁴⁴tə⁰］

村里，村里人都很高兴，［tsʰuən²⁴li²¹²，tsʰuən⁴⁴li²¹ʐən²⁴tou⁴⁴xən²¹kau⁴⁴ɕiŋ⁵³］

希望能下一场透雨，［ɕi⁴⁴vaŋ⁵³nəŋ²⁴ɕia⁵³i⁵³tʂʰaŋ²¹tʰou⁵³y²¹²］

可是天老爷［kʰɤ²¹ʂʅ⁵³tʰian⁴⁴lau²¹iɛ²⁴］

就只长云彩不下雨，［tɕiou⁵³tʂʅ²⁴tʂaŋ²¹yn²⁴tsʰai⁰pu²⁴ɕia⁵³y²¹²］

村里的老李头儿［tsʰuən⁴⁴li²¹tə⁰lau²⁴li²¹tʰour²⁴］

就到井沿儿上去挑水。［tɕiou⁵³tau⁵³tɕiŋ²¹iɐr⁵³ʂaŋ⁰tɕʰy⁵³tʰiau⁴⁴ʂuei²¹²］

突然刮来了一阵风，［tʰu⁴⁴ʐan²⁴kua⁴⁴lai²⁴lə⁰i²⁴tʂən⁵³fəŋ⁴⁴］

把他刮到井台儿下边儿了，［pa²¹tʰa⁴⁴kua⁴⁴tau⁵³tɕiŋ²¹tʰɐr²⁴ɕia⁵³piɐr⁴⁴lə⁰］

他刚站住脚，［tʰa⁴⁴kaŋ⁴⁴tʂan⁵³tʂu⁵³tɕiau²¹²］

抬头儿看见西北天上，［tʰai²⁴tʰour²⁴kʰan⁵³tɕian⁵³ɕi⁴⁴pei²¹tʰian⁴⁴ʂaŋ⁵³］

飘着一个黑乎乎的条子，［pʰiau⁴⁴tʂə⁰i²⁴kə⁰xei⁴⁴xu⁴⁴xu⁴⁴tə⁰tʰiau²⁴tsʅ⁰］

不知道是什么东西。［pu⁵³tʂʅ⁴⁴tau⁵³ʂʅ⁵³ʂən²⁴mə⁰tuŋ⁴⁴ɕi⁴⁴］

他也不认识，［tʰa⁴⁴iɛ²¹pu²⁴ʐən⁵³ʂʅ⁰］

忽忽悠悠地［xu⁴⁴xu⁰iou⁴⁴iou⁴⁴ti⁰］

就朝他这边儿飘了过来，［tɕiou⁵³tʂʰau²⁴tʰa⁴⁴tʂɤ⁵³piɐr⁴⁴pʰiau⁴⁴lə⁰kuɤ⁵³lai²⁴］

把他吓得水也顾不上挑了，［pai²¹tʰai⁴⁴ɕia⁵³tə⁰ʂuei²⁴iɛ²¹ku⁵³pu²⁴ʂaŋ⁵³tʰiau⁴⁴lə⁰］

扔下扁担和水桶［ləŋ⁴⁴ɕia⁵³pian²¹tan⁵³xɤ²⁴ʂuei²⁴tʰuŋ²¹］

就往家跑。［tɕiou⁵³vaŋ²¹tɕia⁴⁴pʰau²¹²］

跑到家跟老伴儿说：［pʰau²¹tau⁵³tɕia⁴⁴kən⁴⁴lau²¹pɐr⁵³ʂuɤ⁴⁴］

"可吓死我了。"［kʰɤ²¹ɕia⁵³sʅ²⁴uɤ²¹lə⁰。］

他老伴儿［tʰa⁴⁴lau²¹pɐr⁵³］

就仗着胆子到屋外看，［tɕiou⁵³tʂaŋ⁵³tʂə⁰tan²¹tsʅ⁰tau⁵³u⁴⁴vai⁵³kʰan⁵³］

突然就看见［tʰu⁴⁴ʐan²⁴tɕiou⁵³kʰan⁵³tɕian⁵³］

一道闪电划过，［i²⁴tau⁵³ʂan²¹tian⁵³xua²⁴kuɤ⁵³］

接着就是一声震雷，［tɕiɛ⁴⁴tʂə⁰tɕiou⁵³ʂʅ⁵³i⁵³ʂəŋ⁴⁴tʂən⁵³lei²⁴］

然后就看见［ʐan²⁴xou⁵³tɕiou⁵³kʰan⁵³tɕian⁵³］

一个黑绿色的东西，［i²⁴kə⁰xei⁴⁴ly⁵³sɤ⁵³tə⁰tuŋ⁴⁴ɕi⁴⁴］

就像正月十五［tɕiou⁵³ɕiaŋ⁵³tʂəŋ⁴⁴yɛ⁵³ʂʅ²⁴u²¹］

闹龙灯的东西那样儿，［nau⁵³luŋ²⁴təŋ⁴⁴tə⁰tuŋ⁴⁴ɕi⁰na⁵³iãr⁵³］

呼隆一声［xu⁴⁴luŋ⁴⁴i⁵³ʂəŋ⁴⁴］

就掉到东沟儿沿儿上了。［tɕiou⁵³tiau⁵³tau⁵³tuŋ⁴⁴kour⁴⁴iɐr²⁴ʂaŋ⁵³lə⁰］

这一声儿巨响［tʂɤ⁵³i⁵³ʂ ə̃r⁴⁴tɕy⁵³ɕiaŋ²¹］

惊动了村里所有人，[tɕiŋ⁴⁴tuŋ⁵³lə⁰tsʰuən⁴⁴li²¹ suɤ²⁴iou²¹ʐən²⁴]

大家都往东沟儿上跑，[ta⁵³tɕia⁴⁴tou²⁴vaŋ²¹tuŋ⁴⁴kour⁴⁴ʂaŋ⁵³pʰau²¹²]

想看看[ɕiaŋ²¹kʰan⁵³kʰan⁰]

究竟是什么东西掉下来了。[tɕiou⁴⁴tɕiŋ⁵³ʂʅ⁵³ʂən²⁴mə⁰tuŋ⁴⁴ɕi⁰tiau⁵³ɕia⁵³lai²⁴lə⁰]

但是大伙儿[tan⁵³ʂʅ⁵³ta⁵³xuɤr²¹]

谁也不认识这个东西，[ʂei²⁴iɛ²¹pu²⁴ʐən⁵³ʂʅ⁰tʂɤ⁵³kə⁰tuŋ⁴⁴ɕi⁰]

这个东西就好像[tʂei⁵³kə⁰tuŋ⁴⁴ɕi⁰tɕiou⁵³xau²¹ɕiaŋ⁵³]

是一个死了似的，[ʂʅ⁵³i²⁴kə⁰sʅ²¹lə⁰ʂʅ⁵³tə⁰]

一动也不动儿，佝偻着。[i²⁴tuŋ⁵³iɛ²¹pu²⁴tũr⁵³，kou²⁴lou⁰tʂə⁰]

这前儿吧，[tʂɤ⁵³tɕʰiɐr²⁴pa⁰]

就有人儿[tɕiou⁵³iou²¹ʐ̩ər²⁴]

把村里的最年长的，[pa²¹tsʰuən⁴⁴li²¹tə⁰tsuei⁵³ȵian²⁴tʂaŋ²¹tə⁰]

什么事儿都知道，[ʂən²⁴mə⁰ʂər⁵³tou⁴⁴tʂʅ²⁴tau⁵³]

见多识广的乔老爷子[tɕian⁵³tuɤ⁴⁴ʂʅ²⁴kuaŋ²¹tə⁰tɕʰiau²⁴lau²¹iɛ²⁴tsʅ⁰]

给背来了，[kei²¹pei⁴⁴lai²⁴lə⁰]

让他看看[ʐ̩aŋ⁵³tʰa⁴⁴kʰan⁵³kʰan⁰]

到底认不认识[tau⁵³ti²¹ʐ̩ən⁵³pu⁰ʐ̩ən⁵³ʂʅ⁰]

这是什么东西。[tʂɤ⁵³ʂʅ⁵³ʂən²⁴mə⁰tuŋ⁴⁴ɕi⁰]

乔老爷子上前儿一看，[tɕʰiau²⁴lau²¹iɛ²⁴tsʅ⁰ʂaŋ⁵³tɕʰiɐr²⁴i²⁴kʰan⁵³]

说："这是一条困龙啊，[ʂuɤ⁴⁴："tʂɤ⁵³ʂʅ⁵³i⁵³tʰiau²⁴kʰuən⁵³luŋ²⁴ŋa⁰]

赶紧给他往身上浇水吧，[kan²⁴tɕin²⁴kei²¹tʰa⁴⁴vaŋ²¹ʂən⁴⁴ʂaŋ⁵³tɕiau⁴⁴ʂuei²¹pa⁰]

浇透了它自己[tɕiau⁴⁴tʰou⁵³lə⁰tʰa⁴⁴tsʅ⁵³tɕi²¹]

就能拔上天空。"[tɕiou⁵³nəŋ²⁴pa²⁴ʂaŋ⁵³tʰian⁴⁴kʰuŋ⁴⁴。"]

大伙儿就赶忙，[ta⁵³xuɤr²¹tɕiou⁵³kan²¹maŋ²⁴]

端盆儿的端盆儿，[tuan⁴⁴pʰər²⁴tə⁰tuan⁴⁴pʰər²⁴]

拎罐儿的拎罐儿，[liŋ⁴⁴kuɐr⁵³tə⁰liŋ⁴⁴kuɐr⁵³]

担水的担水，[tan⁴⁴ʂuei²¹tə⁰tan⁴⁴ʂuei²¹²]

从井里往上打水[tsʰuŋ²⁴tɕiŋ²⁴li²¹vaŋ²¹ʂaŋ⁵³ta²⁴ʂuei²¹]

浇这条龙。[tɕiau⁴⁴tʂei⁵³tʰiau²⁴luŋ²⁴]

一直浇到天黑，[i⁵³tʂʅ²⁴tɕiau⁴⁴tau⁵³tʰian⁴⁴xei⁴⁴]

什么也看不见了，[ʂən²⁴mə⁰iɛ⁰kʰan⁵³pu²⁴tɕian⁵³lə⁰]

大伙儿才回家。[ta⁵³xuɤr²¹tsʰai²⁴xuei²⁴tɕia⁴⁴]

到了后半夜儿就突然听到 [tau⁵³lə⁰xou⁵³pan⁵³iɛr⁵³tɕiou⁵³tʰu⁴⁴ʐ̩an²⁴tʰiŋ⁴⁴tau⁵³]

像病人的哼哼声儿，[ɕiaŋ⁵³piŋ⁵³ʐ̩ən²⁴tə⁰xəŋ⁴⁴xəŋ⁰ʂ̩ər⁴⁴]

声音大得呀，可吓人了！[ʂəŋ⁴⁴in⁴⁴ta⁵³tə⁰ia⁰，kʰɤ²¹ɕia⁵³ʐ̩ən²⁴lə⁰]

接着就一声巨响，[tɕiɛ⁴⁴tʂə⁰tɕiou⁵³i⁵³ʂəŋ⁴⁴tɕy⁵³ɕiaŋ²¹²]

卷起了一阵大风，[tɕyan²⁴tɕʰi²¹lə⁰i²⁴tʂən⁵³ta⁵³fəŋ⁴⁴]

村里还没睡着的人，[tsʰuən⁴⁴li²¹xai²⁴mei²⁴suei⁵³tʂau²⁴tə⁰ʐən²⁴]

就都起来关窗户，[tɕiou⁵³tou²⁴tɕʰi²¹lai²⁴kuan⁴⁴tʂʰuaŋ⁴⁴xu⁰]

心想这条龙[ɕin⁴⁴ɕiaŋ²¹tʂɤ⁵³tʰiau²⁴luŋ²⁴]

肯定是拔起来了。[kʰən²¹tiŋ⁵³ʂʅ⁵³pa²⁴tɕʰi²¹lai²⁴lə⁰]

傍天亮儿的时候，[paŋ⁴⁴tʰian⁴⁴liãr⁵³tə⁰ʂʅ²⁴xou⁰]

就突然下起了大雨，[tɕiou⁵³tʰu⁴⁴ʐan²⁴ɕia⁵³tɕʰi²¹lə⁰ta⁵³y²¹²]

这大雨下得呀，瓢泼似的。[tʂɤ⁵³ta⁵³y²¹ɕia⁵³tə⁰ia⁰，pʰiau²⁴pʰɤ⁴⁴ʂʅ⁵³tə⁰]

一直下到第二天[i⁵³tʂʅ²⁴ɕia⁵³tau⁵³ti⁵³ɚ⁵³tʰian⁴⁴]

三四点钟才停，[san²⁴sʅ⁵³tian²¹tʂuŋ⁴⁴tsʰai⁵³tʰiŋ²⁴]

下得沟满壕平。[ɕia⁵³tə⁰kou⁴⁴man²¹xau²⁴pʰiŋ²⁴]

大家就都出来说话，说的：[ta⁵³tɕia⁴⁴tɕiou⁵³tou²⁴tʂʰu⁴⁴lai²⁴ʂuɤ⁴⁴xua⁵³，ʂuɤ⁴⁴tə⁰]

"哎呀，这下地可下透了，["ai⁴⁴ia⁰，tʂei⁵³ɕia⁵³ti⁵³kʰɤ²¹ɕia⁵³tʰou⁵³lə⁰]

庄稼没事儿了。"[tʂuaŋ⁴⁴tɕia⁵³mei²⁴ʂɚ⁵³lə⁰。"]

说：[ʂuɤ⁴⁴]

"咱们快上东沟儿["tsan²⁴mən⁰kʰuai⁵³ʂaŋ⁵³tuŋ⁴⁴kour⁴⁴]

去看看那条龙啊！"[tɕʰy⁵³kʰan⁵³kʰan⁰nei⁵³tʰiau²⁴luŋ²⁴ŋa⁰！"]

大伙儿就急忙来到了东沟儿，[ta⁵³xuɤr²¹tɕiou⁵³tɕi²⁴maŋ²⁴lai²⁴tau⁵³lə⁰tuŋ⁴⁴kour⁴⁴]

可是就看到了一个大坑，[kʰɤ²¹ʂʅ⁵³tɕiou⁵³kʰan⁵³tau⁵³lə⁰i²⁴kə⁰ta⁵³kʰəŋ⁴⁴]

从此大伙儿[tsʰuŋ²⁴tsʰʅ²¹ta⁵³xuɤr²¹]

就把这个坑叫作龙坑。[tɕiou⁵³pa²¹tʂei⁵³kə⁰kʰəŋ⁴⁴tɕiau⁵³tsuɤ⁵³luŋ²⁴kʰəŋ⁴⁴]

（以上由发音人杨显凤提供）

四　自选条目

（一）二人转《红月娥做梦》

月娥我手扒轿帘儿往外看哪哈，[yɛ ɤ uɤ ʂou pa tɕiau liɐr vaŋ vai kʰan na xa]

一宗一样儿看明白呀啊，[i tsuŋ i iãr kʰan miŋ pai ia a]

哎哎哎哎呀啊。[ai ai ai ai ia a]

小女婿儿十字披红[ɕiau n̨y ɕyɐr ʂʅ tsʅ pʰi xuŋ]

就在那个马上坐，[tɕiou tsai na kə ma ʂaŋ tsuɤ]

看个儿也不高儿他也不矬。[kʰan kɤ ɚ iɛ pu kaur tʰa iɛ pu tsʰuɤ]

我早爱罗章他长得好哇啊啊啊，[uɤ tsau ai luɤ tʂaŋ tʰa tʂaŋ ti xau ua a a a]

你看他抿着嘴儿地乐,［ȵi kʰan tʰa min tʂə tsuər ti lɤ］

一笑还俩酒窝儿啊哎哎哎呀啊。［i ɕiau xai lia tɕiou uɤr ʐa a ai ai ai ia a］

院子当中,［yan tsʅ taŋ tʂuŋ］

下了轿是转眼来到天地桌儿,［ɕia liau tɕiau ʂʅ tʂuan ian lai tau tʰian ti tʂuɤr］

一碟栗子还有一碟枣呢,［i tiɛ li tsʅ xai iou i tiɛ tsau ȵi］

头发三钱,大葱两棵,［tʰou fa san tɕʰian,ta tsʰuŋ liaŋ kʰɤ］

聪明伶俐早立子。［tsʰuŋ miŋ liŋ li tsau li tsʅ］

结发的小夫妻,［tɕiɛ fa ti ɕiau fu tɕʰi］

都有那么个说儿啊啊哎哎哎呀啊。［tou iou nən mə kə ʂɤr ʐa a a ai ai ai ia a］

拜完了天地儿就把那洞房入啊,［pai van liau tʰian tiər tɕiou pa na tuŋ faŋ ʐu a］

大伯嫂小姑子,［ta pai sau ɕiau ku tsa］

叽叽喳喳把话儿说:［tɕi tɕi tʂa tʂa pa xuar ʂɤ］

"都说新人儿你的武艺好,［"tou ʂɤ ɕin ʐər ȵi ti u i xau］

我们罗章也是枪法多呀。［uɤ mən luɤ tʂaŋ iɛ ʂʅ tɕʰiaŋ fa tuɤ ia］

你们俩的武艺高低我不管,［ȵi mən lia ti u i kau ti uɤ pu kuan］

转过年儿我们等着,［tʂuan kuɤ ȵiər uɤ mən təŋ tʂə］

抱上一个胖小子儿啊啊,［pau ʂaŋ i kə pʰaŋ ɕiau tsər ʐa a］

哎哎哎哎呀啊。"［ai ai ai ai ia a。"］

说说笑笑人散去,［ʂɤ ʂɤ ɕiau ɕiau ʐə̣n san tɕʰy］

转过来新郎把话儿说:［tʂuan kuɤ lai ɕin laŋ pa xuar ʂɤ］

"折腾了一天你饿不饿,［"tʂɤ tʰəŋ lə i tʰian ȵi ɤ pu ɤ］

你要不吃你就喝。"［ȵi iau pu tʂʰʅ ȵi tɕiou xɤ。"］

臊得月娥我呀红了脸哪啊,［sau ti yɛ ɤ uɤ ia xuŋ liau lian na a］

你们看哪,［ȵi mən kʰan na］

头一天儿的小女婿儿,［tʰou i tʰiər tə ɕiau ȵy ɕyər］

他就知道疼老婆呀啊哎哎哎呀啊。［tʰa tɕiou tʂʅ tau tʰəŋ lau pʰɤ ia a a ai ai ai ia a］

(二)二人转《小拜年儿》

正月里来是新年儿啊,［tʂəŋ yɛ li lai ʂʅ ɕin ȵiər ʐa］

大年初一头一天儿啊啊。［ta ȵian tʂʰu i tʰou i tʰiər ʐa a］

家家团圆会儿啊,［tɕia tɕia tʰuan yan xuər ʐa］

少的给老的拜年儿啊。［ʂau ti kei lau ti pai ȵiər ʐa］

也不论那男和女儿啊,［iɛ pu luən na nan xɤ ȵyər ʐa］

哎哟哟哟哟哎哟哟,［ai iau iau iau iau ai iau iau］

都把那新衣服穿哪。［tou pa na ɕin i fu tʂʰuan na］

哎哟哟哟哟，［ai iau iau iau iau］

都把新衣服穿哪哎呀。［tou pa ɕin i fu tʂʰuan na ai ia］

打春到初八呀啊，［ta tʂʰuən tau tʂʰu pa ia a］

新媳妇儿住妈家呀啊。［ɕin ɕi fər tʂu ma tɕia ia a］

带领我的小女婿儿啊，［tai liŋ uɤ ti ɕiau ɳy ɕyər ʐa］

果子拿两匣儿啊。［kuɤ tsʅ na liaŋ ɕiar ʐa］两匣儿：两匣子

丈母娘啊一见面儿啊，［tʂaŋ mu ɳiaŋ ŋa i tɕian miɐr ʐa］

哎哟哟哟哟哎哟哟，［ai iau iau iau iau ai iau iau］

拍着手儿笑哈哈呀哎。［pʰai tʂə ʂou ɚ ɕiau xa xa ia ai］

哎哟哟哟哟，［ai iau iau iau iau］

拍着手儿笑哈哈呀哎呀啊。［pʰai tʂə ʂou ɚ ɕiau xa xa ia ai ia a］

我姑爷儿到咱家呀啊，［uɤ ku iɛr tau tsan tɕia ia a］

咱给他做点儿啥呀啊？［tsan kei tʰa tsuɤ tiɐr ʂa ia a］

粉条子炖猪肉哇，［fən tʰiau tsʅ tuən tʂu ʐou ua］

再把那小鸡儿杀呀啊，［tsai pa na ɕiau tɕiɐr ʂa ia a］

小啊鸡儿啊炖蘑菇哇，［ɕiau ua tɕiɐr ʐa tuən mɤ ku ua］

哎哟哟哟哟哎哟哟。［ai iau iau iau iau ai iau iau］

我的姑爷儿最得意它哎。［uɤ ti ku iɛr tsuei tɤ i tʰa ai］得意：喜欢，偏爱

哎哟哟哟哟，［ai iau iau iau iau］

我的姑爷儿爱吃它呀哎呀。［uɤ ti ku iɛr ai tʂʰʅ tʰa ia ai ia］

我姑爷儿长得俊哪啊，［uɤ ku iɛr tʂaŋ ti tsuən na a］

我女儿赛天仙哪啊。［uɤ ɳy ɚ sai tʰian ɕian na a］

小俩口儿多么般配呀啊，［ɕiau liaŋ kʰour tuɤ mə pan pʰei ia a］

恩爱到百年哪啊。［ən ai tau pai ɳian na a］

等到过了二月二啊，［təŋ tau kuɤ liau ɚ yɛ ɚ ʐa］

哎哟哟哟哟哎哟哟，［ai iau iau iau iau ai iau iau］

再给大家来拜年哪。［tsai kei ta tɕia lai pai ɳian na］

哎哟哟哟哟，［ai iau iau iau iau］

再给大家拜个晚年儿啊，［tsai kei ta tɕia pai kɤ van ɳiɐr ʐa］

哎嗨哎嗨呀啊。［ai xai ai xai ia a］

（三）二人转《冯奎卖妻》

李金莲独坐房中，［li tɕin lian tu tsuɤ faŋ tʂuŋ］

珠泪涟涟哪啊啊啊啊啊，［tʂu luei lian lian na a a a a a］

荒旱年家中贫困，[xuaŋ xan ȵian tɕia tʂuŋ pʰin kʰuən]

度日艰难哪啊啊啊啊啊，[tu zๅ tɕian nan na a a a a a]

啊啊啊啊啊。[a a a a a]

自打那崇祯皇爷，[tsๅ ta na tsʰuŋ tʂən xuaŋ iɛ]

登基坐了殿噔噔哩个儿隆，[təŋ tɕi tsuɤ liau tian təŋ təŋ li kər luŋ]

天下荒旱，[tʰian ɕia xuaŋ xan]

黎民不得安噔噔哩个儿隆个儿隆。[li min pu tɤ an təŋ təŋ li kər luŋ kər luŋ]

头一年，[tʰou i ȵian]

荒旱没下透雨哒哒哒哩个儿隆；[xuaŋ xan mei ɕia tʰou y ta ta ta li kər luŋ]

二一年大雨瓢泼，[ɐr i ȵian ta y pʰiau pʰɤ]

纷纷被水淹噔噔哩个儿隆个儿隆；[fən fən pei ʂuei ian təŋ təŋ li kər luŋ kər luŋ]

第三年上青苗好，[ti san ȵian ʂaŋ tɕʰiŋ miau xau]

起蝗虫就在那五月天。[tɕʰi xuaŋ tʂʰuŋ tɕiou tsai na u yɛ tʰian]

往东吃到了东海岸，[vaŋ tuŋ tʂʰๅ tau liau tuŋ xai an]

往西吃到了西地长安，[vaŋ ɕi tʂʰๅ tau liau ɕi ti tʂʰaŋ an]

往南吃到了云南地儿啊，[vaŋ nan tʂʰๅ tau liau yn nan tiɚ zฺa]

往北吃到了北顺天。[vaŋ pei tʂʰๅ tau liau pei ʂuən tʰian]

四面八方都吃到，[sๅ mian pa faŋ tou tʂʰๅ tau]

顶数咱冯家湾，[tiŋ ʂu tsan fəŋ tɕia van]

吃得可怜哪啊啊啊啊啊，[tʂʰๅ ti kʰɤ lian na a a a a a]

啊啊哈啊哈。[a a xa a xa]

噔噔楞哩个儿隆个儿隆个儿隆，[təŋ təŋ ləŋ li kər luŋ kər luŋ kər luŋ]

哒哒滴哒哒哒哒楞个儿哩个儿隆个儿，[ta ta ti ta ta ta ta ləŋ kər li kər luŋ kər]

噔噔哩个儿隆个儿隆。[təŋ təŋ li kər luŋ kər luŋ]

现串儿黑豆，[ɕian tʂʰuɐr xei tou]

长街卖个儿哩个儿隆，[tʂʰaŋ tɕiɛ mai kər li kər luŋ]

小米儿一斗，[ɕiau miɚ i tou]

卖过十八吊哇噔噔哩个儿隆，[mai kuɤ ʂๅ pa tiau ua təŋ təŋ li kər luŋ]

高粱一斗十吊钱。[kau liaŋ i tou ʂๅ tiau tɕʰian]

头等人家，[tʰou təŋ zฺən tɕia]

卖骡马呀噔噔哩个儿隆，[mai luɤ ma ia təŋ təŋ li kər luŋ]

二等人家折卖庄田，[ɐr təŋ zฺən tɕia tʂɤ mai tʂuaŋ tʰian]

三等人家没有别的卖，[san təŋ zฺən tɕia mei iou piɛ ti mai]

他折卖人口度荒年。[tʰa tʂɤ mai zฺən kʰou tu xuaŋ ȵian]

年轻的小媳妇，[ȵian tɕʰiŋ ti ɕiau ɕi fu]

没有人要哇噔噔哩个儿隆。［mei iou ʐən iau ua təŋ təŋ li kər luŋ］

十八岁的大姑娘，［ʂʅ pa suei ti ta ku n̠iaŋ］

才要十吊钱哪，［tsʰai iau ʂʅ tiau tɕʰian na］

啊哈啊啊啊啊哈啊哈，［a xa a a a a xa a xa］

噔楞个儿哩个儿隆个儿隆个儿隆，［təŋ ləŋ kər li kər luŋ kər luŋ kər luŋ］

哒哒滴哒哒哒哒个儿哩个儿隆个儿，［ta ta ti ta ta ta ta kər li kər luŋ kər］

噔噔哩个儿隆个儿隆。［təŋ təŋ li kər luŋ kər luŋ］

咱家啊里呀哈啊，［tsan tɕia a li ia xa a］

咱家里空锅冷灶，［tsan tɕia li kʰuŋ kuɤ ləŋ tsau］

灰落满哪哒哒哩个儿隆。［xuei luɤ man na ta ta li kər luŋ］

烟囱三天，［ian tsʰuŋ san tʰian］

没冒烟噔噔哩个儿隆个儿隆，［mei mau ian təŋ təŋ li kər luŋ kər luŋ］

只饿得桂姐，［tʂʅ ɤ tə kuei tɕiɛ］

皮包骨哇噔噔哩个儿隆，［pʰi pau ku ua təŋ təŋ li kər luŋ］

只饿得宝安儿儿，［tʂʅ ɤ tə pau an ɚ ɚ］

一门儿发蔫噔噔哩个儿隆个儿隆。［i mər fa n̠ian təŋ təŋ li kər luŋ kər luŋ］

丈夫他面黄肌瘦，［tʂaŋ fu tʰa mian xuaŋ tɕi ʂou］

他的身板儿软噔噔噔哩个儿隆。［tʰa ti ʂən pɐr ʐuan təŋ təŋ təŋ li kər luŋ］

强打精神，［tɕʰiaŋ ta tɕiŋ ʂən］

卖工去换钱，［mai kuŋ tɕʰy xuan tɕʰian］

噔噔哩个儿隆个儿隆。［təŋ təŋ li kər luŋ kər luŋ］

今天再无下锅米，［tɕin tʰian tsai u ɕia kuɤ mi］

我怕的是，［uɤ pʰa ti ʂʅ］

一家四口儿老老少少，［i tɕia sʅ kʰour lau lau ʂau ʂau］

难活到明天。［nan xuɤ tau miŋ tʰian］

手扶门板，［ʂou fu mən pan］

我把夫儿盼哪啊，［uɤ pa fu ɚ pʰan na a］

啊哈啊哈啊啊啊，［a xa a xa a a a］

啊哈啊啊啊。［a xa a a a］

（以上由发音人孙淑兰提供）

(四)俗语

1.吃不穷，穿不穷，［tʂʰʅ⁴⁴pu⁵³tɕʰyŋ²⁴,tʂʰuan⁴⁴pu⁵³tɕʰyŋ²⁴］
　算计不到受大穷。［suan⁵³tɕi⁵³pu²⁴tau⁵³ʂou⁵³ta⁵³tɕʰyŋ²⁴］

2.选地选好种，［ɕyan²¹ti⁵³ɕyan²⁴xau²⁴tʂuŋ²¹²］

一垄顶两垄。[i⁵³luŋ²¹tiŋ⁴⁴liaŋ²⁴luŋ²¹²]

3. 天上无云不下雨,[tʰian⁴⁴ʂaŋ⁵³u²⁴yn²⁴pu²⁴ɕia⁵³y²¹²]
地里无肥不打粮。[ti⁵³li²¹u²⁴fei²⁴pu⁵³ta²¹liaŋ²⁴]

4. 五更起风,[u²¹kəŋ⁴⁴tɕʰi²¹fəŋ⁴⁴]五更:凌晨三点到五点这个时间段
白天更凶。[pai²⁴tʰian⁴⁴kəŋ⁵³ɕyŋ⁴⁴]

5. 老云接驾,[lau²¹yn²⁴tɕiɛ⁴⁴tɕia⁵³]老云:太阳即将落下之时,迎接太阳的云彩阴沉沉的样子,老辈人称之为"老云"
不阴也下。[pu⁵³in⁴⁴iɛ²¹ɕia⁵³]。
(看到老云,或者阴天或者下雨。)

6. 冷在三九,[ləŋ²¹tsai⁵³san⁴⁴tɕiou²¹²]
热在三伏。[ʐɤ⁵³tsai⁵³san⁴⁴fu²⁴]
(冬天最冷的是三九天,夏天最热的是三伏天。)

7. 连起三场雾,[lian²⁴tɕʰi²¹san⁴⁴tʂʰaŋ²¹u⁵³]
小雨下不住。[ɕiau²⁴y²¹ɕia⁵³pu²⁴tʂu⁵³]下不住:下不停

8. 种子选不好,[tʂuŋ²¹tsʅ⁰ɕyan²¹pu⁵³xau²¹²]
收成一定少。[ʂou⁴⁴tʂʰəŋ²⁴i²⁴tiŋ⁵³ʂau²¹²]

9. 立夏到小满,[li⁵³ɕia⁵³tau⁵³ɕiau²⁴man²¹²]
种啥都不晚。[tʂuŋ⁵³ʂa²⁴tou⁴⁴pu⁵³van²¹²]

10. 蚂蚁搬家,[ma²⁴i²¹pan⁴⁴tɕia⁴⁴]
不阴就下。[pu⁵³in⁴⁴tɕiou⁵³ɕia⁵³]
(蚂蚁搬家,不是天阴就是下雨。)

11. 麻雀叫,[ma²⁴tɕʰyɛ⁵³tɕiau⁵³]
雨快到。[y²¹kʰuai⁵³tau⁵³]
(麻雀叫,就快下雨了。)

12. 燕子钻天,[ian⁵³tsʅ²¹tsuan⁴⁴tʰian⁴⁴]
大雨涟涟。[ta⁵³y²¹lian⁴⁴lian⁴⁴]

13. 一日东风,[i²⁴ʐʅ⁵³tuŋ⁴⁴fəŋ⁴⁴]
三日雨。[san²⁴ʐʅ⁵³y²¹²]
(东风只吹一天的话,那么接下来这几天都会下雨。)

14. 雷雨三过儿晌儿。[lei²⁴y²¹san²⁴kuɤr⁵³ʂãr²¹²]
(下午闪电不断、雷声隆隆,这种情况一般能连续三个下午。)

15. 光铲不蹚,[kuaŋ⁴⁴tʂʰan²¹pu⁵³tʰaŋ⁴⁴]
三天就荒。[san⁴⁴tʰian⁴⁴tɕiou⁵³xuaŋ⁴⁴]
(如果只铲地不蹚地,地很快就会长出很多草。蹚地的意思是用犁把土翻开,除去杂草,并给苗培土。)

16. 日晕三更雨，［zʅ⁵³yn⁴⁴san⁴⁴kəŋ⁴⁴y²¹²］

月晕午时风。［yɛ⁵³yn⁴⁴u²¹ʂʅ²⁴fəŋ⁴⁴］

（如果白天出现日晕，夜半三更将有雨，如果夜晚出现月晕，则次日中午会刮风。）

17. 过了芒种，［kuɤ⁵³lə⁰maŋ²⁴tʂuŋ⁵³］

不可强种。［pu⁵³kʰɤ²¹tɕʰiaŋ²⁴tʂuŋ⁵³］

18. 小麦不受三伏气。［ɕiau²¹mai⁵³pu²⁴ʂou⁵³san⁴⁴fu²⁴tɕʰi⁵³］

（小麦要在三伏之前收获。）

19. 早霞不出门，［tsau²¹ɕia²⁴pu²⁴tʂʰu⁴⁴mən²⁴］

晚霞行千里。［van²¹ɕia²⁴ɕiŋ²⁴tɕʰian⁴⁴li²¹²］

（早晨有朝霞的话，可能会下雨，不适宜出门；若是傍晚有晚霞，则第二天是晴天，可以出远门。）

20. 早看东南，［tsau²¹kʰan⁵³tuŋ⁴⁴nan²⁴］

晚看西北。［van²¹kʰan⁵³ɕi⁴⁴pei²¹²］

（早晨看东南方，如果有红霞，是下雨的征兆；傍晚看西北方，如果有红云，则是晴天的征兆。）

（以上由发音人杨显凤提供）

漠 河

一 歌谣

(一)雪孩子

下雪了，[ɕia⁵²yɛ²¹lə⁰]
地白了。[ti⁵²pai³⁵lə⁰]
我在雪上堆孩子。[uɤ²¹tsai⁵²ɕyɛ²¹ʂaŋ⁵²tuei⁴⁴xai³⁵tsʅ⁰]
天晴了，[tʰian⁴⁴tɕʰiŋ³⁵lə⁰]
雪化了，[ɕyɛ²¹xua⁵²lə⁰]
我的孩子不见了。[uɤ²¹tə⁰xai³⁵tsʅ⁰pu³⁵tɕian⁵²lə⁰]

(二)爹的心肝儿

爹的心肝儿，[tiɛ⁴⁴tə⁰ɕin⁴⁴kɐr⁴⁴]
妈的肺，[ma⁴⁴tə⁰fei⁵²]
爹妈搂我两边儿睡。[tiɛ⁴⁴ma⁴⁴lou³⁵uɤ³⁵liaŋ²¹piɐr⁴⁴suei⁵²]

(三)风,风,摇一摇

风,风,摇一摇,[fəŋ⁴⁴,fəŋ⁴⁴,iau³⁵i·⁵²iau³⁵]
只见树儿梢儿动,[tʂʅ²¹tɕian⁵²ʂur⁵²ʂaur⁴⁴tuŋ⁵²]
不见鹿儿跑。[pu³⁵tɕian⁵²lu⁵²ɚ³⁵pʰau²¹²]

(四)花猫跑

爹打柴,[tiɛ⁴⁴ta²¹tsʰai³⁵]
妈烧火,[ma⁴⁴ʂau⁴⁴xuɤ²¹²]
我在炕上搭窝儿窝儿。[uɤ²¹tsai⁵²kʰaŋ⁵²ʂaŋ⁰ta⁴⁴uɤr⁴⁴uɤr⁰]
窝儿窝儿倒,[uɤr⁴⁴uɤr⁴⁴tau²¹²]

花猫跑，[xua⁴⁴mau⁴⁴pʰau²¹²]

我掉地上摔哭了。[uɤ²¹tiau⁵²ti⁵²ʂaŋ⁵²suai⁴⁴kʰu⁴⁴liau⁰]

（五）聚宝盆

山是摇钱树，[ʂan⁴⁴ʂʅ⁵²iau³⁵tɕʰian³⁵ʂu⁵²]

地是聚宝盆，[ti⁵²ʂʅ⁵²tɕy⁵²pau²¹pʰən³⁵]

摇钱树上结玛瑙，[iau³⁵tɕʰian³⁵ʂu⁵²ʂaŋ⁵²tɕiɛ³⁵ma³⁵nau²¹²]

聚宝盆里生金银。[tɕy⁵²pau²¹pʰən³⁵li²¹ʂəŋ⁴⁴tɕin⁴⁴in³⁵]

（六）男人和女人

男人是搂钱的耙子，[nan³⁵z̩ən³⁵ʂʅ⁵²lou⁴⁴tɕʰian³⁵tə⁰pʰa³⁵tsʅ⁰]

女人是装钱的匣子。[ȵy²¹z̩ən³⁵ʂʅ⁵²tʂuaŋ⁴⁴tɕʰian³⁵tə⁰ɕia³⁵tsʅ⁰]

不怕耙子没有齿儿，[pu³⁵pʰa⁵²pʰa³⁵tsʅ⁰mei⁵²iou³⁵tʂʰiər²¹²]

就怕匣子没有底儿。[tɕiou⁵²pʰa⁵²ɕia³⁵tsʅ⁰mei⁵²iou³⁵tiər²¹²]

（以上由发音人李淑梅提供）

二　规定故事

牛郎和织女

古时候，[ku²¹ʂʅ³⁵xou⁰]

有一个小伙子，[iou²¹i³⁵kə⁰ɕiau³⁵xuɤ²¹tsʅ⁰]

父母都去世了，[fu⁵³mu²¹tou⁴⁴tɕʰy⁵³ʂʅ⁵³lə⁰]

孤苦伶仃。[ku⁴⁴kʰu²¹liŋ³⁵tiŋ⁴⁴]

家里只有一头老牛，[tɕia⁴⁴li²¹tʂʅ³⁵iou²¹i⁵³tʰou³⁵lau²¹ȵiou³⁵]

大家都叫他牛郎。[ta⁵³tɕia⁴⁴tou⁴⁴tɕiau⁵³tʰa⁴⁴ȵiou³⁵laŋ³⁵]

牛郎靠老牛耕地为生，[ȵiou³⁵laŋ³⁵kʰau⁵³lau²¹ȵiou³⁵kəŋ⁴⁴ti⁵³uei³⁵ʂəŋ⁴⁴]

与老牛相依为命。[y³⁵lau²¹ȵiou³⁵ɕiaŋ⁴⁴i⁴⁴uei³⁵miŋ⁵³]

这头老牛[tʂei⁵³tʰou³⁵lau²¹ȵiou³⁵]

其实是天上的金牛星，[tɕʰi⁴⁴ʂʅ³⁵ʂʅ⁵³tʰian⁴⁴ʂaŋ⁰tə⁰tɕin⁴⁴ȵiou³⁵ɕiŋ⁴⁴]

他喜欢牛郎的勤劳和善良，[tʰa⁴⁴ɕi⁴⁴xuan⁴⁴ȵiou³⁵laŋ³⁵tə⁰tɕʰin³⁵lau³⁵xɤ³⁵ʂan⁵³liaŋ³⁵]

所以，他想帮他成个家。[suɤ³⁵i²¹²，tʰa⁴⁴ɕiaŋ²¹paŋ⁴⁴tʰa⁰tʂəŋ³⁵kə⁰tɕia⁴⁴]

有一天，[iou²¹i⁵³tʰian⁴⁴]

他得知天上的仙女们，[tʰa⁴⁴tɤ²¹tʂʅ⁴⁴tʰian⁴⁴ʂaŋ⁰tə⁰ɕian⁴⁴ȵy²¹mən⁰]

要到村东边儿的[iau⁵³tau⁵³tʂʰuən⁴⁴tuŋ⁴⁴piɐr⁵³tə⁰]

山脚下的［ʂan⁴⁴tɕiau²¹ɕia⁵³tə⁰］

一个湖里洗澡儿。［i³⁵kə⁰xu³⁵li²¹ɕi³⁵tsaur²¹²］

他就托梦给牛郎，［tʰa⁴⁴tɕiou⁵³tʰuɤ⁴⁴məŋ⁵³kei²¹ȵiou³⁵laŋ³⁵］

要他第二天早晨［iau⁵³tʰa⁴⁴ti⁵³ɤr⁵³tʰian⁴⁴tsau²¹tʂʰən³⁵］

到湖边去，［tau⁵³xu³⁵pian⁴⁴tɕʰy⁵³］

趁仙女们洗澡儿的时候，［tʂʰən⁵³ɕian⁴⁴ȵy²¹mən⁰ɕi³⁵tsaur²¹tə⁰ʂɿ³⁵xou⁰］

取走一件儿［tɕʰy³⁵tsou²¹i³⁵tɕiɤr⁵³］

仙女挂在树上的衣裳，［ɕian⁴⁴ȵy²¹kua⁵³tsai⁵³ʂu⁵³ʂaŋ⁵³tə⁰i⁴⁴ʂaŋ⁰］

这样就会得到［tʂɤ⁵³iaŋ⁰tɕiou⁵³xuei⁵³tɤ²¹tau⁵³］

一位美丽的仙女做妻子。［i³⁵uei⁵³mei²¹li⁵³tə⁰ɕian⁴⁴ȵy²¹tsuɤ⁵³tɕʰi⁴⁴tsɿ⁰］

第二天早晨，［ti⁵³ɤr⁵³tʰian⁴⁴tsau²¹tʂʰən³⁵］

牛郎半信半疑地［ȵiou³⁵laŋ³⁵pan⁵³ɕin⁵³pan⁵³i³⁵tə⁰］

来到了山脚下。［lai³⁵tau⁵³lə⁰ʂan⁴⁴tɕiau²¹ɕia⁵³］

在朦胧之中，［tsai⁵³məŋ³⁵luŋ³⁵tʂɿ⁴⁴tʂuŋ⁴⁴］

他真的看见了［tʰa⁴⁴tʂən⁴⁴tə⁰kʰan⁵³tɕian⁵³lə⁰］

七个美女在湖中戏水。［tɕʰi³⁵kə⁰mei³⁵ȵy²¹tsai⁵³xu³⁵tʂuŋ⁴⁴ɕi⁵³suei²¹²］

他立即拿下了，［tʰa⁴⁴li⁵³tɕi⁵³na³⁵ɕia⁵³lə⁰］

树上挂着的一件儿［ʂu⁵³ʂaŋ⁰kua⁵³tʂə⁰tə⁰i³⁵tɕiɤr⁵³］

粉红色的衣裳，［fən²¹xuŋ³⁵sɤ⁵³tə⁰i⁴⁴ʂaŋ⁰］

飞快地跑回了家。［fei⁴⁴kʰuai⁵³tə⁰pʰau²¹xuei³⁵lə⁰tɕia⁴⁴］

这个被拿走衣裳的仙女［tsei⁵³kə⁰pei⁵³na³⁵tsou²¹i⁴⁴ʂaŋ⁰tə⁰ɕian⁴⁴ȵy²¹］

就是织女，［tɕiou⁵³ʂɿ⁵³tʂɿ⁴⁴ȵy²¹²］

当天夜里，［taŋ⁴⁴tʰian⁴⁴iɛ⁵³li⁰］

她轻轻地敲开了［tʰa⁴⁴tɕʰiŋ⁴⁴tɕʰiŋ⁴⁴ti⁰tɕʰiau⁴⁴kʰai⁴⁴lə⁰］

牛郎家的门，［ȵiou³⁵laŋ³⁵tɕia⁴⁴tə⁰mən³⁵］

两个人做上了恩爱夫妻。［liaŋ²¹kə⁰z̩ən³⁵tsuɤ⁵³ʂaŋ⁵³lə⁰ən⁴⁴ai⁵³fu⁴⁴tɕʰi⁴⁴］

一晃儿三年过去了，［i⁵³xuãr²¹san⁴⁴ȵian³⁵kuɤ⁵³tɕʰy⁰lə⁰］

牛郎和织女生了［ȵiou³⁵laŋ³⁵xɤ³⁵tʂɿ⁴⁴ȵy²¹ʂəŋ⁴⁴lə⁰］

一男一女两个孩子，［i⁵³nan³⁵i⁵³ȵy²¹liaŋ²¹kə⁰xai³⁵tsɿ⁰］

一家人过得非常开心。［i⁵³tɕia⁴⁴z̩ən³⁵kuɤ⁵³tə⁰fei⁴⁴tʂʰaŋ³⁵kʰai⁴⁴ɕin⁴⁴］

但是，［tan⁵³ʂɿ⁵³］

织女私自下凡的事儿，［tʂɿ⁴⁴ȵy²¹sɿ⁴⁴tsɿ⁵³ɕia⁵³fan³⁵tə⁰ʂɤr⁵³］

被玉皇大帝知道了。［pei⁵³y⁵³xuaŋ³⁵ta⁵³ti⁵³tʂɿ⁴⁴tau⁵³lə⁰］

有一天，［iou²¹i⁵³tʰian⁴⁴］

天上电闪雷鸣，［tʰian⁴⁴ʂaŋ⁵³tian⁵³ʂan²¹lei³⁵miŋ³⁵］

刮起了大风，［kua³⁵ tɕʰi²¹ lə⁰ ta⁵³ fəŋ⁴⁴］

下起了大雨。［ɕia⁵³ tɕʰi²¹ lə⁰ ta⁵³ y²¹²］

织女突然不见了，［tʂʅ⁴⁴ ȵy²¹ tʰu⁴⁴ ʐan³⁵ pu³⁵ tɕian⁵³ lə⁰］

两个孩子哭着要妈妈。［liaŋ²¹ kə⁰ xai³⁵ tsʅ⁰ kʰu⁴⁴ tʂə⁰ iau⁵³ ma⁴⁴ ma⁰］

牛郎急得不知如何是好，［ȵiou³⁵ laŋ³⁵ tɕi³⁵ tə⁰ pu⁵³ tʂʅ⁴⁴ ʐu³⁵ xɤ³⁵ ʂʅ⁵³ xau²¹²］

这时，［tʂei⁵³ ʂʅ³⁵］

那头老牛突然开口了：［nei⁵³ tʰou³⁵ lau²¹ ȵiou³⁵ tʰu⁴⁴ ʐan³⁵ kʰai⁴⁴ kʰou²¹ lə⁰］

"别难过，［"piɛ³⁵ nan³⁵ kuɤ⁵³］

把我的角拿下来，［pa³⁵ uɤ²¹ tə⁰ tɕiau²¹ na³⁵ ɕia⁵³ lai⁰］

变成两个箩筐，［pian⁵³ tʂʰəŋ³⁵ liaŋ²¹ kə⁰ luɤ³⁵ kʰuaŋ⁴⁴］

把孩子放进去，［pa²¹ xai³⁵ tsʅ⁰ faŋ⁵³ tɕin⁵³ tɕʰy⁰］

就可以到天宫［tɕiou⁵³ kʰɤ³⁵ i²¹ tau⁵³ tʰian⁴⁴ kuŋ⁴⁴］

去找织女了。"［tɕʰy⁵³ tʂau²¹ tʂʅ⁴⁴ ȵy²¹ lə⁰。"］

牛郎正在奇怪，［ȵiou³⁵ laŋ³⁵ tʂəŋ⁵³ tsai⁵³ tɕʰi³⁵ kuai⁵³］

两只角已经掉到了地上，［liaŋ²¹ tʂʅ⁴⁴ tɕiau²¹ i²¹ tɕiŋ⁴⁴ tiau⁵³ tau⁵³ lə⁰ ti⁵³ ʂaŋ⁰］

真的变成了两个箩筐。［tʂən⁴⁴ tə⁰ pian⁵³ tʂʰəŋ³⁵ lə⁰ liaŋ²¹ kə⁰ luɤ³⁵ kʰuaŋ⁴⁴］

牛郎把两个孩子放进筐里，［ȵiou³⁵ laŋ³⁵ pa³⁵ liaŋ²¹ kə⁰ xai³⁵ tsʅ⁰ faŋ⁵³ tɕin⁵³ kʰuaŋ⁴⁴ li⁰］

用扁担挑起来，［yŋ⁵³ pian²¹ tan⁵³ tʰiau⁴⁴ tɕʰi²¹ lai⁰］

只感觉，一阵清风吹过，［tʂʅ³⁵ kan²¹ tɕyɛ³⁵，i³⁵ tʂən⁵³ tɕʰiŋ⁴⁴ fəŋ⁴⁴ tsʰuei⁴⁴ kuɤ⁵³］

箩筐像长了翅膀，［luɤ³⁵ kʰuaŋ⁴⁴ ɕiaŋ⁵³ tʂaŋ²¹ lə⁰ tʂʰʅ⁵³ paŋ²¹²］

腾云驾雾地飞向了天空。［tʰəŋ³⁵ yn³⁵ tɕia⁵³ u⁵³ tə⁰ fei⁴⁴ ɕiaŋ⁵³ lə⁰ tʰian⁴⁴ kʰuŋ⁴⁴］

飞呀飞呀，［fei⁴⁴ ia⁰ fei⁴⁴ ia⁰］

就要追上织女的时候儿，［tɕiou⁵³ iau⁵³ tsuei⁴⁴ ʂaŋ⁰ tʂʅ⁴⁴ ȵy²¹ tə⁰ ʂʅ³⁵ xour⁰］

却被王母娘娘发现了。［tɕʰyɛ⁵³ pei⁵³ uaŋ³⁵ mu²¹ ȵiaŋ³⁵ ȵiaŋ⁰ fa⁴⁴ ɕian⁵³ lə⁰］

她拔下头上的一根儿金钗，［tʰa⁴⁴ pa³⁵ ɕia⁵³ tʰou³⁵ ʂaŋ⁵³ tə⁰ i⁵³ kər⁴⁴ tɕin⁴⁴ tʂʰai⁴⁴］

在牛郎织女之间一划，［tsai⁵³ ȵiou³⁵ laŋ³⁵ tʂʅ⁴⁴ ȵy²¹ tʂʅ⁴⁴ tɕian⁴⁴ i⁵³ xua³⁵］

立刻，［li⁵³ kʰɤ⁵³］

变成了一个［pian⁵³ tʂʰəŋ³⁵ lə⁰ i³⁵ kɤ⁵³］

波涛滚滚的天河，［pɤ⁴⁴ tʰau⁴⁴ kuən³⁵ kuən²¹ tə⁰ tʰian⁴⁴ xɤ³⁵］

把小两口儿［pa³⁵ ɕiau²¹ liaŋ³⁵ kʰour²¹］

活儿活儿地分开了。［xuɤr³⁵ xuɤr³⁵ tə⁰ fən⁴⁴ kʰai⁴⁴ lə⁰］

喜鹊非常同情［ɕi²¹ tɕʰyɛ⁵³ fei⁴⁴ tʂʰaŋ³⁵ tʰuŋ³⁵ tɕʰiŋ³⁵］

牛郎和织女，［ȵiou³⁵ laŋ³⁵ xɤ³⁵ tʂʅ⁴⁴ ȵy²¹²］

每年的七月初七，［mei²¹ ȵian³⁵ tə⁰ tɕʰi³⁵ yɛ⁵³ tʂʰu⁴⁴ tɕʰi⁴⁴］

成千上万的喜鹊，［tʂʰəŋ³⁵ tɕʰian⁴⁴ ʂaŋ⁵³ uan⁵³ tə⁰ ɕi²¹ tɕʰyɛ⁵³］

都飞到了天河上，[tou⁴⁴fei⁴⁴tau⁵³lə⁰tʰian⁴⁴xɤ³⁵ ʂaŋ⁰]

搭成了一座长长的鹊桥，[ta⁴⁴tʂʰəŋ³⁵lə⁰i³⁵tsuɤ⁵³tʂʰaŋ³⁵tʂʰaŋ³⁵tə⁰tɕʰyɛ⁵³tɕʰiau³⁵]

让牛郎和织女团聚。[ẓaŋ⁵³n̠iou³⁵laŋ³⁵xɤ³⁵tʂʅ⁴⁴n̠y²¹tʰuan³⁵tɕʰy⁵³]

这个故事被永久地[tsei⁵³kə⁰ku⁵³ʂʅ⁰pei⁵³yŋ³⁵tɕiou²¹tə⁰]

流传了下来。[liou³⁵tʂʰuan³⁵lə⁰ɕia⁵³lai⁰]

（以上由发音人刘景福提供）

三　其他故事

(一)胭脂沟儿的传说

相传清末光绪年间，[ɕiaŋ⁴⁴tʂʰuan³⁵tɕʰiŋ⁴⁴mɤ⁵³kuaŋ⁴⁴ɕy⁵³n̠ian³⁵tɕian⁴⁴]

清朝皇帝命令[tɕʰiŋ⁴⁴tʂau³⁵xuaŋ³⁵tiᵒmiŋ⁵³liŋ⁵³]

北洋大臣李鸿章，[pei²¹iaŋ³⁵ta⁵³tʂʰən³⁵li²¹xuŋ³⁵tʂaŋ⁴⁴]

策划开办漠儿河儿金矿。[tʂʰɤ⁵³xua⁵³kʰai⁴⁴pan⁵³mɤr⁵³xɤr³⁵tɕin⁴⁴kʰuaŋ⁵³]

经过黑龙江大将军[tɕiŋ⁴⁴kuɤ⁵³xei⁴⁴luŋ³⁵tɕiaŋ⁴⁴ta⁵³tɕiaŋ⁴⁴tɕyn⁴⁴]

公堂提名儿、[kuŋ⁴⁴tʰaŋ³⁵tʰi³⁵miə̃r³⁵]

李鸿章保举，[li²¹xuŋ³⁵tʂaŋ⁴⁴pau⁵³tɕy²¹²]

调吉林候补知府，[tiau⁵³tɕi³⁵lin³⁵xou⁵³pu²¹tʂʅ⁴⁴fu²¹²]

李金镛前往漠儿河儿矿，[li²¹tɕin⁴⁴yŋ⁴⁴tɕʰian³⁵uaŋ²¹mɤr⁵³xɤr³⁵kʰuaŋ⁵³]

督办矿务。[tu⁴⁴pan⁵³kʰuaŋ⁵³u⁵³]

李金镛从长春启程，[li²¹tɕin⁴⁴yŋ⁴⁴tsʰuŋ³⁵tʂʰaŋ³⁵tʂʰuən⁴⁴tɕʰi²¹tʂʰəŋ³⁵]

取道摩尔根，[tɕʰy²¹tau⁵³mɤ⁵³ɚ⁰kən⁴⁴]

一路穿山越岭，[i³⁵lu⁵³tʂʰuan⁴⁴ʂan⁴⁴yɛ⁵³liŋ²¹²]

披荆斩棘到漠儿河儿矿，[pʰi⁴⁴tɕiŋ⁴⁴tʂan²¹tɕi³⁵tau⁵³mɤr⁵³xɤr³⁵kʰuaŋ⁵³]

取沙化验，筹备金矿。[tɕʰy²¹ʂa⁴⁴xua⁵³ian⁵³，tʂʰou³⁵pei⁵³tɕin⁴⁴kʰuaŋ⁵³]

三年之间采了很多金子，[san⁴⁴n̠ian³⁵tʂʅ⁴⁴tɕian⁴⁴tʂʰai²¹lə⁰xən²¹tuɤ⁴⁴tɕin⁴⁴tsʅ⁰]

获得了很大的利益。[xuɤ³⁵tɤ³⁵lə⁰xən²¹ta⁵³tə⁰li⁵³iᵒ]

李金镛用这些金子[li²¹tɕin⁴⁴yŋ⁴⁴yŋ⁵³tʂei⁵³ɕiɛ⁴⁴tɕʰin⁴⁴tsʅ⁰]

按上缴军饷、商贾分红、[an⁵³ʂaŋ⁵³tɕiau²¹tɕyn⁴⁴ɕiaŋ²¹²、ʂaŋ⁴⁴ku²¹fən⁴⁴xuŋ³⁵]

矿工分红等支出之后，[kʰuaŋ⁵³kuŋ⁴⁴fən⁴⁴xuŋ³⁵təŋ²¹tʂʅ⁴⁴tʂʰu⁴⁴tʂʅ⁴⁴xou⁵³]

一看，还剩下了很多黄金，[i³⁵kʰan⁵³，xai³⁵ʂəŋ⁵³ɕia⁵³lə⁰xən²¹tuɤ⁴⁴xuaŋ³⁵tɕin⁴⁴]

李金镛就想：[li²¹tɕin⁴⁴yŋ⁴⁴tɕiou⁵³ɕiaŋ²¹²]

现在国库空虚，[ɕian⁴⁴tsai⁵³kuɤ³⁵kʰu⁵³kʰuŋ⁴⁴ɕy⁴⁴]

列强入侵，[liɛ⁵³tɕʰiaŋ³⁵ẓu⁵³tɕʰin⁴⁴]

国库急需充实,［kuɤ³⁵kʰu⁵³tɕi³⁵ɕy⁴⁴tsʰuŋ⁴⁴ʂʅ³⁵］

就想把这些金子［tɕiou⁵³ɕiaŋ³⁵pa²¹tʂei⁵³ɕiɛ⁴⁴tɕin⁴⁴tsʅ⁰］

运往京城。［yn⁵³uaŋ²¹tɕiŋ⁴⁴tʂʰəŋ³⁵］

但是又一想,［tan⁵³ʂʅ⁵³iou⁵³i⁵³ɕiaŋ²¹²］

在转运的过程中,［tsai⁵³tʂuan²¹yn⁵³tə⁰kuɤ⁵³tʂʰəŋ³⁵tʂuŋ⁴⁴］

怕有人偷取,［pʰa⁵³iou²¹ʐ̩ən³⁵tʰou⁴⁴tɕʰy²¹²］

于是把这些剩余的沙金,［y³⁵ʂʅ⁵³pa²¹tʂei⁴⁴ɕiɛ⁴⁴ʂəŋ⁵³y³⁵tə⁰ʂa⁴⁴tɕin⁴⁴］

铸成了一块巨大的金锭,［tʂu⁵³tʂʰəŋ³⁵lə⁰i³⁵kʰuai⁵³tɕy⁵³ta⁵³tə⁰tɕin⁴⁴tiŋ⁵³］

交给地方官员转运。［tɕiau⁴⁴kei²¹ti⁵³faŋ⁴⁴kuan⁴⁴yan³⁵tʂuan²¹yn⁵³］

在转运的过程中,［tsai⁵³tʂuan²¹yn⁵³tə⁰kuɤ⁵³tʂʰəŋ³⁵tʂuŋ⁴⁴］

每到一处都被刮去一层,［mei²¹tau⁵³i³⁵tʂʰu⁵³tou⁴⁴pei⁵³kua⁴⁴tɕʰy⁵³i⁵³tsʰəŋ³⁵］

到了京城之后［tau⁵³lə⁰tɕiŋ⁴⁴tʂʰəŋ³⁵tʂʅ⁴⁴xou⁵³］

又让各个官员刮了一遍。［iou⁵³ʐ̩aŋ⁵³kɤ⁵³kə⁰kuan⁴⁴yan³⁵kua⁴⁴lə⁰i³⁵pian⁵³］

最后,到太监李莲英手中。［tsuei⁵³xou⁵³,tau⁵³tʰai⁵³tɕian⁴⁴li²¹lian³⁵iŋ⁴⁴ʂou²¹tʂuŋ⁴⁴］

李莲英儿一见,［li²¹lian³⁵iə̃r⁴⁴i³⁵tɕian⁵³］

贪婪之心顿起［tʰan⁴⁴lan³⁵tʂʅ⁴⁴ɕin⁴⁴tuən⁵³tɕʰi²¹²］

把剩余的金锭,［pa²¹ʂəŋ⁵³y³⁵tə⁰tɕin⁴⁴tiŋ³⁵］

一下子切去了一半儿。［i³⁵ɕia⁵³tsʅ⁰tɕʰiɛ⁴⁴tɕʰy⁵³lə⁰i³⁵pɐr⁵³］

李莲英儿,［li²¹lian³⁵iə̃r⁴⁴］

李莲英儿会、会趋炎附势,［li²¹lian³⁵iə̃r⁴⁴xuei³⁵、xuei⁵³tɕʰy⁴⁴ian³⁵fu³⁵ʂʅ⁵³］

能察言观色,［nəŋ³⁵tʂʰa³⁵ian³⁵kuan⁴⁴sɤ⁵³］

等到老佛爷高兴的时候,［təŋ²¹tau⁵³lau²¹fɤ³⁵iɛ⁰kau⁴⁴ɕiŋ⁵³tə⁰ʂʅ³⁵xou⁰］

拿出这块金锭献上并说:［na³⁵tʂʰu⁴⁴tʂei⁵³kʰuai⁵³tɕin⁴⁴tiŋ⁵³ɕian⁵³ʂaŋ⁵³piŋ⁵³ʂuɤ⁴⁴］

"这是漠儿河儿金矿总办,［"tʂɤ⁵³ʂʅ⁵³mɤr⁵³xɤr³⁵tɕin⁴⁴kʰuaŋ⁵³tsuŋ²¹pan⁵³］

李金镛孝敬给你老人家的。"［li²¹tɕin⁴⁴yŋ³⁵ɕiau⁵³tɕiŋ⁵³kei³⁵n̩i³⁵lau²¹ʐ̩ən³⁵tɕia⁴⁴tə⁰。"］

慈禧对李莲英说:［tsʰʅ³⁵ɕi²¹tuei⁵³li²¹lian³⁵iŋ⁴⁴ʂuɤ⁴⁴］

"李金镛无锡捐官,［"li²¹tɕin⁴⁴yŋ³⁵u³⁵ɕi⁴⁴tɕyan⁴⁴kuan⁴⁴］

两次放任,［liaŋ²¹tsʰʅ⁵³faŋ⁵³ʐ̩ən⁵³］

筑大堤,筑大堤,放荒地,［tʂu⁵³ta⁵³ti⁴⁴,tʂu⁵³ta⁵³ti⁴⁴,faŋ⁵³xuaŋ⁴⁴ti⁵³］

给国家献出了不少的力。［kei³⁵kuɤ²¹tɕia⁴⁴ɕian⁵³tʂʰu⁴⁴lə⁰pu⁵³ʂau²¹tə⁰li⁵³］

现在又派往漠儿河儿,［ɕian⁵³tsai⁵³iou⁵³pʰai⁵³uaŋ²¹mɤr⁵³xɤr³⁵］

离我这么远,还想着我,［li³⁵uɤ²¹tʂɤ⁵³mə⁰yan²¹²,xai³⁵ɕiaŋ²¹tʂ⁰uɤ²¹²］

以后,我会给他调回京城,［i²¹xou⁵³,uɤ²¹xuei⁵³kei²¹tʰa⁴⁴tʰiau⁵³xuei³⁵tɕiŋ⁴⁴tʂʰəŋ³⁵］

享享福。"［ɕiaŋ³⁵ɕiaŋ⁴⁴fu²¹²。"］

随后拿起了这块金锭,［suei³⁵xou⁵³na³⁵tɕʰi²¹lə⁰tʂei⁵³kʰuai⁵³tɕin⁴⁴tiŋ⁵³］

对李金,李莲英说: [tuei⁵³li²¹tɕin⁴⁴ , li²¹lian³⁵iŋ⁴⁴ʂuɤ⁴⁴]

"这块金锭, ["tʂei⁵³kʰuai⁵³tɕin⁴⁴tiŋ⁵³]

原来可比现在的大多了。 [yan³⁵lai³⁵kʰɤ³⁵pi²¹ɕian⁵³tsai⁵³tə⁰ta⁵³tuɤ⁴⁴lə⁰]

李大人就是怕 [li²¹ta⁵³ʐən³⁵tɕiou⁵³ʂʅ⁵³pʰa⁵³]

在途中被人私匿, [tsai⁵³tʰu³⁵tʂuŋ⁴⁴pei⁵³ ʐən³⁵sʅ⁴⁴ȵi⁵³]

于是将沙金 [y³⁵ʂʅ⁵³tɕiaŋ²¹ʂa⁴⁴tɕin⁴⁴]

铸成了一块金锭, [tʂu⁵³tʂʰəŋ³⁵lə⁰i³⁵kʰuai⁵³tɕin⁴⁴tiŋ³⁵]

结果, [tɕiɛ³⁵kuɤ²¹²]

还是被一层层儿地剥去了皮。"[xai³⁵ʂʅ⁵³pei⁵³i⁵³tsʰəŋ³⁵tsʰə̃r³⁵tə⁰pɤ⁴⁴tɕʰy⁵³lə⁰pʰi³⁵。"]

李莲英忙说: [li²¹lian³⁵iŋ⁴⁴maŋ³⁵ʂuɤ⁴⁴]

"待奴才查一查。"["tai⁵³nu³⁵tsʰai³⁵tʂʰa³⁵i⁵³tʂʰa³⁵。"]

慈禧说: [tsʰʅ³⁵ɕi²¹ʂuɤ⁴⁴]

"不用了, ["pu³⁵yŋ⁵³lə⁰]

世上之人, [ʂʅ⁵³ʂaŋ⁰tʂʅ⁴⁴ʐən³⁵]

哪有见黄金不开心, [na³⁵iou²¹tɕian⁵³xuaŋ³⁵tɕin⁴⁴pu⁵³kʰai⁴⁴ɕin⁴⁴]

不开眼的呢? [pu⁵³kʰai⁴⁴ian²¹tə⁰nə⁰]

这些黄金也不用充库了, [tʂei⁵³ɕiɛ⁴⁴xuaŋ³⁵tɕin⁴⁴iɛ²¹pu³⁵yŋ⁵³tʂʰuŋ⁴⁴kʰu⁵³lə⁰]

我留作买胭脂。 [uɤ²¹liou³⁵tsuɤ⁵³mai²¹ian⁴⁴tʂʅ⁰]

以后从胭脂沟儿来的人, [i²¹xou⁵³tsʰuŋ³⁵ian⁴⁴tʂʅ⁰kour⁴⁴lai³⁵tə⁰ʐən³⁵]

要他亲自见我。"[iau⁵³tʰa⁴⁴tɕʰin⁴⁴tsʅ⁵³tɕian⁵³uɤ²¹²。"]

李莲英忙说: [li²¹lian³⁵iŋ⁴⁴maŋ³⁵ʂuɤ⁴⁴]

"是是是。"["ʂʅ⁵³ʂʅ⁵³ʂʅ⁵³。"]

就这样, [tɕiou⁵³tʂɤ⁵³iaŋ⁵³]

由慈禧信口封的胭脂沟儿, [iou³⁵tsʰʅ³⁵ɕi²¹ɕin⁵³kʰou²¹fəŋ⁴⁴tə⁰ian⁴⁴tʂʅ⁰kour⁴⁴]

就永远地留存了下来。 [tɕiou⁵³yŋ³⁵yan²¹tə⁰liou³⁵tsʰuən³⁵lə⁰ɕia⁵³lai⁰]

到现在也是 [tau⁵³ɕian⁵³tsai⁵³iɛ²¹ʂʅ⁵³]

有很多人只知道胭脂沟儿, [iou³⁵xən²¹tuɤ⁴⁴ʐən³⁵tʂʅ²¹tʂʅ³⁵tau⁰ian⁴⁴tʂʅ⁰kour⁴⁴]

而不知道老沟 [ɚ³⁵pu⁵³tʂʅ⁴⁴tau⁵³lau²¹kou⁴⁴]

就是胭脂沟儿。 [tɕiou⁵³ʂʅ⁵³ian⁴⁴tʂʅ⁰kour⁴⁴]

(二)神仙洞的传说

相传,银河天蓬元帅, [ɕiaŋ⁴⁴tʂʰuan³⁵ , in³⁵xɤ³⁵tʰian⁴⁴pʰəŋ³⁵yan³⁵suai⁵³]

有一个漂亮的北极公主。 [iou²¹i³⁵kɤ⁵³pʰiau⁵³liaŋ⁰tə⁰pei²¹tɕi³⁵kuŋ⁴⁴tʂu²¹²]

她羡慕人间山水秀丽, [tʰa⁴⁴ɕian⁵³mu⁵³ʐən³⁵tɕian⁴⁴ʂan⁴⁴suei²¹ɕiou⁵³li⁵³]

化成民女下凡。 [xua⁵³tʂʰəŋ³⁵min³⁵ȵy²¹ɕia⁵³fan³⁵]

在黑龙江上游遇见了一位［tsai²¹xei⁴⁴luŋ³⁵tɕiaŋ⁴⁴ʂaŋ⁵³iou³⁵y⁵³tɕian⁵³lə⁰i³⁵uei⁵³］

年轻的猎人——枯林，［ȵian³⁵tɕʰiŋ⁴⁴tə⁰liɛ⁵³ʐən³⁵——kʰu⁴⁴lin³⁵］

两人一见钟情，［liaŋ²¹ʐən³⁵i³⁵tɕian⁵³tʂuŋ⁴⁴tɕʰiŋ³⁵］

定下了百年终身。［tiŋ⁵³ɕia⁵³lə⁰pai⁴⁴ȵian³⁵tʂuŋ⁴⁴ʂən⁴⁴］

时逢黑水龙王和白水龙王，［ʂʅ³⁵fəŋ³⁵xei⁴⁴suei²¹luŋ³⁵uaŋ³⁵xɤ³⁵pai³⁵suei²¹luŋ³⁵uaŋ³⁵］

为争夺水域而发生大战。［uei⁵³tsəŋ⁴⁴tuɤ³⁵suei²¹y⁵³ɚ³⁵fa⁴⁴ʂəŋ⁴⁴ta⁵³tʂan⁵³］

白水龙王［pai³⁵suei²¹luŋ³⁵uaŋ³⁵］

首先派虾兵蟹将［ʂou²¹ɕian⁴⁴pʰai⁵³ɕia⁴⁴piŋ⁴⁴ɕiɛ⁵³tɕiaŋ⁵³］

大闹黑龙江。［ta⁵³nau⁵³xei⁴⁴luŋ³⁵tɕiaŋ⁴⁴］

江水顿时猛涨，［tɕiaŋ⁴⁴suei²¹tuən⁵³ʂʅ³⁵məŋ³⁵tʂaŋ²¹²］

危及两岸百姓。［uei⁴⁴tɕi³⁵liaŋ²¹an⁵³pai²¹ɕiŋ⁵³］

黑水龙王怒不可遏，［xei⁴⁴suei²¹luŋ³⁵uaŋ³⁵nu⁵³pu⁵³kʰɤ²¹ɤ⁵³］

披挂迎战。［pʰi⁴⁴kua⁵³iŋ³⁵tʂan⁵³］

二龙奋战昼夜不息。［ɐr⁵³luŋ³⁵fən⁵³tʂan⁵³tʂou⁵³iɛ⁵³pu⁵³ɕi⁴⁴］

枯林为帮助黑龙［kʰu⁴⁴lin³⁵uei⁵³paŋ⁴⁴tʂu⁵³xei⁴⁴luŋ³⁵］

早日打败入侵的白龙，［tsau²¹ʐʅ⁵³ta²¹pai⁵³ʐu⁵³tɕʰin⁴⁴tə⁰pai³⁵luŋ³⁵］

组织百姓，［tsu²¹tʂʅ⁴⁴pai²¹ɕiŋ⁵³］

日夜蒸白面馒头，杀猪，［ʐʅ⁵³iɛ⁵³tʂəŋ⁴⁴pai³⁵mian⁵³man³⁵tʰou⁰，ʂa⁴⁴tʂu⁴⁴］

见黑水上来［tɕian⁵³xei⁴⁴suei²¹ʂaŋ⁵³lai³⁵］

就往里扔馒头，扔猪肉，［tɕiou⁵³uaŋ³⁵li²¹ləŋ⁴⁴man³⁵tʰou⁰，ləŋ⁴⁴tʂu⁴⁴ʐou⁵³］

让黑龙吃饱。［ʐaŋ⁵³xei⁴⁴luŋ³⁵tʂʰʅ⁴⁴pau²¹²］

北极公主［pei²¹tɕi³⁵kuŋ⁴⁴tʂu²¹］

见枯林一片真情，［tɕian⁵³kʰu⁴⁴lin³⁵i³⁵pʰian⁵³tʂən⁴⁴tɕʰiŋ³⁵］

舍己为民，［ʂɤ³⁵tɕi²¹uei³⁵min³⁵］

帮助黑龙抗击白龙，［paŋ⁴⁴tʂu⁵³xei⁴⁴luŋ³⁵kʰaŋ⁵³tɕi⁴⁴pai³⁵luŋ³⁵］

保护百姓脱离险境。［pau²¹xu⁵³pai²¹ɕiŋ⁵³tʰuɤ⁴⁴li³⁵ɕian²¹tɕiŋ⁵³］

白龙败北，［pai³⁵luŋ³⁵pai⁵³pei²¹²］

率残兵败将逃走。［suai⁵³tsʰan³⁵piŋ⁴⁴pai⁵³tɕiaŋ⁵³tʰau³⁵tsou²¹²］

后期，白龙为弥补［xou⁵³tɕʰi⁴⁴，pai³⁵luŋ³⁵uei⁵³ȵi³⁵pu²¹］

与黑龙斗争时［y²¹xei⁴⁴luŋ³⁵tou⁵³tʂəŋ⁴⁴ʂʅ³⁵］

给黑龙江一带造成的灾难，［kei²¹xei⁴⁴luŋ³⁵tɕiaŋ⁴⁴i³⁵tai⁵³tsau⁵³tʂʰəŋ³⁵tə⁰tsai⁴⁴nan⁵³］

搬来一座元宝山，［pan⁴⁴lai³⁵i³⁵tsuɤ⁵³yan³⁵pau²¹ʂan⁴⁴］

供人们淘金发财。［kuŋ⁵³ʐən³⁵mən³⁵tʰau³⁵tɕin⁴⁴fa⁴⁴tsʰai³⁵］

枯林为百姓积劳成疾，［kʰu⁴⁴lin³⁵uei⁵³pai²¹ɕiŋ⁵³tɕi⁴⁴lau³⁵tʂʰəŋ³⁵tɕi⁴⁴］

病倒在元宝山前。［piŋ⁵³tau²¹tsai⁵³yan³⁵pau²¹ʂan⁴⁴tɕʰian³⁵］

北极公主将其［pei²¹tɕi³⁵kuŋ⁴⁴tʂu²¹tɕiaŋ²¹tɕʰi⁴⁴］

背到一个山洞后，［pei⁴⁴tau⁵³i³⁵kɤ⁵³ʂan⁴⁴tuŋ⁵³xou⁵³］

枯林死了。［kʰu⁴⁴lin³⁵sʅ²¹lə⁰］

北极公主悲痛欲绝，［pei²¹tɕi³⁵kuŋ⁴⁴tʂu²¹pei⁴⁴tʰuŋ⁵³y⁵³tɕyɛ³⁵］

将其葬在［tɕiaŋ²¹tɕʰi⁴⁴tsaŋ⁵³tsai⁵³］

最高的一个山峰上，［tsuei⁵³kau⁴⁴tə⁰i³⁵kə⁰ʂan⁴⁴fəŋ⁴⁴ʂaŋ⁰］

她在那里住了三年，［tʰa⁴⁴tsai²¹na⁵³li⁰tʂu⁵³lə⁰san⁴⁴ȵian³⁵］

为枯林焚香守祭。［uei⁵³kʰu⁴⁴lin³⁵fən³⁵ɕiaŋ⁴⁴ʂou²¹tɕi⁵³］

后来北极公主［xou⁵³lai³⁵pei²¹tɕi³⁵kuŋ⁴⁴tʂu²¹］

被天蓬府［pei⁵³tʰian⁴⁴pʰəŋ³⁵fu²¹］

派人捉回了天上，［pʰai⁵³ʐən³⁵tsuɤ⁴⁴xuei³⁵lə⁰tʰian⁴⁴ʂaŋ⁰］

从此这里多了一座枯林山，［tsʰuŋ³⁵tsʰʅ²¹tʂɤ⁵³li⁰tuɤ⁴⁴lə⁰i³⁵tsuɤ⁵³kʰu⁴⁴lin³⁵ʂan⁴⁴］

添了一个神仙洞。［tʰian⁴⁴lə⁰i³⁵kɤ⁵³ʂən³⁵ɕian⁴⁴tuŋ⁵³］

(三)金碾盘的传说

至今，［tʂʅ⁵³tɕin⁴⁴］

漠儿河儿民间一直流传，［mɤr⁵³xɤr³⁵min³⁵tɕian⁴⁴i⁵³tʂʅ³⁵liou³⁵tʂʰuan³⁵］

老沟一百多年前，［lau²¹kou⁴⁴i⁵³pai²¹tuɤ⁴⁴ȵian³⁵tɕʰian³⁵］

挖出了一个金碾盘。［ua⁴⁴tʂʰu⁴⁴lə⁰i³⁵kɤ⁵³tɕin⁴⁴ȵian²¹pʰan³⁵］

相传，老沟金矿［ɕiaŋ⁴⁴tʂʰuan³⁵，lau²¹kou⁴⁴tɕin⁴⁴kʰuaŋ⁵³］

在按碛时，［tsai⁵³ən⁵³tɕʰiŋ⁴⁴ʂʅ³⁵］按碛：开采金矿时，经勘探选址后进行采掘

发现了一个金碾盘。［fa⁴⁴ɕian⁵³lə⁰i³⁵kɤ⁵³tɕin⁴⁴ȵian²¹pʰan³⁵］

矿工儿们大喜，［kʰuŋ⁵³kūr⁴⁴mən⁰ta⁵³ɕi²¹²］

齐心努力想把它挖出来。［tɕʰi³⁵ɕin⁴⁴nu²¹li⁵³ɕiaŋ³⁵pa²¹tʰa⁴⁴ua⁴⁴tʂʰu⁰lai⁰］

谁料，［suei³⁵liau⁵³］

越挖，金碾盘越往下沉，［yɛ⁵³ua⁴⁴，tɕin⁴⁴ȵian²¹pʰan³⁵yɛ⁵³uaŋ²¹ɕia⁵³tʂʰən³⁵］

越沉越深。［yɛ⁵³tʂʰən³⁵yɛ⁵³ʂən⁴⁴］

矿工们急得没有办法，［kʰuaŋ⁵³kuŋ⁴⁴mən⁰tɕi³⁵tə⁰mei³⁵iou²¹pan⁵³fa⁰］

于是［y³⁵ʂʅ⁵³］

有人跑去［iou²¹ʐən³⁵pʰau²¹tɕʰy⁵³］

报告了总办李金镛。［pau⁵³kau⁵³lə⁰tsuŋ²¹pan⁵³li²¹tɕin⁴⁴yŋ⁴⁴］

等李金镛赶来时，［təŋ³⁵li²¹tɕin⁴⁴yŋ⁴⁴kan²¹lai³⁵ʂʅ³⁵］

金碾盘下沉得［tɕin⁴⁴ȵian²¹pʰan³⁵ɕia⁵³tʂʰən³⁵tə⁰］

只剩下了一道［tʂʅ²¹ʂəŋ⁵³ɕia⁵³lə⁰i³⁵tau⁵³］

金光闪闪的光圈。［tɕin⁴⁴kuaŋ⁴⁴ʂan³⁵ʂan²¹tə⁰kuaŋ⁴⁴tɕʰyan⁴⁴］

李金镛对着金碾盘，[li²¹ tɕin⁴⁴ yŋ⁴⁴ tuei⁵³ tʂə⁰ tɕin⁴⁴ n̠ian²¹ pʰan³⁵]

不紧不慢地说：[pu⁵³ tɕin²¹ pu³⁵ man⁵³ ti⁰ ʂuɤ⁴⁴]

"我们在挖你出来，["uɤ²¹ mən⁰ tsai⁵³ ua⁴⁴ n̠i²¹ tʂʰu⁴⁴ lai⁰]

可你为什么总往下沉？"[kʰɤ³⁵ n̠i²¹ uei³⁵ ʂən³⁵ mə⁰ tsuŋ³⁵ uaŋ²¹ ɕia⁵³ tʂʰən³⁵？"]

说者无心，听者有意。[ʂuɤ⁴⁴ tʂɤ³⁵ u³⁵ ɕin⁴⁴，tʰiŋ⁴⁴ tʂɤ²¹ iou²¹ i⁵³]

不料，金碾盘说话了，[pu³⁵ liau⁵³，tɕin⁴⁴ n̠ian²¹ pʰan³⁵ ʂuɤ⁴⁴ xua⁵³ lə⁰]

回答道：[xuei³⁵ ta³⁵ tau⁵³]

"我是这里镇沟的，["uɤ²¹ ʂʅ⁵³ tʂɤ⁵³ li²¹ tʂən⁵³ kou⁴⁴ tə⁰]

你们把我挖出来，[n̠i²¹ mən⁰ pa³⁵ uɤ²¹ ua⁴⁴ tʂʰu⁴⁴ lai⁰]

谁来镇沟？"[suei³⁵ lai³⁵ tʂən⁵³ kou⁴⁴？"]

李金镛听罢厉声喝道：[li²¹ tɕin⁴⁴ yŋ⁴⁴ tʰiŋ⁴⁴ pa⁵³ li⁵³ ʂəŋ⁴⁴ xɤ⁵³ tau⁵³]

"胡说，["xu³⁵ ʂuɤ⁴⁴]

皇帝派的是我，[xuaŋ³⁵ ti⁵³ pai⁵³ ti⁰ ʂʅ⁵³ uɤ²¹²]

有我来镇沟。[iou³⁵ uɤ²¹ lai³⁵ tʂən⁵³ kou⁴⁴]

有我在这里，[iou³⁵ uɤ²¹ tsai⁵³ tʂɤ⁵³ li²¹²]

用你镇什么沟？"[yŋ⁵³ n̠i²¹ tʂən⁵³ ʂən³⁵ mə⁰ kou⁴⁴？"]

金碾盘不说话了，[tɕin⁴⁴ n̠ian²¹ pʰan³⁵ pu⁵³ ʂuɤ⁰ xua⁵³ lə⁰]

也不再往下沉了。[iɛ²¹ pu³⁵ tsai⁵³ uaŋ²¹ ɕia⁵³ tʂʰən³⁵ lə⁰]

这时，[tʂɤ⁵³ ʂʅ³⁵]

李金镛让矿工们，[li²¹ tɕin⁴⁴ yŋ⁴⁴ ʐaŋ⁵³ kʰuaŋ⁵³ kuŋ⁴⁴ mən⁰]

一起将金碾盘挖了出来，[i⁵³ tɕʰi²¹ tɕiaŋ⁴⁴ tɕin⁴⁴ n̠ian²¹ pʰan³⁵ ua⁴⁴ lə⁰ tʂʰu⁴⁴ lai⁰]

运走了。[yn⁵³ tsou²¹ lə⁰]

（以上由发音人刘景福提供）

四　自选条目

(一)俗语

1. 牛马年,好种田。[n̠iou³⁵ ma²¹ n̠ian³⁵，xau²¹ tʂuŋ⁵² tʰian³⁵]
   就怕鸡猴儿蹦跶年。[tɕiou⁵² pʰa⁵² tɕi⁴⁴ xour³⁵ pəŋ⁵² ta⁰ n̠ian³⁵]
   （农民认为鸡年、猴年庄稼会减产。）

2. 伏前萝卜,头伏菜。[fu³⁵ tɕʰian³⁵ luɤ³⁵ pu⁵²，tʰou³⁵ fu³⁵ tsʰai⁵²]
   二伏种葱,不算赖。[ɐr⁵² fu³⁵ tsuŋ⁵² tʂʰuŋ⁴⁴，pu³⁵ suan⁵² lai⁵²]

3. 八月十五,云遮月,[pa⁴⁴ yɛ⁵² ʂʅ³⁵ u²¹²，yn³⁵ tʂɤ⁴⁴ yɛ⁵²]

正月十五,雪打灯。[tʂəŋ⁴⁴yɛ⁵²ʂʅ³⁵u²¹²,ɕyɛ³⁵ta²¹təŋ⁴⁴]

4. 小鸡儿不上架,[ɕiau²¹tɕiər⁴⁴pu³⁵ʂaŋ⁵²tɕia⁵²]

当夜把雨下。[taŋ⁴⁴iɛ⁵²pa³⁵y²¹ɕia⁵²]

5. 林区就怕五月旱,[lin³⁵tɕʰy⁴⁴tɕiou⁵²pʰa⁵²u²¹yɛ⁵²xan⁵²]

黑夜白天把雨盼。[xei⁴⁴iɛ⁵²pai³⁵tʰian⁴⁴pa³⁵y²¹pʰan⁵²]

6. 风三儿风三儿,[fəŋ⁴⁴sɐr⁴⁴fəŋ⁴⁴sɐr⁴⁴]

一刮三天儿。[i⁵³kua²¹san⁴⁴tʰiɐr⁴⁴]

(春季如果北方的冷空气袭来,便要刮大风。大风过去,后面还会有小股冷空气陆续来袭,一般还要再刮两三天。)

7. 小麦屁股痒,[ɕiau²¹mai⁵²pʰi⁵²ku⁰iaŋ²¹²]

越压青苗儿它越长。[yɛ⁵²ia⁵²tɕʰiŋ⁴⁴miaur³⁵tʰa⁴⁴yɛ⁵²tʂaŋ²¹²]

8. 先下雪后下霜,[ɕian⁴⁴ɕia⁵³ɕyɛ²¹²xou⁵³ɕia⁵³ʂuaŋ⁴⁴]

一捆麦子两人扛。[i⁵³kʰuən²¹mai⁵³tsʅ⁰liaŋ²¹ʐən³⁵kʰaŋ³⁵]

9. 老云接驾,[lau²¹yn³⁵tɕiɛ⁴⁴tɕia⁵²]老云:太阳即将落下之时,迎接太阳的云彩阴沉沉的样子,老辈人称之为“老云”

不是刮就是下。[pu³⁵ʂʅ⁵²kua²¹²tɕiou⁵²ʂʅ⁵²ɕia⁵²]

(看到老云,或者阴天或者下雨。)

10. 七月雨,[tɕʰi⁴⁴yɛ⁵²y²¹²]

七月晴,[tɕʰi⁴⁴yɛ⁵²tɕʰiŋ³⁵]

七月必有好收成。[ɕʰi⁴⁴yɛ⁵²pi⁵²iou³⁵xau²¹ʂou⁴⁴tʂʰəŋ³⁵]

11. 七月暖,[tɕʰi⁴⁴yɛ⁵²nuan²¹²]

八月温,[pa³⁵yɛ⁵²uən⁴⁴]

九月里有个小阳春。[tɕiou²¹yɛ⁵²li³⁵iou²¹kə⁰ɕiau²¹iaŋ³⁵tsʰuən⁴⁴]

12. 吃不穷穿不穷,[tʂʰʅ⁴⁴pu⁵²tɕʰyŋ³⁵tʂʰuan⁴⁴pu⁵²tɕʰyŋ³⁵]

算计不到就受穷。[suan⁵²tɕi⁵²pu³⁵tau²¹tɕiou⁵²sou⁵²tɕʰyŋ³⁵]

13. 冬月太阳窝里转,[tuŋ⁴⁴yɛ⁵²tʰai⁵²iaŋ³⁵kuɤ⁴⁴li²¹tʂuan⁵²]

巧媳妇做不上三顿饭。[tɕʰiau²¹ɕi³⁵fu⁵²tsuɤ⁵²pu³⁵ʂaŋ⁵²san³⁵tuən⁵²fan⁵²]

(冬天白天时间太短了,做三顿饭的时间间隔太短。)

14. 不怕不懂,[pu³⁵pʰa⁵²pu⁵²tuŋ²¹²]

就怕装懂。[tɕiou⁵²pʰa⁵²tʂuaŋ⁴⁴tuŋ²¹²]

不懂装懂,[pu⁵²tuŋ²¹tʂuaŋ⁴⁴tuŋ²¹²]

永是饭桶。[yŋ²¹ʂʅ⁵²fan⁵²tʰuŋ²¹²]

15. 男人吃饭,[nan³⁵ʐən³⁵tʂʰʅ⁴⁴fan⁵²]

狼吞虎咽。[laŋ³⁵tʰuən⁴⁴xu²¹ian⁵²]

女人吃饭,[ŋy²¹ʐən³⁵tʂʰʅ⁴⁴fan⁵²]

细嚼慢咽。［ɕi⁵²tɕiau³⁵man⁵²ian⁵²］

16. 萝卜快了不洗泥,［luɤ³⁵pə⁰kʰuai⁵²lə⁰pu⁵²ɕi²¹n̠i³⁵］

萝卜贱了要扒皮。［luɤ³⁵pə⁰tɕian⁵²lə⁰iau⁵²pa⁴⁴pʰi³⁵］

（萝卜好卖时,商家不会清除表面沾的泥;萝卜便宜时,皮扒掉卖都可以。指的是市场货物缺少时,商家看东西好卖,就不考虑外观形象和内在质量,东西充足则反之。）

17. 五月大风叫,［u²¹yɛ⁵²ta⁵²fəŋ⁴⁴tɕiau⁵²］

山火要来到。［ʂan⁴⁴xuɤ²¹iau³⁵lai³⁵tau⁵²］

18. 春季热烘烘,［tsʰuən⁴⁴tɕi⁵²z̠ɤ⁵²xuŋ⁴⁴xuŋ⁴⁴］

山里有火情。［ʂan⁴⁴li²¹iou³⁵xuɤ²¹tɕʰiŋ³⁵］

19. 种地不上粪,［tʂuŋ⁵²ti⁵²pu³⁵ʂaŋ⁵²fən⁵²］

等于瞎胡混。［təŋ²¹y⁵²ɕia⁴⁴xu³⁵xuən⁵²］

20. 若要病虫儿少,［z̠uɤ⁵²iau⁵²piŋ⁵²tʂʰũr³⁵ʂau²¹²］

林木多撒药。［lin³⁵mu⁵²tuɤ⁴⁴sa²¹iau⁵²］

（二）歇后语

1. 黄鼠狼给鸡拜年——没安好心。

［xuaŋ³⁵ʂu²¹lãr³⁵kei²¹tɕi⁴⁴pai⁵²n̠ian³⁵——mei⁵²an⁴⁴xau²¹ɕin⁴⁴］

2. 二尺钩子挠痒痒——硬手。

［ɚ⁵²tʂʰʅ²¹kour⁵⁵tsʅ⁰nau³⁵iaŋ²¹iaŋ⁰——iŋ⁵²ʂour⁴⁴］

3. 烂芯儿木头——废柴。

［lan⁵³ɕiər⁴⁴mu⁵³tʰou⁰——fei⁵³tsʰai³⁵］

4. 麻杆儿打狼——两头儿害怕。

［ma³⁵kɐr⁴⁴ta²¹laŋ³⁵——liaŋ²¹tʰour³⁵xai³⁵pʰa⁵³］

5. 肉案上的买卖——斤斤计较。

［z̠ou⁵³an⁵³ʂaŋ⁵³tə⁰mai²¹mai⁵³——tɕin⁴⁴tɕin⁴⁴tɕi⁵³tɕiau²¹²］

6. 黑瞎子掰苞米——掰一穗儿—丢一穗儿。

［xei⁴⁴ɕia⁴⁴tsʅ⁰pai⁴⁴pau⁴⁴mi²¹²——pai⁴⁴i²⁴suər⁵²,tiou⁴⁴i³⁵suər⁵²］ 黑瞎子:黑熊

7. 白菜地耍刀——嗑（颗）儿唠（捞）散了。

［pai³⁵tsʰai⁵²ti⁵²ʂua²¹tau⁴⁴——kʰɤr⁴⁴lau⁵²san²¹lə⁰］

（指话不投机,未达成共识。）

8. 老虎带念珠——假充善人。

［lau³⁵xu²¹tai⁵²n̠ian⁵²tʂu⁴⁴——tɕia²¹tsʰuŋ⁴⁴ʂan⁵²z̠ən³⁵］

9. 朽木当梁——不可重用。

［ɕiou²¹mu⁵²taŋ⁴⁴liaŋ³⁵——pu⁵²kʰɤr²¹tʂuŋ⁵²yŋ⁵²］

10. 打铁烤煳衣服——不看火儿候儿。

[ta³⁵tʰiɛ²¹kʰau²¹xu³⁵i⁴⁴fu⁰——pu³⁵kʰan⁵²xuɣr²¹xour⁰]

11. 阴天吃凉粉——不看气候。

[in⁴⁴tʰian⁴⁴tʂʰ1⁴⁴liaŋ³⁵fər²¹²——pu³⁵kʰan⁵²tɕʰi⁵²xou⁰]

12. 大年午夜没月亮——年年如此。

[ta⁵²n̠ian³⁵u²¹iɛ⁵²mei³⁵yɛ⁵²liaŋ⁰——n̠ian³⁵ n̠ian³⁵ʐu³⁵tʂʅ²¹²]

13. 小猫儿钻面柜——白唬(虎)。

[ɕiau²¹maur⁴⁴tʂuan⁴⁴mian⁵²kuei⁵²——pai³⁵xu⁰] 白唬:指漫无边际地瞎聊、乱讲

14. 黑瞎子上碾盘——朴(扑)实(石)。

[xei⁴⁴ɕia⁴⁴ts1⁰ʂaŋ⁵²n̠ian²¹pʰan³⁵——pʰu²¹ʂʅ³⁵]

15. 咸菜缸的石头——不进盐静⁼儿。

[ɕian³⁵tsʰai⁵³kaŋ⁴⁴tə⁰ʂʅ³⁵tʰou⁰——pu³⁵tɕin⁵³ ian³⁵tɕiou⁰]

(指一个人非常固执,不愿意接受别人的建议。)

16. 清水里投石头——一见到底。

[tɕʰiŋ⁴⁴suei³⁵li²¹tʰou³⁵ʂʅ³⁵tʰou⁰——i³⁵tɕian⁵³ tau⁵³ti²¹²]

17. 山里敲鼓——有回音儿。

[ʂan⁴⁴li²¹tɕʰiau⁴⁴ku²¹²——iou²¹xuei³⁵iər⁴⁴]

18. 水里打鼓——敲不响。

[suei³⁵li²¹ta³⁵ku²¹²——tɕʰiau⁴⁴pu⁵²ɕiaŋ²¹²]

19. 磨盘肚子——条条儿是道儿。

[mɣ⁵²pʰan³⁵tu⁵²ts1⁰——tʰiau³⁵tʰiaur³⁵ʂʅ⁵²taur⁵²]

20. 鲇鱼胡子——没几根儿。

[n̠ian³⁵y³⁵xu³⁵ts1⁰——mei³⁵tɕi²¹kər⁴⁴]

(以上由发音人李淑梅提供)

嫩　　江

一　歌谣

（一）咣咣欻

咣咣欻，[kuaŋ⁴⁴kuaŋ⁴⁴tʂʰua²¹³] 咣咣:形容快速地大口吃饭的样子。欻:动词,快速吃

咣咣欻，[kuaŋ⁴⁴kuaŋ⁴⁴tʂʰua²¹³]

粳米干饭炒猪爪，[tɕiŋ⁴⁴mi²¹kan⁴⁴fan⁵³tʂʰau²¹tʂu⁴⁴tʂua²¹³]

你吃一个我吃俩。[ȵi²¹tʂʅ⁴⁴i²⁴kɤ⁵³uɤ²¹tʂʅ⁴⁴lia²¹³]

（有删减）

（二）老师老师快放学

老师老师快放学，[lau²¹ʂʅ⁴⁴lau²¹ʂʅ⁴⁴kʰuai⁵³faŋ⁵³ɕiau²⁴]

我家煮着挂面条儿。[uɤ²¹tɕia⁴⁴tʂu²¹tʂə⁰kua⁵³mian⁵³tʰiaur²⁴]

一人一碗零一勺儿，[i⁵³ʐən²⁴i⁵³uan²¹liŋ²⁴i⁵³ʂaur²⁴]

回家晚了捞不着。[xuei²⁴tɕia⁴⁴uan²¹lə⁰lau⁴⁴pu⁵³tʂau²⁴] 捞不着:得不到

（三）燕儿燕儿扯花线儿

燕儿燕儿扯花线儿，[ian⁵³ɚ²⁴ian⁵³ɚ²⁴tʂʰɤ²¹xua⁴⁴ɕiɐr⁵³]

剪子鼓，[tɕian²¹tsʅ⁰ku²¹³]

豆腐块儿，[tou⁵³fu⁰kʰuɐr⁵³]

里拐外拐，[li²⁴kuai²¹uai⁵³kuai²¹³]

八仙过海，[pa⁴⁴ɕian⁴⁴kuɤ⁵³xai²¹³]

九十九，[tɕiou²¹ʂʅ²⁴tɕiou²¹³]

一百。[i⁵³pai²¹³]

（四）小耗子上灯台

小耗子上灯台，[ɕiau²¹xau⁵³tsʅ⁰ʂaŋ⁵³təŋ⁴⁴tʰai²⁴]

偷油吃下不来。［tʰou⁴⁴iou²⁴tʂʰʅ⁴⁴ɕia⁵³puº lai²⁴］

猫来了喵喵喵，［mau⁴⁴lai²⁴ləºmiau⁴⁴miau⁴⁴miau⁴⁴］

叽哩咕噜滚下来。［tɕi⁴⁴liºku⁴⁴lu⁴⁴kuən²¹ɕia⁵³lai²⁴］

（五）冬九九歌

一九二九不出手，［i⁴⁴tɕiou²¹ɐr⁵³tɕiou²¹pu⁵³tʂʰu⁴⁴ʂou²¹³］

三九四九冰上走，［san⁴⁴tɕiou²¹sʅ⁵³tɕiou²¹piŋ⁴⁴ʂaŋ⁵³tsou²¹³］

五九六九沿河看柳，［u²⁴tɕiou²¹liou⁵³tɕiou²¹ian²⁴xɤ²⁴kʰan⁵³liou²¹³］

七九河开，［tɕʰi⁴⁴tɕiou²¹xɤ²⁴kʰai⁴⁴］

八九雁来，［pa⁴⁴tɕiou²¹ian⁵³lai²⁴］

九九加一九，［tɕiou²⁴tɕiou²¹tɕia⁴⁴i⁵³tɕiou²¹³］

耕牛遍地走。［kəŋ⁴⁴ȵiou²⁴pian⁵³ti⁵³tsou²¹³］

（六）大雨哗哗下

大雨哗哗下，［ta⁵³y²¹xua⁴⁴xua⁴⁴ɕia⁵³］

北京来电话，［pei²¹tɕiŋ⁴⁴lai²⁴tian⁵³xua⁵³］

让我去当兵，［ʐaŋ⁵³uɤ²¹tɕʰy⁵³taŋ⁴⁴piŋ⁴⁴］

我还没长大。［uɤ²¹xai²⁴mei²⁴tʂaŋ²¹ta⁵³］

（七）节气歌儿

立春阳气转，［li⁵³tʂuən⁴⁴iaŋ²⁴tɕʰi⁵³tʂuan²¹³］

雨水沿河边。［y²⁴ʂuei²¹ian⁵³xɤ²⁴pian⁴⁴］

惊蛰乌鸦叫，［tɕiŋ⁴⁴tʂɤ²⁴u⁴⁴ia⁴⁴tɕiau⁵³］

春分地皮干。［tʂʰuən⁴⁴fən⁴⁴ti⁵³pʰi²⁴kan⁴⁴］

立夏鹅毛住，［li⁵³ɕia⁵³ɤ²⁴mau²⁴tʂu⁵³］

小满雀儿来全。［ɕiau²⁴man²⁴tɕʰiaur²¹lai²⁴tɕʰyan²⁴］雀儿:鸟儿

芒种开了铲，［maŋ²⁴tʂuŋ⁵³kʰai⁴⁴ləºtʂʰan²¹³］

夏至不带棉。［ɕia⁵³tʂʅ⁵³pu²⁴tai⁵³mian²⁴］

立秋忙打靛，［li⁵²tɕʰiou⁴⁴maŋ²⁴ta²¹tian⁵³］

处暑动刀镰。［tʂʰu⁵³ʂu²¹³tuŋ⁵³tau⁴⁴lian²⁴］

白露烟上架，［pai²⁴lu⁵³ian⁴⁴ʂaŋ⁵³tɕia⁵³］

秋分无生田。［tɕʰiou⁴⁴fən⁴⁴u²⁴ʂəŋ⁴⁴tʰian²⁴］

立冬交十月，［li⁵³tuŋ⁴⁴tɕiau⁵³ʂʅ²⁴yɛ⁵³］

小雪地封严。［ɕiau²⁴ɕyɛ²¹ti⁵³fəŋ⁴⁴ian²⁴］

大雪河荏上，［ta⁵³ɕyɛ²¹xɤ²⁴tʂʰa²⁴ʂaŋ⁵³］

冬至不行船。［tuŋ⁴⁴tʂʅ⁵³pu⁵³ɕiŋ²⁴tʂʰuan²⁴］

小寒近腊月，［ɕiau²¹xan²⁴tɕin⁵³la⁵³yɛ⁵³］

大寒整一年。［ta⁵³xan²⁴tʂəŋ²¹i⁵³n̺ian²⁴］

（八）小皮球

小皮球，［ɕiau²¹pʰi²⁴tɕʰiou²⁴］

架脚踢，［tɕia⁵³tɕiau²¹tʰi⁴⁴］

马莲开花二十一。［ma²¹lian²⁴kʰai⁴⁴xua⁴⁴ɐr⁵³ʂʅ²⁴i⁴⁴］

二五六，二五七，［ɐr⁵³u²¹liou⁵³，ɐr⁵³u²¹tɕʰi⁴⁴］

二八二九三十一。［ɐr⁵³pa⁴⁴ɐr⁵³tɕiou²¹san⁴⁴ʂʅ²⁴i⁴⁴］

三五六，三五七，［san⁴⁴u²¹liou⁵³，san⁴⁴u²¹tɕʰi⁴⁴］

三八三九四十一。［san⁴⁴pa⁴⁴san⁴⁴tɕiou²¹sʅ⁵³ʂʅ²⁴i⁴⁴］

四五六，四五七，［sʅ⁴⁴u²¹liou⁵³，sʅ⁴⁴u²¹tɕʰi⁴⁴］

四八四九五十一。［sʅ⁴⁴pa⁴⁴sʅ⁴⁴tɕiou²⁴u²¹ʂʅ²⁴i⁴⁴］

五五六，五五七，［u²⁴u²¹liou⁵³，u²⁴u²¹tɕʰi⁴⁴］

五八五九六十一。［u²¹pa⁴⁴u²⁴tɕiou²¹liou⁵³ʂʅ²⁴i⁴⁴］

六五六，六五七，［liou⁵³u²¹liou⁵³，liou⁵³u²¹tɕʰi⁴⁴］

六八六九七十一。［liou⁵³pa⁴⁴liou⁵³tɕiou²¹tɕʰi⁴⁴ʂʅ²⁴i⁴⁴］

七五六，七五七，［tɕʰi⁴⁴u²¹liou⁵³，tɕʰi⁴⁴u²¹tɕʰi⁴⁴］

七八七九八十一。［tɕʰi⁴⁴pa⁴⁴tɕʰi⁴⁴tɕiou²¹pa⁴⁴ʂʅ²⁴i⁴⁴］

八五六，八五七，［pa⁴⁴u²¹liou⁵³，pa⁴⁴u²¹tɕʰi⁴⁴］

八八八九九十一。［pa⁴⁴pa⁴⁴pa⁴⁴tɕiou²⁴tɕiou²¹ʂʅ²⁴i⁴⁴］

九五六，九五七，［tɕiou²⁴u²¹liou⁵³，tɕiou²⁴u²¹tɕʰi⁴⁴］

九八九九一百一。［tɕiou²¹pa⁴⁴tɕiou²⁴tɕiou²¹i⁴⁴pai²¹i⁴⁴］

（九）你拍一，我拍一

你拍一，我拍一，［n̺i²¹pʰai⁴⁴i⁴⁴，uɣ²¹pʰai⁴⁴i⁴⁴］

黄雀儿落到树当隙。［xuaŋ²⁴tɕʰiaur²¹luɣ⁵³tau⁵³ʂu⁵³taŋ⁴⁴ɕi⁴⁴］

你拍二，我拍二，［n̺i²¹pʰai⁴⁴ɐr⁵³，uɣ²¹pʰai⁴⁴ɐr⁵³］

喜鹊落在树当间儿。［ɕi²¹tɕʰyɛ⁵³luɣ⁵³tsai⁵³ʂu⁵³taŋ⁴⁴tɕiɐr⁵³］当间儿：当中

你拍三，我拍三，［n̺i²¹pʰai⁴⁴san⁴⁴，uɣ²¹pʰai⁴⁴san⁴⁴］

三个小孩儿爬大山。［san⁴⁴kə⁰ɕiau²¹xɐr²⁴pʰa²⁴ta⁵³ʂan⁴⁴］

你拍四，我拍四，［n̺i²¹pʰai⁴⁴sʅ⁵³，uɣ²¹pʰai⁴⁴sʅ⁵³］

四个小孩儿写大字。［sʅ⁵³kə⁰ɕiau²¹xɐr²⁴ɕiɛ²¹ta⁵³tʂʅ⁵³］

你拍五，我拍五，［n̺i²¹pʰai⁴⁴u²¹³，uɣ²¹pʰai⁴⁴u²¹³］

五个小孩儿攥老虎。[u²¹kə⁰ɕiau²¹xɐr²⁴ŋian²¹lau²⁴xu²¹³]

你拍六,我拍六,[ŋi²¹pʰai⁴⁴liou⁵³,uɤ²¹pʰai⁴⁴liou⁵³]

六碗包子六碗肉。[liou⁵³uan²¹pau⁴⁴tsɿ⁰liou⁵³uan²¹ʐou⁵³]

你拍七,我拍七,[ŋi²¹pʰia⁴⁴tɕʰi⁴⁴,uɤ²¹pʰai⁴⁴tɕʰi⁴⁴]

七个小孩儿攥野鸡。[tɕʰi⁴⁴kə⁰ɕiau²¹xɐr²⁴ŋian²⁴iɛ²¹tɕi⁴⁴]

你拍八,我拍八,[ŋi²¹pʰai⁴⁴pa⁴⁴,uɤ²¹pʰia⁴⁴pa⁴⁴]

八个小孩儿吹喇叭儿。[pa⁴⁴kə⁰ɕiau²¹xɐr²⁴tʂuei⁴⁴la²¹par⁰]

你拍九,我拍九,[ŋi²¹pʰai⁴⁴tɕiou²¹³,uɤ²¹pʰai⁴⁴tɕiou²¹³]

九只胳膊九只手。[tɕiou²¹tʂɿ⁴⁴kɤ²⁴pə⁰tɕiou²¹tʂɿ⁴⁴ʂou²¹³]

你拍十,我拍十,[ŋi²¹pʰai⁴⁴ʂɿ²⁴,uɤ²¹pʰai⁴⁴ʂɿ²⁴]

张果老儿倒骑驴。[tʂaŋ⁴⁴kuɤ²⁴laur²¹tau⁵³tɕʰi²⁴ly²⁴]

你骑着,我赶着,[ŋi²¹tɕʰi²⁴tʂə⁰,uɤ²¹kan²¹tʂə⁰]

你丢了,我捡着,[ŋi²¹tiou⁴⁴lə⁰,uɤ²¹tɕian²¹tʂə⁰]

你骂我,我捶你,[ŋi²¹ma⁵³uɤ²¹³,uɤ²¹tʂʰuei²⁴ŋi²¹³]

你哭了,我给你。[ŋi²¹kʰu⁴⁴lə⁰,uɤ²¹kei²⁴ŋi²¹³]

(十) 节气歌儿

春雨惊春清谷天,[tʂʰuən⁴⁴y²¹tɕiŋ⁴⁴tʂʰuən⁴⁴tɕʰiŋ⁴⁴ku²¹tʰian⁴⁴]

夏满芒夏暑相连。[ɕia⁵³man²¹maŋ²⁴ɕia⁵³ʂu²¹ɕiaŋ⁴⁴lian²⁴]

秋处露秋寒霜降,[tɕʰiou⁴⁴tʂʰu⁵³lu⁵³tɕʰiou⁴⁴xan²¹ʂuaŋ⁴⁴tɕiaŋ⁵³]

冬雪雪冬小大寒。[tuŋ⁴⁴ɕyɛ²⁴ɕyɛ²¹tuŋ⁴⁴ɕiau²¹ta⁵³xan²⁴]

上半年是六二一,[ʂaŋ⁵³pan⁵³ŋian²⁴ʂɿ⁵³liou⁵³ɐr⁵³i⁴⁴]

下半年是八二三。[ɕia⁵³pan⁵³ŋian²⁴ʂɿ⁵³pa⁴⁴ɐr⁵³san⁴⁴]

每月两节日期定,[mei²¹yɛ⁵³liaŋ²¹tɕiɛ²⁴ʐɿ⁵³tɕʰi⁴⁴tiŋ⁵³]

最多相差一两天。[tsuei⁵³tuɤ⁴⁴ɕiaŋ⁴⁴tʂʰa⁵³i⁴⁴liaŋ²¹tʰian⁴⁴]

(十一) 今天盼,明天盼

今天盼,明天盼,[tɕin⁴⁴tʰian⁴⁴pʰan⁵³,miŋ²⁴tʰian⁴⁴pʰan⁵³]

盼得庄稼上场院,[pʰan⁵³tə⁰tʂuaŋ⁴⁴tɕia⁴⁴ʂaŋ⁵³tʂʰaŋ²⁴yan⁴⁴]

上了场院打兔子,[ʂaŋ⁵³lə⁰tʂʰaŋ²⁴yan⁴⁴ta²¹tʰu⁵³tsɿ⁰]

剥皮卖钱不能少,[pɤ⁴⁴pʰi²⁴mai⁵³tɕʰian²⁴pu⁵³nəŋ²⁴ʂau²¹³]

买靰鞡做棉袄,[mai²¹u⁵³luŋ²⁴tsuɤ⁵³mian²⁴au²¹³]靰鞡:这里指过去东北人们冬天常穿的鞋,用皮革制成,里面垫保暖的乌拉草。也作"乌拉"

买油买盐买农具,[mai²¹iou²⁴mai²¹ian²⁴mai²¹nuŋ²⁴tɕy⁵³]

反正买啥也都好。[fan²¹tʂəŋ⁵³mai²¹ʂa²⁴iɛ²¹tou⁴⁴xau²¹³]

有的下河去打鱼，［iou²¹tə⁰ɕia⁵³xɤ²⁴tɕʰy⁵³ta²¹y²⁴］

有的上山叨套子，［iou²¹tə⁰ʂaŋ⁵³ʂan⁴⁴tau⁴⁴tʰau⁵³tsʅ⁰］叨套子：用爬犁等去山上拉木柴

有两个老头儿编套儿包儿，［iou²¹liaŋ²¹kə⁰lau²¹tʰour²⁴pian⁴⁴tʰaur⁵³paur⁴⁴］套包：垫在牛
马等牲口轭下的椭圆形软垫

还有那计划编席子，［xai²⁴iou²¹na⁵³tɕi⁵³xua⁵³pian⁴⁴ɕi²⁴tsʅ⁰］

有马有车去拉脚，［iou²⁴ma²⁴iou²¹tʂɤ⁴⁴tɕʰy⁵³la⁴⁴tɕiau²¹³］拉脚：为挣钱用马车、牛车等去拉
人拉物

反正都是生产的事儿，［fan²¹tʂəŋ⁵³tou⁴⁴ʂʅ⁵³ʂəŋ⁴⁴tʂʰan²¹tə⁰ʂər⁵³］

就是个姜发不带劲儿，［tɕiou⁵³ʂʅ⁵³kə⁰tɕiaŋ⁴⁴fa⁴⁴pu²⁴tai⁵³tɕiər⁵³］

他不吱声来不吱气儿，［tʰa⁴⁴pu²⁴tsʅ⁴⁴ʂəŋ⁴⁴lai²⁴pu⁵³tsʅ⁴⁴tɕʰiər⁵³］

准是心里想猫冬儿，［tʂuən²¹ʂʅ⁵³ɕin⁴⁴li²⁴ɕiaŋ²¹mau⁴⁴tūr⁴⁴］猫冬儿：农民在冬天闲待着

还得帮他转转那股劲儿［xai²⁴tə²¹paŋ⁴⁴tʰa⁴⁴tʂuan²⁴tʂuan²¹na⁵³ku²¹tɕiər⁵³］

那么那股劲儿。［na⁵³mə⁰nai⁵³ku²¹tɕiər⁵³］

两口子坐炕守着火盆儿，［liaŋ²¹kʰou²¹tsʅ⁰tsuɤ⁵³kʰaŋ⁵³ʂuɤ²¹tə⁰xuɤ²¹pʰər²⁴］

讨论讨论开了个家庭的会儿，［tʰau²¹luən⁰tʰau²¹luən⁵³kʰai⁴⁴lə⁰kə⁰tɕia⁴⁴tʰiŋ⁰tiᵒxuər⁵³］

媳妇儿一听真积极，［ɕi²¹fər⁵³i⁵³tʰiŋ⁴⁴tʂən⁴⁴tɕi⁴⁴tɕi²⁴］

干起活儿来不让份儿，［kan⁵³tɕʰi²¹xuɤr²⁴lai²⁴pu²⁴ʐaŋ⁵³fər⁵³］不让份儿：不让步，这里指干
活不甘居人下

从打过门儿这二年，［tsʰuŋ²⁴ta²¹kuɤ⁵³mər²⁴tʂɤ⁵³ɐr⁵³n̠ian²⁴］

种铲拉打扬，［tʂuŋ⁵³tʂʰan²¹la⁴⁴ta²¹iaŋ²⁴］种铲拉打扬：种地、铲地、拉车、打场、扬场

昧了一个庄稼的地儿，［mei⁵³lə⁰i²⁴kə⁰tʂuaŋ⁴⁴tɕia⁴⁴tə⁰tiər⁵³］昧了一个庄稼的地儿：指媳妇
儿特别能干，整个庄稼地的活儿她都干了

从前跟我比劳动，［tsʰuŋ²⁴tɕʰian²⁴kən⁴⁴uɤ²⁴pi²¹lau²⁴tuŋ⁵³］

老太太纺线真较劲儿［lau²¹tʰai⁵³tʰai⁰faŋ²¹ɕian⁵³tʂən⁴⁴tɕiau⁵³tɕiər⁵³］

那么真较劲儿。［na⁵³mə⁰tʂən⁴⁴tɕiau⁵³tɕiər⁵³］

从前窗户上就没有纸儿，［tsʰuŋ²⁴tɕʰian²⁴tʂʰuaŋ²⁴xu⁰ʂaŋ⁰tɕiou⁵³mei⁵³iou²⁴tʂər²¹³］

现在安上玻璃镜子儿，［ɕian⁵³tsai⁵³an⁴⁴ʂaŋ⁵³pɤ⁴⁴li⁰tɕiŋ⁵³tsər⁰］

早头儿睡觉铺土炕，［tsau²¹tʰour²⁴ʂuei⁵³tɕiau⁵³pʰu⁴⁴tʰu²¹kʰaŋ⁵³］

现在铺上个新炕席儿，［ɕian⁵³tsai⁵³pʰu⁴⁴ʂaŋ⁵³kə⁰ɕin⁴⁴kʰaŋ⁵³ɕiər²⁴］

炕席儿上头有毯子，［kʰaŋ⁵³ɕiər²⁴tʂʰaŋ⁵³tʰou⁰iou²⁴tʰan²¹tsʅ⁰］

毯子上头有褥子，［tʰan²¹tsʅ⁰ʂaŋ⁵³tʰou⁰iou²¹ʐu⁵³tsʅ⁰］

褥子上头是［ʐu⁵³tsʅ⁰ʂaŋ⁵³tʰou⁰ʂʅ⁵³］

崭崭新新的麻花儿被儿。［tʂan²⁴tʂan²¹ɕin⁴⁴ɕin⁰tə⁰ma²⁴xuar⁴⁴pər⁵³］

这些东西都哪里来？［tʂɤ⁵³ɕiɛ⁴⁴tuŋ⁴⁴ɕiᵒtou⁴⁴na²⁴li²¹lai²⁴］

多亏共产党帮助翻了身，［tuɤ⁴⁴kʰuei⁴⁴kuŋ⁵³tʂʰan²⁴tʰaŋ²¹paŋ⁴⁴tʂu⁵³fan⁴⁴liau²¹ʂən⁴⁴］

分来的房子分来的地儿，［fən⁴⁴lai²⁴tə⁰faŋ²⁴tsɿ⁰fən⁴⁴lai²⁴tə⁰tiər⁵³］

两口子越干越有劲儿［liaŋ²⁴kʰou²¹tsɿ⁰yɛ⁵³kan⁵³yɛ⁵³iou²¹tɕiər⁵³］

那么越有劲儿。［na⁵³mə⁰yɛ⁵³iou²¹tɕiər⁵³］

（以上由发音人邵春生提供）

二　规定故事

牛郎和织女

相传古时候，［ɕiaŋ⁴⁴tʂʰuan²⁴ku²¹ʂɿ²⁴xou⁵³］

有一个年轻人，［iou²¹i²⁴kə⁰ȵian²⁴tɕʰiŋ⁴⁴ʐ̩ən²⁴］

叫牛郎，［tɕiou⁵³ȵiou²⁴laŋ²⁴］

他的父母死得早，［tʰa⁴⁴tə⁰fu⁵³mu²¹sɿ²¹ti⁰tsau²¹］

他和他的哥哥嫂嫂相依为命，［tʰa⁴⁴xɤ²⁴tʰa⁴⁴tə⁰kɤ⁴⁴kə⁰sau²¹sau⁰ɕiaŋ⁴⁴i⁴⁴uei²⁴miŋ⁵³］

但是哥哥嫂嫂嫌弃他，［tan⁵³ʂɿ⁰kɤ⁴⁴kə⁰sau²¹sau⁰ɕian²⁴tɕʰi⁵³tʰa⁴⁴］

后来借故就把他［xou⁵³lai²⁴ɕiɛ⁵³ku⁵³tɕiou⁵³pa²¹tʰa⁴⁴］

赶出了家门，［kan²¹tʂʰu⁴⁴lə⁰tɕia⁴⁴mən²⁴］

只分给他一头老牛，［tʂɿ²¹fən⁴⁴kei²¹tʰa⁴⁴i⁵³tʰou²⁴lau²¹ȵiou²⁴］

还有一辆破车。［xai²⁴iou²¹i²⁴liaŋ⁵³pʰɤ⁵³tʂʰɤ⁴⁴］

牛郎赶着牛车，［ȵiou²⁴laŋ²⁴kan²¹tʂə⁰ȵiou²⁴tʂʰɤ⁴⁴］

走在漫长的路上，［tsou²¹tsai⁵³man⁵³tʂʰaŋ²⁴tə⁰lu⁵³ʂaŋ⁵³］

他想，［tʰa⁴⁴ɕiaŋ²¹］

今后的日子该怎么过呢？［ɕin⁴⁴xou⁵³tə⁰ʐɿ⁵³tsɿ⁰kai⁴⁴tsən²¹mə⁰kuɤ⁵³nə⁰］

后来，［xou⁵³lai²⁴］

他来到了一处肥沃的田地，［tʰa⁴⁴lai²¹tau⁵³lə⁰i²⁴tʂʰu⁵³fei²⁴uɤ⁵³tə⁰tʰian²⁴ti⁵³］

开垦了田地，［kʰai⁴⁴kʰən⁵³lə⁰tʰian²⁴ti⁵³］

生活得美满。［ʂəŋ⁴⁴xuɤ²⁴tə⁰mei²⁴man²¹］

有一天，［iou²¹i⁰tʰian⁴⁴］

牛突然说话啦，［ȵiou²⁴tʰu⁴⁴ʐan²⁴ʂuɤ⁴⁴xua⁵³la⁰］

他说："牛郎呀，［tʰa⁴⁴ʂuɤ⁴⁴："ȵiou²⁴laŋ²⁴ia⁰］

两三天之后，［liaŋ²¹san⁴⁴tʰian⁴⁴tʂɿ⁴⁴xou⁵³］

天上的仙女［tʰian⁴⁴ʂaŋ⁰tə⁰ɕian⁴⁴ȵy²¹］

将下凡到人间，［tɕiaŋ⁴⁴ɕia⁵³fan²⁴tau⁵³ʐən²⁴ɕian⁴⁴］

她们是王母娘娘的［tʰa⁴⁴mən²⁴ʂɿ⁵³uaŋ²⁴mu²¹ȵiaŋ²⁴ȵiaŋ⁰tə⁰］

外孙女儿，［uai⁵³suən⁴⁴ȵyər²¹］

负责织天上的云锦，［fu⁴⁴tsɤ²⁴tʂ̩⁴⁴tʰian⁴⁴ʂaŋ⁰təⁿyn²⁴tɕin²¹］

我们每天看到的朝霞晚霞［uɤ²¹mən⁰mei²¹tʰian⁴⁴kʰan⁵³tau⁵³təⁿtʂau⁴⁴ɕia²⁴uan²¹ɕia²⁴］

就是她织的，［tɕiou⁵³ʂ̩⁵³tʰa⁴⁴tʂ̩⁴⁴təⁿ］

很勤劳，很美丽。［xən²¹tɕʰin²⁴lau²⁴，xən²⁴mei²¹li⁵³］

其中有一个，［tɕʰi²⁴tʂuŋ⁴⁴iou²¹i²⁴kɤ⁵³］

穿粉色衣服的仙女，［tʂʰuan⁴⁴fən²¹sɤ⁵³i⁴⁴fu⁰təⁿɕian⁴⁴n̠y²¹］

她就是你未来的妻子，［tʰa⁴⁴tɕiou⁵³ʂ̩⁵³n̠i²¹uei⁵³lai²⁴təⁿtɕʰi⁴⁴ts̩²¹］

你趁她们洗澡儿的时候，［n̠i²¹tʂʰən⁵³tʰa⁴⁴mən⁰ɕi²⁴tsaur²¹təⁿʂ̩²⁴xou⁰］

把她的粉色衣服藏起来，［pa²¹tʰa⁴⁴təⁿfən²¹sɤ⁵³i⁴⁴fu⁰tsʰaŋ²⁴tɕʰi²¹lai²⁴］

别的女子都走了，［piɛ²⁴təⁿn̠y²¹ts̩⁰tou²⁴tsou²¹lə⁰］

最后找衣服的［tsuei⁴⁴xou⁵³tʂau²¹i⁴⁴fu⁰təⁿ］

就是你的妻子。”［tɕiou⁵³ʂ̩⁵³n̠i²¹təⁿtɕʰi⁴⁴ts̩²¹。”］

牛郎非常惊惊讶，［n̠iou²⁴laŋ²⁴fei⁴⁴tʂʰaŋ²⁴tiŋ⁴⁴tɕiŋ⁴⁴ia⁵³］

也非常高兴，［iɛ²¹fei⁴⁴tʂʰaŋ²⁴kau⁴⁴ɕiŋ⁵³］

所以他盼哪盼哪，［ʂuɤ²⁴i²¹tʰa⁴⁴pʰan⁵³na⁰pʰan⁵³na⁰］

两天之后终于到来了，［liaŋ²¹tʰian⁴⁴tʂ̩⁴⁴xou⁵³tʂuŋ⁴⁴y²⁴tau⁵³lai²⁴lə⁰］

他在老牛说的那个时辰，［tʰa⁴⁴tsai⁵³lau²¹n̠iou²⁴ʂuɤ⁴⁴təⁿnei⁵³kə⁰ʂ̩²⁴tʂʰən²⁴］

到了河边躲在树林里，［tau⁵³lə⁰xɤ²⁴pian⁴⁴tuɤ²¹tsai⁵³ʂu⁵³lin²⁴li²¹］

一会儿，［i²⁴xuər⁵³］

一群仙女从天上下凡啦，［i⁵³tɕʰyən²⁴ɕian⁴⁴n̠y²¹tsʰuŋ²⁴tʰian⁴⁴ʂaŋ⁰ɕia⁵³fan²⁴la⁰］

她们长得是那么美，［tʰa⁴⁴mən⁰tʂaŋ²¹təⁿʂ̩⁵³na⁵³mə⁰mei²¹］

赤橙黄绿青蓝紫，［tʂʰɿ⁵³tʂʰəŋ²⁴xuaŋ²⁴ly⁵³tɕʰiŋ⁴⁴lan²⁴ts̩²¹］

七种颜色的衣服，五彩斑斓，［tɕʰi⁴⁴tʂuŋ²¹ian²⁴sɤ⁵³təⁿi⁴⁴fu⁰，u²⁴tsʰai²¹pan⁴⁴lan²⁴］

这些仙女非常开朗，［tʂei⁵³ɕiɛ⁴⁴ɕian⁴⁴n̠y²¹fei⁴⁴tʂʰaŋ²⁴kʰai⁴⁴laŋ²¹］

脱了衣服之后，［tʰuɤ⁴⁴lə⁰i⁴⁴fu⁰tʂ̩⁴⁴xou⁵³］

到小溪边游水嬉戏，［tau⁵³ɕiau²¹ɕi⁴⁴pian⁴⁴iou²⁴ʂuei²¹ɕi⁴⁴ɕi⁵³］

欢乐的声音响彻云霄。［xuan⁴⁴lɤ⁵³təⁿʂəŋ⁴⁴in⁴⁴ɕiaŋ²¹tʂʰɤ⁵³yn²⁴ɕiau⁴⁴］

牛郎趁机跑出去，［n̠iou²⁴laŋ²⁴tʂʰən⁵³tɕi⁴⁴pʰau²¹tʂʰu⁴⁴tɕʰy⁵³］

把粉色衣服偷了回来，［pa²¹fən²¹sɤ⁵³i⁴⁴fu⁰tʰou²⁴lə⁰xuei²⁴lai²⁴］

然后继续躲在树林里。［ẑan²⁴xou⁵³tɕi⁵³ɕy⁵³tʰuɤ²¹tsai⁵³ʂu⁵³lin²⁴li²¹］

织女们玩儿够了，［tʂ̩²⁴n̠y²¹mən²⁴uɐr²⁴kou⁵³lə⁰］

穿上衣服都陆续走啦，［tʂʰuan⁴⁴ʂaŋ⁵³i⁴⁴fu⁰tou⁴⁴lu⁵³ɕy⁵³tsou²¹la⁰］

只有穿粉色衣服那个仙女，［tʂ̩²⁴iou²¹tʂʰuan⁴⁴fən²¹sɤ⁵³i⁴⁴fu⁰nei⁵³kə⁰ɕian⁴⁴n̠y²¹］

上岸之后找不着自己的衣服，［ʂaŋ⁵³an⁵³tʂ̩⁴⁴xou⁵³tʂau²¹pu⁰tʂau²⁴ts̩⁵³tɕi²¹təⁿi⁴⁴fu⁰］

她非常焦急，［tʰa⁴⁴fei⁴⁴tʂʰaŋ²⁴tɕiau⁴⁴tɕi²⁴］

左顾右盼。[tsuɣ²¹ku⁵³iou⁵³pʰan⁵³]

这时候，[tʂɣ⁵³ʂʅ²⁴xou⁰]

牛郎出现了，把衣服还给她，[n̠iou²⁴laŋ²⁴tʂʰu⁴⁴ɕian⁵³lə⁰，pa²¹i⁴⁴fu⁰xuan²⁴kei²¹tʰa⁴⁴]

两人一见钟情。[liaŋ²¹z̠ən²⁴i²⁴tɕian⁵³tʂuŋ⁴⁴tɕʰiŋ²⁴]

织女想了想，[tʂʅ⁴⁴n̠y²¹ɕiaŋ²¹lə⁰ɕiaŋ²¹]

就和牛郎私订终身，[tɕiou⁵³xɣ²⁴n̠iou²⁴laŋ²⁴sʅ⁴⁴tiŋ⁵³tʂuŋ⁴⁴ʂən⁴⁴]

在人间不走了。[tsai⁵³z̠ən²⁴tɕian⁴⁴pu²¹tsou²¹lə⁰]

小两口儿就回到了家里，[ɕiau²¹liaŋ²⁴kʰour²¹tɕiou⁵³xuei²⁴tau⁵³lə⁰tɕia⁴⁴li²¹]

男耕女织，[nan²⁴kəŋ⁴⁴n̠y²¹tʂʅ⁴⁴]

牛郎每天出去工作，[n̠iou²⁴laŋ²⁴mei²¹tʰian⁴⁴tʂʰu⁴⁴tɕʰy⁵³kuŋ⁴⁴tsuɣ⁵³]

织女在家里织布，[tʂʅ⁴⁴n̠y²¹tsai⁵³tɕia⁴⁴li²¹tʂʅ⁴⁴pu⁵³]

生活过得很幸福。[ʂəŋ⁴⁴xuɣ²⁴kuɣ⁵³tə⁰xən²¹ɕiŋ⁵³fu²⁴]

一年之后，[i⁵³n̠ian²⁴tʂʅ⁴⁴xou⁵³]

他们的一双儿女出生了，[tʰa⁴⁴mən⁰tə⁰i⁵³ʂuaŋ⁴⁴ɚ²⁴n̠y²¹tʂʰu⁴⁴ʂəŋ⁴⁴lə⁰]

可是，[kʰɣ²¹ʂʅ⁵³]

天上一日，地上一年，[tʰian⁴⁴ʂaŋ⁵³i²⁴z̠ʅ⁵³，ti⁵³ʂaŋ⁰i⁵³n̠ian²⁴]

一天之后，[i⁵³tʰian⁴⁴tʂʅ⁴⁴xou⁵³]

王母娘娘知道了这件事儿，[uaŋ²⁴mu²¹n̠iaŋ²⁴n̠iaŋ⁰tʂʅ⁴⁴tau⁵³lə⁰tsei⁵³tɕian⁵³ʂɚr⁵³]

她非常恼火，[tʰa⁴⁴fei⁴⁴tʂʰaŋ²⁴nau²⁴xuɣ²¹]

然后率领了天兵天将，[z̠an²⁴xou²⁴ʂuai⁵³liŋ²¹lə⁰tʰian⁴⁴piŋ⁴⁴tʰian⁴⁴tɕiaŋ⁵³]

就降临到人间。[tɕiou⁵³tɕiaŋ⁵³lin²⁴tau⁵³z̠ən²⁴tɕian⁴⁴]

当时牛郎不在，[taŋ⁴⁴ʂʅ²⁴n̠iou²⁴laŋ²⁴pu²⁴tsai⁵³]

正在地里干活儿，[tʂəŋ⁵³tsai⁵³ti⁵³li²¹kan⁵³xuɣr²⁴]

织女看到 [tʂʅ⁴⁴n̠y²¹kʰan⁵³tau⁵³]

王母娘娘带来的天兵天将，[uaŋ²⁴mu²¹n̠iaŋ²⁴n̠iaŋ⁰tai⁵³lai²⁴tə⁰tʰian⁴⁴piŋ⁴⁴tʰian⁴⁴tɕiaŋ⁵³]

吓坏了，[ɕia⁵³xuai⁵³lə⁰]

舍不得牛郎，[ʂɣ²¹pu⁵³tʰɣ²⁴n̠iou²⁴laŋ²⁴]

她痛哭流涕。[tʰa⁴⁴tʰuŋ⁵³kʰu⁴⁴liou²⁴tʰi⁵³]

王母娘娘一把抓住织女，[uaŋ²⁴mu²¹n̠iaŋ²⁴n̠iaŋ⁰i⁵³pa²¹tʂua⁴⁴tʂu⁵³tʂʅ⁴⁴n̠y²¹]

带起她就要跑，[tai⁵³tɕʰi²¹tʰa⁴⁴tɕiou⁵³iau⁵³pʰau²¹]

天兵天将帮助王母娘娘，[tʰian⁴⁴piŋ⁴⁴tʰian⁴⁴tɕiaŋ⁵³paŋ⁴⁴tʂu⁵³uaŋ²⁴mu²¹n̠iaŋ²⁴n̠iaŋ⁰]

把织女捉了回去。[pa²¹tʂʅ⁴⁴n̠y²¹tʂuɣ⁴⁴lə⁰xuei²⁴tɕʰy⁵³]

正在这时，[tʂəŋ⁵³tsai⁵³tʂɣ⁵³ʂʅ²⁴]

牛郎听说了这件事儿，[n̠iou²⁴laŋ²⁴tʰiŋ⁴⁴ʂuɣ⁴⁴lə⁰tʂei⁵³tɕian⁵³ʂɚr⁵³]

他回到家里，[tʰa⁴⁴xuei²⁴tau⁵³ɕia⁴⁴li²¹]

挑起了一副担子，[tʰiau⁴⁴tɕʰi²¹lə⁰i²⁴fu⁵³tan⁵³tsʅ⁰]

把自己的一双儿女[pa²¹tsʅ⁵³tɕi⁵³tə⁰i⁵³ʂuaŋ⁴⁴ɚ²⁴n̠y²¹]

放到了担子上，[faŋ⁵³tau⁵³ lə⁰tan⁵³tsʅ⁰ʂaŋ⁵³]

然后想起老牛之前 [ʐan²⁴xou⁵³ɕiaŋ²¹tɕʰi²¹lau²¹n̠iou²⁴tʂʅ⁴⁴tɕʰian²⁴]

临死前说的话，[lin²⁴sʅ²¹tɕʰian²⁴ʂuɤ⁴⁴tə⁰xua⁵³]

把皮披上也许能够应急。[pa²¹pʰi²⁴pʰi⁴⁴ʂaŋ⁵³iɛ²⁴ɕy²¹nəŋ²⁴kou⁵³iŋ⁵³tɕi²⁴]

牛郎把皮把牛皮披在身上，[n̠iou²⁴laŋ²⁴pa²¹pʰi²⁴pa²¹n̠iou²⁴pʰi²⁴pʰi⁴⁴tsai⁵³ʂən⁴⁴ʂaŋ⁰]

身轻如燕，[ʂən⁴⁴tɕʰiŋ⁴⁴ʐu²⁴ian⁵³]

挑着担子就往天上飞去了，[tʰiau⁴⁴tʂə⁰tan⁵³tsʅ⁰tɕiou⁵³uaŋ²¹tʰian⁴⁴ʂaŋ⁵³fei⁴⁴tɕʰy⁵³lə⁰]

慢慢地他追上了织女，[man⁵³man⁵³tə⁰tʰa⁴⁴tʂuei⁴⁴ʂaŋ⁵³lə⁰tʂʅ⁴⁴n̠y²¹]

眼看就要追上了，[ian²¹kʰan⁵³tɕiou⁵³iau⁵³tʂuei⁴⁴ʂaŋ⁵³lə⁰]

王母娘娘更加生气了，[uaŋ²⁴mu²¹n̠iaŋ²⁴n̠iaŋ⁰kəŋ⁵³tɕia⁴⁴ʂəŋ⁴⁴tɕʰi⁵³lə⁰]

她拔出头上的簪子，[tʰa⁴⁴pa²¹tʂʰu⁴⁴tʰou²⁴ʂaŋ⁵³tə⁰tsan⁴⁴tsʅ⁰]

在他们之间狠狠地一划，[tsai⁵³tʰa⁴⁴mən⁰tʂʅ⁴⁴tɕian⁴⁴xən²⁴xən²¹ti⁰i²⁴xua⁵³]

转瞬间，[tʂuan²¹ʂuən⁵³tɕian⁴⁴]

牛郎和织女之间[n̠iou²⁴laŋ²⁴xɤ²⁴tʂʅ⁴⁴n̠y²¹tʂʅ⁴⁴tɕian⁴⁴]

隔了一道天河，[kɤ²⁴lə⁰i²⁴ tau⁵³tʰian⁴⁴xɤ²⁴]

也就是今天的银河，[iɛ²¹tɕiou⁵³ʂʅ⁵³tɕin⁴⁴tʰian⁴⁴tə⁰in²⁴xɤ²⁴]

那水波浪滔天，[na⁵³ʂuei²¹pɤ⁴⁴laŋ⁵³tʰau⁴⁴tʰian⁴⁴]

银河两岸非常宽阔，[in²⁴xɤ²⁴liaŋ²¹an⁵³fei⁴⁴tʂʰaŋ²⁴kʰuan⁴⁴kʰuɤ⁵³]

织女牛郎就被隔在河 [tʂʅ⁴⁴n̠y²¹n̠iou²⁴laŋ²⁴tɕiou⁵³pei⁵³kɤ²⁴tsai⁵³xɤ²⁴]

银河的两边，[in²⁴xɤ²⁴tə⁰liaŋ²¹pian⁴⁴]

牛郎的一双儿女[n̠iou²⁴laŋ²⁴tə⁰i²⁴ʂuaŋ⁴⁴ɚ²⁴n̠y²¹]

喊着妈妈的名字，[xan²¹tʂə⁰ma⁴⁴ma⁰tə⁰miŋ²⁴tsʅ⁰]

织女心如刀绞，[tʂʅ⁴⁴n̠y²¹ɕin⁴⁴ʐu²⁴tau⁴⁴tɕiau²¹]

牛郎也无可奈何，[n̠iou²⁴laŋ²⁴iɛ²¹u²⁴kʰɤ²¹nai⁵³xɤ²⁴]

他们就这样，[tʰa⁴⁴mən⁰tɕiou⁵³tʂɤ⁵³iaŋ⁵³]

一年三百六十五日 [i⁵³n̠ian²⁴san⁴⁴pai²¹liou⁵³ʂʅ²⁴u²¹ʐʅ⁵³]

隔在银河的两边 [kɤ²⁴tsai⁵³in²⁴xɤ²⁴tə⁰liaŋ²⁴pian⁴⁴]

只能隔河相望。[tʂʅ²¹nəŋ²⁴kɤ²⁴xɤ²⁴ɕiaŋ⁴⁴uaŋ⁵³]

后来，[xou⁵³lai²⁴]

王母娘娘大发慈悲，[uaŋ²⁴mu²¹n̠iaŋ²⁴n̠iaŋ⁰ta⁵³fa⁴⁴tsʰʅ²⁴pei⁴⁴]

就破例允许 [tɕiou⁵³pʰɤ⁵³li⁵³yn⁴⁴ɕy²¹]

在每年的七月初七这一天，[tsai⁵³mei²¹n̠ian²⁴tə⁰tɕʰi⁴⁴yɛ⁵³tʂʰu⁴⁴tɕʰi⁴⁴tʂɤ⁵³i⁵³tʰian⁴⁴]

让人间的喜鹊[ʐaŋ⁵³ʐən²⁴ɕian⁴⁴tə⁰ɕi²¹tɕʰyɛ⁵³]

搭成一个鹊桥，［ta⁴⁴tʂʰəŋ²⁴i²⁴kə⁰tɕʰyɛ⁵³tɕʰiau²⁴］

在这一天的时候，［tsai⁵³tʂɤ⁴⁴i⁵³tʰian⁴⁴tə⁰ʂ ʅ²⁴xou⁵³］

牛郎织女才能够 ［ȵiou²⁴laŋ²⁴tʂ ʅ⁴⁴ȵy²¹tsʰai²⁴nəŋ²⁴kou⁵³］

踏着鹊桥相会。［tʰa⁵³tʂə⁰tɕʰyɛ⁵³tɕʰiau²⁴ɕiaŋ⁴⁴xuei⁵³］

再后来，［tsai⁵³xou⁵³lai²⁴］

牛郎变成了牵牛星，［ȵiou²⁴laŋ²⁴pian⁵³tʂʰəŋ²⁴lə⁰tɕʰian⁴⁴ȵiou²⁴ɕiŋ⁴⁴］

而织女呢，［ɚ²⁴tʂ ʅ⁴⁴ȵy²¹nə⁰］

变成了对岸的织女星，［pian⁵³tʂʰəŋ²⁴lə⁰tuei⁵³an⁵³tə⁰tʂ ʅ⁴⁴ȵy²¹ɕiŋ⁴⁴］

他的一双儿女 ［tʰa⁴⁴tə⁰i⁵³ʂuaŋ⁴⁴ɚ²⁴ȵy²¹］

也变成了［iɛ²¹pian⁵³tʂʰəŋ²⁴lə⁰］

牛郎身边的星座，［ȵiou²⁴laŋ²⁴ʂən⁴⁴pian⁴⁴tə⁰ɕiŋ⁴⁴tsuɤ⁵³］

而那位那位老牛，［ɚ²⁴nei⁵³uei⁵³nei⁵³uei⁵³lau²¹ȵiou²⁴］

后来也化成了金牛星。［xou⁵³lai²⁴iɛ²¹xua⁵³tʂʰəŋ²⁴lə⁰tɕin⁴⁴ȵiou²⁴ɕiŋ⁴⁴］

现在不信，［ɕian⁵³tsai⁵³pu²⁴ɕin⁵³］

每年的七月初七，［mei²¹ȵian²⁴tə⁰tɕʰi⁴⁴yɛ⁵³tʂʰu⁴⁴tɕʰi⁴⁴］

你仰望苍穹，［ȵi²¹iaŋ²¹uaŋ⁵³tsʰaŋ⁴⁴tɕʰyŋ²⁴］

在星星当中也能找到 ［tsai⁵³ɕiŋ⁴⁴ɕiŋ⁰taŋ⁴⁴tʂuŋ⁴⁴iɛ²¹nəŋ²⁴tʂau²¹tau⁵³］

明显的牛郎星和织女星。［miŋ²⁴ɕian²¹tə⁰ȵiou²⁴laŋ²⁴ɕiŋ⁴⁴xɤ²⁴tʂ ʅ⁴⁴ȵy²¹ɕiŋ⁴⁴］

他们的故事［tʰa⁴⁴mən²⁴tə⁰ku⁵³ʂ ʅ⁰］

也流传了千万年，［iɛ²¹liou²⁴tʂʰuan²⁴lə⁰tɕʰian⁴⁴uan⁵³ȵian²⁴］

鼓舞着勤劳勇敢的 ［ku²⁴u²¹tʂə⁰tɕʰin²⁴lau²⁴yŋ²⁴kan²¹tə⁰］

中国人民，［tʂuŋ⁴⁴kuɤ²⁴z̩ən⁴⁴min²⁴］

继续生活繁衍。［tɕi⁵³ɕy⁵³ʂəŋ⁴⁴xuɤ²⁴fan²⁴ian²¹³］

（以上由发音人邵春生提供）

三　其他故事

财主招婿

古时候，［ku²¹ʂ ʅ²⁴xou⁰］

有一个财主家里非常有钱，［iou²¹i²⁴kə⁰tsʰai²⁴tʂu²¹tɕia⁴⁴li⁰fei⁴⁴tʂʰaŋ²⁴iou²¹tɕʰian²⁴］

他有个女儿［tʰa⁴⁴iou²¹kə⁰ȵy²¹ɚ²⁴］

是他的掌上明珠，［ʂ ʅ⁵³tʰa⁴⁴tə⁰tʂaŋ²¹ʂaŋ⁵³miŋ²⁴tʂu⁴⁴］

长得非常漂亮。［tʂaŋ²¹tə⁰fei⁴⁴tʂʰaŋ²⁴pʰiau⁵³liaŋ⁰］

一转眼，［i⁵³tʂuan²⁴ian²¹³］

女儿到了该出嫁的时候了，[ȵy²¹ ɚ²⁴ tau⁵³ lə⁰ kai⁴⁴ tʂʰu⁴⁴ tɕia⁵³ tə⁰ ʂʅ²⁴ xou⁰ lə⁰]

财主就准备给女儿 [tsʰai²⁴ tʂu²¹ tɕiou⁵³ tʂuən²¹ pei⁵³ kei²⁴ ȵy²¹ ɚ²⁴]

找一门亲事。[tʂau²¹ i⁵³ mən²⁴ tɕʰin⁴⁴ ʂʅ⁰]

有一天，他上街走的时候，[iou²¹ i⁵³ tʰian⁴⁴ , tʰa⁴⁴ ʂaŋ⁵³ tɕiɛ⁴⁴ tsou²¹ tə⁰ ʂʅ²⁴ xou⁰]

看到了一个打弹弓的，[kʰan⁵³ tau⁵³ lə⁰ i²⁴ kə⁰ ta²¹ tan⁵³ kuŋ⁴⁴ ti⁰]

弹弓子打得非常准 [tan⁵³ kuŋ⁴⁴ tsʅ⁰ ta²¹ ti⁰ fei⁴⁴ tʂʰaŋ²⁴ tʂuən²¹]

可谓弹无虚发，[kʰɤ²¹ uei⁵³ tan⁵³ u²⁴ ɕy⁴⁴ fa⁴⁴]

他想，[tʰa⁴⁴ ɕiaŋ²¹]

如果我的女儿 [z̩u²⁴ kuɤ²⁴ uɤ²¹ tə⁰ ȵy²¹ ɚ²⁴]

许配给他的时候，[ɕy²¹ pʰei⁵³ kei²¹ ta⁴⁴ tə⁰ ʂʅ²⁴ xou⁰]

那么不是吃啥有啥吗？[na⁵³ mə⁵³ pu²⁴ ʂʅ⁵³ tʂʰʅ⁴⁴ ʂa²⁴ iou²¹ ʂa²⁴ ma⁰]

所以他就跟打弹弓的人说：[suɤ²⁴ i²¹ tʰa⁴⁴ tɕiou⁵³ kən⁴⁴ ta²¹ tan⁵³ kuŋ⁴⁴ ti⁰ zən²⁴ ʂuɤ⁴⁴]

"我有个女儿，["uɤ²⁴ iou²¹ kə⁰ ȵy²¹ ɚ²⁴]

八月十五那天你到我家，[pa⁴⁴ yɛ⁵³ ʂʅ²⁴ u²¹ nei⁵³ tʰian⁴⁴ ȵi²¹ tau⁵³ uɤ²¹ tɕia⁴⁴]

我准备把女儿许配给你。"[uɤ²⁴ tʂuən²¹ pei⁵³ pa⁴⁴ ȵy²¹ ɚ²⁴ ɕy²¹ pʰei⁵³ kei²⁴ ȵi²¹¹ 。"]

打弹弓的人正好未婚，[ta²¹ tan⁵³ kuŋ⁴⁴ tə⁰ zən²⁴ tʂəŋ⁵³ xau²¹ uei⁵³ xuən⁴⁴]

高兴地说："好啊！"[kau⁴⁴ ɕiŋ⁵³ tə⁰ ʂuɤ⁴⁴ : "xau²¹ a⁰ ！"]

于是答应了他。[y²⁴ ʂʅ⁵³ ta⁴⁴ iŋ⁰ lə⁰ tʰa⁴⁴]

再往前走，[tsai⁵³ uaŋ²¹ tɕʰian²⁴ tsou²¹³]

又看到了一个书生，[iou⁵³ kʰan⁵³ tau⁵³ lə⁰ i²⁴ kə⁰ ʂu⁴⁴ ʂəŋ⁴⁴]

正在那作诗，[tʂəŋ⁵³ tsai⁵³ na⁵³ tsuɤ⁵³ ʂʅ⁴⁴]

可谓指物作诗立就，[kʰɤ²¹ uei⁵³ tʂʅ²¹ u⁵³ tsuɤ⁵³ ʂʅ⁴⁴ li⁵³ tɕiou⁵³]

而且文质兼美，[ɚ²⁴ tɕʰiɛ²¹ uən²⁴ tʂʅ⁵³ tɕian⁴⁴ mei²¹³]

他想，[tʰa⁴⁴ ɕiaŋ²¹]

将来这个年轻人 [tɕiaŋ⁴⁴ lai²⁴ tʂei⁵³ kə⁰ ȵian²⁴ tɕʰiŋ⁴⁴ zən²⁴]

肯定会金榜题名的，[kʰən²¹ tiŋ⁵³ xuei⁵³ tɕin⁴⁴ paŋ²¹ tʰi²⁴ miŋ²⁴ tə⁰]

我女儿嫁了他 [uɤ²⁴ ȵy²¹ ɚ²⁴ tɕia⁵³ lə⁰ tʰa⁴⁴]

一定会前途很好的，[i²⁴ tiŋ⁵³ xuei⁵³ tɕʰian²⁴ tʰu²⁴ xən²⁴ xau²¹ tə⁰]

所以又把自己的意思 [suɤ²⁴ i²¹ iou²¹ pa²¹ tsʅ⁵³ tɕi²¹ tə⁰ i⁵³ sʅ⁰]

跟书生说了一下，[kən⁴⁴ ʂu⁴⁴ ʂəŋ⁴⁴ ʂuɤ⁴⁴ lə⁰ i²⁴ ɕia⁵³]

书生也允许了。[ʂu⁴⁴ ʂəŋ⁴⁴ iɛ²⁴ yn²⁴ ɕy²¹ lə⁰]

又往前走，[iou⁵³ uaŋ²¹ tɕʰian²⁴ tsou²¹³]

看到了一个飞毛腿，[kʰan⁵³ tau⁵³ lə⁰ i²⁴ kə⁵³ fei⁴⁴ mau²⁴ tʰuei²¹]

跑步非常快的人，[pʰau²¹ pu⁵³ fei⁴⁴ tʂʰaŋ²⁴ kʰuai⁵³ tə⁰ zən²⁴]

他想，[tʰa⁴⁴ ɕiaŋ²¹³]

我女儿要嫁给这样的男子［uɤ²⁴n̠y²¹ɚ²⁴iau⁵³tɕia⁵³kei²¹tʂɤ⁵³iaŋ⁵³tə⁰nan²⁴tsʅ²¹］

也不错呀,［iɛ²¹pu²⁴tsʰuɤ⁵³ia⁰］

于是,［y²⁴ʂʅ⁵³］

也把这样的心思［iɛ²⁴pa²¹tʂɤ⁵³iaŋ⁵³tə⁰ɕin⁴⁴sʅ⁰］

跟飞毛腿说了一下,［kən⁴⁴fei⁴⁴mau²⁴tʰuei²¹ʂuɤ⁴⁴lə⁰i²⁴ɕia⁵³］

飞毛腿也同意了。［fei⁴⁴mau²⁴tʰuei²⁴iɛ²¹tʰuŋ²⁴i⁵³lə⁰］

回到了家里之后,［xuei²⁴tau⁵³lə⁰tɕia⁴⁴li⁰tʂʅ⁴⁴xou⁵³］

他发现,三个女婿怎么办呢?［tʰa⁴⁴fa⁴⁴ɕian⁵³,san²⁴kə⁰n̠y²¹ɕy⁰tsən²¹mə⁰pan⁵³nə⁰］

不可能同时嫁呀,［pu⁵³kʰɤ²¹nəŋ²⁴tʰuŋ²⁴ʂʅ tɕia⁵³ia⁰］

所以,［suɤ²⁴i²¹］

到八月十五那天,［tau⁵³pa⁴⁴yɛ⁵³ʂʅ²⁴u²¹nei⁵³tʰian⁴⁴］

三个女婿都陆续登门了,［san⁴⁴kə⁰n̠y²¹ɕy⁵³tou⁴⁴lu⁵³ɕy⁵³təŋ⁴⁴mən²⁴lə⁰］

可是自己只有一个女儿。［kʰɤ²¹ʂʅ⁵³tsʅ⁵³tɕi²¹tʂʅ²⁴iou²¹i²⁴kə⁰n̠y²¹ɚ²⁴］

财主灵机一动,［tsʰai²⁴tʂu²¹liŋ²⁴tɕi⁴⁴i²⁴tuŋ⁵³］

准备出道竞赛题,［tʂuən²¹pei⁵³tʂʰu⁴⁴tau⁵³tɕiŋ⁵³sai⁵³tʰi²⁴］

考核他们三个,［kʰau²¹xɤ²⁴tʰa⁴⁴mən⁰san⁴⁴kə⁰］

谁完成得快［ʂei²⁴uan²⁴tʂʰəŋ²⁴tə⁰kʰuai⁵³］

就把女儿嫁给谁。［tɕiou⁵³pa²¹n̠y²¹ɚ²⁴tɕia⁵³kei²ʂuei²⁴］

那么他让第一个女婿,［na⁵³mə⁰tʰa⁴⁴z̠aŋ⁵³ti⁵³i⁴⁴kə⁰n̠y²¹ɕy⁵³］

也就是打弹弓的人,［iɛ²¹tɕiou⁵³ʂʅ⁵³ta²¹tan⁵³kuŋ⁴⁴ti⁰z̠ən²⁴］

到自己家房儿后的梧桐树上,［tau⁵³tsʅ⁵³tɕi²¹tɕia⁴⁴fãr²⁴xou⁵³tə⁰u²⁴tʰuŋ²⁴ʂu⁵³ʂaŋ⁰］

把树叶全部再打完,［pa²¹ʂu⁵³iɛ⁵³tɕʰyan²⁴pu⁵³tsai⁵³ta²¹uan²⁴］

让第二个女婿作一首诗［z̠aŋ⁵³ti⁵³ɐr⁵³kə⁰n̠y²¹ɕy⁵³tsuɤ⁵³i⁵³ʂou²¹ʂʅ⁴⁴］

写一篇文章,［ɕiɛ²¹i⁵³pʰian⁴⁴uən²⁴tʂaŋ⁴⁴］

让第三个女婿到花果儿山［z̠aŋ⁵³ti⁵³san⁴⁴kə⁰n̠y²¹ɕy⁰tau⁵³xua⁴⁴kuɤr²¹ʂan⁴⁴］

去背花儿果儿,［tɕʰy⁵³pei⁴⁴xuar⁴⁴kuɤr²¹³］

然后看他们他们三个女婿［z̠an²⁴xou⁵³kʰan⁵³tʰa⁴⁴mən⁰tʰa⁴⁴mən⁰san⁴⁴kə⁰n̠y²¹ɕy⁵³］

谁完成得快,［ʂei²⁴uan²⁴tʂʰəŋ²⁴tə⁰kʰuai⁵³］

那么女儿就嫁给他。［na⁵³mə⁰n̠y²¹ɚ²⁴tɕiou⁵³tɕia⁵³kei²¹tʰa⁴⁴］

三个女婿发挥自己的特长,［san⁴⁴kə⁰n̠y²¹ɕy⁵³fa⁴⁴xuei⁴⁴tsʅ⁵³tɕi²¹tə⁰tʰɤ⁵³tʂʰaŋ²⁴］

都开始比赛起来了,［tou²⁴kʰai⁵³ʂʅ²⁴pi²¹sai⁵³tɕʰi⁰lai⁰lə⁰］

过了不久,［kuɤ⁵³lə⁰pu⁵³tɕiou²¹¹］

飞毛腿,背回花果儿山,［fei⁴⁴mau²⁴tʰuei²¹³,pei⁴⁴xuei²⁴xua⁴⁴kuɤr²¹ʂan⁴⁴］

从花果儿山背上了,［tsʰuŋ²⁴xua⁴⁴kuɤr²¹ʂan⁴⁴pei⁴⁴ʂaŋ⁵³lə⁰］

背的花果儿回来了,［pei⁴⁴tə⁰xua⁴⁴kuɤr²¹xuei²⁴lai⁰lə⁰］

他获得了头名。[tʰa⁴⁴xuɤ⁵³tɤ²⁴lə⁰tʰou²⁴miŋ²⁴]

其他几个呢都没完成任务，[tɕʰi⁴⁴tʰa⁴⁴tɕi²¹kə⁰nə⁰tou²⁴mei²⁴uan²⁴tʂʰəŋ²⁴ʐən⁵³u⁰]

打弹弓的人[ta²¹tan⁵³kuŋ⁴⁴tə⁰ʐən²⁴]

把后面的梧桐树，[pa²¹xou⁵³mian⁰tə⁰u²⁴tʰuŋ²⁴ʂu⁵³]

只剩下顶尖儿[tʂʅ²¹ʂəŋ⁵³ɕia⁵³tiŋ²¹tɕiɐr⁴⁴]

没有几片树叶 [mei²⁴iou²⁴tɕi²¹pʰian⁵³ʂu⁵³iɛ⁵³]

没有打掉，[mei²⁴iou²⁴ta²¹tiau⁵³]

而作诗的作文章的人呢，[ɚ²¹tsuɤ⁵³ʂʅ⁴⁴tə⁰tsuɤ⁵³uən²⁴tʂaŋ⁴⁴tə⁰ʐən²⁴nə⁰]

只写了半篇儿文章，[tʂʅ²⁴ɕiɛ²¹lə⁰pan⁵³pʰiɐr⁴⁴uən²⁴tʂaŋ⁴⁴]

后来呢，[xou⁵³lai²⁴nə⁰]

按照约定，[an⁵³tʂau⁵³yɛ⁴⁴tiŋ⁵³]

财主的女儿就许配给 [tsʰai²⁴tʂu²¹tə⁰n̠y²¹ɚ²⁴tɕiou⁵³ɕy²¹pʰei⁵³kei²¹]

飞毛腿的人。[fei⁴⁴mau²⁴tʰuei²¹tə⁰ʐən²⁴]

这正是：[tʂɤ⁵³tʂəŋ⁵³ʂʅ⁵³]

弹打梧桐剩顶尖，[tan⁵³ta²¹u²⁴tʰuŋ²⁴ʂəŋ⁵³tiŋ²¹tɕian⁴⁴]

一篇文章作半篇，[i⁵³pʰian⁴⁴uən²⁴tʂaŋ⁴⁴tsuɤ⁵³pan⁵³pʰian⁴⁴]

此人背来的花儿花儿果儿，[tsʰʅ²¹ʐən²⁴pei⁴⁴lai²⁴tə⁰xuar⁴⁴xuar⁴⁴kuɤr²¹³]

千里的姻缘一线牵。[tɕʰian⁴⁴li²¹tə⁰in⁴⁴yan²⁴i²⁴ɕian⁵³tɕʰian⁴⁴]

（以上由发音人李军提供）

四　自选条目

(一)二人转《探妹》

正月里探小妹儿啊正啊月正啊，[tʂəŋ yɛ li tʰan ɕiau mər ʐa tʂəŋ ŋa yɛ tʂəŋ ŋa]

我领我的小妹儿啊去逛花灯啊，[uɤ liŋ uɤ ti ɕiau mər ʐa tɕʰy kuaŋ xua təŋ ŋa]

花灯那是假意呀，[xua təŋ na ʂʅ ɕia i ia]

妹儿啊跟你是真情啊，咦儿呀儿呦。[mər ʐa kən n̠i ʂʅ tʂən tɕʰiŋ ŋa,i ɚ ia ɚ iou]

二月里探小妹儿啊龙抬头哇，[ɚ yɛ li tʰan ɕiau mər ʐa luŋ tʰai tʰou ua]

我领我的小妹儿啊去逛花楼哇，[uɤ liŋ uɤ ti ɕiau mər ʐa tɕʰy kuaŋ xua lou ua]

花楼那节节高哇，[xua lou na tɕiɛ tɕiɛ kau ua]

妹儿啊别闪了你的腰哇，咦儿呀儿呦。[mər ʐa piɛ san lə n̠i ti iau ua,i ɚ ia ɚ iou]

三月里探小妹儿啊三哪月三哪，[san yɛ li tʰan ɕiau mər ʐa san na yɛ san na]

我领我的小妹儿啊去上江南哪，[uɤ liŋ uɤ ti ɕiau mər ʐa tɕʰy ʂaŋ tɕiaŋ nan na]

买上了龙船票哇，[mai ʂaŋ lə luŋ tsʰuan pʰiau ua]

妹儿呀花了那三块三哪，［mər ʐa xua lə na san kʰuai san na］

咦儿呀儿呦。［i ɚ ia ɚ iou］

四月里探小妹儿呀四月十八呀，［sʅ yɛ li tʰan ɕiau mər ʐa sʅ yɛ ʂʅ pa ia］

娘娘啊庙上啊去把香儿插呀，［n̠iaŋ n̠iaŋ ŋa miau ʂaŋ ŋa tɕy pa ɕiaŋ ɚ tʂʰa ia］

插香哪咱俩去呀，［tʂʰa ɕiaŋ na tsan lia tɕʰy ia］

妹儿啊怕你找不着家呀，［mər ʐa pʰa n̠i tʂau pu tʂau tɕia ia］

咦儿呀儿呦。［i ɚ ia ɚ iou］

五月里探小妹儿啊五哇端阳啊，［u yɛ li tʰan ɕiau mər ʐa u ua tuan yaŋ ŋa］

江米呀粽子啊又放白糖啊，［tɕiaŋ mi ia tsuŋ tsʅ a iou faŋ pai tʰaŋ ŋa］

白糖哪沾白果儿呀，［pai tʰaŋ na tʂan pai kuɤr ʐa］

妹儿啊扒开你尝尝啊，咦儿呀儿呦。［mər ʐa pai kʰai n̠i tʂʰaŋ tʂʰaŋ ŋa,i ɚ ia ɚ iou］

六月里探小妹儿啊三哪伏天哪，［liou yɛ li tʰan ɕiau mər ʐa san na fu tʰian na］

我领我的小妹儿呀来取衣衫哪，［uɤ liŋ uɤ ti ɕiau mər ʐa lai tɕʰy i ʂan na］

衣衫哪买几件儿啊，［i ʂan na mai tɕi tɕiɐr ʐa］

妹儿啊让你随便儿穿哪，［mər ʐa ʐaŋ n̠i suei piɐr tʂʰuan na］

咦儿呀儿呦。［i ɚ ia ɚ iou］

七月里探小妹儿呀七呀月七呀，［tɕʰi yɛ li tʰan ɕiau mər ʐa tɕʰi ia yɛ tɕʰi ia］

天上那个牛郎啊又会织女呀，［tʰian ʂaŋ n̠i kə n̠iou laŋ ŋa iou xuei tʂʅ n̠y ia］

一个河东岸哪，［i kə xɤ tuŋ an na］

妹儿呀一个在河西呀，咦儿呀儿呦。［mər ʐa i kə tsai xɤ ɕi ia,i ɚ ia ɚ iou］

八月里探小妹儿啊月儿圆哪，［pa yɛ li tʰan ɕiau mər ʐa yɛ ɚ yan na］

家家呀户户哇供啊上天哪，［tɕia tɕia ia xu xu ua kuŋ ŋa ʂaŋ tʰian na］

家家哪都圆月儿啊，［tɕia tɕia na tou yan yɛr ʐa］

妹儿啊咱俩把月圆哪，咦儿呀儿呦。［mər ʐa tsan lia pa yɛ yan na,i ɚ ia ɚ iou］

家家都圆月儿啊，［tɕia tɕia tou yan yɛr ʐa］

妹儿啊咱俩把月圆哪，咦儿呀儿呦。［mər ʐa tsan lia pa yɛ yan na,i ɚ ia ɚ iou］

（以上由发音人何学言、刘桂春提供）

（二）快板《打竹板》

哎，哎，打竹板儿，［ai²⁴,ai²⁴,ta²¹tʂu²⁴pɐr²¹¹］

我走上台，［uɤ²¹tsuɤ²¹ʂaŋ⁵³tʰai²⁴］

我心里高兴我说起来。［uɤ²¹ɕin³³li²¹kau³³ɕiŋ⁰uɤ²¹ʂuɤ³³tɕʰi²¹lai²⁴］

人到老年要锻炼，［ʐ̩ən²⁴tau⁵³lau²¹n̠ian²⁴iau⁵³tuan⁵³lian⁵³］

身体健康是关键。［ʂən³³tʰi²¹tɕian⁵³kʰaŋ³³ʂʅ⁵³kuan³³tɕian⁵³］

人到老年疾病多，［ʐ̩ən²⁴tau⁵³lau²¹n̠ian²⁴tɕi²⁴piŋ⁵³tuɤ³³］

劝君离开麻将桌儿。〔tɕʰyan⁵³tɕyn³³li²⁴kʰai³³ma²⁴tɕiaŋ⁵³tsuɤr³³〕

废寝忘食打麻将，〔fei⁵³tɕʰin²¹uaŋ⁵³ʂʅ²⁴ta²¹ma²⁴tɕiaŋ⁵³〕

人多抽烟把你呛。〔ʐ̩ən²⁴tuɤ³³tʂʰou³³ian³³pa²¹n̩i²¹tɕʰiaŋ⁵³〕

总打易患颈椎病，〔tsuŋ²⁴ta²¹i⁵³xuan⁵³tɕiŋ²¹tsuei³³piŋ⁵³〕

腰酸腿疼脖子硬。〔iau³³suan³³tʰuei²¹tʰəŋ²⁴pɤ²⁴tsʅ⁰iŋ⁵³〕

肥胖老人爱睡觉，〔fei²⁴pʰaŋ⁵³lau²¹ʐ̩ən²⁴ai⁵³suei⁵³tɕiau⁵³〕

犯了血稠不知道。〔fan⁵³lə⁰ɕyɛ²¹tʂʰou²⁴pu⁵³tʂʅ²⁴tau⁵³〕

血管儿变窄血难流，〔ɕyɛ²⁴kuɐr²¹pian⁵³tsai²¹ɕyɛ²¹nan²⁴liou²⁴〕

供血不足晕了头。〔kuŋ⁵³ɕyɛ²¹pu⁵³tsu²⁴yn³³liau²¹tʰou²⁴〕

文体活动最开心，〔uən²⁴tʰi²¹xuɤ²⁴tuŋ⁵³tsuei⁵³kʰai³³ɕin³³〕

学习锻炼要认真。〔ɕyɛ²⁴ɕi²⁴tuan⁵³lian⁵³iau⁵³in⁵³tʂən³³〕

唱唱歌来跳跳舞，〔tʂʰaŋ⁵³tʂʰaŋ⁵³kɤ³³lai²⁴tʰiau⁵³tʰiau⁵³u²¹¹〕

扭扭秧歌打腰鼓。〔n̩iou²⁴n̩iou²¹iaŋ³³kə⁰ta²¹iau³³ku²¹¹〕

中国武术太极拳，〔tʂuŋ³³kuɤ²⁴u²¹ʂu⁵³tʰai⁵³tɕi²⁴tɕʰyan²⁴〕

常年锻炼也不烦。〔tʂʰaŋ²⁴n̩ian²⁴tuan⁵³lian⁵³iɛ²¹pu⁵³fan²⁴〕

心情舒畅精神好，〔ɕin³³tɕʰiŋ²⁴ʂu³³tʂʰaŋ⁵³tɕiŋ³³ʂən²⁴xau²¹¹〕

满面红光乐趣儿找。〔man²¹mian⁵³xuŋ²⁴kuaŋ³³lɤ⁵³tɕʰyɤ⁵³tʂau²¹¹〕

李老师领导小剧团，〔li²⁴lau²¹ʂʅ³³liŋ²⁴tau²⁴ɕiau²¹tɕy⁵³tʰuan²⁴〕

带领我们来宣传，〔tai⁵³liŋ²⁴u²¹mən²⁴lai²⁴ɕyan³³tsʰuan²⁴〕

歌唱党的政策好，〔kɤ³³tʂʰaŋ⁵³tʰaŋ²¹tə⁰tʂəŋ⁵³tʂɤ⁵³xau²¹¹〕

赞美祖国代代传。〔tsan⁵³mei²⁴tsu²¹kuɤ²⁴tai⁵³tai⁵³tsʰuan²⁴〕

高队儿理解秧歌队儿，〔kau³³tuɐr⁵³li²⁴tɕiɛ²¹iaŋ³³kə⁰tuɐr⁵³〕

带领我们打头阵。〔tai⁵³liŋ²⁴uɤ²¹mən²⁴ta²¹tʰou²⁴tʂən⁵³〕

人人都夸好领导，〔ʐ̩ən²⁴ʐ̩ən²⁴tou³³kʰua³³xau²¹liŋ²⁴tau²¹¹〕

老年人活动内容多。〔lau²¹n̩ian²⁴ʐ̩ən²⁴xuɤ²⁴tuŋ⁵³nei⁵³ʐ̩uŋ²⁴tuɤ³³〕

京剧戏曲二人转快板儿说，〔tɕiŋ³³tɕy⁵³ɕi⁵³tɕʰy²¹ɐr⁵³in²⁴tʂuan⁵³kʰuai⁵³pɐr²¹ʂuɤ³³〕

健康快乐又长寿。〔tɕian⁵³kʰaŋ³³kʰuai⁵³lɤ⁵³iou⁵³tʂʰaŋ²⁴ʂou⁵³〕

坚持活动要持久，〔tɕian³³tɕʰi⁵³xuɤ²⁴tuŋ⁵³iau⁵³tʂʰʅ⁵³tɕiou²¹¹〕

健康养生跟你走，〔tɕian⁵³kʰaŋ³³iaŋ²¹ʂəŋ³³kən³³n̩i²⁴tsou²¹¹〕

那么跟你走。〔na⁵³mə⁰kən³³n̩i²⁴tsou²¹¹〕

（以上由发音人刘桂春、何学言提供）

(三)俗语

不＝噜＝棒儿我也不会撇，〔pu⁴⁴lu⁰pãr⁵³uɤ²⁴iɛ²¹pu²⁴xuei⁵³pʰiɛ²¹³〕不＝噜＝棒儿:棍子。撇:扔

洋枪我也不会放,［iaŋ²⁴tɕʰiaŋ⁴⁴uɤ²⁴iɛ²¹pu²⁴xuei⁵³faŋ⁵³］

倒霉遇到狼,［tau²¹mei²⁴y⁵³tau⁵³laŋ²⁴］

吃我不更糟了吗?［tʂʰʅ⁴⁴uɤ²¹pu²⁴kəŋ⁵³tsau⁴⁴lə⁰ma⁰］

（以上由发音人邵春生提供）

泰 来

一 歌谣

（一）蛤蟆蛤蟆气鼓

蛤蟆蛤蟆气鼓，[xa²⁴ma⁰xa²⁴ma⁰tɕʰi⁵³ku²¹¹]
气到八月十五。[tɕʰi⁵³tau⁵³pa²⁴yɛ⁵³ʂʅ²⁴u²¹¹]
八月十五杀猪，[pa²⁴yɛ⁵³ʂʅ²⁴u²¹ʂa³³tʂu³³]
气得蛤蟆直哭。[tɕʰi⁵³ti⁰xa²⁴ma⁰tʂʅ²⁴kʰu³³]

（二）大雨哗哗下

大雨哗哗下，[ta⁵³y²¹xua³³xua³³ɕia⁵³]
北京来电话儿。[pei²¹tɕiŋ³³lai²⁴tian⁵³xuar⁵³]
叫我去当兵，[tɕiau⁵³uɤ²¹tɕʰy⁵³taŋ³³piŋ³³]
我还没长大。[uɤ²¹xai²⁴mei⁵³tʂaŋ²¹ta⁵³]

（三）老大房顶坐

老大房顶坐，[lau²¹ta⁵³faŋ²⁴tiŋ²¹tsuɤ⁵³]
老二井里卧，[lau²¹ɐr⁵³tɕiŋ²⁴li²¹uɤ⁵³]
老三穿紫袍，[lau²¹san³³tsʰuan³³tsʅ²¹pʰau²⁴]
老四一撮儿毛儿。[lau²¹sʅ⁵³i⁵³tsuɤr²¹maur²⁴]

（四）房前一个儿屋儿

房前一个儿屋儿，[faŋ²⁴tɕʰian²⁴i²⁴kɤr⁵³ur³³]
小孩儿在里哭。[ɕiau²¹xɐr²⁴tsai⁵³li²¹kʰu³³]
他妈问他哭啥呀，[tʰa³³ma³³uən⁵³tʰa³³kʰu³³ʂa²⁴ia⁰]
蚂蚁儿拉屁股。[ma²⁴iər²¹la²⁴pʰiɛ⁵³xu⁰]

（以上由发音人张淑清提供）

（五）小皮球儿，我爱跳

小皮球儿，我爱跳，［ɕiau²¹pʰi²⁴tɕʰiour²⁴，uɤ²¹ai⁵³tʰiau⁵³］
老师领我上学校。［lau²¹ʂʅ³³liŋ²⁴uɤ²¹saŋ⁵³ɕyɛ²¹ɕiau⁵³］
又看书，又看报，［iou⁵³kʰan⁵³su³³，iou⁵³kʰan⁵³pau⁵³］
国家大事全知道。［kuɤ²¹tɕia³³ta⁵³ʂʅ⁵³tɕʰyan²⁴tʂʅ³³tau⁵³］

（六）大拇哥、二拇娘

大拇哥、二拇娘，［ta⁵³mu²¹kɤ³³、ɐr⁵³mu²¹ɲiaŋ²⁴］
中指、太阳、小妞妞儿，［tsuŋ³³tʂʅ²¹¹、tʰai⁵³iaŋ²⁴，ɕiau²¹ɲiou³³ɲiour⁰］太阳:无名指
楼上、楼下，［lou²⁴saŋ⁵³、lou²⁴ɕia⁵³］
电灯、电话儿，［tian⁵³təŋ³³tian⁵³xuar⁵³］
自来水儿拧一下。［tʂʅ⁵³lai²⁴suɐr²⁴ɲiŋ²¹i²⁴ɕia⁵³］

（七）董存瑞个儿不高儿

董存瑞个儿不高儿，［tuŋ²¹tsʰuei²⁴ʐuei⁵³kɤr⁵³pu⁵³kaur³³］
关键能举炸药包儿。［kuan³³tɕian⁵³nəŋ²⁴tɕy²¹tsa⁵³iau⁵³paur³³］
为了同胞四万万，［uei⁵³lə⁰tʰuŋ²⁴pʰau³³sʅ⁵³uan⁵³uan⁵³］
流血牺牲在前线。［liou²⁴ɕyɛ²¹ɕi³³səŋ³³tsai⁵³tɕʰian³⁵ɕian⁵³］

（八）你拍一，我拍一

你拍一，我拍一，［ɲi²¹pʰai³³i³³，uɤ²¹pʰai³³i³³］
黄雀落在大门西。［xuaŋ²⁴tɕʰiau²¹luɤ⁵³tʂai⁵³ta⁵³mən²⁴ɕi³³］
你拍二，我拍儿二，［ɲi²¹pʰai³³ɐr⁵³，uɤ²¹pʰɐr³³ɐr⁵³］
黄雀落在树当间儿。［xuaŋ²⁴tɕʰiau²¹luɤ⁵³tʂai⁵³su⁵³taŋ³³tɕiɐr⁵³］
你拍三，我拍三，［ɲi²¹pʰai³³san³³，uɤ²¹pʰai³³san³³］
三个小孩儿吃饼干。［san²⁴kə⁰ɕiau²¹xɐr²⁴tʂʰʅ³³piŋ²¹kan³³］
你拍四，我拍四①，［ɲi²¹pʰai³³ʂʅ⁵³，uɤ²¹pʰai³³sʅ⁵³］
四四方方写大字。［sʅ⁵³sʅ⁰faŋ³³faŋ⁰ɕiɛ²¹ta⁵³tʂʅ⁵³］
你拍五，我拍五，［ɲi²¹pʰai³³u²¹，uɤ²¹pʰai³³u²¹］
五个小孩儿撵老虎。［u²¹kə⁰ɕiau²¹xɐr²⁴ɲian²¹lau²⁴xu²¹¹］
你拍六，我拍六，［ɲi²¹pʰai³³liou⁵³，uɤ²¹pʰai³³liou⁵³］
六碗包子六碗肉。［liou⁵³uan²¹pau³³tsʅ⁰liou⁵³uan²¹iou⁵³］

---

①　前后两个"四"发音不同，发音人舌尖前音和舌尖后音混读，这里按照实际读音记录。

你拍七,我拍七,［ȵi²¹pʰai³³tɕʰi³³,uɤ²¹pʰai³³tɕʰi³³］

七个小孩儿撵野鸡。［tɕʰi²⁴kə⁰ɕiau²¹xɐr²⁴ȵian²⁴iɛ²¹tɕi³³］

你拍八,我拍八,［ȵi²¹pʰai³³pa³³,uɤ²¹pʰai³³pa³³］

八个小孩儿吹喇儿叭儿。［pa²⁴kə⁰ɕiau²¹xɐr²⁴tsʰuei³³lar²¹par⁰］

你拍九,我拍九,［ȵi²¹pʰai³³tɕiou²¹¹,uɤ²¹pʰai³³tɕiou²¹¹］

九只胳膊九只手。［tɕiou²¹tʂʅ³³kɤ³³pə⁰tɕiou²¹tʂʅ³³ʂou²¹¹］

你拍十,我拍十,［ȵi²¹pʰai³³sʅ²⁴,uɤ²¹pʰai³³sʅ²⁴］

十个小孩儿吃冻梨。［sʅ²⁴kə⁰ɕiau²¹xɐr²⁴tʂʰʅ³³tuŋ⁵³li²⁴］

你要吃,我给你;［ȵi²¹iau⁵³tʂʰʅ³³,uɤ²¹kei²⁴ȵi²¹¹］

你骂我,我踹你。［ȵi²¹ma⁵³uɤ²¹¹,uɤ²¹tsʰuai⁵³ȵi²¹¹］

(九)姑娘蛋儿梳小辫儿

姑娘蛋儿梳小辫儿,［ku³³ȵiaŋ⁰tɐr⁵³su³³ɕiau²¹piɐr⁵³］

拧搭拧搭上前院儿,［ȵiŋ²¹ta⁰ȵiŋ²¹ta⁰saŋ⁵³tɕʰian³⁵yɐr⁵³］ 拧搭:指屁股左右扭动

买切糕挑大块儿,［mai²¹tɕʰiɛ³³kau³³tʰiau³³ta⁵³kʰuɐr⁵³］

不给钱拽小辫儿。［pu⁵³kei²¹tɕʰian²⁴tsuai⁵³ɕiau²¹piɐr⁵³］

(十)刘胡兰

刘胡兰,［liou²⁴xu²⁴lan²⁴］

十三岁,［sʅ²⁴san²⁴suei⁵³］

参加革命游击队,［tsʰan³³tɕia³³kɤ²⁴miŋ⁵³iou³³tɕi³³tuei⁵³］

游击队,［iou³³tɕi³³tuei⁵³］

打游击,［ta²¹iou³³tɕi³³］

专打地主韩老七。［tsuan³³ta²¹ti⁵³tʂu²¹xan²⁴lau²¹tɕʰi³³］

(十一)小皮球儿

小皮球儿,［ɕiau²¹pʰi²⁴tɕʰiour²⁴］

架脚踢,［tɕia⁵³tɕiau²¹tʰi³³］

马莲开花儿二十一。［ma²¹lian²⁴kʰai³³xuar³³ɐr⁵³sʅ²⁴i³³］

二五六,二五七,［ɐr⁵³u²¹liou⁵³,ɐr⁵³u²¹tɕʰi³³］

二八二九三十一;［ɐr⁵³pa³³ɐr⁵³tɕiou²¹san³³sʅ²⁴i³³］

三五六,三五七,［san³³u²¹liou⁵³,san³³u²¹tɕʰi³³］

三八三九四十一;［san³³pa³³san³³tɕiou²¹sʅ⁵³sʅ²⁴i³³］

四五六,四五七,［sʅ⁵³u²¹liou⁵³,ʂʅ⁵³u²¹tɕʰi³³］

四八四九五十一;［sʅ⁵³pa³³sʅ⁵³tɕiou²¹u²¹sʅ²⁴i³³］

五五六，五五七，[u²⁴u²¹liou⁵³ , u²⁴u²¹tɕʰi³³]

五八五九六十一；[u²¹pa³³u²⁴tɕiou²¹liou⁵³ ʂʅ²⁴·i³³]

六五六，六五七，[liou⁵³u²¹liou⁵³ , liou⁵³u²¹tɕʰi³³]

六八六九七十一；[liou⁵³pa³³liou⁵³tɕiou²¹tɕʰi³³ ʂʅ²⁴·i³³]

七五六，七五七，[tɕʰi³³u²¹liou⁵³ , tɕʰi³³u²¹tɕʰi³³]

七八七九八十一；[tɕʰi³³pa³³tɕʰi³³tɕiou²¹pa³³ʂʅ²⁴·i³³]

八五六，八五七，[pa³³u²¹liou⁵³ , pa³³u²¹tɕʰi³³]

八八八九九十一；[pa³³pa³³pa³³tɕiou²⁴tɕiou²¹ʂʅ²⁴·i³³]

九五六，九五七，[tɕiou²⁴u²¹liou⁵³ , tɕiou²⁴u²¹tɕʰi³³]

九八九九一百一。[tɕiou²¹pa³³tɕiou²⁴tɕiou²¹i⁵³pai²¹·i³³]

（以上由发音人杨凤芹提供）

（十二）学习李向阳

学习李向阳，[ɕyɛ²⁴ɕi²⁴li²¹ɕiaŋ⁵³iaŋ²⁴]

坚决不投降。[ɕian⁴⁴tɕyɛ²⁴pu⁵³tʰou²⁴ɕiaŋ²⁴]

敌人来抓我，[ti²⁴ʐən²⁴lai²⁴tʂua⁴⁴uɣ²¹¹]

赶快跳山墙。[kan²¹kʰuai⁵³tʰiau⁵³ʂan⁴⁴tɕʰiaŋ²⁴]

山墙没有路，[ʂan⁴⁴tɕʰiaŋ²⁴mei²⁴iou⁰lu⁵³]

赶快钻地洞。[kan²¹kʰuai⁵³tsuan⁴⁴ti⁵³tuŋ⁵³]

地洞有炸药，[ti⁵³tuŋ⁵³iou²¹tʂa⁵³iau⁵³]

炸死……[tʂa⁵³sʅ²¹……]

（十三）大白鸡

大白鸡，[ta⁵³pai²⁴tɕi⁴⁴]

下白蛋，[ɕia⁵³pai²⁴tan⁵³]

没有妈妈怎么办？[mei²⁴iou⁰ma⁴⁴ma⁰tsən²¹mə⁰pan⁵³]

跟猫去，[kən⁴⁴mau⁴⁴tɕʰy⁵³]

猫挠我，[mau⁴⁴nau²⁴uɣ²¹¹]

跟狗去，[kən⁴⁴kou²¹tɕʰy⁵³]

狗咬我，[kou²¹iau²⁴uɣ²¹¹]

爸爸送我托儿所，[pa⁵³pa⁰suŋ⁵³uɣ²¹tʰuɣ⁴⁴ɚ²⁴suɣ²¹¹]

托儿所我的家，[tʰuɣ⁴⁴ɚ²⁴suɣ²⁴uɣ²¹tə⁰tɕia⁴⁴]

老师爱我我爱她。[lau²¹ʂʅ⁴⁴ai⁵³uɣ²⁴uɣ²¹ai⁵³tʰa⁴⁴]

（十四）一二三四五

一二三四五，[i⁴⁴ɐr⁵³san⁴⁴sʅ⁵³u²¹¹]

上山打老虎。［ʂaŋ⁵³ʂan⁴⁴ta²¹lau²⁴xu²¹¹］

老虎没打着，［lau²⁴xu²¹mei²⁴ta²¹tʂau²⁴］

打到小松鼠。［ta²¹tau⁵³ɕiau²¹suŋ⁴⁴ʂu²¹¹］

松鼠有几只？［suŋ⁴⁴ʂu²¹iou²⁴tɕi²¹tʂʅ⁴⁴］

让我数一数。［ʐan⁵³uɣ²⁴ʂu²¹i⁰ʂu²¹¹］

数来又数去，［ʂu²¹lai²⁴iou⁵³ʂu²¹tɕʰy⁵³］

一二三四五。［i⁴⁴ɚ⁵³san⁴⁴sʅ⁵³u²¹¹］

（以上由发音人李晶提供）

二　规定故事

牛郎和织女

在很久很久以前，［tsai⁵³xən²⁴tɕiou²¹xən²⁴tɕiou²⁴i²¹tɕʰian²⁴］

有一个偏僻的小屯子，［iou²¹i²⁴kə⁰pʰian³³pʰi⁵³ti⁰ɕiau²¹tʰuən²⁴tsʅ⁰］

那里没有几户人家。［na⁵³li⁰mei²⁴iou²⁴tɕi²¹xu⁵³ʐən²⁴tɕia³³］

有一户人家只有一个小伙儿，［iou²¹i²⁴xu⁵³ʐən²⁴tɕia³³tʂʅ²⁴iou²¹i²⁴kə⁰ɕiau²⁴xuɣr²¹¹］

家里什么都没有，［tɕia³³li⁰ʂən²⁴mə⁰tou³³mei²⁴iou²¹¹］

父母相继去世，［fu⁵³mu²¹ɕiaŋ³³tɕi⁵³tɕʰy⁵³ʂʅ⁵³］

他也没有什么亲属。［tʰa³³iɛ²¹mei²⁴iou²⁴ʂən²⁴mə⁰tɕʰin³³ʂu²¹¹］

只有一条老牛［tʂʅ²⁴iou²¹i⁵³tʰiau²⁴lau²¹ȵiou²⁴］

跟他相依为命，［kən³³tʰa³³ɕiaŋ³³i³³uei²⁴miŋ⁵³］

大伙儿都管他叫牛郎。［ta⁵³xuɣr²¹tou²⁴kuan²¹tʰa³³tɕiau⁵³ȵiou²⁴laŋ²⁴］

其实这条老牛［tɕʰi³³ʂʅ²⁴tʂɤ⁵³tʰiau²⁴lau²¹ȵiou²⁴］

就是天上下来的金牛星。［tɕiou⁵³ʂʅ⁵³tʰian³³ʂaŋ⁵³ɕia⁵³lai²⁴tə⁰tɕin³³ȵiou²⁴ɕiŋ³³］

牛郎辛勤肯干，诚实，［ȵiou²⁴laŋ²⁴ɕin³³tɕʰin²⁴kʰən²¹kan⁵³，tʂʰəŋ²⁴ʂʅ²⁴］

天天上山割草，［tʰian³³tʰian³³ʂaŋ⁵³ʂan³³ka³³tsʰau²¹¹］

拎水饮牛。［lin³³suei²¹in⁵³ȵiou²⁴］

他没有媳妇儿，光棍儿一人，［tʰa³³mei²⁴iou²⁴ɕi²¹fər⁰，kuaŋ³³kuər⁵³i⁵³in²⁴］

家里也没人儿收拾，［tɕia³³li⁰iɛ²¹mei²⁴ʐər²⁴ʂou³⁵ʂʅ⁰］

一天三顿饭，［i⁵³tʰian³³san²⁴tuən⁵³fan⁵³］

一天到晚忙忙活活。［i⁵³tʰian³³tau⁵³uan²¹maŋ²⁴maŋ⁰xuɣ³³xuɣ³³］

金牛星看在眼里，［tɕin³³ȵiou²⁴ɕiŋ³³kʰan⁵³tsai⁵³ian²⁴li⁰］

记在心上。［tɕi⁵³tsai⁵³ɕin³³ʂaŋ⁵³］

他想帮牛郎成个家，［tʰa³³ɕiaŋ²¹paŋ³³ȵiou²⁴laŋ²⁴tʂʰəŋ²⁴kə⁰tɕia³³］

给他娶个媳妇儿。［kei²¹tʰa³³tɕʰy²¹kə⁰ɕi²¹fər⁰］

有一天他得知，［iou²¹i⁵³tʰian³³ta³³tɤ²⁴tʂʅ³³］

七仙女儿要到［tɕʰi³³ɕian³³n̠yɐr²¹iau⁵³tau⁵³］

东河的池塘边儿里去洗澡，［tuŋ³³xɤ²⁴tə⁰tsʰʅ²⁴tʰaŋ²⁴piɐr³³li⁰tɕʰy⁵³ɕi²⁴tsau²¹¹］

就给他托了个梦。［tɕiou⁵³kei²¹tʰa³³tʰuɤ³³lə⁰kə⁰məŋ⁵³］

让他明早上［iaŋ⁵³tʰa³³miŋ²⁴tsau²¹ʂaŋ⁰］

到东河边儿的树上，［tau⁵³tuŋ³³xɤ²⁴piɐr³³tə⁰ʂu⁵³ʂaŋ⁰］

摘下一件儿［tsai²⁴ɕia⁵³i²⁴tɕiɐr⁵³］

粉红色的衣服拿回家。［fən²¹xuŋ²⁴sɤ⁵³tə⁰i³³fu⁰na²⁴xuei²⁴tɕia³³］

这件儿衣服就是织女的衣服。［tʂɤ⁵³tɕiɐr⁵³i³³fu⁰tɕiou⁵³ʂʅ⁵³tʂʅ³³n̠y²¹ti⁰i³³fu⁰］

牛郎清早起来［n̠iou²⁴laŋ²⁴tɕʰiŋ³³tsau²⁴tɕʰiɛ²¹lai⁰］

急忙跑到东河边儿上，［tɕi²⁴maŋ²⁴pʰau²¹tau⁵³tuŋ³³xɤ²⁴piɐr³³ʂaŋ⁰］

果真看见河里［kuɤ²¹tʂən³³kʰan⁵³tɕian⁵³xɤ²⁴li⁰］

有一帮仙女儿在洗澡。［iou²¹i⁵³paŋ³³ɕian³³n̠yər²¹tsai⁵³ɕi²⁴tsau²¹¹］

他就爬到树上，［tʰa³³tɕiou⁵³pʰa²⁴tau⁵³ʂu⁵³ʂaŋ⁵³］

摘回一件儿粉红色的衣服，［tsai²⁴xuei²⁴i²⁴tɕiɐr⁵³fən²¹xuŋ²⁴sɤ⁵³ti⁰i³³fu⁰］

急急忙忙跑回家。［tɕi²⁴tɕi²⁴maŋ²⁴maŋ²⁴pʰau²¹xuei²⁴tɕia³³］

到了晚上，［tau⁵³lə⁰uan²¹ʂaŋ⁰］

有个小姑娘［iou²¹kə⁰ɕiau²¹ku³³n̠iaŋ⁰］

真的敲开了牛郎的门。［tʂən³³tə⁰tɕʰiau³³kʰai⁰liau²¹n̠iou²⁴laŋ²⁴tə⁰mən²⁴］

牛郎一看，［n̠iou²⁴laŋ²⁴i²⁴kʰan⁵³］

这小姑娘长得真很漂亮，［tʂɤ⁵³ɕiau²¹ku³³n̠iaŋ⁰tʂaŋ²¹tə⁰tʂən³³xən²¹pʰiau⁵³liaŋ⁰］

他也相中了。［tʰa³³iɛ²¹ɕiaŋ³³tsuŋ³³lə⁰］

织女一看，［tʂʅ³³n̠y²¹i²⁴kʰan⁵³］

小伙子很憨厚，［ɕiau²⁴xuɤ²¹tsʅ⁰xən²¹xan³³xou⁵³］

体格儿也挺健壮，［tʰi²¹kɤr²⁴iɛ²⁴tʰiŋ²¹tɕian⁵³tsuaŋ⁵³］

她心里暗自也高兴。［tʰa³³ɕin³³li²¹an⁵³tsʅ⁵³iɛ²¹kau³³ɕiŋ⁵³］

他俩住在了一起，［tʰa³³lia²¹tʂu⁵³tsai⁵³lə⁰i⁵³tɕʰi²¹¹］

过起了夫妻生活。［kuɤ⁵³tɕʰi²¹lə⁰fu³³tɕʰi²¹ʂəŋ³³xuɤ²⁴］

一来二去地三年以后，［i⁵³lai²⁴ɐr⁵³tɕʰy⁵³ti⁰san³³n̠ian²⁴i²¹xou⁵³］

他们就有自己的孩子。［tʰa³³mən⁰tɕiou⁵³iou²¹tsʅ⁵³tɕi²¹tə⁰xai²⁴tsʅ⁰］

生了两个小孩儿，［səŋ³³lə⁰liaŋ²¹kə⁰ɕiau²¹xɐr²⁴］

一个小姑娘，一个小小子。［i²⁴kə⁰ɕiau²¹ku³³n̠iaŋ⁰，i²⁴kə⁰ɕiau²⁴ɕiau²¹tə⁰］

日子过得很幸福，很开心。［ʐʅ⁵³tsə⁰kuɤ⁵³tə⁰xən²¹ɕiŋ⁵³fu⁰，xən²¹kʰai³³ɕin³³］

玉皇大帝知道了［y⁵³xuaŋ²⁴ta⁵³ti⁵³tʂʅ³³tau⁵³liau²¹］

织女下凡的事。［tʂʅ³³n̠y²¹ɕia⁵³fan²⁴tə⁰ʂʅ⁵³］

有一天，［iou²¹i⁵³tʰian³³］

西北来了一块乌云，［ɕi³³pei²¹lai²⁴lə⁰i²⁴kʰuai⁵³u³³yn²⁴］

刮了大风，像旋儿风一样，［kua²¹lə⁰ta⁵³fəŋ³³，ɕiaŋ⁵³ɕyɐr⁵³fəŋ³³i²⁴iaŋ⁵³］

上拄天，下拄地，［ʂaŋ⁵³tʂʰu²¹tʰian³³，ɕia⁵³tʂʰu²¹ti⁵³］

一阵刮，［i²⁴tʂən⁵³kua²¹¹］

把织女接走了。［pa²¹tʂʅ³³n̠y²¹tɕiɛ³³tsou²¹lə⁰］

两个孩子看不见妈妈了，［liaŋ²¹kə⁰xai²⁴tsʅ⁰kʰan⁵³pu⁰tɕian⁵³ma³³ma⁰lə⁰］

急得哇哇直哭。［tɕi²⁴tə⁰ua³³ua³³tʂʅ²⁴kʰu³³］

这时牛郎急得直跺脚儿：［tʂɤ⁵³ʂʅ²⁴n̠iou²⁴laŋ²⁴tɕi²⁴tə⁰tʂʅ²⁴tuɤ⁵³tɕiaur²¹］

嗨，我该怎么办？［xai⁵³，uɤ²¹kai³³tʂən²¹mə⁰pan⁵³］

正在没有办法的时候，［tʂəŋ⁵³tsai⁵³mei²⁴iou²¹pan⁵³fa²¹tə⁰ʂʅ²⁴xou⁰］

老牛开口说话了：［lau²¹n̠iou²⁴kʰai³³kʰou²¹ʂuɤ³³xua⁵³lə⁰］

"别难过，["piɛ²⁴nan²⁴kuɤ⁵³］

我用我的两个牛角摘下来，［uɤ²¹yŋ⁵³uɤ²¹tə⁰liaŋ²¹kə⁰n̠iou²⁴tɕiau²¹tsai³³ɕia⁵³lai⁰］

给你做成两个箩筐。［kei²⁴n̠i²¹tsuɤ⁵³tʂʰəŋ²⁴liaŋ²¹kə⁰luɤ²⁴kʰuaŋ³³］

你用扁担［n̠i²¹yŋ⁵³pian²¹tan⁰］

挑起你的两个箩筐，［tʰiau³³tɕʰi²¹n̠i²¹tə⁰liaŋ²¹kə⁰luɤ²⁴kʰuaŋ³³］

把孩子装起来，［pa²¹xai²⁴tsʅ²¹tsuaŋ³³tɕʰi²¹lai⁰］

飞上天空去找你的织女吧。"［fei³³ʂaŋ⁵³tʰian³³kʰuŋ³³tɕʰy⁵³tʂau²⁴n̠i²¹tə⁰tʂʅ³³n̠y²¹pa⁰。"］

说着，"啪"的一声，［ʂuɤ³³tʂau⁰，"pʰa³³"tə⁰i⁵³ʂəŋ³³］

牛角真的掉在了地上，［n̠iou²⁴tɕiau²¹tʂən³³tə⁰tiau⁵³tsai⁵³lə⁰ti⁵³ʂaŋ⁵³］

变成两个箩筐。［pian⁵³tʂʰəŋ²⁴liaŋ²¹kə⁰luɤ²⁴kʰuaŋ³³］

牛郎赶忙把两个孩子［n̠iou²⁴laŋ²⁴kan²¹maŋ²⁴pa²⁴liaŋ²¹kə⁰xai²⁴tsʅ⁰］

放在筐里面，［faŋ⁵³tsai⁵³kʰuaŋ³³li²¹mian⁵³］

挑起了扁担，［tʰiau³³tɕʰi²¹lə⁰pian²¹tan⁰］

奔向天空［pən⁵³ɕiaŋ⁵³tʰian³³kʰuŋ³³］

去找他的织女了。［tɕʰy⁵³tʂau²¹tʰa³³tə⁰tʂʅ³³n̠y²¹lə⁰］

跑哇跑哇，追呀追呀，［pʰau²¹ua⁰pʰau²¹ua⁰，tsuei³³ia⁰tsuei³³ia⁰］

眼看就要追上织女了，［ian²¹kʰan⁵³tɕiou⁵³iau⁵³tsuei³³ʂaŋ⁰tʂʅ³³n̠y²¹lə⁰］

王母娘娘发现了。［uaŋ²⁴mu²¹n̠iaŋ²⁴n̠iaŋ⁰fa³³ɕian⁵³lə⁰］

她气急败坏地［tʰa³³tɕʰi⁵³tɕi²⁴pai⁵³xuai⁵³ti⁰］

摘下头上的金簪，［tsai²⁴ɕia⁰tʰou²⁴ʂaŋ⁵³tə⁰tɕin³³tʂan³³］

在牛郎织女中间一划，［tsai⁵³n̠iou²⁴laŋ²⁴tʂʅ³³n̠y²¹tsuŋ³³tɕian³³i⁵³xua²⁴］

划出一条［xua²⁴tʂʰu³³i⁵³tʰiau²⁴］

又宽又长的天河，［iou⁵³kʰuan³³iou⁵³tʂʰaŋ²⁴tə⁰tʰ ian³³xɣ²⁴］

把织女和牛郎分开了。［pa²¹tʂʅ³³n̠y²¹xɣ²⁴n̠iou²⁴laŋ²⁴fən³³kʰai⁰lə⁰］

牛郎站在这边儿，［n̠iou²⁴laŋ²⁴tʂan⁵³tsai⁵³tsei⁵³piɐr³³］

织女站在那边儿，［tʂʅ³³n̠y²¹tsan⁵³tsai⁵³nei⁵³piɐr³³］

他们只能对望，不能团聚。［tʰa³³mən⁰tʂʅ²¹nəŋ²⁴tuei⁵³uaŋ⁵³，pu⁵³nəŋ²⁴tʰuan²⁴tɕy⁵³］

小燕子和喜鹊［ɕiau²¹ian⁵³tsʅ⁰xɣ²⁴tɕʰi²¹tɕʰiau⁰］

都知道这件事儿。［tou³³tʂʅ²⁴tau⁰tʂɣ⁵³tɕian⁵³ʂ̩ər⁵³］

它们召集了四面八方的［tʰa³³mən⁰tʂau³³tɕi⁵³lau²¹sʅ⁵³mian⁵³pa³³faŋ³³tə⁰］

许许多多的喜鹊和小燕儿。［ɕy²⁴ɕy²¹tuɣ³³tuɣ³³ti⁰tɕʰi²¹tɕʰiau⁰xɣ²⁴ɕiau²¹iɐr⁵³］

用嘴叼着尾巴，［yŋ⁵³tsuei²¹tiau³³tʂau³³i²¹pə⁰］

搭成一条长长的喜鹊桥，［ta³³tʂʰəŋ²⁴i⁵³tʰiau³³tʂʰaŋ²⁴tʂʰaŋ²⁴tə⁰ɕi²¹tɕʰyɛ⁵³tɕʰiau²⁴］喜
鹊：方言中有文白两读，此处为文读

让他们在这里相聚。［iaŋ⁵³tʰa³³mən⁰tsai⁵³tʂɣ⁵³li²¹ɕiaŋ³³tɕy⁵³］

在每年的［tsai⁵³mei²¹n̠ian²⁴tə⁰］

农历七月初七这一天，［nuŋ²⁴li⁵³tɕʰi²⁴yɛ⁵³tʂʰu³³tɕʰi³³tʂɣ⁵³i⁵³tʰian³³］

就是他们团聚的日子。［tɕiou⁵³ʂʅ⁵³tʰa³³mən⁰tʰuan²⁴tɕy⁵³tə⁰ʐʅ⁵³tsʅ⁰］

这就是牛郎织女的故事。［tʂɣ⁵³tɕiou⁵³ʂʅ⁵³n̠iou²⁴laŋ²⁴tʂʅ³³n̠y²¹tə⁰ku⁵³ʂʅ⁰］

（以上由发音人张淑清提供）

三　自选条目

（一）二人转《小两口儿回门》

正月也是里儿啊，［tʂəŋ yɛ iɛ ʂʅ liər ʐa］

正月里初三四儿啊，［tʂəŋ yɛ li tʂʰu san sər ʐa］

社里头放年假，［ʂɣ li tʰou faŋ n̠ian tɕia］

咱们两个去串门儿啊。［tsan mən liaŋ kə tɕʰy tʂʰuan mər ʐa］

转回身儿来，叫了一声他呀啊，［tʂuan xuei sər lai，tɕiau lə i ʂəŋ tʰa ia a］

你过来，有啥事儿，［n̠i kuɣ lai，iou ʂa sər］

看看外面有没有风丝儿啊，［kʰan kʰan uai mian iou mei iou fəŋ sər ʐa］

咱们两个人儿，［tsan mən liaŋ kə ʐər］

抱着孩子儿去串门儿，［pau tʂə xai tsər tɕʰy tʂʰuan mər］

当天去哪嘛当天回儿啊。［taŋ tʰian tɕʰy na ma taŋ tʰian xuər ʐa］

看一看我爹我妈你的老丈人儿啊，［kʰan i kʰan uɣ tiɛ uo ma n̠i ti lau tsaŋ ʐər ʐa］

哎，哎，哎，哎，哎，哎，哎！［ai，ai，ai，ai，ai，ai，ai］

哎，哎，哎，哎，哎哎哎呀，哎哎，呀！〔ai,ai,ai,ai,ai ai ai ia,ai ai,ia〕

小伙子心中想啊，〔ɕiau xuɤ tsʅ ɕin tʂuŋ ɕiaŋ ŋa〕

我拿点儿什么东西儿啊？〔uɤ na tiɐr ʂən mə tuŋ ɕiər ʐa〕

槽子糕上八件儿，〔tsʰau tsʅ kau ʂaŋ pa tɕiɐr〕

一样儿拿一斤儿啊。〔i iãr na i tɕiər ʐa〕

转回身来，打开了描金柜儿啊，〔tʂuan xuei ʂər lai,ta kʰai lə miau tɕin kuər ʐa〕

拿出来，新上衣儿，〔na tʂʰu lai,ɕin ʂaŋ iər〕

裤子本是涤纶的儿，〔kʰu tsʅ pən ʂʅ ti lun tiər〕

没有沾灰儿啊，没有挂泥儿，〔mei iou tʂan xuər ʐa,mei iou kua ȵiər〕

娶我那年你新买的儿啊！〔tɕʰy uɤ nei nian ȵi ɕin mai tiɐr ʐa〕

这回你穿上试试，〔tʂei xuei ȵi tʂʰuan ʂaŋ ʂʅ ʂʅ〕

还是那正合身儿啊，〔xai ʂʅ na tʂəŋ xɤ ʂər ʐa〕

哎，哎，哎，哎，哎，哎，哎！〔ai,ai,ai,ai,ai,ai,ai〕

哎，哎，哎，哎，哎哎哎呀，哎哎，呀！〔ai,ai,ai,ai,ai ai ai ia,ai ai,ia〕

二人收拾好哇，〔ɐr ʐən ʂou ʂʅ xau ua〕

出门奔正西儿啊。〔tʂʰu mən pən tʂəŋ ɕiər ʐa〕

路过了西下洼子，〔lu kuɤ liau ɕi ɕia ua tsʅ〕

来到了杨树林儿啊。〔lai tau liau iaŋ ʂu liər ʐa〕

西下洼来也不洼，〔ɕi ɕia ua lai iɛ pu ua〕

变成溜平地儿啊。〔pian tʂʰəŋ liou pʰiŋ tiər ʐa〕

杨树林儿，蒙上荫儿，〔iaŋ ʂu liər,məŋ ʂaŋ iər〕

地里跑台拖拉机儿啊，〔ti li pʰau tʰai tʰu la tɕiər ʐa〕

想起来，有意思儿，〔ɕiaŋ tɕʰi lai,iou i sər〕

你我在这儿谈过心儿啊，〔ȵi uɤ tsai tʂɤr tʰan kuɤ ɕiər ʐa〕

一晃都过去了，〔i xuaŋ tou kuɤ tɕʰy liau〕

孩子都抱出了门儿啊，〔xai tsʅ tou pau tʂʰu lə mər ʐa〕

哎，哎，哎，哎，哎，哎，哎！〔ai,ai,ai,ai,ai,ai,ai〕

哎，嗨，哎，哎，哎哎哎呀，哎哎，呀！〔ai,xai,ai,ai,ai ai ai ia,ai ai,ia〕

说笑来得快呀啊，〔ʂuɤ ɕiau lai ti kʰuai ia a〕

来到了丈家的门儿啊。〔lai tau liau tʂaŋ tɕia ti mər ʐa〕

七大姑八大姨儿，〔tɕʰi ta ku pa ta iər〕

迎出了一大群儿啊，〔iŋ tʂʰu lə i ta tɕʰyər ʐa〕

丈母娘我接过外孙儿，〔tʂaŋ mu ȵiaŋ uɤ tɕiɛ kuɤ uai suər〕

亲了个嘴儿。〔tɕʰin liau kɤ tsuər〕

你看看我的小外孙儿，〔ȵi kʰan kʰan uɤ ti ɕiau uai suər〕

浓眉大眼儿多精神儿啊，[nuŋ mei ta iɐr tuɤ tɕiŋ ʂɤr ʐa]

高鼻梁，双眼皮儿，[kau pi liaŋ, ʂuaŋ ian pʰiər]

不像他舅像他姨儿啊，[pu ɕiaŋ tʰa tɕiou ɕiaŋ tʰa iər ʐa]

这孩子又白又胖 [tʂei xai tsʅ iou pai iou pʰaŋ]

活像个虎羔子儿啊 [xuɤ ɕiaŋ kə xu kau tsər ʐa]

哎，哎，哎，哎，哎，哎，哎！[ai, ai, ai, ai, ai, ai, ai]

哎，嗨，哎，哎，哎哎哎呀，哎哎，呀！[ai, xai, ai, ai, ai ai ai ia, ai ai, ia]

二人吃完了饭哪，[ɐr ʐən tʂʰʅ uan lə fan na]

太阳偏了西儿啊。[tʰai iaŋ pʰian liou ɕiər ʐa]

小两口儿收拾收拾[ɕiau liaŋ kʰour ʂou ʂʅ ʂou ʂʅ]

要回家门儿啊。[iau xuei tɕia mər ʐa]

丈母娘我留姑爷，[tʂaŋ mu ȵiaŋ uɤ liou ku iɛ]

说啥没留住哇。[ʂuɤ ʂa mei liou tʂu ua]

我们回去呀要开会，[uɤ mən xuei tɕʰy ia iau kʰai xuei]

研究生产的大问儿题儿啊，[ian tɕiou ʂəŋ tʂʰan ti ta uər tʰiər ʐa]

选种子儿啊，[ɕyan tʂuŋ tsər ʐa]

买化肥，还要买台拖拉机儿啊，[mai xua fei, xai iau mai tʰai tʰu la tɕiər ʐa]

等社里再放假，[təŋ ʂɤ li tsai faŋ tɕia]

我们两个再串门儿，对，[uɤ mən liaŋ kə tsai tʂʰuan mər, tuei]

我们两个再串门儿啊！[uɤ mən liaŋ kə tsai tʂʰuan mər ʐa]

哎，哎，哎，哎，嗯哎，呀，哎，呀！[ai, ai, ai, ai, əŋ ai, ia, ai, ia]

（二）评剧《花为媒》

花开四季皆应景，[xua kʰai sʅ tɕi tɕiɛ iŋ tɕiŋ]

俱是天生地造成。[tɕy ʂʅ tʰian ʂəŋ ti tsau tʂʰəŋ]

阮妈妈呀，[ʐuan ma ma ia]

她怎么还不来哟？[tʰa tsən mə xai pu lai iau]

春季里风吹万物生，[tʂʰuən tɕi li fəŋ tʂʰuei uan u ʂəŋ]

花红叶绿，草青青。[xua xuŋ iɛ ly, tsʰau tɕʰiŋ tɕʰiŋ]

桃花儿艳，梨花儿浓，[tʰau xuar ian, li xuar nuŋ]

杏花儿茂盛，[ɕiŋ xuar mau ʂəŋ]

扑人面的杨花飞满城。[pʰu ʐən mian ti iaŋ xua fei man tʂʰəŋ]

夏季里端阳五月天，[ɕia tɕi li tuan iaŋ u yɛ tʰian]

火红的石榴，白玉簪，[xuɤ xuŋ ti ʂʅ liou, pai y tsan]

爱它一阵儿黄呀黄昏雨呀！[ai tʰa i tʂər xuaŋ ia xuaŋ xuən y ia]

出水的荷花儿，[tʂʰu ʂuei ti xɤ xuar]

亭亭玉立在晚风前。［tʰiŋ tʰiŋ y li tsai uan fəŋ tɕʰian］

秋季里天高气转凉，［tɕʰiou tɕi li tʰian kau tɕʰi tʂuan liaŋ］

登高赏菊过重阳。［təŋ kau ʂaŋ tɕy kuɤ tʂʰuŋ iaŋ］

枫叶流丹就在那秋山上，［fəŋ iɛ liou tan tɕiou tsai na tɕʰiou ʂan ʂaŋ］

啊啊啊啊啊，［a a a a a］

丹桂飘飘分外香。［tan kuei pʰiau pʰiau fən uai ɕiaŋ］

冬季里雪纷纷，［tuŋ tɕi li ɕyɛ fən fən］

梅花儿雪里显精神，［mei xuar ɕyɛ li ɕian tɕiŋ ʂən］

水仙在案头添哪添风韵，［ʂuei ɕian tsai an tʰou tʰian na tʰian fəŋ yn］

迎春花开一片金。［iŋ tʂʰuən xua kʰai i pʰian tɕin］

我一言说不尽［uɤ i ian ʂuɤ pu tɕin］

春夏秋冬花似锦。［tʂʰuən ɕia tɕʰiou tuŋ xua sʅ tɕin］

叫阮妈，［tɕiau ʐuan ma］

却怎么还有不爱花儿的人？［tɕʰyɛ tsən mə xai iou pu ai xuar ti ʐən］

爱花的人，惜花护花，把花儿养；［ai xua ti ʐən, ɕi xua xu xua, pa xuar iaŋ］

恨花的人，厌花骂花儿把花儿伤。［xən xua ti ʐən, ian xua ma xuar pa xuar ʂaŋ］

牡丹本是花中王，［mu tan pən ʂʅ xua tʂuŋ uaŋ］

花中的君子压群芳。［xua tʂuŋ ti tɕyn tsʅ ia tɕʰyn faŋ］

百花相比无颜色，［pai xua ɕiaŋ pi u ian sɤ］

他偏说牡丹虽美花儿不香。［tʰa pʰian ʂuɤ mu tan suei mei xuar pu ɕiaŋ］

玫瑰花儿开香又美，［mei kuei xuar kʰai ɕiaŋ iou mei］

他又说，［tʰa iou ʂuɤ］

玫瑰有刺儿扎得慌。［mei kuei iou tsʰiər tʂa ti xuaŋ］

好花哪怕众人讲，［xau xua na pʰa tʂuŋ ʐən tɕiaŋ］

经风经雨分外香。［tɕiŋ fəŋ tɕiŋ y fən uai ɕiaŋ］

大风吹倒了梧桐树，［ta fəŋ tʂʰuei tau lə u tʰuŋ ʂu］

自有旁人论短长。［tsʅ iou pʰaŋ ʐən luən tuan tʂʰaŋ］

虽然是满园花好无心赏，［suei ʐan ʂʅ man yan xua xau u ɕin ʂaŋ］

阮妈你带路，［ʐuan ma ȵi tai lu］

我要回绣房，啊啊啊！［uɤ iau xuei ɕiou faŋ, a a a］

（以上由发音人胡艳伟提供）

（三）俗语

1. 东西垄，南北拐儿，［tuŋ³³ɕi³³luŋ²¹¹, nan²⁴pei²⁴kuɐr²¹¹］
   哪人都有小心眼儿。［na²¹in²⁴tou³³iou²⁴ɕiau²¹ɕin³³iɐr²¹¹］
   （东西走向的垄，往南或往北拐，占了别人的地。形容占别人的便宜。）

2. 外边儿挂纱灯, [uai⁵³piar³³kua⁵³ʂa³³təŋ³³]

　　其实内里空。 [tɕʰi³³ʂʅ²⁴nei⁵³li⁰kʰuŋ³³]

3. 曲曲弯弯像个啥, [tɕy³³tɕy⁰uan³³uan⁰ɕiaŋ⁵³kə⁰ʂa²⁴]

　　千银万马一人拿。 [tɕʰian³³in²⁴uan⁵³ma²¹i⁵³ʐɘn²⁴na²⁴]

　　家财万贯留不住我, [tɕia³³tsʰai²⁴uan⁵³kuan⁵³liou²⁴pu²⁴tʂu⁵³uɤ²¹¹]

　　荒草野甸是我家。 [xuaŋ³³tsʰau²⁴iɛ²¹tian⁵³ʂʅ⁵³uɤ²¹tɕia³³]

4. 狗咬一口, [kou²⁴iau²¹i⁵³kʰou²¹¹]

　　入骨三分。 [ʐu⁵³ku²¹san³³fən³³]

5. 属犁碗的, [ʂu²¹li²⁴uan²¹ti⁰] 犁碗:即犁镜,安在犁铧上方,往一侧倾斜,把犁起的土翻在一边

　　往一面儿翻土。 [uaŋ²¹i²⁴miɐr⁵³fan⁵³tʰu²¹¹]

　　(比喻总偏向一面或总带着片面性看问题。)

6. 一筐杨木橛子, [i⁵³kʰuaŋ³³iaŋ²⁴mu⁵³tɕyɛ²⁴tə⁰]

　　砍不出一个松木寨子。 [kʰan²¹pu⁵³tʂʰu³³i²⁴kə⁰suŋ³³mu⁵³tsai⁵³tə⁰]

7. 熊瞎劈苞米, [ɕyŋ²⁴ɕia³³pʰi²¹pau³³mi²¹¹]

　　掰一穗丢一穗。 [pai³³i²⁴suei⁵³tiou³³i²⁴suei⁵³]

8. 鸡蛋没缝儿还下蛆呢。 [tɕi³³tan⁵³mei²⁴fɐr⁵³xai²⁴ɕia⁵³tɕʰy³³n̩iɛ⁰]

　　(鸡蛋没缝儿,可是苍蝇还下蛆,比喻无端寻衅,无事生非。)

9. 东虹云彩西虹雨, [tuŋ²⁴kaŋ⁵³yn²⁴tsʰai⁰ɕi²⁴kaŋ⁵³y²¹¹]

　　南虹出来卖儿女。 [nan²⁴kaŋ⁵³tʂʰu²⁴lai⁰mai⁵³ɚ²⁴n̩y²¹¹]

　　(东边天空出现彩虹,往往是晴天的预兆;西边天空出现彩虹,是下雨的先兆;
　　南边天空一般不出现彩虹,若出现则是不祥之兆。)

　　　　　　　　　　　　　　　　　　　　　　(以上由发音人张淑清提供)

10. 先说一呀, [ɕian³³suɤ³³i³³ia⁰]

　　　哥俩儿好哇, [kɤ³³liar²⁴xau²¹ua⁰]

　　　三星照哇, [san³³ɕiŋ³³tsau⁵³ua⁰]

　　　四喜财, [sʅ⁵³ɕi²¹tsʰai²⁴]

　　　五魁首, [u²⁴kʰuei⁵³sou²¹¹]

　　　六就六, [liou⁵³tɕiou⁵³liou⁵³]

　　　七个巧哇, [tɕʰi²⁴kɤ⁵³tɕʰiau²¹ua⁰]

　　　八匹马, [pa³³pʰi²⁴ma²¹¹]

　　　九就九哇, [tɕiou²¹tɕiou⁵³tɕiou²¹ua⁰]

　　　十个数字全都有哇。 [sʅ²⁴kə⁰su⁵³tʂʅ⁵³tɕʰyan²⁴tou³³iou²¹ua⁰]

　　　(这是一段行酒令。)

　　　　　　　　　　　　　　　　　　　　　　(以上由发音人杨凤芹提供)

（四）歇后语

1. 大姑娘梳歪桃儿——随便（辫）儿了。

　　[ta⁵³ku³³n̠ian⁰ ʂu³³uai³³tʰaur²⁴——suei²⁴pieʴ⁵³lə⁰]

2. 马尾儿穿豆腐——提不起来了。

　　[ma²¹iəʴ²¹tsʰuan³³tou⁵³fu⁰——tʰi²¹pu⁵³tɕʰi²¹lai²⁴lə⁰]

　　（用马尾巴串豆腐是提不起来的。多指事情不能提及。）

3. 坐飞机看报纸——空想。

　　[tsuɣ⁵³fei³³tɕi³³kʰan⁵³pau⁵³tʂʅ²¹¹——kʰuŋ³³ɕiaŋ²¹¹]

4. 跟着凤凰走——永远是俊鸟儿。

　　[kən³³tʂə⁰fəŋ⁵³xuaŋ³³tsou²¹¹——yŋ²⁴yan²¹ʂʅ⁵³tsuən⁵³n̠iaur²¹¹]

　　（跟着一个好人，本来好的人能变得更好。）

5. 嗑瓜子儿嗑出个臭虫——什么人（仁）儿都有。

　　[kʰɣ⁵³kua³³tsəʴ²¹kʰɣ⁵³tʂʰu³³kə⁰tʂʰou⁵³tsʰuŋ²⁴——ʂən²⁴mə⁰iəʴ²⁴tou³³iou²¹¹]

6. 瞎子踢键儿——一个儿不个儿。

　　[ɕia³³tə⁰tʰi³³tɕʰieʴ⁵³——i²⁴kɣʴ⁵³pu²⁴kɣʴ⁵³]

7. 黄鼠狼给鸡拜年——没安好心。

　　[xuaŋ²⁴ʂu²¹laŋ²⁴kei²¹tɕi³³pai⁵³n̠ian²⁴——mei²⁴an³³xau²¹ɕin³³]

8. 一碗饭没人儿吃——白盛（白城）

　　[i⁵³uan²¹fan⁵³mei²⁴z̩əʴ²⁴tʂʰʅ³³——pai²⁴tʂʰəŋ²⁴] 白城：地名

　　（此句既是歇后语—也是谜语。歇后语的意思是白费功夫。）

9. 光腚撵狼——胆儿大不害臊。

　　[kuaŋ³³tiŋ⁵³n̠ian²⁴laŋ²⁴——teʴ²¹ta⁵³pu²⁴xai²⁴sau⁵³]

10. 井里蛤蟆——见不得天儿。

　　[tɕiŋ²⁴li²¹xa²⁴ma⁰——tɕian⁵³pu²⁴tei²¹tʰieʴ³³] 见不得天儿：看不见天

11. 周瑜打黄盖——愿打愿挨。

　　[tʂou³³y²⁴ta²¹xuaŋ²⁴kai⁵³——yan⁵³ta²¹yan⁵³ai²⁴]

12. 顺着沟找豆包儿——照直线儿走。

　　[ʂuən⁵³tsə⁰kou³³tʂau²¹tou⁵³paur³³——tʂau⁵³tʂʅ²⁴ɕieʴ⁵³tsou²¹¹]

13. 扁担钩眼睛——长长了吧。

　　[pian²¹tan⁵³kou³³ian²¹tɕiŋ³³——tʂʰaŋ²⁴tʂʰaŋ²⁴lə⁰pa⁰]

　　（扁担钩是北方常见的一种淡水鱼，长条形，与泥鳅相似。眼睛像扁担钩一样
　　长，是形容人遇到挫折或打击等而垂头丧气的样子。）

14. 黄鼠狼下豆杵子——一辈儿不跟一辈儿。

[xuaŋ²⁴ ʂu²¹ laŋ²⁴ ɕia⁵³ tou⁵³ tʂʰu²¹ tə⁰——i²⁴ pər⁵³ pu⁵³ kən³³ i²⁴ pər⁵³] 豆杵子：一种田鼠

15. 卖炕席不打个捆儿——应卷不错儿。

[mai⁵³ kʰaŋ⁵³ ɕi²⁴ pu⁵³ ta²¹ kə⁰ kʰuər²¹¹——iŋ⁵³ tɕyan²¹ pu²⁴ tsʰuɣr⁵³]

（旧时农村卖炕席，都是把席子卷成一捆卖，买席子的人要打开捆仔细检查尺寸以及质量等。席子成捆的时候表面看着很好，但是经不起打开检查。这句话的意思是认为应该把炕席卷起来，捆起来。形容自我感觉良好，不接受他人检查或挑剔。）

16. 老太太上不去炕——紧撖（锦州）。

[lau²¹ tʰai⁵³ tʰai⁰ ʂaŋ⁵³ pu²⁴ tɕʰy⁵³ kʰaŋ⁵³——tɕin²¹ tʂou³³] 撖：抬、举，从一端或一侧托。锦州：地名

（此句既是歇后语，也是谜语。）

17. 大拇指卷煎饼——自个儿吃自个儿。

[ta⁵³ mu²⁴ tʂʅ²⁴ tɕyan²¹ tɕian³³ piŋ⁰——tsʅ⁵³ kɣr²¹ tʂʰʅ³³ tsʅ⁵³ kɣr²¹¹]

18. 癞蛤蟆上菜板儿——硬装大堆儿肉。

[lai⁵³ xa²⁴ ma⁰ ʂaŋ⁵³ tsʰai⁵³ pɐr²¹¹——iŋ⁵³ tʂuaŋ³³ ta⁵³ tuər³³ iou⁵³]

（比喻本身不够条件，却硬要做力不能及的事情。）

19. 老太太吃咸盐儿——一年儿不跟一年儿。

[lau²¹ tʰai⁵³ tʰai⁰ tʂʅ³³ ɕian²⁴ iɐr²⁴——i⁵³ ȵiɐr²⁴ pu⁵³ kən³³ i⁵³ ȵiɐr²⁴]

20. 狗撵鸭子——呱呱叫。

[kou²¹ ȵian²¹ ia⁴⁴ tsʅ⁰——kua⁴⁴ kua⁴⁴ tɕiau⁵³] 呱呱叫：表示很优秀

21. 门槛拴鸭子——里外出出。

[mən²⁴ kʰan²¹ ʂuan³³ ia⁴⁴ tə⁰——li²¹ uai⁵³ tʂʰu³³ tʂʰu⁰] 出出：鸭子等动物用嘴戳食

（形容某人喜欢到处说瞎话。）

22. 老鸹落在猪身上——看着人家黑看不着个人黑。

[lau²¹ kuɣ³³ luɣ⁵³ tsai⁵³ tʂu³³ ʂən³³ ʂaŋ⁵³——kʰan⁵³ tʂau³³ in²⁴ tɕia³³ xei³³ kʰan⁵³ pu²⁴ tʂau²³ kɣ²⁴ in⁰ xei³³]

23. 猪八戒照镜子——里外不是人。

[tʂu³³ pa³³ tɕiɛ⁵³ tʂau⁵³ tɕiŋ⁵³ tə⁰——li²¹ uai⁵³ pu²⁴ ʂʅ⁵³ ʐən²⁴]

24. 掌鞋不用锥子——真（针）行啊。

[tʂaŋ²¹ ɕiɛ²⁴ pu²⁴ yŋ⁵³ tʂuei³³ tə⁰——tʂən³³ ɕiŋ²⁴ ŋa⁰]

25. 破草帽子——晒脸。

[pʰɣ⁵³ tsʰau²¹ mau⁵³ tə⁰——sai⁵³ lian²¹¹] 晒脸：形容给脸不要脸、得意忘形等

26. 狗掀门帘子——露脸儿了。

[kou²¹ ɕian³³ mən²⁴ lian²¹ tə⁰——lou⁵³ liɐr²¹ lə⁰]

27. 半道上捡个儿喇儿叭——你有吹的了。

[pan⁵³tau⁵³ʂaŋ⁵³tɕian²¹kər⁰lɤr²¹pa⁰——ȵi²⁴iou²¹tsʰuei³³ti⁰lə⁰]

28. 公鸡叨碗碴子——一嗉子词(瓷)儿。

[kuŋ³³tɕi³³tau³³uan²¹tʂʰa⁵³tsʅ⁰——i²⁴su⁵³tsʅ⁰tsʰ ər²⁴]碗碴子:碗打碎后的碎片

(此句意思是话多,或者词语丰富。)

29. 白菜地铲镰刀——把嗑(颗)儿唠(捞)散了。

[pai²⁴tsʰai⁵³ti⁵³tʂʰan²¹lian²⁴tau³³——pa²¹kʰɤr³³lau⁵³san²¹lə⁰]

30. 三叫驴没尾巴——蔫蔫了。

[san²⁴tɕiau⁵³ly²⁴mei²⁴i²¹pa⁰——kuɤ⁴⁴kuə⁰lə⁰]

(意思是泄气没有干劲了。)

31. 土地佬儿喝烟灰——有那口神累。

[tʰu²¹ti⁵³laur²¹xɤ³³ian³³xuei³³——iou²¹na⁵³kʰ ou²¹ʂən²⁴lei²¹¹]

(形容对某种事物有特别的喜好。)

32. 耗子拉木锨——大头在后尾儿。

[xau⁵³tsʅ⁰la³³mu⁵³ɕian³³——ta⁵³tʰou²⁴tsai⁵³xou⁵³yɤr²¹¹]

(比喻更重大的人、事或目标、目的在后边。)

33. 水筲没梁——饭桶。

[suei²¹ʂau³³mei²⁴liaŋ²⁴——fan⁵³tʰuŋ²¹¹]水筲:水桶

34. 光屁股拉磨——丢一圈儿人。

[kuaŋ³³pʰi⁵³ku⁰la⁵³mɤ⁵³——tiou³³i⁵³tɕʰyɤr³³in²⁴]

35. 秃爪子上鸡窝——不简(捡)单(蛋)。

[tʰu³³tsʰua²¹tsʅ⁰ʂaŋ⁵³tɕi³³uɤ³³——pu⁵³tɕian²¹tan³³]

36. 四季花开——长春。

[sʅ⁵³tɕi⁵³xua³³kʰai³³——tʂʰaŋ²⁴tsʰuən³³]

37. 水缸扎猛子——不知道深浅。

[suei²¹kaŋ³³tʂa²⁴məŋ²¹tsə⁰——pu⁵³tʂʅ³³tau⁵³ʂən³³tɕʰian²¹¹]

38. 苞米叶子上坟——糊弄鬼呢。

[pau³³mi²¹iɛ⁵³tsʅ⁰ʂaŋ⁵³fən²⁴——xu⁵³nuŋ⁵³kuei²¹nə⁰]

39. 罗锅上山——钱(前)紧。

[luɤ²⁴kuɤ³³ʂaŋ⁵³san³³——tɕʰian²⁴tɕin²¹¹]

40. 大萝卜没水——太糠(泰康)。

[ta⁵³luɤ²⁴pə⁰mei²⁴suei²¹¹——tʰai⁵³kʰaŋ⁴⁴]泰康:地名

(此句既是歇后语,也是谜语。歇后语的意思是某人没有能耐。)

41. 二齿钩子挠痒痒——你真有两下子。

［ɐr⁵³tʂ̩²¹kou³³tsɿ⁰nau²⁴iaŋ²¹iaŋ⁰——n̠i²⁴tʂən³³iou²⁴liaŋ²¹ɕia⁵³tsɿ⁰］

42. 豆腐掉在灰堆里——吹也吹不得，打也打不得。

　　［tou⁵³fu⁰tiau⁵³tsai⁵³xuei³³tuei³³li²¹——tsʰuei³³iɛ²¹tsʰuei³³pu⁵³tɤ²⁴,ta²⁴iɛ²⁴ta²¹pu⁵³tɤ²⁴］

43. 窗户眼儿吹喇叭——名(鸣)声在外。

　　［tʂʰuaŋ³³xu⁵³iar²¹tʂʰuei³³la²¹pa⁰——miŋ²⁴ʂəŋ³³tsai⁵³uai⁵³］

44. 擀面杖吹火——一窍儿不通。

　　［kan²¹mian⁰tʂaŋ⁵³tʂʰuei³³xuɤ²¹¹——i²⁴tɕʰiaur⁵³pu⁵³tʰuŋ³³］

（以上由发音人张淑清提供）

（五）谜语

1. 四四方儿方儿一座城，［sɿ⁵³sɿ⁵³fãr³³fãr³³i²⁴tsuɤ⁵³tʂʰəŋ²⁴］
　　里边儿住着十万兵。［li²¹piɐr³³tʂu⁵³tʂau⁰ʂɿ²⁴uan⁵³piŋ³³］
　　出去八万去打仗，［tʂʰu²⁴tɕy⁵³pa²⁴uan⁵³tɕy⁵³ta²¹tʂaŋ⁵³］
　　留下两万守住城。［liou²⁴ɕia⁵³liaŋ²¹uan⁵³ʂou²¹tʂu⁵³tʂʰəŋ²⁴］
　　（谜语，谜底是"界"。）

2. 弟兄两个一边儿长，［ti⁵³ɕyŋ³³liaŋ²¹kə⁰i⁵³piɐr³³tsʰaŋ²⁴］
　　厨房进出总成双儿。［tʂʰu²⁴faŋ²⁴tɕin⁵³tʂʰu³³tsuŋ²¹tʂʰəŋ²⁴suãr³³］
　　酸甜苦辣千般味儿，［suan³³tʰian²⁴kʰu²¹la⁵³tɕʰian³³pan³³uɐr⁵³］
　　都让他们先来尝。［tou²⁴ʐaŋ⁵³tʰa³³mən²⁴ɕian³³lai²⁴tʂʰaŋ²⁴］
　　（谜语，谜底是筷子。）

3. 远看像磨盘，［yan²¹kʰan⁵³ɕiaŋ⁵³mɤ⁵³pʰan²⁴］
　　近看圆又圆。［tɕin⁵³kʰan⁵³yan²⁴iou⁵³yan²⁴］
　　开花又结籽儿，［kʰai³³xua³³iou⁵³tɕiɛ³³tsɚr⁰］
　　到老把头弯。［tau⁵³lau²⁴pa²¹tʰou²⁴uan³³］
　　（谜语，谜底是向日葵。）

4. 远看像个坟，［yan²¹kʰan⁵³ɕiaŋ⁵³kɤ⁵³fən²⁴］
　　近看没有门。［tɕin⁵³kʰan⁵³mei⁵³iou²¹mən²⁴］
　　有门没有炕，［iou²¹mən²⁴mei⁵³iou²¹kʰaŋ⁵³］
　　有炕没人儿存。［iou²¹kʰaŋ⁵³mɐi²⁴iɐr²⁴tsʰuən²⁴］有炕没人儿存:有炕没人儿住
　　（谜语，谜底是砖窑。）

5. 南边儿来个白大嫂，［nan²⁴piɐr³³lai²⁴kə⁵³pai⁵³ta⁵³sau²¹¹］
　　奔儿了头，蹁儿脚，［pər²⁴lə⁰tʰou²⁴, pʰiɐr⁵³tɕiau²¹¹］奔儿了头:大额头。蹁儿脚:走路一拐
　　一拐的
　　紫红裤子，缎儿袄。［tsɿ²¹xuŋ²⁴kʰu⁵³tə⁰, tuɐr⁵³nau²¹¹］

— 182 —

（谜语,谜底是鹅。）

6. 弟兄七八个, [ti⁵³ɕyŋ³³ tɕʰi²⁴ pa³³ kɤ⁵³]

围着柱子坐。[uei²⁴ tʂau²⁴ tʂu⁵³ tʂʅ²¹ tsuɤ⁵³]

大家一分手, [ta⁵³ tɕia³³ i⁵³ fən³³ ʂou²¹¹]

衣服就扯破。[i³³ fu⁰ tɕiou⁵³ tʂʰɤ²¹ pʰɤ⁵³]

（谜语,谜底是蒜。）

（以上由发音人张淑清提供）

哈尔滨

一　歌谣

（一）小板凳

小板凳，［ɕiau²⁴pan²¹təŋ⁵²］
你莫歪，［n̠i²¹mo⁵²uai⁴⁴］
让我爷爷坐下来，［z̩aŋ⁵²uo²¹iɛ²⁴iɛ⁰tsuo⁵²ɕia⁵²lai⁰］
我帮爷爷捶捶背，［uo²¹paŋ⁴⁴iɛ²⁴iɛ⁰tṣʰuei²⁴tṣʰuei⁰pei⁵²］
爷爷夸我好乖乖。［iɛ²⁴iɛ⁰kʰua⁴⁴uo²⁴xau²¹kuai⁴⁴kuai⁰］

（二）大雨哗哗下

大雨哗哗下，［ta⁵²y²¹xua⁴⁴xua⁴⁴ɕia⁵²］
北京来电话，［pei²¹tɕiŋ⁴⁴lai²⁴tian⁵²xua⁵²］
要我去当兵，［iau⁵²uo²¹tɕʰy⁵²taŋ⁴⁴piŋ⁴⁴］
我还没长大。［uo²¹xai²⁴mei²⁴tṣaŋ²¹ta⁵²］

（三）拉大锯扯大锯

拉大锯扯大锯，［la⁴⁴ta⁵²tɕy⁵²tṣʰɤ²¹ta⁵²tɕy⁵²］
姥家门前唱大戏。［lau²¹tɕia⁴⁴mən²⁴tɕʰian²⁴tṣʰaŋ⁵²ta⁵²ɕi⁵²］
接姑娘，唤女婿，［tɕiɛ⁴⁴ku⁴⁴n̠iaŋ⁰，xuan⁵²n̠y²¹ɕy⁵²］
小外甥也要去，［ɕiau²¹uai⁵²ṣəŋ⁰iɛ²⁴iau⁵²tɕʰy⁵²］
啪啪两下打回去。［pʰa⁴⁴pʰa⁴⁴liaŋ²¹ɕia⁵²ta²¹xuei²⁴tɕʰy⁵²］
粳米干饭炖大鱼，［tɕiŋ⁴⁴mi²¹kan⁴⁴fan⁵²tuan⁵²ta⁵²y²⁴］
你说好吃不好吃？［n̠i²¹ṣuo⁴⁴xau²¹tṣʰʅ⁴⁴pu⁵³xau²¹tṣʰʅ⁴⁴］
鱼呢？［y²⁴nə⁰］
鱼在筐里呢。［y²⁴tsai⁵²kʰuaŋ⁴⁴li²¹nə⁰］

筐呢？［kʰuaŋ⁴⁴nə⁰］

筐让猫叼走了。［kʰuaŋ⁴⁴ʐaŋ⁵²mau⁴⁴tiau⁴⁴tsou²¹lə⁰］

猫呢？［mau⁴⁴nə⁰］

猫上树了。［mau⁴⁴ʂaŋ⁵²ʂu⁵²lə⁰］

树呢？［ʂu⁵²nə⁰］

树让火烧了。［ʂu⁵²ʐaŋ⁵²xuo²¹ʂau⁴⁴lə⁰］

火呢？［xuo²¹nə⁰］

火让水泼灭了。［xuo²¹ʐaŋ⁵²ʂuei²¹pʰɤ⁴⁴miɛ⁵²lə⁰］

水呢？［ʂuei²¹nə⁰］

水让老牛喝了。［ʂuei²¹ʐaŋ⁵²lau²¹ȵiou²⁴xɤ⁴⁴lə⁰］

老牛呢？［lau²¹ȵiou²⁴nə⁰］

老牛上山了。［lau²¹ȵiou²⁴ʂaŋ⁵²ʂan⁴⁴lə⁰］

山呢？［ʂan⁴⁴nə⁰］

山倒了，［ʂan⁴⁴tau²¹lə⁰］

把老牛吓跑了。［pa²⁴lau²¹ȵiou²⁴ɕia⁵²pʰau²¹lə⁰］

（四）说反话

说反话，［ʂuo⁴⁴fan²¹xua⁵²］

倒剪头，［tau⁵²tɕian²¹tʰou²⁴］

我家有个草吃牛。［uo²¹tɕia⁴⁴iou²¹kə⁰tsʰau²¹tʂʰʅ⁴⁴ȵiou²⁴］

吃牛奶，［tʂʰʅ⁴⁴ȵiou²⁴nai²¹¹］

喝面包，［xɤ⁴⁴mian⁵²pau⁴⁴］

拎着火车上皮包。［lin⁴⁴tʂə⁰xuo²¹tʂʰɤ⁴⁴ʂaŋ⁵²pʰi²⁴pau⁴⁴］

东南的道往西北走，［tuŋ⁴⁴nan²⁴tə⁰tau⁵²uaŋ²¹ɕi⁴⁴pei²⁴tsou²¹¹］

半路碰到人咬狗，［pan⁵²lu⁵²pʰəŋ⁵²tau⁵²ʐən²⁴iau²⁴kou²¹¹］

拿起狗来打石头，［na²⁴tɕʰi²⁴kou²¹lai²⁴ta²¹ʂʅ²⁴tʰou⁰］

又怕石头咬了手。［iou⁵²pʰa⁵²ʂʅ²⁴tʰou⁰iau²¹lə⁰ʂou²¹¹］

（五）楼上的老头儿装睡觉

楼上的老头儿装睡觉，［lou²⁴ʂaŋ⁵²tə⁰lau²¹tʰour²⁴tʂuaŋ⁴⁴ʂuei⁵²tɕiau⁵²］

偷我一根儿针，［tʰou⁴⁴uo²¹i⁵²kər⁴⁴tʂən⁴⁴］

偷我一根儿线，［tʰou⁴⁴uo²¹i⁵²kər⁴⁴ɕian⁵²］

偷我一根儿头绳儿扎小辫儿。［tʰou⁴⁴uo²¹i⁵²kər⁴⁴tʰou²⁴ʂə̃r²⁴tʂa⁴⁴ɕiau²¹piɐr⁵²］

我有一个金娃娃，［uo²⁴iou²¹i²⁴kɤ⁵²tɕin⁴⁴ua²⁴ua⁰］

金胳膊金腿儿金脑袋瓜儿，［tɕin⁴⁴kɤ⁴⁴pə⁰tɕin⁴⁴tʰuər²¹tɕin⁴⁴nau²¹tai⁰kuar⁴⁴］

我把金娃娃整丢了，[uo²⁴pa²¹tɕin⁴⁴ua²⁴ua⁰tʂəŋ²¹tiou⁴⁴lə⁰]

我哭，我哭，[uo²¹kʰu⁴⁴,uo²¹kʰu⁴⁴]

我把金娃娃找到了，[uo²⁴pa²¹tɕin⁴⁴ua²⁴ua⁰tʂau²¹tau⁵²lə⁰]

我笑，我笑。[uo²¹ɕiau⁵²,uo²¹ɕiau⁵²]

（六）磨了磨了搓搓

磨了磨了搓搓，[mɣ²⁴lə⁰mɣ²⁴lə⁰tsʰuo⁴⁴tsʰuo⁰]

里面儿坐个哥哥，[li²¹miɐr⁰tsuo⁵²kə⁰kɣ⁴⁴kə⁰]

哥哥出去买菜，[kɣ⁴⁴kə⁰tʂʰu⁴⁴tɕʰy⁵²mai²¹tsʰai⁵²]

里面儿坐个奶奶，[li²¹miɐr⁰tsuo⁵²kə⁰nai²¹nai⁰]

奶奶出去烧香，[nai²¹nai⁰tʂʰu⁴⁴tɕʰy⁰ʂau⁴⁴ɕiaŋ⁴⁴]

里面儿坐个姑娘，[li²¹miɐr⁰tsuo⁵²kə⁰ku⁴⁴n̠iaŋ⁰]

姑娘出去梳头，[ku⁴⁴n̠iaŋ⁰tʂʰu⁴⁴tɕʰy⁰ʂu⁴⁴tʰou²⁴]

里面儿坐个黄牛。[li²¹miɐr⁰tsuo⁵²kə⁰xuaŋ²⁴n̠iou²⁴]

（七）小姑娘蛋儿

　　小姑娘蛋儿，[ɕiau²¹ku⁴⁴n̠iaŋ⁰tɐr⁵²]

　　上井沿儿，[ʂaŋ⁵²tɕiŋ²¹iɐr⁵²]

　　打出溜滑儿，[ta²¹tʂʰu⁴⁴liou⁰xuar²⁴] 打出溜滑儿：在平地或斜坡的冰雪路面上或光滑的地方滑行，
多是两脚一前一后，借助惯性作用滑行

　　摔屁股蛋儿。[ʂuai⁴⁴pʰi⁵²ku⁰tɐr⁵²]

（八）小板凳儿

　　小板凳儿，[ɕiau²⁴pan²¹tə̃r⁵²]

　　四条腿儿，[sɹ⁵²tʰiau²⁴tʰuɐr²¹¹]

　　我给奶奶嗑瓜子儿，[uo²⁴kei²⁴nai²¹nai⁰kʰɣ⁵²kua⁴⁴tsər²¹¹]

　　奶奶嫌我脏，[nai²¹nai⁰ɕian²⁴uo²¹tsaŋ⁴⁴]

　　我给奶奶做面汤，[uo²⁴kei²⁴nai²¹nai⁰tsuo⁵²mian⁵²tʰaŋ⁴⁴]

　　面汤里面儿搁点儿油儿，[mian⁵²tʰaŋ⁴⁴li²¹miɐr⁰kɣ⁴⁴tiɐr²¹iour²⁴]

　　奶奶吃了直点头。[nai²⁴nai⁰tʂʰɹ̩⁴⁴lə⁰tʂɹ̩²⁴tian²¹tʰou²⁴]

（九）老师老师快放学

　　老师老师快放学，[lau²¹ʂɹ̩⁴⁴lau²¹ʂɹ̩⁴⁴kʰuai⁵²faŋ⁵²ɕyɛ²⁴]

　　我家煮的白面条儿，[uo²¹tɕia⁴⁴tʂu²¹tə⁰pai²⁴mian⁵²tʰiaur²⁴]

　　一人一碗没多少，[i⁵²z̩ən²⁴i⁵²uan²¹mei²⁴tuo⁴⁴ʂau²¹¹]

回去晚了吃不着。［xuei²⁴tɕʰy⁵²uan²¹lə⁰tʂʅ⁴⁴pu⁵²tʂau²⁴］

（十）妹妹背着洋娃娃

妹妹背着洋娃娃，［mei⁵²mei⁰pei⁴⁴tʂə⁰iaŋ²⁴ua²⁴ua⁰］
走到花园儿看樱花，［tsou²¹tau⁵²xua⁴⁴yɐr²⁴kʰan⁵²iŋ⁴⁴xua⁴⁴］
娃娃哭了叫妈妈，［ua²⁴ua⁰kʰu⁴⁴lə⁰tɕiau⁵²ma⁴⁴ma⁰］
树上的鸟儿笑哈哈。［ʂu⁵²ʂaŋ⁵²tə⁰n̠iau²¹ɚ²⁴ɕiau⁵²xa⁴⁴xa⁴⁴］

（十一）挤香油

挤，挤，挤香油，［tɕi²⁴，tɕi²⁴，tɕi²¹ɕiaŋ⁴⁴iou²⁴］
挤出了香油换糖球儿。［tɕi²¹tʂʰu⁴⁴lə⁰ɕiaŋ⁴⁴iou²⁴xuan⁵²tʰaŋ²⁴tɕʰiour²⁴］

（十二）傻小子

傻小子，［ʂa²⁴ɕiau²¹tsʅ⁰］
坐门墩儿，［tsuo⁵²mən²⁴tuər⁴⁴］
哭着喊着要媳妇儿。［kʰu⁴⁴tʂə⁰xan²¹tʂə⁰iau⁵²ɕi²⁴fər⁰］

（以上由发音人孙中恺提供）

（十三）拉大锯

拉大锯，［la²⁴ta⁵³tɕy⁵³］
扯大锯，［tʂʰɤ²¹ta⁵³tɕy⁵³］
姥姥家门口儿唱大戏，［lau²¹lau⁰tɕia⁴⁴mən²⁴kʰour²¹tʂʰaŋ⁵³ta⁵³ɕi⁵³］
接姑娘，［tɕiɛ⁴⁴ku⁴⁴n̠iaŋ⁰］
唤女婿，［xuan⁵³n̠y²¹ɕy⁵³］
小外甥儿也要去，［ɕiau²¹uai⁵³ʂ ə̃r⁰iɛ²¹iau⁵³tɕʰy⁵³］
不让去，［pu²⁴ẓaŋ⁵³tɕʰy⁵³］
给个鸭子抠蛋吃，［kei²¹kə⁰ia⁴⁴tsʅ⁰kʰou⁴⁴tan⁵³tʂʅ⁰］
蒸不熟，［tʂəŋ⁴⁴pu⁵³ʂou²⁴］
煮不烂，［tʂu²¹pu²⁴lan⁵³］
小宝儿宝儿就是个臭坏蛋。［ɕiau²⁴paur²¹paur⁰tɕiou⁵³ʂʅ⁵³kə⁰tʂʰou⁵³xuai⁵³tan⁵³］

（十四）我家有个胖娃娃

我家有个胖娃娃，［uo²¹tɕia⁴⁴iou²¹kə⁰pʰaŋ⁵³ua²⁴ua⁰］
不吃饭，［pu⁵³tʂʰʅ⁴⁴fan⁵³］
不喝茶，［pu⁵³xɤ⁴⁴tʂʰa²⁴］

天天吃妈妈。［tʰian⁴⁴tʰian⁴⁴tʂʅ⁴⁴ma⁴⁴ma⁰］

头戴小洋儿帽儿，［tʰou²⁴tai⁵³ɕiau²¹iãr²⁴maur⁵³］

身穿绫罗纱，［ʂən⁴⁴tsʰuan⁴⁴liŋ²⁴luo²⁴sa⁴⁴］

开口面带笑，［kʰai⁴⁴kʰou²¹mian⁵³tai⁵³ɕiau⁵³］

全家人人都爱她。［tɕʰyan²⁴tɕia⁴⁴ʐən²⁴ʐən²⁴tou²⁴ai⁵³tʰa⁴⁴］

（以上由发音人苏丽梅提供）

（十五）腊八歌

小孩儿小孩儿你别馋，［ɕiau²¹xɐr³⁵ɕiau²¹xɐr³⁵n̢i²¹piɛ³⁵tʂʰan³⁵］

过了腊八儿就是年。［kuo⁵²lə⁰la⁵²par⁴⁴tɕiou⁵²ʂʅ⁵²n̢ian³⁵］

小孩儿小孩儿你别哭，［ɕiau²¹xɐr³⁵ɕiau²¹xɐr³⁵n̢i²¹piɛ³⁵kʰu⁴⁴］

过了腊八儿就杀猪。［kuo⁵²lə⁰la⁵²par⁴⁴tɕiou⁵²ʂa⁴⁴tʂu⁴⁴］

二十三，糖瓜儿粘，［ɐr⁵²ʂʅ³⁵san⁴⁴，tʰaŋ³⁵kuar⁴⁴tʂan⁴⁴］

二十四，写福字，［ɐr⁵²ʂʅ³⁵sʅ⁵²，ɕiɛ³⁵fu²¹tsʅ⁵²］

二十五，磨豆腐，［ɐr⁵²ʂʅ³⁵u²¹³，mɤ³⁵tou⁵²fu⁰］

二十六，去买肉，［ɐr⁵²ʂʅ³⁵liou⁵²，tɕʰy⁵²mai²¹ʐou⁵²］

二十七，去杀公鸡，［ɐr⁵²ʂʅ³⁵tɕʰi⁴⁴，tɕʰy⁵²ʂa⁴⁴kuŋ⁴⁴tɕi⁴⁴］

二十八，把面发，［ɐr⁵²ʂʅ³⁵pa⁴⁴，pa²¹mian⁵²fa⁴⁴］

二十九，蒸馒头，［ɐr⁵²ʂʅ³⁵tɕiou²¹³，tʂʂəŋ⁴⁴man³⁵tʰou⁰］

三十儿晚上闹一宿，［san⁴⁴ʂɐr³⁵uan²¹ʂaŋ⁰nau⁵²i⁵²ɕiou²¹³］

新年正月访亲友。［ɕin⁴⁴n̢ian³⁵tʂʂəŋ⁴⁴yɛ⁵²faŋ²¹tɕʰin⁴⁴iou²¹³］

（十六）丫头要买花儿

丫头要买花儿，［ia⁴⁴tʰou⁰iau⁵²mai²¹xuar⁴⁴］

小子要买炮，［ɕiau²¹tsʅ⁰iau⁵²mai²¹pʰau⁵²］

老太太要买关东烟儿，［lau²¹tʰai⁵²tʰai⁰iau⁵²mai²¹kuan⁴⁴tuŋ⁴⁴iɐr⁴⁴］

老头儿要买新毡帽儿。［lau²¹tʰour³⁵iau⁵²mai²¹ɕin⁴⁴tʂan⁴⁴maur⁵²］

（以上由发音人王作俭提供）

二　规定故事

牛郎和织女

今天哪，［tɕin⁴⁴tʰian⁴⁴na⁰］

我们来说一个［uo²¹mən⁰lai²⁴ʂuo⁴⁴i²⁴kə⁰］

牛郎织女的故事。［n̠iou²⁴laŋ²⁴tʂʅ⁴⁴n̠y²¹tə⁰ku⁵²ʂʅ⁰］

说从前呢，有一个男孩儿，［ʂuo⁴⁴tsʰuŋ²⁴tɕʰian²⁴nə⁰, iou²¹i²⁴kə⁰nan²⁴xar²⁴］

小伙儿，叫牛郎。［ɕiau²⁴xuor²¹¹, tɕiau⁵²n̠iou²⁴laŋ²⁴］

他呢，父母双亡，死得很早，［tʰa⁴⁴nə⁰, fu⁵²mu²¹ʂuaŋ⁴⁴uaŋ²⁴, sʅ²¹tə⁰xən²⁴tsau²¹¹］

有一个哥哥还有一个嫂子，［iou²¹i²⁴kə⁰kɣ⁴⁴kə⁰xai²⁴iou²¹i²⁴kə⁰sau²¹tsʅ⁰］

他的嫂子呢对他不太好，［tʰa⁴⁴tə⁰sau²¹tsʅ⁰nə⁰tuei⁵²tʰa⁴⁴pu²⁴tʰai⁵²xau²¹¹］

然后呢［z̠an²⁴xou⁵²nə⁰］

就逼着他［tɕiou⁵²pi⁴⁴tʂə⁰tʰa⁰］

和他哥哥嫂子家分开了，［xɣ²⁴tʰa⁴⁴kɣ⁴⁴kə⁰sau²¹tsʅ⁰tɕia⁴⁴fən⁴⁴kʰai⁴⁴lə⁰］

分家了。［fən⁴⁴tɕia⁴⁴lə⁰］

那么分家之后呢，［nɣ⁵²mə⁰fən⁴⁴tɕia⁴⁴tʂʅ⁴⁴xou⁵²nə⁰］

他家本来［tʰa⁴⁴tɕia⁴⁴pən²¹lai²⁴］

还是有一些财产的，［xai²⁴ʂʅ⁵²iou²¹i⁵²ɕiɛ⁴⁴tsʰai²⁴tʂʰan²¹tə⁰］

那么他嫂子呢［nɣ⁵²mə⁰tʰa⁴⁴sau²¹tsʅ⁰nə⁰］

只给了他一头老牛，［tʂʅ²⁴kei²¹lə⁰tʰa⁰i⁵²tʰou²⁴lau²¹n̠iou²⁴］

那这头老牛呢［na⁵²tʂɣ⁵²tʰou²⁴lau²¹n̠iou²⁴nə⁰］

就和牛郎相依为命。［tɕiou⁵²xɣ²⁴n̠iou²⁴laŋ²⁴ɕiaŋ⁴⁴i⁴⁴uei²⁴miŋ⁵²］

那么牛郎呢［nɣ⁵²mə⁰n̠iou²⁴laŋ²⁴nə⁰］

平时在干活的过程当中呢［pʰiŋ²⁴ʂʅ²⁴tsai⁵²kan⁵²xuo²⁴tə⁰kuo²⁴tʂʰəŋ²⁴taŋ⁴⁴tʂuŋ⁴⁴nə⁰］

很勤劳，［xən²¹tɕʰin²⁴lau²⁴］

而且呢也很善良，［ɚ²⁴tɕʰiɛ²¹nə⁰iɛ²⁴xən²¹ʂan⁵²liaŋ²⁴］

总是爱帮助他人，［tsuŋ²¹ʂʅ⁵²ai⁵²paŋ⁴⁴tʂu⁵²tʰa⁴⁴z̠ən²⁴］

所以说这头老牛呢，［suo²⁴i²¹ʂuo⁴⁴tʂei⁵²tʰou²⁴lau²¹n̠iou²⁴nə⁰］

就希望能够帮助牛郎［tɕiou⁵²ɕi⁴⁴uaŋ⁵²nəŋ²⁴kou⁵²paŋ⁴⁴tʂu⁵²n̠iou²⁴laŋ²⁴］

把日子过得好一点儿。［pa²¹z̠ʅ⁵²tsʅ⁰kuo⁵²tə⁰xau²¹i⁰tiɐr²¹¹］

那么这只老牛呢，［nɣ⁵²mə⁰tʂei⁵²tʂʅ⁴⁴lau²¹n̠iou²⁴nə⁰］

其实他是天上的金牛星，［tɕʰi²⁴ʂʅ²⁴tʰa⁴⁴ʂʅ⁵²tʰian⁴⁴ʂaŋ⁵²tə⁰tɕin⁴⁴n̠iou²⁴ɕiŋ⁴⁴］

是属于星宿下凡。［ʂʅ⁵²ʂu²¹y²⁴ɕiŋ⁴⁴ɕiou⁵²ɕia⁵²fan²⁴］

有一天呢，［iou²¹i⁵²tʰian⁴⁴nə⁰］

老牛给牛郎托梦，［lau²¹n̠iou²⁴kei²¹n̠iou²⁴laŋ²⁴tʰuo⁴⁴məŋ⁵²］

说，明天啊，晚上，［ʂuo⁴⁴, miŋ²⁴tʰian⁴⁴a⁰, uan²¹ʂaŋ⁰］

天上有七个仙女儿，［tʰian⁴⁴ʂaŋ⁵²iou²¹tɕʰi⁴⁴kə⁰ɕian⁴⁴n̠yɚr²¹¹］

到村口的河边儿来洗澡儿。［tau⁵²tsʰuan⁴⁴kʰou²¹tə⁰xɣ²⁴piɐr⁴⁴lai²⁴ɕi²⁴tsaur²¹¹］

那么这个事儿呢，［nɣ⁵²mə⁰tʂei⁵²kə⁰ʂɚr⁵²nə⁰］

就能很好地解决［tɕiou⁵²nəŋ²⁴xən²⁴xau²¹tə⁰tɕiɛ²¹tɕyɛ²⁴］

牛郎的个人问题，[ȵiou²⁴laŋ²⁴tə⁰kɤ⁵²ʐən²⁴uən⁵²tʰi⁰]

它告诉牛郎，[tʰa⁴⁴kau⁵²su⁰ȵiou²⁴laŋ²⁴]

到时候儿去之后呢，[tau⁵²ʂʅ²⁴xour⁰tɕy⁵²tʂʅ⁴⁴xou⁵²nə⁰]

偷走其中一个仙女的衣服，[tʰou⁴⁴tsou²¹tɕʰi²⁴tʂuŋ⁴⁴i²⁴kə⁰ɕian⁴⁴ȵy²¹tə⁰i⁴⁴fu⁰]

这样儿呢 [tʂɤ⁵²iãr⁵²nə⁰]

就可以有机会[tɕiou⁵²kʰɤ²⁴i²⁴iou²¹tɕi⁴⁴xuei⁵²]

娶到自己的老婆。[tɕʰy²¹tʰau⁵²tsʅ⁵² tɕi²¹tə⁰lau²¹pʰə⁰]

那么牛郎早晨醒来之后呢，[nɤ⁵²mə⁰ȵiou²⁴laŋ²⁴tsau²¹tʂʰən⁰ɕiŋ²¹lai²⁴tʂʅ⁴⁴xou⁵²nə⁰]

就觉得这个梦很神奇，[tɕiou⁵²tɕyɛ²⁴tə⁰tʂei⁵²kə⁰məŋ⁵²xən²⁴ʂən²⁴tɕʰi²⁴]

于是呢，他就半信半疑的，[y²⁴ʂʅ⁵²nə⁰，tʰa⁴⁴tɕiou⁰pan⁵²ɕin⁵²pan⁵²i²⁴tə⁰]

就决定试一下。[tɕiou⁵²tɕyɛ²⁴tiŋ⁵²ʂʅ⁵²i²⁴ɕia⁵²]

然后他很早呢，[ʐan²⁴xou⁵²ta⁴⁴xən²⁴tsau²¹nə⁰]

就奔就奔这个村口儿的 [tɕiou⁵²pən⁵²tɕiou⁵²pən⁵²tʂei⁵²kə⁰tsʰuən⁴⁴kʰour²¹tə⁰]

这个池塘了，[tʂei⁵²kə⁰tʂʰʅ²⁴tʰaŋ²⁴lə⁰]

一直在等着。[i⁵²tʂʅ²⁴tsai⁵²təŋ²¹tʂə⁰]

那么到傍晚时分呢，[nɤ⁵²mə⁰tau⁵²paŋ⁵²uan²¹ʂʅ²⁴fən⁴⁴nə⁰]

就来了七个仙女儿，[tɕiou⁵²lai²⁴lə⁰tɕʰi⁴⁴kə⁰ɕian⁴⁴ȵyər²¹¹]

开始在池塘洗澡。[kʰai⁴⁴ʂʅ²¹tsai⁵²tʂʰʅ²⁴tʰaŋ²⁴ɕi²⁴tsau²¹¹]

那么牛郎呢就发现其中，[nɤ⁵²mə⁰ȵiou²⁴laŋ²⁴nə⁰tɕiou⁵²fa⁴⁴ɕian⁵²tɕʰi²⁴tʂuŋ⁴⁴]

有一个仙女儿[iou²¹i²⁴kə⁰ɕian⁴⁴ȵyər²⁴]

长得非常漂亮，[tʂaŋ²¹tə⁰fei⁴⁴tʂʰaŋ²⁴pʰiau⁵² liaŋ⁰]

于是呢他就决定 [y²⁴ʂʅ⁵²nə⁰tʰa⁴⁴tɕiou⁵²tɕyɛ²⁴tiŋ⁵²]

偷这个仙女儿的衣服。[tʰou⁴⁴tʂei⁵²kə⁰ɕian⁴⁴ȵyər²¹tə⁰i⁴⁴fu⁰]

然后等这些仙女儿 [ʐan²⁴xou⁵²təŋ²¹tʂei⁵²ɕiɛ⁴⁴ɕian⁴⁴ȵyər²¹]

都在洗澡的时候呢，[tou⁴⁴tsai⁵²ɕi²⁴tsau²¹tə⁰ʂʅ²⁴xou⁰nə⁰]

牛郎就偷偷地 [ȵiou²⁴laŋ²⁴tɕiou⁵²tʰou⁴⁴tʰou⁴⁴tə⁰]

把这个仙女儿的衣服拿走，[pa²¹tʂei⁵²kə⁰ɕian⁴⁴ȵyər²¹tə⁰i⁴⁴fu⁰na²⁴tsou²¹¹]

然后藏在旁边儿的树边儿，[ʐan²⁴xou⁵²tsʰaŋ²⁴tsai⁵²pʰaŋ²⁴piɐr⁴⁴tə⁰ʂu⁵²piɐr⁴⁴]

等着这些仙女儿[təŋ²¹tʂə⁰tʂei⁵²ɕiɛ⁴⁴ɕian⁴⁴ȵyər²⁴]

洗完澡离开。[ɕi²¹uan²⁴tsau²¹li²⁴kʰai⁴⁴]

其实这些仙女儿呢，[tɕʰi²⁴ʂʅ²⁴tʂei⁵²ɕiɛ⁴⁴ɕian⁴⁴ȵyər²¹nə⁰]

她们在洗澡的时候呢，[tʰa⁴⁴mən⁰tsai⁵²ɕi²⁴tsau²¹tə⁰ʂʅ²⁴xou⁰nə⁰]

是有时间限制的，[ʂʅ⁵²iou²¹ʂʅ²⁴tɕian⁴⁴ɕian⁵²tʂʅ⁵²tə⁰]

她们呢，是偷偷地下凡，[tʰa⁴⁴mən⁰nə⁰，ʂʅ⁵²tʰou⁴⁴tʰou⁴⁴tə⁰ɕia⁵²fan²⁴]

那么到天亮之前呢，[nɤ⁵²mə⁰tau⁵²tʰian⁴⁴liaŋ⁵²tʂʅ⁴⁴tɕʰian²⁴nə⁰]

她们必须得离开。[tʰa⁴⁴mən⁰pi⁵²ɕy⁴⁴tei²¹li²⁴kʰai⁴⁴]

其他六个仙女儿呢，[tɕʰi²⁴tʰa⁴⁴liou⁵²kə⁰ɕian⁴⁴ȵyər²¹nə⁰]

等到洗完澡之后[təŋ²¹tau⁵²ɕi²¹uan²⁴tsau²¹tʂʅ⁴⁴xou⁵²]

把衣服穿上，[pa²¹i⁴⁴fu⁰tʂʰuan⁴⁴ʂaŋ⁰]

只发现其中，[tʂʅ²¹fa⁴⁴ɕian⁵²tɕʰi²⁴tʂuŋ⁴⁴]

最小的那个，她的小妹妹，[tsuei⁵²ɕiau²¹tə⁰nei⁵²kə⁰，tʰa⁴⁴tə⁰ɕiau²¹mei⁵²mei⁰]

小织女是没有衣服的，[ɕiau²¹tʂʅ⁴⁴ȵy²¹ʂʅ⁵²mei²⁴iou²¹i⁴⁴fu⁰tə⁰]

但是没有办法，[tan⁵²ʂʅ⁰mei²⁴iou²¹pan⁵²fa⁰]

这个时候时间已经快到了。[tʂei⁵²kə⁰ʂʅ²⁴xou⁰ʂʅ²⁴tɕian⁴⁴i²¹tɕiŋ⁴⁴kʰuai⁵²tau⁵²lə⁰]

所以说呢[suo²⁴i²¹ʂuo⁴⁴nə⁰]

这六个仙女儿没有办法，[tʂei⁵²liou⁵²kə⁰ɕian⁴⁴ȵyər²¹ mei²⁴iou²¹pan⁵²fa²¹¹]

只能先六个人返回天庭。[tʂʅ²¹nəŋ²⁴ɕian⁴⁴liou⁵²kə⁰ʐən²⁴fan²¹xuei²⁴tʰian⁴⁴tʰiŋ²⁴]

那么这个时候呢，[nɤ⁵²mə⁰tʂei⁵²kə⁰ʂʅ²⁴xou⁰nə⁰]

小织女很着急，[ɕiau²¹tʂʅ⁴⁴ȵy²⁴xən²¹tʂau²⁴tɕi²⁴]

因为她不能回天庭[in⁴⁴uei⁰tʰa⁴⁴pu⁵²nəŋ²⁴xuei²⁴tʰian⁴⁴tʰiŋ²⁴]

这个是犯天条的，[tʂei⁵²kə⁰ʂʅ⁵²fan⁵²tʰian⁴⁴tʰiau²⁴tə⁰]

找不到自己的衣服，[tʂau²¹pu²⁴tau²⁴tsʅ⁵²tɕi²¹tə⁰i⁴⁴fu⁰]

然后牛郎呢[ʐan²⁴xou⁵²ȵiou²⁴laŋ²⁴nə⁰]

就适时地出现了。[tɕiou⁵²ʂʅ⁵²ʂʅ²⁴tə⁰tʂʰu⁴⁴ɕian⁵²lə⁰]

牛郎呢就跟织女两个人[ȵiou²⁴laŋ²⁴nə⁰tɕiou⁵²kən⁴⁴tʂʅ⁴⁴ȵy²¹liaŋ²¹kə⁰ʐən²⁴]

去谈论这些事情。[tɕʰy⁵²tʰan²⁴luən⁵²tʂei⁵²ɕiɛ⁴⁴ʂʅ⁵²tɕʰiŋ⁰]

牛郎首先呢[ȵiou²⁴laŋ²⁴ʂou²¹ɕian⁴⁴nə⁰]

向织女承认了错误，[ɕiaŋ⁵²tʂʅ⁴⁴ȵy²¹tʂʰəŋ²⁴ ʐən⁵²lə⁰tsʰuo⁵²u⁰]

说呢，是实在没有办法，[ʂuo⁴⁴nə⁰，ʂʅ⁵²ʂʅ²⁴tsai⁰mei²⁴iou²¹pan⁵²fa⁰]

想成一个家，[ɕiaŋ²¹tʂʰəŋ²⁴i²⁴kə⁰tɕia⁴⁴]

然后呢，[ʐan²⁴xou⁵²nə⁰]

又感觉到织女[iou⁵²kan²¹tɕyɛ²⁴tau⁵²tʂʅ⁴⁴ȵy²¹]

是一个很漂亮、[ʂʅ⁵²i²⁴kə⁰xən²¹pʰiau⁵²liaŋ⁰]

很美丽的这样儿一个姑娘，[xən²⁴mei²¹li⁵²tə⁰tʂɤ⁵²iãr⁵²i²⁴kə⁰ku⁴⁴ȵiaŋ⁰]

所以说他就爱上她了，[suo²⁴i²¹ʂuo⁴⁴tʰa⁴⁴tɕiou⁵²ai⁵²ʂaŋ⁰tʰa⁴⁴lə⁰]

所以呢才拿她的衣服。[suo²⁴i²¹nə⁰tsʰai²⁴na²⁴tʰa⁴⁴tə⁰i⁴⁴fu⁰]

不知道织女是不是愿意和他，[pu⁵²tʂʅ⁴⁴tau⁵²tʂʅ⁴⁴ȵy²¹ʂʅ⁵²pu²⁴ʂʅ⁵²yan⁵²i⁰xɤ²⁴tʰa⁴⁴]

结伴然后一起生活，[tɕiɛ²⁴pan⁵²ʐan²⁴xou⁵²i⁵²tɕʰi²¹ʂəŋ⁴⁴xuo²⁴]

然后织女呢[ʐan²⁴xou⁰tʂʅ⁴⁴ȵy²¹nə⁰]

这个时候已经犯天条了，[tʂei⁵²kə⁰ʂʅ²⁴xou⁰i²¹tɕiŋ⁴⁴fan⁵²tʰian⁴⁴tʰiau²⁴lə⁰]

如果她这个时候［ʐu²⁴kuo²¹tʰa⁴⁴tʂei⁵²kə⁰ʂʅ²⁴xou⁰］

回到天庭呢［xuei²⁴tau⁵²tʰian⁴⁴tʰiŋ²⁴nə⁰］

一样会受到惩罚，［i²⁴iaŋ⁵²xuei⁵²ʂou⁵²tau⁵²tʂʰəŋ²⁴fa²⁴］

同时呢［tʰuŋ²⁴ʂʅ²⁴nə⁰］

她也被牛郎的［tʰa⁴⁴iɛ²¹pei⁵²ȵiou²⁴laŋ²⁴tə⁰］

这个勤劳哇，善良啊，［tʂei⁵²kə⁰tɕʰin²⁴lau²⁴ua⁰, ʂan⁵²liaŋ²⁴ŋa⁰］

包括被牛郎的身世所感动，［pau⁴⁴kʰuo⁵²pei⁵²ȵiou²⁴laŋ²⁴tə⁰ʂən⁴⁴ʂʅ⁵²suo²⁴kan²¹tuŋ⁵²］

于是呢，［y²⁴ʂʅ⁵²nə⁰］

织女就决定［tʂʅ⁴⁴ȵy²¹tɕiou⁵²tɕyɛ²⁴tiŋ⁵²］

和牛郎一起生活结为夫妻。［xɤ²⁴ȵiou²⁴laŋ²⁴i⁵²tɕʰi²¹ʂəŋ⁴⁴xuo²⁴tɕiɛ²⁴uei²⁴fu⁴⁴tɕʰi⁴⁴］

所以两个人呢［suo²⁴i²⁴liaŋ²¹kə⁰ʐən²⁴nə⁰］

就快乐地幸福生活在一起。［tɕiou⁵²kʰuai⁵²lɤ⁵²tə⁰ɕiŋ⁵²fu²⁴ʂəŋ⁴⁴xuo²⁴tsai⁵²i⁵²tɕʰi²¹¹］

结果其他的六个仙女呢，［tɕiɛ²⁴kuo²¹tɕʰi²⁴tʰa⁴⁴tə⁰liou⁵²kə⁰ɕian⁴⁴ȵy²¹nə⁰］

跑回天庭之后呢，［pʰau²¹xuei²⁴tʰian⁴⁴tʰiŋ²⁴tʂʅ⁴⁴xou⁵²nə⁰］

最开始并没有被天上的［tsuei⁵²kʰai⁴⁴ʂʅ²¹piŋ⁵²mei²⁴iou²¹pei⁵²tʰian⁴⁴ʂaŋ⁰tə⁰］

玉帝呀和王母娘娘发现。［y⁵²ti⁵²ia⁰xɤ²⁴uaŋ²⁴mu²¹ȵiaŋ²⁴ȵiaŋ⁰fa⁴⁴ɕian⁵²］

但是天上一天，地下一年，［tan⁵²ʂʅ⁵²tʰian⁴⁴ʂaŋ⁵²i⁵²tʰian⁴⁴, ti⁵²ɕia⁰i⁵²ȵian²⁴］

在过了两天之后，［tsai⁵²kuo⁵²lə⁰liaŋ²¹tʰian⁴⁴tʂʅ⁴⁴xou⁵²］

大家发现织女不见了，［ta⁵²tɕia⁴⁴fa⁴⁴ɕian⁵²tʂʅ⁴⁴ȵy²¹pu²⁴tɕian⁵²lə⁰］

于是呢开始［y²⁴ʂʅ⁵²nə⁰kʰai⁴⁴ʂʅ²¹］

对这六个仙女儿呢［tuei⁵²tʂei⁵²liou⁵²kə⁰ɕian⁴⁴ȵyər²¹nə⁰］

进行审问，［tɕin⁵²ɕiŋ²¹ʂən²¹uən⁵²］

这六个仙女没有办法，［tʂei⁵²liou⁵²kə⁰ɕian⁴⁴ȵy²¹mei²⁴iou²¹pan⁵²fa⁰］

只得说出［tʂʅ²¹tɤ²⁴ʂuo⁴⁴tʂʰu⁴⁴］

织女由于没有衣服啊［tʂʅ⁴⁴ȵy²¹iou²⁴y²⁴mei²⁴iou²¹i⁴⁴fu⁰a⁰］

等等原因，［təŋ²⁴təŋ²¹yan²⁴in⁴⁴］

没有回到天庭。［mei²⁴iou²¹xuei²⁴tau⁵²tʰian⁴⁴tʰiŋ²⁴］

于是呢玉帝和王母娘娘［y²⁴ʂʅ⁵²nə⁰y⁵²ti⁵²xɤ²⁴uaŋ²⁴mu²¹ȵiaŋ²⁴ȵiaŋ⁰］

开始派人下界寻找，［kʰai⁴⁴ʂʅ²¹pʰai⁵²ʐən²⁴ɕia⁵²tɕiɛ⁵²ɕyn²⁴tʂau²¹¹］

但这个时候呢，［tan⁵²tʂei⁵²kə⁰ʂʅ²⁴xou⁰nə⁰］

在人间其实两口子［tsai⁵²ʐən²⁴ɕian⁴⁴tɕʰi²⁴ʂʅ²⁴liaŋ²⁴kʰou²⁴tsʅ⁰］

已经生活三年了，［i²¹tɕiŋ⁴⁴ʂəŋ⁴⁴xuo²⁴san⁴⁴ȵian²⁴lə⁰］

而且呢，［ər²⁴tɕʰiɛ²¹nə⁰］

织女儿呢已经给牛郎［tʂʅ⁴⁴ȵyər²¹nə⁰i²¹tɕiŋ⁴⁴kei²¹ȵiou²⁴laŋ²⁴］

生了一双儿女，［ʂəŋ⁴⁴lə⁰i⁵²ʂuaŋ⁴⁴ər²⁴ȵy²¹¹］

一个男孩儿和一个女孩儿，[i²⁴kə⁰nan²⁴xɐr²⁴xɤ²⁴i²⁴kə⁰n̠y²¹xɐr²⁴]

四口儿人过着[sʅ⁵²kʰour²¹z̠ən²⁴kuo⁵²tʂə⁰]

很幸福的生活，[xən²¹ɕiŋ⁵²fu²⁴tə⁰ʂəŋ⁴⁴xuo²⁴]

男耕女织。[nan²⁴kəŋ⁴⁴n̠y²¹tʂʅ⁴⁴]

牛郎呢每天就是种地，[n̠iou²⁴laŋ²⁴nei⁰mei²¹tʰian⁴⁴tɕiou⁵²ʂʅ⁰tʂuŋ⁵²ti⁵²]

带着自己的那个老牛，[tai⁵²tʂə⁰tsʅ⁵²tɕi²¹tə⁰nei⁵²kə⁰lau²¹n̠iou²⁴]

织女呢[tʂʅ⁴⁴n̠y²¹nə⁰]

就每天在家织布[tɕiou⁵²mei²¹tʰian⁴⁴tsai⁵²tɕia⁴⁴tʂʅ⁴⁴pu⁵²]

然后纺纱，[z̠an²⁴xou⁵²faŋ²¹ʂa⁴⁴]

然后换取一些[z̠an²⁴xou⁵²xuan⁵²tɕʰy²¹i⁵²tɕiɛ⁴⁴]

这个生活必需品。[tʂei⁵²kə⁰ʂəŋ⁴⁴xuo²⁴pi⁵²ɕy⁴⁴pʰin²¹¹]

虽然日子过得[suei⁴⁴z̠an²⁴z̠ʅ⁵²tsʅ⁰kuo⁵²tə⁰]

不是那么特别地富裕，[pu²⁴ʂʅ⁵²nɤ⁵²mə⁰tʰɤ⁵²piɛ²⁴tə⁰fu⁵²y⁵²]

但是两口子很恩爱，[tan⁵²ʂʅ⁰liaŋ²⁴kʰou²¹tsʅ⁰xən²¹ən⁴⁴ai⁵²]

日子过得很有奔头儿。[z̠ʅ⁵²tsʅ⁰kuo⁵²tə⁰xən²⁴iou²¹pən⁵²tʰour⁰]

结果这个时候呢，[tɕiɛ²⁴kuo²¹tʂei⁵²kə⁰ʂʅ²⁴xou⁰nə⁰]

天上的天兵天将[tʰian⁴⁴ʂaŋ⁵²tə⁰tʰian⁴⁴piŋ⁴⁴tʰian⁴⁴tɕiaŋ⁵²]

就下来了，[tɕiou⁵²ɕia⁵²lai⁰lə⁰]

然后，看到织女以后呢，[z̠an²⁴xou⁵²，kʰan⁵²tau⁵²tʂʅ⁴⁴n̠y²⁴i²¹xou⁵²nə⁰]

就把织女带回了天庭。[tɕiou⁵²pa²¹tʂʅ⁴⁴n̠y²¹tai⁵²xuei²⁴lə⁰tʰian⁴⁴tʰiŋ²⁴]

牛郎看到自己的妻子[n̠iou²⁴laŋ²⁴kʰan⁵²tau⁵²tsʅ⁵²tɕi²¹tə⁰tɕʰi⁴⁴tsʅ²¹]

被天兵天将带走了，[pei⁵²tʰian⁴⁴piŋ⁴⁴tʰian⁴⁴tɕiaŋ⁵²tai⁵²tsou²¹lə⁰]

牛郎很着急，[n̠iou²⁴laŋ²⁴xən²¹tʂau²⁴tɕi²⁴]

以为这一辈子[i²¹uei²⁴tʂei⁵²i²⁴pei²¹tsʅ⁰]

就可能和自己的老婆就[tɕiou⁵²kʰɤ²¹nəŋ²⁴xɤ²⁴tsʅ⁵²tɕi²¹tə⁰lau²¹pʰɤ⁰tɕiou⁵²]

天人永隔了，再也看不到了。[tʰian⁴⁴z̠ən²⁴yŋ²¹kɤ²⁴lə⁰，tsai⁵²iɛ²¹kʰan⁵²pu²⁴tau⁵²lə⁰]

然后这个时候呢，[z̠an²⁴xou⁰tʂei⁵²kə⁰ʂʅ²⁴xou⁰nə⁰]

老牛张嘴说话了，[lau²¹n̠iou²⁴tʂaŋ⁴⁴tsuei²¹ʂuo⁴⁴xua⁵²lə⁰]

跟牛郎说，说：[kən⁴⁴n̠iou²⁴laŋ²⁴ʂuo⁴⁴，ʂuo⁴⁴]

"我呀是天上金牛星下凡，["uo²¹ia⁰ʂʅ⁵²tʰian⁴⁴ʂaŋ⁰tɕin⁴⁴n̠iou²⁴ɕiŋ⁴⁴ɕia⁵²fan²⁴]

你呢还是有机会[n̠i²¹nə⁰xai²⁴ʂʅ⁵²iou²¹tɕi⁴⁴xuei⁵²]

能够再见到你的老婆的，[nəŋ²⁴kou⁵²tsai⁵²tɕian⁵²tau⁵²n̠i²¹tə⁰lau²¹pʰɤ⁰tə⁰]

那现在有一个什么办法呢，[na⁵²ɕian⁵²tsai⁵²iou²¹i²⁴kə⁰ʂən²⁴mə⁰pan⁵²fa⁰nə⁰]

就是你把我的两只角[tɕiou⁵²ʂʅ⁰n̠i²⁴pa²⁴uo²¹tə⁰liaŋ²¹tʂʅ⁴⁴tɕiau²¹]

割下来，[ka²⁴ɕia⁵²lai⁰]

割下来之后呢［ka²⁴ɕia⁵²lai⁰tʂʅ⁴⁴xou⁵²nə⁰］

它会变成两个小筐，［tʰa⁴⁴xuei⁵²pian⁵²tʂʰəŋ²⁴liaŋ²¹kə⁰ɕiau²¹kʰuaŋ⁴⁴］

你呢可以带着［n̠i²¹nə⁰kɤ²⁴i²¹tai⁵²tʂə⁰］

你的儿子和你的女儿，［n̠i²¹tə⁰ər²⁴tsʅ⁰xɤ²⁴n̠i²¹tə⁰n̠y²¹ər²⁴］

飞上天去［fei⁴⁴ʂaŋ⁵²tʰian⁴⁴tɕʰy⁵²］

救你的这个织女儿。［tɕiou⁵²n̠i²¹tə⁰tʂei⁵²kə⁰tʂʅ⁴⁴n̠yər²¹¹］

如果你现在跑得很快的话，［ʐu²⁴kuo²⁴n̠i²¹ɕian⁵²tsai⁵²pʰau²¹tə⁰xən²¹kʰuai⁵²tə⁰xua⁰］

兴许还能赶得上，［ɕiŋ⁴⁴ɕy²¹xai²⁴nəŋ²⁴kan²¹tə⁰ʂaŋ⁵²］

还能在她回天庭［xai²⁴nəŋ²⁴tsai⁵²tʰa⁴⁴xuei²⁴tʰian⁴⁴tʰiŋ²⁴］

受审之前［ʂou⁵²ʂən²¹tʂʅ⁴⁴tɕʰian²⁴］

把媳妇儿抢回来。"［pa²⁴ɕi²¹fər⁰tɕʰiaŋ²¹xuei²⁴lai⁰。"］

那这样儿呢，［na⁵²tʂɤ⁵²iãr⁵²nə⁰］

牛郎就马上把这个，［n̠iou²⁴laŋ²⁴tɕiou⁵²ma²¹ʂaŋ⁵²pa²¹tʂei⁵²kə⁰］

老牛的两只角给弄了下来，［lau²¹n̠iou²⁴tə⁰liaŋ²¹tʂʅ⁴⁴tɕiau²¹kei²¹nuŋ⁵²lə⁰ɕia⁵²lai⁰］

然后变成了两只小筐儿，［ʐan²⁴xou⁵²pian⁵²tʂʰəŋ²⁴lə⁰liaŋ²¹tʂʅ⁴⁴xiau²¹kʰuãr⁴⁴］

带着自己的儿女［tai⁵²tʂə⁰tsʅ⁵²tɕi²¹tə⁰ər²⁴n̠y²¹］

去追自己的老婆。［tɕʰy⁵²tʂuei⁴⁴tsʅ⁵²tɕi²¹tə⁰lau²¹pʰə⁰］

那么织女和天兵天将［nɤ⁵²mə⁰tʂʅ⁴⁴n̠y²¹xɤ²⁴tʰian⁴⁴piŋ⁴⁴tʰian⁴⁴tɕiaŋ⁵²］

马上就要到天庭的时候，［ma²¹ʂaŋ⁵²tɕiou⁵²iau⁵²tau⁵²tʰian⁴⁴tʰiŋ²⁴tə⁰ʂʅ²⁴xou⁰］

正好让牛郎追上，［tʂəŋ⁵²xau²¹ʐaŋ⁵²n̠iou²⁴laŋ²⁴tʂuei⁴⁴ʂaŋ⁰］

这时候牛郎就［tʂei⁵²ʂʅ²⁴xou⁰n̠iou²⁴laŋ²⁴tɕiou⁵²］

晓之以理动之以情，［ɕiau²¹tʂʅ⁴⁴i²¹li²¹tuŋ⁵²tʂʅ⁴⁴i²¹tɕʰiŋ²⁴］

去求，说：［tɕʰy⁵²tɕʰiou²⁴，ʂuo⁴⁴］

"能不能说成全我们，［"nəŋ²⁴pu⁰nəŋ²⁴ʂuo⁴⁴tʂʰəŋ²⁴tɕʰyan⁰uo²¹mən⁰］

把我的老婆带回去，［pa²⁴uo²¹tə⁰lau²¹pʰə⁰tai⁵²xuei²⁴tɕʰy⁰］

让我们继续过幸福生活？"［ʐaŋ⁵²uo²¹mən⁰tɕi⁵²ɕy⁵²kuo⁰ɕiŋ⁵²fu²⁴ʂəŋ⁴⁴xuo²⁴？"］

这个时候［tʂei⁵²kə⁰ʂʅ²⁴xou⁰］

其实很多天兵天将［tɕi²⁴ʂʅ²⁴xən²¹tuo⁴⁴tʰian⁴⁴piŋ⁴⁴tʰian⁴⁴tɕiaŋ⁵²］

已经都被感动了，［i²¹tɕiŋ⁴⁴tou⁴⁴pei⁵²kan²¹tuŋ⁵²lə⁰］

但是正在这个时候呢，［tan⁵²ʂʅ⁰tʂəŋ⁵²tsai⁵²tʂei⁵²kə⁰ʂʅ²⁴xou⁰nə⁰］

王母娘娘出现了，［uaŋ²⁴mu²¹n̠iaŋ²⁴n̠iaŋ⁰tʂʰu⁴⁴ɕian²⁴lə⁰］

王母娘娘［uaŋ²⁴mu²¹n̠iaŋ²⁴n̠iaŋ⁰］

大家都知道是一个，［ta⁵²tɕia⁴⁴tou⁴⁴tʂʅ⁴⁴tau⁰ʂʅ⁵²i²⁴kə⁰］

怎么说，封建礼教的代表，［tsən²¹mə⁰ʂuo⁴⁴，fəŋ⁴⁴tɕian⁵²li²¹tɕiau⁵²tə⁰tai⁵²piau²¹¹］

她是一个权威性很高的人，［ta⁴⁴ʂʅ⁵²i²⁴kə⁰tɕʰyan²⁴uei⁴⁴ɕiŋ⁵²xən²¹kau⁴⁴tə⁰ʐən²⁴］

所以呢，[suo²⁴ i²¹ nə⁰]

王母娘娘[uaŋ²⁴ mu²¹ n̡iaŋ²⁴ n̡iaŋ⁰]

对这件事情表示，[tuei⁵² tʂei⁵² tɕian⁵² ʂ̩⁵² tɕʰiŋ⁰ piau²¹ ʂ̩⁵²]

完全地不同意，[uan²⁴ tɕʰyan²⁴ tə⁰ pu⁵² tʰuŋ²⁴ i⁵²]

王母娘娘看到 [uaŋ²⁴ mu²¹ n̡iaŋ²⁴ n̡iaŋ⁰ kʰan⁵² tau⁰]

他们两个难分难舍吧，[tʰa⁴⁴ mən⁰ liaŋ²¹ kə⁰ nan²⁴ fən⁴⁴ nan²¹ ʂɤ²¹ pa⁰]

王母娘娘就拔下了 [uaŋ²⁴ mu²¹ n̡iaŋ²⁴ n̡iaŋ⁰ tɕiou⁵² pa²⁴ ɕia⁵² lə⁰]

头上的一支金簪，[tʰou²⁴ ʂaŋ⁰ tə⁰ i⁵² tʂ̩⁴⁴ tɕin⁴⁴ tsan⁴⁴]

然后呢划了一下，[z̩an²⁴ xou⁵² nə⁰ xua²⁴ lə⁰ i²⁴ ɕia⁵²]

然后划这一下就不得了了，[z̩an²⁴ xou⁵² xua²⁴ tʂɤ⁵² i²⁴ ɕia⁵² tɕiou⁵² pu⁵² tɤ²⁴ liau²¹ lə⁰]

就产生了一道天河，[tɕiou⁵² tʂʰaŋ²¹ ʂən⁴⁴ lə⁰ i²⁴ tau⁵² tʰian⁴⁴ xɤ²⁴]

那么这道天河呢，水势很大，[nɤ⁵² mə⁰ tʂei⁵² tau⁵² tʰian⁴⁴ xɤ²⁴ nə⁰, ʂuei²¹ ʂ̩⁵² xən²¹ ta⁵²]

就完完全全地 [tɕiou⁵² uan²⁴ uan²⁴ tɕʰyan²⁴ tɕʰyan²⁴ tə⁰]

把牛郎和织女[pa²¹ n̡iou²⁴ laŋ²⁴ xɤ²⁴ tʂ̩⁴⁴ n̡y²¹]

就完全隔开了，[tɕiou⁵² uan²⁴ tɕyan²⁴ kɤ²⁴ kʰai⁴⁴ lə⁰]

两个人就只能[liaŋ²¹ kə⁰ z̩ən²⁴ tɕiou⁵² tʂ̩²¹ nəŋ²⁴]

隔着条天河，[kɤ²⁴ tʂə⁰ tʰiau²⁴ tʰian⁴⁴ xɤ²⁴]

然后还是依依不舍，[z̩an²⁴ xou⁵² xai²⁴ ʂ̩⁵² i⁴⁴ i⁴⁴ pu⁵² ʂɤ²¹¹]

牛郎也不愿意离开，[n̡iou²⁴ laŋ²⁴ iɛ²¹ pu⁵² yan⁵² i⁰ li²⁴ kʰai⁴⁴]

织女也不愿意离开，[tʂ̩⁴⁴ n̡y²⁴ iɛ²¹ pu⁵² yan⁵² i⁵² li²⁴ kʰai⁴⁴]

两个人就非常地悲惨地 [liaŋ²¹ kə⁰ z̩ən²⁴ tɕiou⁵² fei²⁴ tʂʰaŋ²⁴ tə⁰ pei⁴⁴ tsʰan²¹ tə⁰]

这样式隔河相望，[tʂɤ⁵² iaŋ⁵² ʂ̩⁰ kɤ²⁴ xɤ²⁴ ɕiaŋ⁴⁴ uaŋ⁵²]

然后呢，在这个时候呢，[z̩an²⁴ xou⁵² nə⁰, tsai⁵² tʂei⁵² kə⁰ ʂ̩²⁴ xou⁰ nə]

有很多的喜鹊，[iou²⁴ xən²¹ tuo⁴⁴ ti⁰ ɕi²¹ tɕʰyɛ⁵²]

看到了两个人的这种，[kʰan⁵² tau⁵² lə⁰ liaŋ²¹ kə⁰ z̩ən²⁴ tə⁰ tʂei⁵² tʂuŋ²¹]

生离死别的这种场面 [ʂəŋ⁴⁴ li²⁴ s̩²¹ piɛ²⁴ tə⁰ tʂɤ⁵² tʂuŋ²⁴ tʂʰaŋ²¹ mian⁵²]

就非常同情，[tɕiou⁵² fei⁴⁴ tɕʰaŋ²⁴ tʰuŋ²⁴ tɕʰiŋ²⁴]

于是这些喜鹊呢 [y²⁴ ʂ̩⁵² tʂei⁵² ɕiɛ⁵² ɕi²¹ tɕʰyɛ⁵² nə⁰]

就自发地组成了一个鹊桥，[tɕiou⁵² ts̩⁵² fa⁴⁴ tə⁰ tsu²¹ tʂʰəŋ²⁴ lə⁰ i²⁴ kə⁰ tɕʰyɛ⁵² tɕʰiau²⁴]

每一个喜鹊呢都搭在一起，[mei²¹ i²⁴ kɤ⁵² ɕi²¹ tɕʰyɛ⁵² nə⁰ tou⁴⁴ ta⁴⁴ tsai⁰ i⁵² tɕʰi²¹¹]

搭成了一个鹊桥，[ta⁴⁴ tʂʰəŋ²⁴ lə⁰ i²⁴ kə⁰ tɕʰyɛ⁵² tɕʰiau²⁴]

正好能够到[tʂəŋ⁵² xau²¹ nəŋ²⁴ kou⁵² tau⁰]

这天河的两边儿，[tʂei⁵² tʰian⁴⁴ xɤ²⁴ tə⁰ liaŋ²¹ piɐr⁴⁴]

就可以让牛郎和织女呢，[tɕiou⁵² kʰɤ²⁴ i²¹ z̩aŋ⁵² n̡iou²⁴ laŋ²⁴ xɤ²⁴ tʂ̩⁴⁴ n̡y²¹ nə⁰]

在鹊桥上能够相会，[tsai⁵² tɕʰyɛ⁵² tɕʰiau²⁴ ʂaŋ⁰ nəŋ²⁴ kou⁵² ɕiaŋ⁴⁴ xuei⁵²]

那么这样的一件事儿呢［nɤ⁵²mə⁰tʂɤ⁵²iaŋ⁰ti⁰i²⁴tɕian⁵²ʂər⁵²nə⁰］

被玉帝知道了，［pei⁵²y⁵²ti⁵²tʂʅ⁴⁴tau⁵²lə⁰］

玉帝非常非常感动，［y⁵²ti⁵²fei⁴⁴tʂʰaŋ²⁴fei⁴⁴tʂʰaŋ²⁴kan²¹tuŋ⁵²］

玉帝觉得［y⁵²ti⁵²tɕyɛ²⁴tə⁰］

畜生都能够［tʂʰu⁵²ʂəŋ⁰tou⁴⁴nəŋ²⁴kou⁵²］

有这样的一种情怀，［iou²¹tʂei⁵²iaŋ⁵²tə⁰i⁵²tʂuŋ²¹tɕʰiŋ²⁴xuai²⁴］

作为家长［tsuo⁵²uei²⁴tɕia⁴⁴tʂaŋ²¹］

或者说是作为神明，［xuo⁵²tʂɤ²¹ʂuo⁴⁴ʂʅ⁵²tsuo⁵²uei²⁴ʂən²⁴miŋ²⁴］

就不应该过于不近人情，［tɕiou⁵²pu⁴⁴iŋ⁴⁴kai⁴⁴kuo⁵²y²⁴pu²⁴tɕin⁵²ʐən²⁴tɕʰiŋ²⁴］

所以说呢，［suo²⁴i²¹ʂuo⁴⁴nə⁰］

玉帝在为了维护自己的这个，［y⁵²ti⁵²tsai⁵²uei⁵²lə⁰uei²⁴xu⁵²tsʅ⁵²tɕi²¹tə⁰tʂɤ⁵²kə⁰］

在维护自己的［tsai⁵²uei²⁴xu⁵²tsʅ⁵²tɕi²¹tə⁰］

天平的天条的［tʰian⁴⁴pʰiŋ²⁴tə⁰tʰ ian⁴⁴tʰiau²⁴tə⁰］

一个前提下吧，［i²⁴kə⁰tɕʰian²⁴tʰi²⁴ɕia⁵²pa⁰］

就允许牛郎和织女，［tɕiou⁵²ʐuən²⁴ɕy²¹ȵiou²⁴laŋ²⁴xɤ²⁴tʂʅ⁴⁴ȵy²¹¹］

每年的七月初七，［mei²¹ȵian²⁴tə⁰tɕʰi⁴⁴yɛ⁵²tʂʰu⁴⁴tɕʰi⁴⁴］

可以在天，［kʰɤ²⁴i²¹tsai⁵²tʰian⁴⁴］

可以在这个天河啊，［kʰɤ²⁴i²¹tsai⁵²tʂei⁵²kə⁰tʰian⁴⁴kɤ²⁴a⁰］

见一面儿，［tɕian⁵²i²⁴miɐr⁵²］

有一晚上的［iou²¹i⁵²uan²¹ʂaŋ⁰tə⁰］

这个见面的时间，［tʂei⁵²kə⁰tɕian⁵²mian⁵²tə⁰ʂʅ²⁴tɕian⁴⁴］

那么所以呢，［nɤ⁵²mə⁰suo²⁴i²¹nə⁰］

每年的七月初七呢，［mei²¹ȵian²⁴tə⁰tɕʰi⁴⁴yɛ⁵²tʂʰu⁴⁴tɕʰi⁴⁴nə⁰］

这些喜鹊呢［tʂei⁵²ɕiɛ⁴⁴ɕi²¹tɕʰyɛ⁰nə⁰］

就会自发地［tɕiou⁵²xuei⁵²tsʅ⁵²fa⁴⁴tə⁰］

组成一个鹊桥，［tsu²¹tʂʰəŋ²⁴i²⁴kə⁰tɕʰyɛ⁵² tɕʰiau²⁴］

让这个牛郎和织女呢［ʐaŋ⁵²tʂei⁵²kə⁰ȵiou²⁴laŋ²⁴xɤ²⁴tʂʅ⁴⁴ȵy²¹nə⁰］

去相会。［tɕʰy⁵² ɕiaŋ⁴⁴xuei⁵²］

那么后来呢，［nɤ⁵²mə⁰xou⁵²lai²⁴nə⁰］

牛郎和织女呢，［ȵiou²⁴laŋ²⁴xɤ²⁴tʂʅ⁴⁴ȵy²¹nə⁰］

就变成了［tɕiou⁵²pian⁵²tʂʰəŋ²⁴lə⁰］

咱们中国历史上，［tsan²⁴mən⁰tʂuŋ⁴⁴kuo²⁴li⁵²ʂʅ²¹ʂaŋ⁰］

或者说［xuo⁵²tʂɤ²¹ʂuo⁴⁴］

是中国的这个［ʂʅ⁵²tʂuŋ⁴⁴kuo²⁴tə⁰tʂɤ⁵²kə⁰］

传统文化当中，［tʂʰuan²⁴tʰuŋ²¹uən²⁴xua⁵²taŋ⁴⁴tʂuŋ⁴⁴］

很出名的两颗星星，[xən²¹tʂʰu⁴⁴miŋ²⁴tə⁰liaŋ²¹kʰɤ⁴⁴ɕiŋ⁴⁴ɕiŋ⁰]

大家现在可以知道 [ta⁵²tɕia⁴⁴ɕian⁵²tsai⁵²kʰɤ²⁴i²¹tʂʅ⁴⁴tau⁰]

有牛郎星和织女星，[iou²¹ȵiou²⁴laŋ²⁴ɕiŋ⁴⁴xɤ²⁴tʂʅ⁴⁴ȵy²¹ɕiŋ⁴⁴]

就是这个传说。[tɕiou⁵²ʂʅ⁵²tʂei⁵²kə⁰tʂʰuan²⁴ʂuo⁴⁴]

那么咱们现在 [nɤ⁵²mə⁰tsan²⁴mən⁰ɕian⁵²tsai⁵²]

每年七月初七的[mei²¹ȵian²⁴tɕʰi⁴⁴yɛ⁵²tʂʰu⁴⁴tɕʰi⁴⁴tə⁰]

这个七夕节，[tʂei⁵²kə⁰tɕʰi⁴⁴ɕi⁴⁴tɕiɛ²⁴]

也是由这个传说演变来的。[iɛ²¹ʂʅ⁵²iou²⁴tʂei⁵²kə⁰tʂʰuan²⁴ʂuo⁴⁴ian²¹pian⁵²lai²⁴tə⁰]

好，这个呢就是 [xau²¹¹，tʂei⁵²kə⁰nə⁰tɕiou⁵²ʂʅ⁰]

咱们今天说的[tsan²⁴mən⁰tɕin⁴⁴tʰian⁴⁴ʂuo⁴⁴tə⁰]

牛郎织女的故事。[ȵiou²⁴laŋ²⁴tʂʅ⁴⁴ȵy²¹tə⁰ku⁵²ʂʅ⁰]

（以上由发音人孙中恺提供）

三　其他故事

（一）秃尾巴老李

今天呢，[tɕin⁴⁴tʰian⁴⁴nə⁰]

我们来讲一个 [uo²¹mən⁰lai²⁴tɕiaŋ²¹i²⁴kə⁰]

秃尾巴老李的故事。[tʰu⁴⁴i²¹pa⁰lau²⁴li²¹tə⁰ku⁵²ʂʅ⁰]

故事发生在[ku⁵²ʂʅ⁰fa⁴⁴ʂəŋ⁴⁴tsai⁵²]

很久很久以前，[xən²⁴tɕiou²¹xən²⁴tɕiou²⁴i²¹tɕʰian²⁴]

发生的地点呢[fa⁴⁴ʂəŋ⁴⁴tə⁰ti⁵²tian²¹nə⁰]

在现在的威海市，[tsai⁵²ɕian⁵²tsai⁵²tə⁰uei⁴⁴xai²¹ʂʅ⁵²]

也就是当时呢 [iɛ²¹tɕiou⁵²ʂʅ⁵²taŋ⁴⁴ʂʅ²⁴nə⁰]

叫作山东省文登县。[tɕiau⁵²tsuo⁵²ʂan⁴⁴tuŋ⁴⁴ʂəŋ²¹uən²⁴təŋ⁴⁴ɕian⁵²]

那么当时文登县呢 [nɤ⁵²mə⁰taŋ⁴⁴ʂʅ²⁴uən²⁴təŋ⁴⁴ɕian⁵²nə⁰]

有一对儿夫妇姓毕，[iou²¹i²⁴tuər⁵²fu⁴⁴fu⁵²ɕiŋ⁵²pi⁵²]

两口子心地很善良 [liaŋ²⁴kʰou²¹tsʅ⁰ɕin⁴⁴ti⁰xən⁴⁴ʂan⁵²liaŋ²⁴]

但是一直没有孩子。[tan⁵²ʂʅ⁵²i⁵²tʂʅ²⁴mei²⁴iou²¹xai²⁴tsʅ⁰]

那么村东头儿呢 [nɤ⁵²mə⁰tsʰuən⁴⁴tuŋ⁴⁴tʰour²⁴nə⁰]

有一棵大李树，[iou²¹i⁵²kʰɤ⁴⁴ta⁵²li²¹ʂu⁵²]

李子树上呢[li²¹tsʅ⁰ʂu⁵²ʂaŋ⁰nə⁰]

长着一颗非常大的李子，[tʂaŋ²¹tʂə⁰i⁵²kʰɤ⁴⁴fei⁴⁴tʂʰaŋ²⁴ta⁵²tə⁰li²¹tsʅ⁰]

于是呢，[y²⁴ʂʅ⁵²nə⁰]

毕老汉呢就把李子摘下来［pi⁵²lau²¹xan⁵²nə⁰tɕiou⁵²pa²⁴li²¹tsʅ⁰tʂai⁴⁴ɕia⁵²lai⁰］

给自己的媳妇儿吃了，［kei²¹tsʅ⁵²tɕi²¹tə⁰ɕi²⁴fər⁰tʂʰʅ⁴⁴lə⁰］

结果第二天呢［tɕiɛ²⁴kuo²¹ti⁵²ɐr⁵²tʰian⁴⁴nə⁰］

媳妇儿就怀孕了，［ɕi²⁴fər⁰tɕiou⁵²xuai²⁴yn⁵²lə⁰］

两个月就生下了一条，［liaŋ²¹kə⁰yɛ⁵²tɕiou⁵²ʂəŋ⁴⁴ɕia⁰lə⁰i⁵²tʰiau²⁴］

二尺多长的小黑龙。［ɐr⁵²tʂʰʅ²¹tuo⁴⁴tʂʰaŋ²⁴tə⁰ɕiau²¹xei⁴⁴luŋ²⁴］

这条小黑龙生下来以后呢［tʂei⁵²tʰiau²⁴ɕiau²¹xei⁴⁴luŋ²⁴ʂəŋ⁴⁴ɕia⁵²lai⁰i²¹xou⁵²nə⁰］

并不在家住，［piŋ⁵²pu²⁴tsai²tɕia⁴⁴tʂu⁵²］

但是每天早晨和晚上呢［tan⁵²ʂʅ⁰mei²¹tʰian⁴⁴tsau²¹tʂʰən⁰xɣ²⁴uan²¹ʂaŋ⁰nə⁰］

都要回来吃奶。［tou⁴⁴iau⁵²xuei²⁴lai⁰tʂʰʅ⁴⁴nai²¹¹］

那么毕老汉呢［nɣ⁵²mə⁰pi⁵²lau²¹xan⁵²nə⁰］

认为这条小黑龙儿呢［ʐən⁵²uei²⁴tʂei⁵²tʰiau²⁴ɕiau²¹xei⁴⁴lūr²⁴nə⁰］

是妖怪，［ʂʅ⁵²iau⁴⁴kuai⁰］

于是呢就拿着菜刀，［y²⁴ʂʅ⁵²nə⁰tɕiou⁵²na²⁴tʂə⁰tsʰai⁵²tau⁴⁴］

有一天［iou²¹i⁵²tʰian⁴⁴］

当这个小黑龙［taŋ⁴⁴tʂei⁵²kə⁰ɕiau²¹xei⁴⁴luŋ²⁴］

回家喝奶的时候儿［xuei²⁴tɕia⁴⁴xɣ⁴⁴nai²¹tə⁰ʂʅ²⁴xour⁰］

趁这个小黑龙不注意［tʂʰən⁵²tʂei⁵²kə⁰ɕiau²¹xei⁴⁴luŋ²⁴pu²⁴tʂu⁵²i⁵²］

想砍死它，［ɕiaŋ²¹kʰan²⁴sʅ²¹tʰa⁴⁴］

结果小黑龙儿跑得快，［tɕiɛ²⁴kuo²⁴ɕiau²¹xei⁴⁴luŋ²⁴pʰau²¹tə⁰kʰuai⁵²］

就把这个小黑龙的尾巴［tɕiou⁵²pa²¹tʂei⁵²kə⁰ɕiau²¹xei⁴⁴luŋ²⁴tə⁰i²¹pa⁰］

剁下来一截儿。［tuo⁵²ɕia⁵²lai⁰i⁵²tɕiɛr²⁴］

那么小黑龙剁下［nɣ⁵²mə⁰ɕiau²¹xei⁴⁴luŋ²⁴tuo⁵³ɕia⁵²］

一截儿尾巴之后呢［i⁵²tɕiɛr²⁴i²¹pa⁰tʂʅ⁴⁴xou⁵²nə⁰］

就离开了家，［tɕiou⁵²li²⁴kʰai⁴⁴lə⁰tɕia⁴⁴］

没地方儿可去，［mei²⁴ti⁵²fãr⁰kʰɣ²¹tɕʰy⁵²］

听说在山海关以外啊［tʰiŋ⁴⁴ʂuo⁴⁴tsai⁵²ʂan⁴⁴xai²¹kuan⁴⁴i²¹uai⁵²a⁰］

有这么一块儿地方儿，［iou²¹tʂɣ⁵²mə⁰i²⁴kʰuɐr⁰ti⁵²fãr⁰］

土地特别肥沃特别好，［tʰu²¹ti⁵²tʰɣ⁵²piɛ²⁴fei²⁴uo⁵²tʰɣ⁵²piɛ²⁴xau²¹¹］

于是呢决定到这儿来修行。［y²⁴ʂʅ⁵²nə⁰tɕyɛ²⁴tiŋ⁵²tau⁵²tʂɣr⁵²lai²⁴ɕiou⁴⁴ɕiŋ²⁴］

那么当时呢就选择了［nɣ⁵²mə⁰taŋ⁴⁴ʂʅ²⁴nə⁰tɕiou⁵²ɕyan²¹tsɣ²⁴lə⁰］

一条，大江的一条小支流［i⁵²tʰiau²⁴，ta⁵²tɕiaŋ⁴⁴tə⁰i⁵²tʰiau²⁴ɕiau²¹tʂʅ⁴⁴liou²⁴］

在那儿修行，［tsai⁵²nar⁵²ɕiou⁴⁴ɕiŋ²⁴］

那么现在呢，［nɣ⁵²mə⁰ɕian⁵²tsai⁵²nə⁰］

咱们黑龙江省伊春市呢［tsan²⁴mən⁰xei⁴⁴luŋ²⁴tɕiaŋ⁴⁴ʂəŋ²¹i⁴⁴tʂʰuən⁴⁴ʂʅ⁵²nə⁰］

有一个地方叫回龙湾，[iou²¹i²⁴kə⁰ti⁵²faŋ⁰tɕiau⁵²xuei²⁴luŋ²⁴uan⁴⁴]

是一个旅游胜地，[ʂɿ⁵²i²⁴kə⁰ly²¹iou²⁴ʂəŋ⁵²ti⁵²]

夏天有很多人去漂流。[ɕia⁵²tʰian⁴⁴iou²⁴xən²¹tuo⁴⁴ʐən²⁴tɕʰy⁵²pʰiau⁴⁴liou²⁴]

听说这个回龙湾呢，[tʰiŋ⁴⁴ʂuo⁴⁴tʂɤ⁵²kə⁰xuei⁵²luŋ²⁴uan⁴⁴nə⁰]

就是当初这个小黑龙 [tɕiou⁵²ʂɿ⁵²taŋ⁴⁴tʂʰu⁴⁴tʂei⁵²kə⁰ɕiau²¹xei⁴⁴luŋ²⁴]

它修行的地方，[tʰa⁴⁴ɕiou⁴⁴ɕiŋ²⁴tə⁰ti⁵²faŋ⁰]

那么当时 [nɤ⁵²mə⁰taŋ⁴⁴ʂɿ²⁴]

小黑龙修行的这条江呢 [ɕiau²¹xei⁴⁴luŋ²⁴ɕiou⁴⁴ɕiŋ²⁴tə⁰tʂei⁵²tʰiau²⁴tɕiaŋ⁴⁴nə⁰]

叫作白龙江。[tɕiau⁵²tsuo⁵²pai²⁴luŋ²⁴tɕiaŋ⁴⁴]

白龙江呢有一条恶龙 [pai²⁴luŋ²⁴tɕaiŋ⁴⁴nə⁰iou²¹i⁵²tʰiau²⁴ɤ⁵²luŋ²⁴]

是条大白龙，[ʂɿ⁵²tʰiau²⁴ta⁵²pai²⁴luŋ²⁴]

欺压两岸的百姓，[tɕʰi⁴⁴ia⁴⁴liaŋ²¹an⁵²tə⁰pai²¹ɕiŋ⁵²]

当时小、小黑龙呢就是，[taŋ⁴⁴ʂɿ²⁴ɕiau²¹、ɕiau²¹xei⁴⁴luŋ²⁴nə⁰tɕiou⁵²ʂɿ⁵²]

决心呢要除掉这条白龙，[tɕyɛ²⁴ɕin⁴⁴nə⁰iau⁵²tʂʰu²⁴tiau⁵²tʂei⁵²tʰiau²⁴pai²⁴luŋ²⁴]

为两岸的百姓造福。[uei⁵²liaŋ²¹an⁵²tə⁰pai²¹ɕiŋ⁵²tsau⁵²fu²⁴]

总之经过了很长时间的 [tsuŋ²¹tʂɿ⁴⁴tɕiŋ⁴⁴kuo⁵²lə⁰xən²¹tʂʰaŋ²⁴ʂɿ²⁴tɕian⁴⁴tə⁰]

一个刻苦的磨炼吧，[i²⁴kə⁰kʰɤ⁵²kʰu²¹tə⁰mɤ²⁴lian⁵²pa⁰]

两个人也打了很长的时间，[liaŋ²¹kə⁰ʐən²⁴iɛ²⁴ta²¹lə⁰xən²¹tʂʰaŋ²⁴tə⁰ʂɿ²⁴tɕian⁴⁴]

最后经过 [tsuei⁵²xou⁵²tɕiŋ⁴⁴kuo⁵²]

艰苦卓绝的斗争吧，[tɕian⁴⁴kʰu²¹tʂuo²⁴tɕyɛ²⁴tə⁰tou⁵²tʂəŋ⁴⁴pa⁰]

小黑龙呢 [ɕiau²¹xei⁴⁴luŋ²⁴nə⁰]

就把这条大白龙给打败了。[tɕiou⁵²pa²¹tʂei⁵²tʰiau²⁴ta⁵²pai²⁴luŋ²⁴kei²⁴ta²¹pai⁵²lə⁰]

那么于是呢 [nɤ⁵²mə⁰y²⁴ʂɿ⁵²nə⁰]

小黑龙呢[ɕiau²¹xei⁴⁴luŋ²⁴nə⁰]

就掌管着这条江，[tɕiou⁵²tʂaŋ²⁴kuan²¹tʂə⁰tʂei⁵²tʰiau²⁴tɕiaŋ⁴⁴]

那么这条江呢 [nɤ⁵²mə⁰tʂei⁵²tʰiau²⁴tɕiaŋ⁴⁴nə⁰]

也改名叫作黑龙江。[iɛ²⁴kai²¹miŋ²⁴tɕiau⁵²tsuo⁵²xei⁴⁴luŋ²⁴tɕiaŋ⁴⁴]

那么当时呢两岸的百姓呢 [nɤ⁵²mə⁰taŋ⁴⁴ʂɿ²⁴nə⁰liaŋ²¹an⁵²tə⁰pai²¹ɕiŋ⁵²nə⁰]

给它建庙，[kei²¹tʰa⁴⁴tɕian⁵²miau⁵²]

去这个祭拜它，[tɕʰy⁵²tʂei⁵²kə⁰tɕi⁵³pai⁵²tʰa⁰]

当时呢黑龙呢就说，[taŋ⁴⁴ʂɿ²⁴nə⁰xei⁴⁴luŋ²⁴nə⁰tɕiou⁵²ʂuo⁴⁴]

因为他秃尾巴嘛，它没有尾巴，[in⁴⁴uei⁰tʰa⁴⁴tʰu⁴⁴i²¹pa⁰ma⁰,tʰa⁴⁴mei²⁴iou²⁴i²¹pa⁰]

所以说都管它叫秃尾巴。[suo²⁴i²¹ʂuo⁴⁴tou⁴⁴kuan²¹tʰa⁴⁴tɕiau⁵²tʰu⁴⁴i²¹pa⁰]

那么因为它是[nɤ⁵²mə⁰in⁴⁴uei²⁴tʰa⁴⁴ʂɿ⁵²]

李子树上结的果儿 [li²¹tsɿ⁰ʂu⁵²ʂaŋ⁵²tɕiɛ²⁴tə⁰kuor²¹]

生的它，[ʂəŋ⁴⁴tə⁰tʰa⁴⁴]

所以说呢它自己说 [suo²⁴i²¹ʂuo⁴⁴nə⁰tʰa⁴⁴tsʅ⁵²tɕi²¹ʂuo⁴⁴]

它姓李它不姓毕，[tʰa⁴⁴ɕiŋ⁵²li²¹ta⁴⁴pu²⁴ɕiŋ⁵³pi⁵²]

所以大家呢都[suo²⁴i²¹ta⁵²tɕia⁴⁴nə⁰tou⁴⁴]

都管它叫秃尾巴老李。[tou⁴⁴kuan²¹tʰa⁴⁴tɕiau⁵²tʰu⁴⁴i²¹pa⁰lau²⁴li²¹¹]

据说现在啊在山东威海市，[tɕy⁵²ʂuo⁴⁴ɕian⁵³tsai⁵²a⁰tsai⁵²ʂan⁴⁴tuŋ⁴⁴uei⁴⁴xai²¹ʂʅ⁵²]

每年的六月初六 [mei²¹n̠ian²⁴tə⁰liou⁵²yɛ⁵²tʂʰu⁴⁴liou⁵²]

还给这个秃尾巴老李过生日，[xai²⁴kei²¹tʂei⁵²kə⁰tʰu⁴⁴i²¹pa⁰lau²⁴li²¹kuo⁵²ʂəŋ⁴⁴zʅ⁵²]

那么这个呢 [nɤ⁵²mə⁰tʂei⁵²kə⁰nə⁰]

也是咱们黑龙江 [iɛ²¹ʂʅ⁵²tsan²⁴mən⁰xei⁴⁴luŋ²⁴tɕiaŋ⁴⁴]

这个地名儿的由来，[tʂei⁵²kə⁰ti⁵²miə̃r²⁴tə⁰iou²⁴lai²⁴]

可能这个秃尾巴老李呀，[kʰɤ²¹nəŋ²⁴tʂei⁵²kə⁰tʰu⁴⁴i²¹pa⁰lau²⁴li²¹ia⁰]

也算是第一个[iɛ²¹suan⁵²ʂʅ⁵²ti⁵²i⁴⁴kə⁰]

闯关东的山东人。[tʂʰuaŋ²¹kuan⁴⁴tuŋ⁴⁴tə⁰ʂan⁴⁴tuŋ⁴⁴z̩ən²⁴]

呃，今天的故事呢[ə⁰,tɕin⁴⁴tʰian⁴⁴tə⁰ku⁵²ʂʅ⁰nə⁰]

就讲到这里。[tɕiou⁵²tɕiaŋ⁵²tau⁵²tʂɤ⁵²li²¹¹]

（以上由发音人孙中恺提供）

（二）道里，道外，南岗区

一九零七年，[i⁴⁴tɕiou²¹liŋ³⁵tɕʰi⁴⁴n̠ian⁰]

滨江厅知事何厚琦，[pin⁴⁴tɕiaŋ⁴⁴tʰiŋ⁴⁴tʂʅ⁴⁴ʂʅ⁵²xɤ³⁵xou⁵²tɕʰi³⁵]

觉得傅家店儿的"店"字，[tɕyɛ²¹tə⁰fu⁵²tɕia⁴⁴tiɐr⁵²tə⁰"tian⁵²"tsʅ⁵²]

这个商店的"店"字，[tʂɤ⁵²kə⁰ʂaŋ⁴⁴"tian⁵²"tə⁰"tian⁵²"tsʅ⁵²]

那么意义太狭窄，[nɤ⁵²mə⁰i⁵²i⁰tʰai⁵²ɕia³⁵tʂai²¹³]

那么就把它改成了 [nɤ⁵²mə⁰tɕiou⁵²pa²¹tʰa⁰kai²¹tʂʰəŋ³⁵lə⁰]

草甸子的"甸"，[tsʰau²¹tian⁵²tsʅ⁰tə⁰"tian⁵²"]

这样儿意义更广大一些，[tʂɤ⁵²iãr⁰i⁵²i⁰kəŋ⁵²kuaŋ²¹ta⁵²i⁵²ɕiɛ⁴⁴]

那么就叫了傅家甸儿。[nɤ⁵²mə⁰tɕiou⁵²tɕiau⁵²lə⁰fu⁵²tɕia⁴⁴tiɐr⁵²]

那么等到了伪满洲国，[nɤ⁵²mə⁰təŋ²¹tau⁵²lə⁰uei³⁵man²¹tʂou⁴⁴kuo²¹³]

他把傅家甸儿叫成了 [tʰa⁴⁴pa²¹fu⁵²tɕia⁴⁴tiɐr⁵²tɕiau⁵²tʂʰəŋ³⁵lə⁰]

东傅家区和西傅家区，[tuŋ⁴⁴fu⁵²tɕia⁴⁴tɕʰy⁴⁴xɤ³⁵ɕi⁴⁴fu⁵²tɕia⁴⁴tɕʰy⁴⁴]

一九五六年，[i⁴⁴tɕiou³⁵u²¹liou⁵²n̠ian³⁵]

那么当合并了 [nɤ⁵²mə⁰taŋ⁴⁴xɤ³⁵pin⁵²lə⁰]

松江省和合江省之后，[suŋ⁴⁴tɕiaŋ⁴⁴ʂəŋ²¹xɤ³⁵xɤ³⁵tɕiaŋ⁴⁴ʂəŋ²¹tʂʅ⁴⁴xou⁵²]

黑龙江省成立了，[xei⁴⁴luŋ³⁵tɕiaŋ⁴⁴ʂəŋ²¹tʂʰəŋ³⁵li⁵²lə⁰]

这个时候儿的［tʂei⁵²kə⁰ ʂʅ³⁵xour⁰tə⁰］

哈尔滨市人民政府，［xa⁴⁴ɚ²¹pin⁴⁴ ʂʅ⁵²ʐən³⁵min³⁵tʂəŋ⁵²fu²¹³］

把东西傅家区合并，［pa²¹tuŋ⁴⁴ɕi⁴⁴fu⁵²tɕia⁴⁴tɕʰy⁴⁴xɤ³⁵pin⁵²］

顺应人民的需要，［ʂuən⁵²iŋ⁴⁴ʐ̩ən³⁵min³⁵tə⁰ɕy⁴⁴iau⁵²］

叫了道外区，［tɕiau⁵²lə⁰tau⁵²uai⁵²tɕʰy⁴⁴］

道外区的名称儿［tau⁵²uai⁵²tɕʰy⁴⁴tə⁰miŋ³⁵tʂʰə̃r⁴⁴］

就是这么来的。［tɕiou⁵²ʂʅ⁵²tsən⁵²mə⁰lai³⁵tə⁰］

那么，道里区是怎么来的呢？［nɤ⁵²mə⁰,tau⁵²li²¹tɕʰy⁴⁴ʂʅ⁵²tsən²¹mə⁰lai³⁵tə⁰nə⁰］

因为道里是引领时尚［in⁴⁴uei⁵²tau⁵²li²¹ʂʅ⁵²in³⁵liŋ²¹ʂʅ³⁵ʂaŋ⁵²］

带动消费的好地方，［tai⁵²tuŋ⁵²ɕiau⁴⁴fei⁵²tə⁰xau²¹ti⁵²faŋ⁰］

大商店、外国人都在这儿。［ta⁵²ʂaŋ⁴⁴tian⁵²、uai⁵²kuo²¹ʐ̩ən³⁵tou³⁵tsai⁵²tʂɤr⁵²］

咱、咱们家住这儿［tsan⁵²、tsan³⁵mən⁰tɕia⁴⁴tʂu⁵²tʂɤr⁵²］

就是铁道里，［tɕiou⁵²ʂʅ⁵²tʰiɛ²¹ tau⁵²li²¹³］

这是人们通常叫的习惯，［tʂɤ⁵²ʂʅ⁵²ʐ̩ən³⁵mən⁰tʰuŋ⁴⁴tʂʰaŋ³⁵tɕiau⁵²tə⁰ɕi³⁵kuan⁵²］

在地方志上，［tsai⁵²ti⁵²faŋ⁴⁴tʂʅ⁵²ʂaŋ⁰］

在哈尔滨历史编年上，［tsai⁵²xa⁴⁴ɚ²¹pin⁴⁴li⁵²ʂʅ²¹pian⁴⁴ȵian³⁵ʂaŋ⁵²］

都写着，［tou³⁵ɕiɛ²¹tʂə⁰］

人们习惯于叫道里［ʐ̩ən³⁵mən⁰ɕi³⁵kuan⁵²y³⁵tɕiau⁵²tau⁵²li²¹］

或者叫铁道外。［xuo⁵²tʂɤ²¹tɕiau⁵²tʰiɛ²¹tau⁵²uai⁵²］

那么，一九二五年，［nɤ⁵²mə⁰,i⁴⁴tɕiou²¹ɚ⁵²u²¹ȵian³⁵］

叫了道里区。［tɕiau⁵²lə⁰tau⁵²li²¹tɕʰy⁴⁴］

等到站在道里［təŋ²¹tau⁵²tʂan⁵²tsai⁵²tau⁵²li²¹］

往南边儿瞅的大岗子［uan⁵²nan³⁵piɐr⁴⁴tʂʰou²¹tə⁰ta⁵²kaŋ⁵²tsʅ⁰］

叫了南岗，［tɕiau⁵²lə⁰ nan³⁵kaŋ⁵²］

人们称呼的习惯。［ʐ̩ən³⁵mən⁴⁴tʂʰəŋ⁴⁴xu⁴⁴tə⁰ɕi³⁵kuan⁵²］

一九二八年，［i⁴⁴tɕiou²¹ɚ⁵²pa⁴⁴ȵian³⁵］

当时的政府设了南岗区，［taŋ⁴⁴ʂʅ³⁵tə⁰tʂəŋ⁵²fu²¹ʂɤ⁵²lə⁰nan³⁵kaŋ⁵²tɕʰy⁴⁴］

道里、道外、南岗区［tau⁵²li²¹、tau⁵²uai⁵²、nan³⁵kaŋ⁵²tɕʰy⁴⁴］

三个区的名称儿，［san³⁵kɤ⁵²tɕʰy⁴⁴tə⁰miŋ³⁵tʂʰə̃r⁴⁴］

就是这么来的。［tɕiou⁵²ʂʅ⁵²tsən⁵²mə⁰lai³⁵tə⁰］

（有删减）

（以上由发音人王作俭提供）

(三)小黄毛儿

小黄毛儿哇上梁山，［ɕiau²¹xuaŋ²⁴maur²⁴ua⁰ʂaŋ⁵³liaŋ²⁴ʂan⁴⁴］

他呀,走在路上没盘缠了,［tʰa⁴⁴ia⁰,tsou²¹tsai⁵³lu⁵³ʂaŋ⁰mei²⁴pʰan²⁴tʂʰan⁰lə⁰］

那怎么办哪?［na⁵³tsən²¹mə⁰pan⁵³na⁰］

回家呀想:［xuei²⁴tɕia⁴⁴ia⁰ɕiaŋ²¹²］

卖母鸡?［mai⁵³mu²¹tɕi⁴⁴］

母鸡会下蛋。［mu²¹tɕi⁴⁴xuei⁵³ɕia⁵³tan⁵³］

那他想:卖公鸡呢?［na⁵³tʰa⁴⁴ɕiaŋ²¹:mai⁵³kuŋ⁴⁴tɕi⁴⁴nə⁰］

公鸡还会打鸣儿。［kuŋ⁴⁴tɕi⁴⁴xai²⁴xuei⁵³ta²¹miə̃r²⁴］

这可怎么办呢?［tʂɤ⁵³kʰɤ²¹tsəŋ²¹mə⁰pan⁵³nə⁰］

卖孩子?［mai⁵³xai²⁴tsʅ⁰］

孩子又太可怜了。［xai²⁴tsʅ⁰iou⁵³tʰai⁵³kʰɤ²¹lian²⁴lə⁰］

卖媳妇儿啊?［mai⁵³ɕi²⁴fər⁰z̩a⁰］

那媳妇儿还能干活儿,［na⁵³ɕi²⁴fər⁰xai⁵³nəŋ²⁴kan⁵³xuor²⁴］

正当年。［tʂəŋ⁵³taŋ⁴⁴ȵian²⁴］

那可怎么办哪?［na⁵³kʰɤ²¹tsən²¹mə⁰pan⁵³na⁰］

卖老太太?［mai⁵³lau²¹tʰai⁵³tʰai⁰］

老太太还不值钱。［lau²¹tʰai⁵³tʰai⁰xai²⁴pu⁵³tʂʅ²⁴tɕʰian²⁴］

那你说,怎么办?［na⁵³ȵi²¹ʂuo⁴⁴,tsən²¹mə⁰pan⁵³］

怎么办吧?［tsən²¹mə⁰pan⁵³pa⁰］

(四)从前有座山

从前有座山,［tsʰuŋ²⁴tɕʰian²⁴iou²¹tsuo⁵³ʂan⁴⁴］

山上啊有个洞,［ʂan⁴⁴ʂaŋ⁰a⁴⁴iou²¹kə⁰tuŋ⁵³］

洞里有什么呀?［tuŋ⁵³li⁰iou²¹ʂən²⁴mə⁰ia⁰］

有个大缸,［iou²¹kə⁰ta⁵³kaŋ⁴⁴］

那大缸里还有什么?［na⁵³ta⁵³kaŋ⁴⁴li²¹xai²⁴iou²¹ʂən²⁴mə⁰］

有个盆儿,［iou²¹kə⁰pʰər²⁴］

盆儿里哪,一看,［pʰər²⁴li²¹na⁰,i²⁴kʰan⁵³］

有个碟子,［iou²¹kə⁰tiɛ²⁴tsʅ⁰］

碟子里面有一个小碗儿,［tiɛ²⁴tsʅ⁰li²¹mian⁰iou²¹i²⁴kə⁰ɕiau²⁴uar²¹²］

小碗儿里边有什么呀?［ɕiau²⁴uar²⁴li²¹pian⁰iou²¹ʂən²⁴mə⁰ia⁰］

有个勺儿,［iou²¹kə⁰ʂaur²⁴］

勺儿里你猜猜有什么?［ʂaur²⁴li⁰ȵi²¹tsʰai⁴⁴tsʰai⁰iou²¹ʂən²⁴mə⁰］

有块肉。［iou²¹kʰuai⁵³z̩ou⁵³］

那我吃了,［na⁵³uo²¹tʂʰʅ⁴⁴lə⁰］

你馋了,［ȵi²¹tʂʰan²⁴lə⁰］

我的故事讲完了。［uo²¹tə⁰ku⁵³ʂʅ⁰tɕian²¹uan²⁴lə⁰］

（以上由发音人苏丽梅提供）

四　自选条目

（一）俗语

1. 多个朋友多条路，［tuo⁴⁴kə⁰pʰəŋ²⁴iou⁰tuo⁴⁴tʰiau²⁴lu⁵²］
　多个冤家多堵墙。［tuo⁴⁴kə⁰yan⁴⁴tɕia⁰tuo⁴⁴tu²¹tɕʰiaŋ²⁴］

2. 不听老人言，［pu⁵²tʰiŋ⁴⁴lau²¹ʐ̩ən²⁴ian²⁴］
　吃亏在眼前。［tʂʰʅ⁴⁴kʰuei⁴⁴tsai⁵²ian²¹tɕʰian²⁴］

3. 人人都有难唱的曲儿，［ʐ̩ən²⁴ʐ̩ən²⁴tou⁴⁴iou²¹nan²⁴tʂʰaŋ⁵²tə⁰tɕʰyɚr²¹¹］
　家家都有难念的经。［tɕia⁴⁴tɕia⁴⁴tou⁴⁴iou²¹nan²⁴ȵian⁵²tə⁰tɕiŋ⁴⁴］

4. 喝凉酒花脏钱，［xɤ⁴⁴liaŋ²⁴tɕiou²¹xua⁴⁴tsaŋ⁴⁴tɕʰian²⁴］
　早晚是病。［tsau²⁴uan²¹ʂʅ⁵²piŋ⁵²］

5. 大水冲了龙王庙，［ta⁵²ʂuei²¹tʂʰuŋ⁴⁴lə⁰luŋ²⁴uaŋ²⁴miau⁵²］
　自家人不认自家人。［tsʅ⁵²tɕia⁴⁴ʐ̩ən²⁴pu²⁴ʐ̩ən⁵²tsʅ⁵²tɕia⁴⁴ʐ̩ən²⁴］

6. 小时偷针，［ɕiau²¹ʂʅ²⁴tʰou⁴⁴tʂən⁴⁴］
　长大偷金。［tʂaŋ²¹ta⁵²tʰou⁴⁴tɕin⁴⁴］

（二）歇后语

1. 狗撵鸭子——呱呱叫。
　［kou²⁴ȵian²¹ia⁴⁴tsʅ⁰——kua⁴⁴kua⁴⁴tɕiau⁵²］

2. 癞蛤蟆上脚背——不咬人膈应人。
　［lai⁵²xa²⁴ma⁰ʂaŋ⁵²tɕiau²¹pei⁵²——pu⁵²iau²¹ʐ̩ən²⁴kɤ⁵²iŋ⁰ʐ̩ən²⁴］膈应：令人生厌

3. 媒婆儿提亲——专拣好听的说。
　［mei²⁴pʰɤr²⁴tʰi²⁴tɕʰin⁴⁴——tʂuan⁴⁴tɕian²⁴xau²¹tʰiŋ⁴⁴tə⁰ʂuo⁴⁴］

4. 小葱拌豆腐——一清（青）二白。
　［ɕiau²¹tsʰuŋ⁴⁴pan⁵²tou⁵²fu⁰——i⁵²tɕʰiŋ⁴⁴ɚ⁵²pai²⁴］

5. 哑巴吃饺子——心里有数。
　［ia²¹pa⁰tʂʰʅ⁴⁴tɕiau²¹tsʅ⁰——ɕin⁴⁴li⁰iou²¹ʂu⁵²］

6. 猪鼻子插大葱——装相（象）。
　［tʂu⁴⁴pi²⁴tsʅ⁰tʂʰa²¹ta⁵²tsʰuŋ⁴⁴——tʂuaŋ⁴⁴ɕiaŋ⁵²］

（以上由发音人孙中恺提供）

肇　东

一　歌谣

(一)编花篮儿

编、编、编花篮儿, [pian³³ 、pian³³ 、pian³³xua³³lɐr²⁴]
花篮儿里面儿有小孩儿。[xua³³lɐr²⁴li²¹miɐr⁵³iou²⁴ɕiau²¹xɐr²⁴]
小孩儿哭娘喂猪, [ɕiau²¹xɐr²⁴kʰu³³ȵiaŋ²⁴uei⁵³tʂu³³]
小孩儿睡盖花被, [ɕiau²¹xɐr²⁴ʂuei⁵³kai⁵³xua³³pei⁵³]
小孩儿醒吃油饼, [ɕiau²¹xɐr²⁴ɕiŋ²¹tʂʰʅ³³iou²⁴piŋ²¹¹]
小孩儿玩儿抢大钱儿。[ɕiau²¹xɐr²⁴uɐr²⁴tɕʰiaŋ²¹ta⁵³tɕʰiɐr²⁴] 大钱儿:旧时的铜钱

(二)逗逗飞

逗逗飞, [tou³³tou³³fei³³] 逗逗飞:一种逗孩子的游戏,两只手的食指相碰两下再分开,往复进行
逗逗飞, [tou³³tou³³fei³³]
喜鹊老鸹一大堆。[ɕi²¹tɕʰyɛ⁰lau²¹kuo⁰i²⁴ta⁵³tuei³³]
逗逗飞, [tou³³tou³³fei³³]
逗逗飞, [tou³³tou³³fei³³]
你是妈妈的好宝贝。[ȵi²¹ʂʅ⁵³ma³³ma⁰tə⁰xau²⁴pau²¹pei⁵³]

(三)腊月八日子好

腊月八日子好, [la⁵³yɛ⁵³pa³³zʅ⁵³tsʅ⁰xau²¹¹]
许多姑娘变大嫂, [ɕy²¹tuo³³ku³³ȵiaŋ⁰pian⁵³ta⁵³sau²¹¹]
嘴里哭心里笑, [tsuei²⁴li²¹kʰu³³ɕin³³li²¹ɕiau⁵³]
屁股底下坐个大花轿。[pʰi⁵³ku⁰ti²¹ɕia⁰tsuo⁵³kə⁰ta⁵³xua³³tɕiau⁵³]

(四)马兰花

马兰花啊马兰花, [ma²¹lan²⁴xua³³a⁰ma²¹lan²⁴xua³³]

风吹雨打都不怕。[fəŋ³³tʂʰuei³³y²⁴ta²¹tou³³pu²⁴pʰa⁵³]

勤劳的人们爱说话，[tɕʰin²⁴lau²⁴təʰⁿⁿ⁰ʐən²⁴mən²⁴ai⁵³ʂuo³³xua⁵³]

让我马上就回家。[ʐ̩aŋ⁵³uo²⁴ma²¹ʂaŋ⁰tɕiou⁵³xuei²⁴tɕia³³]

（五）摸摸毛儿

摸摸毛儿，[mɤ³³mɤ³³maur²⁴]

吓不着。[ɕia⁵³pu⁰tʂau²⁴]

摸摸耳，[mɤ³³mɤ³³ɚ²¹¹]

吓一会儿。[ɕia⁵³i⁵³xuər²¹¹]

摸摸手，[mɤ³³mɤ³³ʂou²¹¹]

魂儿不走。[xuər²⁴pu⁵³tsou²¹¹]

（六）小板凳儿

小板凳儿四条腿儿，[ɕiau²⁴pan²¹tə̃r⁵³sɿ⁵³tʰiau²⁴tuər²¹¹]

我给奶奶嗑瓜子儿。[uo²⁴kei²⁴nai²¹nai⁰kʰɤ⁵³kua³³tsər²¹¹]

奶奶说我没搁油，[nai²¹nai⁰ʂuo³³uo²¹mei⁵³kɤ³³iou²⁴]

我给奶奶磕俩头。[uo²⁴kei²⁴nai²¹nai⁰kʰɤ³³lia²¹tʰou²⁴]

奶奶说我磕得慢，[nai²¹nai⁰ʂuo³³uo²¹kʰɤ³³tə⁰man⁵³]

我给奶奶煮鸡蛋。[uo²⁴kei²⁴nai²¹nai⁰tʂu²¹tɕi³³tan⁵³]

（七）小孩儿你别哭

小孩儿小孩儿你别哭，[ɕiau²¹xɐr²⁴ɕiau²¹xɐr²⁴ȵi²¹piɛ⁵³kʰu³³]

过了腊八就杀猪。[kuo⁵³lə⁰la⁵³pa³³tɕiou⁵³ʂa³³tʂu³³]

小孩儿小孩儿你别馋，[ɕiau²¹xɐr²⁴ɕiau²¹xɐr²⁴ȵi²¹piɛ⁵³tʂʰan²⁴]

过了腊八就是年。[kuo⁵³lə⁰la⁵³pa³³tɕiou⁵³ʂɿ⁵³ȵian²⁴]

（八）小丫蛋儿

小丫蛋儿，[ɕiau²¹ia³³tɐr⁵³]

上井沿儿，[ʂaŋ⁵³tɕiŋ²¹iɐr⁵³]

打出溜滑儿，[ta²¹tʂʰu³³liou³³xuar²⁴] 打出溜滑儿：在平地或斜坡的冰雪路面上或光滑的地方滑行，多是两脚一前一后，借助惯性作用滑行

摔屁股蛋儿。[ʂuai³³pʰi⁵³ku⁰tɐr⁵³]

（九）小耗子上灯台

小耗子上灯台，[ɕiau²¹xau⁵³tsɿ⁰ʂaŋ⁵³təŋ³³tʰai²⁴]

偷吃油下不来，[tʰou³³tʂʐ̩ʰ³³iou²⁴ɕia⁵³pu⁵³lai²⁴]

喵喵喵猫来了，[miau³³miau³³miau³³mau³³lai²⁴lə⁰]

叽里咕噜滚下来。[tɕi³³li⁰ku³³lu⁰kuən²¹ɕia⁵³lai²⁴]

（十）小小子儿坐门墩

小小子儿坐门墩儿，[ɕiau²⁴ɕiau²¹tsər⁰tsuɤ⁵³mən²⁴tuər³³]

哭着喊着要媳妇儿，[kʰu³³tʂə⁰xan²¹tʂə⁰iau⁵³ɕi²⁴fər⁵³]

要媳妇儿干什么，[iau⁵³ɕi²⁴fər⁵³kan⁵³ʂən²⁴mə⁰]

缝衣缝袜儿，[fəŋ²⁴i³³fəŋ²⁴var⁵³]

点灯说话，[tian²¹təŋ³³ʂuo³³xua⁵³]

吹灯不害怕。[tʂʰuei³³təŋ³³pu²⁴xai⁵³pʰa⁵³]

（十一）大雨哗哗下

大雨哗哗下，[ta⁵³y²¹xua³³xua³³ɕia⁵³]

北京来电话儿，[pei²¹tɕiŋ³³lai²⁴tian⁵³xuar⁵³]

让我去当兵，[z̠aŋ⁵³uo²¹tɕʰy⁵³taŋ³³piŋ³³]

挎个镰刀把儿，[kʰua⁵³kə⁰lian²⁴tau³³par⁵³]

镰刀把儿带弯儿的，[lian²⁴tau³³par⁵³tai⁵³var²⁴ti⁰]

把小鬼子打冒烟儿的。[pa²⁴ɕiau²⁴kuei²¹tsʐ̩⁰ta²¹mau⁵³iɐr³³ti⁰]

（十二）蛤蟆蛤蟆气鼓

蛤蟆蛤蟆气鼓，[xa²⁴ma⁰xa²⁴ma⁰tɕʰi⁵³ku²¹¹]

气到八月十五，[tɕʰi⁵³tau⁵³pa²⁴yɛ⁵³ʂʐ̩²⁴u²¹¹]

八月十五杀猪，[pa²⁴yɛ⁵³ʂʐ̩²⁴u²¹ʂa³³tʂu³³]

气得蛤蟆直哭。[tɕʰi⁵³tə⁰xa²⁴ma⁰tʂʐ̩²⁴kʰu³³]

（十三）喜鹊叫把信儿报

喜鹊叫把信儿报，[ɕi²¹tɕʰyɛ⁵³tɕiau⁵³pa²¹ɕiər⁵³pau⁵³]

早报喜，[tsau²¹pau⁵³ɕi²¹¹]

晚报财，[van²⁴pau⁵³tsʰai²⁴]

不早不晚有人来。[pu⁵³tsau²¹pu⁵³van²⁴iou²¹z̠ən²⁴lai²⁴]

（十四）小皮球儿

小皮球儿架脚踢，[ɕiau²¹pʰi²⁴tɕʰiour²⁴tɕia⁵³tɕiau²¹tʰi³³]

马莲开花儿二十一，[ma²¹lian²⁴kʰai³³xuar³³ɐr⁵³ʂʐ̩²⁴i³³]

二五六二五七，[ɐr⁵³u²¹liou⁵³ɐr⁵³u²¹tɕʰi³³]

二八二九三十一，[ɐr⁵³pa³³ɐr⁵³tɕiou²¹san³³ʂʅ²⁴i³³]

三五六三五七，[san³³u²¹liou⁵³san³³u²¹tɕʰi³³]

三八三九四十一，[san³³pa³³san³³tɕiou²¹sʅ⁵³ʂʅ²⁴i³³]

四五六四五七，[sʅ⁵³u²¹liou⁵³sʅ⁵³u²¹tɕʰi³³]

四八四九五十一，[sʅ⁵³pa³³sʅ⁵³tɕiou²⁴u²¹ʂʅ²⁴i³³]

五五六五五七，[u²⁴u²¹liou⁵³u²⁴u²¹tɕʰi³³]

五八五九六十一，[u²¹pa³³u²⁴tɕiou²¹liou⁵³ʂʅ²⁴i³³]

六五六六五七，[liou⁵³u²¹liou⁵³liou⁵³u²¹tɕʰi³³]

六八六九七十一，[liou⁵³pa³³liou⁵³tɕiou²¹tɕʰi³³ʂʅ²⁴i³³]

七五六七五七，[tɕʰi³³u²¹liou⁵³tɕʰi³³u²¹tɕʰi³³]

七八七九八十一，[tɕʰi³³pa³³tɕʰi³³tɕiou²¹pa³³ʂʅ²⁴i³³]

八五六八五七，[pa³³u²¹liou⁵³pa³³u²¹tɕʰi³³]

八八八九九十一，[pa³³pa³³pa³³tɕiou²⁴tɕiou²¹ʂʅ²⁴i³³]

九五六九五七，[tɕiou²⁴u²¹liou⁵³tɕiou²⁴u²¹tɕʰi³³]

九八九九一百一。[tɕiou²¹pa³³tɕiou²⁴tɕiou²¹i⁵³pai²¹i³³]

（十五）燕儿燕儿扯花线儿

燕儿燕儿扯花线儿，[iɐr⁵³iɐr⁵³tʂʰɤ²¹xua³³ɕiɐr⁵³]

里拐外拐，[li²⁴kuai²¹vai⁵³kuai²¹¹]

八仙过海，[pa³³ɕian³³kuo⁵³xai²¹¹]

九九一百。[tɕiou²⁴tɕiou²¹i⁵³pai²¹¹]

（十六）上山打老虎

一二三四五，[i³³ɐr⁵³san³³sʅ⁵³u²¹¹]

上山打老虎，[ʂaŋ⁵³ʂan³³ta²⁴lau²⁴xu²¹¹]

老虎没打着，[lau²⁴xu²¹mei⁵³ta²¹tʂau²⁴]

单打后脑勺儿。[tan³³ta²¹xou⁵³nau²¹ʂaur²⁴]

（有删减）

（十七）悠悠悠上满沟

悠悠悠上满沟，[iou³³iou³³iou³³ʂaŋ⁵³man²¹kou³³]

打花线扎枕头，[ta²¹xua³³ɕian⁵³tʂa³³tʂən²¹tʰou⁰]

悠孩儿睡盖花被，[iou³³xɐr²⁴ʂuei⁵³kai⁵³xua³³pei⁵³]

悠孩儿醒吃油饼。[iou³³xɐr²⁴ɕiŋ²¹tʂʰʅ³³iou²⁴piŋ²¹¹]

（以上由发音人梁晓丽提供）

二　规定故事

牛郎和织女

古时候，[ku²¹ ʂʅ²⁴ xou⁰]

有个小伙子，[iou²¹ kə⁰ ɕiau²⁴ xuo²¹ tsʅ⁰]

父母都早逝了，[fu⁵³ mu²¹ tou³³ tsau²¹ ʂʅ⁵³ lə⁰]

家里只剩下一头老牛，[tɕia³³ li²⁴ tʂʅ²¹ ʂəŋ⁵³ ɕia⁵³ i⁵³ tʰou²⁴ lau²¹ ȵiou²⁴]

人们就叫他牛郎。[ʐ̩ən²⁴ mən²⁴ tɕiou⁵³ tɕiau⁵³ tʰa³³ ȵiou²⁴ laŋ²⁴]

牛郎以老牛耕地为生，[ȵiou²⁴ laŋ²⁴ i²⁴ lau²¹ ȵiou²⁴ kəŋ³³ ti⁵³ vei²⁴ ʂəŋ³³]

啊，孤苦伶仃的一个人。[a⁰, ku³³ kʰu²¹ liŋ²⁴ tiŋ³³ tə⁰ i²⁴ kɣ⁵³ ʐ̩ən²⁴]

老牛是天上的金牛星，[lau²¹ ȵiou²⁴ ʂʅ⁵³ tʰian³³ ʂaŋ⁰ tə⁰ tɕin⁵³ ȵiou²⁴ ɕiŋ³³]

非常喜欢牛郎勤劳善良，[fei³³ tʂʰaŋ²⁴ ɕi²¹ xuan³³ ȵiou²⁴ laŋ²⁴ tɕʰin²⁴ lau²⁴ ʂan⁵³ liaŋ²⁴]

所以他就想帮牛郎[suo²⁴ i²¹ tʰa³³ tɕiou⁵³ ɕiaŋ²¹ paŋ³³ ȵiou²⁴ laŋ²⁴]

成个家娶个媳妇儿。[tʂʰəŋ²⁴ kə⁰ tɕia³³ tɕʰy²¹ kə⁰ ɕi²⁴ fər⁰]

有一天，[iou²¹ i⁵³ tʰian³³]

金牛星知道天上的仙女，[tɕin³³ ȵiou²⁴ ɕiŋ³³ tʂʅ³³ tau⁵³ tʰian³³ ʂaŋ⁰ tə⁰ ɕian³³ ȵy²¹¹]

要到呃，[iau⁵³ tau⁵³ ə⁰]

村东湖边的湖里来洗澡，[tsʰuən³³ tuŋ³³ xu²⁴ pian³³ tə⁰ xu²⁴ li⁰ lai²⁴ ɕi²⁴ tsau²¹¹]

然后他就托梦给牛郎，[ʐ̩an²⁴ xou⁵³ tʰa³³ tɕiou⁵³ tʰuo³³ məŋ⁵³ kei²¹ ȵiou²⁴ laŋ²⁴]

牛郎半信半疑的。[ȵiou²⁴ laŋ²⁴ pan⁵³ ɕin⁵³ pan⁵³ i²⁴ tə⁰]

第二天早晨，[ti⁵³ ɐr⁵³ tʰian³³ tsau²¹ tʂʰən⁰]

牛郎就去了啊，[ȵiou²⁴ laŋ²⁴ tɕiou⁵³ tɕʰy⁵³ lə⁰ a⁰]

村子东边的湖里，[tsʰuən³³ tsʅ⁰ tuŋ³³ pian³³ tə⁰ xu²⁴ li⁰]

一看，[i²⁴ kʰan⁵³]

真的有七个美女[tʂən³³ tə⁰ iou²¹ tɕʰi²⁴ kə⁰ mei²⁴ ȵy²¹]

在湖里戏水，[tsai⁵³ xu²⁴ li⁰ ɕi⁵³ ʂuei²¹¹]

然后牛郎就拿，啊，[ʐ̩an²⁴ xou⁵³ ȵiou²⁴ laŋ²⁴ tɕiou⁵³ na²⁴, a⁰]

牛郎就把树上[ȵiou²⁴ laŋ²⁴ tɕiou⁵³ pa²¹ ʂu⁵³ ʂaŋ⁰]

挂的衣服拿走了，[kua⁵³ tə⁰ i³³ fu⁰ na²⁴ tsou²¹ lə⁰]

呃，这件儿衣服就是织女的。[ə⁰, tʂɣ⁵³ tɕiɐr⁵³ i³³ fu⁰ tɕiou⁵³ ʂʅ⁵³ tʂʅ³³ ȵy²¹ tə⁰]

这天夜里，[tʂɣ⁵³ tʰian³³ iɛ⁵³ li⁰]

啊，织女悄悄地[a⁰, tʂʅ³³ ȵy²¹ tɕʰiau³³ tɕʰiau³³ tə⁰]

来到牛郎家里，[lai²⁴ tau⁵³ ȵiou²⁴ laŋ²⁴ tɕia³³ li⁰]

呃,轻轻地敲开了门,[ə⁰,tɕʰiŋ³³tɕʰiŋ³³tə⁰tɕʰiau³³kʰai³³lə⁰mən²⁴]

他们两个人[tʰa³³mən⁰liaŋ²¹kə⁰zən²⁴]

就做了恩爱的夫妻。[tɕiou⁵³tsuo⁵³lə⁰ən³³ ai⁵³tə⁰fu³³tɕʰi³³]

转眼间三年过去了,[tʂʰuan²⁴ian²¹tɕian³³san³³ȵian²⁴kuo⁵³tɕʰy⁵³lə⁰]

牛郎和织女生了[ȵiou²⁴laŋ²⁴xɤ²⁴tʂʅ³³ȵy²¹ʂəŋ³³lə⁰]

一男一女两个孩子,[i⁵³nan²⁴i⁵³ȵy²⁴liaŋ²¹kə⁰xai²⁴tsʅ⁰]

日子过得非常地恩爱幸福。[zʅ⁵³tsʅ⁰kuo⁵³tə⁰fei³³tʂʰaŋ²⁴tə⁰ən³³ai⁵³ɕiŋ⁵³fu²⁴]

可是织女私自下凡的事儿,[kʰɤ²¹ʂʅ⁵³tʂʅ³³ȵy²¹sʅ³³tsʅ⁵³ɕia⁵³fan²⁴tə⁰ʂər⁵³]

被玉皇大帝知道了。[pei⁵³y⁵³xuaŋ²⁴ta⁵³ti⁵³tʂʅ³³tau⁵³lə⁰]

大发雷霆。[ta⁵³fa³³lei²⁴tʰiŋ²⁴]

有一天,[iou²¹i⁵³tʰian³³]

天空中电闪雷鸣,[tʰian³³kʰuŋ³³tʂuŋ³³tian⁵³ʂan²¹lei²⁴miŋ²⁴]

风雨交加,[fəŋ³³y²¹tɕiau³³tɕia³³]

转眼间织女不见了,[tʂuan²⁴ian²¹tɕian³³tʂʅ³³ȵy²¹pu²⁴tɕian⁵³lə⁰]

两个孩子哭着喊着要妈妈。[liaŋ²¹kə⁰xai²⁴tsʅ⁰kʰu³³tʂə⁰xan²¹tʂə⁰iau⁵³ma³³ma⁰]

这时候,[tʂɤ⁵³ʂʅ²⁴xou⁰]

牛郎就非常地着急,[ȵiou²⁴laŋ²⁴tɕiou⁵³fei³³tʂʰaŋ²⁴tə⁰tʂau³³tɕi²⁴]

啊,这可怎么办呢? [a⁵³,tʂɤ⁵³kʰɤ²¹tsən²¹mə⁰pan⁵³nə⁰]

这时候儿,[tʂɤ⁵³ʂʅ²⁴xour⁰]

忽然听见老牛[xu³³zan²⁴tʰiŋ³³tɕian⁵³lau²¹ȵiou²⁴]

开口说话了:[kʰai³³kʰou²¹ʂuo³³xua⁵³lə⁰]

"牛郎,别着急,["ȵiou²⁴laŋ²⁴,piɛ⁵³tʂau³³tɕi²⁴]

把我的角拿下来[pa²⁴uo²¹tə⁰tɕiau²¹na²⁴ɕia⁵³lai⁰]

做成两个箩筐,[tsuo⁵³tʂʰəŋ²⁴liaŋ²¹kə⁰luo²⁴kʰuaŋ³³]

这样,把孩子装在筐里,[tʂei⁵³iaŋ⁵³,pa²¹xai²⁴tsʅ⁰tʂuaŋ³³tsai⁵³kʰuaŋ³³li²¹¹]

你就可以飞到天宫[ȵi²¹tɕiou⁵³kʰɤ²¹i²¹fei³³tau⁵³tʰian³³kuŋ³³]

去找织女了。"[tɕʰy⁵³tʂau²¹tʂʅ³³ȵy²¹lə⁰。"]

牛郎正奇怪呢,[ȵiou²⁴laŋ²⁴tʂəŋ⁵³tɕʰi²⁴kuai⁵³nə⁰]

这时候儿牛角掉了下来,[tʂɤ⁵³ʂʅ²⁴xour⁰ȵiou²⁴tɕiau²¹tiau⁵³lə⁰ɕia⁵³lai²⁴]

牛郎就把牛角[ȵiou²⁴laŋ²⁴tɕiou⁵³pa²¹ȵiou²⁴tɕiau²¹]

变成了两个筐,[pian⁵³tʂʰəŋ²⁴lə⁰liaŋ²¹kə⁰kʰuaŋ³³]

把孩子放到筐里。[pa²¹xai²⁴tsʅ⁰faŋ⁵³tau⁵³kʰuaŋ³³li⁰]

他挑起筐,[tʰa³³tʰiau³³tɕʰi²¹kʰuaŋ³³]

就觉得有一阵清风吹过,[tɕiou⁵³tɕyɛ²⁴tə⁰iou²¹i²⁴tʂən⁵³tɕʰiŋ³³fəŋ³³tʂʰuei³³kuo⁵³]

牛郎向天空飞去。[ȵiou²⁴laŋ²⁴ɕiaŋ⁵³tʰian³³kʰuŋ³³fei³³tɕʰy⁵³]

飞呀飞呀,[fei³³ia⁰fei³³ia⁰]

眼看着就要撵上了织女,[ian²¹kʰan⁵³tʂə⁰tɕiou⁵³iau⁵³n̠ian²¹ʂaŋ⁵³lə⁰tʂʅ³³n̠y²¹¹]

这时候儿,[tʂɤ⁵³ʂʅ²⁴xour⁰]

被王母娘娘发现了,[pei⁵³vaŋ²⁴mu²¹n̠iaŋ²⁴n̠iaŋ⁰fa³³ɕian⁵³lə⁰]

王母娘娘拔下[vaŋ²⁴mu²¹n̠iaŋ²⁴n̠iaŋ⁰pa²⁴ɕia⁵³]

头上的一根金钗,[tʰou²⁴ʂaŋ⁵³tə⁰i⁵³kən³³tɕin³³tʂʰai³³]

忽然,[xu³³ʐan²⁴]

天宫中出现了一条大河,[tʰian³³kuŋ³³tʂuŋ³³tʂʰu³³ɕian⁵³lə⁰i⁵³tʰiau²⁴ta⁵³xɤ²⁴]

无边无际,[u²⁴pian³³u²⁴tɕi⁵³]

把牛郎和织女分开了。[pa²¹n̠iou²⁴laŋ²⁴xɤ²⁴tʂʅ³³n̠y²¹fən³³kʰai³³lə⁰]

喜鹊非常同情[ɕi²¹tɕʰyɛ⁵³fei³³tʂʰaŋ²⁴tʰuŋ²⁴tɕʰiŋ²⁴]

牛郎和织女,[n̠iou²⁴laŋ²⁴xɤ²⁴tʂʅ³³n̠y²¹¹]

在每年农历的七月初七,[tsai⁵³mei²¹n̠ian²⁴nuŋ²⁴li⁵³tə⁰tɕʰi³³yɛ⁵³tʂʰu³³tɕʰi³³]

它们就会飞上天,天边,啊,[tʰa³³mən⁰tɕiou⁵³xuei⁵³fei³³ʂaŋ⁵³tʰian³³,tʰian³³pian³³,a⁰]

一个叼起另一个的尾巴,[i²⁴kɤ⁵³tiau³³tɕʰi²¹liŋ⁵³i²⁴kɤ⁵³tə⁰vei²¹pa⁰]

搭成一座鹊桥,[ta³³tʂʰəŋ²⁴i²⁴tsuo⁵³tɕʰyɛ⁵³tɕʰiau²⁴]

让牛郎和织女相会。[ʐaŋ⁵³n̠iou²⁴laŋ²⁴xɤ²⁴tʂʅ³³n̠y²¹ɕiaŋ³³xuei⁵³]

(以上由发音人梁晓丽提供)

三　其他故事

琵琶精的故事

古时候有个老太太,[ku²¹ʂʅ²⁴xou⁰iou²¹kə⁰lau²¹tʰai⁵³tʰai⁰]

她的孩子呢特别多。[tʰa³³tə⁰xai²⁴tsʅ⁰nə⁰tʰɤ⁵³piɛ²⁴tuo³³]

有一天,[iou²¹i⁵³tʰian³³]

老太太要去[lau²¹tʰai⁵³tʰai⁵³iau⁵³tɕʰy⁵³]

给她的妈妈上寿去,[kei²¹tʰa³³tə⁰ma³³ma³³ʂaŋ⁵³ʂou⁵³tɕʰy⁰]

她就嘱咐她的孩子,[tʰa³³tɕiou⁵³tʂu²¹fu⁰tʰa³³tə⁰xai²⁴tsʅ⁰]

无论谁来呢,[u²⁴luən⁵³ʂei²¹lai²⁴nə⁰]

都不要给他开门。[tou³³pu²⁴iau⁵³kei²¹tʰa³³kʰai³³mən²⁴]

呃,然后,[ə⁰,ʐan²⁴xou⁵³]

她的孩子叫,[tʰa³³tə⁰xai²⁴tsʅ⁰tɕiau⁵³]

门插挂儿、蓼吊子、[mən²⁴tʂʰa³³kuar⁰、liau⁵³tiau²¹tsʅ⁰]门插挂儿:门闩。蓼吊子:北方常见的
一种植物名称,学名"红蓼",一年生草本植物,茎直立,多分枝,花呈穗状,下垂,多粉色

笤帚疙瘩、扫帚节子、［tʰiau²⁴tʂou³³ka³³ta⁰、sau⁵³tʂou⁰tɕiɛ²¹tsʅ⁰］笤帚疙瘩：在居家场所，扫炕或地面的灰尘或垃圾的稍小的笤帚，有时专指使用磨损后较短小的笤帚。扫帚节子：扫帚一般由竹子制成，扫帚节子即竹子上的竹节

小铃子、小铁子，［ɕiau²¹liŋ²⁴tsʅ⁰、ɕiau²⁴tʰiɛ²¹tsʅ⁰］

嘱咐孩子们都记住了，［tʂu²¹fu⁰xai²⁴tsʅ⁰mən⁰tou²⁴tɕi⁵³tʂu⁵³lə⁰］

这时候儿老太太就上路了。［tʂɤ⁵³ʂʅ²⁴xour⁰lau²¹tʰai⁵³tʰai⁰tɕiou⁵³ʂaŋ⁵³lu⁵³lə⁰］

她走着走着就累了，［tʰa³³tsou²¹tʂə⁰tsou²¹tʂə⁰tɕiou⁵³lei⁵³lə⁰］

想在路上歇一会儿，［ɕiaŋ²¹tsai⁵³lu⁵³ʂaŋ⁰ɕiɛ³³i⁵³xuər²¹¹］

这时，她在路上，［tʂɤ⁵³ʂʅ²⁴，tʰa³³tsai⁵³lu⁵³ʂaŋ⁰］

就碰见了琵琶精，［tɕiou⁵³pʰəŋ⁵³tɕian⁰lə⁰pʰi²⁴pʰa⁰tɕiŋ³³］

然后，琵琶精就问她：［ʐan²⁴xou⁵³，pʰi²⁴pʰa⁰tɕiŋ³³tɕiou⁵³vən⁵³tʰa³³］

"大嫂啊，你上哪儿啊？"［"ta⁵³sau²¹a⁰，n̠i²¹ʂaŋ⁵³nar²¹ʐa⁰？"］

她说：［tʰa³³ʂuo³³］

"我要给我的妈妈上寿去。"［"uo²¹iau⁵³kei²⁴uo²¹tə⁰ma³³ma⁰ʂaŋ⁵³ʂou⁵³tɕʰy⁰。"］

琵琶精问她：［pʰi²⁴pʰa⁰tɕiŋ³³vən⁵³tʰa³³］

"你的家在哪儿啊？［"n̠i²¹tə⁰tɕia³³tsai⁵³nar²¹ʐa⁰］

你有几个孩子呀？"［n̠i²⁴iou²¹tɕi²¹kə⁰xai²⁴tsʅ⁰ia⁰？"］

然后老太太［ʐan²⁴xou⁵³lau²¹tʰai⁵³tʰai⁰］

也都告诉了琵琶精，［iɛ²¹tou²⁴kau⁵³su⁵³lə⁰pʰi²⁴pʰa⁰tɕiŋ³³］

说，她有……［ʂuo³³，tʰa³³iou²¹¹］

然后琵琶精问：［ʐan²⁴xou⁵³pʰi²⁴pʰa⁰tɕiŋ³³vən⁵³］

"你的孩子都叫什么名啊？"［"n̠i²¹tə⁰xai²⁴tsʅ⁰tou³³tɕiau⁵³ʂən²⁴mə⁰miŋ²⁴ŋa⁰？"］

老太太跟她说：［lau²¹tʰai⁵³tʰai⁰kən³³tʰa³³ʂuo³³］

"门插挂儿、蓼吊子、［"mən²⁴tʂʰa³³kuar⁰、liau⁵³tiau²¹tsʅ⁰］

呃，笤帚疙瘩、扫帚节子、［ə⁰，tʰiau²⁴tʂou³³ka³³ta⁰、sau⁵³tʂou⁰tɕiɛ²¹tsʅ⁰］

小铃子、小铁子。"［ɕiau²¹lin²⁴tsʅ⁰、ɕiau²⁴tʰiɛ²¹tsʅ⁰。"］

琵琶精把这些［pʰi²⁴pʰa⁰tɕiŋ³³pa²¹tʂei⁵³ɕiɛ³³］

都记在了心里，［tou³³tɕi⁵³tsai⁵³lə⁰ɕin³³li²¹¹］

这时候儿，［tʂɤ⁵³ʂʅ²⁴xour⁰］

琵琶精冷丁一说：［pʰi²⁴pʰa⁰tɕiŋ³³liŋ²¹tiŋ³³i⁵³ʂuo³³］

"大嫂哇，［"ta⁵³sau²¹va⁰］

你脖子后面儿有个虱子。"［n̠i²¹pɤ²⁴tsʅ⁰xou⁵³miɐr⁵³iou²¹kə⁰ʂʅ³³tsʅ⁰。"］

她说：［tʰa³³ʂuo³³］

"那你就给我拿下来吧。"［"na⁵³n̠i²¹tɕiou⁵³kei²⁴uo²¹na²⁴ɕia⁵³lai²⁴pa⁰。"］

琵琶精说：［pʰi²⁴pʰa⁰tɕiŋ³³ʂuo³³］

"我也不会拿呀，就会咬。"［"uo²⁴iɛ²¹pu²⁴xuei⁵³na²⁴ia⁰, tɕiou⁵³xuei⁵³iau²¹¹。"］

上去一口，［ʂaŋ⁵³tɕʰy⁰i⁵³kʰou²¹¹］

就把老太太给咬死了。［tɕiou⁵³pa²⁴lau²¹tʰai⁵³tʰai⁰kei²⁴iau²⁴sʐ²¹lə⁰］

这时候，［tʂei⁵³ʂʐ²⁴xou⁰］

琵琶精扒下了老太太的衣服［pʰi²⁴pʰa⁰tɕiŋ³³pa³³ɕia⁵³lə⁰lau²¹tʰai⁵³tʰai⁰tə⁰i³³fu⁰］

穿上了，［tʂʰuan³³ʂaŋ⁰lə⁰］

然后来到了老太太的家，［zʌan²⁴xou⁵³lai²⁴tau⁵³lə⁰lau²¹tʰai⁵³tʰai⁰tə⁰ᶜtɕia³³］

她就敲门说：［tʰa³³tɕiou⁵³tɕʰiau³³mən²⁴ʂuo³³］

"门插挂儿给妈开门哪。"［"mən²⁴tʂʰa³³kuar⁰kei²¹ma³³kʰai³³mən²⁴na⁰。"］

门插挂儿说：［mən²⁴tʂʰa³³kuar⁰ʂuo³³］

"你不是我妈，［"ȵi²¹pu²⁴ʂʐ⁵³uo²¹ma³³］

这不是我妈的声音。"［tʂɤ⁵³pu²⁴ʂʐ⁵³uo²¹ma³³tə⁰ʂəŋ³³in³³。"］

然后，琵琶精又说：［zʌan²⁴xou⁵³pʰi²⁴pʰa⁰tɕiŋ³³iou⁵³ʂuo³³］

"蓼吊子给妈开门哪。"［"liau⁵³tiau²¹tsʐ⁰kei²¹ma³³kʰai³³mən²⁴na⁰。"］

蓼吊子说：［liau⁵³tiau²¹tsʐ⁰ʂuo³³］

"你不是我妈，［"ȵi²¹pu²⁴ʂʐ⁵³uo²¹ma³³］

我妈打南边儿来。"［uo²¹ma³³ta²¹nan²⁴piɐr³³lai²⁴。"］

她又说：［tʰa³³iou⁵³ʂuo³³］

"笤帚疙瘩、［"tʰiau²⁴tʂou³³ka³³ta⁰］

扫帚节子给妈开门哪。"［sau⁵³tʂou³³tɕiɛ²¹tsʐ⁰ kei²¹ma³³kʰai³³mən²⁴na⁰。"］

孩子们都说：［xai²⁴tsʐ⁰mən⁰tou³³ʂuo³³］

"你不是我妈，［"ȵi²¹pu²⁴ʂʐ⁵³uo²¹ma³³］

我妈不是这个声音。"［uo²¹ma³³pu²⁴ʂʐ⁵³tʂei⁵³kə⁰ʂəŋ³³in³³。"］

这时候，［tʂɤ⁵³ʂʐ²⁴xou⁰］

她就说：［tʰa³³tɕiou⁵³ʂuo³³］

"小铁子给妈开门哪。"［"ɕiau²⁴tʰiɛ²¹tsʐ⁰kei²¹ma³³kʰai³³mən²⁴na⁰。"］

小铁子小哇，［ɕiau²⁴tʰiɛ²¹tsʐ⁰ɕiau²¹va⁰］

就把门给打开了，［tɕiou⁵³pa²¹mən²⁴kei²⁴ta²¹kʰai³³lə⁰］

这时候琵琶精就进来了。［tʂɤ⁵³ʂʐ²⁴xou⁰pʰi²⁴pʰa⁰tɕiŋ³³tɕiou⁵³tɕin⁵³lai⁰lə⁰］

然后说：［zʌan²⁴xou⁵³ʂuo³³］

"睡觉吧。"［"ʂuei⁵³tɕiau⁵³pa⁰。"］

嗯，琵琶精拿起了［ən⁰, pʰi²⁴pʰa⁰tɕiŋ³³na²⁴tɕʰi²¹lə⁰］

老太太的烟袋，［lau²¹tʰai⁵³tʰai⁰tə⁰ian³³tai⁵³］

啊，坐那儿抽烟，［a⁰, tsuo⁵³nər⁵³tʂʰou³³ian³³］

然后就说：［zʌan²⁴xou⁵³tɕiou⁵³ʂuo³³］

"门插挂儿你跟妈搂吧。"［"mən²⁴tʂʰa³³kuar⁰n̠i²¹kən³³ma³³lou²¹pa⁰。"］

门插挂儿说：［mən²⁴tʂʰa³³kuar⁰ʂuo³³］

"我不跟你搂。"［"uo²¹pu⁵³kən³³n̠i²¹lou²¹¹。"］

然后,她又说：［ẓan²⁴xou⁵³,tʰa³³iou⁵³ʂuo³³］

"蓼吊子你跟妈搂吧。"［"liau⁵³tiau²¹tsʅ⁰n̠i²¹kən³³ma³³lou²¹pa⁰。"］

蓼吊子说：［liau⁵³tiau²¹tsʅ⁰ʂuo³³］

"我也不跟你搂。"［"uo²⁴iɛ²¹pu⁵³kən³³n̠i²⁴lou²¹¹。"］

她就说：［tʰa³³tɕiou⁵³ʂuo³³］

"笤帚疙瘩你跟妈搂吧。"［"tʰiau²⁴tʂou³³ka³³ta⁰n̠i²¹kən³³ma³³lou²¹pa⁰。"］

笤帚疙瘩说：［tʰiau²⁴tʂou³³ka³³ta⁰ʂuo³³］

"我也不跟你搂。"［"uo²⁴iɛ²¹pu⁵³kən³³n̠i²⁴lou²¹¹。"］

她就跟小铁子说：［tʰa³³tɕiou⁵³kən³³ɕiau²⁴tʰiɛ²¹tsʅ⁰ʂuo³³］

"小铁子你跟妈睡吧。"［"ɕiau²⁴tʰiɛ²¹tsʅ⁰n̠i²¹kən³³ma³³ʂuei⁵³pa⁰。"］

小铁子小啊,［ɕiau²⁴tʰiɛ²¹tsʅ⁰ɕiau²¹a⁰］

说："行啊。"［ʂuo³³:"ɕiŋ²⁴ŋa⁰。"］

然后他就钻进了［ẓan²⁴xou⁵³tʰa³³tɕiou⁵³tsuan³³tɕin⁵³lə⁰］

琵琶精的被窝儿,［pʰi²⁴pʰa⁰tɕiŋ³³tə⁰pei⁵³uor³³］

一摸,身上咋有毛呢,［i⁵³mɤ³³,ʂən³³ʂaŋ⁵³tsa²¹iou²¹mau²⁴nə⁰］

就问她：［tɕiou⁵³vən⁵³tʰa³³］

"妈,妈,你身上咋有毛呢?"［"ma³³,ma³³,n̠i²¹ʂən³³ʂaŋ⁵³tsa²¹iou²¹mau²⁴nə⁰?"］

老琵琶精说：［lau²¹pʰi²⁴pʰa⁰tɕiŋ³³ʂuo³³］

"你姥姥儿怕我冷［n̠i²⁴lau²¹laur⁰pʰa⁵³uo²⁴ləŋ²¹］

把皮大衣反穿上了。"［pa²¹pʰi²⁴ta⁵³i³³fan²¹tʂʰuan³³ʂaŋ⁵³lə⁰。"］

孩子又一摸,［xai²⁴tsʅ⁰iou⁵³i⁵³mɤ³³］

"怎么还有尾巴呢?"［"tsən²¹mə⁰xai²⁴iou²⁴vei²¹pa⁰nə⁰?"］

然后就问,［ẓan²⁴xou⁵³tɕiou⁵³vən⁵³］

琵琶精说：［pʰi²⁴pʰa⁰tɕiŋ³³ʂuo³³］

"啊,你姥姥给了一绺儿麻,［"a⁰,n̠i²¹lau²¹lau⁰kei²¹lə⁰i⁵³liour²¹ma²⁴］

没有地方放,［mei²⁴iou²¹ti⁵³faŋ⁰faŋ⁵³］

就搁屁股夹回来了。"［tɕiou⁵³kɤ³³pʰi⁵³ku⁰tɕia²⁴xuei⁰lai⁰lə⁰。"］

然后,门插挂儿就问：［ẓan²⁴xou⁵³,mən²⁴tʂʰa³³kuar⁰tɕiou⁵³vən⁵³］

"妈,妈,你吃啥呢?"［"ma³³,ma³³,n̠i²¹tʂʰʅ³³ʂa²⁴nə⁰?"］

然后琵琶精说：［ẓan²⁴xou⁵³pʰi²⁴pʰa⁰tɕiŋ³³ʂuo³³］

"你姥姥东淘澄西倒腾,［"n̠i²⁴lau²¹lau⁰tuŋ³³tʰau²⁴təŋ⁰ɕi³³tau²⁴tʰəŋ⁰］淘澄：设法弄到一

些需要的东西

淘澄个胡萝卜，[tʰau²⁴təŋ⁰kə⁰xu²⁴luo²⁴pə⁰]

给我压压咳嗽。"[kei²⁴uo²¹ia³³ia³³kʰɤ²⁴sou⁰。"]

孩子们发现了不对，[xai²⁴tsʅ⁰mən⁰fa³³ɕian⁵³lə⁰pu²⁴tuei⁵³]

然后就说，[ʐan²⁴xou⁵³tɕiou⁵³ʂuo³³]

要出去尿尿去，[iau⁵³tʂʰu³³tɕʰy⁵³ȵiau⁵³ȵiau⁵³tɕʰi⁰]

就都跑了出去，[tɕiou⁵³tou³³pʰau²¹lə⁰tʂʰu³³tɕʰy⁵³]

孩子们上到了大树上。[xai²⁴tsʅ⁰mən²⁴ʂaŋ⁵³tau⁵³lə⁰ta⁵³ʂu⁵³ʂaŋ⁰]

老琵琶精干等孩子们[lau²¹pʰi²⁴pʰa⁰tɕiŋ³³kan³³təŋ²¹xai²⁴tsʅ⁰mən⁰]

也不回来，[iɛ²¹pu⁵³xuei²⁴lai⁰]

也出来了，[iɛ²¹tʂʰu³³lai⁰lə⁰]

一看孩子们都在树上，[i²⁴kʰan⁵³xai²⁴tsʅ⁰mən⁰tou³³tsai⁵³ʂu⁵³ʂaŋ⁰]

她说她也要上去，[tʰa³³ʂuo³³tʰa³³iɛ²¹iau⁵³ʂaŋ⁵³tɕʰi⁰]

然后她还上不去。[ʐan²⁴xou⁵³tʰa³³xai²⁴ʂaŋ⁵³pu²⁴tɕʰy⁵³]

孩子们就说：[xai²⁴tsʅ⁰mən⁰tɕiou⁵³ʂuo³³]

"你回屋取一个大锅[ȵi²¹xuei⁰u³³tɕʰiou²¹i²⁴kə⁰ta⁵³kuo³³]

把它烧红了，[pa²¹tʰa³³ʂau³³xuŋ²⁴lou⁰]

再拴上个铁链子。"[tsai⁵³ʂuan³³ʂaŋ⁰kə⁰tʰiɛ²¹lian⁵³tsʅ⁰。"]

这时候儿，[tʂɤ⁵³ʂʅ²⁴xour⁰]

他们就把琵琶精[tʰa³³mən⁰tɕiou⁵³pa²¹pʰi²⁴pʰa⁰tɕiŋ³³]

往树上拽，[vaŋ²¹ʂu⁵³ʂaŋ⁰tʂuai⁵³]

拽到半截腰儿一下子撒手了，[tʂuai⁵³tau⁵³pan⁵³tɕiɛ²⁴iaur³³i²⁴ɕia⁵³tsʅ⁰sa³³ʂou²¹lə⁰]

把老琵琶精连摔带烫死了。[pa²⁴lau²¹pʰi²⁴pʰa⁰tɕiŋ³³lian²⁴ʂuai³³tai⁵³tʰaŋ⁵³sʅ²¹lə⁰]

（有修改）

（以上由发音人梁晓丽提供）

四　自选条目

（一）二人转《西厢观花》

一进哪花呀园哪哎哎呀，[i tɕin na xua ia yan na ai ai ia]

留神观看哪哎嗐呀，[liou ʂən kuan kʰan na ai xai ia]

满园的花草儿哇，[man yan ti xua tsaur va]

开得那么样地强哎哎呀，[kʰai ti na mə iaŋ ti tɕʰiaŋ ŋai ai ia]

皓月当啊空啊，哎哎呀，[xau yɛ taŋ ŋa kʰuŋ ŋa, ai ai ia]

如同白昼哇，我的大姑哇，[ʐu tʰuŋ pɤ tʂou va, uo ti ta ku va]

黑夜呀个观花呀啊，〔xei iɛ ia kə kuan xua ia a〕

都比白天强哎哎呀，〔tou pi pai tʰian tɕʰiaŋ ŋai ai ia〕

这一盆儿开的是啊红娘啊，〔tʂɤ i pʰər kʰai ti ʂʅ ʐa xuŋ ȵiaŋ ŋa〕

那是老来少哇，我的大姑哇，〔na ʂʅ lau lai ʂau va，uo ti ta ku va〕

那一盆儿开的是啊，〔na i pʰər kʰai ti ʂʅ ʐa〕

那是牡丹王儿哎哎呀，〔na ʂʅ mu tan vãr ai ai ia〕

这一盆开的是啊我说红娘啊，〔tʂɤ i pʰər kʰai ti ʂʅ ʐa uo ʂuo xuŋ ȵiaŋ ŋa〕

十样锦哪我的大姑哇，〔ʂʅ iaŋ tɕin na uo ti ta ku va〕

那一盆儿开的是啊，〔na i pʰər kʰai ti ʂʅ ʐa〕

那是秋海棠哎哎呀，〔na ʂʅ tɕʰiou xai tʰaŋ ŋai ai ia〕

石榴开花儿啊红娘啊，〔ʂʅ liou kʰai xuar ʐa xuŋ ȵiaŋ ŋa〕

红似火呀我的大姑哇，〔xuŋ sʅ xuo ia uo ti ta ku va〕

玉簪儿开花啊，〔y tʂən ɚ kʰai xua ʐa〕

棒儿多么样的长哎哎呀，〔paŋ ɚ tuo mə iaŋ ti tʂʰaŋ ŋai ai ia〕

六十年哪一开呀红娘啊，〔liou ʂʅ ȵian na i kʰai ia xuŋ ȵiaŋ ŋa〕

仙人儿掌儿啊我的大姑哇，〔ɕian iər tʂãr ŋa uo ti ta ku va〕

你看这仙人的头上啊，〔ȵi kʰan tʂɤ ɕian ʐən ti tʰou ʂaŋ ŋa〕

露水汪儿汪儿哎哎呀，〔lu ʂuei vãr vãr ŋai ai ia〕

眼前的芭蕉鲜叶儿绿啊，〔ian tɕʰian tə pa tɕiau ɕian iɛr ly a〕

蜡梅架子足有百尺长啊，〔la mei tɕia tsʅ tsu iou pai tʂʰʅ tʂʰaŋ ŋa〕

影壁山前爬山虎哇，〔iŋ pi ʂan tɕʰian pʰa ʂan xu va〕

影壁山后养鱼池塘啊。〔iŋ pi ʂan xou iaŋ y tʂʰʅ tʰaŋ ŋa〕

崔莺莺我正然哪，〔tsʰuei iŋ iŋ uo tʂən ʐan na〕

观花望景啊，〔kuan xua vaŋ tɕiŋ a〕

又忽听蟋蟀，〔iou xu tʰiŋ ɕi ʂuai〕

报叫声狂啊，〔pau tɕiau ʂəŋ kʰuaŋ ŋa〕

蟋蟀叫来银鼠儿狂啊，〔ɕi ʂuai tɕiau lai in ʂur kʰuaŋ ŋa〕

一阵思来我就一阵伤啊，〔i tʂən sʅ lai uo tɕiou i tʂən ʂaŋ ŋa〕

思只思花儿不常开，〔sʅ tʂʅ sʅ xua ɚ pu tʂʰaŋ kʰai〕

人儿不常在呀，〔ʐən ɚ pu tʂʰaŋ tsai ia〕

伤只伤月儿不常圆，〔ʂaŋ tʂʅ ʂaŋ yɛ ɚ pu tʂʰaŋ yan〕

草儿不常芳啊，〔tsʰau ɚ pu tʂʰaŋ faŋ ŋa〕

看起来物有盛衰，〔kʰan tɕʰi lai u iou ʂəŋ ʂuai〕

时有寒暑哇，〔ʂʅ iou xan ʂu va〕

月有盈啊亏，〔yɛ iou iŋ ŋa kʰuei〕

人有生亡啊,［ʐən iou ʂəŋ vaŋ ŋa］

恨苍天［xən tsʰaŋ tʰian］

怎么不遂咱们那个人心愿哪,［tsən mə pu suei tsan mən na kə ʐən ɕin yan na］

怎么不叫人儿不老［tsən mə pu tɕiau ʐən ɚ pu lau］

花儿常开月儿常圆,［xua ɚ tʂʰaŋ kʰai yɛ ɚ tʂʰaŋ yan］

草儿啊常芳啊。［tsʰau ɚ ʐa tʂʰaŋ faŋ ŋa］

我带领红娘啊往前头走啊,［uo tai liŋ xuŋ ɳiaŋ ŋa vaŋ tɕʰian tʰou tsou a］

八宝亭啊不远儿,［pa pau tʰiŋ ŋa pu yɚ］

来到面旁啊,［lai tau mian pʰaŋ ŋa］

吩咐着红娘啊,［fən fu tʂɤ xuŋ ɳiaŋ ŋa］

抬香案,［tʰai ɕiaŋ an］

小红娘在一旁,［ɕiau xuŋ ɳiaŋ tsai i pʰaŋ］

不就搭上腔啊,［pʰu tɕiou ta ʂaŋ tɕʰiaŋ ŋa］

眼看天交三更后,［ian kʰan tʰian tɕiau san kəŋ xou］

我哪里去找炉来呀啊,［uo na li tɕʰy tʂau lu lai ia a］

哪里找黄香啊哎哎呀。［na li tʂau xuaŋ ɕiaŋ ŋa ai ai ia］

（二）二人转《张生游寺》

唱了一回小哇张生啊,［tʂʰaŋ lə i xuei ɕiau ua tʂʰaŋ ʂəŋ ŋa］

哎哎哎哎哎哎哎哎嗨［ai ai ai ai ai ai ai ai xai］

哎嗨哎哎哎哎哎呀,［ia xai ai ai ai ai ai ia］

唱了一回小张生啊［tʂʰaŋ lə i xuei ɕiau tʂʰaŋ ʂəŋ ŋa］

哎哎哎哎哎哎哎嗨哎嗨呀。［ai ai ai ai ai ai ai xai ai xai ia］

张生啊游寺啊遇见了崔莺莺啊,［tʂaŋ ʂəŋ ŋa iou sɿ ʐa y tɕian liau tsʰuei iŋ iŋ ŋa］

遇见了崔莺莺啊。［y tɕian liau tsʰuei iŋ iŋ ŋa］

这个莺莺啊头前儿走哇,［tʂei kɤ iŋ iŋ ŋa tʰou tɕʰiɚ tsou va］

张生就在［tʂaŋ ʂəŋ tɕiou tsai］

后哇边儿边儿边儿边儿边儿蹭啊嗨,［xou va piɚ piɚ piɚ piɚ piɚ tsʰəŋ ŋa xai］

哎哎嗨哎嗨呀;［ai ai xai ai xai ia］

这个莺莺啊头前儿走哇,［tʂei kɤ iŋ iŋ ŋa tʰou tɕʰiɚ tsou va］

张生就在［tʂaŋ ʂəŋ tɕiou tsai］

后啊边儿边儿边儿边儿边儿蹭啊嗨,［xou a piɚ piɚ piɚ piɚ piɚ tsʰəŋ ŋa xai］

哎哎嗨哎嗨呀。［ai ai xai ai xai ia］

怒恼了女儿花容啊［nu nau liau ɳy ɚ xua ʐuŋ ŋai］

哎哎哎哎哎哎哎,［ai ai ai ai ai ai ai］

哎嗨哎嗨哎哎哎哎哎哎哎呀，[ai xai ai xai ai ai ai ai ai ai ai ia]

怒恼了女儿花容啊哎，[nu nau liau ȵy ər xua ʐ.uŋ ŋa ai]

哎哎哎哎哎哎嗨哎嗨呀，[ai ai ai ai ai ai xai ai xai ia]

用手哇一呀指啊，[yŋ ʂou ua i ia tʂʅ ʐ.a]

骂了一声你是狂生啊，[ma lə i ʂəŋ ȵi ʂʅ kʰuaŋ ʂəŋ ŋa]

骂了一声你是狂生啊。[ma lə i ʂəŋ ȵi ʂʅ kʰuaŋ ʂəŋ ŋa]

我们姑娘啊贞洁女儿啊，[uo mən ku ȵiaŋ ŋa tʂən tɕiɛ ȵyər ʐ.a]

好不该地又来，[xau pu kai ti iou lai]

调调调调情啊嗨哎哎嗨哎哎嗨呀，[tʰiau tʰiau tʰiau tʰiau tɕʰiŋ a xai ai ai xai ai ai xai ia]

我们姑娘啊贞洁女儿啊，[uo mən ku ȵiaŋ ŋa tʂən tɕiɛ ȵyər ʐ.a]

好不该地又来，[xau pu kai ti iou lai]

调调调调情啊嗨哎哎嗨哎哎嗨呀，[tʰiau tʰiau tʰiau tʰiau tɕʰiŋ a xai ai ai xai ai ai xai ia]

张生他留后情啊哎哎哎哎哎哎哎，[tʂaŋ ʂəŋ tʰa liou xou tɕʰiŋ ŋa ai ai ai ai ai ai ai]

哎嗨哎嗨哎哎嗨哎哎嗨呀，[ai xai ai xai ai ai xai ai xai ai xai ia]

崔莺莺留后情啊哎哎嗨哎嗨嗨嗨，[tsʰuei iŋ iŋ liou xou tɕʰiŋ ŋa ai ai xai ai xai xai xai]

哎哎嗨哎嗨呀。[ai ai xai ai xai ia]

一呀条哇花巾儿啊［i ia tɕʰiau va xua tɕiər ʐ.a]

就在那地上扔啊，[tɕiou tsai na ti ʂaŋ ʐ.əŋ ŋa]

就往那地上扔啊。[tɕiou vaŋ na ti ʂaŋ ʐ.əŋ ŋa]

要是有人哪捡了去呀［iau ʂʅ iou ʐ.ən na tɕian liau tɕʰy ia］

留下他的名啊，[liou ɕia tʰa ti miŋ ŋa]

名儿和姓儿哎嗨哎哎嗨呀，[miər xɤ ɕiər ai xai ai ai xai ia]

要是有人哪捡了去呀［iau ʂʅ iou ʐ.ən na tɕian liau tɕʰy ia]

留下他的名啊，[liou tɕʰia tʰa ti miŋ ŋa]

名儿和姓儿哎嗨哎哎嗨哎嗨呀啊。[miər xɤ ɕiər ai xai ai ai xai ai xai ia ŋa]

张生他看得真哪哎哎哎哎哎哎哎，[tʂaŋ ʂəŋ tʰa kʰan ti tʂən na ai ai ai ai ai ai ai ai]

哎嗨哎嗨哎哎嗨哎哎嗨呀，[ai xai ai xai ai ai xai ai xai ia]

张生他看得真哪，[tʂaŋ ʂəŋ tʰa kʰan ti tʂən na]

哎哎嗨哎哎哎嗨哎嗨哎嗨呀，[ai ai xai ai ai ai xai ai xai ai xai ia]

看见那地呀上啊［kʰan tɕian na ti ia ʂaŋ ŋa]

有一条花汗巾儿啊，[iou i tʰiau xua xan tɕiər ʐ.a]

有一条花汗巾哪啊。[iou i tʰiau xua xan tɕin na a]

走上近前哪［tsou ʂaŋ tɕin tɕʰian na]

忙拾起呀拾起就往袖哇，[maŋ ʂʅ tɕʰi ia ʂʅ tɕʰi tɕiou vaŋ ɕiou va]

袖口儿里存哪嗨哎哎嗨哎嗨呀，[ɕiou kʰour li tsʰuən na xai ai ai xai ai xai ia]

走上近前哪［tsou ʂaŋ tɕin tɕʰian na］

忙拾起呀拾起就往袖哇，［maŋ ʂʅ tɕʰi ia ʂʅ tɕʰi tɕiou vaŋ ɕiou va］

袖口儿里存哪哎哎嗨哎哎哎嗨哎呀。［ɕiou kʰour li tsʰuən na ai ai xai ai ai ai xai ai ia］

（以上由发音人王小刚、张丽敏提供）

（三）俗语

1. 别拿豆包儿不当干粮。［piɛ²⁴na²⁴tou⁵³paur³³pu²⁴taŋ⁵³kan³³liaŋ⁰］

2. 腊七儿腊八，［la⁵³tɕʰiər³³la⁵³pa³³］

    冻掉下巴。［tuŋ⁵³tiau⁵³ɕia⁵³pa⁰］

3. 两好搁一好儿。［liaŋ²⁴xau²¹ka³³i⁵³xaur²¹¹］

    （双方都要好，才能好到一块儿。）

4. 宁吃鲜桃儿一口，［ȵiŋ²⁴tʂʰʅ³³ɕian³³tʰaur²⁴i⁵³kʰou²¹¹］

    不吃烂杏儿一筐。［pu⁵³tʂʅ³³lan⁵³ɕiə̃r⁵³i⁵³kʰuaŋ³³］

5. 虱子多了不咬，［ʂʅ³³tsʅ⁰tuo³³lə⁰pu⁵³iau²¹¹］

    饥荒多了不愁。［tɕi³³xuaŋ⁰tuo³³lə⁰pu⁵³tʂʰou²⁴］

6. 云彩往东，刮大风，［yn²⁴tsʰai⁰vaŋ²¹tuŋ³³，kua²¹ta⁵³fəŋ³³］

    云彩往西，淹死老母鸡，［yn²⁴tsʰai⁰vaŋ²¹ɕi³³，ian³³sʅ²¹lau²⁴mu²¹tɕi³³］

    云彩往南，跑旱船，［yn²⁴tsʰai⁰vaŋ²¹nan²⁴，pʰau²¹xan⁵³tʂʰuan²⁴］

    云彩往北，涨大水。［yn²⁴tsʰai⁰vaŋ²⁴pei²¹¹，tʂaŋ²¹ta⁵³ʂuei²¹¹］

7. 早上下雨一天晴。［tsau²¹ʂaŋ⁰ɕia⁵³y²¹i⁵³tʰian³³tɕʰiŋ²⁴］

8. 作得紧，死得快。［tsuo³³tə⁰tɕin²¹¹，sʅ²¹tə⁰kʰuai⁵³］作：指某人任意发泄，不顾及他人的行为

9. 干活儿不由东，［kan⁵³xuor²⁴pu⁵³iou²⁴tuŋ³³］

    累死也无功。［lei⁵³sʅ²⁴iɛ²¹u²⁴kuŋ³³］

10. 谷雨难得雨，［ku²⁴y²¹nan²⁴tɤ²⁴y²¹¹］

    清明难得晴。［tɕʰiŋ³³miŋ²⁴nan²⁴tɤ²⁴tɕʰiŋ²⁴］

11. 八月十五云遮月，［pa³³yɛ⁵³ʂʅ²⁴u²¹yn²⁴tʂɤ³³yɛ⁵³］

    正月十五雪打灯。［tʂəŋ³³yɛ⁵³ʂʅ²⁴u²¹ɕyɛ²⁴ta²¹təŋ³³］

12. 发昏当不了死。［fa³³xuən³³taŋ⁵³pu⁵³liau²⁴sʅ²¹¹］

    （发昏不能当作死，昏过去迟早都会醒来，意思是要正面面对，逃避解决不了
    问题。）

13. 立夏到小满，［li⁵³ɕia⁵³tau⁵³ɕiau²⁴man²¹¹］

    种啥也不晚。［tʂuŋ⁵³ʂa²⁴iɛ²¹pu⁵³van²¹¹］

14. 磨刀不误砍柴工。［mɤ²⁴tau³³pu²⁴u⁵³kʰan²¹tʂʰai²⁴kuŋ³³］

15. 人比人得死，［ʐən²⁴pi²¹ʐən²⁴tei²⁴sʅ²¹¹］

    货比货得扔。［xuo⁵³pi²¹xuɤ⁵³tei²¹ləŋ³³］

16. 十八拜都拜了，[ʂ̩²⁴pa²⁴pai⁵³tou³³pai⁵³lə⁰]

就差这一哆嗦了。[tɕiou⁵³tʂʰa⁵³tʂei⁵³i⁵³tuo³³suo⁰lə⁰]

（比喻事情只差最后一步就成功了。）

（四）歇后语

1. 路东的羊吃路西的草——各路。

[lu⁵³tuŋ³³tə⁰iaŋ²⁴tʂʰ̩³³lu⁵³ɕi³³tə⁰tsʰau²¹¹——kɤ²⁴lu⁵³]各路:贬义词,指性格怪异、不合群

2. 三九天穿布拉吉——抖起来了。

[san³³tɕiou²¹tʰian³³tʂʰuan³³pu⁵³la²⁴tɕi⁰——tou²⁴tɕʰi²¹lai²⁴lə⁰]布拉吉:连衣裙,来自于俄语

3. 大伯子背兄弟媳妇儿——费力不讨好儿。

[ta⁵³pai³³tsʐ⁰pei³³ɕyŋ³³ti⁰ɕi²⁴fər⁰——fei⁵³li⁵³pu⁰tʰau²⁴xaur²¹¹]

4. 张三儿哄孩子——信不着。

[tʂaŋ³³sɚ³³xuŋ²¹xai²⁴tsʐ⁰——ɕin⁵³pu⁰tʂau²⁴]

5. 小虾吃大鱼——跟跄（量戗）。

[ɕiau²¹ɕia³³tʂʰʐ³³ta⁵³y²⁴——liaŋ⁵³tɕʰiaŋ⁵³]量戗:比喻难以完成

6. 大鼻子他爹——老鼻子了。

[ta⁵³pi²⁴tsʐ⁰tʰa³³tiɛ³³——lau²¹pi²⁴tsʐ⁰lə⁰]老鼻子:形容数量多

（以上由发音人梁晓丽提供）

肇　　州

一　歌谣

（一）小小子儿坐门墩儿

小小子儿，[ɕiau²⁴ɕiau²¹tʂər⁰]
坐门墩儿，[tsuɤ⁵³mən²⁴tuər⁴⁴]
哭着喊着要媳妇儿。[kʰu⁴⁴tʂə⁰xan²¹tʂə⁰iau⁵³ɕi²¹fər⁵³]

（二）小白兔儿

小白兔儿，[ɕiau²¹pai²⁴tʰur⁵³]
白又白，[pai²⁴iou⁵³pai²⁴]
两只耳朵竖起来。[lian²¹tʂʅ⁴⁴ɚ²¹tuɤ⁰ʂu⁵³tɕʰi²¹lai²⁴]
爱吃萝卜爱吃菜，[ai⁵³tʂʅ⁴⁴luɤ²⁴pə⁰ai⁵³tʂʅ⁴⁴tsʰai⁵³]
蹦蹦跳跳真可爱！[pəŋ⁵³pəŋ⁵³tʰiau⁵³tʰiau⁵³tʂən⁴⁴kʰɤ²¹ai⁵³]

（三）一二三四五

一二三四五，[i⁴⁴ɐr⁵³san⁴⁴sʅ⁵³u²¹¹]
上山打老虎。[ʂaŋ⁵³ʂan⁴⁴ta²¹lau²⁴xu²¹¹]
老虎没打着，[lau²⁴xu²¹mei⁵³ta²¹tʂau²⁴]
打到小松鼠。[ta²¹tau⁵³ɕiau²¹suŋ⁴⁴ʂu²¹¹]
松鼠有几只，[suŋ⁴⁴ʂu²¹iou²⁴tɕi²¹tʂʅ⁴⁴]
我来数一数，[uɤ²¹lai²⁴ʂu²¹i⁵³ʂu²¹¹]
数来又数去，[ʂu²¹lai²⁴iou⁵³ʂu²¹tɕʰy⁵³]
一二三四五。[i⁴⁴ɐr⁵³san⁴⁴sʅ⁵³u²¹¹]

（四）小皮球儿

小皮球儿，[ɕiau²¹pʰi²⁴tɕʰiour²⁴]

架脚踢，［tɕia⁵³tɕiau²¹tʰi⁴⁴］

马莲开花二十一。［ma²¹lian²⁴kʰai⁴⁴xua⁴⁴ɐr⁵³ʂๅ²⁴i⁴⁴］

二八二五六，［ɐr⁵³pa⁴⁴ɐr⁵³u²¹liou⁵³］

二八二五七，［ɐr⁵³pa⁴⁴ɐr⁵³u²¹tɕʰi⁴⁴］

二八二九三十一。［ɐr⁵³pa⁴⁴ɐr⁵³tɕiou²¹san⁴⁴ʂๅ²⁴i⁴⁴］

三八三五六，［san⁴⁴pa⁴⁴san⁴⁴u²¹liou⁵³］

三八三五七，［san⁴⁴pa⁴⁴san⁴⁴u²¹tɕʰi⁴⁴］

三八三九四十一。［san⁴⁴pa⁴⁴san⁴⁴tɕiou²¹sๅ⁵³ʂๅ²⁴i⁴⁴］

四八四五六，［sๅ⁴⁴pa⁴⁴sๅ⁴⁴u²¹liou⁵³］

四八四五七，［sๅ⁴⁴pa⁴⁴sๅ⁴⁴u²¹tɕʰi⁴⁴］

四八四九五十一。［sๅ⁵³pa⁴⁴sๅ⁵³tɕiou²⁴u²¹ʂๅ²⁴i⁴⁴］

五八五五六，［u²¹pa⁴⁴u²⁴u²¹liou⁵³］

五八五五七，［u²¹pa⁴⁴u²⁴u²¹tɕʰi⁴⁴］

五八五九六十一。［u²¹pa⁴⁴u²⁴tɕiou²¹liou⁵³ʂๅ²⁴i⁴⁴］

六八六五六，［liou⁵³pa⁴⁴liou⁵³u²¹liou⁵³］

六八六五七，［liou⁵³pa⁴⁴liou⁵³u²¹tɕʰi⁴⁴］

六八六九七十一。［liou⁵³pa⁴⁴liou⁵³tɕiou²¹tɕʰi⁴⁴ʂๅ²⁴i⁴⁴］

七八七五六，［tɕʰi⁴⁴pa⁴⁴tɕʰi⁴⁴u²¹liou⁵³］

七八七五七，［tɕʰi⁴⁴pa⁴⁴tɕʰi⁴⁴u²¹tɕʰi⁴⁴］

七八七九八十一。［tɕʰi⁴⁴pa⁴⁴tɕʰi⁴⁴tɕiou²¹pa⁴⁴ʂๅ²⁴i⁴⁴］

八八八五六，［pa⁴⁴pa⁴⁴pa⁴⁴u²¹liou⁵³］

八八八五七，［pa⁴⁴pa⁴⁴pa⁴⁴u²¹tɕʰi⁴⁴］

八八八九九十一。［pa⁴⁴pa⁴⁴pa⁴⁴tɕiou²⁴tɕiou²¹ʂๅ²⁴i⁴⁴］

九八九五六，［tɕiou²¹pa⁴⁴tɕiou²⁴u²¹liou⁵³］

九八九五七，［tɕiou²¹pa⁴⁴tɕiou²⁴u²¹tɕʰi⁴⁴］

九八九九一百一。［tɕiou²¹pa⁴⁴tɕiou²⁴tɕiou²¹i⁵³pai²¹i⁴⁴］

（五）拉大锯，扯大锯

拉大锯，扯大锯。［la⁴⁴ta⁵³tɕy⁵³，tʂʰɤ²¹ta⁵³tɕy⁵³］

老家门口儿唱大戏。［lau²¹tɕia⁴⁴mən²⁴kʰour²¹tʂʰaŋ⁵³ta⁵³ɕi⁵³］

接姑娘，唤女婿。［tɕiɛ⁴⁴ku⁴⁴ȵiaŋ⁰，xuan⁵³ȵy²¹ɕy⁰］

小外孙儿也要去。［ɕiau²¹uai⁵³suər⁴⁴iɛ²¹iau⁵³tɕʰy⁵³］

（六）摸摸毛儿

摸摸毛儿，［mɤ⁴⁴mə⁰maur²⁴］

吓不着，[ɕia⁵³pu⁰tʂau²⁴]

摸头囟儿，[mɤ⁴⁴tʰou²⁴ɕiər⁵³] 头囟儿：囟门

吓一阵儿。[ɕia⁵³i²⁴tʂər⁵³]

（在孩子受到惊吓后，大人常一边摸孩子头部，一边说这样的话来安慰孩子。）

（以上由发音人刘律提供）

（七）蛤蟆蛤蟆气鼓

蛤蟆蛤蟆气鼓，[xa³⁵ma⁰xa³⁵ma⁰tɕʰi⁵³ku²¹²]

气到八月十五。[tɕʰi⁵³tau⁵³pa³⁵yɛ⁵³ʂʅ³⁵u²¹²]

八月十五杀猪，[pa³⁵yɛ⁵³ʂʅ³⁵u²¹ʂa⁴⁴tʂu⁴⁴]

气得蛤蟆直哭。[tɕʰi⁵³ti⁰xa³⁵ma⁰tʂʅ³⁵kʰu⁴⁴]

（以上由发音人闫莉提供）

二　规定故事

牛郎和织女

今天，[tɕin³³tʰian³³]

我给大家讲一个 [uɤ²⁴kei²¹ta³³tɕia³³tɕiaŋ²¹i²⁴kə⁰]

牛郎织女的故事。[ȵiou²⁴laŋ²⁴tʂʅ³³ȵy²¹tə⁰ku⁵³ʂʅ⁰]

在很久很久以前，[tsai⁵³xən²⁴tɕiou²¹xən²⁴tɕiou²¹i²¹tɕʰian²⁴]

有一个偏僻的小屯子，[iou²¹i²⁴kə⁰pʰian³³pʰi⁵³tə⁰ɕiau²¹tʰuən²⁴tsʅ⁰]

那里没有几户人家。[na⁵³li²¹mei²⁴iou²⁴tɕi²¹xu⁵³ʐən²⁴tɕia³³]

有一户人家，[iou²¹i²⁴xu⁵³ʐən²⁴tɕia³³]

只有一个小伙子。[tʂʅ²⁴iou²¹i²⁴kə⁰ɕiau²⁴xuɤ²¹tsʅ⁰]

这个小伙子家里特别地穷，[tʂei⁵³kə⁰ɕiau²⁴xuɤ²¹tsʅ⁰tɕia³³li²¹tʰɤ⁵³piɛ²⁴tə⁰tɕʰyŋ²⁴]

什么都没有。[ʂən²⁴mə⁰tou³³mei²⁴iou²¹¹]

父母也相继离世，[fu⁵³mu²⁴iɛ²¹ɕiaŋ³³tɕi⁵³li²¹ʂʅ⁵³]

也没有什么亲人，[iɛ²¹mei²⁴iou²¹ʂən²⁴mə⁰tɕʰin³³ʐən²⁴]

只有一头老牛 [tʂʅ²⁴iou²¹i⁵³tʰou²⁴lau²¹ȵiou²⁴]

和他相依为命。[xɤ²⁴tʰa³³ɕiaŋ³³i³³uei²⁴miŋ⁵³]

因此，村里人 [in³³tsʰʅ²¹¹，tsʰuən³³li²¹ʐən²⁴]

都管他叫牛郎。[tou³³kuan²¹ta³³tɕiau⁵³ȵiou²⁴laŋ²⁴]

其实，[tɕʰi²⁴ʂʅ²⁴]

这头老牛 [tʂɤ⁵³tʰou²⁴lau²¹ȵiou²⁴]

就是从天上［tɕiou⁵³ ʂʅ⁵³ tsʰuŋ²⁴ tʰian³³ ʂaŋ⁵³］

下来的金牛星。［ɕia⁵³ lai²⁴ tə⁰ tɕin³³ ȵiou²⁴ ɕiŋ³³］

牛郎勤劳肯干，忠厚老实，［ȵiou²⁴ laŋ²⁴ tɕʰin²⁴ lau²⁴ kʰən²¹ kan⁵³, tʂuŋ³³ xou⁵³ lau²¹ ʂʅ⁰］

天天上山割草，［tʰian³³ tʰian³³ ʂaŋ⁵³ san³³ kɤ³³ tsʰau²¹¹］

拎水，饮牛。［lin³³ ʂuei²¹¹, in⁵³ ȵiou²⁴］

他也没个媳妇儿，［tʰa³³ iɛ²¹ mei²⁴ kə⁰ ɕi²⁴ fər⁵³］

光棍儿一人，［kuaŋ³³ kuər⁵³ i⁵³ ʐən²⁴］

家里也没有什么人收拾［tɕia³³ li²⁴ iɛ²¹ mei²⁴ iou²¹ ʂən²⁴ mə⁰ ʐən²⁴ ʂou³³ ʂʅ⁰］

一天非常地脏。［i⁵³ tʰian³³ fei³³ tʂʰaŋ²⁴ tə⁰ tsaŋ³³］

一天三顿饭，［i⁵³ tʰian³³ san³³ tuən²⁴ fan⁵³］

一天到晚忙忙活儿活儿。［i⁵³ tʰian³³ tau⁵³ uan²¹ maŋ²⁴ maŋ²⁴ xuor³³ xuor⁰］

金牛星看在眼里，［tɕin³³ ȵiou²⁴ ɕiŋ³³ kʰan⁵³ tsai⁵³ ian²⁴ li²¹¹］

急在心上，［tɕi²⁴ tsai⁵³ ɕin³³ ʂaŋ⁵³］

它就想，帮牛郎成个家，［tʰa³³ tɕiou⁵³ ɕiaŋ²¹, paŋ³³ ȵiou²⁴ laŋ²⁴ tʂʰəŋ²⁴ kə⁰ tɕia³³］

给他娶个媳妇儿，［kei²¹ tʰa³³ tɕʰy²¹ kə⁰ ɕi²⁴ fər⁵³］

第二天，［ti⁵³ ɐr⁵³ tʰian³³］

它得知七仙女儿［tʰa³³ tɤ²⁴ tʂʅ²⁴ tɕʰi³³ ɕian³³ ȵyər²¹］

要到东湖的［iau⁵³ tau⁵³ tuŋ³³ xu²⁴ tə⁰］

池塘边来洗澡儿，［tʂʰʅ²⁴ tʰaŋ²⁴ pian³³ lai²⁴ ɕi²⁴ tsaur²¹¹］

就给牛郎托了个梦，［tɕiou⁵³ kei²¹ ȵiou²⁴ laŋ²⁴ tʰuɤ²⁴ lə⁰ kə⁰ məŋ⁵³］

让他第二天早上［ʐaŋ⁵³ tʰa³³ ti⁵³ ɐr⁵³ tʰian³³ tsau²¹ ʂaŋ⁰］

到东湖的池塘边去看，［tau⁵³ tuŋ³³ xu²⁴ tə⁰ tʂʰʅ²⁴ tʰaŋ²⁴ pian³³ tɕʰy⁵³ kʰan⁵³］

树上有没有一件［ʂu⁵³ ʂaŋ⁵³ iou²¹ mei²⁴ iou²¹ i²⁴ tɕian⁵³］

粉红色的衣服，［fən²¹ xuŋ²⁴ sɤ⁵³ tə⁰ i³³ fu⁰］

如果有，就把它抱回家。［ʐu²⁴ kuɤ²⁴ iou²¹¹, tɕiou⁵³ pa²¹ tʰa³³ pau⁵³ xuei²⁴ tɕia³³］

这件粉红色的衣服，［tʂɤ⁵³ tɕian⁵³ fən²¹ xuŋ²⁴ sɤ⁵³ tə⁰ i³³ fu⁰］

就是织女的衣服。［tɕiou⁵³ ʂʅ⁵³ tʂʅ⁵³ ȵy²¹ tə⁰ i³³ fu⁰］

第二天一大清早，［ti⁵³ ɐr⁵³ tʰian³³ i²⁴ ta⁵³ tɕʰiŋ³³ tsau²¹¹］

牛郎就起来了。［ȵiou²⁴ laŋ²⁴ tɕiou⁵³ tɕʰi²¹ lai²⁴ lə⁰］

他半信半疑地都走到湖边，［tʰa³³ pan⁵³ ɕin⁵³ pan⁵³ i²⁴ tə⁰ tou³³ tsou²¹ tau⁵³ xu²⁴ pian³³］

去看，［tɕʰy⁵³ kʰan⁵³］

发现湖里［fa³³ ɕian⁵³ xu²⁴ li²¹］

果然有一群仙女在洗澡儿。［kuɤ²¹ ʐan²⁴ iou²¹ i⁵³ tɕʰyn²⁴ ɕian³³ ȵy²¹ tsai⁵³ ɕi²⁴ tsaur²¹¹］

他高兴极了，［tʰa³³ kau³³ ɕiŋ⁵³ tɕi²⁴ lə⁰］

立刻就爬到树上，［li⁵³ kʰɤ⁵³ tɕiou⁵³ pʰa²⁴ tau⁵³ ʂu⁵³ ʂaŋ⁰］

摘下那件粉红色的衣服，[tʂai³³ɕia⁵³na⁵³tɕian⁵³fən²¹xuŋ²⁴sɤ⁵³təʔi³³fuʔ]

抱回了家。[pau⁵³xuei²⁴ləʔtɕia³³]

他走到家，[tʰa³³tsou²¹tau⁵³tɕia³³]

就慢慢地等啊等啊，[tɕiou⁵³man⁵³man⁵³təʔtəŋ²¹aʔtəŋ²¹aʔ]

这个仙女真的[tʂei⁵³kəʔɕian³³ȵy²¹tʂən³³təʔ]

能不能来找我呢？[nəŋ²⁴puʔnəŋ²⁴lai²⁴tʂau²⁴uɤ²¹nəʔ]

就这样到了晚上，[tɕiou⁵³tʂɤ⁵³iaŋ⁵³tau⁵³ləʔuan²¹ʂaŋʔ]

有个小姑娘，[iou²¹kəʔɕiau²¹ku³³ȵiaŋʔ]

果真轻轻地敲开了[kuɤ²¹tʂən³³tɕʰiŋ³³tɕʰiŋ³³təʔtɕʰiau³³kʰai³³ləʔ]

他的家门。[tʰa³³təʔtɕia³³mən²⁴]

牛郎打开门一看，[ȵiou²⁴laŋ²⁴taʔkʰai³³mən²⁴i²⁴kʰan⁵³]

哇，这个小姑娘，[uaʔ，tʂɤ⁵³kəʔɕiau²¹ku³³ȵiaŋʔ]

长得可真漂亮啊！[tʂaŋ²¹təʔkʰɤ²¹tʂən³³pʰiau⁵³liaŋʔŋaʔ]

他一眼就相中了。[tʰa³³i⁵³ian²¹tɕiou⁵³ɕiaŋ³³tʂuŋ⁵³ləʔ]

这个织女一看牛郎，[tʂɤ⁵³kəʔtʂʅ³³ȵy²¹i²⁴kʰan⁵³ȵiou²⁴laŋ²⁴]

长得也憨厚老实，[tʂaŋ²¹təʔiɛ⁵³xan⁵³xou⁵³lau²¹ʂʅ²⁴]

而且体格儿也非常地健壮，[ɚ²⁴tɕʰiɛ²⁴tʰi²¹kɤr²⁴iɛ²¹fei³³tʂʰaŋ²⁴təʔtɕian⁵³tʂuaŋ⁵³]

从心里就暗自高兴。[tsʰuŋ²⁴ɕin³³li²¹tɕiou⁵³an⁵³tsʅ⁵³kau³³ɕiŋ⁵³]

于是两人就生活在了一起，[y²⁴ʂʅ⁵³liaŋ²¹ʐən²⁴tɕiou⁵³ʂəŋ³³xuo²⁴tsai⁵³ləʔi⁵³tɕʰi²¹¹]

过起了夫妻生活儿。[kuɤ⁵³tɕʰi²¹ləʔfu³³tɕʰi³³ʂəŋ³³xuɤr³³]

一天、两天，三年过去了，[i⁵³tʰian³³、liaŋ²¹tʰian³³，san³³ȵian²⁴kuɤ⁵³tɕʰy⁵³ləʔ]

他们生活儿在了一起，[tʰa³³mən²⁴ʂəŋ³³xuɤr²⁴tsai⁵³ləʔi⁵³tɕʰi²¹¹]

而且，[ɚ²⁴tɕʰiɛ²¹¹]

他们还有了自己的小孩儿，[tʰa³³mənʔxai²⁴iou²¹ləʔtsʅ⁵³tɕi²¹təʔɕiau²¹xɐr²⁴]

生了两个孩子，[ʂəŋ³³ləʔliaŋ²¹kəʔxai²⁴tsʅʔ]

一个是小姑娘，[i²⁴kɤ⁵³ʂʅ⁵³ɕiau²¹ku³³ȵiaŋʔ]

一个是小小子。[i²⁴kəʔʂʅ⁵³ɕiau²⁴ɕiau²¹tsʅʔ]

一家四口儿，[i⁵³tɕia³³sʅ⁵³kʰour²¹¹]

非常地开心，快乐，和睦！[fei³³tʂʰaŋ²⁴təʔkʰai³³ɕin³³，kʰuai⁵³lɤ⁵³，xɤ²⁴mu⁵³]

后来，[xou⁵³lai²⁴]

玉皇大帝知道了[y⁵³xuaŋ²⁴ta⁵³ti⁵³tʂʅ³³tau⁵³ləʔ]

织女下凡的事情，[tʂʅ³³ȵy²¹ɕia⁵³fan²⁴təʔʂʅ⁵³tɕʰiŋ²⁴]

非常地生气。[fei³³tʂʰaŋ²⁴təʔʂəŋ³³tɕʰi⁵³]

有一天，[iou²¹i⁵³tʰian³³]

东北方向刮来了一块儿乌云，[tuŋ³³pei²¹faŋ³³ɕiaŋ⁵³kua³³lai²⁴ləʔi²⁴kʰuɐr⁵³u³³yn²⁴]

变成了一阵风，［pian⁵³tʂʰəŋ²⁴lə⁰i²⁴tʂən⁵³fəŋ³³］

像旋风儿一样，刮得直厉害。［ɕiaŋ⁵³ɕyan⁵³fə̃r³³i²⁴iaŋ⁵³，kua³³tə⁰tʂʐ²⁴li⁵³xai⁰］

上拄天，下拄地，［ʂaŋ⁵³tʂu²¹tʰian³³，ɕia⁵³tʂu²¹ti⁵³］

不一会儿，就把织女劫走了。［pu⁵³i²⁴xuər⁵³，tɕiou⁵³pa²¹tʂʐ³³ȵy²¹tɕiɛ²⁴tsou²¹lə⁰］

织女的小孩儿［tʂʐ³³ȵy²¹tə⁰ɕiau²¹xɐr²⁴］

发现了妈妈不见了，［fa³³ɕian⁵³lə⁰ma³³ma⁰pu²⁴tɕian⁵³lə⁰］

急得哇哇直哭。［tɕi²⁴tə⁰ua³³ua⁰tʂʐ²⁴kʰu³³］

牛郎也听说了这件事，［ȵiou²⁴laŋ²⁴iɛ²¹tʰiŋ³³ʂɤ³³lə⁰tʂɤ⁵³tɕian⁵³ʂʐ⁵³］

急得直跺脚，［tɕi²⁴tə⁰tʂʐ²⁴tuɤ⁵³tɕiau²¹¹］

哎，这可咋办，［ai⁵³，tʂɤ⁵³kʰɤ²⁴tsa²¹pan⁵³］

这可咋办？［tʂɤ⁵³kʰɤ²⁴tsa²¹pan⁵³］

离开妈妈，［li²⁴kʰai³³ma³³ma⁰］

我这两个小孩儿［uɤ²¹tʂɤ⁵³liaŋ²¹kə⁰ɕiau²¹xɐr²⁴］

可怎么生活儿啊？［kʰɤ²⁴tsən²¹mə⁰ʂəŋ³³xuɤr²⁴ʐa⁰］

我怎么去照顾呀？［uɤ²⁴tsən²¹mə⁰tɕʰy⁵³tʂau⁵³ku⁰ia⁰］

正在他没有办法的时候，［tʂəŋ⁵³tsai⁵³tʰa³³mei²⁴iou²¹pan⁵³fa²¹tə⁰ʂʐ²⁴xou⁰］

哎，老牛开口说话了：［ai²⁴，lau²¹ȵiou²⁴kʰai³³kʰou²¹ʂɤ³³xua⁵³lə⁰］

"牛郎啊，牛郎，［"ȵiou²⁴laŋ²⁴a⁰，ȵiou²⁴laŋ²⁴］

你别着急，也别难过，［ȵi²¹piɛ²⁴tʂau³³tɕi²⁴，iɛ²¹piɛ²⁴nan²⁴kuɤ⁵³］

有我在呢，你怕什么？［iou²⁴uɤ²¹tsai⁵³nə⁰，ȵi²¹pʰa⁵³ʂən²⁴mə⁰］

你把我的两个牛角摘下来，［ȵi²⁴pa²⁴uɤ²¹tə⁰liaŋ²¹kə⁰ȵiou²⁴tɕiau²¹tʂai³³ɕia⁵³lai²⁴］

做成两个箩筐，［tsuɤ⁵³tʂʰəŋ²⁴liaŋ²¹kə⁰luɤ²⁴kʰuaŋ³³］

把两个小孩儿放进去，［pa²⁴liaŋ²¹kə⁰ɕiau²¹xɐr²⁴faŋ⁵³tɕin⁵³tɕʰy⁵³］

就可以去找你的织女了。"［tɕiou⁵³kʰɤ²⁴i²¹tɕʰy⁵³tʂau²⁴ȵi²¹tə⁰tʂʐ³³ȵy²¹lə⁰。"］

牛郎一听，［ȵiou²⁴laŋ²⁴i⁵³tʰiŋ³³］

非常地高兴。［fei³³tʂʰaŋ²⁴tə⁰kau³³ɕiŋ⁵³］

话音刚落，［xua⁵³in³³kaŋ³³luɤ⁵³］

只听啪的一声，［tʂʐ²¹tʰiŋ³³pʰa³³tə⁰i⁵³ʂəŋ³³］

它的两个牛角掉在了地上，［tʰa³³tə⁰liaŋ²¹kə⁰ȵiou²⁴tɕiau²¹tiau⁵³tsai⁵³lə⁰ti⁵³ʂaŋ⁵³］

变成了两个箩筐，［pian⁵³tʂʰəŋ²⁴lə⁰liaŋ²¹kə⁰luɤ²⁴kʰuaŋ³³］

牛郎急忙［ȵiou²⁴laŋ²⁴tɕi²⁴maŋ²⁴］

把他的两个小孩儿，［pa²¹tʰa³³tə⁰liaŋ²¹kə⁰ɕiau²¹xɐr²⁴］

装在了箩筐里，［tʂuaŋ³³tsai⁵³lə⁰luɤ²⁴kʰuaŋ³³li²¹¹］

用扁担挑起来，［yŋ⁵³pʰian²¹tan⁰tʰiau³³tɕʰi²¹lai²⁴］

奔上天空，［pən³³ ʂaŋ⁵³ tʰian³³ kʰuŋ³³］

去找他的织女了。［tɕʰy⁵³ tʂau²¹ tʰa³³ tə⁰ tʂʅ³³ ȵy²¹ lə⁰］

跑呀，跑呀，跳呀，跳呀，［pʰau²¹ ia⁰，pʰau²¹ ia⁰，tʰiau⁵³ ia⁰，tʰiau⁵³ ia⁰］

眼看就要追上他的织女了，［ian²¹ kʰan⁵³ tɕiou⁵³ iau⁵³ tʂuei³³ ʂaŋ⁵³ tʰa³³ tə⁰ tʂʅ³³ ȵy²¹ lə⁰］

王母娘娘发现了这件事，［uaŋ²⁴ mu²¹ ȵiaŋ²⁴ ȵiaŋ²⁴ fa³³ ɕian⁵³ lə⁰ tʂɤ⁵³ tɕian⁵³ ʂʅ⁵³］

她气急败坏地用金簪，［tʰa³³ tɕʰi⁵³ tɕi²⁴ pai⁵³ xuai⁵³ tei⁰ yŋ⁵³ tɕin³³ tsan³³］

往牛郎和织女中间［uaŋ²¹ ȵiou²⁴ laŋ²⁴ xɤ²⁴ tʂʅ³³ ȵy²¹ tʂuŋ³³ tɕian³³］

就这么一甩，［tɕiou⁵³ tʂən⁵³ mə⁰ i⁵³ ʂuai²¹¹］

就变成了一条［tɕiou⁵³ pian⁵³ tʂʰən²⁴ lə⁰ i⁵³ tʰiau²⁴］

长长的天河。［tʂʰaŋ²⁴ tʂʰaŋ²⁴ tə⁰ tʰian³³ xɤ²⁴］

从此，［tsʰuŋ²⁴ tsʰʅ⁵³］

牛郎和天女天各一方。［ȵiou²⁴ laŋ²⁴ xɤ²⁴ tʰian³³ ȵy²¹¹ tʰian³³ kɤ⁵³ i⁵³ faŋ³³］天女：口误，应为"织女"

牛郎站在这边，［ȵiou²⁴ laŋ²⁴ tʂan⁵³ tsai⁵³ tʂɤ⁵³ pian³³］

织女站在那边，［tʂʅ³³ ȵy²¹ tʂan⁵³ tʂai⁵³ na⁵³ pian³³］

他们只能遥首相望，［tʰa³³ mən²⁴ tʂʅ²¹ nəŋ²⁴ iau²⁴ ʂou²¹ ɕiaŋ³³ uaŋ⁵³］

不能团聚。［pu⁵³ nəŋ²⁴ tʰuan²⁴ tɕy⁵³］

小燕子和喜鹊［ɕiau²¹ ian⁵³ tsʅ⁰ xɤ²⁴ ɕi²¹ tɕʰyɛ⁵³］

知道了这件事，［tʂʅ³³ tau⁵³ lə⁰ tʂɤ⁵³ tɕian⁵³ ʂʅ⁵³］

它们非常地着急。［tʰa³³ mən⁰ fei³³ tʂʰaŋ²⁴ tə⁰ tʂau³³ tɕi²⁴］

于是，它们从四面八方，［y²⁴ ʂʅ⁵³，tʰa³³ mən⁰ tɕiou⁵³ tsʰuŋ²⁴ sʅ²⁴ mian⁵³ pa³³ faŋ³³］

召集来了它的［tʂau⁵³ tɕi²⁴ lai²⁴ lə⁰ tʰa³³ tə⁰］

许多兄弟姐妹，［ɕy²¹ tuɤ³³ ɕyŋ³³ ti⁵³ tɕiɛ²¹ mei⁰］

它们用嘴叼起了尾巴，［tʰa³³ mən²⁴ yŋ⁵³ tsuei²¹ tiau³³ tɕʰi²¹ lə⁰ uei²¹ pa⁰］

连成了一条长长的桥，［lian²⁴ tʂʰən²⁴ lə⁰ i⁵³ tʰiau²⁴ tʂʰaŋ²⁴ tʂʰaŋ²⁴ tə⁰ tɕʰiau²⁴］

这个桥就叫作喜鹊桥，［tʂɤ⁵³ kə⁰ tɕʰiau²⁴ tɕiou⁵³ tɕiau⁵³ tsuɤ⁵³ ɕi²¹ tɕʰyɛ⁵³ tɕʰiau²⁴］

他们每年都在这里相聚，［tʰa³³ mən²⁴ mei²¹ ȵian²⁴ tou³³ tsai⁵³ tʂɤ⁵³ li²¹ ɕiaŋ³³ tɕy⁵³］

因此，［in³³ tsʰʅ²¹¹］

我们把农历的［uɤ²¹ mən²⁴ pa²¹ nuŋ²⁴ li⁵³ tə⁰］

每年初月［mei²¹ ȵian²⁴ tʂʰu³³ yɛ⁵³］

七月初七这一天，［tɕʰi³³ yɛ⁵³ tʂʰu³³ tɕʰi³³ tʂɤ⁵³ i⁵³ tʰian³³］

就作为他们相聚的日子。［tɕiou⁵³ tsuɤ⁵³ uei²⁴ tʰa³³ mən⁰ ɕiaŋ³³ tɕy⁵³ tə⁰ ʐʅ⁵³ tsʅ⁰］

这就是牛郎织女的故事。［tʂɤ⁵³ tɕiou⁵³ ʂʅ⁵³ ȵiou²⁴ laŋ²⁴ tʂʅ³³ ȵy²¹ tə⁰ ku⁵³ ʂʅ⁰］

（以上由发音人刘春风提供）

三　其他故事

青马沟

大家好！［ta⁵³tɕia⁴⁴xau²¹¹］

我今天［uɤ²¹tɕin⁴⁴tʰian⁴⁴］

要给大家讲一个故事，［iau⁵³kei²¹ta⁵³tɕia⁴⁴tɕiaŋ²¹i²⁴kə⁰ku⁵³ʂʅ⁰］

这个故事名儿叫《青马沟》。［tʂei⁵³kə⁰ku⁵³ʂʅ⁰miə̃r²⁴tɕiau⁵³《tɕʰiŋ⁴⁴ma²¹kou⁴⁴》］

呃，就是在原来老城基，［ɤ⁴⁴，tɕiou⁵³ʂʅ⁵³tsai⁵³yan²⁴lai²⁴lau²¹tʂʰəŋ²⁴tɕi⁴⁴］

它的东边大约四、四公、四里，［tʰa⁴⁴tə⁰tuŋ⁴⁴pian⁰ta⁵³yɛ⁴⁴sʅ⁵³、sʅ⁵³kuŋ⁴⁴，sʅ⁵³li²¹¹］

四里，呃，大约四里远的地方吧，［sʅ⁵³li²¹¹，ɤ⁴⁴，ta⁵³yɛ⁵³sʅ⁵³li²⁴yan²¹tə⁰ti⁵³faŋ⁰pa⁰］

有一个屯子，［iou²¹i²⁴kə⁰tʰuən²⁴tsə⁰］

就叫作这个青马沟，［tɕiou⁵³tɕiau⁵³tsuɤ⁵³tʂei⁵³kə⁰tɕʰiŋ⁴⁴ma²¹kou⁴⁴］

其实也就是现在的，［tɕʰi²⁴ʂʅ²⁴iɛ²¹tɕiou⁵³ʂʅ⁵³ɕian⁵³tsai⁵³tə⁰］

呃，万宝乡，肇安村儿。［ɤ⁴⁴，uan⁵²pau²¹ɕiaŋ⁴⁴，tʂau⁵³an⁴⁴tsʰuər⁴⁴］

嗯，为什么叫青马沟哪？［ən⁴⁴，uei⁵³ʂən²⁴mə⁰tɕiau⁵³tɕʰiŋ⁴⁴ma²¹kou⁴⁴na⁰］

它的这个名字啊［tʰa⁴⁴tə⁰tʂei⁵³kə⁰miŋ²⁴tsʅ⁰a⁰］

还有一段神话故事。［xai²⁴iou²¹i²⁴tuan⁵³ʂən²⁴xua⁵³ku⁵³ʂʅ⁰］

呃，这也是当地这个村民［ə⁰，tʂɤ⁵³iɛ²¹ʂʅ⁵³taŋ⁴⁴ti⁵³tʂei⁵³kə⁰tsʰuən⁴⁴min²⁴］

跟我们描述的。［kən⁴⁴uɤ²¹mən⁰miau²⁴ʂu⁵³tə⁰］

就是说［tɕiou⁵³ʂʅ⁵³ʂuɤ⁴⁴］

在民国初期的时候儿，［tsai⁵³min²⁴kuɤ²⁴tʂʰu⁴⁴tɕʰi⁴⁴tə⁰ʂʅ²⁴xour⁰］

那个时候儿应该是，［nei⁵³kə⁰ʂʅ²⁴xour⁰iŋ⁴⁴kai⁴⁴ʂʅ⁵³］

垦荒的时候，［kʰən²¹xuaŋ⁴⁴tə⁰ʂʅ²⁴xou⁰］

这个屯子［tʂei⁵³kə⁰tʰuən²⁴tsʅ⁰］

其实根本就没有［tɕʰi²⁴ʂʅ²⁴kən⁴⁴pən²¹tɕiou⁵³mei²⁴iou²⁴］

几户人家，［tɕi²¹xu⁵³ʐ̩ən²⁴tɕia⁴⁴］

大约也就应该［ta⁵³yɛ⁴⁴iɛ²¹tɕiou⁵³iŋ⁴⁴kai⁴⁴］

有三四户这样儿，［iou²¹san⁴⁴sʅ⁵³xu⁵³tʂei⁵³iãr⁵³］

然后周围都是，那种杂草，［ʐ̩an²⁴xou⁵³tʂou⁴⁴uei²⁴tou⁴⁴ʂʅ⁵³，nei⁵³tʂuŋ²¹tsa²⁴tsʰau²¹¹］

遍地都是杂草，［pian⁵³ti⁵³tou⁴⁴ʂʅ⁵³tsa²⁴tsʰau²¹¹］

杂草得长高到［tsa²⁴tsʰau²⁴tei²⁴tʂaŋ²¹kau⁴⁴tau⁵³］

四五尺那样儿。［sʅ⁵³u²⁴tʂʰʅ²¹nei⁵³iãr⁵³］

然后，呃，屯子的南边儿，［ʐ̩an²⁴xou⁵³，ə⁰，tʰuən²⁴tsʅ⁰tə⁰nan²⁴piɐr⁴⁴］

就是这些杂草当中 [tɕiou⁵³ ʂʅ⁵³ tʂei⁵³ ɕiɛ⁴⁴ tsa²⁴ tsʰau²¹ taŋ⁴⁴ tʂuŋ⁴⁴]

有一条沟, [iou²¹ i⁵³ tʰiau²⁴ kou⁴⁴]

然后, [ʐan²⁴ xou⁵³]

就是当地村民说什么哪? [tɕiou⁵³ ʂʅ⁵³ taŋ⁴⁴ ti⁵³ tsʰuən⁴⁴ min²⁴ ʂʁ⁴⁴ ʂən²⁴ mə⁵³ na⁰]

说这个沟他们平时, [ʂʁ⁴⁴ tʂei⁵³ kə⁰ kou⁴⁴ tʰa⁴⁴ mən⁰ pʰiŋ²⁴ ʂʅ²⁴]

在那种阴天的地方, [tsai⁵³ nei⁵³ tʂuŋ²¹ in⁴⁴ tʰian⁴⁴ tə⁰ ti⁵³ faŋ⁰]

阴天的时候, [in⁴⁴ tʰian⁴⁴ tə⁰ ʂʅ²⁴ xou⁰]

然后那个, 呃, [ʐan²⁴ xou⁵³ nei⁵³ kə⁰, ʁ⁴⁴]

比如说呃 [pi²¹ ʐu²⁴ ʂʁ⁴⁴ ə⁰]

浓雾比较大的时候儿, [nuŋ²⁴ u⁵³ pi²¹ tɕiau⁵³ ta⁵³ tə⁰ ʂʅ²⁴ xour⁰]

他们能看到 [tʰa⁴⁴ mən⁰ nəŋ²⁴ kʰan⁵³ tau⁵³]

那种两匹青马。 [nei⁵³ tʂuŋ²¹ liaŋ²¹ pʰi²⁴ tɕiŋ⁴⁴ ma²¹¹]

说这个马叫什么, [ʂʁ⁴⁴ tʂei⁵³ kə⁰ ma²¹ tɕiau⁵³ ʂən²⁴ mə⁰]

呃, 叫菊花青马, [ə⁰, tɕiau⁵³ tɕy²⁴ xua⁴⁴ tɕʰiŋ⁴⁴ ma²¹¹]

说它们两个从沟里出来, [ʂʁ⁴⁴ tʰa⁴⁴ mən⁰ liaŋ²¹ kə⁰ tsʰuŋ²⁴ kou⁴⁴ li²¹ tʂʰu⁴⁴ lai⁰]

然后去喝水呀, [ʐan²⁴ xou⁵³ tɕʰy⁵³ xʁ⁴⁴ ʂuei²¹ ia⁰]

吃草呀, 嬉戏呀, [tʂʰʅ⁴⁴ tsʰau²¹ ia⁰, ɕi⁴⁴ ɕi⁵³ ia⁰]

呃, 然后, 这个事儿呢, [ʁ⁴⁴, ʐan²⁴ xou⁵³, tʂei⁵³ kə⁰ ʂər⁵³ nə⁰]

正好就是说 [tʂəŋ⁵³ xau²¹ tɕiou⁵³ ʂʅ⁵³ ʂʁ⁴⁴]

被一个农民看见了, [pei⁵³ i²⁴ kə⁰ nuŋ²⁴ min²⁴ kʰan⁵³ tɕian⁵³ lə⁰]

当地有一个农民叫付青山。 [taŋ⁴⁴ ti⁵³ iou²¹ i²⁴ kə⁰ nuŋ²⁴ min²⁴ tɕiau⁵³ fu⁵³ tɕʰiŋ⁴⁴ ʂan⁴⁴]

他有一天 [tʰa⁴⁴ iou²¹ i⁵³ tʰian⁴⁴]

就是在这个大雾天, [tɕiou⁵³ ʂʅ⁵³ tsai⁵³ tʂei⁵³ kə⁰ ta⁵³ u⁵³ tʰian⁴⁴]

在这个沟里去放马, [tsai⁵³ tʂei⁵³ kə⁰ kou⁴⁴ li²¹ tɕʰy⁵³ faŋ⁵³ ma²¹¹]

正好就突然看见 [tʂəŋ⁵³ xau²¹ tɕiou⁵³ tʰu⁴⁴ ʐan²⁴ kʰan⁵³ tɕian⁵³]

说有两匹菊花青马, [ʂʁ⁴⁴ iou²¹ liaŋ²¹ pʰi⁴⁴ tɕy²⁴ xua⁴⁴ tɕʰiŋ⁴⁴ ma²¹¹]

在沟里自由自在地喝水。 [tsai⁵³ kou⁴⁴ li²¹ tsʅ⁵³ iou²⁴ tsʅ⁵³ tsai⁵³ tə⁰ xʁ⁴⁴ ʂuei²¹¹]

但是天刚一放晴的时候, [tan⁵³ ʂʅ⁵³ tʰian⁴⁴ kaŋ⁴⁴ i²⁴ faŋ⁵³ tɕʰiŋ²⁴ tə⁰ ʂʅ²⁴ xou⁰]

两匹马就突然不见了, [liaŋ²¹ pʰi²⁴ ma²¹ tɕiou⁵³ tʰu⁴⁴ ʐan²⁴ pu²⁴ tɕian⁵³ lə⁰]

就找不到它们了。 [tɕiou⁵³ tʂau²¹ pu²⁴ tau⁵³ tʰa⁴⁴ mən⁰ lə⁰]

所以也就是大家对这个事儿, [suʁ²⁴ i²¹ iɛ²¹ tɕiou⁵³ ʂʅ⁵³ ta⁵³ tɕia⁴⁴ tuei⁵³ tʂei⁵³ kə⁰ ʂər⁵³]

就特别地惊讶, 特别好奇。 [tɕiou⁵³ tʰʁ⁵³ piɛ²⁴ tə⁰ tɕiŋ⁴⁴ ia⁵³, tʰʁ⁵³ piɛ²⁴ xau⁵³ tɕʰi²⁴]

还有的村民说, [xai²⁴ iou²¹ tə⁰ tsʰuən⁴⁴ min²⁴ ʂʁ⁴⁴]

说哎这是宝马, [ʂʁ⁴⁴ ai⁵³ tʂei⁵³ ʂʅ⁵³ pau²⁴ ma²¹¹]

还有的说这是那个神马，[xai²⁴ iou²¹ tə⁰ ʂuɤ⁴⁴ tʂɤ⁵³ ʂʅ⁵³ nei⁵³ kə⁰ ʂən²⁴ ma²¹¹]

还有的说[xai²⁴ iou²¹ tə⁰ ʂuɤ⁴⁴]

说这两匹马[ʂuɤ⁴⁴ tʂei⁵³ liaŋ²⁴ pʰi²⁴ ma²¹]

既然有这个神马出现是吧，[tɕi⁵³ ʐan²⁴ iou²¹ tʂei⁵³ kə⁰ ʂən²⁴ ma²¹ tʂʰu⁴⁴ ɕian⁵³ ʂʅ⁵³ pa⁰]

肯定是风水宝地。[kən²¹ tiŋ⁵³ ʂʅ⁵³ fəŋ⁴⁴ ʂuei²⁴ pau²¹ ti⁵³]

因为现在人就是[in⁴⁴ uei⁵³ ɕian⁵³ tsai⁵³ ʐən²⁴ tɕiou⁵³ ʂʅ⁵³]

有的比较迷信嘛，[iou²¹ tə⁰ pi²¹ tɕiau⁵³ mi²⁴ ɕin⁵³ ma⁰]

当然这是当地村民[taŋ⁴⁴ ʐan²⁴ tʂɤ⁵³ ʂʅ⁵³ taŋ⁴⁴ ti⁵³ tsʰuən⁴⁴ min²⁴]

向我们描述的，[ɕiaŋ⁵³ uɤ²¹ mən⁰ miau²⁴ ʂu⁵³ tə⁰]

说，肯定是块儿风水宝地，[ʂuɤ⁴⁴ , kʰən²¹ tiŋ⁵³ ʂʅ⁵³ kʰuɐr⁵³ fəŋ⁴⁴ ʂuei²⁴ pau²¹ ti⁵³]

所以就是为了[suɤ²⁴ i²¹ tɕiou⁵³ ʂʅ⁵³ uei⁵³ lə⁰]

祈求一个好的征兆，[tɕʰi²⁴ tɕʰiou²⁴ i²⁴ kə⁰ xau²¹ tə⁰ tʂəŋ⁴⁴ tʂau⁵³]

就给这个屯子[tɕiou⁵³ kei²¹ tʂei⁵³ kə⁰ tʰuən²⁴ tsʅ⁰]

起名叫青马沟，[tɕʰi²¹ miŋ²⁴ tɕiau⁵³ tɕʰiŋ⁴⁴ ma²¹ kou⁴⁴]

呃，但是等后来[ɤ⁴⁴ , tan⁵³ ʂʅ⁵³ təŋ²¹ xou⁵³ lai²⁴]

过了好多年吧就这个，[kuɤ⁵³ lə⁰ xau²¹ tuɤ⁴⁴ n̠ian²⁴ pa⁰ tɕiou⁵³ tʂei⁵³ kə⁰]

再也没有村民说，[tsai⁵³ iɛ²¹ mei²⁴ iou²¹ tsʰuən⁴⁴ min²⁴ ʂuɤ⁴⁴]

哎，我看到这个宝马了。[ai²⁴ , uɤ²¹ kʰan⁵³ tau⁵³ tʂei⁵³ kə⁰ pau²⁴ ma²¹ lə⁰]

然后，但是那个沟里，[ʐan²⁴ xou⁵³ , tan⁵³ ʂʅ⁵³ nei⁵³ kə⁰ kou⁴⁴ li²¹¹]

就是那些杂草的沟里，[tɕiou⁵³ ʂʅ⁵³ nei⁵³ ɕiɛ⁴⁴ tsa²⁴ tsʰau²¹ tə⁰ kou⁴⁴ li²¹¹]

却长出了很多的青麻，[tɕʰyɛ⁵³ tʂaŋ²¹ tʂʰu⁴⁴ lə⁰ xən²¹ tuɤ⁴⁴ tə⁰ tɕʰiŋ²¹ ma²⁴]

然后大家就，[ʐan²⁴ xou⁵³ ta⁵³ tɕia⁴⁴ tɕiou⁵³]

而且好多人[ɚ²⁴ tɕʰiɛ²⁴ xau²¹ tuɤ⁴⁴ ʐən²⁴]

就是他不理解说，[tɕiou⁵³ ʂʅ⁵³ tʰa⁴⁴ pu⁵³ li²⁴ tɕiɛ²¹ ʂuɤ⁴⁴]

啊，为什么叫青马沟？[a⁰ , uei⁵³ ʂən²⁴ mə⁰ tɕiau⁵³ tɕʰiŋ⁴⁴ ma²¹ kou⁴⁴]

还有很多人就是[xai²⁴ iou²⁴ xən²¹ tuɤ⁴⁴ ʐən²⁴ tɕiou⁵³ ʂʅ⁵³]

也不知道这个故事，[iɛ²¹ pu⁵³ tʂʅ⁵³ tau⁵³ tʂɤ⁵³ kə⁰ ku⁵³ ʂʅ⁰]

所以看它长青麻了，[suɤ²⁴ i²¹ kʰan⁵³ tʰa⁴⁴ tʂaŋ²¹ tɕʰiŋ⁴⁴ ma²⁴ lə⁰]

就给它改名儿了，[tɕiou⁵³ kei²¹ tʰa⁴⁴ kai²¹ miə̃r²⁴ lə⁰]

就叫作这个青麻沟了。[tɕiou⁵³ tɕiau⁵³ tsuɤ⁵³ tʂei⁵³ kə⁰ tɕʰiŋ²¹ ma²⁴ kou⁴⁴ lə⁰]

然后等到后来现在就是，[ʐan²⁴ xou⁵³ təŋ²¹ tau⁵³ xou⁵³ lai²⁴ ɕian⁵³ tsai⁵³ tɕiou⁵³ ʂʅ⁵³]

呃，也经济什么也发展啦，[ə⁰ , iɛ²¹ tɕiŋ⁴⁴ tɕi⁵³ ʂən²⁴ mə⁰ iɛ²¹ fa⁴⁴ tʂan²¹ la⁰]

生活人民生活儿[ʂəŋ⁴⁴ xuɤ²⁴ ʐən²⁴ min²⁴ ʂəŋ⁴⁴ xuɤr²⁴]

水平儿也好啦，[ʂuei²¹ pʰiə̃r²⁴ iɛ²⁴ xau²¹ la⁰]

政府就把［tʂəŋ⁵³fu²¹tɕiou⁵³pa²¹］

这个青麻沟就是，［tʂei⁵³kə⁰tɕʰiŋ²¹ma²⁴kou⁴⁴tɕiou⁵³ʂʅ⁵³］

变成这个一个景点儿，［pian⁵³tʂʰəŋ²⁴tʂei⁵³kə⁰i²⁴kə⁰tɕiŋ²⁴tiɐr²¹¹］

它叫青马湖，［tʰa⁴⁴tɕiau⁵³tɕʰiŋ⁴⁴ma²¹xu²⁴］

每年还有好多的这个旅客，［mei²¹ȵian²⁴xai²⁴iou²⁴xau²¹tuɤ⁴⁴tə⁰tʂei⁵³kə⁰ly²¹kʰɤ⁵³］

呃，来去看一看这个，［ə⁰,lai²⁴tɕʰy⁵³kʰan⁵³i²⁴kʰan⁵³tʂei⁵³kə⁰］

呃，小水沟，［ə⁰,ɕiau²⁴ʂuei²¹kou⁴⁴］

然后所以说［ʐan²⁴xou⁵³suɤ²⁴i²¹ʂuɤ⁴⁴］

这就是那个青马沟［tʂei⁵³tɕiou⁵³ʂʅ⁵³nei⁵³kə⁰tɕʰiŋ⁴⁴ma²¹kou⁴⁴］

这个屯子，［tʂei⁵³kə⁰tʰuən²⁴tsʅ⁰］

它的一个名字的由来，［tʰa⁴⁴tə⁰i²⁴kə⁰miŋ²⁴tsʅ⁰tə⁰iou²⁴lai²⁴］

同时现在作为一个景点儿，［tʰuŋ²⁴ʂʅ²⁴ɕian⁵³tsai⁵³tsuɤ⁵³uei²⁴i²⁴kə⁰tɕiŋ²⁴tiɐr²¹¹］

它叫这个青马湖，［tʰa⁴⁴tɕiau⁵³tʂei⁵³kə⁰tɕʰiŋ⁴⁴ma²¹xu²⁴］

也是青马湖景点儿的 ［iɛ²¹ʂʅ⁵³tɕʰiŋ⁴⁴ma²¹xu²⁴tɕiŋ²⁴tiɐr²¹tə⁰］

这样儿一个名字的由来。［tʂɤ⁵³iãr⁵³i²⁴kə⁰miŋ²⁴tsʅ⁰tə⁰iou²⁴lai²⁴］

（以上由发音人刘律提供）

四 自选条目

（一）二人转《水漫蓝桥》

咱两家从前哪，［tsan liaŋ tɕia tsʰuŋ tɕʰian na］

处得好哇，［tʂʰu ti xau ua］

哎哎哎呀。［ai ai ai ia］

东邻西舍儿啊，多少年哪，［tuŋ liŋ ɕi ʂɤr ʐa,tuɤ ʂau ȵian na］

哎哎哎呀。［ai ai ai ia］

那咱你才十一二啊，［na tsan ȵi tsʰai ʂʅ i ɐr ʐa］

那咱你才十二三。［na tsan ȵi tsʰai ʂʅ ɐr san］

咱俩就像亲兄妹，［tsan lia tɕiou ɕiaŋ tɕʰin ɕyŋ mei］

常在一块儿打连连。［tʂʰaŋ tsai i kʰuɐr ta lian lian］打连连:常常在一起来往瞎混。这里指见面多,联系多

仁兄你帮我，［ʐən ɕyŋ ȵi paŋ uɤ］

帮你挖过苣麻菜呀，［paŋ ȵi ua kuɤ tɕy ma tsʰai ia］苣麻菜:是黑龙江地区常见的一种野菜,味苦性寒,有清热解毒等功效。人们在春季常挖来蘸酱吃或炒鸡蛋吃

哎哎哎呀。［ai ai ai ia］

贤妹你还教我，〔ɕian mei ȵi xai tɕiau uɤ〕

玩儿过那个九连环哪啊，〔uɐr kuɤ nei kə tɕiou lian xuan na a〕

在河边儿一块儿烧过，〔tsai xɤ piɐr i kʰuɐr ʂau kuɤ〕

烧过那个野鸭蛋哪啊，〔ʂau kuɤ nei kə iɛ ia tan na a〕

哎哎哎呀。〔ai ai ai ia〕

就一个双黄儿的，〔tɕiou i kə ʂuaŋ xuɑ̃r ti〕双黄儿:指双黄蛋,一个蛋壳中有两个蛋黄

还让我给吃了。〔xai iaŋ uɤ kei tʂʰɿ lə〕

住家玩儿我扮娇妻，〔tʂu tɕia uɐr uɤ pan tɕiau tɕʰi〕

我扮夫男哪，〔uɤ pan fu nan na〕

哎哎哎呀。〔ai ai ai ia〕

一年小二年大，〔i ȵian ɕiau ɐr ȵian ta〕

长了心眼儿，〔tʂaŋ liau ɕin iɐr〕

有多少知心的话，〔iou tuɤ ʂau tʂɿ ɕin tə xua〕

不能当面儿谈哪。〔pu nəŋ taŋ miɐr tʰan na〕

我高山拜师把书念，〔uɤ kau ʂan pai ʂɿ pa ʂu ȵian〕

我家逃荒来在蓝河湾。〔uɤ tɕia tʰau xuaŋ lai tsai lan xɤ uan〕

兄妹二人难见面儿，〔ɕyŋ mei ɐr ʐən nan tɕian miɐr〕

一晃儿就是好几年哪！〔i xuɑ̃r tɕiou ʂɿ xau tɕi ȵian na〕

没想到，〔mei ɕiaŋ tau〕

没想到贤妹如今变成大嫂。〔mei ɕiaŋ tau ɕian mei ʐu tɕin pian tʂʰəŋ ta sau〕

瑞莲我出阁这才二十八天哪。〔ʐuei lian uɤ tʂʰu kɤ tʂɤ tsʰai ɐr ʂɿ pa tʰian na〕

贤妹呀，我问贤妹，〔ɕian mei ia,uɤ uən ɕian mei〕

你家在哪儿住？〔ȵi tɕia tsai nər tʂu〕

以后你家去问安。〔i xou ȵi tɕia tɕʰy uən an〕

瑞莲我闻听，忙回话，〔ʐuei lian uɤ uən tʰiŋ,maŋ xuei xua〕

说家不远在那边。〔suɤ tɕia pu yan tsai na pian〕

顺着我的手腕儿瞅的拉门儿哟，〔ʂuən tʂau uɤ ti ʂou uɐr tʂʰou tə la mər iou〕

举目仔细观哪。〔tɕy mu tsɿ ɕi kuan na〕

往东走不远儿啊，〔uaŋ tuŋ tsou pu yɐr ʐa〕

往南又拐了一道弯儿啊，〔uaŋ nan iou kuai lə i tau uɐr ʐa〕

我家在路北呀，〔uɤ tɕia tsai lu pei ia〕

影壁在路南哪。〔iŋ pi tsai lu nan na〕

门前是歪脖柳，〔mən tɕʰian ʂɿ uai pɤ liou〕

柳树有三道弯儿啊。〔liou ʂu iou san tau uɐr ʐa〕

鸟笼子树上挂的拉门儿哟，〔ȵiau luŋ tsɿ ʂu ʂaŋ kua tə la mər iou〕

树下把毛驴儿拴哪。﹝ʂu ɕia pa mau lyər ʂuan na﹞

百灵鸟也是唱啊，﹝pai liŋ ȵiau iɛ ʂʅ tʂʰaŋ ŋa﹞

小毛驴儿它乱叫唤哪。﹝ɕiau mau lyər tʰa luan tɕiau xuan na﹞

百灵鸟儿唱的是啊，﹝pai liŋ ȵiau r tʂʰaŋ ti ʂʅ ʐa﹞

没把鸽食给它喂呀，﹝mei pa kɤ ʂʅ kei tʰa uei ia﹞

小毛驴儿啊叫的是啊，﹝ɕiau mau lyər ʐa tɕiau ti ʂʅ ʐa﹞

没把草料儿添的拉门儿哟。﹝mei pa tsʰau liau r tʰian tə la mər iou﹞

因此它才不耐烦哪，﹝in tsʰʅ tʰa tsʰai pu nai fan na﹞

蹶子它才尥得欢哪。﹝tɕyɛ tsʅ tʰa tsʰai liau ti xuan na﹞

哎哎哎嗨哎哎哎哎哎哎（呀），﹝ai ai ai xai ai ai ai ai ai ai（ia）﹞

嗯哎呀，哎嗨呀，﹝əŋ ŋai ia，ai xai ia﹞

嗯哎呀，哎嗨呀，﹝əŋ ŋai ia，ai xai ia﹞

嗯哎哎嗨呀。﹝əŋ ŋai ai xai ia﹞

大门儿黑又亮啊，﹝ta mər xei iou liaŋ ŋa﹞

上房整三间哪。﹝ʂaŋ faŋ tʂəŋ san tɕian na﹞

婆母东屋住哇，﹝pʰɤ mu tuŋ u tʂu ua﹞

瑞莲住西间哪。﹝ʐuei lian tʂu ɕi tɕian na﹞

西里间，仔细观，﹝ɕi li tɕian，tsʅ ɕi kuan﹞

挂着一块儿小门帘儿啊，﹝kua tʂə i kʰuɐr ɕiau mən liɐr ʐa﹞

哎哎哎哎哎哎。﹝ai ai ai ai ai ai﹞

门帘儿中间看哪，﹝mən liɐr tʂuŋ tɕian kʰan na﹞

鲤鱼来卧莲哪。﹝li y lai uɤ lian na﹞

绣着四出戏儿啊，﹝ɕiou tʂə sʅ tʂʰu ɕiər ʐa﹞

绣得真新鲜哪。﹝ɕiou tə tʂən ɕin ɕian na﹞

哎嗨哎哎哎哎哎哎，﹝ai xai ai ai ai ai ai ai﹞

哎哎哎哎哎嗨哎嗨呦，﹝ai ai ai ai ai xai ai xai iou﹞

哎哎呀。﹝ai ai ia﹞

头一出戏儿啊，﹝tʰou i tʂʰu ɕiər ʐa﹞

绣的是《回杯》呀，﹝ɕiou ti ʂʅ《xuei pei》ia﹞

张廷秀去科考，﹝tʂaŋ tʰiŋ ɕiou tɕʰy kʰɤ kʰau﹞

六年也没回呀啊啊，﹝liou ȵian iɛ mei xuei ia a a﹞

王二姐想二哥，﹝uaŋ ɚ tɕiɛ ɕiaŋ ɐr kɤ﹞

想得可是了不得呀，﹝ɕiaŋ ti kʰɤ ʂʅ liau pu tei ia﹞

又是愁来，又是悲呀，﹝iou ʂʅ tʂʰou lai，iou ʂʅ pei ia﹞

二哥你咋就哇，不知归呀？﹝ɐr kɤ ȵi tsa tɕiou ua，pu tʂʅ kuei ia﹞

到后来花园儿会，夫唱妇随呀，[tau xou lai xua yɐr xuei，fu tʂʰaŋ fu suei ia]

哎哎哎哎，[ai ai ai ai]

哎哎哎嗨哎嗨哎哎哎哎哎，[ai ai ai xai ai xai ai ai ai ai ai]

哎哎哎哎嗯哎哎哎呀，[ai ai ai ai əŋ ai ai ai ia]

哎哎哎哎哎哎哎哎哎呀。[ai ai ai ai ai ai ai ai ai ia]

二一出戏儿啊，[ɐr i tʂʰu ɕiər ʐa]

绣的大西厢啊。[ɕiou ti ta ɕi ɕiaŋ ŋa]

在花园儿活儿活儿闷坏了，[tsai xua yɐr xɣr xɣr mən xuai liau]

二八女红妆啊。[ɐr pa n̠y xuŋ tʂuaŋ ŋa]

也不知墙外边哪，[iɛ pu tʂʅ tɕʰiaŋ uai pian na]

什么声音响啊，[ʂən mə ʂəŋ in ɕiaŋ ŋa]

又悦耳啊，又凄凉啊，[iou yɛ ɚ ʐa，iou tɕʰi liaŋ ŋa]

听得她心里，直发慌啊，[tʰiŋ tə tʰa ɕin li，tʂʅ fa xuaŋ ŋa]

原来是公子张郎抚琴表衷肠，[ian lai ʂʅ kuŋ tsʅ tʂaŋ laŋ fu tɕʰin piau tʂuŋ tʂʰaŋ]

弹的是《凤求凰》，[tʰan ti ʂʅ《fəŋ tɕʰiou xuaŋ》]

哎哎哎哎哎哎嗨呀，[ai ai ai ai ai ai xai ia]

哎哎哎哎哎哎哎哎哎呀。[ai ai ai ai ai ai ai ai ai ia]

三一出戏儿啊，[san i tʂʰu ɕiər ʐa]

绣的焗大缸啊。[ɕiou tə tɕy ta kaŋ ŋa]

锅炉张晓乐儿啊，[kuɣ lu tʂaŋ ɕiau lɣr ʐa]

来到了王家庄啊。[lai tau lə uaŋ tɕia tʂuaŋ ŋa]

小寡妇，王二娘，[ɕiau kua fu，uaŋ ɐr n̠iaŋ]

有情有意，情意长啊，[iou tɕʰiŋ iou i，tɕʰiŋ i tʂʰaŋ ŋa]

哎哎哎哎哎哎。[ai ai ai ai ai ai]

我锅锅又锅缸啊，[uɣ tɕy kuɣ iou tɕy kaŋ ŋa]

做碗疙瘩汤啊。[tsuɣ uan ka ta tʰaŋ ŋa]

咱们两个人儿啊，[tsan mən liaŋ kə iər ʐa]

咱俩唠家常啊，[tsa lia lau tɕia tʂʰaŋ ŋa]

最后终于配成双啊，[tsuei xou tʂuŋ y pʰei tʂʰəŋ ʂuaŋ ŋa]

哎哎哎哎哎哎哎，[ai ai ai ai ai ai ai]

哎哎哎哎哎嗨哎嗨呦，[ai ai ai ai ai xai ai xai iou]

哎哎呀。[ai ai ia]

四一出戏儿啊，[ʂʅ i tʂʰu ɕiər ʐa]

绣的寒江关啊。[ɕiou ti xan tɕiaŋ kuan na]

苏海困锁阳，[su xai kʰuən suɣ iaŋ]

姜须儿把兵搬哪。［tɕiaŋ ɕyər pa piŋ pan na］

樊梨花，把令传，［fan li xua，pa liŋ tʂʰuan］

发兵去救，薛丁山哪，［fa piŋ tɕʰy tɕiou，ɕyɛ tiŋ ʂan na］

哎哎哎哎哎哎。［ai ai ai ai ai ai］

人家配良缘哪，［ʐ̩ən tɕia pʰei liaŋ yan na］

可叹我蓝瑞莲哪。［kʰɤ tʰan uɤ lan ʐuei lian na］

有啥委屈事儿，［iou ʂa uei tɕʰy ʂər］

你对我谈一谈哪。［n̠i tuei uɤ tʰan i tʰan na］

哎哎哎嗨哎哎哎，［ai ai ai xai ai ai ai］

哎哎哎哎哎嗨哎嗨呦，［ai ai ai ai ai xai ai xai iou］

哎哎呀。［ai ai ia］

（以上由发音人刘音、刘海凤提供）

（二）俗语

1. 墙头草，［tɕʰiaŋ³⁵tʰou³⁵tsʰau²¹²］

   随风倒。［suei³⁵fəŋ³⁵tau²¹²］

2. 井里的蛤蟆，［tɕiŋ³⁵li²¹ti⁰xa³⁵ma⁰］

   酱里的蛆。［tɕiaŋ⁵³li²¹ti⁰tɕʰy⁴⁴］

   （井里的蛤蟆、酱里的蛆是很普通的事物。意思是算不了一回事儿。）

3. 一顿省一口，［i³⁵tuən⁵³ʂəŋ²¹i⁵³kʰou²¹²］

   一年省一斗。［i⁵³n̠ian³⁵ʂəŋ²¹i⁵³tou²¹²］

4. 好吃不如饺子，［xau²¹tʂʰʐ̩⁴⁴pu⁵³ʐ̩u³⁵tɕiau²¹tsə⁰］

   坐着不如倒着。［tsuɤ⁵³tsə⁰pu³⁵ʐ̩u⁵³tau²¹tsə⁰］

5. 人比人得活着，［ʐ̩ən³⁵pi²¹ʐ̩ən³⁵tei²¹xuɤ³⁵tʂə⁰］

   货比货得留着。［xuɤ⁵³pi²¹xuɤ⁵³tei²¹liou³⁵tʂə⁰］

6. 人比人得死，［ʐ̩ən³⁵pi²¹ʐ̩ən³⁵tei²⁴sʐ̩²¹²］

   货比货得扔。［xuɤ⁵³pi²¹xuɤ⁵³tei²¹ləŋ⁴⁴］

7. 当面儿是人，［taŋ⁴⁴miɐr⁵³ʂʐ̩⁵³ʐ̩ən³⁵］

   背后儿是鬼。［pei⁵³xour⁵³ʂʐ̩⁵³kuei²¹²］

8. 螃蟹爪儿，［pʰaŋ³⁵ɕiɛ⁵³tʂuar²¹²］

   爪儿八个。［tʂuar²¹pa³⁵kɤ⁵³］

   两头尖尖，［liaŋ²¹tʰou³⁵tɕian⁴⁴tɕian⁴⁴］

   这么大个儿！［tʂən⁵³mən⁰ta⁵³kɤr⁵³］

   （行酒令。）

9. 没有弯弯肚子，［mei³⁵iou²¹uan⁴⁴uan⁴⁴tu²¹tsʐ̩⁰］

你别吃那镰刀头。［n̠i²¹piɛ⁵³tʂʰɻ⁴⁴na⁵³lian³⁵tau⁴⁴tʰou³⁵］

（比喻没有完成事情的本事或条件，就不要去承担它。）

10. 马瘦毛长耷拉鬃，［ma²¹ʂou⁵³mau³⁵tʂʰaŋ³⁵ta⁴⁴la⁰tsuŋ⁴⁴］

穷人说话不好听。［tɕʰyŋ³⁵z̠ən³⁵ʂuɤ⁴⁴xua⁵³pu⁵³xau²¹tʰiŋ⁴⁴］

（比喻人微言轻。）

11. 牵着不走，［tɕʰian⁴⁴tʂə⁰pu⁵³tsou²¹²］

打着倒退。［ta²¹tʂə⁰tau⁵³tʰuei⁵³］

12. 龙生龙，凤生凤，［luŋ³⁵ʂəŋ⁴⁴luŋ³⁵，fəŋ⁵³ʂəŋ⁴⁴fəŋ⁵³］

耗子生来会打洞。［xau⁵³tsɻ⁰ʂəŋ⁴⁴lai³⁵xuei⁵³ta²¹tuŋ⁵³］

13. 没有那金刚钻儿，［mei³⁵iou²¹na⁰tɕin⁴⁴kaŋ⁴⁴tʂuɐr⁵³］

别揽那瓷器活儿。［piɛ⁵³lan²¹na⁰tsʰɻ³⁵tɕʰi⁰xuɤr³⁵］

14. 吃不穷，喝不穷，［tʂʰɻ⁴⁴pu⁵³tɕʰyŋ³⁵，xɤ⁴⁴pu⁵³tɕʰyŋ³⁵］

算计不到受大穷。［suan⁵³tɕi⁰pu³⁵tau⁵³ʂou⁵³ta⁵³tɕʰyŋ³⁵］

（形容过日子要精打细算。）

15. 瞅你那小样儿，［tʂʰou³⁵n̠i²¹na⁵³ɕiau²¹iãr⁵³］

少扯那哩根儿嘞。［ʂau³⁵tʂʰɤ²¹na⁰li³⁵kər⁵³ləŋ³⁵］少扯那哩根儿嘞：少说些令人生厌的话

16. 今日有酒今日醉，［tɕin⁴⁴z̠ɻ⁵³iou³⁵tɕiou²¹tɕin⁴⁴z̠ɻ⁵³tsuei⁵³］

明个儿没酒再掂对。［miŋ³⁵kɤr⁵³mei³⁵tɕiou²¹tsai⁵³tian⁵³tuei⁵³］

17. 嫁出去的姑娘泼出去的水。［tɕia⁵³tʂʰu³⁵tɕʰy⁵³ti⁰ku⁴⁴n̠iaŋ⁰pʰɤ⁴⁴tʂʰu³⁵tɕʰy⁵³ti⁰ʂuei²¹²］

18. 吃一百个豆儿不知豆腥气味儿。［tʂʰɻ⁴⁴i⁵³pai²¹kɤ⁰tour⁵³pu⁵³tʂɻ⁴⁴tou⁵³ɕiŋ⁰tɕʰi⁵³i⁰uɐr⁵³］

不知豆腥气味儿：黄豆本有腥味，吃得多了反而不觉得腥了

（比喻人不长记性。）

（以上由发音人闫莉提供）

（三）歇后语

1. 井里的蛤蟆——见不得天。

［tɕiŋ³⁵li²¹ti⁰xa³⁵ma⁰——tɕian⁵³pu⁰tɤ²¹tʰian⁴⁴］

2. 泥菩萨过河——自身难保。

［n̠i³⁵pʰu³⁵sə⁰kuɤ⁵³xɤ³⁵——tsɻ⁵³ʂən⁴⁴nan³⁵pau²¹²］

3. 瞎子点灯——白费蜡。

［ɕia³³tsɻ⁰tian²¹təŋ⁴⁴——pai³⁵fei⁵³la⁵³］白费蜡：形容白费工夫

4. 兔子尾巴——长不了。

［tʰu⁵³tsɻ⁰i²¹pa⁰——tʂʰaŋ³⁵pu⁵³liau²¹²］

5. 王八吃秤砣——铁了心。

［uaŋ³⁵pa⁰tʂʰɻ⁴⁴tʂʰəŋ⁵³tʰuɤ³⁵——tʰiɛ²¹lə⁰ɕin⁴⁴］

6. 猪鼻子插大葱——装相（象）。

　　[tʂu⁴⁴pi³⁵tsʅ⁰tʂʰa²¹ta⁵³tsʰuŋ⁴⁴——tʂuaŋ⁴⁴ɕiaŋ⁵³]

7. 大姑娘上轿——头一回。

　　[ta⁵³ku⁴⁴n̠iaŋ⁰ʂaŋ⁵³tɕiau⁵³——tʰou³⁵i⁵³xuei³⁵]

8. 大水冲了龙王庙——一家人不认一家人。

　　[ta⁵³ʂuei²¹tʂʰuŋ⁴⁴lə⁰luŋ³⁵uaŋ³⁵miau⁵³——i⁵³tɕia⁴⁴z̠ən³⁵pu³⁵z̠ən⁵³i⁵³tɕia⁴⁴z̠ən³⁵]

9. 胡同儿赶猪——直来直去。

　　[xu³⁵tʰũr⁰kan²¹tʂu⁴⁴——tʂʅ³⁵lai³⁵tʂʅ³⁵tɕʰy⁵³]

10. 碟子扎猛儿——不知深浅。

　　[tiɛ³⁵tsə⁰tʂa⁴⁴mə̃r²¹²——pu⁵³tʂʅ⁴⁴ʂən⁴⁴tɕʰian²¹²]

11. 豆腐掉灰堆——吹不得，打不得。

　　[tou⁵³fə⁰tiau⁵³xuei⁴⁴tuei⁴⁴——tʂʰuei⁴⁴pu⁵³tɤ²¹²，ta²¹pu⁵³tɤ²¹²]

12. 上坟烧苞米叶子——糊弄鬼呢。

　　[ʂaŋ⁵³fən³⁵ʂau⁴⁴pau⁴⁴mi²¹iɛ⁵³tsə⁰——xu⁵³luŋ⁰kuei²¹n̠iɛ⁰]

13. 上厕所儿看报纸——假装认几个字儿。

　　[ʂaŋ⁵³tʂʰɤ⁵³suɣr²¹kʰan⁵³pau⁵³tʂʅ²¹²——tɕia²¹tʂuaŋ⁴⁴in⁵³tɕi²¹kə⁰tsər⁵³]

14. 马尾儿串豆腐——提不起来。

　　[ma³⁵iər²¹tʂʰuan⁴⁴tou⁵³fə⁰——tʰi³⁵pu⁵³tɕʰi²¹lai³⁵]

15. 傻小子睡凉炕——全凭火力旺。

　　[ʂa³⁵ɕiau²¹tsʅ⁰ʂuei⁵³liaŋ³⁵kʰaŋ⁵³——tɕʰyan³⁵pʰiŋ³⁵xuɣ³⁵li⁰uaŋ⁵³]

16. 老鸹落在猪身上——看着人家黑，看不着自己黑。

　　[lau²¹kuɣ⁰luɣ⁵³tsai⁰tʂu⁴⁴ʂən⁴⁴ʂəŋ⁰——kʰan⁵³tʂau⁰z̠ən³⁵tɕia⁰xei⁴⁴，kʰan⁵³pu⁰tʂau³⁵tsʅ⁵³tɕi²¹xei⁴⁴]

17. 卖孩子买猴儿——瞎胡闹。

　　[mai⁵³xai³⁵tsʅ⁰mai²¹xour³⁵——ɕia⁴⁴xu³⁵nau⁵³]

18. 腊月前儿生的——动（冻）手动（冻）脚儿。

　　[la⁵³yɛ⁵³tɕʰiɐr³⁵ʂəŋ⁴⁴ti⁰——tuŋ⁵³ʂou²¹tuŋ⁵³tɕiaur²¹]

19. 熊瞎子叫门——熊到家了。

　　[ɕyŋ³⁵ɕia⁴⁴tsʅ⁰tɕiau⁵³mən³⁵——ɕyŋ³⁵tau⁵³tɕia⁴⁴lə⁰]

　　（比喻没本事，无能。）

20. 大姑娘梳歪桃儿——随便（辫）儿。

　　[tʰa⁵³ku⁴⁴n̠iaŋ⁰ʂu⁴⁴uai⁴⁴tʰaur³⁵——suei³⁵piɐr⁵³]

21. 老太太搁楞鸡窝——笨（奔）蛋。

　　[lau²¹tʰai⁵³tʰai⁰kɤ⁴⁴lə⁰tɕi⁴⁴uɣ⁴⁴，pən⁵³tan⁵³] 搁楞：搅和。这里指翻鸡窝

22. 老母猪嗑碗碴子——你净是词（瓷）儿。

[lau³⁵mu²¹tʂu⁴⁴kʰɤ⁴⁴uan²¹tʂʰa⁵³tsɿ⁰——n̪i²¹tɕiŋ⁵³ʂʅ⁵³tsʰər³⁵]

（指人的话多或词语丰富，善于狡辩。）

23. 王八钻灶坑——又憋气，又窝火。

[uaŋ³⁵pa⁰tsuan⁴⁴tsau⁵³kʰəŋ⁴⁴——iou⁵³piɛ⁴⁴tɕʰi⁵³，iou⁵³uɤ⁴⁴xuɤ²¹²]

24. 黄皮子下豆杵子——一辈儿不如一辈儿。

[xuaŋ³⁵pʰi³⁵tsɿ⁰ɕia⁵³tou⁵³tʂʰu²¹tsɿ⁰——i³⁵pər⁵³pu⁵³ʐu³⁵i³⁵pər⁵³] 黄皮子：黄鼠狼。下：生。豆杵子：田鼠

25. 熊瞎子打立正——一手遮天。

[ɕyŋ²⁴ɕia⁴⁴tsɿ⁰ta²¹li⁵³tʂəŋ⁵³——i⁵³ʂou²¹tʂɤ⁴⁴tʰian⁴⁴]

26. 油梭子发白——短练（炼）。

[iou³⁵tsʰuɤ⁴⁴tsɿ⁰fa⁴⁴pai³⁵——tuan²¹lian⁵³] 短炼：油渣发白是火候不到，还需要继续炼油

（指人缺少磨炼。）

27. 地瓜去了皮儿——白薯一个。

[ti⁵³kua⁴⁴tɕʰy⁵³lə⁰pʰiər³⁵——pai³⁵tʂʰu²¹i³⁵kɤ⁵³] 白薯一个：指头脑糊涂的没本事的人

28. 三岁长胡子——小老样儿。

[san³⁵suei⁵³tʂaŋ²¹xu³⁵tsɿ⁰——ɕiau³⁵lau²¹iãr⁵³] 小老样儿：即小样儿，含贬义

29. 穿靰鞡进门——先进者（褶）儿。

[tʂʰuan⁴⁴u⁵³lou⁰tɕin⁵³mən³⁵——ɕian⁴⁴tɕin⁵³tʂɤr²¹²] 先进褶儿：进门先伸脚，而靰鞡鞋上面都是褶皱，所以说"先进褶儿"

（以上由发音人闫莉提供）

237

东　　宁

一　歌谣

（一）铜盆儿铜碗儿铜大缸

铜盆儿铜碗儿铜大缸，[tɕy⁴⁴pʰər³⁵tɕy⁴⁴uɐr²¹tɕy⁴⁴ta⁵³kaŋ⁴⁴]

小孩儿的裤子掉水缸，[ɕiau²¹xɐr³⁵tə⁰kʰu⁵³tsʅ⁰tiau⁵³suei²¹kaŋ⁴⁴]

缸里有条儿小金鱼儿，[kaŋ⁴⁴li⁰iou²¹tʰiaur³⁵ɕiau²¹tɕin⁴⁴yər³⁵]

红嘴巴绿嘴唇儿，[xuŋ³⁵tsuei²¹pa⁵³ly⁵³tsuei²¹tsʰuər³⁵]

你说逗人儿不逗人儿。[ȵi²¹ʂuɤ⁴⁴tou⁵³iər³⁵pu³⁵tou⁵³iər³⁵]

（二）小小子儿坐门墩儿

小小子儿坐门墩儿，[ɕiau³⁵ɕiau²¹tsər⁴⁴tsuɤ⁵³mən³⁵tuər⁴⁴]

哭着闹着要媳妇儿，[kʰu⁴⁴tʂə⁰nau⁵³tʂə⁰iau⁵³ɕi³⁵fər⁰]

要媳妇儿干啥呀？[iau⁵³ɕi³⁵fər⁰kan⁵³ʂa³⁵ia⁰]

点灯说儿话儿，[tian²¹təŋ⁴⁴ʂuɤr⁴⁴xuar⁵³]

吹灯做伴儿，[tsʰuei⁴⁴təŋ⁴⁴tsuɤ⁵³pɐr⁵³]

明天早晨起来扎小辫儿。[miŋ³⁵tʰian⁴⁴tsau²¹tsʰən³⁵tɕʰi²¹lai³⁵tʂa⁴⁴ɕiau²¹piɐr⁵³]

（三）拉大锯

拉大锯，[la³⁵ta⁵³tɕy⁵³]

扯大锯，[tʂʰɤ²¹ta⁵³tɕy⁵³]

姥儿姥儿家门口儿唱大戏，[laur²¹laur⁰tɕia⁴⁴mən³⁵kʰour²¹tʂʰaŋ⁵³ta⁵³ɕi⁵³]

接姑娘，唤女婿，[tɕiɛ⁴⁴ku⁴⁴ȵiaŋ⁰，xuan⁵³ȵy²¹ɕy⁵³]

小外甥也要去。[ɕiau²¹uai⁵³ʂəŋ⁰iɛ²¹iau⁵³tɕʰy⁵³]

（有删减）

（四）花喜鹊

花喜鹊，［xua⁴⁴ɕi²¹tɕʰyɛ⁵³］

尾巴长，［uei²¹pa⁰tʂʰaŋ³⁵］

说了老婆忘了娘。［ʂuɤ⁴⁴lə⁰lau²¹pʰə⁰uaŋ⁵³lə⁰n̠iaŋ³⁵］

他娘要吃干烧饼，［tʰa⁴⁴n̠iaŋ³⁵iau⁵³tʂʅ⁴⁴kan⁴⁴sau⁴⁴piŋ⁰］

哪有那闲钱堵窟窿？［na³⁵iou²¹na⁵³ɕian³⁵tɕʰian³⁵tu²¹kʰu⁴⁴luŋ⁰］

他媳妇儿要吃香水儿梨，［tʰa⁴⁴ɕi²¹fər⁰iau⁵³tʂʅ⁴⁴ɕiaŋ⁴⁴suər²¹li³⁵］

套上毛驴儿去赶集。［tʰau⁵³ʂaŋ⁰mau⁴⁴lyər³⁵tɕʰy⁵³kan²¹tɕi³⁵］

（以上由发音人周雅君提供）

（五）董存瑞十八岁

董存瑞十八岁，［tuŋ²¹tsʰuən²⁴luei⁵³ʂʅ²⁴pa³³suei⁵³］

参加了革命游击队。［tsʰan³³tɕia³³lə⁰kɤ²⁴miŋ⁵³iou³³tɕi³³tuei⁵³］

炸碉堡，［tsa⁵³tiau⁵³pau²¹¹］

牺牲了，［ɕi³³ʂəŋ³³ŋə⁰］

党的任务完成了。［taŋ²¹tə⁰ʐ̩ən⁵³u⁵³uan²⁴tʂʰəŋ²⁴lə⁰］

（以上由发音人邴国华提供）

二　规定故事

牛郎和织女

在很久很久以前，［tsai⁵³xən²⁴tɕiou²¹xən²⁴tɕiou²⁴i²¹tɕʰian²⁴］

有一个小伙子，［iou²¹i²⁴kə⁰ɕiau²⁴xuɤ²¹tsʅ⁰］

他的父母早就去世啦，［tʰa³³tə⁰fu⁵³mu²¹tsau²¹tɕiou⁵³tɕʰy⁵³ʂʅ⁵³la⁰］

他连个姐妹都没有，［tʰa³³lian²⁴kə⁰tɕiɛ²¹mei⁵³tou³³mei⁵³iou²¹¹］

唯有一条老黄牛，［uei²⁴iou²¹i⁵³tʰiau²⁴lau²¹xuaŋ²⁴n̠iou²⁴］

屯儿里的人，［tʰuər²⁴li²¹tə⁰ʐ̩ən²⁴］

都管他叫牛郎。［tou³³kuan²¹tʰa³³tɕiau⁵³n̠iou²⁴laŋ²⁴］

在他山上有一片地，［tsai⁵³tʰa³³ʂan³³ʂaŋ⁰iou²¹i²⁴pʰian⁵³ti⁵³］

这条牛，到开春儿的时候，［tsei⁵³tʰiau⁵³n̠iou²⁴，tau⁵³kʰai³³tsʰuər³³tə⁰ʂʅ²⁴xou⁰］

他们就一起去耕种，［tʰa³³mən²⁴tɕiou⁵³i⁵³tɕʰi²¹tɕʰy⁵³kəŋ³³tʂuŋ⁵³］

到了秋天，［tau⁵³lə⁰tɕʰiou³³tʰian³³］

再把粮食都收回来。［tsai⁵³pa²¹liaŋ²⁴ʂʅ⁰tou³³ʂou³³xuei²⁴lai²⁴］

这个牛哇,可不是普通的牛,[tsei⁵³kə⁰n̠iou²⁴ua⁰,kʰɤ²¹pu²⁴ʂʅ⁵³pʰu²¹tʰuŋ³³tə⁰n̠iou²⁴]

它是天上的金牛星。[tʰa³³ʂʅ⁵³tʰian³³ʂaŋ⁵³ta⁰tɕin³³n̠iou²⁴ɕiŋ³³]

这条牛看牛郎啊,[tsei⁵³tʰiau⁵³n̠iou²⁴kʰan⁵³n̠iou²⁴laŋ²⁴a⁰]

天天跟他年复一年一年的,[tʰian³³tʰian³³kən³³tʰa³³n̠ian²⁴fu⁵³i³³n̠ian⁵³i⁵³n̠ian²⁴ta⁰]

很辛苦,[xən²¹ɕin³³kʰu²¹¹]

他又特别地善良,[tʰa³³iou⁵³tʰɤ⁵³piɛ²⁴tə⁰ʂan⁵³liaŋ²⁴]

就一直想给他找一个媳妇,[tɕiou⁵³i⁵³tʂʅ²⁴ɕiaŋ²⁴kei²¹tʰa³³tʂau²¹i²⁴kə⁰ɕi²⁴fu⁵³]

成个家。[tʂʰəŋ²⁴kə⁰tɕia³³]

有一天,金牛星,就听说,[iou²¹i⁵³tʰian³³,tɕin³³n̠iou²⁴ɕiŋ³³,tɕiou⁵³tʰiŋ³³ʂuɤ³³]

天上的仙女要下,要下凡,[tʰian³³ʂaŋ⁵³tə⁰ɕian³³n̠y²¹iau⁵³ɕia⁵³,iau⁵³ɕia⁵³fan²⁴]

要到这个,[iau⁵³tau⁵³tʂei⁵³kə⁰]

村子的西边,山脚下,[tsʰuan³³tsʅ²¹tə⁰ɕi³³pian³³,ʂan³³tɕiau²¹ɕia⁵³]

有一个湖,到那去洗澡儿。[iou²¹i²⁴kə⁰xu²⁴,tau⁵³na⁵³tɕʰy⁵³ɕi²⁴tsaur²¹¹]

金牛星就托梦给牛郎说,[tɕin³³n̠iou²⁴ɕiŋ³³tɕiou⁵³tʰuɤ³³məŋ⁵³kei²¹n̠iou²⁴laŋ²⁴ʂuɤ³³]

你等到第二天早起来,[n̠i²⁴təŋ²¹tau⁰ti⁵³ɐr⁵³tʰian³³tsau²⁴tɕʰi²¹lai²⁴]

你就到那个,湖边去,[n̠i²¹tɕiou⁵³tau⁵³nei⁵³kə⁰,xu²⁴pian³³tɕʰy⁵³]

在那旮,[tsai⁵³nei⁵³ka³³]那旮:那个地方

她们把衣服都放在树上,[tʰa³³mən⁰pa²¹i³³fu⁰tou³³faŋ⁵³tsai⁵³ʂu⁵³ʂaŋ⁰]

你就上那,[n̠i²¹tɕiou⁵³ʂaŋ⁵³na⁵³]

偷一件衣服,[tʰou³³i²⁴tɕian⁵³i³³fu²⁴]

跑回家,[pʰau²¹xuei²⁴tɕia³³]

这样你就能得到一个,[tʂei⁵³iaŋ⁵³n̠i²¹tɕiou⁵³nəŋ²⁴tɤ²⁴tau⁵³i²⁴kə⁰]

美丽漂亮的媳妇。[mei²¹li⁵³pʰiau⁵³liaŋ⁵³tə⁰ɕi²⁴fu⁰]

第二天早起来,[ti⁵³ɐr⁵³tʰian³³tsau²⁴tɕʰi²¹lai²⁴]

牛郎想了想,[n̠iou²⁴laŋ²⁴ɕiaŋ²¹lə⁰ɕiaŋ²¹¹]

这难道是真的吗?[tʂɤ⁵³nan²⁴tau⁵³ʂʅ⁵³tʂən³³ti⁰ma³³]

你说去是不去?[n̠i²¹ʂuɤ³³tɕʰy⁵³ʂʅ⁰pu²⁴tɕʰy⁵³]

他左右为难。[tʰa³³tsuɤ²¹iou⁵³uei²⁴nan²⁴]

可是,[kʰɤ²¹ʂʅ⁵³]

他想,[tʰa³³ɕiaŋ²¹¹]

万一要是[uan⁵³i³³iau⁵³ʂʅ⁰]

真要得到了这个媳妇儿,[tʂən³³iau⁵³tɤ²⁴tau⁵³lə⁰tsei⁵³kə⁰ɕi²¹fər³³]

我还是去吧,[uɤ²¹xai²⁴ʂʅ⁵³tɕʰy⁵³pa⁰]

可他在往那湖边走的时候,[kʰɤ²¹tʰa³³tsai⁵³uaŋ²¹na⁵³xu²⁴pian³³tsou²¹tə⁰ʂʅ²⁴xou⁰]

朦朦胧胧地看[məŋ²⁴məŋ²⁴luŋ²⁴luŋ²⁴ti⁰kʰan⁵³]

有七个仙女，[iou²¹tɕʰi²⁴kɤ⁵³ɕian³³n̠y²¹¹]

在湖边洗澡儿，[tsai⁵³xu²⁴pian³³ɕi²⁴tsaur²¹¹]

他到上前去，[tʰa³³tau⁵³ʂaŋ⁵³tɕʰian²⁴tɕʰy⁵³]

把那衣服偷了一个粉红色的，[pa²¹na⁵³i³³fu⁰tʰou³³lə⁰i²⁴kə⁰fən²¹xuŋ²⁴sɤ⁵³tə⁰]

抱着就往回跑，[pau⁵³tʂə⁰tɕiou⁵³uaŋ²¹xuei²⁴pʰau²¹¹]

跑到家里，[pʰau²¹tau⁵³tɕia³³li²¹¹]

心里非常地不安，[ɕin³³li²¹fei³³tʂʰaŋ²⁴tə⁰pu⁵³an³³]

可是，[kʰɤ²¹ʂɿ⁵³]

这仙女，[tʂɤ⁵³ɕian³³n̠y²¹¹]

等到晚上回来的时候，[təŋ²¹tau⁵³uan²¹ʂaŋ⁰xuei²⁴lai⁰ti⁰ʂɿ²⁴xou⁰]

等到晚上，[təŋ²¹tau⁵³uan²¹ʂaŋ⁰]

就偷偷地，[tɕiou⁵³tʰou³³tʰou³³ti⁰]

到了这个牛郎的家门，[tau⁵³lə⁰tʂei⁵³kə⁰n̠iou²⁴laŋ²⁴tə⁰tɕia³³mən²⁴]

悄悄地敲开了门，[tɕʰiau³³tɕʰiau³³tə⁰tɕʰiau³³kʰai³³lə⁰mən²⁴]

就进去了，[tɕiou⁵³tɕin⁵³tɕʰy⁵³lə⁰]

他们就成了一夜的 [tʰa³³mən⁰tɕiou⁵³tʂʰəŋ²⁴lə⁰i²⁴iɛ⁵³tə⁰]

恩爱夫妻。[ən³³ai⁵³fu³³tɕʰi³³]

过了两三年，[kuɤ⁵³la⁰liaŋ²¹san³³n̠ian²⁴]

他们又生了两个孩子，[tʰa³³mən²⁴iou⁰ʂəŋ³³lə⁰liaŋ²¹kə⁰xai²⁴tsɿ⁰]

一个是姑娘，一个是小子，[i²⁴kə⁰ʂɿ⁵³ku³³n̠iaŋ⁰，i²⁴kə⁰ʂɿ⁵³ɕiau²¹tsɿ⁰]

生活过得非常开心。[ʂəŋ³³xuɤ²⁴kuɤ⁵³tə⁰fei³³tʂʰaŋ²⁴kʰai³³ɕin³³]

可是，[kʰɤ²¹ʂɿ⁵³]

有一天，[iou²¹i⁵³tʰian³³]

玉皇大帝、皇母娘娘知道了，[y⁵³xuaŋ²⁴ta⁵³ti⁵³、xuaŋ²⁴mu²¹n̠iaŋ²⁴n̠iaŋ⁰tʂɿ³³tau⁵³lə⁰]

皇母娘娘：口误，应为"王母娘娘"

她是私自从天上下来的，[tʰa³³ʂɿ⁵³sɿ³³tsɿ⁵³tsʰuŋ²⁴tʰian³³ʂaŋ⁵³ɕia⁵³lai²⁴tə⁰]

就想把她招回去。[tɕiou⁵³ɕiaŋ²¹pa²¹tʰa³³tʂau³³xuei²⁴tɕʰy⁵³]

可是，[kʰɤ²¹ʂɿ⁵³]

有一天，[iou²¹i⁵³tʰian³³]

大雨哗哗地下，[ta⁵³y²¹xua²⁴xua²⁴tə⁰ɕia⁵³]

打得那雷呀，[ta²¹tə⁰na⁵³lei²⁴ia⁰]

咔嚓咔嚓的啊，[kʰa³³tʂʰa⁰kʰa³³tʂʰa⁰tə⁰a⁰]

老响了，[lau²⁴ɕiaŋ²¹lə⁰]

那雨下得都冒烟了，[na⁵³y²¹ɕia⁵³tə⁰tou²⁴mau⁵³ian³³lə⁰]

像盆泼的一样。[ɕiaŋ⁵³pʰən²⁴pʰɤ³³tə⁰i²⁴iaŋ⁵³]

突然，[tʰu³³ʐan²⁴]

织女不见了，[tʂʅ³³n̠y²¹pu²⁴tɕian⁵³lə⁰]

这两个孩子该哭着找娘。[tʂɤ⁵³liaŋ²¹kə⁰xai²⁴tsʅ⁰kai³³kʰu³³tʂə⁰tʂau²¹n̠iaŋ²⁴]

这牛郎，[tʂɤ⁵³n̠iou²⁴laŋ²⁴]

这寻这咋办哪，[tʂɤ⁵³ɕin²⁴tʂɤ⁵³tʂa²¹pan⁵³na⁰]

急得他呀搁地打，打转儿转儿，[tɕi²⁴ti⁰tʰa³³ia⁰kɤ²¹ti⁵³ta²¹，ta²¹tʂuɐr⁵³tʂuɐr⁰]

可老牛说话了，[kʰɤ²⁴lau²¹n̠iou²⁴ʂuɤ³³xua⁵³lə⁰]

你把我两个角拿下来，[n̠i²⁴pa²⁴uɤ²⁴liaŋ²¹kə⁰tɕia²¹na²⁴ɕia⁵³lai²⁴]

变成两个筐，[pian⁵³tʂʰəŋ²⁴liaŋ²¹kə⁰kʰuaŋ³³]

他把孩子装里头，[tʰa³³pa²⁴xai²⁴tsʅ⁰tʂuaŋ³³li²¹tʰou⁰]

你们就去[n̠i²¹mən⁰tɕiou⁵³tɕʰy⁵³]

上天上去找织女吧。[ʂaŋ⁵³tʰian³³ʂaŋ⁰tɕʰy⁵³tʂau²¹tʂʅ³³n̠y²¹pa⁰]

可是，[kʰɤ²¹ʂʅ⁵³]

这个牛郎[tʂei⁵³kə⁰n̠iou²⁴laŋ²⁴]

正搁这寻思的时候儿，[tʂəŋ⁵³kɤ²¹tʂɤ⁵³ɕin²⁴sʅ⁰tə⁰ʂʅ²⁴xour⁰]

有这么可奇的事儿吗？[iou²¹tʂɤ⁵³mə⁰kʰɤ²¹tɕʰi²⁴tə⁰ʂər⁵³ma⁰]

这个牛角就梆ʼ郎ʼ梆ʼ郎ʼ地[tʂei⁵³kə⁰n̠iou²⁴tɕia²¹tɕiou⁵³paŋ³³laŋ⁰paŋ³³laŋ⁰ti⁰]

掉地下了，[tiau⁵³ti⁵³ɕia⁵³lə⁰]

突然变成了两个土篮子。[tʰu³³ʐan²⁴pian⁵³tʂʰəŋ²⁴lə⁰liaŋ²¹kə⁰tʰu²¹lan²⁴tsʅ⁰]

他就把两个孩子[tʰa³³tɕiou⁵³pa²⁴liaŋ²¹kə⁰xai²⁴tsʅ⁰]

装了土篮子里，[tʂuaŋ³³lə⁰tʰu²¹lan²⁴tsʅ⁰li²¹¹]

用扁担挑着往外走。[yŋ⁵³pian²¹tan⁰tʰiau³³tʂə⁰uaŋ²¹uai⁵³tsou²¹¹]

走到外头的时候儿，[tsou²¹tau⁵³uai⁵³tʰou⁰tə⁰ʂʅ²⁴xour⁰]

就感觉一阵清风过来，[tɕiou⁵³kan²¹tɕyɛ²⁴i²⁴tʂən⁵³tɕʰiŋ³³fəŋ³³kuɤ⁵³lai⁰]

飘哇飘哇，那人哪，[pʰiau³³ua⁰pʰiau³³ua⁰，na⁵³ʐən²⁴na⁰]

就感觉是像[tɕiou⁵³kan²¹tɕyɛ²⁴ʂʅ⁵³ɕiaŋ⁵³]

腾空驾雾一样，[tʰuŋ²⁴kʰuŋ³³tɕia⁵³u⁵³i²⁴iaŋ⁵³]

那土篮子就像[na⁵³tʰu²¹lan²⁴tsʅ⁰tɕiou⁵³ɕiaŋ⁵³]

长了翅膀一样，[tʂaŋ²¹lə⁰tsʰʅ⁵³paŋ²¹i²⁴iaŋ⁵³]

在空中飞呀飞呀，[tsai⁵³kʰuŋ³³tʂuŋ³³fei³³ia⁰fei³³ia⁰]

马上就要追上了织女，[ma²¹ʂaŋ⁵³tɕiou⁵³iau⁵³tsuei³³ʂaŋ⁵³lə⁰tʂʅ³³n̠y²¹¹]

可是，[kʰɤ²¹ʂʅ⁵³]

让王母娘娘知道了，[iaŋ⁵³uaŋ²⁴mu²¹n̠iaŋ²⁴n̠iaŋ⁰tʂʅ³³tau⁵³lə⁰]

她知道这事，[tʰa³³tʂʅ³³tau⁵³tʂɤ⁵³ʂʅ⁵³]

就把头上的金钗摘下，[tɕiou⁵³pa²¹tʰou²⁴ʂaŋ⁵³tə⁰tɕin³³tʂʰai³³tsai²⁴ɕia⁵³]

给牛郎和织女之间,［kei²¹n̠iou²⁴laŋ²⁴xɤ²⁴tʂʅ³³n̠y²¹tʂʅ³³tɕian³³］

划了一道,［xua²⁴lə⁰i²⁴tau⁵³］

这一道就变成了,［tʂɤ⁵³i²⁴tau⁵³tɕiou⁵³pian⁵³tʂʰəŋ²⁴lə⁰］

滚滚波涛的大河,［kuən²⁴kuən²¹pɤ³³tʰau³³tə⁰ta⁵³xɤ²⁴］

天河。［tʰian³³xɤ²⁴］

在这天河,［tsai⁵³tʂɤ⁵³tʰian³³xɤ²⁴］

一望,［i⁵³uaŋ²¹¹］

一眼望不到边际。［i⁵³ian²¹uaŋ⁵³pu²⁴tau⁵³pian³³tɕi⁵³］

从此以后,［tsʰuŋ²⁴tsʰʅ²⁴i²¹xou⁵³］

就给牛郎和织女分开了。［tɕiou⁵³kei²¹n̠iou²⁴laŋ²⁴xɤ²⁴tʂʅ²⁴n̠y²¹fən³³kʰai³³lə⁰］

喜鹊知道了这个悲剧以后,［ɕi²¹tɕʰyɛ⁵³tʂʅ³³tau⁵³lə⁰tʂei⁵³kə⁰pei³³tɕy⁵³i²¹xou⁵³］

就在七月七那,［tɕiou⁵³tsai⁵³tɕi²⁴yɛ⁵³tɕi³³na⁵³］

农历七月初七那天,［nuŋ²⁴li⁵³tɕʰi²⁴yɛ⁵³tʂʰu³³tɕʰi³³na⁵³tʰian³³］

它们就［tʰa³³mən⁰tɕiou⁵³］

成千上万的喜鹊飞过来,［tʂʰəŋ²⁴tɕʰian³³ʂaŋ⁵³uan⁵³tə⁰ɕi²¹tɕʰyɛ⁵³fei³³kuɤ⁵³lai²⁴］

在天河上,［tsai⁵³tʰian³³xɤ²⁴ʂaŋ⁵³］

搭起了一个桥,［ta³³tɕʰi²¹lə⁰i²⁴kɤ⁵³tɕʰiau²⁴］

它们都一个衔着一个的,［tʰa³³mən⁰tou²⁴i²⁴kɤ⁵³tɕʰian²⁴tʂə⁰i²⁴kɤ⁵³ti⁰］

搭成了一个长长的喜桥,［ta³³tʂʰəŋ²⁴lə⁰i²⁴kɤ⁵³tʂʰaŋ²⁴tʂʰaŋ²⁴tə⁰ɕi²¹tɕiau²⁴］

这个也是我们就是,［tsei⁵³kə⁰iɛ²¹ʂʅ⁵³uɤ²¹mən²⁴tɕiou⁵³ʂʅ⁵³］

七月七也是我们［tɕi²⁴yɛ⁵³tɕi³³iɛ²¹ʂʅ⁵³uɤ²¹mən²⁴］

中国的情人节,［tʂuŋ³³kuɤ²⁴tə⁰tɕʰiŋ²⁴z̠ən²⁴tɕiɛ²⁴］

我们现在,［uɤ²¹mən⁰ɕian⁵³tsai⁵³］

要是蹲在黄瓜地底里头,［iau⁵³ʂʅ⁵³tuən³³tsai⁵³xuaŋ²⁴kua⁰ti⁵³ti²¹li²¹tʰou²⁴］

也能听到［iɛ²¹nəŋ²⁴tʰiŋ³³tau⁵³］

牛郎和织女的声音。［n̠iou²⁴laŋ²⁴xɤ²⁴tʂʅ³³n̠y²¹tə⁰ʂəŋ³³in³³］

这就是现在的［tʂɤ⁵³tɕiou⁵³ʂʅ⁵³ɕian⁵³tsai⁵³tə⁰］

牛郎和织女的传说。［n̠iou²⁴laŋ²⁴xɤ²⁴tʂʅ³³n̠y²¹tə⁰tʂʰuan²⁴suɤ³³］

（有删减）

（以上由发音人邴国华提供）

三 其他故事

(一) 新媳妇

从前哪，[tsʰuŋ³⁵tɕʰian³⁵na⁰]

有这么一户人家，[iou²¹tsən⁵³mə⁰i³⁵xu⁵³ʐən³⁵tɕia⁴⁴]

这家人儿哪，[tsei⁵³tɕia⁴⁴ʐər³⁵na⁰]

在腊月上儿就娶了儿媳妇儿，[tsai⁵³la⁵³yɛ⁵³ʂãr⁵³tɕiou⁵³tɕʰy²¹lə⁰ɚ³⁵ɕi³⁵fər⁰]

那时候儿啊，[nei⁵³ʂɻ³⁵xour⁰a⁰]

都说儿媳妇儿说话[tou⁴⁴ʂuɤ⁴⁴ɚ³⁵ɕi³⁵fər⁰ʂuɤ⁴⁴xua⁵³]

嗯特别灵验，[əŋ⁰tʰɤ⁵³piɛ³⁵liŋ³⁵ian⁵³]

特别是新媳妇儿，[tʰei⁵³piɛ³⁵ʂɻ⁵³ɕin⁴⁴ɕi³⁵fər⁰]

就是许多老人[tɕiou⁵³ʂɻ⁵³ɕy²¹tuɤ⁴⁴lau²¹ʐən³⁵]

都到新媳妇儿面前讨吉利。[tou⁴⁴tau⁵³ɕin⁴⁴ɕi³⁵fər⁰mian⁵³tɕʰian³⁵tʰau²¹tɕi³⁵li⁵³]

话说呢就到了三十儿了，[xua⁵³ʂuɤ⁴⁴n̠iɛ⁴⁴tɕiou⁵³tau⁵³lə⁰san⁴⁴ʂər³⁵lə⁰]

嗯，一早晨起来，[en⁰,i⁵³tsau²¹tʂʰən⁰tɕʰi²¹lai³⁵]

这个新媳妇儿，[tʂei⁵³kə⁰ɕin⁴⁴ɕi³⁵fər⁵³]

房前屋后儿、院儿里院儿外儿的，[faŋ³⁵tɕʰian³⁵u⁴⁴xour⁵³、yɐr⁵³li²¹yɐr⁵³uɐr⁵³ti⁰]

就干活儿收拾，[tɕiou⁵³kan⁵³xuɤr³⁵ʂou³⁵ʂɻ⁰]

收拾收拾着，[ʂou³⁵ʂɻ⁰ʂou³⁵ʂɻ⁰tʂə⁰]

忽然发现，[xu⁴⁴ʐan³⁵fa⁴⁴ɕian⁵³]

天井的石磨后儿边儿，[tʰian⁴⁴tɕiŋ²¹ti⁰ʂɻ³⁵mɤ⁵³xour⁵³piɐr⁰]

有一个大倭瓜。[iou²¹i³⁵kə⁰ta⁵³uɤ⁴⁴kua⁴⁴]

这儿媳妇儿心想，[tʂɤ⁵³ɚ³⁵ɕi³⁵fər⁰ɕin⁴⁴ɕiaŋ²¹²]

过年啦，[kuɤ⁵³n̠ian³⁵la⁰]

不能说"倭瓜"，[pu⁵³nəŋ³⁵ʂuɤ⁴⁴"uɤ⁴⁴kua⁴⁴"]

要把它说成"金瓜"，[iau⁵³pa²¹tʰa⁴⁴ʂuɤ⁴⁴tʂʰəŋ³⁵"tɕin⁴⁴kua⁴⁴"]

这样婆婆一定高兴，[tʂɤ⁵³iaŋ⁵³pʰɤ³⁵pʰə⁰i³⁵tiŋ⁵³kau⁴⁴ɕiŋ⁵³]

于是她就喊：[y³⁵ʂɻ⁵³tʰa⁴⁴tɕiou⁵³xan²¹²]

"娘哎，["n̠iaŋ³⁵ŋai⁰]

这疙一个大金瓜。"[tsei⁵³ka⁴⁴i³⁵kə⁰ta⁵³tɕin⁴⁴kua⁴⁴。]

她娘一听，[tʰa⁴⁴n̠iaŋ³⁵i⁵³tʰiŋ⁴⁴]

什么大金瓜呀？[ʂən³⁵mə⁰ta⁵³tɕin⁴⁴kua⁴⁴ia⁰]

抬头一瞅，[tʰai³⁵tʰou³⁵i⁵³tʂʰou²¹²]

原来儿媳妇儿, [yan³⁵lai³⁵ ɚ³⁵ɕi²¹fər⁰]

抱着一个大倭瓜进来了。[pau⁵³tʂə⁰i³⁵kə⁰ta⁵³uɤ⁴⁴kua⁴⁴tɕin⁵³lai⁰lə⁰]

她想, [tʰa⁴⁴ɕiaŋ²¹²]

哎呀这儿媳妇儿, [ai³⁵ia⁰tʂɤ⁵³ɚ³⁵ɕi²¹fər⁰]

真会说儿话儿, [tʂən⁴⁴xuei⁵³ʂuɤr⁴⁴xuar⁵³]

她把倭瓜, [tʰa⁴⁴pa²¹uɤ⁴⁴kua⁴⁴]

说成是金瓜, [ʂuɤ⁴⁴tʂʰəŋ³⁵ʂʐ⁵³tɕin⁴⁴kua⁴⁴]

很高兴, [xən²¹kau⁴⁴ɕiŋ⁵³]

就夸她: [tɕiou⁵³kʰua⁴⁴tʰa⁰]

"好媳妇儿,好孩子。" ["xau³⁵ɕi²¹fər⁰ ,xau²¹xai³⁵tsə⁰ 。"]

儿媳妇儿又说: [ɚ³⁵ɕi²¹fər⁰iou⁵³ʂuɤ⁴⁴]

"娘, ["ȵiaŋ³⁵]

三十儿抱金瓜, [san⁴⁴ʂər³⁵pau⁵³tɕin⁴⁴kua⁴⁴]

来年一定大大发。" [lai³⁵ȵian³⁵i⁵³tiŋ⁵³ta⁵³ta⁵³fa⁴⁴ 。"]

老婆婆更是高兴了, [lau²¹pʰɤ³⁵pʰə⁰kəŋ⁵³ʂʐ⁵³kau⁴⁴ɕiŋ⁵³lə⁰]

转过年来, [tʂuan²¹kuɤ⁵³ȵian³⁵lai³⁵]

真的他家发了财, [tʂən⁴⁴tə⁰tʰa⁴⁴tɕia⁴⁴fa⁴⁴lə⁰tsʰai³⁵]

但是所谓的发财呢, [tan⁵³ʂʐ⁵³suɤ²¹uei⁵³tə⁰fa⁴⁴tsʰai³⁵nə⁰]

就是靠着一家人的努力, [ɕiou⁵³ʂʐ⁵³kʰau⁵³tʂə⁰i⁵³tɕia⁴⁴ʐən³⁵tə⁰nu²¹li⁵³]

和勤劳的双手, [xɤ³⁵tɕʰin³⁵lau³⁵tə⁰suaŋ⁴⁴ʂou²¹²]

只是地里的庄稼, [tʂʐ²¹ʂʐ⁵³ti⁵³li²¹tə⁰tʂuaŋ⁴⁴tɕia⁰]

收成上翻了一番儿。[ʂou⁴⁴tʂʰəŋ⁰ʂaŋ⁵³fan⁴⁴lə⁰i⁵³fər⁴⁴]

(二)吉利话

从前哪, [tsʰuŋ³⁵tɕʰian³⁵na⁰]

有这么一家人家, [iou²¹tsən⁵³mə⁰i⁵³tɕia⁴⁴ʐən³⁵tɕia⁰]

这家人呢 [tʂɤ⁵³tɕia⁴⁴ʐən³⁵nə⁰]

就是有老公母儿两个, [tɕiou⁴⁴ʂʐ⁵³iou³⁵lau²¹ku⁴⁴mər⁰liaŋ²¹kə⁰]

还有两个儿子, [xai⁵³iou²¹liaŋ²¹kə⁰ɚ³⁵tsʐ⁰]

他们在一起幸福地生活着。[tʰa⁴⁴mən⁰tsai⁵³i⁵³tɕʰi²¹ɕiŋ⁵³fu²¹ti⁰ʂəŋ⁴⁴xuɤ³⁵tʂə⁰]

那时候儿啊, [nei⁵³ʂʐ³⁵xour⁵³a⁰]

都讲,讲吉利话儿, [tou⁴⁴tɕiaŋ²¹² ,tɕiaŋ²¹tɕi³⁵li⁵³xuar⁵³]

特别是过年的时候儿, [tʰɤ⁵³piɛ³⁵ʂʐ⁵³kuɤ⁵³ȵian³⁵tə⁰ʂʐ³⁵xour⁰]

一点儿不吉利的话儿 [i⁵³tiɐr²¹pu⁵³tɕi³⁵li⁵³tə⁰xuar⁵³]

也不允许孩子说, [iɛ²¹pu⁵³yn³⁵ɕy²¹xai³⁵tsʐ⁰ʂuɤ⁴⁴]

一点儿不吉利的话儿[i⁵³tiɐr²¹pu⁵³tɕi³⁵li⁵³tə⁰xuar⁵³]

也不允许孩子讲。[iɛ²¹pu⁵³yn³⁵ɕy²¹xai³⁵tsʅ⁰tɕiaŋ²¹²]

要是谁讲哪个孩子[iau⁵³ʂʅ⁵³sei³⁵tɕiaŋ²¹na²¹kə⁰xai³⁵tsʅ⁰]

讲了不吉利的话儿,[tɕiaŋ²¹lə⁰pu⁵³tɕi³⁵li⁰tə⁰xuar⁵³]

都是要挨揍的。[tou⁴⁴ʂʅ⁵³iau⁵³ai⁴⁴tsou⁵³tə⁰]

话说就来到了三,过年啦,[xua⁵³ʂuɤ⁴⁴tɕiou⁵³lai³⁵tau⁵³lə⁰san⁴⁴,kuɤ⁵³ŋian³⁵la⁰]

他爹就把两个儿子[tʰa⁴⁴tiɛ⁴⁴tɕiou⁵³pa²⁴liaŋ²¹kə⁰ɚ³⁵tsʅ⁰]

叫到跟前了,[tɕiau⁵³tau⁵³kən⁴⁴tɕʰian³⁵lə⁰]

就说:"老大老二,[tɕiou⁵³ʂuɤ⁴⁴:"lau²¹ta⁵³lau²¹ɐr⁵³]

我今年跟你们说,[uɤ²¹tɕin⁴⁴ŋian³⁵kən⁴⁴ȵi²¹mən⁰ʂuɤ⁴⁴]

你们一定要给我记住![ȵi²¹mən⁰i³⁵tiŋ⁵³iau⁵³kei³⁵uɤ²¹tɕi⁵³tʂu⁵³]

今年过年哪,[tɕin⁴⁴ȵian³⁵kuɤ⁵³ȵian³⁵na⁰]

乱话一句不许说,[luan⁵³xua⁵³i³⁵tɕy⁵³pu⁵³ɕy²¹ʂuɤ⁴⁴]

错话一句不许讲,[tsʰuɤ⁵³xua⁵³i³⁵tɕy⁵³pu⁵³ɕy³⁵tɕiaŋ²¹²]

一定要讲吉利的话儿。[i³⁵tiŋ⁵³iau⁵³tɕiaŋ²¹tɕi³⁵li⁵³ti⁰xuar⁵³]

完我给你们俩改一名字,[uan³⁵uɤ²¹kei³⁵ȵi²¹mən⁰lia²¹kai²¹i⁵³miŋ³⁵tsə⁰]

一个叫老,[i³⁵kə⁰tɕiau⁵³lau²¹²]

一个叫升官儿,[i³⁵kə⁰tɕiau⁵³ʂəŋ⁴⁴kuɐr⁴⁴]

一个叫发财。[i³⁵kə⁰tɕiau⁵³fa⁴⁴tsʰai³⁵]

我要喊升官儿发财,[uɤ²¹iau⁵³xan²¹ʂəŋ⁴⁴kuɐr⁴⁴fa⁴⁴tsʰai³⁵]

你们都要快快地给我答应,[ȵi²¹mən⁴⁴tou³⁵iau⁵³kʰuai⁵³kʰuai⁵³ti⁰kei³⁵uɤ²¹ta³⁵iŋ⁵³]

这样呢,咱家讨个吉利,[tʂei⁵³iaŋ⁵³ȵiɛ⁰,tsan³⁵tɕia⁴⁴tʰau²¹kə⁰tɕi³⁵li⁵³]

以后你们的日子呢[i²¹xou⁵³ȵi²¹mən³⁵ti⁰zʅ⁵³tsʅ⁰ȵiɛ⁰]

也会好过,[iɛ²¹xuei⁵³xau²¹kuɤ⁵³]

你们的前途呢就是升官儿,[ȵi²¹mən⁰ti⁰tɕʰian³⁵tʰu³⁵ȵiɛ⁰tɕiou⁵³ʂʅ⁵³ʂəŋ⁴⁴kuɐr⁴⁴]

咱家的前途呢就是发财。[tsan³⁵tɕia⁴⁴ti⁰tɕʰian³⁵tʰu³⁵ȵiɛ⁰tɕiou⁵³ʂʅ⁵³fa⁴⁴tsʰai³⁵]

这样过年讨着吉利,[tʂɤ⁵³iaŋ⁵³kuɤ⁵³ȵian³⁵tʰau²¹tʂə⁰tɕi³⁵li⁵³]

是不是,[ʂʅ⁵³pu⁰ʂʅ⁵³]

也是咱们全家[iɛ²¹ʂʅ⁵³tsan³⁵mən⁰tɕʰyan³⁵tɕia⁴⁴]

每一个成员的希望啊?"[mei²¹i³⁵kə⁰tʂʰəŋ³⁵yan³⁵ti⁰ɕi⁴⁴uaŋ⁵³a⁴⁴?"]

两个儿子都点头儿应是。[liaŋ²¹kə⁰ɚ³⁵tsʅ⁰tou⁴⁴tian⁴⁴tʰour³⁵iŋ⁴⁴ʂʅ⁵³]

说话间哪,[ʂuɤ⁴⁴xua⁵³tɕian⁴⁴na⁰]

就是,[tɕiou⁵³ʂʅ⁵³]

来到了,[lai³⁵tau⁵³lə⁰]

明天就是三十儿了。[miŋ³⁵tʰian⁰tɕiou⁵³ʂʅ⁵³san⁴⁴ʂər³⁵lə⁰]

到了三十儿一早晨起来，[tau⁵³lə⁰san⁴⁴ ʂɚr³⁵ i⁵³tsau²¹ tʂʰən³⁵tɕʰi²¹lai³⁵]

两个孩子都准备好[liaŋ²¹kə⁰xai³⁵tsɿ⁰tou⁴⁴tsuən²¹pei⁵³xau²¹]

他爹喊他的时候儿呢，[tʰa⁴⁴tiɛ⁴⁴xan²¹tʰa⁴⁴ti⁰ʂɿ³⁵xour⁰n̠iɛ⁰]

结果他爹没喊。[tɕiɛ³⁵kuɤ²¹tʰa⁴⁴tiɛ⁴⁴mei⁵³xan²¹²]

这个孩子一玩儿两玩儿地[tsei⁵³kə⁰xai³⁵tsɿ⁰i⁴⁴uɐr³⁵liaŋ²¹uɐr³⁵ti⁰]

就玩皮了，[tɕiou⁵³uɐr³⁵pʰi³⁵lə⁰]

就上当院子了。[tɕiou⁵³ʂaŋ⁵³taŋ⁴⁴yan⁵³tsɿ⁰lə⁰]

当院儿有两棵树，[taŋ⁴⁴yɐr⁵³iou³⁵liaŋ²¹kʰɤ⁴⁴ʂu⁵³]

这两个孩子一人上一棵，[tsei⁵³liaŋ²¹kə⁰xai³⁵tə⁰i⁴⁴ʐ̩ən³⁵ʂaŋ⁵³i⁵³kʰɤ⁴⁴]

噌噌噌，[tsʰəŋ⁴⁴tsʰəŋ⁴⁴tsʰəŋ⁴⁴]

都爬到树上去玩去了。[tou⁴⁴pʰa³⁵tau⁰ʂu⁵³ʂaŋ⁵³tɕʰy⁵³uɐr³⁵tɕʰi⁵³lə⁰]

正玩儿得起劲儿的时候儿，[tʂəŋ⁵³uɐr³⁵tə⁰tɕʰi²¹tɕiər⁵³ti⁰ʂɿ³⁵xour⁰]

他爹喊啦：[tʰa⁴⁴tiɛ⁴⁴xan²¹la⁰]

"升官儿！升官儿！"["ʂəŋ⁴⁴kuɐr⁴⁴！ʂəŋ⁴⁴kuɐr⁴⁴！"]

他大儿子一听，[tʰa⁴⁴ta⁵³ɚ³⁵tsə⁰i⁵³tʰiŋ⁴⁴]

哦，他爹喊他了，[o⁵³，tʰa⁴⁴tiɛ⁴⁴xan²¹tʰa⁴⁴lə⁰]

一慌：[i⁵³xuaŋ⁴⁴]

"马上下来！马上下来！"["ma²¹ʂaŋ⁵³ɕia⁵³lai⁰！ma²¹ʂaŋ⁵³ɕia⁵³lai⁰！"]

他爹一听这个气呀，[tʰa⁴⁴tiɛ⁴⁴i⁵³tʰiŋ⁴⁴tʂɤ⁵³kə⁰tɕʰi⁵³ia⁰]

能不气吗？[nəŋ³⁵pu³⁵tɕʰi⁵³ma⁰]

这官儿还没升咧，[tʂɤ⁵³kuɐr⁴⁴xai³⁵mei⁵³ʂəŋ⁴⁴lai⁰]

就说马上下来了。[tɕiou⁵³ʂuɤ⁴⁴ma²¹ʂaŋ⁵³ɕia⁵³lai⁰lə⁰]

行啊，[ɕiŋ³⁵ŋa⁴⁴]

还有一个机会给老二吧，[xai⁵³iou²¹i³⁵kə⁰tɕi⁴⁴xuei⁵³kei³⁵lau²¹ɚ⁵³pa⁰]

他又喊道：[tʰa⁴⁴iou⁵³xan²¹tau⁵³]

"发财！发财！"["fa⁴⁴tsʰai³⁵！fa⁴⁴tsʰai³⁵！"]

老二一听喊他啦：[lau²¹ɐr⁵³i⁵³tʰiŋ⁴⁴xan²¹tʰa⁴⁴la⁰]

"等着！等着！"["təŋ²¹tʂə⁰！təŋ²¹tʂə⁰！"]

他爹又气得个要命，[tʰa⁴⁴tiɛ⁴⁴iou⁵³tɕʰi⁵³tə⁰kə⁰iau⁵³miŋ⁵³]

这可倒好，啊？[tʂɤ⁵³kʰɤ²¹tau⁵³xau²¹²，an³⁵]

要升官吗？马上下来！[iau⁵³ʂəŋ⁴⁴kuɐr⁴⁴ma⁰？ma²¹ʂaŋ⁵³ɕia⁵³lai⁰]

要发财吗？等着！[iau⁵³fa⁴⁴tsʰai³⁵ma⁰？təŋ²¹tʂə⁰]

你说这这个气呀，[n̠i²¹ʂuɤ⁴⁴tʂɤ⁵³tsei⁵³kə⁰tɕʰi⁵³ia⁰]

气于是气冲牛斗，[tɕʰi⁵³y³⁵ʂɿ⁵³tɕʰi⁵³tsʰuŋ⁴⁴n̠iou³⁵tou²¹²]

把两个儿子薅过来[pa²¹liaŋ²¹kə⁰ɚ³⁵tsɿ⁰xau⁴⁴kuɤ⁵³lai⁰]薅：拽、揪

就一顿胖揍。[tɕiou⁵³i³⁵tuən⁵³pʰaŋ⁵³tsou⁵³]

(三) 东宁的由来

在早啊，[tsai⁵³tsau²¹ua⁰]

东宁不叫东宁，[tuŋ⁴⁴ȵiŋ³⁵pu³⁵tɕiau⁵³tuŋ⁴⁴ȵiŋ³⁵]

叫小城子，[tɕiau⁵³ɕiau²¹tʂʰəŋ³⁵tsʅ⁰]

在这个城的城西面儿[tsai⁵³tsei⁵³kə⁰tʂʰəŋ³⁵tiº tʂʰəŋ³⁵ɕi⁴⁴miɐr⁰]

有一条大河，[iou²¹i⁵³tʰiau³⁵ta³⁵xɤ³⁵]

这条大河，[tʂei⁵³tʰiau³⁵ta⁵³xɤ³⁵]

叫大绥芬河，[tɕiau⁵³ta⁵³suei³⁵fən⁴⁴xɤ³⁵]

也就是现在的瑚布图河。[iɛ²¹tɕiou⁵³ʂʅ⁵³ɕian⁵³tsai⁵³təºxu³⁵pu⁵³tʰu³⁵xɤ³⁵]

在这个河的南岸呢，[tsai⁵³tʂei⁵³kə⁰xɤ³⁵tiºnan³⁵an⁵³nə⁰]

有一座大石砬子，[iou²¹i³⁵tsuɤ⁵³ta⁵³ʂʅ³⁵la³⁵tsʅ⁰]

这个大石砬子在距水，[tsei⁵³kə⁰ta⁵³ʂʅ³⁵la³⁵tsʅ⁰tsai⁵³tɕy⁵³suei²¹²]

有三四米高的地方儿[iou²¹san⁴⁴sʅ⁵³mi²¹kau⁴⁴təºti⁵³fãr⁰]

有一个大石洞，[iou²¹i³⁵kə⁰ta⁵³ʂʅ³⁵tuŋ⁵³]

这个大石洞呢，[tʂei⁵³kə⁰ta⁵³ʂʅ³⁵tuŋ⁵³nə⁰]

有三米多见方儿大的洞口儿，[iou²¹san⁴⁴mi²¹tuɤ⁴⁴tɕian⁵³fãr⁴⁴ta⁵³tiºtuŋ⁵³kʰour²¹²]

里面又深又长，[li²¹mian⁵³iou³⁵ʂən⁴⁴iou³⁵tʂʰaŋ³⁵]

河水哗哗直响，风呼呼，[xɤ³⁵suei²¹xua⁴⁴xua⁴⁴tʂʅ³⁵ɕiaŋ²¹²，fəŋ⁴⁴xu⁴⁴xu⁴⁴]

不敢走近，[pu⁵³kan³⁵tsou²¹tɕin⁵³]

走近你都有感觉，[tsou²¹tɕin⁵³ȵi²¹tou⁴⁴iou³⁵kan²¹tɕyɛ³⁵]

你被抽进去了的感觉。[ȵi²¹pei⁵³tʂʰou⁴⁴tɕin⁵³tɕʰy⁵³ləºtəºkan²¹tɕyɛ³⁵]

日久天长，天长日久哇，[zʅ⁵³tɕiou³⁵tʰian⁴⁴tʂʰaŋ³⁵，tʰian⁴⁴tʂʰaŋ³⁵zʅ⁵³tɕiou²¹ua⁰]

被水的腐蚀和冲涮，[pei⁵³suei²¹təºfu²¹ʂʅ³⁵xɤ³⁵tsʰuŋ⁴⁴suan⁵³]

它形成了一个大大的水槽子，[tʰa⁴⁴ɕiŋ³⁵tʂʰəŋ³⁵ləºi³⁵kə⁰ta⁵³ta⁵³təºsuei²¹tsʰau³⁵tsʅ⁰]

这个水槽子远远看去，[tʂei⁵³kə⁰suei²¹tsʰau³⁵tsʅ⁰yan³⁵yan²¹kʰan⁵³tɕʰy⁵³]

像一座天然的大伞，[ɕiaŋ⁵³i³⁵tsuɤ⁵³tʰian⁴⁴zan³⁵təºta⁵³ʂan²¹²]

这个伞下面儿[tʂɤ⁵³kə⁰ʂan²¹ɕia⁵³miɐr⁰]

能容纳十几个人。[nəŋ³⁵zuŋ³⁵na⁵³ʂʅ³⁵tɕi²¹kə⁰zən³⁵]

这个地方儿算是，[tsei⁵³kə⁰ti⁵³fãr⁰suan⁵³ʂʅ⁵³]

风光险峻，[fəŋ⁴⁴kuaŋ⁴⁴ɕian²¹tɕyn⁵³]

不但风光险峻，[pu³⁵tan⁵³fəŋ⁴⁴kuaŋ⁴⁴ɕian²¹tɕyn⁵³]

还有一段儿神秘的传说呢。[xai⁵³iou²¹i³⁵tuɐr⁵³ʂən³⁵mi⁵³təºtsʰuan³⁵ʂɤ⁴⁴nə⁰]

话说呀，[xua⁵³ʂɤ⁴⁴ia⁰]

也不知道在多少年以前，[iɛ²¹pu⁵³tʂʅ⁴⁴tau⁵³tsai⁵³tuɤ⁴⁴ʂau²¹ɳian³⁵i²¹tɕʰian³⁵]

这个地方儿来了一个大妖怪，[tsei⁵³kə⁰ti⁵³fãr⁴⁴lai³⁵lə⁰i³⁵kə⁰ta⁵³iau⁴⁴kuai⁵³]

这个大妖怪呢，[tsei⁵³kə⁰ta⁵³iau⁴⁴kuai⁵³nə⁰]

来到这之后，[lai³⁵tau⁵³tʂɤ⁵³tʂʅ⁴⁴xou⁵³]

打破了这个地方儿的[ta²¹pʰɤ⁵³lə⁰tsei⁵³kə⁰ti⁵³fãr⁰ti⁰]

平静生活儿。[pʰiŋ³⁵tɕiŋ⁵³ʂəŋ⁴⁴xuɤr³⁵]

他到处地兴风作浪，[tʰa⁴⁴tau⁵³tʂʰu⁵³ti⁰ɕiŋ⁴⁴fəŋ⁴⁴tsuɤ⁵³laŋ⁵³]

发水淹了好多好多的庄稼，[fa⁴⁴suei²¹ian⁴⁴lə⁰xau²¹tuɤ⁴⁴xau²¹tuɤ⁴⁴tə⁰tʂuaŋ⁴⁴tɕia⁰]

人的牲口啊人哪，[ʐən³⁵tə⁰ʂəŋ⁴⁴kʰou⁰a⁰ʐən³⁵na⁰]

嗯，说卷走就被卷走，[əŋ⁰，ʂuɤ⁴⁴tɕyan³⁵tsou⁰tɕiou⁵³pei⁵³tɕyan³⁵tsou²¹²]

特别是，[tʰɤ⁵³piɛ³⁵ʂʅ⁵³]

大姑娘啊小媳妇儿，[ta⁵³ku⁴⁴ɳiaŋ⁰a⁰ɕiau²¹ɕi³⁵fər⁰]

他说抓走就抓走，[tʰa⁴⁴ʂuɤ⁴⁴tʂua⁴⁴tsou²¹tɕiou⁵³tʂua⁴⁴tsou²¹²]

说是给他做压寨夫人，[ʂuɤ⁴⁴ʂʅ⁵³kei¹tʰa⁴⁴tsuɤ⁵³ia⁴⁴tsai⁵³fu⁴⁴ʐən⁰]

一时间把这个地方儿[i⁵³ʂʅ³⁵tɕian⁴⁴pa²¹tsei⁵³kə⁰ti⁵³fãr⁰]

搞得人心惶惶，[kau²¹tə⁰ʐən³⁵ɕin⁴⁴xuaŋ⁴⁴xuaŋ⁴⁴]

常常是哭声一片，[tʂʰaŋ³⁵tʂʰaŋ³⁵ʂʅ⁵³kʰu⁴⁴ʂəŋ⁴⁴i³⁵pʰian⁵³]

怨声载道。[yan⁵³ʂəŋ⁴⁴tsai⁵³tau⁵³]

可绳可能是[kʰɤ²¹ʂəŋ³⁵kʰɤ²¹nəŋ³⁵ʂʅ⁵³]

人们的哭声和怨声，[ʐən³⁵mən⁰tə⁰kʰu⁴⁴ʂəŋ⁴⁴xɤ³⁵yan⁵³ʂəŋ⁴⁴]

被河神娘娘听去了，[pei⁵³xɤ³⁵ʂən³⁵ɳiaŋ³⁵ɳiaŋ⁰tʰiŋ⁴⁴tɕʰy⁵³lə⁰]

这河神娘娘想，[tsei⁵³xɤ³⁵ʂən³⁵ɳiaŋ³⁵ɳiaŋ⁰ɕiaŋ²¹²]

是何方妖怪？[ʂʅ⁵³xɤ³⁵faŋ⁴⁴iau⁴⁴kuai⁵³]

胆敢在此作乱，[tan³⁵kan²¹tsai⁵³tsʰʅ²¹tsuɤ⁵³luan⁵³]

祸害老百姓，[xuɤ⁵³xai⁰lau³⁵pai²¹ɕiŋ⁵³]

我倒要去看看去。[uɤ²¹tau⁵³iau⁵³tɕʰy⁵³kʰan⁵³kʰan⁰tɕʰi⁰]

这个河神娘娘，[tsei⁵³kə⁰xɤ³⁵ʂən³⁵ɳiaŋ³⁵ɳiaŋ⁰]

就摇身一变，[tɕiou⁵³iau³⁵ʂən⁴⁴i³⁵pian⁵³]

变成了一个[pian⁵³tʂʰəŋ³⁵lə⁰i³⁵kə⁰]

非常好看的姑娘。[fei⁴⁴tʂʰaŋ³⁵xau²¹kʰan⁵³tə⁰ku⁴⁴ɳiaŋ⁰]

她就来到了一个[tʰa⁴⁴tɕiou⁵³lai³⁵tau⁵³lə⁰i³⁵kə⁰]

孤老太婆儿的家里，[ku⁴⁴lau²¹tʰai⁵³pʰɤr³⁵tə⁰tɕia⁴⁴li²¹²]

她说：[tʰa⁴⁴ʂuɤ⁴⁴]

"奶奶啊我能给你做女儿吗？"["nai³⁵nai⁰a⁰uɤ²¹nəŋ³⁵kei³⁵ɳi²¹tsuɤ⁵³ɳy²¹ɚ³⁵ma⁰?"]

这孤老太婆一听，[tsei⁵³ku⁴⁴lau²¹tʰai⁵³pʰɤ³⁵i⁵³tʰiŋ⁴⁴]

哎呀我都孤苦了一辈子了，[ai⁵³ia⁰uɤ²¹tou⁴⁴ku⁴⁴kʰu²¹lə⁰i³⁵pei⁵³tsʅ⁰lə⁰]

忽然有这么一个[xu⁴⁴ʐan³⁵iou²¹tsən⁵³mə⁰i³⁵kə⁰]

好看的姑娘[xau²¹kʰan⁵³tə⁰ku⁴⁴ɲiaŋ⁰]

做我的女儿，[tsuɤ⁵³uɤ²¹tə⁰ɲy²¹ɚ³⁵]

她乐得合不拢嘴儿，[tʰa⁴⁴lɤ⁵³tə⁰xɤ³⁵pu⁵³luŋ³⁵tsuɚ²¹²]

她说好啊好啊，[tʰa⁴⁴ʂuɤ⁴⁴xau²¹a⁴⁴xau²¹a⁴⁴]

哎呀我就缺一个女儿了。[ai⁴⁴ia⁰uɤ²¹tɕiou⁵³tɕʰyɛ⁴⁴i³⁵kɤ⁵³ɲy²¹ɚ³⁵lə⁰]

这个女儿呢，也勤快能干，[tsei⁵³kə⁰ɲy²¹ɚ³⁵nə⁰，iɛ²¹tɕʰin³⁵kʰuai⁵³nəŋ³⁵kan⁵³]

不是上山砍柴，[pu³⁵ʂʅ⁵³ʂaŋ⁵³ʂan⁴⁴kʰan²¹tsʰai³⁵]

就是下地锄地，[tɕiou⁵³ʂʅ⁰ɕia⁵³ti⁵³tʂʰu³⁵ti⁵³]

要不就上河洗衣服，洗衣裳。[iau⁵³pu⁰tɕiou⁵³ʂaŋ⁵³xɤ³⁵ɕi²¹i⁴⁴fu⁰，ɕi²¹i⁴⁴ʂaŋ⁰]

嗯，她妈，她的娘说了，[ən⁰，tʰa⁴⁴ma⁴⁴，tʰa⁴⁴ti⁰ɲiaŋ³⁵ʂuɤ⁴⁴lə⁰]

姑娘啊，[ku⁴⁴ɲiaŋ⁰ŋa⁰]

咱可不能上河洗吧，[tsan³⁵kʰɤ²¹pu⁵³nəŋ³⁵ʂaŋ⁵³xɤ³⁵ɕi²¹pa⁰]

河儿那儿有妖怪。[xɤr³⁵nar⁵³iou²¹iau⁴⁴kuai⁵³]

女儿笑着说：[ɲy²¹ɚ³⁵ɕiau⁵³tʂɤ⁰ʂuɤ⁴⁴]

"娘哎，俺不怕。"["ɲiaŋ³⁵ai⁰，an²¹pu³⁵pʰa⁵³。"]

就这样，这个姑娘啊，[tɕiou⁵³tʂɤ⁵³iaŋ⁵³，tsei⁵³kə⁰ku⁴⁴ɲiaŋ⁴⁴a⁰]

经常经常地，[tɕiŋ⁴⁴tʂʰaŋ³⁵tɕiŋ⁴⁴tʂʰaŋ³⁵tei⁰]

来到这个小城的河边洗衣服，[lai³⁵tau⁵³tʂei⁵³kə⁰ɕiau²¹tʂʰəŋ³⁵tə⁰xɤ³⁵piɐr⁴⁴ɕi²¹i⁴⁴fu⁰]

她的目的就是引这个妖怪。[tʰa⁴⁴tə⁰mu⁵³ti⁵³tɕiou⁵³ʂʅ⁰in²¹tʂei⁵³kə⁰iau⁴⁴kuai⁵³]

终于有一天，[tsuŋ⁴⁴y³⁵iou²¹i⁵³tʰian⁴⁴]

妖怪把她抓走了，[iau⁴⁴kuai⁵³pa²¹tʰa⁴⁴tʂua⁴⁴tsou²¹lə⁰]

那一天，呼的一阵黑风，[na⁵³i⁵³tʰian⁴⁴，xu⁴⁴tə⁰i³⁵tʂən⁵³xei⁴⁴fəŋ⁴⁴]

就把她卷到了河里，[tɕiou⁵³pa²¹tʰa⁴⁴tɕyan²¹tau⁵³lə⁰xɤ³⁵li⁰]

转瞬间，一睁眼的功夫[tsuan²¹suən⁵³tɕian⁴⁴，i⁵³tʂəŋ⁴⁴ian²¹tə⁰kuŋ⁴⁴fu⁰]

就来到了这个妖怪的宫殿。[tɕiou⁵³lai³⁵tau⁵³lə⁰tʂei⁵³kə⁰iau⁴⁴kuai⁵³tə⁰kuŋ⁴⁴tian⁵³]

这个妖怪，[tsei⁵³kə⁰iau⁴⁴kuai⁰]

对小姑娘说：[tuei⁵³ɕiau²¹ku⁴⁴ɲiaŋ⁰ʂuɤ⁴⁴]

"姑娘，["ku⁴⁴ɲiaŋ⁰]

做我的压寨夫人吧，[tsuɤ⁵³uɤ²¹tə⁰ia⁴⁴tsai⁵³fu⁴⁴ʐən⁰pa⁰]

你看你，啊，[ɲi²¹kʰan⁵³ɲi²¹，a³⁵]

天天上山砍柴下地锄地，[tʰian⁴⁴tʰian⁴⁴ʂaŋ⁵³ʂan⁴⁴kʰan²¹tsʰai³⁵ɕia⁵³ti⁵³tʂʰu³⁵ti⁵³]

多么辛苦哇，[tuɤ^{35}mə^{0}ɕin^{44}kʰu^{21}ua^{44}]

你只要跟了我，[ȵi^{35}tʂʅ^{21}iau^{53}kən^{44}lə^{0}uɤ^{212}]

我让你吃香的喝辣的，[uɤ^{21}ʐaŋ^{53}ȵi^{21}tʂʰʅ^{44}ɕiaŋ^{44}tei^{0}xɤ^{44}la^{53}ti^{0}]

穿好的用好的，[tʂʰuan^{44}xau^{21}tei^{0}yŋ^{53}xau^{21}tei^{0}]

还不用出受累干活儿，[xai^{53}pu^{35}yŋ^{53}tʂʰu^{35}ʂou^{53}lei^{53}kan^{53}xuɤr^{35}]

你看看可好？”[ȵi^{21}kʰan^{53}kʰan^{53}kʰɤ^{35}xau^{212}？”]

这个姑娘是王母娘娘啊，[tsei^{53}kə^{0}ku^{44}ȵiaŋ^{0}ʂʅ^{53}uaŋ^{35}mu^{21}ȵiaŋ^{35}ȵiaŋ^{0}a^{44}]王母娘娘：口误，应为“河神娘娘”

她就说：[tʰa^{44}tɕiou^{53}ʂuɤ^{44}]

“好，大王啊，[“xau^{212}，ta^{53}uaŋ^{35}ŋa^{44}]

我就是一个穷姑娘，[uɤ^{21}tɕiou^{53}ʂʅ^{53}i^{35}kə^{0}tɕʰyŋ^{35}ku^{44}ȵiaŋ^{0}]

要是能给您当夫人，[iau^{53}ʂʅ^{53}nəŋ^{35}kei^{21}ȵin^{35}taŋ^{44}fu^{44}ʐən^{35}]

那是我求之不得的事儿。”[na^{53}ʂʅ^{53}uɤ^{21}tɕʰiou^{35}tʂʅ^{44}pu^{53}tɤ^{35}tə^{0}ʂər^{53}。”]

这个妖怪一听，[tsei^{53}kə^{0}iau^{44}kuai^{53}i^{53}tʰiŋ^{44}]

哼，这姑娘真爽快，[xəŋ^{44}，tʂɤ^{53}ku^{44}ȵiaŋ^{0}tʂən^{44}ʂuaŋ^{21}kʰuai^{0}]

我以前抓来的[uɤ^{35}i^{21}tɕʰian^{35}tʂua^{44}lai^{0}tei^{0}]

那些姑娘啊，媳妇儿啊，[nei^{53}ɕiɛ^{44}ku^{44}ȵiaŋ^{0}ŋa^{44}，ɕi^{21}fər^{44}ʐa^{44}]

整天地寻死觅活，[tʂəŋ^{21}tʰian^{44}tei^{0}ɕyn^{35}sɿ^{21}mi^{53}xuɤ^{35}]

哭天抢地，[xu^{44}tʰian^{44}tɕʰiaŋ^{21}ti^{53}]

好烦人，[xau^{21}fan^{35}ʐən^{35}]

他们都成了我腹中之食。[tʰa^{44}mən^{0}tou^{44}tʂʰəŋ^{35}lə^{0}uɤ^{21}fu^{53}tsuŋ^{44}tʂʅ^{44}ʂʅ^{35}]

这个姑娘，[tsei^{53}kə^{0}ku^{44}ȵiaŋ^{0}]

长得还比她们都俊，[tʂaŋ^{21}tə^{0}xai^{35}pʰi^{21}tʰa^{44}mən^{0}tou^{44}tsuən^{53}]

于是啊，[y^{35}ʂʅ^{53}ʐa^{0}]

他高兴得不得了。[tʰa^{44}kau^{44}ɕiŋ^{53}tə^{0}pu^{53}tɤ^{35}liau^{212}]

这时候王母娘娘说：[tʂei^{53}ʂʅ^{35}xou^{53}uaŋ^{35}mu^{21}ȵiaŋ^{35}ȵiaŋ^{0}ʂuɤ^{44}]王母娘娘：口误，应为“河神娘娘”

“大王啊，[“ta^{53}uaŋ^{35}ŋa^{44}]

今儿是咱们的大喜日子，[tɕiər^{44}ʂʅ^{53}tsan^{35}mən^{0}tə^{0}ta^{53}ɕi^{21}ʐʅ^{53}tsɿ^{0}]

我陪你喝个痛快如何啊？”[uɤ^{21}pʰei^{35}ȵi^{21}xɤ^{44}kə^{0}tʰuŋ^{53}kʰuai^{0}ʐu^{34}xɤ^{35}a^{44}？”]

大王一听，[ta^{53}uaŋ^{35}i^{53}tʰiŋ^{44}]

好，小的们，拿酒来。[xau^{35}，ɕiau^{21}tə^{0}mən^{0}，na^{35}tɕiou^{21}lai^{35}]

于是小妖儿怪儿[y^{35}ʂʅ^{53}ɕiau^{21}iaur^{44}kuɐr^{53}]

就把酒上来了，[tɕiou^{53}pa^{35}tɕiou^{21}ʂaŋ^{53} lai^{0}lə^{0}]

这个王母娘娘啊[tsei^{53}kə^{0}uaŋ^{35}mu^{21}ȵiaŋ^{35}ȵiaŋ^{0}a^{0}]王母娘娘：口误，应为“河神娘娘”

坐在他的对面，[tsuɤ⁵³tsai⁵³tʰa⁴⁴təʻ tuei⁵³mian⁵³]

和他一起，[xɤ³⁵tʰaʻi⁵³tɕʰi²¹²]

一杯一杯地喝着。[i⁵³pei⁴⁴i⁵³pei⁴⁴təʻxɤ⁴⁴tʂəʻ]

王母娘娘左一杯右一杯，[uaŋ³⁵mu²¹n̠iaŋ³⁵n̠iaŋʻtsuɤ²¹i⁵³pei⁴⁴iou⁵³i⁵³pei⁴⁴] 王母娘娘：口误，应为"河神娘娘"

左一句大王右一句大王，[tsuɤ²¹i³⁵tɕy⁵³ta⁵³uaŋ³⁵iou⁵³i³⁵tɕy⁵³ta⁵³uaŋ³⁵]

把那大王灌得呀，不亦乐儿乎，[pa²¹na⁵³ta⁵³uaŋ³⁵kuan⁵³təʻia⁵³，pu³⁵i⁵³lɤr⁵³xuʻ]

不一会儿，[pu⁵³i³⁵xuər⁵³]

他就醉成了一滩稀泥 [tʰa⁴⁴tɕiou⁵³tsuei⁵³tʂəŋ³⁵ləʻi⁵³tʰan⁴⁴ɕi⁴⁴n̠i³⁵]

倒在了炕上。[tau²¹tsai⁵³ləʻkʰaŋ⁵³ʂaŋʻ]

王母娘娘一看他醉了，[uaŋ³⁵mu²¹n̠iaŋ³⁵n̠iaŋʻi³⁵kʰan⁵³tʰa⁴⁴tsuei⁵³ləʻ] 王母娘娘：口误，应为"河神娘娘"

于是就施法，[y³⁵ʂʐ⁵³tɕiou⁵³ʂʐ⁴⁴fa²¹²]

让他变回了原形，[iaŋ⁵³tʰa⁴⁴pian⁵³xuei³⁵ləʻyan³⁵ɕiŋ³⁵]

原来呀 [yan³⁵lai³⁵iaʻ]

他是一条金刺金鳞的大鲤鱼。[tʰa⁴⁴ʂʐ⁵³i⁵³tʰiau³⁵tɕin⁴⁴tsʰʐ⁵³tɕin⁴⁴lin³⁵təʻta⁵³li²¹y³⁵]

这个妖怪睁开了他的醉眼，[tsei⁵³kəʻiau⁴⁴kuai⁵³tʂəŋ⁴⁴kʰai⁴⁴ləʻtʰa⁴⁴təʻtsuei⁵³ian²¹²]

一看，[i³⁵kʰan⁵³]

哪里有什么姑娘啊，[na³⁵li²¹iou²¹ʂən³⁵məʻku⁴⁴n̠iaŋʻŋaʻ]

原来是河神娘娘，[yan³⁵lai³⁵ʂʐ⁵³xɤ³⁵ʂən³⁵n̠iaŋ³⁵n̠iaŋʻ]

于是他吓得一个激灵，[y³⁵ʂʐ⁵³tʰa⁴⁴ɕia⁵³tiʻi³⁵kɤ⁵³tɕi⁴⁴liŋʻ]

正宗的鲤鱼打挺就要跑，[tʂəŋ⁵³tsuŋ⁴⁴təʻli²¹y³⁵ta³⁵tʰiŋ²¹tɕiou⁵³iau⁵³pʰau²¹²]

王母，[uaŋ³⁵mu²¹²]

河神娘娘大长袖一挥，[xɤ³⁵ʂən³⁵n̠iaŋ³⁵n̠iaŋʻta⁵³tʂʰaŋ³⁵ɕiou⁵³i⁵³xuei⁴⁴]

哪里跑？[na³⁵li³⁵pʰau²¹²]

还不速速就擒！[xai³⁵pu⁵³su⁵³su⁵³tɕiou⁵³tɕʰin³⁵]

于是便打了起来，[y³⁵ʂʐ⁵³pian⁵³ta²¹ləʻtɕʰi²¹laiʻ]

不知战了多长时间哪，[pu⁵³tʂʐ⁴⁴tʂan⁵³ləʻtuɤ³⁵tʂʰaŋ³⁵ʂʐ³⁵tɕian⁴⁴naʻ]

终于，[tsuŋ⁴⁴y³⁵]

河神娘娘还是把他制服了，[xɤ³⁵ʂən³⁵n̠iaŋ³⁵n̠iaŋʻxai³⁵ʂʐ⁵³pa²¹tʰa⁴⁴tʂʐ⁵³fu³⁵ləʻ]

就把他押着，[tɕiou⁵³pa²¹tʰa⁴⁴ia⁴⁴tsʐʻ]

封印在了这个洞的最底下。[fəŋ⁴⁴in⁵³tsai⁵³ləʻtsei⁵³kəʻtuŋ⁵³təʻtsuei⁵³ti²¹ɕia⁵³]

这个妖怪呢他也不服啊，[tsei⁵³kəʻiau⁴⁴kuai⁵³n̠iɛʻtʰa⁴⁴iɛ²¹pu⁵³fu³⁵aʻ]

呼哧呼哧地喘着气，[xu⁴⁴tsʰʐ⁴⁴xu⁴⁴tsʰʐ⁴⁴tiʻtsʰuan²¹tsəʻtɕʰi⁵³]

他一喘气，[tʰa⁴⁴i⁵³tsʰuan²¹tɕʰi⁵³]

就形成了一股股旋涡儿，［tɕiou⁵³ɕiŋ³⁵tʂʰən³⁵lə⁰i⁵³ku³⁵ku²¹ɕyan³⁵uɣr⁴⁴］

使这个河的水呀［ʂʅ²¹tʂɤ⁵³kə⁰xɤ³⁵ti⁰suei²¹ia⁰］

打着旋儿地往这个洞口流，［ta²¹tʂə⁰ɕyɐr³⁵tei⁰uaŋ²¹tʂɤ⁵³kə⁰tuŋ⁵³kʰou²¹liou³⁵］

但是他再也不能［tan⁵³ʂʅ⁵³tʰa⁴⁴tsai⁵³iɛ²¹pu⁵³nəŋ³⁵］

兴风作浪了，［ɕiŋ⁴⁴fəŋ⁴⁴tsuɤ⁵³laŋ⁵³lə⁰］

河神娘娘降服了［xɤ³⁵ʂən³⁵ȵiaŋ³⁵ȵiaŋ⁰ɕiaŋ³⁵fu³⁵lə⁰］

妖怪的这个事儿，［iau⁴⁴kuai⁵³tə⁰tsei⁵³kə⁰ʂər⁵³］

一传十，［i⁴⁴tsʰuan³⁵ʂʅ³⁵］

十传百，［ʂʅ³⁵tsʰuan³⁵pai²¹²］

马上就传开啦，［ma²¹ʂaŋ⁵³tɕiou⁵³tsʰuan³⁵kʰai⁴⁴la⁰］

外出逃难的人，［uai⁵³tʂʰu⁴⁴tʰau³⁵nan⁵³tə⁰ʐən³⁵］

都纷纷地回来了，［tou⁴⁴fən⁴⁴fən⁴⁴tə⁰xuei³⁵lai⁰lə⁰］

又回到了自己的家乡，［iou⁵³xuei³⁵tau⁵³lə⁰tsʅ⁵³tɕi²¹ti⁰tɕia⁴⁴ɕiaŋ⁴⁴］

过着安居乐业的生活儿。［kuɤ⁵³tʂə⁰an⁴⁴tɕy⁴⁴lɤ⁵³iɛ⁵³tə⁰ʂəŋ⁴⁴xuɤr³⁵］

当地的老百姓，［taŋ⁴⁴ti⁵³tə⁰lau³⁵pai²¹ɕiŋ⁵³］

都非常非常地感谢［tou⁴⁴fei⁴⁴tʂʰaŋ³⁵fei⁴⁴tʂʰaŋ³⁵ti⁰kan²¹ɕiɛ⁵³］

河神娘娘，［xɤ³⁵ʂən³⁵ȵiaŋ³⁵ȵiaŋ⁰］

都常常来赶来此地［tou⁴⁴tʂʰaŋ³⁵tʂʰaŋ³⁵lai³⁵kan²¹lai³⁵tsʰʅ²¹ti⁵³］

烧香跪拜，［ʂau⁴⁴ɕiaŋ⁴⁴kuei⁵³pai⁵³］

有家里有了大事儿、［iou²¹tɕia⁴⁴li⁰iou²¹lə⁰ta⁵³ʂər⁵³］

小事儿、急事儿，［ɕiau²¹ʂər⁵³、tɕi³⁵ʂər⁵³］

都来求河神娘娘，［tou⁴⁴lai³⁵tɕʰiou³⁵xɤ³⁵ʂən³⁵ȵiaŋ³⁵ȵiaŋ⁰］

那时候，灵验得很呢，［nei⁵³ʂʅ³⁵xou⁵³，liŋ³⁵ian⁵³tə⁰xən²¹nei⁰］

再到后来还在这个，［tai⁵³tau⁵³xou⁵³lai³⁵xai³⁵tsai⁵³tʂei⁵³kə⁰］

神仙洞儿的东儿坡儿，［ʂən³⁵ɕian⁴⁴tũr⁵³tə⁰tũr⁴⁴pʰɤr⁴⁴］

建了一座娘娘庙呢。［tɕian⁵³lə⁰i³⁵tsuɤ⁵³ȵiaŋ³⁵ȵiaŋ⁰miau⁵³nə⁰］

（以上由发音人周雅君提供）

四　自选条目

（一）评剧《报花名》

春季里花儿开万物生，［tsʰuən tɕi li xuar kʰai uan u ʂəŋ］

花儿红叶绿草青青，［xuar xuŋ iɛ ly tsʰau tɕʰiŋ tɕʰiŋ］

桃儿花儿鲜，［taur xuar ɕian］

李花儿浓，［li xuar nuŋ］

杏儿花儿茂盛，［ɕiǝr xuar mau ʂǝŋ］

楞个儿哩个儿哩个儿哩个儿隆，［lǝŋ kɤr li kɤr li kɤr li kɤr luŋ］

扑人面的杨花儿，［pʰu ʐǝn mian ti iaŋ xuar］

飞满城，［fei man tʂʰǝŋ］

转眼是新春哪。［tsuan ian ʂ ɕin tʂʰuǝn na］

（二）俗语

1. 春雨惊春清谷天，［tsʰuǝn⁴⁴y²¹tɕiŋ⁴⁴tsʰuǝn⁴⁴tɕʰiŋ⁴⁴ku²¹tʰian⁴⁴］

   夏满芒夏暑相连，［ɕia⁵²man²¹maŋ³⁵ɕia⁵³ʂu²¹ɕiaŋ⁴⁴lian³⁵］

   秋处露秋寒霜降，［tɕʰiou⁴⁴tʂʰu⁵³lu⁵³tɕʰiou⁴⁴xan³⁵suaŋ⁴⁴tɕiaŋ⁵³］

   冬雪雪冬小大寒。［tuŋ⁴⁴ɕyɛ³⁵ɕyɛ²¹tuŋ⁴⁴ɕiau²¹ta⁵³xan³⁵］

2. 没有那弯弯肚子，［mei³⁵iou²¹na⁵³uan⁴⁴uan⁴⁴tu²¹tsɿ⁰］

   别吃那镰刀头。［piɛ⁵³tʂʅ⁴⁴na⁵³lian³⁵tau⁴⁴tʰou³⁵］

   （在某方面没有特别的本领，就不要去承担。）

（三）歇后语

1. 扯胡子过马路——谦（牵）虚（须）。

   ［tʂʰɤ²¹xu³⁵tsɿ⁰kuɤ⁵³ma²¹lu⁵³——tɕʰian⁴⁴ɕy⁴⁴］

2. 二尺钩挠痒儿痒儿——硬手儿。

   ［ɐr⁵³tʂʅ²¹kou⁴⁴nau³⁵iãr²¹iãr⁰——iŋ⁵³ʂour⁰］硬手：指高手，在某方面才能特别出众的人

3. 马屁股挂掌——离题（蹄）太远。

   ［ma²¹pʰi⁵³xu⁰kua⁵³tʂaŋ²¹²——li³⁵tʰi³⁵tʰai⁵³yan²¹²］

4. 黄连树下弹琴——苦中作乐儿。

   ［xuaŋ³⁵lian³⁵ʂu⁵³xia⁰tʰan³⁵tɕʰin³⁵——kʰu²¹tsuŋ⁴⁴tsuɤ⁵³lɤr⁵³］

5. 黄鼠狼给鸡拜年——没安好心。

   ［xuaŋ³⁵ʂu²¹laŋ³⁵kei²¹tɕi⁴⁴pai⁵³ȵian³⁵——mei³⁵an⁴⁴xau²¹ɕin³³］

6. 鸡蛋黄掉油儿锅儿——滑蛋儿一个。

   ［tɕi⁴⁴tan⁵³xuaŋ³⁵tiau⁵³iour³⁵kuɤr⁴⁴——xua³⁵tɐr⁵³i³⁵kɤ⁵³］滑蛋儿一个：责骂人非常油滑

7. 嗑瓜子儿嗑出臭虫来——啥人（仁）儿都有。

   ［kʰɤ⁵³kua⁴⁴tsǝr²¹kʰɤ⁵³tʂʰu⁴⁴tʂʰou⁵³tsʰuŋ⁰lai⁰——ʂa³⁵ʐǝr³⁵tou⁴⁴iou²¹²］

8. 癞蛤蟆垫桌腿儿——干气干鼓。

   ［lai⁵³xa³⁵ma⁰tian⁵³tsuɤ⁴⁴tʰuǝr²¹²——kan⁴⁴tɕʰi⁵³kan⁴⁴ku²¹²］

   （癞蛤蟆在受到外来的危险和威胁时，会鼓起肚子，人们称这是它会生气的表现，把癞蛤蟆垫在桌腿下，癞蛤蟆会生气，肚子鼓起来，可是没办法。比喻干生

气没办法。)

9. 阎王爷贴告示——鬼话连篇。

[ian³⁵uaŋ⁰iɛ³⁵tʰiɛ⁴⁴kau⁵³ʂɻ⁰——kuei²¹xua⁵³lian³⁵pʰian⁴⁴]

10. 阎王奶奶怀孕——鬼胎。

[ian³⁵uaŋ⁰nai²¹nai⁰xuai³⁵yn⁵³——kuei²¹tʰai⁴⁴] 鬼胎:指心里有许多坏主意

(四)谜语

1. 奇怪奇怪真奇怪,[tɕʰi³⁵kuai⁵³tɕʰi³⁵kuai⁵³tʂən⁴⁴tɕʰi³⁵kuai⁵³]

肠子长在肚皮外。[tʂʰaŋ³⁵tsɻ⁰tʂaŋ²¹tsai⁵³tu⁵³pʰi³⁵uai⁵³]

(谜底是井的辘轳把儿。辘轳是北方井上汲水的工具。)

2. 一棵小树不大高儿,[i⁵³kʰɤ⁴⁴ɕiau²¹ʂu⁵³pu³⁵ta⁵³kaur⁴⁴]

嘀里嘟噜儿挂小刀儿。[ti⁴⁴li⁰tu⁴⁴lur⁴⁴kua⁵³ɕiau²¹taur⁴⁴]

(谜底是豆角。)

3. 红公鸡,绿尾巴,[xuŋ³⁵kuŋ⁴⁴tɕi⁴⁴,ly⁵³i²¹pa⁰]

一头扎在地底下。[i⁵³tʰou³⁵tʂa⁴⁴tsai⁵³ti⁵³ti²¹ɕia⁰]

(谜底是萝卜。)

4. 麻屋子红帐子,[ma³⁵u⁴⁴tsɻ⁰xuŋ³⁵tʂaŋ⁵³tsɻ⁰]

里面住一白胖子。[li²¹mian⁰tʂu⁵³i⁵³pai³⁵pʰaŋ⁵³tsɻ⁰]

(谜底是花生。)

5. 一棵小树儿不大高儿,[i⁵³kʰɤ⁴⁴ɕiau²¹ʂur⁵³pu³⁵ta⁵³kaur⁴⁴]

底下蹲一小黑猫儿。[ti²¹ɕia⁰tuən⁴⁴i⁵³ɕiau²¹xei⁴⁴maur⁴⁴]

(谜底是茄子。)

6. 不大儿不大儿,[pu³⁵tar⁵³pu³⁵tar⁵³]

浑身净把儿。[xuən³⁵ʂeŋ⁴⁴tɕiŋ⁵³par⁵³]

(谜底是苍耳。)

7. 娃儿娃儿白又胖,[uar³⁵uar⁰pai³⁵iou⁵³pʰaŋ⁵³]

冬天坐地上,[tuŋ⁴⁴tʰian⁴⁴tsuɤ⁵³ti⁵³ʂaŋ⁰]

不怕大风刮,[pu³⁵pʰa⁵³ta⁵³fəŋ⁴⁴kua²¹²]

就怕晒太阳。[tɕiou⁵³pʰa⁵³sai⁵³tʰai⁵³iaŋ⁰]

(谜底是雪人。)

(以上由发音人周雅君提供)

鸡　西

一　歌谣

(一) 我在杏花山等你来

你顺着牧童指引的小路走来，[ȵi suən tsə mu tʰuŋ tsɻ in ti ɕiau lu tsou lai]

耕牛依旧在，[kəŋ ȵiou i tɕiou tsai]

酒香也未改，[tɕiou ɕiaŋ iɛ uei kai]

春雨早滋润，[tsʰuən y tsau tsɻ ʐuən]

桑田孕花海。[ʂaŋ tʰian yn xua xai]

一个村庄的名字 [i kə tsʰuən tsuaŋ ti miŋ tsɻ]

就把春的序曲拉开。[tɕiou pa tsʰuən tə ɕy tɕʰy la kʰai]

啊，我的杏花儿山，[a, uɤ tə ɕiŋ xuar san]

我的大舞台，[uɤ ti ta u tʰai]

我的杏花儿山，[uɤ tə ɕiŋ xuar ʂan]

我的大舞台。[uɤ ti ta u tʰai]

唱我含苞时春的姿态，[tsʰaŋ uɤ xan pau sɻ tsʰuən tə tsɻ tʰai]

唱我盛开时夏的情怀。[tsʰaŋ uɤ ʂəŋ kʰai sɻ ɕia tə tɕʰiŋ xuai]

我在杏花山等你来，[uɤ tsai ɕiŋ xua ʂan təŋ ȵi lai]

你不来，我不开，[ȵi pu lai, uɤ pu kʰai]

你不来，我不开，[ȵi pu lai, uɤ pu kʰai]

你不来，我不开，[ȵi pu lai, uɤ pu kʰai]

你不来，我不开。[ȵi pu lai, uɤ pu kʰai]

(二) 人说鸡西好风光

人说鸡西好风光，[ʐən ʂuɤ tɕi ɕi xau fəŋ kuaŋ]

地肥水美五谷香，[ti fei suei mei u ku ɕiaŋ]

左手一指鸡冠山，[tsuɤ sou i tʂʅ tɕi kuan ʂan]

右手一指杏花山，[iou sou i tsʅ ɕiŋ xua ʂan]

站在那高处望上一望，[tsan tsai na kau tsʰu uaŋ ʂaŋ i uaŋ]

你看那穆棱河的水呀啊，[ȵi kʰan na mu liŋ xɤ ti suəi ia a]

哗啦啦地流过我的小村旁。[xua la la ti liou kuɤ uɤ ti ɕiau tsʰuən pʰaŋ]

杏花儿村里开杏花儿，[ɕiŋ xuar tsʰuən li kʰai ɕiŋ xuar]

儿女正当好年华，[ɚ ȵy tsəŋ taŋ xau ȵian xua]

男儿不怕千般苦，[nan ɚ pu pʰa tɕʰian pan kʰu]

女儿能绣万种花，[ȵy ɚ nəŋ ɕiou uan tsuŋ xua]

人有那志气永不老，[ʐən iou na tsʅ tɕʰi yŋ pu lau]

你看那白发的婆婆，[ȵi kʰan na pai fa ti pʰɤ pʰə]

挺起了腰板儿也像十七八。[tʰiŋ tɕʰi lə iau pɐr iɛ ɕiaŋ ʂʅ tɕʰi pa]

(三)我的宝宝闭上眼睛

我的宝宝闭上眼睛，[uɤ ti pau pau pi ʂaŋ ian tɕiŋ]

微微的小脸儿向着梦中啊，[uəi uəi ti ɕiau liɐr ɕiaŋ tsau məŋ tʂuŋ ŋa]

我的宝宝快闭上眼睛，[uɤ ti pau pau kʰuai pi ʂaŋ ian tɕiŋ]

睡呀嘛睡大觉哇，[ʂuei ia ma suei ta tɕiau ua]

睡完了觉姥儿姥儿给宝宝，[ʂuei uan liau tɕiau laur laur kei pau pau]

买上点儿好吃的。[mai ʂaŋ tiɐr xau tsʰʅ ti]

(四)妈悠悠宝儿宝儿睡觉哇啊悠悠哇

妈悠悠宝儿宝儿睡觉哇啊悠悠哇，[ma iou iou paur paur ʂuei tɕiau ua a iou iou ua]

妈妈的心肝宝贝儿[ma ma ti ɕin kan pau pɐr]

快入睡呀啊悠悠哇。[kʰuai ʐu suei ia a iou iou ua]

(以上由发音人杨亚丽提供)

二　规定故事

牛郎和织女

好，我讲一个民间的故事，[xau²¹, uɤ²¹ tɕiaŋ²⁴ i²⁴ kə⁰ min²⁴ tɕian³³ tə⁰ ku⁵³ ʂʅ⁰]

牛郎和织女。[ȵiou²⁴ laŋ²⁴ xɤ²⁴ tʂʅ³³ ȵy²¹¹]

嗯，牛郎是民间，[ən³³, ȵiou²⁴ laŋ²⁴ ʂʅ⁵³ min²⁴ tɕian³³]

在民间生活，[tʂai⁵³ min²⁴ tɕian³³ ʂəŋ³³ xuɤ²⁴]

嗯，织女呢 [ən³³, tʂʅ²⁴ ȵy²¹ ȵiɛ⁰]

是天上的王母娘娘的女儿，[ʂʅ⁵³ tʰian³³ ʂaŋ⁵³ tə⁰ uaŋ²⁴ mu²¹ ȵiaŋ²⁴ ȵiaŋ⁰ ti⁰ ȵy²¹ ɚ²⁴]

嗯，她好像是应该是老七吧，[ən³³, tʰa³³ xau²¹ ɕiaŋ⁵³ ʂʅ⁵³ iŋ³³ kai³³ ʂʅ⁵³ lau²¹ tɕʰi³³ pa⁰]

但是我不太确确。[tan⁵³ ʂʅ⁵³ uɤ²¹ pu²⁴ tai⁵³ tɕʰyɛ⁵³ tɕʰyɛ⁰] 确确：即确定，口误

嗯，他们两个 [ən³³, tʰa³³ mən⁰ liaŋ²¹ kə⁰]

就是这个织女呀，[tɕiou⁵³ ʂʅ⁰ tʂei⁵³ kə⁰ tʂʅ²⁴ ȵy²¹ ia⁰]

有一天在天宫上 [iou²¹ i⁵³ tʰian³³ tʂai⁵³ tʰian³³ kʰuŋ³³ ʂaŋ⁰]

往下瞧了一眼，[uaŋ²¹ ɕia⁵³ tɕʰiau²⁴ lə⁰ i⁵³ ian²¹¹]

看见了牛郎，[kʰan⁵³ tɕian⁵³ lə⁰ ȵiou²⁴ laŋ²⁴]

一看牛郎非常朴实，[i⁵³ kʰan⁵³ ȵiou²⁴ laŋ²⁴ fei³³ tsʰaŋ²⁴ pʰu²¹ ʂʅ²⁴]

嗯，在民间也是 [ən³³, tʂai⁵³ min²⁴ tɕian³³ iɛ²¹ ʂʅ⁵³]

非常老实忠厚的人，[fei³³ tʂʰaŋ²⁴ lau²¹ ʂʅ⁰ tʂuŋ³³ xou⁵³ ti⁰ in²⁴]

在这个耕田哪，[tʂai⁵³ tʂei⁵³ kə⁰ kəŋ³³ tian²⁴ na⁰]

她非常同情这个牛郎，[tʰa³³ fei³³ tʂʰaŋ²⁴ tʰuŋ²⁴ tɕʰiŋ²⁴ tʂei⁵³ tə⁰ ȵiou²⁴ laŋ²⁴]

完了之后呢，[uan²⁴ lə⁰ tʂʅ³³ xou⁵³ nə⁰]

她就背她背着她妈，[tʰa³³ tɕiu⁵³ pei⁵³ tʰa³³ pei⁵³ tʂə⁰ tʰa³³ ma³³]

偷偷地来到了民间。[tʰou³³ tʰou³³ tə⁰ lai²⁴ tau⁵³ lə⁰ min²⁴ tɕian³³]

来到了民间 [lai²⁴ tau⁵³ lə⁰ min²⁴ tɕian³³]

找到了那个牛郎，[tsau²¹ tau⁵³ lə⁰ nei⁵³ kə⁰ ȵiou²⁴ laŋ²⁴]

牛郎呢，[ȵiou²⁴ laŋ²⁴ nə⁰]

嗯，知道她是这个仙女儿，[ən³³, tsʅ³³ tau⁵³ tʰa³³ tsʅ⁵³ tʂei⁵³ tə⁰ ɕian³³ ȵyɚ²¹¹]

但是他不肯 [tan⁵³ ʂʅ⁵³ tʰa³³ pu⁵³ kʰən²¹]

跟她俩成为夫妻，[kən³³ tʰa³³ lia²¹ tsʰəŋ²⁴ uei²⁴ fu³³ tɕʰi³³]

后来这个织女呢，[xou⁵³ lai²⁴ tsei⁵³ kɤ⁵³ tsʅ²⁴ ȵy²¹ ȵiɛ⁰]

就是说我喜欢你，[tɕiou⁵³ ʂʅ⁵³ ʂuɤ³³ uɤ²⁴ ɕi²¹ xuan³³ ȵi²¹¹]

我看你又善良又朴实，[uɤ²¹ kʰan⁵³ ȵi²¹ iou⁵³ ʂan⁵³ liaŋ²⁴ iou⁵³ pʰu²¹ ʂʅ²⁴]

咱俩就成为夫妻，[tʂa²⁴ lia²¹ iou⁵³ tʂʰəŋ²⁴ uei²⁴ fu³³ tɕʰi³³]

后来牛郎就答应她啦，[xou⁵³ lai²⁴ ȵiou²⁴ laŋ²⁴ tɕiou⁵³ ta³³ iŋ⁵³ tʰa³³ la⁰]

他俩呢就成为了夫妻。[tʰa³³ lia²¹ ȵiɛ⁰ tɕiou⁵³ tʂʰəŋ²⁴ uei²⁴ lə⁰ fu³³ tɕʰi³³]

成为了夫妻呀，[tʂʰəŋ²⁴ uei²⁴ lə⁰ fu³³ tɕʰi³³ ia⁰]

这个一年之后，[tʂɤ⁵³ kə⁰ i⁵³ ȵian²⁴ tʂʅ³³ xou⁵³]

他俩呢就生下了 [tʰa³³ lia²¹ ȵiɛ⁰ tɕiou⁵³ səŋ³³ ɕia⁵³ lə⁰]

一对一对娃娃，[i²⁴ tuei⁵³ i²⁴ tuei⁵³ ua²⁴ ua⁰]

嗯，在这个生活儿得非常 [ən³³, tsai⁵³ tʂei⁵³ kə⁰ səŋ³³ xuɤr²⁴ ti⁰ fei³³ tʂʰaŋ²⁴]

这个他俩非常高兴，[tʂei⁵³ kə⁰ tʰa³³ lia²¹ fei³³ tʂʰaŋ²⁴ kau³³ ɕiŋ⁵³]

日子过得也非常好, [ʐʅ⁵³tʂʅ⁰kuɤ⁵³ti⁰iɛ²¹fei³³tʂʰaŋ²⁴xau²¹¹]

因为牛郎非常能干, [in³³uei³³ȵiou²⁴laŋ²⁴fei³³tsʰaŋ²⁴nəŋ²⁴kan⁵³]

织女呢也非常喜欢他, [tsʅ²⁴ȵy²¹ȵiɛ⁰iɛ²¹fei³³tʂʰaŋ²⁴ɕi²¹xuan³³tʰa⁰]

嗯, 在这个王母娘娘 [ən³³, tsai⁵³tsei⁵³kə⁰uaŋ²⁴mu²¹ȵiaŋ²⁴ȵiaŋ⁰]

知道这个女儿偷跑了, [tsʅ²⁴tau⁵³tsei⁵³kə⁰ȵy²¹ɚ²⁴tʰou²⁴pʰau²¹lə⁰]

完了之后呢 [uan²⁴lə⁰tʂʅ³³xou⁵³nə⁰]

就打发天兵天将, [tɕiou⁵³ta²¹fu⁰tʰian³³piŋ³³tʰian³³tɕiaŋ⁵³]

下来这个查这个, 嗯, [ɕia⁵³lai⁰tʂei⁵³kə⁰tsʰa²⁴tʂei⁵³kə⁰, ən³³]

让这个女儿回去, [iaŋ⁵³tʂei⁵³kə⁰ȵy²¹ɚ²⁴xuei²⁴tɕʰy⁵³]

她就找到了这个女儿的家, [tʰa³³tɕiou⁵³tsau²¹tau⁵³lə⁰tʂei⁵³kə⁰ȵy²¹ɚ²⁴ti⁰tɕia³³]

嗯, 就让这个天兵天将, [ən³³, tɕiou⁵³iaŋ⁵³tʂei⁵³kə⁰tʰian³³piŋ³³tʰian³³tɕiaŋ⁵³]

就给这个女儿 [tɕiou⁵³kei²¹tʂei⁵³kə⁰ȵy²¹ɚ²⁴]

就带回了天宫。 [tɕiou⁵³tai⁵³xuei²⁴lə⁰tʰian³³kuŋ³³]

这一路上啊, [tʂei⁵³i²⁴lu⁵³ʂaŋ⁵³ŋa⁰]

嗯, 他牛郎把这个两个孩子, [ən³³, tʰa³³ȵiou²⁴laŋ²⁴pa²¹tʂei⁵³kə⁰liaŋ²¹kə⁰xai²⁴tə⁰]

嗯, 用一个挑子他的个, [ən³³, yŋ⁵³i²⁴kə⁰tʰiau³³tsʅ⁰tʰa³³tei⁵³kə⁰]

编的是那个竹筐竹篓子, [pian³³ti⁰sʅ⁵³nei⁵³kə⁰tsu²⁴kʰuaŋ³³tʂu²⁴lou²¹tə⁰]

嗯, 一边儿一个 [ən³³, i⁵³piɐr³³i²⁴kɤ⁵³]

用挑子挑着撵织女, [yŋ⁵³tʰiau³³tsə⁰tʰiau³³tə⁰ȵian²¹tsʅ²⁴ȵy²¹¹]

边走边喊: "织女! 织女!" [pian³³tsou²¹pian³³xan²¹: "tsʅ²⁴ȵy²¹! tsʅ²⁴ȵy²¹¹!"]

嗯, 后来天兵宫天将 [ən³³, xou⁵³lai²⁴tʰian³³piŋ³³kuŋ³³tʰian³³tɕiaŋ⁵³]

就是用他们的那个什么, [tɕiou⁵³sʅ⁵³yŋ⁵³tʰa³³mən⁰ti⁰nei⁵³kə⁰ʂən²⁴mə⁰]

宝剑哪什么就阻挡他, [pau²¹tɕian⁵³na⁰ʂən²⁴mə⁰tɕiou⁵³tsu²⁴taŋ²¹tʰa³³]

后来就是 [xou⁵³lai²⁴tɕiou⁵³sʅ⁵³]

牛郎拼命地就是, [ȵiou²⁴laŋ²⁴pʰin³³miŋ⁵³ti⁰tɕiou⁵³sʅ⁵³]

不、不想那个, [pu⁵³、pu⁵³ɕiaŋ²¹nei⁵³kə⁰]

就想撵上织女, 挑着孩子, [tɕiou⁵³ɕiaŋ²⁴ȵian²¹ʂaŋ⁵³tsʅ³³ȵy²¹¹, tʰiau³³tʂə⁰xai²⁴tə⁰]

后来天兵天将 [xou⁵³lai²⁴tʰian³³piŋ³³tʰian³³tɕiaŋ⁵³]

好像挡不住了, [xau²¹ɕiaŋ⁵³taŋ²¹pu²⁴tʂu⁵³lə⁰]

完了之后, 后来王母娘娘, [uan²⁴lə⁰tʂʅ³³xou⁵³, xou⁵³lai²⁴uaŋ²⁴mu²¹ȵiaŋ²⁴ȵiaŋ⁰]

顺头上拔下来一个头簪儿, [suən⁵³tʰou²⁴ʂaŋ⁰pa²⁴ɕia⁵³lai⁰i²⁴kə⁰tʰou²⁴tʂɐr³³]

扔给了天兵天将, [ləŋ³³kei²¹lə⁰tʰian³³piŋ³³tʰian³³tɕiaŋ⁵³]

嗯, 这个划了划了 [ən³³, tsei⁵³kə⁰xua⁵³lə⁰xua⁵³lə⁰]

用簪儿划了一条河, [yŋ⁵³tʂɐr³³xua⁵³lə⁰i⁵³tʰiau³³xɤ²⁴]

嗯, 在这个一条河呢, [ən³³, tsai⁵³tʂei⁵³kə⁰i²⁴tʰiau³³xɤ²⁴nə⁰]

就把他俩呢挡住了。［tɕiou⁵³pa²¹tʰa³³lia²¹nə⁰taŋ²¹tʂu⁵³lə⁰］

嗯，挡住了这个的时候就是，［ən³³,taŋ²¹tsu⁵³lə⁰tʂei⁵³kə⁰ti⁰tʂʅ²⁴xou⁰tɕiou⁵³ʂʅ⁰］

嗯，织女就召唤牛郎，［ən³³,tʂʅ²⁴ȵy²¹tɕiou⁵³tʂau³³xuan⁰ȵiou²⁴laŋ²⁴］

完了那个牛郎就喊织女，［uan²⁴lə⁰nei⁵³kə⁰ȵiou²⁴laŋ²⁴tɕiou⁵³xan²¹tʂʅ³³ȵy²¹¹］

这个时候的时候孩子也哭哇，［tʂei⁵³kə⁰tsʅ²⁴xou⁰ti⁰ʂʅ²⁴xou⁰xai²⁴tə⁰iɛ²¹kʰu³³ua⁰］

啊，他们两个也、也都哭哇，［a⁰,tʰa³³mən⁰liaŋ²¹kə⁰iɛ²¹、iɛ²¹tou³³kʰu³³ua⁰］

嗯，后来让天兵天将，［ən³³,xou⁵³lai²⁴iaŋ⁵³tʰian³³piŋ³³tʰian³³tɕiaŋ⁵³］

给这个牛郎拖着就走啦，［kei²¹tʂɤ⁵³kə⁰ȵiou²⁴laŋ²⁴tʰuɤ³³tsə⁰tɕiou⁵³tʂou²¹la⁰］

嗯，就、就这样［ən³³,tɕiou⁵³、tɕiou⁵³tʂɤ⁵³iaŋ⁵³］

他们就分手啦。［tʰa³³mən⁰tɕiou⁵³fən³³ʂou²¹la⁰］

分手了就是他们那个，［fən³³ʂou²¹lə⁰tɕiou⁵³ʂʅ⁵³tʰa³³mən⁰nei⁵³kə⁰］

在这个七月儿七的时候，［tʂai⁵³tʂei⁵³kə⁰tɕʰi²⁴yɛr⁵³tɕʰi³³ti⁰ʂʅ²⁴xou⁰］

他们两个相见，［tʰa³³mən⁰liaŋ²¹kə⁰ɕiaŋ³³tɕian⁵³］

嗯，这相见是有这个，［ən³³,tʂei⁵³ɕiaŋ³³tɕian⁵³ʂʅ⁵³iou²¹tʂei⁵³kə⁰］

嗯，喜鹊吧，［ən³³,ɕi²¹tɕyɛ⁵³pa⁰］

搭鹊桥［ta³³tɕʰyɛ⁵³tɕiau²⁴］

他们俩才能见面儿。［tʰa³³mən⁰lia²¹tsʰai²⁴nəŋ²⁴tɕian⁵³miɐr⁵³］

嗯，就在这个民间的传说，［ən⁵³,tɕiou⁵³tʂai⁵³tʂei⁵³kə⁰min²⁴tɕian³³ti⁰tʂʰuan²⁴ʂuɤ³³］

每当七月儿十五的时候儿，［mei²¹taŋ³³tɕʰi²⁴yɛr⁵³ʂʅ²⁴u²¹ti⁰tʂʅ²⁴xour⁰］

七月儿七的时候儿，［tɕʰi²⁴yɛr⁵³tɕʰi³³ti⁰ʂʅ²⁴xour⁰］

他们见面的时候，［tʰa³³mən⁰tɕian⁵³miɐr⁵³ti⁰ʂʅ²⁴xou⁰］

搭过鹊桥他俩见面儿，［ta³³kuɤ⁰tɕʰyɛ⁵³tɕʰiau²⁴tʰa³³lia²¹tɕian⁵³miɐr⁵³］

就是什么样的［tɕiou⁵³ʂʅ⁰ʂən²⁴mə⁰iaŋ⁵³tə⁰］

什么样的孩子能听到呢，［sən²⁴mə⁰iaŋ⁵³ti⁰xai²⁴tə⁰nəŋ²⁴tʰiŋ³³tau⁵³nə⁰］

就是小孩儿小的时候，［tɕiou⁵³ʂʅ⁵³ɕiau²¹xɐr²⁴ɕiau²¹ti⁰tʂʅ²⁴xou⁰］

嗯，就是不尿炕，［ən³³,tɕiou⁵³ʂʅ⁵³pu²⁴ȵiau⁰kʰaŋ⁵³］

他上黄瓜架里头听着，［tʰa³³ʂaŋ⁵³xuaŋ²⁴kua⁰tɕia⁵³li²¹tʰou⁰tʰiŋ³³tʂau⁰］

能听到牛郎和织女，［nəŋ²⁴tʰiŋ³³tau⁵³ȵiou²⁴laŋ²⁴xɤ²⁴tʂʅ³³ȵy²¹¹］

那个能，［nei⁵³kə⁰nəŋ²⁴］

他俩就叫［tʰa³³lia²¹tɕiou⁵³tɕiau⁰］

会面的时候儿痛哭。［xuei⁵³mian⁵³ti⁰tʂʅ²⁴xour⁰tʰuŋ⁵³kʰu³³］

嗯，就是这样吧。［ən³³,tɕiou⁵³ʂʅ³³tʂɤ⁵³iaŋ⁵³pa⁰］

（以上由发音人杨亚丽提供）

三　其他故事

(一)奸人和傻人的区别

嗯，我讲一个[ən³³, uɤ²⁴tɕiaŋ²¹i²⁴kɤ⁵³]

民间传说的故事。[min²⁴tɕian³³tsʰuan²⁴ suɤ³³ti⁰ku⁵³ʂʅ⁰]

有这么一个山庄[iou²¹tʂɤ⁵³mə⁰i²⁴kɤ⁵³ ʂan³³tʂuaŋ³³]

住了一户人家儿，[tʂu⁵³lə⁰i²⁴xu⁵³ʐən²⁴tɕiar³³]

这户人家儿呢是三口人儿，[tʂei⁵³xu⁵³ʐən²⁴tɕiar³³ȵiɛ⁰ʂʅ⁵³ʂan³³kʰou²¹iər²⁴]

一个老太太领两个儿子。[i²⁴kə⁰lau²¹tʰai⁵³tʰai⁰liŋ²⁴liaŋ²¹kə⁰ɚ²⁴tʂʅ⁰]

嗯，老太太的丈夫呢[ən³³, lau²¹tʰai⁵³tʰai⁰tei⁰tʂaŋ⁵³fu⁰ȵiɛ⁰]

早已去世，[tʂau²⁴i²¹tɕʰy⁵³sʅ⁵³]

就用这个老太太呀，[tɕiou⁵³yŋ⁵³tʂei⁵³kə⁰lau²¹tʰai⁵³tʰai⁰ia⁰]

领着这两个儿子[liŋ²¹tʂə⁰tʂei⁵³liaŋ²¹kə⁰ɚ²⁴tʂə⁰]

生活在一起。[ʂəŋ³³xuɤ²⁴tʂai⁵³i⁵³tɕʰi²¹¹]

嗯，在这个年复一年哪，[ən³³, tʂai⁵³tʂei⁵³kə⁰ȵian²⁴fu⁵³i⁵³ȵian²⁴na⁰]

老太太跟儿子[lau²¹tʰai⁵³tʰai⁰kən³³ɚ²⁴tʂə⁰]

赚了两个钱儿，[tsuan⁵³lə⁰liaŋ²¹ kə⁰tɕʰiər²⁴]

给大儿子娶了个媳妇儿，[kei²¹ta⁵³ɚ²⁴tʂʅ⁰tɕʰy²¹lə⁰kɤ⁵³ɕi²¹fər⁰]

啊，娶了个媳妇儿哪，[a⁰, tɕʰy²¹lə⁰kə⁰ɕi²¹fər⁰na⁰]

啊，儿媳妇儿也非常奸，[a⁰, ɚ²⁴ɕi²¹fər⁰iɛ²¹fei³³tʂʰaŋ²⁴tɕian³³]奸：有心眼，反应快，聪明

他俩都是奸人，[tʰa³³lia²¹tou³³sʅ⁵³tɕian³³ʐən²⁴]

他俩呢[tʰa³³lia²¹ȵiɛ⁰]

就搬出去自、自行另过，[tɕiou⁵³pan³³tʂʰu³³tɕʰi⁵³tsʅ⁵³、tsʅ⁵³ɕiŋ²⁴liŋ⁵³ kuɤ⁵³]

啊，离老太太的那个家呢［ a⁰, li²⁴lau²¹tʰai⁵³tʰai⁰ti⁰nei¹kə⁰tɕia³³ȵiɛ⁰]

不算太远。[pu²⁴ʂuan⁵³tʰai⁵³yan²¹¹]

这样呢他们搬出去过呢，[tʂən⁵³iaŋ⁵³nei⁰tʰa³³mən⁰pa³³tʂʰu³³tɕʰy⁵³kuɤ⁵³nei⁰]

这老太太生活怎么办呢？[tʂei⁵³lau²¹tʰai⁵³tʰai⁰ʂəŋ³³xuɤ²⁴tʂən²¹mə⁰pan⁵³nei⁰]

他这二儿子是个傻子，[tʰa³³tʂei⁵³ɚ⁵³ɚ²⁴tʂə⁰ʂʅ⁵³kə⁰sa²¹tə⁰]

这个傻子哪，[tʂɤ⁵³kə⁰ʂa²¹tə⁰na⁰]

他不会干别的，[tʰa³³pu²⁴xuei⁵³kan⁵³piɛ²⁴tiɛ⁰]

他种田他都不会种，[tʰa³³tsuŋ⁵³tʰian²⁴tʰa³³tou³³pu²⁴xuei⁵³tʂuŋ⁵³]

他就会砍柴捡柴，[tʰa³³tɕiou⁵³xuei⁵³kʰan²¹tsʰai²⁴tɕian²¹tsʰai²⁴]

啊，就会干这些活儿，[a⁰, tɕiou⁵³xuei⁵³kan⁵³tʂei⁵³ɕiɛ³³xuɤ²⁴]

他就是贪黑起早的［tʰa³³tɕiou⁵³ʂʅ⁵³tʰaŋ³³xei³³tɕʰi²⁴tsau²¹ti⁰］

去捡柴他能干。［tɕʰy⁵³tɕian²¹tʂʰai²⁴tʰa³³nəŋ²⁴kan⁵³］

捡完柴干、干啥哪？［tɕian²¹uan²⁴tsʰai²⁴kan⁵³ˎkan⁵³ʂa²⁴na⁰］

捡完柴他呀，他就，［tɕian²¹uan²⁴tʂʰai²⁴tʰa³³ia⁰ˎtʰa³³tɕiou⁵³］

在他家离这个［tʂai⁵³tʰa³³tɕia³³li²⁴tʂei⁵³kə⁰］

一个有个集市啊，［i²⁴kə⁰iou²¹kə⁰tɕi²⁴ʂʅ⁵³ẓa⁰］

啊，非常远，［a⁰ˎfei³³tʂʰaŋ²⁴yan²¹¹］

他就起早贪黑地，［tʰa³³tɕiou⁵³tɕʰi²⁴tsau²¹tʰaŋ³³xei³³tei⁰］

去这个，到集市去卖柴，［tɕʰy⁵³tʂei⁵³kə⁰ˎtau⁵³tɕi²⁴ʂʅ⁵³tɕʰy⁵³mai⁵³tʂʰai²⁴］

卖回来柴之后呢，［mai⁵³xuei²⁴lai⁰tsʰai²⁴tʂʅ³³xou⁵³ȵiɛ⁰］

就跟老妈儿妈儿［tɕiou⁵³kən³³lau²¹mar³³mar⁰］

买点儿油盐酱儿醋儿，［mai²⁴tiɐr²¹iou²⁴ian²⁴tɕiãr⁵³tʂʰur⁵³］

就是呃，跟老妈儿俩填饱肚子，［tɕiou⁵³ʂʅ⁵³ɤ³³ˎkən³³lau²¹mar³³lia²¹tʰian²⁴pau²¹tu⁵³tə⁰］

嗯，就这么地生活儿。［ən³³ˎtɕiou⁵³tʂən⁵³mən⁰ti⁰ʂəŋ³³xuɤr⁰］

年复一年傻子没有别的干的，［ȵian²⁴fu⁵³i⁵³ȵian²⁴ʂa²¹tsə⁰mei²⁴iou²¹piɛ²⁴ti⁰kan⁵³ti⁰］

他只是能捡柴。［tʰa³³tsʅ²¹sʅ⁵³nəŋ²⁴tɕian²¹tʂʰai²⁴］

他又去，［tʰa³³iou⁵³tɕʰy⁵³］

他这天哪又去捡柴去啦，［tʰa³³tsei⁵³tʰian³³na⁰iou⁵³tɕʰy⁵³tɕian²¹tsʰai²⁴tɕʰi⁵³la⁰］

到这个捡柴地方儿，［tau⁵³tʂei⁵³kə⁰tɕian²¹tʂʰai²⁴ti⁵³fãr⁰］

突然间来一片了乌云，［tʰu³³ian²⁴tɕian³³lai²⁴i²⁴pʰian⁵³lə⁰u³³yn²⁴］

非常吓人，［fei³³tʂʰaŋ²⁴ɕia⁵³ẓən²⁴］

当时傻子觉得［taŋ³³ʂʅ²⁴ʂa²¹tə⁰tɕyɛ²¹tə⁰］

这个乌云也特别害怕，［tʂei⁵³kə⁰u³³yn²⁴iɛ²¹tʰɤ⁵³piɛ²⁴xai⁵³pʰa⁵³］

正巧，［tʂəŋ⁵³tɕʰiau²¹¹］

突然间来了一只鸟［tʰu³³ian²⁴tɕian³³lai²⁴lə⁰i⁵³tsʅ³³ȵiau²¹］

落在了他的眼前，［luɤ⁵³tʂai⁵³lə⁰tʰa³³ti⁰ian²⁴tɕʰian²⁴］

把这傻子吓了一跳，［pa²¹tʂɤ⁵³ʂa²¹tsʅ⁰ɕia⁵³lə⁰i²⁴tʰiau⁵³］

心想这是什么东西？［ɕin³³ɕiaŋ²¹tʂɤ⁵³ʂʅ⁵³ʂən²⁴mə⁰tuŋ³³ɕi⁰］

这个时候呢［tsei⁵³kə⁰ʂʅ²⁴xou⁰ȵiɛ⁰］

这个鸟儿哇就说话了，［tʂei⁵³kə⁰ȵiaur²¹ua⁰tɕiou⁵³ʂɤ³³xua⁵³lə⁰］

说的这个：［ʂuɤ³³ti⁰tʂɤ⁵³kə⁰］

"老兄弟，我是来帮你的，［"lau²¹ɕyŋ³³ti⁰ˎuɤ²¹ʂʅ⁵³lai²⁴paŋ³³ȵi²¹tə⁰］

嗯，我看你捡这柴［ən³³ˎuɤ²¹kʰan⁵³ȵi²¹tɕian²¹tʂɤ⁵³tʂʰai²⁴］

太不容易了。"［tʰai⁵³pu⁵³yŋ²⁴i⁵³lə⁰。"］

傻子是，没，他也没傻透哇，［ʂa²¹tə⁰ʂʅ⁵³ˎmei²⁴ˎtʰa³³iɛ²¹mei²⁴ʂa²¹tʰou⁵³ua⁰］

他有思想儿啊，[tʰa³³·iou²¹ ʂʅ³³ ɕiãr²¹ ŋa⁰]

他不想跟它走，[tʰa³³pu⁵³ɕiaŋ²¹kən³³tʰa³³tsou²¹¹]

完了这个鸟儿呢又解释：[uan²⁴lə⁰tʂei⁵³kə⁰ȵiaur²¹nə⁰iou⁵³tɕiɛ²¹ʂʅ⁰]

"嗯，我是来帮你们娘俩儿的，["ən³³,uɤ²¹ʂʅ⁵³lai²⁴paŋ³³ȵi²¹mən⁰ȵiaŋ²⁴liar²¹tei⁰]

你跟我去吧，[ȵi²¹kən³³uɤ²¹tɕʰy⁵³pa⁰]

嗯，我，等你跟我去完回来，[ən³³,uɤ²¹¹,təŋ²⁴ȵi²¹kən³³uɤ²¹tɕʰy⁵³uan²⁴xuei²⁴lai⁰]

你就，就这个有生活儿了，[ȵi²¹tɕiou⁵³,tɕiou⁵³tʂei⁵³kə⁰iou²¹ʂəŋ³³xuɤr²⁴lə⁰]

有，有生活儿来源啦。"[iou²¹¹,iou²¹ʂəŋ³³xuɤr²⁴lai²⁴yan²⁴la⁰。"]

这样儿傻子一听，[tʂei⁵³iãr⁵³ʂa²¹tə⁰i⁵³tʰiŋ³³]

那我就跟你去吧。[na⁵³uɤ²¹tɕiou⁵³kən³³ȵi²¹tɕʰy⁵³pa⁰]

这个鸟儿说啦：[tʂei⁵³kə⁰ȵiaur²¹ʂuɤ³³la⁰]

"你跟我去，我跟你讲，["ȵi²¹kən³³uɤ²¹tɕʰy⁵³,uɤ²¹kən³³ȵi²¹tɕiaŋ²¹¹]

坐在我的身上，[tʂuɤ⁵³tʂai⁵³uɤ²¹ti⁰sən³³ʂaŋ⁰]

坐在我的后背上，[tʂuɤ⁵³tʂai⁰uɤ²¹ti⁰xou⁵³pei⁵³ʂaŋ⁰]

把着我的翅膀，[pa²¹tʂə⁰uɤ²¹ti⁰tʂʰʅ⁵³paŋ²¹¹]

你要把眼睛闭得严严的，[ȵi²¹iau⁵³pa²⁴ian²¹tɕiŋ⁰pi⁵³ti⁰ian²⁴ian²⁴tiɛ⁰]

就是一定不能睁眼睛，[tɕiou⁵³ʂʅ⁰i²⁴tiŋ⁵³pu⁵³nəŋ²⁴tsəŋ³³ian²¹tɕiŋ⁰]

到地方儿，我告诉你，[tau⁵³ti⁵³fãr⁰,uɤ²¹kau⁵³su⁰ȵi²¹¹]

走，你就马上走，[tsou²¹¹,ȵi²¹tɕiou⁵³ma⁵³ʂaŋ⁵³tʂou²¹¹]

你不能不听我的，[ȵi²¹pu⁵³nəŋ²⁴pu⁵³tʰiŋ³³uɤ²¹ti⁰]

要不会出，出危险的。"[iau⁵³pu⁰xuei⁵³tʂʰu³³,tʂʰu³³uei³³ɕian²¹tə⁰。"]

这个鸟儿，起飞啦，[tʂɤ⁵³kə⁰ȵiaur²¹¹,tɕʰi²¹fəi³³la⁰]

这个傻子紧紧地把住[tʂei⁵³kə⁰ʂa²¹tə⁰tɕin²⁴tɕin²¹ti⁰pa²¹tʂu⁵³]

这个鸟儿的翅膀。[tʂei⁵³kə⁰ȵiaur²¹ti⁰tʂʰʅ⁵³paŋ²¹¹]

就一瞬间[tɕiou⁵³i²⁴suən⁵³tɕian³³]

来到这个这个地方儿，[lai²⁴tau⁵³tʂei⁵³kə⁰tʂei⁵³kə⁰ti⁵³fãr⁰]

这个鸟儿落下了，[tʂei⁵³kə⁰ȵiaur²¹luɤ⁵³ɕia⁵³lə⁰]

落下了这个说，[luɤ⁵³ɕia⁵³lə⁰tsei⁵³kə⁰ʂuɤ³³]

这个鸟儿就说啦：[tʂei⁵³kə⁰ȵiaur²¹tɕiou⁵³ʂuɤ³³la⁰]

"嗯，你把眼睛睁开吧。"["ən⁰,ȵi²⁴pa²⁴ian²¹tɕiŋ³³tsəŋ³³kʰai³³pa⁰。"]

这傻子一看，这什么东西？[tʂei⁵³ʂa²¹tə⁰i²⁴kʰan⁵³,tʂɤ⁵³ʂən²⁴mə⁰tuŋ³³ɕi⁰]

这，这么亮晶晶的闪眼[tʂɤ⁵³,tsən⁵³mə⁰liaŋ⁵³tɕiŋ³³tɕiŋ⁰ti⁰ʂan²⁴ian²¹]

这是啥？[tʂɤ⁵³ʂʅ⁵³ʂa²⁴]

鸟说："你快把衣服脱了，[ȵiau²¹ʂuɤ³³："ȵi²¹kʰuai⁵³pa²¹i³³fu⁰tʰuɤ³³lə⁰]

你把这块儿，[ȵi²¹pa²¹tʂɤ⁵³kʰuɐr⁵³]

把这一块一块的东西[pa⁵³tʂɤ⁵³i²⁴kʰuai⁵³i²⁴kʰuai⁵³tei⁰tuŋ⁵³ɕi⁰]

捡到衣服里，[tɕian²¹tau⁵³i³³fu⁰li²¹¹]

把这个那个，快捡，[pa²¹tʂei⁵³kə⁰nei⁵³kə⁰，kʰuai⁵³tɕian²¹¹]

我让走，快走。"[uɤ²¹iaŋ⁵³tʂou²¹¹，kʰuai⁵³tʂou²¹¹。"]

这个这个傻子就快捡，[tʂei⁵³kə⁰tʂei⁵³kə⁰ʂa²¹tsɿ⁰tɕiou⁵³kʰuai⁵³tɕian²¹¹]

完了之后 [uan²⁴lə⁰tʂɿ³³xou⁵³]

这个可能是[tʂei⁵³kə⁰kʰɤ²¹nəŋ²⁴ʂɿ⁵³]

太阳就要出来了，[tʰai⁵³iaŋ⁰tɕiou⁵³iau⁵³tʂu²⁴lai⁰lə⁰]

这个鸟儿就说："好。"[tʂei⁵³kə⁰ȵiaur²¹tɕiou⁵³ʂuɤ³³："xau²¹¹。"]

这个傻子 [tʂei⁵³kə⁰ʂa²¹tə⁰]

马上就把这衣服合上了，[ma²¹ʂaŋ⁵³tɕiou⁵³pa²¹tʂei⁵³i³³fu⁰xɤ²⁴ʂaŋ⁵³lə⁰]

就这个上鸟儿的身上 [tɕiou⁵³tʂɤ⁵³kə⁰saŋ⁵³ȵiaur²¹ti⁰sən³³ʂaŋ⁵³]

把着它翅膀，[pa³³tə⁰tʰa³³tʂʰɿ⁵³paŋ²¹¹]

一瞬间哪 [i²⁴suan⁵³tɕian³³na⁰]

又来到了他的砍柴的地方。[iou⁵³lai²⁴tau⁵³lə⁰tʰa³³ti⁰kʰan²¹tsʰai²⁴ti⁰ti⁵³faŋ⁰]

落到地上把眼睛睁开，[luɤ⁵³tau⁵³ti⁵³saŋ⁰pa²⁴ian²¹tɕiŋ⁰tʂəŋ³³kʰai³³]

这个鸟儿就告诉他：[tʂei⁵³kə⁰ȵiaur²¹tɕiou⁵³kau⁵³ʂu⁵³tʰa³³]

"你呀这回永远不用砍柴啦，["ȵi²¹ia⁰tsei⁵³xuei²⁴yŋ²⁴yan²¹pu²⁴yŋ⁵³kʰan²¹tʂʰai²⁴la⁰]

你跟你妈俩就能 [ȵi²¹kən³³ȵi²¹ma²¹lia²¹tɕiou⁵³nəŋ²⁴]

享受这个幸福生活儿。"[ɕiaŋ²⁴ʂou⁵³tʂei⁵³kə⁰ɕiŋ⁵³fu²¹ʂəŋ³³xuɤr²⁴。"]

他妈知道哇，[tʰa³³ma³³tʂɿ²⁴tau⁵³ua⁰]

因为他妈年龄大呀，说：[in³³uei²⁴tʰa³³ma³³ȵian²⁴liŋ⁰ta⁵³ia⁰，ʂuɤ³³]

"这是神仙拿来给咱们那个，["tʂɤ⁵³ʂɿ⁵³sən²⁴ɕian⁰na²⁴lai²⁴kei²¹tsan²⁴mən⁰nei⁵³kə⁰]

来送这财来啦，这是金子啊。"[lai²⁴ʂuŋ⁵³tʂei⁵³tʂʰai²⁴lai²⁴la⁰，tʂɤ⁵³ʂɿ⁵³tɕin³³tsɿ⁰a⁰。"]

这个傻子一听，[tʂɤ⁵³kə⁰sa²¹tə⁰i⁵³tʰiŋ³³]

跟这老妈儿高兴啊，[kən³³tʂei⁵³lau²¹mar³³kau³³ɕiŋ⁵³ŋa⁰]

啊，就这个赶到过年，[a⁰，tɕiou⁵³tʂei⁵³kə⁰kan²¹tau⁵³kuɤ⁵³ȵian²⁴]

正好儿赶到过年，[tsəŋ⁵³xaur²⁴kan²¹tau⁵³kuɤ⁵³ȵian²⁴]

把家里的这个年货儿啊，[pa²¹tɕia³³li²¹ti⁰tʂei⁵³kə⁰ȵian²⁴xuɤr⁵³a⁰]

所有的就是年画儿啊，[ʂuɤ²¹iou²¹ti⁰tɕiou⁵³ʂɿ⁵³ȵian²⁴xuar⁵³a⁰]

什么对联儿、吃的、喝的呀，[ʂən²⁴mə⁰tuei⁵³liɐr²⁴、tʂʰɿ²¹ti⁰、xɤ³³ti⁰ia⁰]

办得齐齐全全，[pan⁵³ti⁰tɕʰi²⁴tɕʰi²⁴tɕʰyan²⁴tɕʰyan²⁴]

可以说老太太就是，[kʰɤ²¹i²¹ʂuɤ³³lau²¹tʰai⁵³tʰai⁰tɕiou⁵³ʂɿ⁵³]

有生之年[iou²¹ ʂən³³ tsʅ³³ n̠ian²⁴]

没有过过这样年。[mei²⁴ iou²¹ kuɤ⁵³ kuɤ⁰ tʂei⁵³ iaŋ⁵³ n̠ian⁰]

这个时候呢他的哥哥来啦,[tsei⁵³ kə⁰ ʂʅ²⁴ xou⁰ nə⁰ tʰa³³ ti⁰ kɤ³³ kə⁰ lai²⁴ la⁰]

他哥哥觉得奇怪,[tʰa³³ kɤ³³ kə⁰ tɕyɛ²¹ tə⁰ tɕʰi²⁴ kuai⁵³]

嗯,你年年这个打柴[ən³³, n̠i²¹ n̠ian²⁴ n̠ian²⁴ tsei⁵³ kə⁰ ta²¹ tsʰai²⁴]

也卖不多钱,[iɛ²¹ mai⁵³ pu⁵³ tuɤ²⁴ tɕʰian²⁴]

你这怎么突然间怎么,[n̠i²¹ tsɤ⁵³ tʂən²¹ mə⁰ tʰu³³ ian²⁴ tɕian³³ tsən²¹ mə⁰]

怎么这么多钱[tsən²¹ mə⁰ tsən⁵³ mə⁰ tuɤ³³ tɕʰian²⁴]

来办这个年货儿呢?[lai²⁴ pan⁵³ tʂɤ⁵³ kə⁰ n̠ian²⁴ xuɤr⁵³ nə⁰]

完了之后这个他就问弟弟。[uan²⁴ lə⁰ tsʅ³³ xou⁵³ tʂei⁵³ kə⁰ tʰa³³ tɕiou⁵³ uən⁵³ ti⁵³ ti⁰]

弟弟还是傻呀,[ti⁵³ ti⁰ xai²⁴ ʂʅ⁵³ sa²¹ ia⁰]

人家鸟儿告诉他,[in²⁴ tɕia⁰ n̠iaur²¹ kau⁵³ ʂu⁵³ tʰa³³]

你不能说,跟谁都不能说,[n̠i²¹ pu⁵³ nəŋ²⁴ ʂuɤ³³, kən³³ ʂei²⁴ tou³³ pu⁵³ nəŋ²⁴ ʂuɤ³³]

他就告唤哥哥,说:[tʰa³³ tɕiou⁵³ kau⁵³ xuən⁰ kɤ³³ kə⁰, ʂuɤ³³]

"我在一次砍柴,["uɤ²¹ tsai⁵³ i²⁴ tsʰʅ⁵³ kʰan²¹ tʂʰai²⁴]

突然间来了一只鸟[tʰu³³ ian²⁴ tɕian³³ lai²⁴ lə⁰ i⁵³ tsʅ³³ n̠iau²¹]

落在了我身边,[luɤ⁵³ tsai⁵³ lə⁰ uɤ²¹ sən³³ pian³³]

告诉我,我坐在它的身上……"[kau⁵³ ʂu⁰ uɤ²¹, uɤ²¹ tsuɤ⁵³ tsai⁵³ tʰa³³ ti⁰ ʂən³³ ʂaŋ⁰……"]

啊,如何如何如何,[a⁰, z̩u²⁴ xɤ²⁴ z̩u²⁴ xɤ²⁴ z̩u²⁴ xɤ²⁴]

把这些个,[pa²¹ tʂei⁵³ ɕiɛ³³ kə⁰]

这段儿的这个这个经历[tʂei⁵³ tuɐr⁵³ tə⁰ tʂei⁵³ kə⁰ tʂei⁵³ kə⁰ tɕiŋ³³ li⁵³]

就、就告诉他了。[tɕiou⁵³、tɕiou⁵³ kau⁵³ ʂu⁰ tʰa³³ lə⁰]

他一听,他就有想法啦,[tʰa³³ i⁵³ tʰiŋ³³, tʰa³³ tɕiou⁵³ iou²¹ ɕiaŋ²¹ fa⁰ la⁰]

我也装扮成我弟弟[uɤ²⁴ iɛ²¹ tsuaŋ³³ pan⁵³ tʂʰəŋ²⁴ uɤ²¹ ti⁵³ ti⁰]

那个傻样儿,[nei⁵³ kə⁰ ʂa²¹ iãr⁵³]

也去到那儿。[iɛ²¹ tɕʰy⁵³ tau⁵³ nar⁵³]

这个鸟儿哇知道他,[tsei⁵³ kə⁰ n̠iaur²¹ ua⁰ tʂʅ²⁴ tau⁵³ tʰa³³]

他的哥哥来啦,[tʰa³³ ti⁰ kɤ³³ kə⁰ lai²⁴ la⁰]

要得知这个弟弟的[iau⁵³ tɤ²¹ tʂʅ³³ tʂei⁵³ kə⁰ ti⁵³ ti⁰ ti⁰]

这、这个这个金、金子,[tʂei⁵³、tʂei⁵³ kə⁰ tʂei⁵³ kə⁰ tɕin³³、tɕin³³ tə⁰]

完了这个鸟儿就、就来啦,[uan²⁴ lə⁰ tʂei⁵³ kə⁰ n̠iaur²¹ tɕiou⁵³、tɕiou⁵³ lai²⁴ la⁰]

也是跟他弟弟一样儿,[iɛ²¹ ʂʅ⁵³ kən³³ tʰa³³ ti⁵³ ti⁰ i²⁴ iãr⁵³]

落到这儿,[luɤ⁵³ tau⁵³ tʂɤr⁵³]

这个话也都跟他弟弟[tʂei⁵³ kə⁰ xua⁵³ iɛ²¹ tou²⁴ kən³³ tʰa³³ ti⁵³ ti⁰]

也是那么说的，[iɛ²¹ ʂʅ⁵³ nən⁵³ mə⁰ ʂuɤ³³ ti⁰]

但是呢他奸哪，[tan⁵³ ʂʅ⁵³ ŋiɛ⁰ tʰa³³ tɕian³³ na⁰]

这个鸟儿说，[tʂei⁵³ kə⁰ ŋiaur²¹ ʂuɤ³³]

啊那个，你，好，这个，[a⁰ nei⁵³ kə⁰, ŋi²¹¹, xau²¹¹, tʂei⁵³ kə⁰]

他的哥哥是奸人哪，[tʰa³³ ti³³ kɤ⁵³ kə⁰ ʂʅ⁵³ tɕian³³ ʐən²⁴ na⁰]

他知道是金子，[tʰa³³ tsʅ³³ tau⁵³ ʂʅ⁵³ tɕin³³ tə⁰]

他就拿的布袋儿，[tʰa³³ tɕiou⁵³ na²⁴ ti⁰ pu⁵³ tɐr⁵³]

就是捡哪捡哪[tɕiou⁵³ ʂʅ⁵³ tɕian²¹ na⁰ tɕian²¹ na⁰]

就不听鸟儿的啦。[tɕiou⁵³ pu⁵³ tʰiŋ²⁴ ŋiaur²¹ ti⁰ la⁰]

之后呢太阳出来了，[tʂʅ³³ xou⁵³ nə⁰ tʰai⁵³ iaŋ⁰ tʂʰu²⁴ lai²⁴ lə⁰]

鸟儿不能不飞呀，[ŋiaur²¹ pu⁵³ nəŋ²⁴ pu⁵³ fei³³ ia⁰]

它、它不能不走哇，[tʰa³³ ˌtʰa³³ pu⁵³ nəŋ²⁴ pu⁵³ tʂou²¹ ua⁰]

完了，飞了，[uan²⁴ lə⁰, fei³³ lə⁰]

等到他回头一找鸟呢，[təŋ²¹ tau⁰ tʰa³³ xuei²⁴ tʰou²⁴ i⁵³ tsau²⁴ ŋiau²¹ nə⁰]

没有了，[mei²⁴ iou²¹ lə⁰]

他呢，[tʰa³³ ŋiɛ⁰]

奸人就被这个太阳 [tɕian³³ ʐən²⁴ tɕiou⁵³ pei⁵³ tʂei⁵³ kə⁰ tʰai⁵³ iaŋ⁰]

晒死在金山上了。[ʂai⁵³ ʂʅ²¹ tsai⁵³ tɕin³³ ʂan³³ ʂaŋ⁰ lə⁰]

这个故事啊 [tʂei⁵³ kə⁰ ku⁵³ ʂʅ⁵³ ʐa⁰]

就是奸人和傻人的区别。[tɕiou⁵³ ʂʅ⁵³ tɕian³³ in²⁴ xɤ²⁴ ʂa²¹ in²⁴ ti⁰ tɕʰy³³ piɛ²⁴]

（二）人参娃娃

在这个很久很久以前哪，[tʂai⁵³ tʂei⁵³ kə⁰ xən²⁴ tɕiou²¹ xən²⁴ tɕiou²¹ i²¹ tɕʰian²⁴ na⁰]

啊，这个老人讲啊，[a³³, tʂei⁵³ kə⁰ lau²¹ ʐən²⁴ tɕiaŋ²¹ ŋa⁰]

这个有一个村庄儿，[tʂei⁵³ kə⁰ iou²¹ i²⁴ kə⁰ tʂʰuən³³ tʂuãr³³]

嗯，这个村庄儿啊[ən³³, tʂei⁵³ kə⁰ tʂʰuən³³ tʂuãr³³ ŋa⁰]

在这一个大森林里，[tʂai⁵³ tʂei⁵³ i²⁴ kə⁰ ta⁵³ sən³³ lin²⁴ li⁰]

嗯，人烟稀少，[ən³³, in²⁴ ian³³ ɕi³³ sau²¹¹]

嗯，一共好像就是 [ən³³, i²⁴ kuŋ⁵³ xau²¹ ɕiaŋ⁵³ tɕiou⁵³ ʂʅ⁵³]

不到于十户人家儿，[pu²⁴ tau⁵³ y²⁴ ʂʅ²⁴ xu⁵³ ʐən²⁴ tɕiar³³]

他们的转圈儿，[tʰa³³ mən⁰ ti⁰ tʂuar⁵³ tɕʰyɐr³³]转圈儿：周围

他们住的转圈儿都是大山，[tʰa³³ mən⁰ tʂu⁵³ ti⁰ tʂuan⁵³ tɕʰyɐr³³ tou²⁴ ʂʅ⁵³ ta⁵³ san³³]

那里头什么动物，[na⁵³ li⁰ tʰou²⁴ ʂən²⁴ mə⁰ tuŋ⁵³ u⁵³]

可能是什么动物都有，[kʰɤ²¹ nəŋ²⁴ ʂʅ⁵³ sən²⁴ mə⁰ tuŋ⁵³ u⁵³ tou²⁴ iou²¹¹]

这十户人家儿 [tʂei⁵³ ʂʅ²⁴ xu⁵³ in²⁴ tɕiar³³]

也在这个生、生存的地方，［iɛ²¹tsai⁵³tʂei⁵³kə⁰ʂəŋ³³、ʂəŋ³³tʂʰuən²⁴ti⁰ti⁵³faŋ⁰］

也非常，这个挺、挺、挺害怕。［iɛ²¹fei³³tʂʰaŋ²⁴，tʂei⁵³kə⁰tʰiŋ⁰、tʰiŋ⁰、tʰiŋ²¹xai⁵³pʰa⁵³］

啊，他们这个，［a⁵³，tʰa³³mən⁰tʂei⁵³kə⁰］

有这么这个一天哪，［iou²¹tʂən⁵³mə⁰tʂei⁵³kə⁰i⁵³tʰian³³na⁰］

啊这个，他们人家儿就是，［a³³tʂei⁵³kə⁰，tʰa³³mən⁰ʐən²⁴tɕiar³³tɕiou⁵³ʂʅ⁵³］

家儿家儿孩子都多，［tɕiar³³tɕiar³³xai²⁴tʂʅ⁰tou³³tuɣ³³］

好像都得七八个，［xau²¹ɕiaŋ⁵³tou²⁴tei²¹tɕʰi³³pa³³kɣ⁵³］

十余户人家，［ʂʅ²⁴y²⁴xu⁵³ʐən²⁴tɕia³³］

就得四五十个孩子，［tɕiou⁵³tei²¹ʂʅ⁵³u²¹ʂʅ²⁴kɣ⁵³xai²⁴tə⁰］

每天一到晚上啊，［mei²¹tʰian³³i²⁴tau⁵³uan²¹ʂaŋ⁰ŋa⁰］

就到呢，［tɕiou⁵³tau⁵³nə⁰］

到这个有一家儿的一个大院儿，［tau⁵³tʂɣ⁵³kə⁰iou²¹i⁵³tɕiar³³ti⁰i²⁴kə⁰ta⁵³yɐr⁵³］

啊，他们都天天到那什么，［a⁵³，tʰa³³mən⁰tou²⁴tʰian³³tʰian⁰tau⁵³na⁵³ʂən²⁴mə⁰］

呃的，那个踢毽儿啊，打口袋呀，［ɣ³³ti⁰，nei⁵³kə⁰tʰi³³tɕʰiar⁵³za⁰，ta²⁴kʰou²⁴tai⁰ia⁰］

什么各种方式的［ʂən²⁴mə⁰kɣ⁵³tʂuŋ²¹faŋ³³sʅ⁵³ti⁰］

这个，玩儿这个［tʂei⁵³kə⁰，uɐr²⁴tʂei⁵³kə⁰］

以前的一些游戏。［i²¹tɕʰian²⁴tei⁰i⁵³ɕiɛ³³iou²⁴ɕi⁵³］

嗯，有这么一天哪，［ən³³，iou²¹tʂən⁵³mə⁰i⁵³tʰian³³na⁰］

有这个，有，有几个老人，［iou²¹tʂei⁵³kə⁰，iou²⁴，iou²⁴tɕi²¹kə⁰lau²¹ʐən²⁴］

发现有一个孩子不对，［fa³³ɕian⁵³iou²¹i²⁴kə⁰xai²⁴tə⁰pu²⁴tuei⁵³］

这个孩子就是问谁，［tʂei⁵³kə⁰xai²⁴tə⁰tɕiou⁵³ʂʅ⁵³uən⁵³ʂei²⁴］

谁不是谁家的，［ʂei²⁴pu²⁴ʂʅ⁵³ʂei²⁴tɕia³³tei⁰］

他们就对这个孩子，［tʰa³³mən⁰tɕiou⁵³tuei⁵³tʂei⁵³kə⁰xai²⁴tsʅ⁰］

就是有、有想法儿了，［ɕiou⁵³ʂʅ⁵³iou²¹、iou²¹ɕiaŋ²⁴far²¹lə⁰］

说他是个是个什么呢？［ʂuɣ³³tʰa³³ʂʅ⁵³kə⁰ʂʅ⁵³kə⁰ʂən²⁴mə⁰ȵiɛ⁰］

是山上下来的什么东西呢？［ʂʅ⁵³ʂan³³ʂaŋ⁰ɕia⁵³lai⁰ti⁰ʂən²⁴mə⁰tuŋ³³ɕi⁰nə⁰］

是不是什么神哪？［ʂʅ⁵³pu²⁴ʂʅ⁵³ʂən²⁴mə⁰ʂən²⁴na⁰］

之后呢，［tʂʅ³³xou⁵³ȵiɛ⁰］

他们就想了一个招儿，［tʰa³³mən⁰tɕiou⁵³ɕiaŋ²¹lə⁰i²⁴kə⁰tʂaur³³］

啊就是，他一到天天下午的，［a³³tɕiou⁵³ʂʅ⁵³，tʰa³³i²⁴tau⁵³tʰian³³tʰian³³ɕia⁵³u²¹tiɛ⁰］

呃，下午三点多钟，［ɣ³³，tɕia⁵³u²¹san³³tian²¹tuɣ³³tʂuŋ³³］

接近于四点，［tɕiɛ³³tɕin⁵³y²⁴ʂʅ⁵³tian²¹¹］

要太阳要落山了，［iau⁵³tʰai⁵³iaŋ²⁴iau⁵³luɣ⁵³ʂan³³lə⁰］

他就没，没有，没有影儿了，［tʰa³³tɕiou⁵³mei²⁴，mei²⁴iou²¹，mei²⁴iou²¹iə̃r²¹lə⁰］

没有影儿了呢，［mei²⁴iou²¹iə̃r²¹lə⁰ȵiɛ⁰］

嗯，这些孩子问谁，[ən³³,tsei⁵³ɕiɛ³³xai²⁴tsʐ⁰uən⁵³sei²⁴]

谁、谁、谁没看着，[sei²⁴、sei²⁴、sei²⁴mei²⁴kʰan⁵³tʂau²⁴]

不知道这孩子哪去了。[pu⁵³tʂʐ³³tau⁵³tʂei⁵³xai²⁴tsʐ⁰na²¹tɕy⁵³lə⁰]

完了之后呢，这，这几，[uan²⁴lə⁰tʂʐ³³xou⁵³ɲiɛ⁰,tʂei⁵³,tʂei⁵³tɕi²¹]

这个，这个，这几位老人呢，[tʂei⁵³kə⁰,tʂei⁵³kə⁰,tʂei⁵³tɕi²¹uei⁵³lau²¹ʐən²⁴nə⁰]

就想了一个招儿，[tɕiou⁵³ɕiaŋ²¹lə⁰i²⁴kə⁰tʂaur³³]

买了一枕儿那个红线，[mai²¹lə⁰i²⁴kuãr⁵³nei⁵³kə⁰xuŋ²⁴ɕian⁵³]

把这个红线哪 [pa²¹tʂei⁵³kə⁰xuŋ²⁴ɕian⁵³na⁰]

就钉上了一个红布儿，[tɕiou⁵³tiŋ³³ʂaŋ⁵³lə⁰i²⁴kə⁰xuŋ²⁴pur⁵³]

这个红布儿哇，[tsei⁵³kə⁰xuŋ²⁴pur⁵³ua⁰]

就把它，有一天晚上，[tɕiou⁵³pa²¹tʰa³³,iou²¹i⁵³tʰian³³uan²¹ʂaŋ⁰]

他就要，应要回家的时候儿，[tʰa³³tɕiou⁵³iau⁵³,iŋ³³iau⁵³xuei²⁴tɕia³³tiˀ⁰sʐ²⁴xour⁰]

这些老人，[tʂei⁵³ɕiɛ³³lau²¹ʐən²⁴]

就把这个红布儿[tɕiou⁵³pa²¹tʂei⁵³kə⁰xuŋ²⁴pur⁵³]

绑在红线上，[paŋ²¹tʂai⁵³xuŋ²⁴ɕian⁵³ʂaŋ⁰]

就钉在他的这个 [tɕiou⁵³tiŋ³³tʂai⁵³tʰa³³tiˀ⁰tʂei⁵³kə⁰]

后边儿的衣襟儿上，[xou⁵³piɐr³³tiˀ⁰i³³tɕiər³³ʂaŋ⁰]

这样儿的话就是 [tsɣ⁵³iãr⁰tə⁰xua⁵³tɕiou⁵³ʂʐ⁵³]

让他等他要，要走了的时候儿，[iaŋ⁵³tʰa³³təŋ²¹tʰa³³iau⁵³,iau⁵³tʂou²¹lə⁰tiˀ⁰sʐ²⁴xour⁰]

这个就把这个线哪，就那个，[tʂɣ⁵³kə⁰tɕiou⁵³pa²¹tʂei⁵³kə⁰ɕian⁵³na⁰,tɕiou⁵³nei⁵³kə⁰]

他走就往下放，[tʰa³³tsou²¹tɕiou⁵³uaŋ⁵³ɕia⁵³faŋ⁵³]

他走就往下放，[tʰa³³tʂou²¹tɕiou⁵³uaŋ⁵³ɕia⁵³faŋ⁵³]

反正这个线，[fan²¹tsei⁵³kə⁰ɕian⁵³]

这个线也是老长了，[tʂei⁵³kə⁰ɕian⁵³iɛ²¹ʂʐ⁵³lau²¹tʂʰaŋ²⁴lə⁰]

就是往前放，[tɕiou⁵³ʂʐ⁵³uaŋ⁵³tɕʰian²⁴faŋ⁵³]

放放放，[faŋ⁵³faŋ⁵³faŋ⁵³]

突然间，线不动弹了，[tʰu³³ian²⁴tɕian³³,ɕian⁵³pu²⁴tuŋ⁵³tʰan⁰lə⁰]

这个时候儿，[tsei⁵³kə⁰ʂʐ²⁴xour⁰]

这个大家就知道 [tʂei⁵³kə⁰ta⁵³tɕia³³tɕiou⁵³tʂʐ²⁴tau⁰]

这是，这里是指定有事儿啦，[tʂɣ⁵³ʂʐ⁰,tʂɣ⁵³li⁵³ʂʐ⁵³tsʐ²¹tiŋ⁵³iou²¹sər⁵³la⁰]

这可能是，是什么神哪，[tʂɣ⁵³kʰɣ²¹nəŋ²⁴ʂʐ⁵³,ʂʐ⁵³ʂən²⁴mə⁰ʂən²⁴na⁰]

啊，就不知道是什么神啦。[a³³,tɕiou⁵³pu⁵³tʂʐ³³tau⁵³ʂʐ⁵³ʂən²⁴mə⁰ʂən²⁴la⁰]

这个，这个大山哪[tʂɣ⁵³kə⁰,tʂɣ⁵³kə⁰ta⁵³ʂan³³na⁰]

不能去人儿少，[pu⁵³nəŋ²⁴tɕʰy⁵³iər²⁴ʂau²¹¹]

人儿少也不敢去，[ʐər²⁴ʂau²⁴iɛ²¹pu⁵³kan²¹tɕʰy⁵³]

找了好,好多人,［tsau²¹lau⁰xau²⁴,xau²¹tuɤ³³ʐ̩ən²⁴］

就去就按照这个线,［tɕiou⁵³tɕʰy⁵³tɕiou⁵³an⁵³tʂə⁰tʂɤ⁵³kə⁰ɕian⁵³］

赶着走赶着缠,［kan²¹tʂə⁰tsou²¹kan²¹tʂə⁰tsʰan²⁴］

赶着走赶着缠,［kan²¹tʂə⁰tsou²¹kan²¹tʂə⁰tsʰan²⁴］

缠来缠去,缠到地上了,［tʂʰan²⁴lai²⁴tʂʰan²⁴tɕʰy⁵³,tsʰan²⁴tau⁵³ti⁵³ʂaŋ⁰lə⁰］

一看,［i²⁴kʰan⁵³］

因为山里人哪,［in³³uei⁵³san³³li²¹ʐ̩ən²⁴na⁰］

他们那个会采,［tʰa³³mən⁰nei⁵³kə⁰xuei⁵³tsʰai²¹］

会,会采参,［xuei⁵³,xuei⁵³tʂʰai²¹sən³³］

他们一看,［tʰa³³mən⁰i²⁴kʰan⁵³］

这不是,［tʂɤ⁵³pu²⁴ʂ̩⁵³］

八匹叶的一个大参叶儿吗?［pa³³pʰi²¹iɛ⁵³ti⁰i²⁴kɤ⁵³ta⁵³sən³³iɐr⁵³ma⁰］

他们就非常,［tʰa³³mən⁰tɕiou⁵³fei³³tsʰaŋ²⁴］

这个感到稀奇,［tsei⁵³kə⁰kan²¹tau⁵³ɕi³³tɕʰi²⁴］

从来没见过。［tsʰuŋ²⁴lai²⁴mei²⁴tɕian⁵³kuɤ⁰］

之后呢,［tsʅ³³xou⁵³nə⁰］

他们就把这个线儿啊,［tʰa³³mən⁰tɕiou⁵³pa²¹tʂɤ⁵³kə⁰ɕiɐr⁵³a⁰］

就是这个,又拉回这个自家,［tɕiou⁵³ʂʅ⁰tsei⁵³kə⁰,iou⁵³la³³xuei²⁴tsei⁵³kə⁰tsʅ⁵³tɕia³³］

这个参,［tʂei⁵³kə⁰ʂən³³］

晚上不能,不能采呀,［uan²¹ʂaŋ⁰pu⁵³nəŋ⁰,pu⁵³nəŋ⁰tʂʰai²¹ia⁰］

他们就第二天组织人,［tʰa³³mən⁰tɕiou⁵³ti⁵³ɐr⁵³tʰian³³tʂu²¹tʂʅ³³ʐ̩ən²⁴］

啊,拿着这个这个东西,［a³³,na²⁴tsə⁰tsei⁵³kə⁰tsɤ⁵³kə⁰tuŋ³³ɕi⁰］

啊,锹、镐啊什么的,［a³³,tɕʰiau³³、kau²¹a⁰ʂən²⁴mə⁰ti⁰］

也防备是山上有一些,［iɛ²¹faŋ²⁴pei⁵³ʂʅ⁵³san³³ʂaŋ⁰iou²¹i⁵³ɕiɛ³³］

动物什么兽儿什么的,［tuŋ⁵³u⁵³ʂən²⁴mə⁰ʂour⁵³ʂən²⁴mə⁰ti⁰］

也害怕这些。［iɛ²¹xai²⁴pʰa⁵³tʂei⁵³ɕiɛ³³］

完了又带的什么铲子,［uan²⁴lə⁰iou⁵³tai⁵³ti⁰ʂən²⁴mə⁰tʂʰan²¹tə⁰］

就他们就顺着这个线呢,［tɕiou⁵³tʰa³³mən⁰tɕiou⁵³ʂuən⁵³tʂə⁰tʂei⁵³kə⁰ɕian⁵³n̩ia⁰］

按这,这一个线路,［an⁵³tʂei⁵³,tʂei⁵³i²⁴kə⁰ɕian⁵³lu⁵³］

就又又,又到了这个,［tɕiou⁵³iou⁵³iou⁵³,iou⁵³tau⁵³lə⁰tʂei⁵³kə⁰］

八匹叶的这个参扒儿拉儿,［pa³³pʰi²¹iɛ⁵³ti⁰tʂei⁵³kə⁰sən³³par³³lar²¹¹］

他们就知道这个参,［tʰa³³mən⁰tɕiou⁵³tʂʅ²⁴tau⁵³tʂei⁵³kə⁰ʂən³³］

这是一个参,［tʂɤ⁵³ʂʅ⁵³i²⁴kə⁰ʂən³³］

这不是个小孩儿,［tʂɤ⁵³pu²⁴ʂʅ⁵³kə⁰ɕiau²¹xɐr²⁴］

完了之后,［uan²⁴lə⁰tʂʅ³³xou⁵³］

他们就往下挖呀挖，[tʰa³³mən⁰tɕiou⁵³uaŋ⁵³ɕia⁵³ua³³ia⁰ua³³]

嗯，但是他不能搁锹啊，[ən³³,tan⁵³ʂɿ⁰tʰa³³pu⁵³nəŋ²⁴kau³³tɕʰiau³³a⁰]

也不能搁镐刨哇，[iɛ²¹pu⁵³nəŋ²⁴kau³³kau²¹pʰau²⁴ua⁰]

因为它这个参，[in³³uei⁵³tʰa³³tʂei⁵³kə⁰ʂən³³]

那得一点儿一点儿搁，用手扒，[na⁵³tei²¹i⁵³tiɐr²¹i⁵³tiɐr²¹kau³³,yŋ⁵³ʂou²¹pa³³]

大家扒。[ta⁵³tɕia³³pa³³]

扒了好久好久，[pa³³lə⁰xau²⁴tɕiou²¹xau²⁴tɕiou²¹¹]

好参哪因为它大呀，[xau²¹ʂən³³nə⁰in³³uei⁵³tʰa⁵³ta⁵³ia⁰]

终于扒到了底儿，[tsuŋ³³y²⁴pa³³tau⁵³lə⁰tiɐr²¹¹]

看到了，哎这个，[kʰan⁵³tau⁵³lə⁰,ai³³tʂei⁵³kə⁰]

一个是整个儿的一个人参娃娃，[i²⁴kə⁰ʂɿ⁵³tʂəŋ²¹kər⁰ti⁰i²⁴kə⁰ʐˌən²⁴ʂən³³ua²⁴ua⁰]

嗯，就是整体看 [ən³³,tɕiou⁵³ʂɿ⁵³tʂəŋ²⁴tʰi²¹kʰan⁵³]

就是像个小孩儿一样儿，[tɕiou⁵³ʂɿ⁵³ɕiaŋ⁵³kə⁰ɕiau²¹xɐr²⁴i²⁴iãr⁵³]

什么都不少，[ʂən²⁴mə⁰tou³³pu⁵³sau²¹¹]

什么鼻子、眼睛啊，胳膊、腿呀，[ʂən²⁴mə⁰pi²⁴tsɿ⁰、ian²¹tɕiŋ⁰ŋa⁰,kɤ²⁴pɤ²⁴、tʰuei²¹ia⁰]

啥都不少。[ʂa²⁴tou²⁴pu⁵³sau²¹¹]

之后，这村里的人，[tʂɿ³³xou⁵³,tʂɤ⁵³tsʰuan³³li⁰tə⁰ʐˌən²⁴]

就是把这个人参 [tɕiou⁵³ʂɿ⁵³pa²¹tʂei⁵³kə⁰ʐˌən²⁴ʂən³³]

就落出来了，[tɕiou⁵³lau⁵³tʂʰu³³lai⁰lə⁰]

落出来这个，[lau⁵³tʂʰu³³lai⁰tʂei⁵³kə⁰]

这些老儿百姓都高兴啦，[tsei⁵³ɕiɛ³³laur²⁴pai²¹ɕiŋ⁵³tou³³kau³³ɕiŋ⁵³la⁰]

发财啦，[fa³³tsʰai²⁴la⁰]

这个人参，这可值，值钱啦。[tsei⁵³kə⁰ʐˌən²⁴ʂən³³,tʂɤ⁵³kʰɤ²¹tʂɿ²⁴,tʂɿ²⁴tɕian²⁴la⁰]

啊，这就是一个人参的娃娃，[a³³,tʂɤ⁵³tɕiou⁵³ʂɿ⁰i²⁴kə⁰ʐˌən²⁴ʂən³³ti⁰ua²⁴ua⁰]

啊，就是这个故事 [a³³,tɕiou⁵³ʂɿ⁰tʂei⁵³kə⁰ku⁵³ʂɿ⁰]

这个就是这么传说的。[tʂei⁵³kə⁰tɕiou⁵³ʂɿ⁰tʂən⁵³mə⁰tʂʰuan²⁴ʂuɤ³³tə⁰]

（以上由发音人杨亚丽提供）

四　自选条目

俗语

1. 春脖子短，[tsʰuən³³pɤ²⁴tsɿ⁰tuan²¹²] 春脖子短：在春节前立春称为"春脖子短"

　种地不可缓。[tsuŋ⁵³ti⁵³pu⁵³kʰɤ²⁴xuan²¹²]

2. 立夏到小满，[li⁵³ɕia⁵³tau⁵³ɕiau²⁴man²¹²]

种啥都不晚。［tsuŋ⁵³sa²⁴tou³³pu⁵³uan²¹²］

3. 朝霞不出门,［tsau³³ɕia²⁴pu⁵³tsʰu³³mən²⁴］
晚霞行千里。［uan²¹ɕia²⁴ɕiŋ²⁴tɕʰian³³li²¹²］

4. 东北有三宝,［tuŋ⁴⁴pei²⁴iou²¹san³³pau²¹²］
人参、貂皮、靰鞡草儿。［zən²⁴ʂən³³、tiau³³pʰi²⁴、u³³la³³tʂʰaur²¹²］

5. 冷水洗头,［ləŋ²⁴suei²⁴ɕi²¹tʰou²⁴］
热水洗脚。［zɤ⁵³suei²¹ɕi²⁴tɕiau²¹²］

6. 朝霞阴,［tsau³³ɕia²⁴in³³］
晚霞晴。［uan²¹ɕia²⁴tɕʰiŋ²⁴］

7. 早上浮云走,［tsau²¹ʂaŋ⁵³fu²⁴yn²⁴tsou²¹²］
中午晒死狗。［tsuŋ³³u²¹sai⁵³sʅ²⁴kou²¹²］

8. 星星密,［ɕiŋ³³ɕiŋ³³mi⁵³］
带雨具。［tai⁵³y²¹tɕy⁵³］
星星稀,［ɕiŋ³³ɕiŋ³³ɕi³³］
晒死鸡。［sai⁵³sʅ²¹tɕi³³］

9. 关门雨,［kuan³³mən²⁴y²¹］
下一宿。［ɕia⁵³i⁵³ɕiou²¹²］

10. 蜜蜂采蜜忙,［mi⁵³fəŋ³³tsʰai²¹mi⁵³maŋ²⁴］
天气必晴朗。［tʰian³³tɕʰi⁵³pi⁵³tɕʰiŋ²⁴laŋ²¹²］

11. 青蛙儿早上叫,［tɕʰiŋ³³uar³³tsʂau²¹ʂaŋ⁵³tɕiau⁵³］
大雨必来到。［ta⁵³y²¹pi⁵³lai²⁴tau⁵³］
青蛙晚上叫,［tɕʰiŋ³³ua³³uan²¹ʂaŋ⁵³tɕiau⁵³］
明天天气好。［miŋ²⁴tʰian³³tʰian³³tɕʰi⁵³xau²¹²］

12. 雁过十天必来霜。［ian⁵³kuɤ⁵³sʅ²⁴tʰian³³pi⁵³lai²⁴ʂuaŋ³³］

13. 先下牛毛无大雨,［ɕian³³ɕia⁵³ȵiou²⁴mau²⁴u²⁴ta⁵³y²¹²］
后下牛毛不晴天。［xou⁵³ɕia⁵³ȵiou²⁴mau²⁴pu⁵³tɕʰiŋ²⁴tʰian³³］

14. 不怕初一阴,［pu²⁴pʰa⁵³tsʰu³³i³³in³³］
就怕初二下。［tɕiou⁵³pʰa⁵³tsʰu³³ɐr⁵³ɕia⁵³］

15. 雪下高山,［ɕyɛ⁵³ɕia⁵³kau³³ʂan³³］
霜打洼地。［ʂuaŋ³³ta²¹ua³³ti⁵³］

16. 有钱难买五月旱,［iou²¹tɕʰian²⁴nan²⁴mai²⁴u²¹yɛ⁰xan⁵³］
六月阴天吃饱饭。［liou⁵³yɛ⁵³in³³tʰian³³tsʰʅ³³pau²¹fan⁵³］

17. 大旱不过五月十三。［ta⁵³xan⁵³pu²⁴kuɤ⁵³u²¹yɛ⁵³sʅ²⁴san³³］

18. 一场秋雨一场寒,［i⁵³tʂʰaŋ²¹tɕʰiou³³y²¹i⁵³tʂʰaŋ²⁴xan²⁴］
三场白露来了霜。［san³³tʂʰaŋ²⁴pai²⁴lu⁵³lai²⁴liau²¹suaŋ³³］

19. 庄稼一枝花儿, [tsuaŋ³³tɕia⁰i⁵³tsʅ³³xuar³³]
    全靠粪当家。[tɕʰyan²⁴kʰau⁵³fən⁵³taŋ³³tɕia³³]

20. 种地不上粪, [tsuŋ⁵³ti⁵³pu²⁴ʂaŋ⁵³fən⁵³]
    等于瞎胡混。[təŋ²¹y²⁴ɕia³³xu²⁴xuən⁵³]

21. 三春不如一秋忙, [san³³tsʰuən³³pu⁵³ʐu²⁴i⁵³tɕʰiou³³maŋ²⁴]
    秀女也下床。[ɕiou⁵³ȵy²¹iɛ²¹ɕia⁵³tʂʰuaŋ²⁴]

22. 头遍浅, 二遍深, [tʰou²⁴pian⁵³tɕʰian²¹²,ɐr⁵³pian⁵³sən³³]
    三遍把土壅到根。[san³³pian⁵³pa²⁴tʰu²¹yŋ²¹tau⁵³kən³³]

23. 头遍加二遍, [tʰou²⁴pian⁵³tɕia³³ɐr⁵³pian⁵³]
    增产最关键。[tsəŋ³³tsʰan²¹tsuei⁵³kuan³³tɕian⁵³]

24. 头伏萝卜, [tʰou²⁴fu²⁴luɤ²⁴pə⁰]
    二伏菜, [ɐr⁵³fu²⁴tsʰai⁵³]
    三伏种荞麦。[san³³fu²⁴tsuŋ⁵³tɕʰiau²⁴mai⁵³]

25. 一亩园, [i⁵³mu²¹yan²⁴]
    十亩田。[sʅ²⁴mu²¹tʰian²⁴]

26. 冻不死的白菜, [tuŋ⁵³pu⁵³sʅ²¹tə⁰pai²⁴tsʰai⁵³]
    旱不死的葱。[xan⁵³pu⁵³sʅ²¹tə⁰tsʰuŋ³³]

27. 上梁不正, [saŋ⁵³liaŋ²⁴pu²⁴tʂəŋ⁵³]
    下梁歪。[ɕia⁵³liaŋ²⁴uai³³]
    中梁不正, [tsuŋ³³liaŋ²⁴pu²⁴tʂəŋ⁵³]
    塌下来。[tʰa³³ɕia⁵³lai²⁴]

28. 三十六计, [san³³sʅ²⁴liou⁵³tɕi⁵³]
    走为上计。[tsou²¹uei²⁴saŋ⁵³tɕi⁵³]

29. 一言既出, [i⁵³ian²⁴tɕi⁵³tʂʰu³³]
    驷马难追。[sʅ⁵³ma²¹nan²⁴tsuei³³]

30. 不知天高地厚。[pu⁵³tsʅ³³tʰian³³kau³³ti⁵³xou⁵³]

31. 不看僧面看佛面。[pu²⁴kʰan⁵³ʂəŋ³³mian⁵³kʰan⁵³fɤ²⁴mian⁵³]

32. 公说公有理, [kuŋ³³ʂuɤ³³kuŋ³³iou²⁴li²¹²]
    婆说婆有理。[pʰɤ²⁴ʂuɤ³³pʰɤ²⁴iou²⁴li²¹²]

33. 刀子嘴, [tau³³tsʅ⁰tsuei²¹²]
    豆腐心。[tou⁵³fu⁰ɕin³³]

34. 只许州官放火, [tsʅ²¹ɕy²¹tsou³³kuan³³faŋ⁵³xuo²¹²]
    不许百姓点灯。[pu⁵³ɕy²⁴pai²¹ɕiŋ⁵³tian²¹təŋ³³]

35. 吃不穷, 穿不穷, [tsʰʅ³³pu⁵³tɕʰyŋ²⁴,tsʰuan³³pu⁵³tɕʰyŋ²⁴]
    算计不到才受穷。[suan⁵³tɕi⁰pu²⁴tau⁵³tsʰai²⁴sou⁵³tɕʰyŋ²⁴]

36. 包子有肉，［pau³³tsʅ⁰iou²¹ʐou⁵³］

　　不在褶上。［pu²⁴tsai⁵³tsɤ²¹ʂaŋ⁰］

37. 一个巴掌拍不响。［i²⁴kə⁰pa³³tʂaŋ⁰pʰai³³pu⁵³ɕiaŋ²¹²］

38. 寡妇儿门前是非多。［kua²¹fur⁰mən²⁴tɕʰian²⁴sʅ⁵³fei³³tuɤ³³］

39. 好事不出门，［xau²¹ʂʅ⁵³pu⁵³tsʰu³³mən²⁴］

　　坏事传千里。［xuai⁵³sʅ⁵³tsʰuan²⁴tɕʰian³³li²¹²］

40. 有缘千里来相会，［iou²¹yan²⁴tɕʰian³³li²¹lai²⁴ɕiaŋ³³xuei⁵³］

　　无缘对面不相逢。［u²⁴yan²⁴tuei⁵³mian⁵³pu⁵³ɕiaŋ³³fəŋ²⁴］

41. 巧妇难为无米之炊。［tɕʰiau²¹fu⁵³nan²⁴uei²⁴u²⁴mi²¹tsʅ³³tsʰuei³³］

42. 胳膊拧不过大腿儿。［kɤ³³pə⁰ȵiŋ²¹pu²⁴kuɤ⁵³ta⁵³tʰuər²¹²］

43. 为人不做亏心事，［uei²⁴ʐən²⁴pu²⁴tsuɤ⁵³kʰuei³³ɕin⁴⁴ʂʅ⁵³］

　　半夜不怕鬼叫门。［pan⁵³iɛ⁵³pu²⁴pʰa⁵³kuei²¹tɕiau⁵³mən²⁴］

44. 凡事三思而后行。［fan²⁴sʅ⁵³san³³sʅ³³ɚ²⁴xou⁵³ɕiŋ²⁴］

45. 人无外财不富，［ʐən²⁴u²⁴uai⁵³tsʰai²⁴pu²⁴fu⁵³］

　　马无夜草不肥。［ma²¹u²⁴iɛ⁵³tsʰau²¹pu⁵³fei²⁴］

46. 杀人不过头点地。［ʂa³³ʐən²⁴pu²⁴kuɤ⁵³tʰou²⁴tian²¹ti⁵³］

47. 儿不嫌母丑，［ɚ²⁴pu⁵³ɕian²⁴mu²⁴tsʰou²¹²］

　　狗不嫌家贫。［kou²¹pu⁵³ɕian²⁴tɕia³³pʰin²⁴］

48. 人不可貌相，［ʐən²⁴pu⁵³kʰɤ²¹mau⁵³ɕiaŋ⁵³］

　　海水不可斗量。［xai²⁴suei²¹pu⁵³kʰɤ²⁴tou²¹liaŋ²⁴］

49. 耳听为虚，［ɚ²¹tʰiŋ³³uei²⁴ɕy³³］

　　眼见为实。［ian²¹tɕian⁵³uei²⁴ʂʅ²⁴］

50. 远亲不如近邻，［yan²¹tɕʰin³³pu⁵³ʐu²⁴tɕin⁵³lin²⁴］

　　近邻不如对门。［tɕin⁵³lin²⁴pu⁵³ʐu²⁴tuei⁵³mən²⁴］

51. 王婆儿卖瓜，［uaŋ²⁴pʰɤr²⁴mai⁵³kua³³］

　　自卖自夸。［tʂʅ⁵³mai⁵³tsʅ⁵³kʰua³³］

52. 家贫出孝子，［tɕia³³pʰin²⁴tsʰu³³ɕiau⁵³tsʅ²¹²］

　　国乱出忠良。［kuɤ²⁴luan⁵³tsʰu³³tʂuŋ³³liaŋ²⁴］

53. 春下一粒种，［tsʰuən³³ɕia⁵³i²⁴li⁵³tʂuŋ²¹²］

　　秋收万颗粮。［tɕʰiou³³sou³³uan²⁴kʰɤ³³liaŋ²⁴］

54. 行家伸伸手儿，［xaŋ²⁴tɕia³³sən³³sən³³sour²¹²］

　　便知有没有。［pian⁵³tsʅ³³iou²¹mei²⁴iou²¹²］

55. 交人交心，［tɕiau³³ʐən²⁴tɕiau³³ɕin³³］

　　浇树浇根。［tɕiau³³su⁵³tɕiau³³kən³³］

56. 宁可身体受累，［ȵiŋ⁵³kɤ²¹sən³³tʰi²¹sou⁵³lei⁵³］

不让脸上遭罪。［pu²⁴ z̩aŋ⁵³ lian²¹ saŋ⁵³ tsau³³ tsuei⁵³］

57. 吃人嘴短，［tsʰʅ³³ z̩ən²⁴ tsuei²¹ tuan²¹²］

　　拿人手软。［na²⁴ z̩ən²⁴ sou²⁴ z̩uan²¹²］

58. 不当家不知柴米贵，［pu⁵³ taŋ³³ tɕia³³ pu⁵³ tsʅ³³ tsʰai²⁴ mi²¹ kuei⁵³］

　　不养儿不知父母恩。［pu⁵³ iaŋ²¹ ɚ²⁴ pu⁵³ tsʅ³³ fu⁵³ mu²¹ ən³³］

（以上由发音人杨宝刚提供）

密　山

一　歌谣

(一)小小子,坐门墩儿

小小子,坐门墩儿,［ɕiau²⁴ɕiau²¹tsʅ⁵³,tsuɤ⁵³mən²⁴tuər⁴⁴］
哭着闹着要媳妇儿。［kʰu⁴⁴tsə⁰nau⁵³tsə⁰iau⁵³ɕi²⁴fər⁰］
拉大锯,扯大锯,［la⁴⁴ta⁵³tɕy⁵³,tsʰɤ²¹ta⁵³tɕy⁵³］
姥家门口唱大戏。［lau²¹tɕia⁴⁴mən²⁴kʰou²¹tsʰaŋ⁵³ta⁵³ɕi⁵³］
接姑娘,唤女婿,［tɕiɛ⁴⁴ku⁴⁴ȵiaŋ⁰,xuan⁵³ŋy²¹ɕy⁵³］
小外外,也要去。［ɕiau²¹uai⁵³uai⁵³,iɛ²¹iau⁵³tɕʰy⁵³］

(二)学习李向阳

学习李向阳,［ɕyɛ²⁴ɕi²⁴li²¹ɕiaŋ⁵³iaŋ²⁴］
坚决不投降。［tɕian⁴⁴tɕyɛ²⁴pu⁵³tʰou²⁴ɕiaŋ²⁴］
敌人来抓我,［ti²⁴zɿən²⁴lai²⁴tsua⁴⁴uɤ²¹¹］
我去跳高墙。［uɤ²¹tɕʰy⁵³tʰiau⁵³kau⁴⁴tɕʰiaŋ²⁴］
高墙没有用,［kau⁴⁴tɕʰiaŋ²⁴mei²⁴iou²¹yŋ⁵³］
我就钻地洞。［uɤ²¹tɕiou⁵³tsuan⁴⁴ti⁵³tuŋ⁵³］
地洞有炸子,［ti⁵³tuŋ⁵³iou²¹tsa⁵³tsʅ²¹¹］
炸死……［tsa⁵³sʅ²¹……］

(三)一朵红花红又红

一朵红花红又红,［i⁵³tuɤ²¹xuŋ²⁴xua⁴⁴xuŋ²⁴iou⁵³xuŋ²⁴］
刘胡兰姐姐是英雄。［liou²⁴xu²⁴lan²⁴tɕiɛ²¹tɕiɛ⁰ʂʅ⁵³iŋ⁴⁴ɕyŋ²⁴］
生是伟大,死光荣。［ʂəŋ⁴⁴ʂʅ⁵³uei²¹ta⁵³,sʅ²¹kuaŋ⁴⁴zˌuŋ²⁴］
我们大家学习她。［uɤ²¹mən²⁴ta⁵³tɕia⁴⁴ɕyɛ²⁴ɕi²⁴tʰa⁴⁴］

— 275 —

（四）小溪流水哗啦啦

小溪流水哗啦啦，［ɕiau²¹ɕi⁴⁴liou²⁴suei²¹xua⁴⁴la⁴⁴la⁴⁴］
我和姐姐去采花。［uɤ²¹xɤ²⁴tɕiɛ²¹tɕiɛ⁰tɕʰy⁵³tsʰai²¹xua⁴⁴］
姐姐采了八斤半，［tɕiɛ²¹tɕiɛ⁰tsʰai²¹lə⁰pa⁴⁴tɕin⁴⁴pan⁵³］
我采了一朵马兰花。［uɤ²⁴tsʰai²¹lə⁰i⁵³tuɤ²⁴ma²¹lan²¹xua⁴⁴］
马兰花儿啊马兰花，［ma²¹lan²⁴xuar⁴⁴ʐa⁰ma²¹lan²⁴xua⁴⁴］
勤劳的人在说话，［tɕʰin²⁴lau²⁴tə⁰ʐən²⁴tsai⁵³suɤ⁴⁴xua⁵³］
请你马上就开花。［tɕʰiŋ²⁴ȵi²⁴ma²¹saŋ⁵³tɕiou⁵³kʰai⁴⁴xua⁴⁴］

（五）绣花针

绣，绣，绣花针，［ɕiou⁵³，ɕiou⁵³，ɕiou⁵³xua⁴⁴tsən⁴⁴］
绣花的姑娘来买针。［ɕiou⁵³xua⁴⁴tə⁰ku⁴⁴ȵiaŋ⁰lai²⁴mai²¹tsən⁴⁴］
有大针，有小针，［iou²¹ta⁵³tsən⁴⁴，iou²⁴ɕiau²¹tsən⁴⁴］
就是没有绣花针。［tɕiou⁵³ʂʅ⁰mei²⁴iou²¹ɕiou⁵³xua⁴⁴tsən⁴⁴］

（六）小皮球儿

小皮球儿，［ɕiau²¹pʰi²⁴tɕʰiour²⁴］
架脚踢，［tɕia⁵³tɕiau²¹tʰi⁴⁴］
马莲开花儿二十一。［ma²¹lian²⁴kʰai⁴⁴xuar⁴⁴ɤr⁵³sʅ²⁴i⁴⁴］
二五六，［ɤr⁵³u²¹liou⁵³］
二五七，［ɤr⁵³u²¹tɕʰi⁴⁴］
二八二九三十一。［ɤr⁵³pa⁴⁴ɤr⁵³tɕiou²¹san⁴⁴sʅ²⁴i⁴⁴］
三五六，［san⁴⁴u²¹liou⁵³］
三五七，［san⁴⁴u²¹tɕʰi⁴⁴］
三八三九四十一。［san⁴⁴pa⁴⁴san⁴⁴tɕiou²¹ʂʅ⁵³ʂʅ²⁴i⁴⁴］
四五六，［ʂʅ⁵³u²¹liou⁵³］
四五七，［ʂʅ⁵³u²¹tɕʰi⁴⁴］
四八四九五十一。［ʂʅ⁵³pa⁴⁴ʂʅ⁵³tɕiou²⁴u²¹sʅ²⁴i⁴⁴］
五五六，［u²⁴u²¹liou⁵³］
五五七，［u²⁴u²¹tɕʰi⁴⁴］
五八五九六十一。［u²¹pa⁴⁴u²⁴tɕiou²¹liou⁵³sʅ²⁴i⁴⁴］
六五六，［liou⁵³u²¹liou⁵³］
六五七，［liou⁵³u²¹tɕʰi⁴⁴］
六八六九七十一。［liou⁵³pa⁴⁴liou⁵³tɕiou²¹tɕʰi⁴⁴sʅ²⁴i⁴⁴］

七五六，[tɕʰi⁴⁴u²¹liou⁵³]

七五七，[tɕʰi⁴⁴u²¹tɕʰi⁴⁴]

七八七九八十一。[tɕʰi⁴⁴pa⁴⁴tɕʰi⁴⁴tɕiou²¹pa⁴⁴sʅ²⁴i⁴⁴]

八五六，[pa⁴⁴u²¹liou⁵³]

八五七，[pa⁴⁴u²¹tɕʰi⁴⁴]

八八八九九十一。[pa⁴⁴pa⁴⁴pa⁴⁴tɕiou²⁴tɕiou²¹sʅ²⁴i⁴⁴]

九五六，[tɕiou²⁴u²¹liou⁵³]

九五七，[tɕiou²⁴u²¹tɕʰi⁴⁴]

九八九九一百一。[tɕiou²¹pa⁴⁴tɕiou²⁴tɕiou²¹i⁵³pai²¹i⁴⁴]

（七）乖宝宝，个子小

乖宝宝，个子小，[kuai⁴⁴pau²¹pau⁰，kɤ⁵³tsʅ²⁴ɕiau²¹¹]

走起路，摇啊摇。[tsou²⁴tɕʰi²¹lu⁵³，iau²⁴a⁰iau²⁴]

中午睡觉他不闹，[tsuŋ⁴⁴u²¹suei⁵³tɕiau⁵³tʰa⁴⁴pu²⁴nau⁵³]

妈妈每天给洗澡儿。[ma⁴⁴ma⁰mei²¹tʰian⁴⁴kei²¹ɕi²⁴tsaur²¹¹]

（八）大雨哗哗下

大雨哗哗下，[ta⁵³y²¹xua⁴⁴xua⁴⁴ɕia⁵³]

北京来电话。[pei²¹tɕiŋ⁴⁴lai²⁴tian⁵³xua⁵³]

让我去当兵，[ʐaŋ⁵³uɤ²¹tɕʰy⁵³taŋ⁴⁴piŋ⁴⁴]

我还没长大。[uɤ²¹xai²⁴mei⁵³tsaŋ²¹ta⁵³]

（九）小白兔，白又白

小白兔，白又白，[ɕiau²¹pai²⁴tʰu⁵³，pai²⁴iou⁵³pai²⁴]

两只耳朵竖起来。[liaŋ²¹tsʅ⁴⁴ɚ²¹tuɤ⁰su⁵³tɕʰi²¹lai²⁴]

爱吃萝卜爱吃菜，[ai⁵³tsʰʅ⁴⁴luɤ²⁴pə⁰ai⁵³tsʰʅ⁴⁴tsʰai⁵³]

蹦蹦跳跳真可爱。[pəŋ⁵³pəŋ⁵³tʰiau⁵³tʰiau⁵³tsən⁴⁴kʰɤ²¹ai⁵³]

（十）九九歌

一九二九不出手，[i⁴⁴tɕiou²¹ɐr⁵³tɕiou²¹pu⁵³tsʰu⁴⁴sou²¹¹]

三九四九冰上走。[san⁴⁴tɕiou²¹sʅ⁵³tɕiou²¹piŋ⁴⁴saŋ⁵³tsou²¹¹]

五九六九看河柳，[u²⁴tɕiou²¹liou⁵³tɕiou²¹kʰan⁵³xɤ²⁴liou²¹¹]

七九河开，[tɕʰi⁴⁴tɕiou²¹xɤ²⁴kʰai⁴⁴]

八九雁来。[pa⁴⁴tɕiou²¹ian⁵³lai²⁴]

九九加一九，[tɕiou²⁴tɕiou²¹tɕia⁴⁴i⁵³tɕiou²¹¹]

耕牛遍地走。[kəŋ⁴⁴ȵiou²⁴pian⁵³ti⁵³tsou²¹¹]

（十一）树上的叶子哗啦啦

树上的叶子哗啦啦,[su⁵³saŋ⁵³tə⁰iɛ⁵³tsʅ⁰xua⁴⁴la⁴⁴la⁴⁴]
小明在家等妈妈。[ɕiau²¹miŋ²⁴tsai⁵³tɕia⁴⁴təŋ²¹ma⁴⁴ma⁰]
姐姐说不害怕,[tɕiɛ²¹tɕiɛ⁰suɤ⁴⁴pu⁵³xai²⁴pʰa⁵³]
狼鬼子来了我打他。[laŋ²⁴kuei²¹tsʅ⁰lai²⁴lə⁰uɤ²⁴ta²¹tʰa⁴⁴]

（十二）小熊猫儿上学校

小熊猫儿上学校,[ɕiau²¹ɕyŋ²⁴maur⁴⁴saŋ⁵³ɕyɛ²⁴ɕiau⁵³]
老师讲课它睡觉。[lau²¹sʅ⁴⁴tɕiaŋ²¹kʰɤ⁵³tʰa⁴⁴suei⁵³tɕiau⁵³]
左耳听,右耳冒,[tsuɤ²⁴ɚ²¹tʰiŋ⁴⁴,iou⁵³ɚ²¹mau⁵³]
你说可笑不可笑。[ȵi²¹suɤ⁴⁴kʰɤ²¹ɕiau⁵³pu⁵³kʰɤ²¹ɕiau⁵³]

（十三）上山打老虎

一二三四五,[i⁴⁴ɐr⁵³ʂan⁴⁴sʅ⁵³u²¹¹]
上山打老虎。[saŋ⁵³san⁴⁴ta²¹lau²⁴xu²¹¹]
老虎没打到,[lau²⁴xu²¹mei⁵³ta²¹tau⁵³]
打到小松鼠。[ta²¹tau⁵³ɕiau²¹suŋ⁴⁴ʂu²¹¹]
松鼠有几只?[suŋ⁴⁴su²¹iou²⁴tɕi⁵³tsʅ⁴⁴]
一二三四五。[i⁴⁴ɐr⁵³ʂan⁴⁴sʅ⁵³u²¹¹]

（十四）小老鼠,上灯台

小老鼠,上灯台,[ɕiau²¹lau²⁴ʂu²¹¹,saŋ⁵³təŋ⁴⁴tʰai²⁴]
偷油喝,下不来,[tʰou⁴⁴iou²⁴xɤ⁴⁴,ɕia⁵³pu⁵³lai²⁴]
叫奶奶,抱猫来,[tɕiau⁵³nai²¹nai⁰,pau⁵³mau⁴⁴lai²⁴]
猫来啦,急碌骨碌滚下来。[mau⁴⁴lai²⁴la⁰,tɕi⁴⁴lu⁰ku⁴⁴lu⁴⁴kuən²¹ɕia⁵³lai²⁴]急碌骨碌:
形容滚动碰撞的声音

（十五）从前有座山

从前有座山,[tsʰuŋ²⁴tɕʰian²⁴iou²¹tsuɤ⁵³ʂan⁴⁴]
山里有座庙,[ʂan⁴⁴li²⁴iou²¹tsuɤ⁵³miau⁵³]
庙里有个缸,[miau⁵³li²⁴iou²¹kə⁰kaŋ⁴⁴]
缸里有个盆儿,[kaŋ⁴⁴li²⁴iou²¹kə⁰pʰər²⁴]
盆儿里有个碗,[pʰər²⁴li²⁴iou²¹kə⁰uan²¹¹]

碗里有个勺儿，［uan²⁴li²⁴·iou²¹kə⁰ʂaur²⁴］

勺儿里有个豆儿，［ʂaur²⁴li²⁴·iou²¹kə⁰tour⁵³］

我吃了，你馋了，［uɤ²¹tsʰʅ⁴⁴lə⁰，ȵi²¹tsʰan²⁴lə⁰］

我的故事讲完了。［uɤ²¹tə⁰ku⁵³sʅ⁵³tɕiaŋ²¹uan²⁴lə⁰］

（十六）三岁小孩儿穿花鞋

三岁小孩儿穿花鞋，［san²⁴suei⁵³ɕiau²¹xɐr²⁴tʂʰuan⁴⁴xua⁴⁴ɕiɛ²⁴］

扭扭搭搭来上学。［ȵiou²⁴ȵiou²¹ta⁴⁴ta⁴⁴lai²⁴saŋ⁵³ɕyɛ²⁴］

老师说他年纪小，［lau²¹sʅ⁴⁴ʂuɤ⁴⁴tʰa⁴⁴ȵian²⁴tɕi⁵³ɕiau²¹¹］

背着书包儿往家跑。［pei⁴⁴tsə⁰su⁴⁴paur⁴⁴uaŋ²¹tɕia⁴⁴pʰau²¹¹］

跑、跑、跑不了。［pʰau²⁴、pʰau²⁴、pʰau²¹pu⁵³liau²¹¹］

了、了、了不起。［liau²⁴、liau²⁴、liau²¹pu⁵³tɕʰi²¹¹］

起、起、起不来。［tɕʰi²⁴、tɕʰi²⁴、tɕʰi²¹pu⁵³lai²⁴］

来、来、来上学。［lai²⁴、lai²⁴、lai²⁴saŋ⁵³ɕyɛ²⁴］

学、学、学文化。［ɕyɛ²⁴、ɕyɛ²⁴、ɕyɛ²⁴uən²⁴xua⁵³］

画、画、画图画儿。［xua⁵³、xua⁵³、xua⁵³tʰu²⁴xuar⁵³］

图、图、图书馆。［tʰu²⁴、tʰu²⁴、tʰu²⁴su⁴⁴kuan²¹¹］

管、管、管不着。［kuan²⁴、kuan²⁴、kuan²¹pu⁵³tsau²⁴］

着、着、着火啦。［tsau²⁴、tsau²⁴、tsau²⁴xuɤ²¹la⁰］

火、火、火车头。［xuɤ²⁴、xuɤ²⁴、xuɤ²¹tsʰɤ⁴⁴tʰou²⁴］

头、头，到头啦。［tʰou²⁴、tʰou²⁴、tau⁵³tʰou²⁴la⁰］

（十七）小板凳儿，四条腿

小板凳儿，四条腿，［ɕiau²⁴pan²¹tə̃r⁵³，sʅ⁵³tʰiau⁴⁴tʰuei²¹¹］

我给奶奶嗑瓜子儿。［uɤ²⁴kei²⁴nai²¹nai⁰kʰɤ⁵³kua⁴⁴tsər²¹¹］

奶奶说我嗑得香，［nai²¹nai⁰suɤ⁴⁴uɤ²¹kʰɤ⁵³ti⁰ɕiaŋ⁴⁴］

我给奶奶擀面汤。［uɤ²⁴kei²⁴nai²¹nai⁰kan²¹mian⁵³tʰaŋ⁴⁴］

面汤里头搁点儿油，［mian⁵³tʰaŋ⁴⁴li²¹tʰou⁰kau⁴⁴tiɐr²¹iou²⁴］

奶奶吃得直点头儿。［nai²¹nai⁰tsʰʅ⁴⁴tə⁰tsʅ²⁴tian²¹tʰour²⁴］

（有删减）

（十八）小板凳儿，真听话

小板凳儿，真听话，［ɕiau²⁴pan²¹tə̃r⁵³，tsən⁴⁴tʰiŋ⁴⁴xua⁵³］
和我一起等妈妈。［xɤ²⁴uɤ²¹i⁵³tɕʰi²⁴təŋ²¹ma⁴⁴ma⁰］

妈妈下班回到家，［ma⁴⁴ma⁰ɕia⁵³pan⁴⁴xuei²⁴tau⁵³tɕia⁴⁴］

我让妈妈快坐下。［uɤ²¹ʐaŋ⁵³ma⁴⁴ma⁰kʰuai⁵³tsuɤ⁵³ɕia⁵³］

（以上由发音人于桂秋提供）

二　规定故事

牛郎和织女

我给大家讲一个［uɤ²⁴kei²¹ta⁵³tɕia⁴⁴tɕiaŋ²¹i²⁴kə⁰］

牛郎织女的故事。［n̠iou²⁴laŋ²⁴tʂʅ²⁴n̠y²¹tə⁰ku⁵³ʂʅ⁰］

很久以前，有一位小伙子，［xən²⁴tɕiou²¹i²¹tɕʰian²⁴，iou²¹i²⁴uei⁵³ɕiau²⁴xuɤ²¹tsʅ⁰］

家里父母死得早，孤苦伶仃。［tɕia⁴⁴li⁰fu⁵³mu²⁴ʂʅ²¹tə⁰tsau²¹¹，ku⁴⁴kʰu²¹liŋ²⁴tiŋ⁴⁴］

家里非有、有一条牛，［tɕia⁴⁴li²¹fei⁴⁴iou²¹，iou²¹i⁵³tʰiau²⁴n̠iou²⁴］

与他相依为命。［y²⁴tʰa⁴⁴ɕiaŋ⁴⁴i⁴⁴uei²⁴miŋ⁵³］

大家都叫他牛郎。［ta⁵³tɕia⁴⁴tou⁴⁴tɕiau⁵³tʰa⁴⁴n̠iou²⁴laŋ²⁴］

牛郎以耕地为生。［n̠iou²⁴laŋ²⁴i²¹kəŋ⁴⁴ti⁵³uei²⁴ʂəŋ⁴⁴］

其实，［tɕʰi⁴⁴ʂʅ²⁴］

他家这个牛［tʰa⁴⁴tɕia⁴⁴tsei⁵³kə⁰n̠iou²⁴］

是天上的牛曲星。［ʂʅ⁵³tʰian⁴⁴ʂaŋ⁵³tə⁰ n̠iou²⁴tɕʰy²¹ɕiŋ⁴⁴］

它非常喜欢小伙子，［tʰa⁴⁴fei⁴⁴tsʰaŋ²⁴ɕi²¹xuan⁴⁴ɕiau²⁴xuɤ²¹tʂʅ⁰］

愿意帮他，［yan⁵³i⁰paŋ⁴⁴tʰa⁴⁴］

想给他成一个家。［ɕiaŋ²¹kei²¹tʰa⁴⁴tʂʰəŋ²⁴i²⁴kə⁰tɕia⁴⁴］

有一天，［iou²¹i⁵³tʰian⁴⁴］

它听说天上的仙女儿，［tʰa⁴⁴tʰiŋ⁴⁴suɤ⁴⁴tʰian⁴⁴ʂaŋ⁵³tə⁰ɕian⁴⁴n̠yər²¹¹］

到村东头的湖里洗澡儿，［tau⁵³tsʰuən⁴⁴tuŋ⁴⁴tʰou²⁴tə⁰xu²⁴li²¹ɕi²⁴tsaur²¹¹］

就给小伙子托梦，［tɕiou⁵³kei²¹ɕiau²⁴xuɤ²¹tsʅ⁰tʰuɤ⁴⁴məŋ⁵³］

告诉他［kau⁵³ʂu⁵³tʰa⁴⁴］

去偷一件仙女儿的衣裳，［tɕʰy⁵³tʰou⁴⁴i²⁴tɕian⁵³ɕian⁴⁴n̠yər²¹tə⁰i⁴⁴saŋ⁰］

快速地跑回家，［kʰuai⁵³ʂu⁵³ti⁰pʰau²¹xuei²⁴tɕia⁴⁴］

就有一位仙女儿［tɕiou⁵³iou²¹i²⁴uei⁵³ɕian⁴⁴n̠yər²¹］

来给他做媳妇儿。［lai²⁴kei²¹tʰa⁴⁴tsuɤ⁵³ɕi²⁴fər⁰］

牛郎第二天早上，［n̠iou²⁴laŋ²⁴ti⁵³ɐr⁵³tʰian⁴⁴tsau²¹ʂaŋ⁰］

早早儿地去湖边看一下，［tsau²⁴tsaur²¹ti⁰tɕʰy⁵³xu²¹pian⁴⁴kʰan⁵³i²⁴ɕia⁰］

一看有很多仙女儿［i²⁴kʰan⁵³iou²⁴xən²¹tuɤ⁴⁴ɕian⁴⁴n̠yər²¹］

在那儿洗澡儿。［tʂai⁵³nar⁵³ɕi²⁴tsaur²¹¹］

他就到树林里 [tʰa⁴⁴tɕiou⁵³tau⁵³ʂu⁵³lin²⁴li²¹]

偷了一件儿衣服，[tʰou⁴⁴lə⁰i²⁴ tɕiɐr⁵³i⁴⁴fu⁰]

迅速地跑回家。[suən⁵³su⁵³ti⁰pʰau²¹xuei²⁴tɕia⁴⁴]

到夜晚，[tau⁵³iɛ⁵³uan²¹¹]

一个仙女儿 [i²⁴kɤ⁵³ɕiaŋ⁴⁴ȵyɚr²¹]

敲开了牛郎家的门，[tɕʰiau⁴⁴kʰai⁴⁴lə⁰ȵiou²⁴laŋ²⁴ tɕia³³tə⁰mən²⁴]

与牛郎做了夫妻。[y²⁴ȵiou²⁴laŋ²⁴tsuɤ⁵³lə⁰fu⁴⁴tɕʰi⁴⁴]

一晃儿三年过去了，[i⁵³xuãr²¹san⁴⁴ȵian²⁴kuɤ⁵³tɕʰy⁵³lə⁰]

他们生一儿一女，[tʰa⁴⁴mən⁰səŋ⁴⁴i⁵³ɚ²⁴i⁵³ȵy²¹¹]

幸福地生活。[ɕiŋ⁵³fu²¹ti⁰ʂəŋ⁴⁴xuɤ²⁴]

可是，好景不长。[kʰɤ²¹ʂʅ⁵³,xau²⁴tɕiŋ²¹pu⁵³tsʰaŋ²⁴]

玉皇大帝知道了仙女儿，[y⁵³xuaŋ²⁴ta⁵³ti⁵³tsʅ⁴⁴tau⁵³lə⁰ɕian⁴⁴ȵyɚr²¹¹]

织女，这私自下凡，[tsʅ⁴⁴ȵy²¹¹,tɕi⁵³sʅ⁴⁴tsʅ⁵³ɕia⁵³fan²⁴]

与凡人结婚，[y²⁴fan²⁴zən²⁴tɕiɛ²⁴xuən⁴⁴]

就派天兵天将，[tɕiou⁵³pʰai⁵³tɕʰian⁴⁴piŋ⁴⁴tʰian⁴⁴tɕiaŋ⁵³]

去把织女捉回。[tɕʰy⁵³pa²¹tsʅ⁴⁴ȵy²¹tsuɤ⁴⁴xuei²⁴]

这一天，[tsɤ⁵³i⁵³tʰian⁴⁴]

狂风暴雨，电闪雷鸣。[kʰuaŋ²⁴fəŋ⁴⁴pau⁵³y²¹¹,tian⁵³san²¹lei²⁴miŋ²⁴]

织女不见了。[tsʅ⁴⁴ȵy²¹pu²⁴tɕian⁵³lə⁰]

孩子们哭着找妈妈，[xai²⁴tsʅ²¹mən²⁴kʰu⁴⁴tsə⁰tsau²¹ma⁴⁴ma⁰]

牛郎不知所措。[ȵiou²⁴laŋ²⁴pu⁵³tsʅ⁴⁴suɤ²¹tsʰuɤ⁵³]

这时，黄牛突然说话啦：[tsʂɤ⁵³ʂʅ²⁴,xuaŋ²⁴ȵiou²⁴tʰu⁴⁴zan²⁴ʂuɤ⁴⁴xua⁵³la⁰]

"赶快把我的牛角 ["kan²¹kʰuai⁵³pa²⁴uɤ²¹ti⁰ȵiou²⁴tɕiau²¹]

这掰下来，[tsɤ⁵³pai⁴⁴ɕia⁵³lai²⁴]

变成两个箩筐，[pian⁵³tsʰəŋ²⁴liaŋ²¹kə⁰luɤ²⁴kʰuaŋ⁴⁴]

好挑着箩筐去撵织女。" [xau²¹tʰiau⁴⁴tsə⁰luɤ²⁴kʰuaŋ⁴⁴tɕʰy⁵³ȵian²¹tsʅ⁴⁴ȵy²¹¹。"]

牛郎正在愣神儿的时候，[ȵiou²⁴laŋ²⁴tsəŋ⁵³tsai⁵³ləŋ⁵³sər²⁴ti⁰ʂʅ²⁴xou⁰]

牛角自己就掉在地上，[ȵiou²⁴tɕiau²¹tsʅ⁵³tɕi²¹tɕiou⁵³tiau⁵³tsai⁵³ti⁵³saŋ⁰]

变成两个大箩筐。[pian⁵³tsʰəŋ²⁴liaŋ²¹kə⁰ta⁵³luɤ²⁴kʰuaŋ⁴⁴]

牛郎马上把孩子 [ȵiou²⁴laŋ²⁴ma²¹saŋ⁵³pa²¹xai²⁴tsʅ²¹]

放在箩筐上，[faŋ⁵³tsai⁵³luɤ²⁴kʰuaŋ⁴⁴saŋ⁰]

挑起箩筐，[tʰiau⁴⁴tɕʰi²¹luɤ²⁴kʰuaŋ⁴⁴]

当他挑起箩筐的时候，[taŋ⁴⁴tʰa⁴⁴tʰiau⁴⁴tɕʰi²¹luɤ²⁴kʰuaŋ⁴⁴tə⁰ʂʅ²⁴xou⁰]

箩筐像长了翅膀儿一样儿 [luɤ²⁴kʰuaŋ⁴⁴ɕiaŋ⁵³tsaŋ²¹lə⁰tsʰʅ⁵³pãr²¹i²⁴iãr⁵³]

飞向天空，[fei⁴⁴ɕiaŋ⁵³tʰian⁴⁴kʰuŋ⁴⁴]

马上就要撺上织女。[ma²¹saŋ⁵³tɕiou⁵³iau⁵³ȵian²¹saŋ⁵³tsʅ⁴⁴ȵy²¹¹]

这时候，[tʂɤ⁵³ʂʅ²⁴xou⁰]

被王母娘娘看到了，[pei⁵³uaŋ²⁴mu²¹ȵiaŋ²⁴ȵiaŋ⁰kʰan⁵³tau⁵³lə⁰]

拔下头上的金钗，[pa²⁴ɕia⁵³tʰou²⁴ʂaŋ⁵³tə⁰tɕin⁴⁴tsʰai⁴⁴]

在牛郎和织女之间一划，[tsai⁵³ȵiou²⁴laŋ²⁴xɤ²⁴tsʅ⁴ȵy²¹tsʅ⁴⁴tɕian⁴⁴i²⁴xua⁵³]

就变成了一个 [tɕiou⁵³pian⁵³tsʰəŋ²⁴lə⁰i²⁴kə⁰]

波涛滚滚的天河，[pɤ⁴⁴tʰau⁴⁴kuən²⁴kuən²¹tə⁰tʰian⁴⁴xɤ²⁴]

把牛郎和织女 [pa²¹ȵiou²⁴laŋ²⁴xɤ²⁴tsʅ²⁴ȵy²¹]

隔在河的两岸。[kɤ²⁴tsai⁵³xɤ²⁴ tə⁰liaŋ²¹an⁵³]

喜鹊们知道了这个事情，[ɕi²¹tɕʰyɛ⁵³mən²⁴tʂʅ⁴⁴tau⁵³lə⁰tʂei⁵³kə⁰ʂʅ⁵³tɕʰiŋ⁰]

非常同情牛郎和织女，[fei⁴⁴tsʰaŋ²⁴tʰuŋ²⁴tɕʰiŋ²⁴ȵiou²⁴laŋ²⁴xɤ²⁴tsʅ²⁴ȵy²¹¹]

成千上万的喜鹊，[tsʰəŋ²⁴tɕʰian⁴⁴saŋ⁵³uan⁵³tə⁰ɕi²¹tɕʰyɛ⁵³]

在七月七那天，[tsai⁵³tɕʰi²⁴yɛ⁴⁴tɕʰi⁴⁴nei⁵³tʰian⁴⁴]

互相衔着尾巴，[xu⁵³ɕiaŋ⁴⁴ɕian²⁴tsə⁰uei²¹pa⁰]

在天河的上面 [tsai⁵³tʰian⁴⁴xɤ²⁴ti⁰ʂaŋ⁵³mian⁵³]

搭了一座鹊桥。[ta⁴⁴lə⁰i²⁴tʂuɤ⁵³tɕʰyɛ⁵³tɕʰiau²⁴]

让织女和牛郎 [ʐaŋ⁵³tsʅ²⁴ȵy²¹xɤ²⁴ȵiou²⁴laŋ²⁴]

在桥上团聚。[tsai⁵³tɕʰiau²⁴saŋ⁵³tʰuan²⁴tɕy⁵³]

（有删减）

（以上由发音人于桂秋提供）

三　其他故事

（一）蜂蜜山的传说

在我小的时候儿老人们讲，[tsai⁵³uɤ²⁴ɕiau²¹tə⁰ʂʅ²⁴xour⁰lau²¹ʐən²⁴mən⁰tɕiaŋ²¹¹]

蜂蜜山有个骆驼峰，[fəŋ³³mi⁵³san³³iou²¹kə⁰luɤ⁵³tʰuɤ²⁴fəŋ³³]

搁远处看就像骆驼似的，[kɤ²⁴yan²¹tsʰu⁵³kʰan⁵³tɕiou⁵³ɕiaŋ⁵³luɤ⁵³tʰuɤ⁰ʂʅ⁵³tə⁰]

往近处瞅哇，[uaŋ²¹tɕin⁵³tʂʰu⁵³tʂʰou²¹ua⁰]

骆驼的眼睛还有嘴角儿 [luɤ⁵³tʰuɤ⁰tə⁰ian²¹tɕiŋ⁰xai²⁴iou²¹tsuei²⁴tɕiaur²¹]

都看得真真儿的。[tou³³kʰan⁵³tə⁰tsən³³tsər³³tə⁰]

据老人讲，[tɕy⁵³lau²¹ʐən²⁴tɕiaŋ²¹¹]

以前玉皇大帝手底下 [i²¹tɕʰian²⁴y⁵³xuaŋ²⁴ta⁵³ti⁵³sou²⁴ti²¹ɕia⁰]

有个管水的天神，[iou²¹kə⁰kuan²⁴suei²¹tə⁰tʰian³³ʂən²⁴]

他呢，有个坐骑，［tʰa³³nə⁰，iou²¹kə⁰tsuɣ⁵³tɕʰi²⁴］

就是个神驼。［tɕiou⁵³ʂʅ⁵³kə⁰ʂən²⁴tʰuɣ²⁴］

涝前儿呢，它能把水呀吸没。［lau⁵³tɕʰiɐr²⁴nə⁰，tʰa³³nəŋ²⁴pa²⁴ʂuei²¹ia⁰ɕi³³mei²⁴］

要是旱前儿呢，就能下雨。［iau⁵³ʂʅ⁵³xan⁵³tɕʰiɐr²⁴nə⁰，tɕiou⁵³nəŋ²⁴ɕia⁵³y²¹¹］

这个管水的天神呢，［tʂɣ⁵³kə⁰kuan²⁴suei²¹tə⁰tʰian³³ʂən²⁴nə⁰］

知道搁蜂蜜山底下的人呢，［tʂʅ³³tau⁵³kɣ³³fəŋ³³mi⁵³ʂan³³ti⁵³ɕia⁰tə⁰ʐən²⁴nə⁰］

非常勤劳也能干。［fei³³tʂʰaŋ²⁴tɕʰin²⁴lau²⁴iɛ²¹nəŋ²⁴kan⁵³］

但是呢，［tan⁵³ʂʅ⁵³nə⁰］

兴凯湖一发大水，［ɕiŋ³³kʰai²¹xu²⁴i⁵³fa³³ta³³suei²¹¹］

庄稼都淹没了，［tsuaŋ³³tɕia⁰tou³³ian³³mei²⁴lə⁰］

一年的活儿都白干了。［i⁵³ɲian²⁴tə⁰xuɣr²⁴tou³³pai²⁴kan⁵³lə⁰］

所以呢，［suɣ²⁴i²¹nə⁰］

水神就让自己［ʂuei²¹ʂən²⁴tɕiou⁵³iaŋ⁵³tʂʅ⁵³tɕi²¹］

坐在坐骑上，［tsuɣ⁵³tʂai⁵³tsuɣ⁵³tɕʰi²⁴ʂaŋ⁰］

守在兴凯湖畔。［ʂou²¹tsai⁵³ɕiŋ³³kʰai²¹xu²⁴pʰan⁵³］

湖水涨的时候儿［xu²⁴suei²⁴tsaŋ²¹tə⁰ʂʅ²⁴xour⁰］

骆驼骆驼不停地［luɣ⁵³tʰuɣ⁰luɣ⁵³tʰuɣ⁰pu⁵³tʰiŋ²⁴ti⁰］

喝水，喝水。［xɣ³³suei²¹¹，xɣ³³suei²¹¹］

水，就存在大骆驼峰里。［suei²¹¹，tɕiou⁵³tsʰuən²⁴tsai⁵³ta⁵³luɣ⁵³tʰuɣ²⁴fəŋ³³li²¹¹］

等到天旱前儿，［təŋ²¹tau⁵³tʰian³³xan⁵³tɕʰiɐr²⁴］

再把水吐出来浇地。［tʂai⁵³pa²⁴suei²¹tʰu⁵³tʂʰu³³lai⁰tɕiau³³ti⁵³］

从那时起，［tsʰuŋ²⁴na⁵³ʂʅ²⁴tɕʰi²¹¹］

兴凯湖畔［ɕiŋ³³kʰai²¹xu²⁴pʰan⁵³］

和蜂蜜山底下的人，［xɣ²⁴fəŋ³³mi⁵³san³³ti²¹ɕia⁵³tə⁰ʐən²⁴］

就过上了［tɕiou⁵³kuɣ⁵³ʂaŋ⁵³lə⁰］

风调雨顺的好日子，［fəŋ³³tʰiau²⁴y²¹ʂuən⁵³tə⁰xau²¹ʐʅ⁵³tsʅ⁰］

所以呢，每逢到夏天夏季，［suɣ²⁴i²¹ɲi⁰，mei²¹fəŋ²⁴tau⁵³ɕia⁵³tʰian³³ɕia⁵³tɕi⁵³］

这里头就成了［tʂɣ⁵³li²¹tʰou⁰tɕiou⁵³tsʰəŋ²⁴lə⁰］

人们旅游的景点。［ʐən²⁴mən⁰ly²¹iou²⁴tə⁰tɕiŋ²⁴tian²¹¹］

（以上由发音人杨喜秋提供）

（二）兴凯湖的传说

我给大家讲一段［uɣ²⁴kei²¹ta⁵³tɕia⁴⁴tɕiaŋ²¹i²⁴tuan⁵³］

兴凯湖的传说。［ɕiŋ⁴⁴kʰai²¹xu²⁴tə⁰tʂʰuan²⁴ʂuɣ⁴⁴］

传说啊，[tsʰuan²⁴ ʂuɤ⁴⁴a⁰]

盘古开天辟地以后，[pʰan²⁴ku²¹kʰai⁴⁴tʰian⁴⁴pʰi⁵³ti⁵³i²¹ xou⁵³]

发生过一次[fa⁴⁴səŋ⁴⁴kuɤ⁵³i²⁴tʂʰʅ⁵³]

很大的自然灾害。[xən²¹ta⁵³tə⁰ʂʅ⁵³ʐan²⁴tsai⁴⁴ xai⁵³]

西北角儿的天塌了一块儿，[ɕi⁴⁴pei²⁴tɕiaur²¹tə⁰tʰian⁴⁴tʰa⁴⁴lə⁰i²⁴kʰuɐr⁵³]

天上的大风都搁这往出刮，[tʰian⁴⁴ʂaŋ⁵³tə⁰ta⁵³fəŋ⁴⁴tou⁴⁴kɤ²¹tʂɤ⁵³uaŋ²¹tsʰu²⁴kua⁴⁴]

把人间吹得，天昏地暗。[pa²¹ʐən²⁴tɕian⁴⁴tsʰuei⁴⁴tə⁰，tʰian⁴⁴xuən⁴⁴ti⁵³an⁵³]

各种怪兽儿都出来[kɤ⁵³tsuŋ²¹kuai⁵³sour⁵³tou⁴⁴tsʰu⁴⁴lai²⁴]

祸祸老百姓。[xuɤ⁵³xuɤ⁵³lau²¹pai²¹ɕiŋ⁵³]祸祸：祸害，糟蹋

女娲看到以后，[ŋy²¹kua⁴⁴kʰan⁵³tau⁵³i²¹xou⁵³]

决定用五颜六色的石头，[tɕyɛ²⁴tiŋ⁵³yŋ⁵³u²¹ian²⁴liou⁵³ʂɤ⁵³tə⁰ʂʅ²⁴tʰou⁰]

来堵住这个大窟窿。[lai²⁴tu²¹tsu⁵³tsei⁵³kə⁰ta⁵³kʰu²⁴luŋ⁰]

她分别从东、南、西、中[tʰa⁴⁴fən⁴⁴piɛ²⁴tsʰuŋ²⁴tuŋ⁴⁴、nan²⁴、ɕi⁴⁴、tsuŋ⁴⁴]

和东北取了五色土，[xɤ²⁴tuŋ⁴⁴pei²¹tɕʰy²¹lə⁰u²¹sɤ⁵³tʰu²¹¹]

兴凯湖就是当时她来到，[ɕiŋ⁴⁴kʰai²¹xu²⁴tɕiou⁵³sʅ⁵³taŋ⁴⁴sʅ²⁴tʰa⁴⁴lai²⁴tau⁵³]

东北取土的时候[tuŋ⁴⁴pei²¹tɕʰy²⁴tʰu²¹tə⁰ʂʅ²⁴xou⁰]

留下的大坑。[liou²⁴ɕia⁵³tə⁰ta⁵³kʰəŋ⁴⁴]

后来呢，[xou⁵³lai²⁴nə⁰]

她再到东北来的时候儿，[tʰa⁴⁴tsai⁵³tau⁵³tuŋ⁴⁴pei²¹lai²⁴tə⁰ʂʅ²⁴ xour⁰]

发现了这个大坑[fa⁴⁴ɕian⁵³lə⁰tsei⁵³kə⁰ta⁵³kʰəŋ⁴⁴]

已经成了一个大湖，[i²¹tɕiŋ⁴⁴tsʰəŋ²⁴lə⁰i²⁴kə⁰ta⁵³xu²⁴]

但跟前儿，到跟前儿一看，[tan⁵³kən⁴⁴tɕʰiɐr²¹，tau⁵³kən⁴⁴tɕʰiɐr²¹i²⁴kʰan⁵³]

这么大的湖[tsən⁵³mə⁰ta⁵³tə⁰xu²⁴]

连个鱼虾都没有，[lian²⁴kə⁰y²⁴ɕia⁴⁴tou⁴⁴mei²⁴ iou²¹¹]

就立马去天池，[tɕiou⁵³li⁵³ma²¹tɕʰy⁵³tʰian⁴⁴tsʰʅ²⁴]

捧了一捧各式各样的鱼和虾，[pʰəŋ²¹lə⁰i⁵³pʰəŋ²¹kɤ⁵³sʅ⁵³kɤ⁵³iaŋ⁵³ti⁰y²⁴xɤ⁵³ɕia⁴⁴]

放在新开的湖里，养着。[faŋ⁵³tsai⁵³ɕin⁴⁴kʰai⁴⁴tə⁰xu²⁴li²¹¹，iaŋ²¹tsə⁰]

从那以后，湖里有了鱼和虾。[tsʰuŋ²⁴na⁵³i²¹xou⁵³，xu²⁴li²¹iou²¹lə⁰y²⁴xɤ²⁴ɕia⁴⁴]

渐渐地，周围也有了人。[tɕian⁵³tɕian⁵³ti⁰，tsou⁴⁴uei²⁴iɛ²⁴iou²¹lə⁰ʐ̩ən²⁴]

新开的湖，[ɕin⁴⁴kʰai⁴⁴tə⁰xu²⁴]

慢慢地变成了[man⁵³man⁵³ti⁰pian⁵³tsʰəŋ²⁴lə⁰]

今天的兴凯湖，[tɕin⁴⁴tʰian⁴⁴tə⁰ɕiŋ⁴⁴kʰai²¹xu²⁴]

变成了[pian⁵³tsʰəŋ²⁴lə⁰]

草肥水美的鱼米之乡。[tsʰau²¹fei²⁴suei²⁴mei²¹tə⁰y²⁴mi²¹tsʅ⁴⁴ɕiaŋ⁴⁴]

天生的天上的七仙女儿，[tʰian²⁴səŋ⁴⁴tə⁰tʰian²⁴saŋ⁵³tə⁰tɕʰi⁴⁴ɕian⁴⁴ɳyər²¹]

发现了这个美丽的兴凯湖，[fa⁴⁴ɕian⁵³lə⁰tsei⁵³kə⁰mei²¹li⁵³tə⁰ɕiŋ⁴⁴kʰai²¹xu²⁴]

被这个啊美丽的湖景吸引了，[pei⁵³tsei⁵³kə⁰a⁰mei²¹li⁵³tə⁰xu²⁴tɕiŋ²¹ɕi⁴⁴in²¹lə⁰]

她偷偷，[tʰa⁴⁴tʰou⁴⁴tʰou⁴⁴]

她们偷偷下凡来玩儿，[tʰa⁴⁴mən⁰tʰou⁴⁴tʰou⁴⁴ɕia⁵³fan²⁴lai²⁴uɐr²⁴]

其中，[tɕʰi⁴⁴tsuŋ⁴⁴]

玉帝有个长女小仙女儿 [y⁵³ti⁵³iou²¹kə⁰tsaŋ²⁴ȵy²¹ɕiau²¹ɕian⁴⁴ȵyər²¹]

看到兴凯湖景色迷人，[kʰan⁵³tau⁵³ɕiŋ⁴⁴kʰai²¹xu²⁴tɕiŋ²¹sɤ⁵³mi²⁴ʐən²⁴]

不由得流连忘返。[pu⁵³iou²⁴tɤ²¹liou²⁴lian²⁴uaŋ⁵³fan²¹¹]

而就在这时，[ɚ²¹tɕiou⁵³tsai⁵³tʂɤ⁵³ʂʅ²⁴]

岸边传来了动人的歌声，[an⁵³pian⁴⁴tsʰuan²⁴lai²⁴lə⁰tuŋ⁵³ʐən²⁴tə⁰kɤ⁴⁴səŋ⁴⁴]

仙女儿被歌声吸引，[ɕian⁴⁴ȵyər²¹pei⁵³kɤ⁴⁴səŋ⁴⁴ɕi⁵³in²¹¹]

循着歌声来到了一处渔家，[ɕyn²⁴tsə⁰kɤ⁴⁴səŋ⁴⁴lai²⁴tau⁵³lə⁰i²⁴tsʰu⁵³y²⁴tɕia⁴⁴]

看见一个青年 [kʰan⁵³tɕian⁵³i²⁴kə⁰tɕʰiŋ⁴⁴ȵian²⁴]

边唱边织网。[pian⁴⁴tsʰaŋ⁵³pian⁴⁴tsʅ⁴⁴uaŋ²¹¹]

仙女儿被青年优美的歌声 [ɕian⁴⁴ȵyər²¹pei⁵³tɕʰiŋ⁴⁴ȵian²⁴iou⁴⁴mei²¹tə⁰kɤ⁴⁴səŋ⁴⁴]

和强壮的臂膀吸引了，[xɤ²⁴tɕʰiaŋ²⁴tsuaŋ⁵³tə⁰pi⁵³paŋ²¹ɕi⁵³in²¹lə⁰]

动了凡心，[tuŋ⁵³lə⁰fan²⁴ɕin⁴⁴]

便假装迷路，[pian⁵³tɕia²¹tsuaŋ⁴⁴mi²⁴lu⁵³]

敲敲门进屋了，[tɕʰiau⁴⁴tɕʰiau⁴⁴mən²⁴tɕin⁵³u⁴⁴lə⁰]

与青年交谈，[y²⁴tɕʰiŋ⁴⁴ȵian²⁴tɕiau⁴⁴tʰan²⁴]

两个人情投意合，[liaŋ²¹kə⁰ʐən²⁴tɕʰiŋ²⁴tʰou²⁴i⁵³xɤ²⁴]

青年留住了仙女儿。[tɕʰiŋ⁴⁴ȵian²⁴liou²⁴tsu⁵³lə⁰ɕian⁴⁴ȵyər²¹¹]

后来，两个人指天为媒，[xou⁵³lai²⁴, liaŋ²¹kə⁰ʐən²⁴tsʅ²¹tʰian⁴⁴uei²⁴mei²⁴]

做了夫妻。[tsuɤ⁵³lə⁰fu⁴⁴tɕʰi⁴⁴]

两个人一起织网捕鱼，[liaŋ²¹kə⁰ʐən²⁴i⁵³tɕʰi²¹tsʅ⁴⁴uaŋ²⁴pu²¹y²⁴]

幸福地过起了小日子。[ɕiŋ⁵³fu²¹ti⁰kuɤ⁵³tɕʰi²¹lə⁰ɕiau²¹ʐʅ⁵³tsʅ⁰]

可是好景不长，[kʰɤ²¹sʅ⁵³xau²⁴tɕiŋ²¹pu⁵³tsʰaŋ²⁴]

玉帝发现了大仙女儿 [y⁵³ti⁵³fa⁴⁴ɕian⁵³lə⁰ta⁵³ɕian⁴⁴ȵyər²¹]

从不来朝拜，[tsʰuŋ²⁴pu⁵³lai²⁴tsʰau²⁴pai⁵³]

就问其他姐妹。[tɕiou⁵³uən⁵³tɕʰi⁴⁴tʰa⁴⁴tɕiɛ²¹mei⁵³]

其他姐妹没办法，[tɕʰi⁴⁴tʰa⁴⁴tɕiɛ²¹mei⁵³mei²⁴pan⁵³fa²¹¹]

告诉了实情。[kau⁵³su⁵³lə⁰sʅ²⁴tɕʰiŋ²⁴]

玉帝知道仙女儿与，[y⁵³ti⁵³tsʅ⁴⁴tau⁵³ɕian⁴⁴ȵyər²¹y²⁴]

私自下凡与青年结为夫妇，[sʅ⁴⁴tsʅ⁵³ɕia⁵³fan²⁴y²⁴tɕʰiŋ⁴⁴ȵian²⁴tɕiɛ²⁴uei²⁴fu⁴⁴fu⁵³]

和凡人结婚，[xɤ²⁴fan²⁴ʐən²⁴tɕiɛ⁴⁴xuən⁴⁴]

就派天兵天将，[tɕiou⁵³pʰai⁵³tʰian⁴⁴piŋ⁴⁴tʰian⁴⁴tɕiaŋ⁵³]

来捉大仙女儿。[lai²⁴tsuɤ⁴⁴ta⁵³ɕian⁴⁴n̠yər²¹¹]

当时呢，[taŋ⁴⁴sʅ²⁴nə⁰]

大仙女儿和青年[ta⁵³ɕian⁴⁴n̠yər²¹xɤ²⁴tɕʰiŋ⁴⁴n̠ian²⁴]

正在湖上捕鱼。[tsəŋ⁵³tsai⁵³xu²⁴saŋ⁵³pʰu²¹y²⁴]

突然刮起了大风，[tʰu⁴⁴z̠an²⁴kua⁴⁴tɕʰi²¹lə⁰ta⁵³fəŋ⁴⁴]

眼看就要把渔船掀翻了，[ian²¹kʰan⁵³tɕiou⁵³iau⁵³pa²¹y²⁴tsʰuan²⁴ɕian⁴⁴fan⁴⁴lə⁰]

仙女儿急忙把纱巾[ɕian⁴⁴n̠yər²¹tɕi²⁴maŋ²⁴pa²¹sa⁴⁴tɕin⁴⁴]

扔了出来，[z̠əŋ⁴⁴lə⁰tsʰu⁴⁴lai²⁴]

湖水立刻平静，[xu²⁴suei²¹li⁵³kʰɤ⁵³pʰiŋ²⁴tɕiŋ⁵³]

纱巾变成了沙岗，[sa⁴⁴tɕin⁴⁴pian⁵³tsʰəŋ²⁴lə⁰sa⁴⁴kaŋ⁵³]

将兴凯湖隔成大小两个。[tɕiaŋ⁴⁴ɕiŋ⁴⁴kʰai²¹xu²⁴kɤ²⁴tsʰəŋ²⁴ta⁵³ɕiau²⁴liaŋ²¹kɤ⁵³]

从此，不见了仙女儿，[tsʰuŋ²⁴tsʰʅ²¹¹, pu²⁴tɕian⁵³lə⁰ɕian⁴⁴n̠yər²¹]

也不见了青年。[iɛ²¹pu²⁴tɕian⁵³lə⁰tɕʰiŋ⁴⁴n̠ian²⁴]

只留下了大湖和小湖，[tsʅ²¹liou²⁴ɕia⁵³lə⁰ta⁵³xu²⁴xɤ²⁴ɕiau²¹xu²⁴]

相守相望。[ɕiaŋ⁴⁴sou²¹ɕiaŋ⁴⁴uaŋ⁵³]

民间流传，[min²⁴tɕian⁴⁴liou²⁴tsʰuan²⁴]

大湖是青年，[ta⁵³xu²⁴sʅ⁵³tɕʰiŋ⁴⁴n̠ian²⁴]

小湖是仙女儿，[ɕiau²¹xu²⁴ʂʅ⁵³ɕian⁴⁴n̠yər²¹¹]

湖水就是他们永恒的爱情。[xu²⁴suei²¹tɕiou⁵³sʅ⁵³tʰa⁴⁴mən⁴⁴yŋ²¹xəŋ²⁴tə⁰ai⁵³tɕʰiŋ⁰]

所以不管在大旱之年[suɤ²⁴i²¹pu⁵³kuan²¹tsai⁵³ta⁵³xan⁵³tsʅ⁴⁴n̠ian²⁴]

和大涝之年，[xɤ²⁴ta⁵³lau⁵³tsʅ⁴⁴n̠ian²⁴]

湖水都不会[xu²⁴suei²¹tou⁴⁴pu²⁴xuei⁵³]

有明显的减少和增加。[iou²¹miŋ²⁴ɕian²¹tə⁰tɕian²¹sau²¹xɤ²⁴tsəŋ⁴⁴tɕia⁴⁴]

(三) 婴儿和狼

我给大家讲一个[uɤ²⁴kei²¹ta⁵³tɕia⁴⁴tɕiaŋ²¹i²⁴kɤ⁵³]

穆棱河边真实的故事：[mu⁵³liŋ²⁴xɤ²⁴pian⁴⁴tʂən⁴⁴ʂʅ²⁴tə⁰ku⁵³ʂʅ⁰]

婴儿和狼。[iŋ⁴⁴ɚ²⁴xɤ²⁴laŋ²⁴]

记得那年开春儿，[tɕi⁵³tə⁰na⁵³n̠ian²⁴kʰai⁴⁴tsʰuər⁴⁴]

为了治理穆棱河洪涝灾害，[uei⁵³lə⁰tsʅ⁵³li²¹mu⁵³liŋ²⁴xɤ²⁴xuŋ²⁴lau⁵³tsai⁴⁴xai⁵³]

姥姥和四个姐妹，[lau²¹lau⁰xɤ²⁴sʅ⁵³kə⁰tɕiɛ²¹mei⁵³]

接受生产队[tɕiɛ⁴⁴ʂou⁵³ʂəŋ⁴⁴tʂʰan²¹tuei⁵³]

到穆棱河边栽树的任务。[tau⁵³mu⁵³liŋ²⁴xɤ²⁴pian⁴⁴tsai⁴⁴ʂu⁵³tə⁰z̠ən⁵³u⁰]

快到日头落山的时候，［kʰuai⁵³tau⁵³ʐʅ⁵³tʰou²⁴luɤ⁵³san⁴⁴təᵒʂʅ²⁴xou⁰］

大家隐约地听到草丛里有［ta⁵³tɕia⁴⁴in²¹yɛ⁴⁴tiᵒtʰiŋ⁴⁴tau⁵³tsʰau²¹tʂʰuŋ²⁴li²⁴iou²¹¹］

时断时续的啼哭声，［sʅ²⁴tuan⁵³sʅ²⁴ɕy⁵³tiᵒtʰi⁵³kʰu⁴⁴ʂəŋ⁴⁴］

于是大家［y²⁴sʅ⁵³ta⁵³tɕia⁴⁴］

向一米多高的草丛中跑去，［ɕiaŋ⁵³i⁵³mi²¹tuɤ⁴⁴kau⁴⁴təᵒtsʰau²¹tsʰuŋ²⁴tsuŋ⁴⁴pʰau²¹tɕʰy⁵³］

半道儿，姥姥忽然大叫起来：［pan⁵³taur²⁴，lau²¹lauᵒxu⁴⁴ʐan²⁴ta⁵³tɕiau⁵³tɕʰi²¹lai²⁴］

狼！狼！狼！［laŋ²⁴！laŋ²⁴！laŋ²⁴］

原来草边儿除了有一个婴儿，［yan²⁴lai²⁴tsʰau²¹piɐr⁴⁴tʂʰu²⁴ləᵒiou²¹i²⁴kɤ⁵³iŋ⁴⁴ɚ²⁴］

还有一只眼放绿光的狼。［xai²⁴iou²¹i⁵³tsʅ⁴⁴ian²¹faŋ⁵³ly⁵³kuaŋ⁴⁴təᵒlaŋ²⁴］

再看，［tsai⁵³kʰan⁵³］

几个大姑娘吓得腿都打颤了。［tɕi²¹kəᵒta⁵³ku⁴⁴n̠iaŋᵒɕia⁵³təᵒtʰuei²¹tou⁴⁴ta²¹tsan⁵³ləᵒ］

姥姥反应快，［lau²¹laufan²¹iŋ⁵³kʰuai⁵³］

抓起一把柴草，［tsua⁴⁴tɕʰi²¹i⁵³pa²¹tsʰai²⁴tsʰau²¹¹］

哆嗦地划着了火柴，［tuɤ⁴⁴suɤᵒtiᵒxua²⁴tsʰau²⁴ləᵒxuɤ²¹tsʰai²⁴］

火势顺着东南风［xuɤ²¹sʅ⁵³suən⁵³tsəᵒtuŋ⁴⁴nan²⁴fəŋ⁴⁴］

迅速蹿了起来，［ɕyn⁵³ʂu⁵³tsʰuan⁴⁴ləᵒtɕʰi²¹lai²⁴］

浓烟滚滚。［nuŋ²⁴ian⁴⁴kuən²⁴kuən²¹¹］

此时，婴儿的啼哭声越来越大，［tsʰ²¹sʅ²⁴，iŋ⁴⁴ɚᵒtəᵒtʰi⁵³kʰu⁴⁴ʂəŋ⁴⁴yɛ⁵³lai²⁴yɛ⁵³ta⁵³］

在空旷的野外分外瘆人。［tsai⁵³kʰuŋ⁴⁴kʰuaŋ⁵³təᵒiɛ²¹uai⁵³fən⁴⁴uai⁵³sən⁵³ʐən²⁴］

狼呢，最终被火吓跑了。［laŋ²⁴nəᵒ，tsuei⁵³tsuŋ⁴⁴pei⁵³xuɤ²¹ɕia⁵³pʰau²¹ləᵒ］

几个大姑娘家，［tɕi²¹kəᵒta⁵³ku⁴⁴n̠iaŋtɕia⁴⁴］

抱着一个［pau⁵³tsəᵒi²⁴kɤ⁵³］

刚出生不久的婴儿，［kaŋ⁴⁴tsʰu⁴⁴səŋ⁴⁴pu⁵³tɕiou²¹təᵒiŋ⁴⁴ɚ²⁴］

回到了生产队里，［xuei²⁴tau⁵³ləᵒsəŋ⁴⁴tsʰan²¹tuei⁵³li²¹¹］

愁得快不行了。［tsʰou²⁴tiᵒkʰuai⁵³pu⁵³ɕiŋ²⁴ləᵒ］

因为，［in⁴⁴uei²⁴］

在这生产队里［tsai⁵³tsɤ⁵³səŋ⁴⁴tsʰan²¹tuei⁵³li²¹］

不光是光棍儿小伙儿，［pu⁵³kuaŋ⁴⁴sʅ⁵³kuaŋ⁴⁴kuər⁵³ɕiau²⁴xuɤr²¹¹］

还有没找婆家的大姑娘。［xai²⁴iou²¹mei²⁴tsau²¹pʰɤ²⁴tɕiaᵒtəᵒta⁵³ku⁴⁴n̠iaŋᵒ］

在给孩子喂过了［tsai⁵³kei²¹xai²⁴tsʅ²¹uei⁵³kuɤ⁵³ləᵒ］

拌糖的小米糊儿后，［pan⁵³tʰaŋ²⁴təᵒɕiau²⁴mi²¹xur²⁴xou⁵³］

大家都坐在炕上，［ta⁵³tɕia⁴⁴tou²⁴tsuɤ⁵³tsai⁵³kʰaŋ⁵³saŋᵒ］

愣愣地瞅着［ləŋ⁵³ləŋ⁵³tiᵒtsʰou²¹tsəᵒ］

这个可怜的孩子。［tsei⁵³kəᵒkʰɤ²¹lian²⁴təᵒxai²⁴tsʅᵒ］

你想啊，［n̠i²⁴ɕiaŋ²¹ŋaᵒ］

在那个时候,那个年代,［tsai⁵³na⁵³kə⁰s̩²⁴xou⁰,nei⁵³kə⁰ȵian²⁴tai⁵³］

缺吃少穿,［tɕʰyɛ⁴⁴tsʰʅ⁴⁴sau²¹tʂʰuan⁴⁴］

要养大一个这么小的孩子,［iau⁵³iaŋ²¹ta⁵³i²⁴kə⁰tsən⁵³mə⁰ɕiau²¹tə⁰xai²⁴tsʅ⁰］

那是得吃多大的苦,［na⁵³s̩⁵³tei²¹tʂʰʅ⁴⁴tuɤ⁴⁴ta⁵³tə⁰kʰu²¹¹］

遭多大的罪呀。［tsau⁴⁴tuɤ²⁴ta⁵³tə⁰tsuei⁵³ia⁰］

屋子里静得［u⁴⁴tsʅ⁰li²¹tɕiŋ⁵³tɤ²¹］

像掉一根针都听［ɕiaŋ⁵³tiau⁵³i⁵³kən⁴⁴tsən⁵³tou⁴⁴tʰiŋ⁴⁴］

都能听得见。［tou⁴⁴nəŋ²⁴tʰiŋ⁴⁴tɤ²¹tɕian⁵³］

平时,［pʰiŋ²⁴s̩²⁴］

少言寡语的老王开了腔儿:［sau²¹ian²⁴kua²⁴y²¹tə⁰lau²¹uaŋ²⁴kʰai⁴⁴lə⁰tɕʰiãr⁴⁴］

"交给我吧,［"tɕiau⁴⁴kei²⁴uɤ²¹pa⁰］

我和老太婆［uɤ²¹xɤ²⁴lau²¹tʰai⁵³pʰɤ²⁴］

会把孩子拉扯大的。［xuei⁵³pa²¹xai²⁴tsʅ⁰la⁴⁴tsʰə⁰ta⁵³tə⁰］

你们都没成家,［ȵi²¹mən⁰tou²⁴mei⁵³tsʰəŋ²⁴tɕia⁴⁴］

甭在这孩子身上操心了。［pəŋ²⁴tsai⁵³tsɤ⁵³xai²⁴tsʅ²¹sən⁴⁴ʂaŋ⁰tsʰau⁴⁴ɕin⁴⁴lə⁰］

快回去睡觉,［kʰuai⁵³xuei²⁴tɕʰy⁵³suei⁵³tɕiau⁵³］

明天还得早起干活呢。"［miŋ²⁴tʰian⁴⁴xai²⁴tɤ²¹tsau²⁴tɕʰi²¹kan⁵³xuɤ²⁴nə⁰。"］

队里的人知道老王家困难,［tuei⁵³li²¹tə⁰ʐən²⁴tsʅ⁴⁴tau⁵³lau²¹uaŋ²⁴tɕia⁴⁴kʰuən⁵³nan⁰］

还有五个半大小子,［xai²⁴iou²⁴u²¹kə⁰pan⁵³ta⁵³ɕiau²¹tsʅ⁰］

再添一张嘴,［tsai⁵³tʰian⁴⁴i⁵³tsaŋ⁴⁴tsuei²¹¹］

这日子多难熬哇。［tʂɤ⁵³ʐʅ⁵³tsʅ⁰tuɤ²⁴nan²⁴au²⁴ua⁰］

那天夜里,［na⁵³tʰian⁴⁴iɛ⁵³li²¹¹］

队里的知青们都没有睡。［tuei⁵³li²¹tə⁰tsʅ⁴⁴tɕʰiŋ⁴⁴mən²⁴tou⁴⁴mei²⁴iou²¹¹suei⁵³］

日后,为了帮助老王,［ʐʅ⁵³xou⁵³,uei⁵³lə⁰paŋ⁴⁴tsu⁵³lau²¹uaŋ²⁴］

知青们,［tsʅ⁴⁴tɕʰiŋ⁴⁴mən²⁴］

这个给点儿钱,［tsɤ⁵³kə⁰kei²⁴tiɐr²¹tɕʰian²⁴］

那个给点儿吃的,［nai⁵³kə⁰kei²⁴tiɐr²¹tsʰʅ⁴⁴tə⁰］

为的是让自己的心［uei⁵³tə⁰s̩⁵³ʐaŋ⁵³tsʅ⁵³tɕi²¹tə⁰ɕin⁴⁴］

更舒坦一些。［kəŋ⁵³ʂu⁴⁴tʰan²¹i⁵³ɕiɛ⁴⁴］

姥姥每次讲到这个故事时,［lau²¹lau⁰mei²¹tʂʰʅ⁵³tɕiaŋ²¹tau⁵³tsei⁵³kə⁰ku⁵³s̩⁰s̩²⁴］

眼噙泪花儿。［ian²¹tɕʰin²⁴lei⁵³xuar⁴⁴］

当年,［taŋ⁴⁴ȵian²⁴］

那些知青就是这样［na⁵³ɕiɛ⁴⁴tsʅ⁴⁴tɕʰiŋ²⁴tɕiou⁵³s̩⁵³tsɤ⁵³iaŋ⁵³］

把自己朴素的感情,［pa²¹tsʅ⁵³tɕi²¹pʰu²¹ʂu⁵³tə⁰kan⁵³tɕʰiŋ²⁴］

用行动表下表达出来的。［yŋ⁵³ɕiŋ²⁴tuŋ⁵³piau²¹ɕia⁵³piau²¹ta²⁴tsʰu⁴⁴lai²⁴tə⁰］

他们患难与共,亲如一家。[tʰa⁴⁴mən⁰xuan⁵³nan⁵³y²¹kuŋ⁵³,tɕʰin⁴⁴ʐu²⁴i⁵³tɕia⁴⁴]

他们就是穆棱河人。[tʰa⁴⁴mən⁰tɕiou⁵³ʂʅ⁵³mu⁵³liŋ²⁴xɤ²⁴ʐ̩ən²⁴]

是河水滋养了[ʂʅ⁵³xɤ²⁴ʂuei²¹tsʅ⁴⁴iaŋ²¹lə⁰]

他们的心性和品格。[tʰa⁴⁴mən⁰tə⁰ɕin⁴⁴ɕiŋ⁵³xɤ²⁴pʰin²¹kɤ²⁴]

(四)嫦娥奔月

我给大家讲一段[uɤ²⁴kei²¹ta⁵³tɕia⁴⁴tɕiaŋ²¹i²⁴tuan⁵³]

嫦娥奔月的故事。[tsʰaŋ²⁴ɤ²⁴pən⁵³yɛ⁵³tə⁰ku⁵³ʂʅ⁰]

当初,[taŋ⁴⁴tsʰu⁴⁴]

后羿射下九个太阳以后,[xou⁵³i⁵³ʂɤ⁵³ɕia⁵³tɕiou²¹kə⁰tʰai⁵³ iaŋ⁰i²¹xou⁵³]

得到了天庭的赏赐。[tɤ²¹tau⁵³lə⁰tʰian⁴⁴tʰiŋ²⁴tə⁰ʂaŋ²¹tsʰʅ⁵³]

西王母给他一包不死药,[ɕi⁴⁴uaŋ²⁴mu²¹kei²¹tʰa⁴⁴i⁵³pau⁴⁴pu⁵³sʅ²¹iau⁵³]

他就把药交给了[tʰa⁴⁴tɕiou⁵³pa²¹iau⁵³tɕiau⁴⁴kei²¹lə⁰]

自己的妻子嫦娥保管。[tsʅ⁵³tɕi²¹tə⁰tɕʰi⁴⁴tsʅ²¹tsʰaŋ²⁴ɤ²⁴pau²⁴kuan²¹¹]

有一天,后羿没在家。[iou²¹i⁵³tʰian⁴⁴,xou⁵³i⁵³mei²⁴tsai⁵³tɕia⁴⁴]

他的一个徒弟[tʰa⁴⁴tə⁰i²⁴kə⁰tʰu²⁴ti⁵³]

想趁机偷走不死药,[ɕiaŋ²¹tsʰən⁵³tɕi⁴⁴tʰou⁴⁴tsou²¹pu⁵³sʅ²¹iau⁵³]

结果被嫦娥儿发现了。[tɕiɛ²⁴kuɤ²¹pei⁵³tsʰaŋ²⁴ɤr²⁴fa⁴⁴ɕian⁵³lə⁰]

他逼迫嫦娥交出不死药,[tʰa⁴⁴pi⁴⁴pʰɤ⁵³tsʰaŋ²⁴ɤ²⁴tɕiau⁴⁴tsʰu⁴⁴pu⁵³sʅ²¹iau⁵³]

情急之下,[tɕʰiŋ²⁴tɕi²⁴tsʅ⁴⁴ɕia⁵³]

嫦娥儿吞下了不死药,[tsʰaŋ²⁴ɤr²⁴tʰuən⁴⁴ɕia⁵³lə⁰pu⁵³sʅ²¹iau⁵³]

之后便飘了起来,[tsʅ⁴⁴xou⁵³pian⁵³pʰiau⁴⁴lə⁰tɕʰi²¹lai⁰]

飞到了月亮上面。[fei⁴⁴tau⁵³lə⁰yɛ⁵³liaŋ⁰saŋ⁵³mian⁰]

后羿回家后,发现十分伤心,[xou⁵³i⁵³xuei²⁴tɕia⁴⁴xou⁵³,fa⁴⁴ɕian⁵³sʅ²⁴fən⁴⁴saŋ⁴⁴ɕin⁴⁴]

常常把着常常望着月亮[tsʰaŋ²⁴tsʰaŋ²⁴pa²¹tsə⁰tsʰaŋ²⁴tsʰaŋ²⁴uaŋ⁵³tsə⁰yɛ⁵³liaŋ⁰]

呼唤着妻子的名字。[xu⁴⁴xuan⁵³tsə⁰tɕʰi⁴⁴tsʅ²¹tə⁰miŋ²⁴tsʅ⁰]

后来,他的行动,[xou⁵³lai²⁴,tʰa⁴⁴tə⁰ɕiŋ²⁴tuŋ⁵³]

感动了上天,[kan²¹tuŋ⁵³lə⁰saŋ⁵³tʰian⁴⁴]

在月亮上出现了,[tsai⁵³yɛ⁵³liaŋ⁰saŋ⁵³tsʰu⁴⁴ɕian⁵³lə⁰]

嫦娥的身影。[tsʰaŋ²⁴ɤ²⁴tə⁰ sən⁴⁴iŋ²¹¹]

于是,后羿急忙摆上香案,[y²⁴sʅ⁵³,xou⁵³i⁵³tɕi²⁴maŋ²⁴pai²¹saŋ⁵³ɕiaŋ⁴⁴an⁵³]

放上嫦娥平时[faŋ⁵³saŋ⁵³tsʰaŋ²⁴ɤ²⁴pʰiŋ²⁴sʅ²⁴]

喜欢吃的水果儿[ɕi²¹xuan⁴⁴tsʰʅ⁴⁴tə⁰ʂuei²⁴kuɤr²¹¹]

和蜜食,[xɤ²⁴mi⁵³sʅ²⁴]

遥祭在月宫里的嫦娥儿。〔iau²⁴tɕi⁵³tsai⁵³yɛ⁵³kuŋ⁴⁴li²¹tə⁰tsʰaŋ²⁴ɤr²⁴〕

后来，〔xou⁵³lai²⁴〕

月母被后羿的真情打动，〔yɛ⁵³mu²¹pei⁵³xou⁵³i⁵³tə⁰tsən⁴⁴tɕʰiŋ²⁴ta²¹tuŋ⁵³〕

允许嫦娥儿在圆月之夜，〔yn²⁴ɕy²¹tʂʰaŋ²⁴ɤr²⁴tsai⁵³yan²⁴yɛ⁵³tsɿ⁴⁴iɛ⁵³〕

与后羿，〔y²⁴xou⁵³i⁵³〕

在月桂树下，与后羿相会。〔tsai⁵³yɛ⁵³kuei⁵³su⁵³ɕia⁵³，y²⁴xou⁵³i⁵³ɕiaŋ⁴⁴xuei⁵³〕

从那以后，〔tsʰuŋ²⁴na⁵³i²¹xou⁵³〕

中秋拜月的风俗〔tsuŋ⁴⁴tɕʰiou⁴⁴pai⁵³yɛ⁵³tə⁰fəŋ⁴⁴su²⁴〕

就在民间传开了，〔tɕiou⁵³tsai⁵³min²⁴tɕian⁴⁴tsʰuan²⁴kʰai⁴⁴lə⁰〕

并且，持续至今。〔piŋ⁵³tɕʰiɛ²¹¹，tsʰɿ²⁴ɕy⁵³tsɿ⁵³tɕin⁴⁴〕

（以上由发音人于桂秋提供）

（五）愚公移山

我今天为大家讲的故事是：〔uɤ²¹tɕin⁴⁴tʰian⁴⁴uei⁵³ta⁵³tɕia⁴⁴tɕiaŋ²¹tə⁰ku⁵³ʂɿ⁰ʂɿ⁵³〕

愚公移山。〔y²⁴kuŋ⁴⁴i²⁴ʂan⁴⁴〕

在古时候哇，有个老头儿，〔tsai⁵³ku²¹ʂɿ²⁴xou⁰ua⁰，iou²¹kə⁰lau²¹tʰour²⁴〕

叫愚公。〔tɕiau⁵³y²⁴kuŋ⁴⁴〕

在他家门前，有两座大山。〔tsai⁵³tʰa⁴⁴tɕia⁴⁴mən²⁴tɕʰian²⁴，iou²⁴liaŋ²¹tsuɤ⁵³ta⁵³ʂan⁴⁴〕

一座叫作王屋山，〔i²⁴tsuɤ⁵³tɕiau⁵³tsuɤ⁵³uaŋ²⁴u⁴⁴ʂan⁴⁴〕

一座叫作太行山。〔i²⁴tsuɤ⁵³tɕiau⁵³tsuɤ⁵³tʰai⁵³xaŋ²⁴ʂan⁴⁴〕

这两座大山哪，〔tʂei⁵³liaŋ²¹tuɤ⁵³ta⁵³ʂan⁴⁴na⁰〕

挡住了他们的去路。〔taŋ²¹tʂu⁵³lə⁰ta⁴⁴mən⁰tə⁰tɕʰy⁵³lu⁰〕

如果要出门，〔ʐ̩u²⁴kuɤ²¹iau⁵³tʂʰu⁴⁴mən²⁴〕

就要绕很远很远的路，〔tɕiou⁵³iau⁵³ʐ̩au⁵³xən²⁴yan²¹xən²⁴yan²¹tə⁰lu⁵³〕

非常地不方便。〔fei⁴⁴tʂʰaŋ²⁴tə⁰pu⁵³faŋ⁴⁴pian⁵³〕

愚公决定〔y²⁴kuŋ⁴⁴tɕyɛ²⁴tiŋ⁵³〕

将这两座大山移走。〔tɕiaŋ⁴⁴tʂɤ⁵³liaŋ²¹tsuɤ⁵³ta⁵³ʂan⁴⁴i²⁴tsou²¹¹〕

于是，召集他的孩子们，〔y²⁴ʂɿ⁴⁴，tʂau⁴⁴tɕi²⁴tʰa⁴⁴tə⁰xai²⁴tsɿ⁰mən⁰〕

在家里开了一个家庭会议，〔tsai⁵³tɕia⁴⁴li²¹kʰai⁴⁴lə⁰i²⁴kə⁰tɕia⁴⁴tʰiŋ²⁴xuei⁵³i⁰〕

征求大家的意见。〔tʂəŋ⁴⁴tɕʰiou²⁴ta⁵³tɕia⁴⁴tə⁰i⁵³tɕian⁰〕

孩子们都拍手叫好。〔xai²⁴tsɿ⁰mən⁰tou⁴⁴pʰai⁴⁴ʂou²¹tɕiau⁵³xau²¹¹〕

但是愚公的妻子却说：〔tan⁵³ʂɿ⁵³y²⁴kuŋ⁴⁴tə⁰tɕʰi⁴⁴tsɿ²¹tɕʰyɛ⁵³ʂuɤ⁴⁴〕

“老头子，我们挖山可以，〔"lau²¹tʰou²⁴tsɿ⁰，uɤ²¹mən⁰ua⁴⁴ʂan⁴⁴kʰɤ²⁴i²¹¹〕

挖之后的山石、土，〔ua⁴⁴tʂɿ⁴⁴xou⁵³tə⁰ʂan⁴⁴ʂɿ²⁴、tʰu²¹¹〕

应该要送到哪儿去呢？”〔iŋ⁴⁴kai⁴⁴iau⁵³suŋ⁵³tau⁵³nar²¹tɕʰy⁵³nə⁰？"〕

愚公说：[y²⁴kuŋ⁴⁴ ʂuɤ⁴⁴]

"我们可以用簸箕，["uɤ²¹mən⁰kʰɤ²⁴i²¹yŋ⁵³pɤ⁵³tɕʰi⁰]

把山石、土装在里面。[pa²¹ʂan⁴⁴ʂʅ²⁴、tʰu²¹tʂuaŋ⁴⁴tsai⁵³li²¹mian⁵³]

然后，运到渤海去，[ʐan²⁴xou⁵³，yn⁵³tau⁵³pɤ²⁴xai²¹tɕʰy⁵³]

这不就解决了吗？"[tʂɤ⁵³pu²⁴tɕiou⁵³tɕiɛ²¹tɕyɛ⁵³lə⁰ma⁰？"]

山石、土的安放之处[ʂan⁴⁴ʂʅ²⁴、tʰu²¹tə⁰an⁴⁴faŋ⁵³tʂʅ⁴⁴tʂʰu⁵³]

解决之后，[tɕiɛ²¹tɕyɛ²⁴tʂʅ⁴⁴xou⁵³]

大家就开始挖山了。[ta⁵³tɕia⁴⁴tɕiou⁵³kʰai⁴⁴ʂʅ²¹ua⁴⁴ʂan⁴⁴lə⁰]

日复一日，年复一年地，[ʐʅ⁵³fu⁵³i²⁴ʐʅ⁵³，ȵian²⁴fu⁵³i²⁴ȵian⁵³tə⁰]

大家就这样挖着。[ta⁵³tɕia⁴⁴tɕiou⁵³tʂɤ⁵³iaŋ⁰ua⁴⁴tʂə⁰]

同村有一个老头儿，[tʰuŋ²⁴tsʰuən⁴⁴iou²¹i²⁴kə⁰lau²¹tʰour²⁴]

叫作智叟。[tɕiau⁵³tsuɤ⁵³tʂʅ⁵³sou²¹¹]

他看着愚公一家人的行为，[tʰa⁴⁴kʰan⁵³tʂə⁰y²⁴kuŋ⁴⁴i⁵³tɕia⁴⁴ʐən²⁴tə⁰ɕiŋ²⁴uei²⁴]

对他们，表示非常嘲笑，[tuei⁵³tʰa⁴⁴mən⁰，piau²¹ʂʅ⁵³fei⁴⁴tʂʰaŋ²⁴tʂau²⁴ɕiau⁵³]

对愚公说：[tuei⁵³y²⁴kuŋ⁴⁴ʂuɤ⁴⁴]

"愚公，你年老体弱，["y²⁴kuŋ⁴⁴，ȵi²¹ȵian²⁴lau²⁴tʰi²¹ʐuɤ⁵³]

这样挖下去[tʂɤ⁵³iaŋ⁰ua⁴⁴ɕia⁵³tɕʰy⁰]

什么时候是个头儿哇？"[ʂən⁴⁴mə⁰ʂʅ²⁴xou⁰ʂʅ⁵³kə⁰tʰour²⁴ua⁰？"]

愚公却说：[y²⁴kuŋ⁴⁴tɕʰyɛ⁵³ʂuɤ⁴⁴]

"我死了，还有我的儿子，["uɤ²⁴sʅ²¹lə⁰，xai²⁴iou²¹uɤ²¹tə⁰ɚ²⁴tsʅ⁰]

儿子死了还有孙子。[ɚ²⁴tsʅ⁰sʅ²¹lə⁰xai²⁴iou²¹suən⁴⁴tsʅ⁰]

孙子还会有儿子。[suən⁴⁴tsʅ⁰xai²⁴xuei⁵³iou²¹ɚ²⁴tsʅ⁰]

子子孙孙干下去，[tsʅ²⁴tsʅ²¹suən⁴⁴suən⁴⁴kan⁵³ɕia⁵³tɕʰy⁰]

不怕大山挖不平。"[pu²⁴pʰa⁵³ta⁵³ʂan⁴⁴ua⁴⁴pu⁵³pʰiŋ²⁴。"]

这件事被天帝知道了，[tʂɤ⁵³tɕian⁵³ʂʅ⁵³pei⁵³tʰian⁴⁴ti⁵³tʂʅ⁴⁴tau⁵³lə⁰]

非常感动。[fei⁴⁴tʂʰaŋ²⁴kan²¹tuŋ⁵³]

于是，[y²⁴ʂʅ⁵³]

从天上派了[tsʰuŋ²⁴tʰian⁴⁴ʂaŋ⁵³pʰai⁵³lə⁰]

两座山神下界，[liaŋ²¹tsuɤ⁵³ʂan⁴⁴ʂən²⁴ɕia⁵³tɕiɛ⁵³]

帮助愚公[paŋ⁴⁴tʂu⁵³y²⁴kuŋ⁴⁴]

将两座大山移走了，[tɕiaŋ⁴⁴liaŋ²¹tsuɤ⁵³ta⁵³ʂan⁴⁴i²⁴tsou²¹lə⁰]

这就是愚公移山的故事。[tʂɤ⁵³tɕiou⁵³ʂʅ⁵³y²⁴kuŋ⁴⁴i²⁴ʂan⁴⁴tə⁰ku⁵³ʂʅ⁰]

（以上由发音人张微提供）

四　自选条目

歇后语

1. 黑瞎子打立正——一手遮天。

[xei⁴⁴ɕia⁴⁴tsʅ²⁴ta²¹li⁵³tsəŋ⁵³——i⁵³sou²¹tʂɤ⁴⁴tʰian⁴⁴] 黑瞎子:黑熊;打立正:指行举手礼

2. 老黄瓜刷绿漆——装嫩。

[lau²¹xuaŋ²⁴kua⁰ʂua⁴⁴ly⁵³tɕi⁴⁴——tsuaŋ⁴⁴lən⁵³]

3. 老母猪钻胡同儿——直来直去。

[lau²⁴mu²¹tsu⁴⁴tsuan⁴⁴xu²⁴tʰũr⁰——tsʅ²⁴lai²⁴tsʅ²⁴tɕʰy⁵³]

4. 老太太上鸡窝——笨(奔)蛋。

[lau²¹tʰai⁵³tʰai⁰saŋ⁵³tɕi⁴⁴uɤ⁴⁴——pən⁵³tan⁵³]

5. 王八瞅绿豆——对眼了。

[uaŋ²⁴pa⁰tʂʰou²¹ly⁵³tou⁵³——tuei⁵³ian²¹lə⁰]

6. 土豆子搬家——滚球子。

[tʰu²¹tou⁵³tsʅ²¹pan⁴⁴tɕia⁴⁴——kuən²¹tɕʰiou²⁴tsʅ⁰] 滚球子:滚蛋

7. 屎壳郎打哈欠——一张臭嘴。

[sʅ²¹kʰɤ⁵³laŋ⁴⁴ta²¹xa⁴⁴tɕʰiɛ⁵³——i⁵³tsaŋ⁴⁴tsʰou⁵³tsuei²¹¹]

8. 狗拿耗子——多管闲事。

[kou²¹na²⁴xau⁵³tsʅ⁰——tuɤ⁴⁴kuan²¹ɕian²⁴sʅ⁵³]

9. 孔子搬家——净输(书)。

[kʰuŋ²⁴tsʅ²¹pan⁴⁴tɕia⁴⁴——tɕiŋ⁵³ʂu⁴⁴]

10. 种地不出苗儿——坏种。

[tsuŋ⁵³ti⁵³pu⁵³tsʰu⁴⁴miaur²⁴——xuai⁵³tsuŋ²¹¹]

11. 王八吃秤砣——铁了心了。

[uaŋ²⁴pa⁰tʂʰʅ⁴⁴tʂʰəŋ⁵³tʰuɤ²⁴——tʰiɛ²¹lə⁰ɕin⁴⁴lə⁰]

12. 癞蛤蟆掀门帘——露一小手儿。

[lai⁵³xa²⁴ma⁰ɕian⁴⁴mən²⁴lian²⁴——lou⁵³i⁵³ɕiau²⁴ʂour²¹¹]

13. 黑瞎子照镜子——熊样儿。

[xei⁴⁴ɕia⁴⁴tsʅ²¹tsau⁵³tɕiŋ⁵³tsʅ²¹¹——ɕyŋ²⁴iãr⁵³]

14. 花园儿里的杂草——欠搂。

[xua⁴⁴yɐr²⁴li²¹tə⁰tsa²⁴tsʰau²¹¹——tɕʰian⁵³lou⁴⁴] 欠搂:欠收拾

15. 破火炉子——欠扇(煽)。

[pʰɤ⁵³xuɤ²¹lu²⁴tsʅ²¹¹——tɕʰian⁵³san⁴⁴] 欠扇:欠揍

16. 小孩儿不睡觉——欠悠。

[ɕiau²¹xɐr²⁴pu²⁴suei⁵³tɕiau⁵³——tɕʰian⁵³iou⁴⁴] 悠:指摇晃。欠悠:欠揍

17. 狗长犄角——洋(羊)事儿。

[kou²⁴tsaŋ²¹tɕi⁴⁴tɕiau⁰——iaŋ²⁴ʂər⁵³]

18. 张飞吃豆芽儿——小菜一碟儿。

[tsaŋ⁴⁴fei⁴⁴tʂʰʅ⁴⁴tou⁵³iar²⁴——ɕiau²¹tsʰai⁵³i⁵³tiɛr²⁴]

19. 瞎子吃锅烙儿——觉着很硬。

[ɕia⁴⁴tsʅ²¹tsʰʅ⁴⁴kuɣ⁴⁴laur⁵³——tɕiau²¹tsə⁰xən²¹iŋ⁵³] 锅烙:是一种东北小吃。制作方法与饺子相似,将肉馅包入面皮,放入油锅中煎制而成

20. 老鸹子落在猪身上——看见猪黑,看不见自己黑。

[lau²¹ua²⁴tsʅ²¹luɣ⁵³tsai⁵³tsu⁴⁴sən⁴⁴saŋ⁵³——kʰan⁵³tɕian⁵³tsu⁴⁴xei⁴⁴,

kʰan⁵³pu²⁴tɕian⁵³tsʅ⁵³tɕi²¹xei⁴⁴]

（以上由发音人于桂秋提供）

穆　棱

一　歌谣

（一）月儿明

月儿明，风儿静，［yɛ ɚ miŋ，fəŋ ɚ tɕiŋ］

树叶落窗棂啊，［ʂu iɛ luɤ tʂʰuaŋ liŋ a］

蛐蛐儿叫铮铮，［tɕʰy tɕʰy ɚ tɕiau tʂəŋ tʂəŋ］

好比那琴弦儿声啊，［xau pi na tɕʰin ɕiɐr ʂəŋ ŋa］

琴声儿轻，调儿动听，［tɕʰin səŋ ɚ tɕʰiŋ，tiau ɚ tuŋ tʰiŋ］

摇篮轻摆动啊，［iau lan tɕʰiŋ pai tuŋ ŋa］

娘的宝宝闭上眼睛，［n̠iaŋ ti pau pau pi ʂaŋ ian tɕiŋ］

睡了那个睡在梦中啊，［suei lə na kə suei tsai məŋ tʂuŋ ŋa］

娘的宝宝闭上眼睛，［n̠iaŋ ti pau pau pi ʂaŋ ian tɕiŋ］

睡了那个睡在梦中啊。［suei lə na kə suei tsai məŋ tsuŋ ŋa］

（以上由发音人王玉娥提供）

（二）拉大锯，扯大锯

拉大锯，扯大锯，［la³³ta⁵³tɕy⁵³，tʂʰɤ²¹ta⁵³tɕy⁵³］

姥娘门前唱大戏。［lau²¹n̠iaŋ⁰mən³⁵tɕʰian³⁵tʂʰaŋ⁵³ta⁵³ɕi⁵³］

接姑娘，唤女婿，［tɕiɛ³³ku³³n̠iŋ⁰，xuan⁵³n̠y²¹ɕy⁵³］

小娃娃儿也要去，［ɕiau²¹ua³⁵uar⁰iɛ²¹iau⁵³tɕʰy⁵³］

姥娘给煮个鸭蛋屁。［lau²¹n̠iaŋ⁰kei³⁵tʂu²¹kɤ⁵³ia³⁵tan⁵³pʰi⁵³］

（三）小板凳儿

小板凳儿，［ɕiau³⁵pan²¹tə̃r⁵³］

四条腿儿，［ʂʅ⁵³tʰiau³⁵tʰuər²¹²］

我给奶奶嗑瓜子儿，［uɤ³⁵kei³⁵nai²¹nai⁰kʰɤ⁵³kua³³tsər²¹²］

奶奶说好香，[nai²¹nai⁰suɤ³³xau²¹ɕiaŋ³³]

我给奶奶擀面汤；[uɤ³⁵kei³⁵nai²¹nai⁰kan²¹mian⁵³tʰaŋ³³]

奶奶说面稠，[nai²¹nai⁰suɤ³³mian⁵³tsʰou³⁵]

我给奶奶加点儿油；[uɤ³⁵kei³⁵nai²¹nai⁰tɕia³³tiɐr²¹iou³⁵]

奶奶说太多，[nai²¹nai⁰suɤ⁴⁴tʰai⁵³tuɤ³³]

我给奶奶换一锅儿；[uɤ³⁵kei³⁵nai²¹nai⁰xuan⁵³i⁵³kuɤr³³]

面汤做得好，[mian⁵³tʰaŋ³³tsuɤ⁵³ti⁰xau²¹²]

奶奶夸我好宝儿宝儿。[nai²¹nai⁰kʰua⁴⁴uɤ²¹xau³⁵paur³⁵paur²¹²]

(四) 节气歌

打春阳气转，[ta²¹tsʰuən³³iaŋ³⁵tɕʰi⁵³tsuan²¹²]

雨水沿河边，[y³⁵suei²¹ian⁵³xɤ³⁵pian³³]

惊蛰乌鸦叫，[tɕiŋ³³tʂɤ³⁵u³³ia³³tɕiau⁵³]

春分地皮干，[tsuən³³fən³³ti⁵³pʰi³⁵kan³³]

清明忙种麦，[tɕʰiŋ³³miŋ³⁵maŋ³⁵tsuŋ⁵³mai⁵³]

谷雨种大田。[ku³⁵y²¹tsuŋ⁵³ta⁵³tʰian³⁵]

立夏鹅毛住，[li⁵³ɕia⁵³ɤ³⁵mau³⁵tʂu⁵³]

小满雀来全，[ɕiau³⁵man³⁵tɕʰiau²¹lai³⁵tɕʰyan³⁵]

芒种开了铲，[maŋ⁵³tsuŋ⁵³kʰai³³lə⁰tsʰan²¹²]

夏至不拿棉，[ɕia⁵³tsʅ⁵³pu⁵³na³⁵mian³⁵]

小暑不算热，[ɕiau³⁵ʂu²¹pu³⁵ʂuan⁵³ʐɤ⁵³]

大暑三伏天。[ta⁵³ʂu²¹ʂan³³fu³⁵tʰian³³]

立秋忙打甸，[li⁵³tɕʰiou³³maŋ³⁵ta²¹tian⁵³]

处暑动刀镰，[tsʰu⁵³ʂu²¹tuŋ⁵³tau³³lian³⁵]

白露烟上架，[pai³⁵lu⁵³ian³³saŋ⁵³tɕia⁵³]

秋分不生田，[tɕʰiou³³fən³³pu⁵³ʂəŋ³³tʰian³⁵]

寒露不算冷，[xan⁵³lu⁵³pu³⁵ʂuan⁵³ləŋ²¹²]

霜降变了天。[suaŋ³³tɕiaŋ⁵³pian⁵³lə⁰tʰian³³]

立冬交十月儿，[li⁵³tuŋ³³tɕiau⁵³ʂʅ³⁵yɛr⁵³]

小雪地封严，[ɕiau³⁵ɕyɛ²¹ti⁵³fəŋ³³ian³⁵]

大雪江茬上，[ta⁵³ɕyɛ²¹tɕiaŋ³³tsʰa³⁵ʂaŋ⁵³]

冬至不行船，[tuŋ³³tsʅ⁵³pu⁵³ɕiŋ³⁵tʂʰuan³⁵]

小寒进腊月，[ɕiau²¹xan³⁵tɕin⁵³la⁵³yɛ⁵³]

大寒整一年。[ta⁵³xan³⁵tsəŋ²¹i⁵³ȵian³⁵]

(以上由发音人范云德提供)

（五）我是小海军

我是小海军，[uɤ²¹ ʂʅ⁵³ ɕiau³⁵ xai²¹ ɕyn⁴⁴]
开着小炮艇，[kʰai⁴⁴ tʂə⁰ ɕiau²¹ pʰau⁵³ tʰiŋ²¹¹]
敌人胆敢来侵犯，[ti³⁵ ʐ̩ən³⁵ tan³⁵ kan²¹ lai³⁵ tɕʰin⁴⁴ fan⁵³]
轰！轰！轰！[xuŋ⁴⁴！xuŋ⁴⁴！xuŋ⁴⁴]
打得他呀，[ta²¹ tə⁰ tʰa⁴⁴ ia⁰]
海底沉！[xai³⁵ ti²¹ tʂʰən³⁵]

（六）小老鼠，上灯台

小老鼠，上灯台，[ɕiau²¹ lau³⁵ ʂu²¹¹，ʂaŋ⁵³ təŋ⁴⁴ tʰai³⁵]
偷油吃，下不来。[thou⁴⁴ iou³⁵ tʂʰʅ⁴⁴，ɕia⁵³ pu⁰ lai³⁵]
喵喵喵，猫来啦，[miau⁴⁴ miau⁴⁴ miau⁴⁴，mau⁴⁴ lai³⁵ lə⁰]
叽里咕噜，滚下来。[tɕi⁴⁴ li⁰ ku⁴⁴ lu⁴⁴，kuən²¹ ɕia⁵³ lai³⁵]

（七）小孩儿小孩儿你别馋

小孩儿小孩儿你别馋，[ɕiau²¹ xɐr³⁵ ɕiau²¹ xɐr³⁵ ȵi²¹ piɛ³⁵ tʂʰan³⁵]
过了腊八就是年。[kuɤ⁵³ lə⁰ la⁵³ pa⁴⁴ tɕiou⁵³ ʂʅ⁵³ ȵian³⁵]
小孩儿小孩儿你别哭，[ɕiau²¹ xɐr³⁵ ɕiau²¹ xɐr³⁵ ȵi²¹ piɛ³⁵ kʰu⁴⁴]
过了腊八就杀猪。[kuɤ⁵³ lə⁰ la⁵³ pa⁴⁴ tɕiou⁵³ ʂa⁴⁴ tʂu⁴⁴]

（以上由发音人林玉菁提供）

二　规定故事

牛郎和织女

古时候，有一个小伙子，[ku²¹ ʂʅ²⁴ xou⁰，iou²¹ i²⁴ kə⁰ ɕiau²⁴ xuɤ²¹ tsʅ⁰]
他家里的父母都去世了，[tʰa⁴⁴ tɕia⁴⁴ li²¹ tə⁰ fu⁵³ mu²¹ tou⁴⁴ tɕʰy⁵³ ʂʅ⁵³ lə⁰]
孤苦伶仃一个人，[ku⁴⁴ kʰu²¹ liŋ²⁴ tiŋ⁴⁴ i²⁴ kɤ⁵³ ʐ̩ən²⁴]
家中只有一头老牛，[tɕia⁴⁴ tʂuŋ⁴⁴ tʂʅ²⁴ iou²¹ i⁵³ tʰou²⁴ lau²¹ ȵiou²⁴]
所以村里的人们[suɤ²⁴ i²¹ tsʰuən⁴⁴ li²¹ tə⁰ ʐ̩ən²⁴ mən²⁴]
叫他牛郎。[tɕiau⁵³ tʰa⁴⁴ ȵiou²⁴ laŋ²⁴]
牛郎靠老牛耕地为生，[ȵiou²⁴ laŋ²⁴ kʰau⁵³ lau²¹ ȵiou²⁴ kəŋ⁴⁴ ti⁵³ uei²⁴ ʂəŋ⁴⁴]
与老牛相依为命。[y²⁴ lau²¹ ȵiou²⁴ ɕiaŋ⁴⁴ i⁴⁴ uei²⁴ miŋ⁵³]
老牛其实是[lau²⁴ ȵiou²⁴ tɕʰi²⁴ ʂʅ⁴⁴ ʂʅ⁵³]

天上的金牛星，[tʰian⁴⁴ʂaŋ⁵³tə⁰tɕin⁴⁴n̠iou²⁴ɕiŋ⁴⁴]

它喜欢牛郎那善良与勤劳，[tʰa⁴⁴ɕi²¹xuan⁴⁴n̠iou²⁴laŋ²⁴na⁵³ʂan⁵³liaŋ²⁴y²¹tɕʰin²⁴lau²⁴]

所以一心想帮牛郎[suɤ²⁴i²¹i⁵³ɕin⁴⁴ɕiaŋ²¹paŋ⁴⁴n̠iou²⁴laŋ²⁴]

成一个家。[tʂʰəŋ²⁴i²⁴kɤ⁵³tɕia⁴⁴]

金牛星得知，[tɕin⁴⁴n̠iou²⁴ɕiŋ⁴⁴tɤ²⁴tʂʅ⁴⁴]

天上们的仙女，[tʰian⁴⁴ʂaŋ⁵³mən⁰tə⁰ɕian⁴⁴n̠y²¹¹]们：口误，实为"面"

要到村东边的湖中洗澡，[iau⁵³tau⁵³tsʰuən⁴⁴tuŋ⁴⁴pian⁴⁴tə⁰xu²⁴tʂuŋ⁴⁴ɕi²⁴tsau²¹¹]

于是便托梦给牛郎，[y²⁴ʂʅ⁵³pian⁵³tʰuɤ⁴⁴məŋ⁵³kei²¹n̠iou²⁴laŋ²⁴]

让他第二天早上到湖边去，[ʐaŋ⁵³tʰa⁴⁴ti⁵³ɐr⁵³tʰian⁴⁴tsau²¹ʂaŋ⁵³tau⁵³xu²⁴pian⁴⁴tɕʰy⁵³]

趁仙女们洗澡的时候，[tʂʰən⁵³ɕian⁴⁴n̠y²¹mən⁰ɕi²⁴tsau²¹tə⁰ʂʅ²⁴xou⁰]

偷走一件仙女的衣服，[tʰou⁴⁴tsou²¹i²⁴tɕian⁵³ɕian⁴⁴n̠y²¹tə⁰i⁴⁴fu⁰]

从此便会有一位美女[tsʰuŋ²⁴tsʰʅ²¹pian⁵³xuei⁵³iou²¹i²⁴uei⁵³mei²⁴n̠y²¹]

美丽的仙女做她的妻子。[mei²¹li⁵³tə⁰ɕian⁴⁴n̠y²¹tsuɤ⁵³tʰa⁴⁴tə⁰tɕʰi⁴⁴tsʅ²¹¹]

第二天早上，[ti⁵³ɐr⁵³tʰian⁴⁴tsau²¹ʂaŋ⁰]

牛郎半信半疑地来到湖边，[n̠iou²⁴laŋ²⁴pan⁵³ɕin⁵³pan⁵³i²⁴tə⁰lai²⁴tau⁵³xu²⁴pian⁴⁴]

朦胧中，[məŋ²⁴luŋ²⁴tʂuŋ⁴⁴]

他真的看到[tʰa⁴⁴tʂən⁴⁴tə⁰kʰan⁵³tau⁵³]

有七位仙女在湖中戏水，[iou²¹tɕʰi⁴⁴uei⁵³ɕian⁴⁴n̠y²¹tsai⁵³xu²⁴tʂuŋ⁴⁴ɕi⁵³suei²¹¹]

于是便拿起一件[y²⁴ʂʅ⁵³pian⁵³na²⁴tɕʰi²¹i²⁴tɕian⁵³]

挂在树上的衣服，[kua⁵³tsai⁵³ʂu⁵³ʂaŋ⁰tə⁰i⁴⁴fu⁰]

头都不回地就跑回了家。[tʰou²⁴tou⁴⁴pu⁵³xuei²⁴tə⁰tɕiou⁵³pʰau²¹xuei²⁴lə⁰tɕia⁴⁴]

这个被偷走衣服的仙女[tʂɤ⁵³kɤ⁵³pei⁵³tʰou⁴⁴tsou²¹i⁴⁴fu⁰tə⁰ɕian⁴⁴n̠y²¹]

就叫作织女。[tɕiou⁵³tɕiau⁵³tsuɤ⁵³tʂʅ⁴⁴n̠y²¹¹]

当天晚上织女便轻轻地[taŋ⁴⁴tʰian⁴⁴uan²¹ʂaŋ⁵³tʂʅ⁴⁴n̠y²¹pian⁵³tɕʰiŋ⁴⁴tɕʰiŋ⁴⁴tə⁰]

敲开了牛郎家的门，[tɕʰiau⁴⁴kʰai⁴⁴lə⁰n̠iou²⁴laŋ²⁴tɕia⁴⁴tə⁰mən²⁴]

两个人做了一对[liaŋ²¹kɤ⁵³ʐən²⁴tsuɤ⁵³lə⁰i²⁴tuei⁵³]

恩爱的夫妻。[ən⁴⁴ai⁵³tə⁰fu⁴⁴tɕʰi⁴⁴]

时间过得很快，[ʂʅ²⁴tɕian⁴⁴kuɤ⁵³tə⁰xən²¹kʰuai⁵³]

一晃三年过去了，[i⁵³xuaŋ²¹san⁴⁴n̠ian²⁴kuɤ⁵³tɕʰy⁵³lə⁰]

牛郎和织女生了两个孩子，[n̠iou²⁴laŋ²⁴xɤ²⁴tʂʅ⁴⁴n̠y²¹ʂəŋ⁴⁴lə⁰liaŋ²¹kə⁰xai²⁴tsʅ⁰]

一个男孩儿一个女孩儿，[i²⁴kə⁰nan²⁴xɐr²⁴i²⁴kə⁰n̠y²¹xɐr²⁴]

一家人过得非常幸福。[i⁵³tɕia⁴⁴ʐən²⁴kuɤ²⁴tə⁰fei⁴⁴tʂʰaŋ²⁴ɕiŋ⁵³fu²⁴]

可是织女[kʰɤ²¹ʂʅ⁵³tʂʅ⁴⁴n̠y²¹]

私自下凡的这件事情，[sʅ⁴⁴tsʅ⁵³ɕia⁵³fan²⁴tə⁰tʂɤ⁵³tɕian⁵³ʂʅ⁵³tɕʰiŋ⁰]

被玉皇大帝知道了。[pei⁵³y⁵³xuaŋ²⁴ta⁵³ti⁵³tʂʅ⁴⁴tau⁵³lə⁰]

有一天，［iou²¹i⁵³tʰian⁴⁴］

天空中突然刮起了［tʰian⁴⁴kʰuŋ⁴⁴tʂuŋ⁴⁴tʰu⁴⁴ʐan²⁴kua⁴⁴tɕʰi²¹lə⁰］

大风、雷鸣、闪电，［ta⁵³fəŋ⁴⁴、lei²⁴miŋ²⁴、ʂan²¹tian⁵³］

还下起了大雨，［xai²⁴ɕia⁵³tɕʰi²¹lə⁰ta⁵³y²¹¹］

牛郎、织女便消失了。［n̠iou²⁴laŋ²⁴，tʂʅ⁴⁴n̠y²¹pian⁵³ɕiau⁴⁴ʂʅ⁴⁴lə⁰］

两个孩子急得哭了起来，［liaŋ²¹kə⁰xai²⁴tsʅ⁰tɕi²⁴tə⁰kʰu⁴⁴lə⁰tɕʰi²¹lai²⁴］

说要找妈妈，［ʂɤ⁴⁴iau⁵³tʂau⁵³ma⁴⁴ma⁰］

这时牛郎也很着急。［tʂɤ⁵³ʂʅ²⁴n̠iou²⁴laŋ²⁴iɛ²⁴xən²¹tʂau⁴⁴tɕi²⁴］

老牛说话了，说：［lau²¹n̠iou²⁴ʂɤ⁴⁴xua⁵³lə⁰，ʂɤ⁴⁴］

"小伙子，［"ɕiau²⁴xuɤ²¹tsʅ⁰］

你不要急，［n̠i²¹pu²⁴iau⁵³tɕi²⁴］

把我的两个角［pa²⁴uɤ²¹tə⁰liaŋ²¹kɤ⁵³tɕiau²¹］

拿下来变成筐，［na²⁴ɕia⁵³lai⁰pian⁵³tʂʰəŋ²⁴kʰuaŋ⁴⁴］

把孩子们装到筐里，［pa²¹xai²⁴tsʅ⁰mən⁰tʂuaŋ⁴⁴tau⁵³kʰuaŋ⁴⁴li²¹¹］

便可以飞到天上去。"［pian⁵³kʰɤ²⁴i²¹fei⁴⁴tau⁵³tʰian⁴⁴ʂaŋ⁵³tɕʰy⁵³。"］

牛郎还在困惑的时候，［n̠iou²⁴laŋ²⁴xai²⁴tsai⁵³kʰuən⁵³xuɤ⁵³tə⁰ʂʅ²⁴xou⁰］

两个角真的就掉到了地上，［liaŋ²¹kə⁰tɕiau²¹tʂən⁴⁴tə⁰tɕiou⁵³tiau⁵³tau⁵³lə⁰ti⁵³ʂaŋ⁰］

变成了两个箩筐，［pian⁵³tʂʰəŋ²⁴lə⁰liaŋ²¹kə⁰luɤ²⁴kʰuaŋ⁴⁴］

牛郎把孩子［n̠iou²⁴laŋ²⁴pa²⁴xai²⁴tsʅ⁰］

分别放到了两个筐里，［fən⁴⁴piɛ²⁴faŋ⁵³tau⁵³lə⁰liaŋ²¹kə⁰kʰuaŋ⁴⁴li⁰］

用扁担挑起了他们，［yŋ⁵³pian²¹tan⁵³tʰiau⁴⁴tɕʰi²¹lə⁰tʰa⁴⁴mən²⁴］

筐就像长了翅膀一样，［kʰuaŋ⁴⁴tɕiou⁵³ɕiaŋ⁵³tʂaŋ²¹lə⁰tʂʰʅ⁵³paŋ²¹i²⁴iaŋ⁵³］

真的飞了起来，［tʂən⁴⁴tə⁰fei⁴⁴lə⁰tɕʰi²¹lai²⁴］

腾云驾雾地［tʰəŋ²⁴yn²⁴tɕia⁵³u⁵³tə⁰］

飞向了天空中。［fei⁴⁴ɕiaŋ⁵³lə⁰tʰian⁴⁴kʰuŋ⁴⁴tʂʰuŋ⁴⁴］

飞呀飞呀，［fei⁴⁴ia⁰fei⁴⁴ia⁰］

眼看着就要追上了织女，［ian²¹kʰan⁵³tʂɤ⁰tɕiou⁵³iau⁵³tʂuei⁴⁴ʂaŋ⁵³lə⁰tʂʅ⁴⁴n̠y²¹¹］

却被王母娘娘发现了，［tɕʰyɛ⁵³pei⁵³uaŋ²⁴mu²¹n̠iaŋ²⁴n̠iaŋ⁰fa⁴⁴ɕian⁵³lə⁰］

王母娘娘［uaŋ²⁴mu²¹n̠iaŋ²⁴n̠iaŋ⁰］

取下头上的发簪，［tɕʰy²¹ɕia⁵³tʰou²⁴ʂaŋ⁵³tə⁰fa⁵³tsan⁴⁴］

在两个人中间［tsai⁵³liaŋ²¹kɤ⁵³ʐən²⁴tʂuŋ⁴⁴tɕian⁴⁴］

轻轻地一划，［tɕʰiŋ⁴⁴tɕʰiŋ⁴⁴tə⁰i⁵³xua²⁴］

便形成了一道天河，［pian⁵³ɕiŋ²⁴tʂʰəŋ²⁴lə⁰i²⁴tau⁵³tʰian⁴⁴xɤ²⁴］

宽得望不到边，［kʰuan⁴⁴tə⁰uaŋ⁵³pu²⁴tau⁵³pian⁴⁴］

从此把两个人便分开了。［tsʰuŋ²⁴tsʰʅ²¹pa²⁴liaŋ²¹kɤ⁵³ʐən²⁴pian⁵³fən⁴⁴kʰai⁴⁴lə⁰］

喜鹊们非常同情［ɕi²¹tɕʰyɛ⁵³mən⁰fei⁴⁴tʂʰaŋ²⁴tʰuŋ²⁴tɕʰiŋ²⁴］

织女和牛郎的遭遇，［tʂʅ⁴⁴ȵy²¹xɤ²⁴ȵiou²⁴laŋ²⁴tə⁰tsau⁴⁴y⁵³］

每年农历［mei²¹ȵian²⁴nuŋ²⁴li⁵³］

七月初七的这一天，［tɕʰi⁴⁴yɛ⁵³tʂʰu⁴⁴tɕʰi⁴⁴tə⁰tʂɤ⁵³i⁵³tʰian⁴⁴］

便有会有成千上万的喜鹊［pian⁵³xuei⁵³iou²¹tʂʰəŋ²⁴tɕʰian⁴⁴ʂaŋ⁵³uan⁵³tə⁰ɕi²¹tɕʰyɛ⁵³］

飞到天河边上来，［fei⁴⁴tau⁵³tʰian⁴⁴xɤ²⁴pian⁴⁴ʂaŋ⁰lai²⁴］

它们一只挨着一只，［tʰa⁴⁴mən⁰i⁵³tʂʅ⁴⁴ai⁴⁴tʂə⁰i⁵³tʂʅ⁴⁴］

搭起了一座鹊桥，［ta⁴⁴tɕʰi²¹lə⁰i²⁴tsuɤ⁵³tɕʰyɛ⁵³tɕʰiau²⁴］

让牛郎和织女见面，［ʐaŋ⁵³ȵiou²⁴laŋ²⁴xɤ²⁴tʂʅ⁴⁴ȵy²¹tɕian⁵³mian⁵³］

这便是牛郎和织女的故事。［tʂɤ⁵³pian⁵³ʂʅ⁵³ȵiou²⁴laŋ²⁴xɤ²⁴tʂʅ⁴⁴ȵy²¹tə⁰ku⁵³ʂʅ⁰］

（以上由发音人王健航提供）

三　其他故事

（一）蛟龙传说

据说古时候，［tɕy⁵³ʂuɤ⁴⁴ku²¹ʂʅ²⁴xou⁰］

在穆棱小四方台山上，［tsai⁵³mu⁵³liŋ²⁴ɕiau²¹sʅ⁵³faŋ⁴⁴tʰai²⁴ʂan⁴⁴ʂaŋ⁵³］

有一个水潭，［iou²¹i²⁴kə⁰ʂuei²¹tʰan²⁴］

水深不见底。［ʂuei²¹ʂən⁴⁴pu²⁴tɕian⁵³ti²¹¹］

听祖辈人说，［tʰiŋ⁴⁴tsu²¹pei⁵³ʐən²⁴ʂuɤ⁴⁴］

这个水潭里拴着一条蛟龙，［tʂɤ⁵³kə⁰ʂuei²¹tʰan²⁴li²¹ʂuan⁴⁴tʂə⁰i⁵³tʰiau²⁴tɕiau⁴⁴luŋ²⁴］

也有些好信儿的人，［iɛ²⁴iou²¹ɕiɛ⁴⁴xau⁵³ɕiər⁵³tə⁰ʐən²⁴］

壮着胆子来到龙潭边，［tʂuaŋ⁵³tsʅ⁰tan²¹tsʅ⁰lai²⁴tau⁵³luŋ²⁴tʰan²⁴pian⁴⁴］

他们用手拉起了［tʰa⁴⁴mən⁰yŋ⁵³ʂou²¹la⁴⁴tɕʰi²¹lə⁰］

潭中的锁链，［tʰan⁴⁴tʂuŋ⁴⁴tə⁰suɤ²¹lian⁵³］

可是怎么拉却也拉不完，［kʰɤ²¹ʂʅ⁵³tsən²¹mə⁰la⁴⁴tɕʰyɛ⁵³iɛ²¹la⁴⁴pu⁵³uan²⁴］

潭底到底有没有龙？［tʰan²⁴ti²¹tau⁵³ti²⁴iou²¹mei²⁴iou²¹luŋ²⁴］

谁也不知道，［ʂei²⁴iɛ²¹pu⁵³tʂʅ⁴⁴tau⁵³］

说没有吧，［ʂuɤ⁴⁴mei²⁴iou²¹pa⁰］

可是毕竟有一条［kʰɤ²¹ʂʅ⁵³pi⁵³tɕiŋ⁵³iou²¹i⁵³tʰiau²⁴］

锁龙的链子［suɤ²¹luŋ²⁴tə⁰lian⁵³tsʅ⁰］

放在那里，［faŋ⁵³tsai⁵³na⁵³li²¹¹］

可是说有龙呢，［kʰɤ²¹ʂʅ⁵³ʂuɤ⁴⁴iou²¹luŋ²⁴nə⁰］

却又没有人见过。[tɕʰyɛ⁵³iou⁵³mei²⁴iou²¹ʐ̩ən²⁴tɕian⁵³kuɤ⁵³]

日久天长[ʐ̩ʅ⁵³tɕiou²¹tʰian⁴⁴tʂʰaŋ²⁴]

人们也就习惯了,[ʐ̩ən²⁴mən²⁴iɛ²¹tɕiou⁵³ɕi²⁴kuan⁵³lə⁰]

该种地的种地,[kai⁴⁴tʂuŋ⁵³ti⁵³tə⁰tʂuŋ⁵³ti⁵³]

该打猎的打猎,[kai⁴⁴ta²¹liɛ⁵³tə⁰ta²¹liɛ⁵³]

龙和人相不干扰,[luŋ²⁴xɤ²⁴ʐ̩ən²⁴ɕiaŋ⁴⁴pu⁵³kan⁴⁴ʐ̩au²¹¹]

倒也是十分安静。[tau⁵³iɛ²¹ʂʅ⁵³ʂʅ²⁴fən⁴⁴an⁴⁴tɕiŋ⁵³]

有一年突然遇到[iou²¹i⁵³n̠ian²⁴tʰu⁴⁴ʂan²⁴y⁵³tau⁵³]

突然遇到了连雨天,[tʰu⁴⁴ʐ̩an²⁴y⁵³tau⁵³lə⁰lian²⁴y²¹tʰian⁴⁴]

天空总是不放晴,[tʰian⁴⁴kʰuŋ⁴⁴tsuŋ²¹ʂʅ⁰pu²⁴faŋ⁵³tɕʰiŋ²⁴]

有一天雨下的略微小了,[iou²¹i⁵³tʰian⁴⁴y²¹ɕia⁵³tə⁰lyɛ⁵³uei⁴⁴ɕiau²¹lə⁰]

人们便出来看天,[ʐ̩ən²⁴mən²⁴pian⁵³tʂʰu⁴⁴lai⁰kʰan⁵³tʰian⁴⁴]

看看西北,[kʰan⁵³kʰan⁰ɕi⁴⁴pei²¹¹]

天中开出了一条缝,[tʰian⁴⁴tʂuŋ⁴⁴kʰai⁴⁴tʂʰu⁴⁴lə⁰i⁵³tʰiau²⁴fəŋ⁵³]

再看看东南,[tsai⁵³kʰan⁵³kʰan⁰tuŋ⁴⁴nan²⁴]

人们便惊讶了,[ʐ̩ən²⁴mən⁰pian⁵³tɕiŋ⁴⁴ia⁵³lə⁰]

有一条蛟龙[iou²¹i⁵³tʰiau²⁴tɕiau⁴⁴luŋ²⁴]

在空中漫天地飞舞着,[tsai⁵³kʰuŋ²⁴tʂuŋ⁴⁴man⁵³tʰian⁴⁴tə⁰fei⁴⁴u²¹tʂə⁰]

身下还有一条[sən⁴⁴ɕia⁵³xai²⁴iou²¹i⁵³tʰiau²⁴]

长长的锁链,[tʂʰaŋ²⁴tʂʰaŋ²⁴tə⁰suɤ²¹lian⁵³]

锁链撞击的声音[suɤ²¹lian⁵³tʂʰuaŋ⁵³tɕi⁴⁴tə⁰ʂəŋ⁴⁴in⁴⁴]

传到了几十里之外,[tʂʰuan²⁴tau⁵³lə⁰tɕi²¹ʂʅ²⁴li²¹tʂʅ⁴⁴uai⁵³]

人们听到了,[ʐ̩ən²⁴mən²⁴tʰiŋ⁴⁴tau⁵³lə⁰]

蛟龙也看到了[tɕiau⁴⁴luŋ²⁴iɛ²¹kʰan⁵³tau⁵³lə⁰]

人们惊讶的表情和声音,[ʐ̩ən²⁴mən²⁴tɕiŋ⁴⁴ia⁵³tə⁰piau²¹tɕʰiŋ²⁴xɤ²⁴ʂəŋ⁴⁴in⁴⁴]

一下子便扎到了深潭当中。[i²⁴ɕia⁵³tsʅ⁰pian⁵³tʂa⁴⁴tau⁵³lə⁰ʂən⁴⁴tʰan²⁴taŋ⁴⁴tʂuŋ⁴⁴]

此后,[tsʰʅ²¹xou⁵³]

每逢大雨的时候,[mei²¹fəŋ²⁴ta⁵³y²¹tə⁰ʂʅ²⁴xou⁵³]

蛟龙就会飞出来,[tɕiau⁴⁴luŋ²⁴tɕiou⁵³xuei⁵³fei⁴⁴tʂʰu⁴⁴lai²⁴]

将多余的雨水吞掉,[tɕiaŋ⁴⁴tuɤ⁴⁴y²⁴tə⁰y²⁴ʂuei²¹tʰuən⁴⁴tiau⁵³]

不让这些雨水泛滥,[pu²⁴ʐ̩aŋ⁵³tʂei⁵³ɕiɛ⁴⁴y²⁴ʂuei²¹fan⁵³lan⁵³]

当遇到大旱的天的时候,[taŋ⁴⁴y⁵³tau⁵³ta⁵³xan⁵³tə⁰tʰian⁴⁴tə⁰ʂʅ²⁴xou⁵³]

蛟龙会再次地飞出来,[tɕiau⁴⁴luŋ²⁴xuei⁵³tsai⁵³tsʰʅ⁵³tə⁰fei⁴⁴tʂʰu⁴⁴lai²⁴]

就开始,喷云吐雾,[tɕiou⁵³kʰai⁴⁴ʂʅ²¹¹,pʰən⁴⁴yn²⁴tʰu²¹u⁵³]

来滋润这里的土地,[lai²⁴tsʅ⁴⁴ʐ̩uən⁵³tʂɤ⁵³li²¹tə⁰tʰu²¹ti⁵³]

保证这里一年四季 [pau²¹ tʂəŋ⁵³ tʂɤ⁵³ li²¹ i⁵³ ȵian²⁴ sʅ⁵³ tɕi⁵³]

风调雨顺, [fəŋ⁴⁴ tʰiau²⁴ y²¹ ʂuən⁵³]

让百姓们过着风调 [ʐ̩aŋ⁵³ pai²¹ ɕiŋ⁵³ mən⁰ kuɤ⁵³ tʂə⁰ fəŋ⁴⁴ tʰiau²⁴]

过着丰衣足食的生活。 [kuɤ⁵³ tʂə⁰ fəŋ⁴⁴ i⁴⁴ tʂu²⁴ ʂʅ²⁴ tə⁰ ʂəŋ⁴⁴ xuɤ²⁴]

百姓们感到 [pai²¹ ɕiŋ⁵³ mən⁰ kan²¹ tau⁵³]

感激到蛟龙的功劳, [kan²¹ tɕi⁴⁴ tau⁵³ tɕiau⁴⁴ luŋ²⁴ tə⁰ kuŋ⁴⁴ lau²⁴]

经常把一些 [tɕiŋ⁴⁴ tʂʰaŋ²⁴ pa²¹ i⁵³ ɕiɛ⁴⁴]

好吃的包子馒头等, [xau²¹ tʂʰʅ⁴⁴ tə⁰ pau⁴⁴ tsʅ⁰ man²⁴ tʰou⁰ təŋ²¹¹]

投入潭中。 [tʰou²⁴ ʐ̩u⁵³ tʰan²⁴ tʂuŋ⁴⁴]

就这样日复一日年复一年, [tɕiou⁵³ tʂɤ⁵³ iaŋ⁵³ ʐ̩ʅ⁵³ fu⁵³ i²⁴ ʐ̩ʅ⁵³ ȵian²⁴ fu⁵³ i⁵³ ȵian²⁴]

不知道过了多久之后, [pu⁵³ tsʅ⁴⁴ tau⁵³ kuɤ⁵³ lə⁰ tu⁴⁴ tɕiou²¹ tʂʅ⁴⁴ xou⁵³]

有人在潭边 [iou²¹ ʐ̩ən⁴⁴ tsai⁵³ tʰan²⁴ pian⁴⁴]

修筑了一座庙宇, [ɕiou⁴⁴ tsu⁵³ lə⁰ i²⁴ tsuɤ⁵³ miau⁵³ y²¹¹]

节年供奉香火不断, [tɕiɛ²⁴ ȵian²⁴ kuŋ⁵³ fəŋ⁵³ ɕiaŋ⁴⁴ xuɤ²¹ pu²⁴ tuan⁵³]

直至今天 [tʂʅ²⁴ tʂʅ⁵³ tɕin⁴⁴ tʰian⁴⁴]

潭边还有一座 [tʰan²⁴ pian⁴⁴ xai²⁴ iou²¹ i²⁴ tsuɤ⁵³]

废旧的土台子, [fei⁵³ tɕiou⁵³ tə⁰ tʰu²¹ tʰai²⁴ tsʅ⁰]

相传就是 [ɕiaŋ⁴⁴ tʂʰuan²⁴ tɕiou⁵³ ʂʅ⁵³]

当时庙宇的旧址。 [taŋ⁴⁴ ʂʅ²⁴ miau⁵³ y²¹ tə⁰ tɕiou⁵³ tʂʅ²¹¹]

(二) 八面通

八面通以前叫作鬼岭, [pa⁴⁴ mian⁵³ tʰuŋ⁴⁴ i²¹ tɕʰian²⁴ tɕiau⁵³ tsuɤ⁵³ kuei²⁴ liŋ²¹¹]

可是后来 [kʰɤ²¹ sʅ⁵³ xou⁵³ lai²⁴]

为什么又叫作 [uei⁵³ ʂəŋ²⁴ mə⁰ iou²¹ tɕiau⁵³ tsuɤ⁵³]

八面通了呢? [pa⁴⁴ mian⁵³ tʰuŋ⁴⁴ lə⁰ nə⁰]

这个事情 [tʂɤ⁵³ kə⁰ sʅ⁵³ tɕʰiŋ²⁴]

还要从很久以前说起。 [xai²⁴ iau⁵³ tsʰuŋ²⁴ xən²⁴ tɕiou²⁴ i²¹ tɕʰian²⁴ ʂuɤ⁴⁴ tɕʰi²¹¹]

以前的鬼岭, [i²¹ tɕʰian²⁴ tə⁰ kuei²⁴ liŋ²¹¹]

是一个遮天蔽日的 [ʂʅ⁵³ i²⁴ kɤ⁵³ tʂɤ⁴⁴ tʰian⁴⁴ pi⁵³ ʐ̩ʅ⁵³ tə⁰]

原始大森林, [yan²⁴ ʂʅ²¹ ta⁵³ sən⁴⁴ lin²⁴]

这里盛产 [tʂɤ⁵³ li²¹ ʂəŋ⁵³ tʂʰan²¹]

人参、木耳、猴头菇、花脸菇, [ʐ̩ən²⁴ ʂən⁴⁴ 、mu⁵³ ɚ²¹ 、xou²⁴ tʰou²⁴ ku⁴⁴ 、xua⁴⁴ lian²¹ ku⁴⁴]

也是豺狼虎豹、黑熊、 [iɛ²¹ sʅ⁵³ tsʰai²⁴ laŋ²⁴ xu²¹ pau⁵³ 、xei⁴⁴ ɕyŋ²⁴]

野猪等野兽出没的地方, [iɛ²¹ tʂu⁴⁴ təŋ²⁴ iɛ²¹ ʂou⁵³ tʂʰu⁴⁴ mɤ⁵³ tə⁰ ti⁵³ faŋ⁴⁴]

穆棱河九曲十八弯，［mu⁵³liŋ²⁴xɤ²⁴tɕiou²⁴tɕʰy²¹ʂʅ²⁴pa⁴⁴uan⁴⁴］

河的两岸［xɤ²⁴təⁱ⁰liaŋ²¹an⁵³］

都长满了大柳毛子，［tou⁴⁴tʂaŋ²⁴man²¹ləⁱ⁰ta⁵³liou²¹mau²⁴tsʅ⁰］ 柳毛子：柳树丛

河水很深，［xɤ²⁴ʂuei²⁴xən²¹ʂən⁴⁴］

各色鱼成群，［kɤ⁵³sɤ⁵³y²⁴tʂʰəŋ²⁴tɕʰyn²⁴］

这里人烟稀少，物产丰富。［tʂɤ⁵³liⁱ⁰ʐən²⁴ian⁴⁴ɕi⁴⁴ʂau²¹¹，u⁵³tʂʰan²¹fəŋ³³fu⁵³］

当时上城子、下城子、［taŋ⁴⁴ʂʅ²⁴ʂaŋ⁵³tʂʰəŋ²⁴tsʅ⁰、ɕia⁵³tʂʰəŋ²⁴tsʅ⁰］

穆棱镇、马桥河，［mu⁵³liŋ²⁴tʂən⁵³、ma²¹tɕʰiau²⁴xɤ²⁴］

这一带的居民，［tʂɤ⁵³i²⁴tai⁵³təⁱ⁰tɕy⁴⁴min²⁴］

经常仨一帮、俩一伙的，［tɕiŋ⁴⁴tʂʰaŋ²⁴sa⁴⁴i⁵³paŋ⁴⁴、lia²¹i⁵³xuɤ²¹tə⁰］

来到这里狩猎，［lai²⁴tau⁵³tʂɤ⁵³li²¹ʂou²¹liɛ⁵³］

采摘挖人参。［tsʰai²¹tsai⁴⁴ua²⁴ʐən²⁴ʂən⁴⁴］

可是时间久了，［kʰɤ²¹ʂʅ⁵³ʂʅ²⁴tɕian⁴⁴tɕiou²¹lə⁰］

只见有人进去，［tʂʅ²¹tɕian⁵³iou²¹ʐən²⁴tɕin⁵³tɕʰy⁰］

却不见有人出来，［tɕʰyɛ⁵³pu²¹tɕian⁵³iou²¹ʐən²⁴tʂʰu⁴⁴lai⁰］

所以人们认为这里闹鬼，［suɤ²⁴i²¹ʐən²⁴mən²⁴ʐən⁵³uei²⁴tʂɤ⁵³liⁱ⁰nau⁵³kuei²¹¹］

就把这里叫作鬼岭。［tɕiou⁵³pa²¹tʂɤ⁵³liⁱ⁰tɕiau⁵³tsuɤ⁵³kuei²⁴liŋ²¹¹］

其实是大多数的人，［tɕʰi²⁴ʂʅ²⁴ʂʅ⁵³ta⁵³tuɤ⁴⁴ʂu⁵³təⁱ⁰ʐən²⁴］

迷失了路，［mi²⁴ʂʅ⁴⁴ləⁱ⁰lu⁵³］

让野兽给吃掉了。［ʐaŋ⁵³iɛ²¹ʂou⁵³kei²¹tʂʰʅ⁴⁴tiau⁵³lə⁰］

所以渐渐地，［suɤ²⁴i²¹tɕian⁵³tɕianⁱ⁰tə⁰］

就没有人再敢进入鬼岭。［tɕiou⁵³mei²⁴iou²¹ʐən²⁴tsai⁵³kan²¹tɕin⁵³ʐu⁵³kuei²⁴liŋ²¹¹］

后来清朝的皇帝，［xou⁵³lai²⁴tɕʰiŋ⁴⁴tʂʰau²⁴təⁱ⁰xuaŋ²⁴ti⁵³］

派了一位钦差大臣，［pʰai⁵³ləⁱ⁰i²⁴uei⁵³tɕʰiŋ⁴⁴tʂʰai⁴⁴ta⁵³tʂʰən²⁴］

叫作吴大澂的，［tɕiau⁵³tsuɤⁱ⁰u²⁴ta⁵³tʂʰəŋ²⁴tə⁰］

让他带领人马［ʐaŋ⁵³tʰa⁴⁴tai⁵³liŋ²¹ʐən²⁴ma²¹］

和勘测人员［xɤ²⁴kʰan⁴⁴tsʰɤ⁴⁴ʐən²⁴yan²⁴］

来到了上城子。［lai²⁴tau⁵³ləⁱ⁰ʂaŋ⁵³tʂʰəŋ²⁴tsʅ⁰］

他们住在凉台山上，［tʰa⁴⁴mənⁱ⁰tʂu⁵³tsai⁵³liaŋ²⁴tʰai²⁴ʂan⁴⁴ʂaŋ⁰］

在山顶盖了一座三层的楼，［tsai⁵³ʂan⁴⁴tiŋ²¹kai⁵³ləⁱ⁰i²⁴tsuɤ⁵³san⁴⁴tsʰʰəŋ²⁴təⁱ⁰lou²⁴］

楼上住着人，［lou²⁴ʂaŋ⁵³tʂu⁵³tʂə⁰ʐən²⁴］

楼下当作粮仓，［lou²⁴ɕia⁵³taŋ⁴⁴tsuɤ⁵³liaŋ²⁴tsʰaŋ⁴⁴］

这座楼［tʂɤ⁵³tsuɤ⁵³lou²⁴］

虽然现在已经不在了，［suei⁴⁴ʐan²⁴ɕian⁵³tsai⁵³i²¹tɕiŋ⁴⁴pu²⁴tsai⁵³lə⁰］

但是粮仓还在。[tan⁵³ ʂʅ⁰ liaŋ²⁴ tsʰaŋ⁴⁴ xai²⁴ tsai⁵³]

吴大澂带着勘测人员 [u²⁴ ta⁵³ tʂʰ ən²⁴ tai⁵³ tʂə⁰ kʰan⁴⁴ tsʰɤ⁵³ ʐən²⁴ yan²⁴]

进入了鬼岭,[tɕin⁵³ ʐu⁵³ lə⁰ kuei²⁴ liŋ²¹¹]

历经一个多月的勘测,[li⁵³ tɕiŋ⁴⁴ i²⁴ kə⁰ tuɤ⁴⁴ yɛ⁵³ tə⁰ kʰan⁴⁴ tsʰɤ⁵³]

吴大澂认为,[u²⁴ ta⁵³ tʂʰ ən²⁴ ʐən⁵³ uei²⁴]

鬼岭是一个地势开阔、[kuei²⁴ liŋ²¹ ʂʅ⁵³ i²⁴ kɤ⁵³ ti⁵³ ʂʅ⁵³ kʰai⁴⁴ kʰuɤ⁵³]

依山抱水的福地,[i⁴⁴ ʂan⁴⁴ pau⁵³ ʂuei²¹ tə⁰ fu²⁴ ti⁵³]

很有开发的价值。[xən²⁴ iou²¹ kʰai⁴⁴ fa⁴⁴ tə⁰ tɕia⁵³ tʂʅ²⁴]

于是,[y²⁴ ʂʅ⁵³]

他把勘探的结果[tʰa⁴⁴ pa²¹ kʰan⁴⁴ tʰan⁵³ tə⁰ tɕiɛ²⁴ kuɤ²¹]

和开发的想法,[xɤ²⁴ kʰai⁴⁴ fa⁴⁴ tə⁰ ɕiaŋ²⁴ fa²¹¹]

写进了奏折,[ɕiɛ²¹ tɕin⁵³ lə⁰ tsou⁵³ tʂɤ²⁴]

禀报给朝廷。[piŋ²¹ pau⁵³ kei²¹ tʂʰau²⁴ tʰiŋ⁰]

皇上准奏,[xuaŋ²⁴ ʂaŋ⁵³ tsuən²¹ tsou⁵³]

让吴大澂带领开发人员 [ʐaŋ⁵³ u²⁴ ta⁵³ tʂʰ ən²⁴ tai⁵³ liŋ²¹ kʰai⁴⁴ fa⁴⁴ ʐən²⁴ yan²⁴]

进入鬼岭,[tɕin⁵³ ʐu⁵³ kuei²⁴ liŋ²¹¹]

挥舞着开山大斧,[xuei⁴⁴ u²¹ tʂə⁰ kʰai⁴⁴ ʂan⁴⁴ ta⁵³ fu²¹¹]

使鬼岭四、四面环山的城,[ʂʅ²¹ kuei²⁴ liŋ²¹ sʅ⁵³ 、sʅ⁵³ mian⁵³ xuan²⁴ ʂan⁴⁴ tə⁰ tʂəŋ²⁴]

四面环山的森林,[sʅ⁵³ mian⁵³ xuan²⁴ ʂan⁴⁴ tə⁰ sən⁴⁴ lin²⁴]

变得四通八达,[pian⁵³ tə⁰ sʅ⁵³ tʰuŋ⁴⁴ pa⁴⁴ ta²⁴]

东至绥芬河,[tuŋ⁴⁴ tʂʅ⁵³ suei²⁴ fən⁴⁴ xɤ²⁴]

西连牡丹江,[ɕi⁴⁴ lian²⁴ mu²¹ tan⁴⁴ tɕiaŋ⁴⁴]

北达密山。[pei²¹ ta²⁴ mi⁵³ ʂan⁴⁴]

吴大澂看着开发后的鬼岭,[u²⁴ ta⁵³ tʂʰ ən²⁴ kʰan⁵³ tʂə⁰ kʰai⁴⁴ fa⁴⁴ xou⁵³ tə⁰ kuei²⁴ liŋ²¹¹]

便感叹道:[pian⁵³ kan²¹ tʰan⁵³ tau⁵³]

"这不就是八面通吗!"["tʂɤ⁵³ pu²⁴ tɕiou⁵³ ʂʅ⁵³ pa⁴⁴ mian⁵³ tʰuŋ⁴⁴ ma⁰!"]

所以后来的人们,[suɤ²⁴ i²¹ xou⁵³ lai²⁴ tə⁰ ʐən²⁴ mən²⁴]

把鬼岭便称作了八面通。[pa²¹ kuei²⁴ liŋ²¹ pian⁵³ tʂʰ əŋ⁴⁴ tsuɤ⁵³ lə⁰ pa⁴⁴ mian⁵³ tʰuŋ⁴⁴]

(有删减)

(以上由发音人王健航提供)

(三)穆棱白草沟

穆棱白草沟,[mu⁵³ liŋ²⁴ pai²⁴ tsʰau²¹ kou³³]
原先是个烂泥潭,[yan²⁴ ɕian³³ ʂʅ⁵³ kə⁰ lan⁵³ ɲi²⁴ tʰan²⁴]
泥潭底下是个无底的深坑,[ɲi²⁴ tʰan²⁴ ti²¹ ɕia⁰ ʂʅ⁵³ kə⁰ u²⁴ ti²¹ tə⁰ ʂən³³ kʰəŋ³³]

人，过不去，[ʐ̩ən²⁴, kuɤ⁵³pu⁰tɕʰy⁵³]

牲口，更走不了。[ʂəŋ³³kʰou⁰, kəŋ⁵³tsou²¹pu⁵³liau²¹¹]

这个地方总有水灾、火灾，[tʂɤ⁵³kə⁰ti⁵³faŋ⁰tʂuŋ²⁴iou²⁴suei²¹tsai³³、xuɤ²¹tsai³³]

草，都被烧光了，[tsʰau²¹, tou³³pei⁵³ʂau³³kuaŋ³³lə⁰]

人们住的房子都没有盖儿，[ʐ̩ən²⁴mən⁰tʂu⁵³tə⁰faŋ²⁴tsɻ̩⁰tou³³mei²⁴iou²¹kɐr⁵³]

牲口也没有草吃。[ʂəŋ³³kʰou⁰iɛ²¹mei²⁴iou²⁴tsʰau²¹tʂʰɻ̩³³]

在烂泥潭的山根儿下，[tsai⁵³lan⁵³ȵi²⁴tʰan²⁴tə⁰ʂan³³kər³³ɕia⁵³]

住着一户人家，[tʂu⁵³tʂə⁰i²⁴xu⁰ʐ̩ən²⁴tɕia³³]

这户人家，[tʂɤ⁵³xu⁰ʐ̩ən²⁴tɕia³³]

有一个非常可爱的女儿 [iou²¹i²⁴kə⁰fei³³tʂʰaŋ²⁴kʰɤ²¹ai⁵³tə⁰ȵy²¹ɚ²⁴]

叫作小丫。[tɕiau⁵³tsuɤ⁵³ɕiau²¹ia³³]

小丫天性聪明善良，[ɕiau²¹ia³³tʰian³³ɕiŋ⁵³tsʰuŋ³³miŋ⁰ʂan⁵³liaŋ²⁴]

她看人们住的房子[tʰa³³kʰan⁵³ʐ̩ən²⁴mən⁰tʂu⁵³tə⁰faŋ²⁴tsɻ̩⁰]

都没有盖儿，[tou³³mei²⁴iou²¹kɐr⁵³]

牲口也没有草吃，[ʂəŋ³³kʰou⁰iɛ²¹mei²⁴iou²⁴tsʰau²¹tʂʰɻ̩³³]

她便每天，[tʰa³³pian⁵³mei²¹tʰian³³]

躲到后面的山上，[tuɤ²¹tau⁵³xou⁵³mian⁵³tə⁰ʂan³³ʂaŋ⁰]

去给山神烧香，[tɕʰy⁵³kei²¹ʂan³³ʂən²⁴ʂau³³ɕiaŋ³³]

祈求山神，[tɕʰi²¹tɕʰiou²⁴ʂan³³ʂən²⁴]

能让这烂泥潭长出百草，[nəŋ²⁴ʐ̩aŋ⁵³tʂɤ⁵³lan⁵³ȵi²⁴tʰan²⁴tʂaŋ²¹tʂʰu³³pai²⁴tsʰau²¹¹]

可以给他们盖房子，[kʰɤ²⁴i²¹kei²¹tʰa³³mən⁰kai⁵³faŋ²⁴tsɻ̩⁰]

可以让牲口有草吃。[kʰɤ²⁴i²¹ʐ̩aŋ⁵³ʂəŋ³³kʰou⁰iou²⁴tsau²¹tʂʰɻ̩³³]

到了第七天，[tau⁵³lə⁰ti⁵³tɕʰi³³tʰian³³]

山神终于说话了，[ʂan³³ʂən²⁴tʂuŋ³³y²⁴ʂuɤ³³xua⁵³lə⁰]

山神告诉小丫，[ʂan³³ʂən²⁴kau⁵³suo⁰ɕiau²¹ia³³]

想让这烂泥潭长出百草，[ɕiaŋ⁵³ʐ̩aŋ⁵³tʂɤ⁵³lan⁵³ȵi²⁴tʰan²⁴tʂaŋ²¹tʂʰu³³pai²⁴tsau²¹¹]

必须要一个小女孩儿的心。[pi⁵³ɕy³³iau⁵³i²⁴kə⁰ɕiau²⁴ȵy²¹xɐr²⁴tə⁰ɕin³³]

这又是怎么回事呢？[tʂɤ⁵³iou⁵³ʂɻ̩⁵³tsən²¹mə⁰xuei²⁴ʂɻ̩⁵³nə⁰]

原来呀，[yan²⁴lai²⁴ia³³]

这烂泥潭里，[tʂɤ⁵³lan⁵³ȵi²⁴tʰan²⁴li²¹¹]

住着一条泥嘴龙，[tʂu⁵³tʂə⁰i⁵³tʰiau²⁴ȵi²⁴tsuei²¹luŋ²⁴]

这里有时着火，[tʂɤ⁵³li²⁴iou²¹ʂɻ̩²⁴tʂau²⁴xuo²¹¹]

有时发水，[iou²¹ʂɻ̩²⁴fa³³ʂuei²¹¹]

都是因为[tou³³ʂɻ̩⁵³in³³uei⁵³]

这条泥嘴龙在作怪，[tʂɤ⁵³tʰiau²⁴ȵi²⁴tsuei²¹luŋ²⁴tsai⁵³tsuɤ⁵³kuai⁵³]

他一定要吃一个[tʰa³³i²⁴tiŋ⁵³iau⁵³tʂʅ³³i²⁴kə⁰]

小女孩儿的心，[ɕiau²⁴ȵy²¹xɐr²⁴tə⁰ɕin³³]

才会离开这里，[tsʰai²⁴xuei⁵³li²⁴kʰai³³tʂɤ⁵³li²¹¹]

远走高飞。[yan²⁴tsou²¹kau³³fei³³]

山神告诉小丫：[ʂan³³ʂən²⁴kau⁵³su⁰ɕiau²¹ia³³]

"如果你是真诚的话，["ʐu²⁴kuɤ²¹ȵi²¹ʂʅ⁵³tʂən³³tʂʰəŋ²⁴tə⁰xua⁵³]

你就把你的心，[ȵi²¹tɕiou⁵³pa²⁴ȵi²¹tə⁰ɕin³³]

给这个泥嘴龙吃了，[kei²¹tʂei⁵³kə⁰ȵi²¹tsuei²¹luŋ²⁴tʂʅ³³lə⁰]

这里从此以后，[tʂɤ⁵³li²¹tsʰuŋ²⁴tsʰʅ²⁴i²¹xou⁵³]

就会好起来了。"[tɕiou⁵³xuei⁵³xau²⁴tɕʰi²¹lai²⁴lə⁰。"]

小丫听罢回到家里，[ɕiau²¹ia³³tʰiŋ³³pa⁵³xuei²⁴tau⁵³tɕia³³li²¹¹]

把这番话告诉了她的爹娘。[pa²¹tʂɤ⁵³fan³³xua⁵³kau⁵³su⁰lə⁰tʰa³³tə⁰tiɛ³³ȵiaŋ²⁴]

爹娘听罢告诉小丫：[tiɛ³³ȵiaŋ²⁴tʰiŋ³³pa⁵³kau⁵³su⁰ɕiau²¹ia³³]

"我这怎么可以呀，["uɤ²¹tʂɤ⁵³tsən²¹mə⁰kʰɤ²⁴i²¹ia⁰]

我们老两口儿[uɤ²¹mən⁰lau²¹liaŋ²⁴kʰour²¹]

就你这么一个宝贝女儿，[tɕiou⁵³ȵi²¹tsən⁵³mə⁰i²⁴kə⁰pau²¹pei⁵³ȵy²¹ɚ²⁴]

怎么能这么做呢？"[tsən²¹mə⁰nəŋ²⁴tʂən⁵³mə⁰tsuɤ⁵³nə⁰？"]

说完便没有了话。[ʂuɤ³³uan²⁴pian⁵³mei²⁴iou²¹lə⁰xua⁵³]

可是过了几天，[kʰɤ²¹ʂʅ⁰kuɤ⁵³lə⁰tɕi²¹tʰian³³]

突然下起了狂风暴雨，[tʰu³³ʐan²⁴ɕia⁵³tɕʰi²¹lə⁰kʰuaŋ²⁴fəŋ³³pau⁵³y²¹¹]

村里的家家户户[tsuən³³li²¹tə⁰tɕia³³tɕia³³xu⁵³xu⁵³]

因为房子没有盖儿，[in³³uei⁵³faŋ²⁴tsʅ⁰mei²⁴iou²¹kɐr⁵³]

都遭了殃，[tou³³tsau³³lə⁰iaŋ³³]

尤其是那些家里[iou²⁴tɕʰi²⁴ʂʅ⁵³nei⁵³ɕiɛ⁵³tɕia³³li⁰]

有刚刚出生的婴儿的，[iou²¹kaŋ³³kaŋ³³tʂʰu³³ʂəŋ³³tə⁰iŋ³³ɚ²⁴tə⁰]

就更加难过了。[tɕiou⁵³kəŋ⁵³tɕia³³nan²⁴kuɤ⁵³lə⁰]

小丫看到这一切，[ɕiau²¹ia³³kʰan⁵³tau⁵³tʂɤ⁵³i²⁴tɕʰiɛ⁵³]

心里真的非常非常地难过。[ɕin³³li²¹tʂən³³tə⁰fei³³tʂʰaŋ²⁴fei³³tʂʰaŋ²⁴tə⁰nan²⁴kuɤ⁵³]

等到第二天天一晴，[təŋ²¹tau⁵³ti⁵³ɐr⁵³tʰian³³tʰian³³i⁵³tɕʰiŋ²⁴]

小丫便背着父母，[ɕiau²¹ia³³pian⁵³pei⁵³tʂə⁰fu⁵³mu²¹¹]

偷偷地来到了这个烂泥潭。[tʰou³³tʰou³³tə⁰lai²⁴tau⁵³lə⁰tʂɤ⁵³kə⁰lan⁵³ȵi²⁴tʰan²⁴]

果然，[kuɤ²¹ʐan²⁴]

烂泥潭里，[lan⁵³ȵi²⁴tʰan²⁴li²¹¹]

有一条泥嘴龙[iou²¹i⁵³tʰiau²⁴ȵi²⁴tsuei²¹luŋ²⁴]

在上下翻腾地作怪。[tsai⁵³ʂaŋ⁵³ɕia⁵³fan³³təŋ²⁴tə⁰tsuɤ⁵³kuai⁵³]

这条泥嘴龙 [tʂɤ⁵³tʰiau²⁴ȵi²⁴tsuei²¹luŋ²⁴]

看到小丫来了之后, [kʰan⁵³tau⁵³ɕiau²¹ia³³lai²⁴lə⁰tʂʅ³³xou⁵³]

便张嘴说话了, [pian⁵³tʂaŋ³³tsuei²¹ʂuɤ³³xua⁵³lə⁰]

告诉小丫: [kau⁵³su⁰ɕiau²¹ia³³]

"如果你把你的心给我吃了, ["zu²⁴kuɤ²¹ȵi²⁴pa²¹ȵi²¹tə⁰ɕin³³kei²⁴uɤ²¹tʂʰʅ³³lə⁰]

我便从此以后离开这里, [uɤ²¹pian⁵³tʂʰuŋ²⁴tsʰʅ²⁴i²¹xou⁵³li²⁴kʰai³³tʂɤ⁵³li²¹¹]

远走高飞, [yan²⁴tsou²¹kau³³fei³³]

再也不来这里作乱了。" [tsai⁵³iɛ²¹pu⁵³lai²⁴tʂɤ⁵³li²¹tsuɤ⁵³luan⁵³lə⁰。"]

小丫听完告诉泥嘴龙: [ɕiau²¹ia³³tʰiŋ³³uan²⁴kau⁵³su⁰ȵi²⁴tsuei²¹luŋ²⁴]

"你吃了我可以, ["ȵi²¹tʂʰʅ³³lə⁰uɤ²¹kʰɤ²⁴i²¹¹]

但是你必须要答应我, [tan⁵³ʂʅ⁵³ȵi²¹pi⁵³ɕy³³iau⁵³ta³³iŋ⁵³uɤ²¹¹]

从此以后, [tsʰuŋ²⁴tsʰʅ²⁴i²¹xou⁵³]

让这烂泥潭长出百草, [zaŋ⁵³tʂɤ⁵³lan⁵³ȵi²⁴tʰan²⁴tʂaŋ²¹tʂʰu³³pai²⁴tsʰau²¹¹]

可以给我们盖房子, [kʰɤ²⁴i²¹kei²⁴uɤ²¹mən⁰kai⁵³faŋ²⁴tsʅ⁰]

可以让牲口有草吃。" [kʰɤ²⁴i²¹zaŋ⁵³ʂəŋ³³kʰou⁰iou²¹tsʰau²¹tʂʰʅ³³。"]

泥嘴龙听罢, [ȵi²⁴tsuei²¹luŋ²⁴tʰiŋ³³pa⁵³]

便觉得很容易, [pian⁵³tɕyɛ²⁴tə⁰xən²¹zuŋ²⁴i⁵³]

很痛快地就答应了小丫。 [xən²¹tʰuŋ⁵³kʰuai⁵³tə⁰tɕiou³³ta³³iŋ⁵³lə⁰ɕiau²¹ia³³]

可是这泥嘴龙还是听错了, [kʰɤ²¹ʂʅ⁵³tʂɤ⁵³ȵi²⁴tsuei²¹luŋ²⁴xai²⁴ʂʅ⁵³tʰiŋ³³tsʰuɤ⁵³lə⁰]

它以为长百草, [tʰa³³i²¹uei²⁴tʂaŋ²¹pai²⁴tsʰau²¹¹]

就是长出那种 [tɕiou⁵³ʂʅ⁵³tʂaŋ²¹tʂʰu³³nei⁵³tʂuŋ²¹]

大叶子的白色的草。 [ta⁵³iɛ⁵³tsʅ⁰tə⁰pai²⁴sɤ⁵³tə⁰tsʰau²¹¹]

打那以后, [ta²¹na⁵³i²¹xou⁵³]

每年的秋天, [mei²⁴ȵian²⁴tə⁰tɕʰiou³³tʰian³³]

这里的草 [tʂɤ⁵³li²¹tə⁰tsʰau²¹]

都会抽出雪白雪白的穗子, [tou³³xuei⁵³tʂʰou³³tʂʰu³³ɕyɛ²¹pai²⁴ɕyɛ²¹pai²⁴tə⁰suei⁵³tsʅ⁰]

远远地望去, [yan²⁴yan²¹tə⁰uaŋ⁵³tɕʰy⁵³]

银白的一片, [in²⁴pai²⁴tə⁰i²⁴pʰian⁵³]

人们就用这种草 [zən²⁴mən²⁴tɕiou⁵³yŋ⁵³tʂei⁵³tʂuŋ²⁴tsʰau²¹]

盖房子, 喂牲口。 [kai⁵³faŋ²⁴tsʅ⁰, uei⁵³ʂəŋ³³kʰou⁰]

从此以后, [tsʰuŋ²⁴tsʰʅ²⁴i²¹xou⁵³]

人们为了纪念小丫, [zən²⁴mən⁰uei⁵³lə⁰tɕi⁵³ȵian⁵³ɕiau²¹ia³³]

便把这烂泥潭 [pian⁵³pa²¹tʂɤ⁵³lan⁵³ȵi²⁴tʰan²⁴]

改名叫作白草沟啦。 [kai²¹miŋ²⁴tɕiau⁵³tsuɤ⁵³pai²⁴tsʰau²¹kou³³la⁰]

（四）金疙瘩沟

相传过去呀，[ɕiŋ³³tʂʰuan²⁴kuɤ⁵³tɕʰy⁵³ia³³]

有这么一伙人，[iou²¹tsən⁵³mə⁰i⁵³xuɤ⁵³ʐən²⁴]

来到穆棱市[lai²⁴tau⁵³mu⁵³liŋ²⁴ʂʅ⁵³]

福禄东沟儿附近呀，[fu²¹lu⁵³tuŋ³³kour³³fu⁵³tɕin⁵³ia⁵³]

搭了个窝棚，[ta³³lə⁰kə⁰uɤ³³pʰəŋ⁰]

七八个人就在这个窝棚里[tɕʰi³³pa³³kɤ⁵³ʐən²⁴tɕiou⁵³tsai⁵³tʂei⁵³kə⁰uɤ³³pʰəŋ⁰li²¹]

就这么住了下来，[tɕiou⁵³tsən⁵³mə⁰tʂu⁵³lə⁰ɕia⁵³lai²⁴]

他们有一个人[tʰa³³mən⁰iou²¹i²⁴kə⁰ʐən²⁴]

是专门负责做饭的。[ʂʅ⁵³tʂuan³³mən²⁴fu⁵³tsɤ²⁴tsuɤ⁵³fan⁵³tə⁰]

离他们住的地方不远，[li²⁴tʰa³³mən⁰tʂu⁵³tə⁰ti⁵³faŋ³³pu⁵³yan²¹¹]

就有一个大水泡子，[tɕiou⁵³iou²¹i²⁴kə⁰ta⁵³ʂuei²¹pʰau³³tsʅ⁰] 水泡子:大的水滩、水坑

水泡子边上是一所大山，[ʂuei²¹pʰau³³tsʅ⁰pian³³ʂaŋ⁵³ʂʅ⁵³i²⁴suɤ²¹ta⁵³ʂan³³]

他们每天就吃[tʰa³³mən⁰mei²¹tʰian²⁴tɕiou⁵³tʂʅ³³]

这个泡子里的水，[tʂei⁵³kə⁰pʰau³³tsʅ⁰li²¹tə⁰ʂuei²¹¹]

做饭的每天[tsuɤ⁵³fan⁵³tə⁰mei²¹tʰian³³]

都到这个泡子里[tou³³tau⁵³tʂei⁵³kə⁰pʰau³³tsʅ⁰li²¹]

来打水。[lai²⁴ta²⁴ʂuei²¹¹]

他就发现，泡子里呀，[tʰa³³tɕiou⁵³fa³³ɕian⁵³,pʰau³³tsʅ⁰li²¹ia⁰]

有一块儿金灿灿的，[iou²¹i²⁴kuɐr⁵³tɕin³³tsʰan⁵³tsʰan⁵³tə⁰]

月牙形状的东西在发光，[yɛ⁵³ia²⁴ɕiŋ²⁴tʂuaŋ⁵³tə⁰tuŋ³³ɕi⁰tsai⁵³fa³³kuaŋ³³]

他便不自觉的[tʰa³³pian⁵³pu²⁴tsʅ⁵³tɕyɛ²⁴tə⁰]

拿起一根棍子进去扒拉，[na²⁴tɕʰi²¹i⁵³kən³³kuən⁵³tsʅ⁰tɕin⁵³tɕʰy⁰pa³³la⁰]

一扒拉这个东西就没有了，[i⁵³pa³³la⁰tʂei⁵³kə⁰tuŋ³³ɕi⁰tɕiou⁵³mei²⁴iou²¹lə⁰]

过了一会儿能看到的时候[kuɤ⁵³lə⁰i⁵³xuər²¹nəŋ²⁴kʰan⁵³tau⁵³tə⁰ʂʅ²⁴xou⁰]

他再一扒拉，[tʰa³³tsai⁵³i⁵³pa³³la⁰]

又没有了。[iou⁵³mei²⁴iou²¹lə⁰]

这种情况啊，[tʂei⁵³tʂuŋ²¹tɕʰiŋ²⁴kʰuaŋ⁵³ŋa³³]

也不是一天两天了，[iɛ²¹pu²⁴ʂʅ⁵³i⁵³tʰian³³liaŋ²¹tʰian³³lə⁰]

他也弄不明白是怎么回事。[tʰa³³iɛ²¹nuŋ⁵³pu⁵³miŋ²⁴pai⁰ʂʅ⁵³tsən²¹mə⁰xuei²⁴ʂʅ⁵³]

慢慢的呢，[man⁵³man³³tə⁰nə⁰]

这件事啊[tʂei⁵³tɕian⁵³ʂʅ⁵³ʐa⁰]

就被睡在他身边的那个人[tɕiou⁵³pei⁵³ʂuei⁵³tsai⁵³tʰa³³ʂən³³pian³³tə⁰nei⁵³kə⁰ʐən²⁴]

知道了。[tʂʅ³³tau⁵³lə⁰]

有一天，［iou²¹i⁵³tʰian³³］

这个早晨起来，［tʂei⁵³kə⁰tsau²¹ʂən²⁴tɕʰi²¹lai²⁴］

做饭的就去打水，［tsuɣ⁵³fan⁵³tə⁰tɕiou⁵³tɕʰy⁵³ta²⁴ʂuei²¹¹］

睡在他身边的这个人呢，［ʂuei⁵³tsai⁵³tʰa³³ʂən³³pian³³tə⁰tʂei⁵³kə⁰ʐən²⁴nə⁰］

悄悄地跟在他的身后，［tɕʰiau³³tɕʰiau³³tə⁰kən³³tsai⁵³tʰa³³tə⁰ʂən³³xou⁵³］

就一起去了［tɕiou⁵³i⁵³tɕʰi²¹tɕʰy⁵³lə⁰］

那个水泡子边上。［nei⁵³kə⁰ʂuei²¹pʰau³³tsʅ⁰pian³³ʂaŋ⁰］

这个人就看到［tʂei⁵³kə⁰ʐən²⁴tɕiou⁵³kʰan⁵³tau⁵³］

做饭的把水桶放在一边，［tsuɣ⁵³fan⁵³tə⁰pa²¹ʂuei²⁴tʰuŋ²¹faŋ⁵³tsai⁵³i⁵³pian³³］

拿起一根棍子，［na²⁴tɕʰi²¹i⁵³kən³³kuən⁵³tsʅ⁰］

在水里呀不停地捞，［tsai⁵³ʂuei²⁴li²¹ia³³pu⁵³tʰiŋ²⁴tə⁰lau³³］

不知道在捞些什么，［pu⁵³tʂʅ³³tau⁵³tsai⁵³lau³³ɕiɛ³³ʂən²⁴mə⁰］

他也想不明白，［tʰa³³iɛ²⁴ɕiaŋ²¹pu⁵³miŋ²⁴pai⁵³］

他就走到这个［tʰa³³tɕiou⁵³tsou²¹tau⁵³tʂɣ⁵³kə⁰］

做饭的边上啊［tsuɣ⁵³fan⁵³tə⁰pian³³ʂaŋ⁰ŋa³³］

去问：［tɕʰy⁵³uən⁵³］

"哎！你在干什么呢？"［"ai³³！ȵi²¹tsai⁵³kan⁵³ʂən²⁴mə⁰nə⁰？"］

做饭的呢［tsuɣ⁵³fan⁵³tə⁰nə⁰］

被突然来到的这个人哪［pei⁵³tʰu³³ʐan²⁴lai²⁴tau⁵³tə⁰tʂɣ⁵³kə⁰ʐən²⁴na⁰］

吓了一跳，［ɕia⁵³lə⁰i²⁴tʰiau⁵³］

看人看见人来了［kʰan⁵³ʐən²⁴kʰan⁵³tɕian⁰ʐən²⁴lai²⁴lə⁰］

只好老实说：［tʂʅ²⁴xau²⁴lau²¹ʂʅ²⁴ʂuɣ³³］

"你看，这个水里呀，［"ȵi²¹kʰan⁵³，tʂɣ⁵³kə⁰ʂuei²⁴li²¹ia³³］

有个东西，我想把它捞上来，［iou²¹kə⁰tuŋ³³ɕi⁰，uɣ²⁴ɕiaŋ²⁴pa²¹tʰa³³lau³³ʂaŋ⁵³lai⁰］

可是怎么样也捞不上来。"［kʰɣ²¹ʂʅ⁵³tsən²¹mə⁰iaŋ⁵³iɛ²¹lau³³pu²⁴ʂaŋ⁵³lai²⁴。"］

那个人听完，［nei⁵³kə⁰ʐən²⁴tʰiŋ³³uan²⁴］

便瞅了瞅水里，［pian⁵³tʂʰou²¹lə⁰tʂʰou²¹ʂuei²⁴li²¹¹］

接过做饭手里的棍子，［tɕiɛ³³kuɣ⁵³tsuɣ⁵³fan⁵³ʂou²⁴li²¹tə⁰kuən⁵³tsʅ⁰］

也进去捞了起来，［iɛ²¹tɕin⁵³tɕʰy⁵³lau³³lə⁰tɕʰi²¹lai⁰］

捞了几下之后呢，［lau³³lə⁰tɕi²¹ɕia³³tʂʅ³³xou⁵³nə⁰］

也是捞不上来。［iɛ²¹ʂʅ⁵³lau³³pu⁵³ʂaŋ⁵³lai²⁴］

两个人哪，［liang²¹kə⁰ʐən²⁴na⁰］

都没弄明白是怎么回事，［tou³³mei²⁴nuŋ⁵³miŋ²⁴pai⁰ʂʅ⁵³tsən²¹mə⁰xuei²⁴ʂʅ⁵³］

便都回去了。［pian⁵³tou³³xuei²⁴tɕʰy⁰lə⁰］

回去了之后呢，［xuei²⁴tɕʰy⁰lə⁰tʂʅ³³xou⁵³nə⁰］

这个人便想，[tʂei⁵³kə⁰ʐən²⁴pian⁵³ɕiaŋ²¹¹]

会不会是在山上有问题呀？[xuei⁵³puº xuei⁵³ʂʅ⁵³tsai⁵³ʂan³³ʂaŋ⁰iou²¹uən⁵³tʰi²⁴iaº]

他就又来到[tʰa³³tɕiou⁵³iou⁵³lai²⁴tau⁵³]

这个水泡子边上，[tʂei⁵³kə⁰ʂuei²¹pʰau³³tsʅ⁰pian³³ʂaŋ⁰]

看了看水里，[kʰan⁵³lə⁰kʰan⁵³ʂuei²⁴li²¹¹]

看了看对面的山，[kʰan⁵³lə⁰kʰan⁵³tuei⁵³mian⁵³tə⁰ʂan³³]

心想：[ɕin³³ɕiaŋ²¹¹]

没准儿啊真的在对面的山上。[mei²⁴tʂuər²¹ʐaº tʂən³³tə⁰tsai⁵³tuei⁵³mian⁵³tə⁰ʂan³³ʂaŋ⁰]

他便一个人来到了山上，[tʰa³³pian⁵³i²⁴kə⁰ʐən²⁴lai²⁴tau⁵³lə⁰ʂan³³ʂaŋ⁰]

自己站在山顶，[tsʅ⁵³tɕi²¹tʂan⁵³tsai⁵³ʂan³³tiŋ²¹¹]

往山下看，[uaŋ²¹ʂan³³ɕia⁵³kʰan⁵³]

在半山腰的石砬子上，[tsai⁵³pan⁵³ʂan³³iau³³tə⁰ʂʅ²⁴la²⁴tsʅ⁰ʂaŋ⁰]

真的有那么一块儿[tʂən³³tə⁰iou²¹na⁵³mə⁰i²⁴kʰuɐr⁵³]

闪闪发光的东西，[ʂan²⁴ʂan²¹fa³³kuaŋ³³tə⁰tuŋ³³ɕiº]

他便回去取了一根绳子回来，[tʰa³³pian⁵³xuei²⁴tɕʰy⁵³tɕʰy²¹lə⁰i⁵³kən³³ʂəŋ²⁴tsʅ⁰xuei²⁴laiº]

来到山上拴在树上，[lai²⁴tau⁵³ʂan³³ʂaŋ⁰ʂuan³³tsai⁵³ʂu⁵³ʂaŋ⁵³]

顺着绳子下到了，[ʂuən⁵³tʂəº ʂəŋ²⁴tsʅ⁰ɕia⁵³tau⁵³lə⁰]

这个半山腰的石砬子上，[tʂei⁵³kə⁰pan⁵³ʂan³³iau³³tə⁰ʂʅ²⁴la²⁴tsʅ⁰ʂaŋ⁰]

一把抓住了[i⁵³pa²¹tʂua³³tɕʰi²¹lə⁰]

这个会发光的东西，[tʂɤ⁵³kə⁰xuei⁵³fa³³kuaŋ³³tə⁰tuŋ³³ɕiº]

便揣在了自己的兜里，[pian⁵³tʂʰuai³³tsai⁵³lə⁰tsʅ⁵³tɕi²¹tə⁰tou³³li²¹]

就回去了。[tɕiou⁵³xuei²⁴tɕʰyº lə⁰]

第二天，[ti⁵³ɐr⁵³tʰian³³]

做饭的[tsuɤ⁵³fan⁵³tə⁰]

又来到水泡子边打水，[iou⁵³lai²⁴tau⁵³ʂuei²¹pʰau³³tsʅ⁰pian³³ta²⁴ʂuei²¹¹]

发现那个会发光的东西[fa³³ɕian⁵³nei⁵³kə⁰xuei⁵³fa³³kuaŋ³³tə⁰tuŋ³²ɕiº]

没有了，[mei²⁴iou²¹lə⁰]

他心里也有数儿，[tʰa³³ɕin³³li²¹iɛ²⁴iou²¹ʂur⁵³]

心想，[ɕin³³ɕiaŋ²¹¹]

是不是被那个人给拿走了？[ʂʅ⁵³puº ʂʅ⁵³pei⁵³nei⁵³kə⁰ʐən²⁴kei²¹na²⁴tsou²¹lə⁰]

他打完水回去做好饭，[tʰa³³ta²¹uan²⁴ʂuei²¹xuei²⁴tɕʰy⁵³tsuɤ⁵³xau²¹fan⁵³]

等大家伙儿[təŋ²¹ta⁵³ɕia³³xuɤr²¹]

都吃完饭去采金去了，[tou³³tʂʰʅ³³uan²⁴fan⁵³tɕy⁵³tsʰai²¹tɕin³³tɕʰy⁵³lə⁰]

他便看到，[tʰa³³pian⁵³kʰan⁵³tau⁵³]

曾经跟他一起[tsʰəŋ²⁴tɕiŋ²⁴kən³³tʰa³³i⁵³tɕʰi²¹]

去过水泡子边的那个人哪，[tɕʰy⁵³kuɤ⁵³ʂuei²¹pʰau³³tsʅ⁰pian³³tə⁰nei⁵³kə⁰ʐən²⁴na⁰]

对着一起干活的人说：[tuei⁵³tʂə⁰i²¹tɕʰi²¹kan⁵³xuɤ²⁴tə⁰ʐən²⁴ʂɤ³³]

"今天我的肚子不太舒服，["tɕin³³tʰian³³uɤ²¹tə⁰tu⁵³tsʅ⁰pu²⁴tʰai⁵³ʂu³³fu⁰]

我就不去干活儿了。"[uɤ²¹tɕiou⁵³pu²⁴tɕʰy⁵³kan⁵³xuɤr²⁴lə⁰。"]

说完便转身[ʂɤ³³uan²⁴pian⁵³tʂuan²¹ʂən³³]

回了窝棚躺下啦。[xuei²⁴lə⁰uɤ³³pʰəŋ⁰tʰaŋ²¹ɕia⁰la⁰]

他就看着，[tʰa³³tɕiou⁵³kʰan⁵³tʂə⁰]

等那个人趁没有人[təŋ²¹nei⁵³kə⁰ʐən²⁴tʂʰən⁵³mei²⁴iou²¹ʐən²⁴]

注意他的时候，[tʂu⁵³i⁰tʰa³³tə⁰ʂʅ²⁴xou⁰]

把铺盖一卷，[pa²¹pʰu³³kai⁰i⁵³tɕyan²¹¹]

起身对别人说了句：[tɕʰi²¹ʂən³³tuei⁵³piɛ²⁴ʐən²⁴ʂɤ³³lə⁰tɕy⁵³]

"我去上厕上茅房。"["uɤ²¹tɕʰy⁵³ʂaŋ⁵³tsʰɤ⁵³ʂaŋ⁵³mau²⁴faŋ²⁴。"]

转身就走了出去。[tʂuan²¹ʂən³³tɕiou⁵³tsou²¹lə⁰tʂʰu³³tɕʰy⁰]

做饭的一看，[tsuɤ⁵³fan⁵³tə⁰i²⁴kʰan⁵³]

便快步跟了上去，[pian⁵³kʰuai⁵³pu⁵³kən³³lə⁰ʂaŋ⁵³tɕy⁰]

高声叫道：[kau³³ʂəŋ³³tɕiau⁵³tau⁵³]

"喂！站住！["uei⁵³！tʂan⁵³tʂu⁵³]

把那东西弄走啦，[pa²¹nei⁵³tuŋ³³ɕi⁰nuŋ⁵³tsou²¹la⁰]

怎么就想溜啦？"[tsən²¹mə⁰tɕiou⁵³ɕiaŋ²¹liou²¹la⁰？"]

那个人一看做饭的追了上来，[nei⁵³kə⁰ʐən²⁴i²⁴kʰan⁵³tsuɤ⁵³fan⁵³tə⁰tʂuei³³le⁰ʂaŋ⁵³lai²⁴]

便说：[pian⁵³ʂɤ³³]

"我弄了什么呀？["uɤ²¹nuŋ⁵³lə⁰ʂəŋ²⁴mə⁰ia⁵³]

我什么也没弄啊。"[uɤ²¹ʂəŋ²⁴mə⁰iɛ²¹mei²⁴nuŋ⁵³ŋa⁰。"]

做饭的说道：[tsuɤ⁵³fan⁵³tə⁰ʂɤ³³tau⁵³]

"你没弄？["ȵi²¹mei²⁴nuŋ⁵³]

我怎么今天早上[uɤ²⁴tsən²¹mə⁰tɕin³³tʰian³³tsau²¹ʂaŋ⁰]

去打水的时候，[tɕʰy⁵³ta²⁴ʂuei²¹tə⁰ʂʅ²⁴xou⁰]

看不到那个[kʰan⁵³pu²⁴tau⁵³nei⁵³kə⁰]

会发光的东西了呀？"[xuei⁵³fa³³kuaŋ³³tə⁰tuŋ³³ɕi⁰lə⁰ia⁰？"]

那个人便说道：[nei⁵³kə⁰ʐən²⁴pian⁵³ʂɤ³³tau⁵³]

"你看！["ȵi²¹kʰan⁵³]

咱哥儿俩，我还能唬你吗？"[tsan²⁴kɤr³³lia²¹¹，uɤ²¹xai²⁴nəŋ²⁴xu²⁴ȵi²¹ma⁰？"]

做饭的说道：[tsuɤ⁵³fan⁵³tə⁰ʂɤ³³tau⁵³]

"不行！["pu⁵³ɕiŋ²⁴]

我今天一定要看看［uɤ²¹tɕin³³tʰian³³i²⁴tiŋ⁵³iau⁵³kʰan⁵³kʰan⁰］

那到底是个什么东西。"［na⁵³tau⁵³ti²¹ʂʅ⁵³kə⁰ʂən²⁴mə⁰tuŋ³³ɕi⁰。"］

那个人一看，［nei⁵³kə⁰ʐən²⁴i²⁴kʰan⁵³］

这个做饭的脾气真的不好，［tʂei⁵³kə⁰tsuɤ⁵³fan⁵³tə⁰pʰi²⁴tɕʰi⁰tʂən³³tə⁰pu⁵³xau²¹¹］

又一想，［iou⁵³i⁵³ɕiaŋ²¹¹］

自己好像真的不太地道，［tsʅ⁵³tɕi⁰xau²¹ɕiaŋ⁵³tʂən³³tə⁰pu²⁴tʰai⁵³ti⁵³tau⁰］

便转身掏出了这个［pian⁵³tʂuan²¹ʂən³³tʰau³³tʂʰu³³lə⁰tʂei⁵³kə⁰］

会发光的东西。［xuei⁵³fa³³kuaŋ³³tə⁰tuŋ³³ɕi⁰］

做饭的一看，［tsuɤ⁵³fan⁵³tə⁰i²⁴kʰan⁵³］

这不是块儿金疙瘩吗？［tʂɤ⁵³pu²⁴ʂʅ⁵³kʰɐr⁵³tɕin³³ka³³ta⁰ma⁰］

打那以后，［ta²¹na⁵³i²¹xou⁵³］

慢慢地又有人在［man⁵³man³³tə⁰iou⁵³iou²¹ʐən²⁴tsai⁵³］

陆续在那条山沟里，［lu⁵³ɕy⁵³tsai⁵³na⁵³tʰiau²⁴ʂan³³kou³³li²¹¹］

发现了金疙瘩。［fa³³ɕian⁵³lə⁰tɕin³³ka³³ta⁰］

久而久之，［tɕiou²¹ɚ²⁴tɕiou²¹tʂʅ³³］

越来越多的采金人，［yɛ⁵³lai²⁴yɛ⁵³tuɤ³³tə⁰tsʰai²¹tɕin³³ʐən²⁴］

陆陆续续地来到这个山沟儿，［lu⁵³lu⁵³ɕy⁵³ɕy⁵³tə⁰lai²⁴tau⁵³tʂei⁵³kə⁰ʂan³³kour³³］

来采金疙瘩，［lai²⁴tsʰai²¹tɕin³³ka³³ta⁰］

久而久之啊这个山沟儿，［tɕiou²¹ɚ²⁴tɕiou²¹tʂʅ³³ʐa⁰tʂei⁵³kə⁰ʂan³³kour³³］

也就被叫成金疙瘩沟儿啦。［iɛ²¹tɕiou⁵³pei⁵³tɕiau⁵³tʂʰəŋ²⁴tɕin³³ka³³ta⁰kour³³la⁰］

（以上由发音人李志强提供）

四　自选条目

俗语

1. 天上钩儿钩儿云，［tʰian³³ʂaŋ⁵³kour³³kour³³yn³⁵］钩钩云：即钩卷云，像有着长长拖尾的逗号，呈现出白色丝缕状

地下雨淋淋。［ti⁵³ɕia⁵³y²¹lin³⁵lin³⁵］

2. 旱刮东南不下雨，［xan⁵³kua³³tuŋ³³nan³⁵pu³⁵ɕia⁵³y²¹²］

涝刮东南不晴天。［lau⁵³kua³³tuŋ³³nan³⁵pu³⁵tɕʰiŋ³⁵tʰian³³］

3. 水缸穿裙，山戴帽儿，［suei²¹kaŋ³³tsʰuan³³tɕyn³⁵，san³³tai⁵³maur⁵³］

燕子钻天，蛇盘道，［ian⁵³tsʅ⁰tsuan³³tʰian³³，sɤ³⁵pʰan³⁵tau⁵³］

不久雨就到。［pu⁵³tɕiou³⁵y²¹tɕiou⁵³tau⁵³］

4. 云往东，［yn³⁵uaŋ²¹tuŋ³³］

一场空；[i⁵³tsʰaŋ²¹kʰuŋ³³]

云往西，[yn³⁵uaŋ²¹ɕi³³]

披蓑衣。[pʰi³³suɤ³³i³³]

5. 屋里泛青苔，[u³³li²¹fan⁵³tɕiŋ³³tʰai³³]

必有大雨来。[pi⁵³iou²¹ta⁵³y²¹lai³⁵]

6. 满天乱飞云，[man²¹tʰian³³luan⁵³fei³³yn³⁵]

雨雪下不停。[y³⁵ɕiɛ²¹ɕia⁵³puᵒtʰiŋ³⁵]

7. 天上乌云盖，[tʰian³³saŋ⁵³u³³in³⁵kai⁵³]

大雨来得快。[ta⁵³y²¹lai³⁵təᵒkʰuai⁵³]

8. 有雨天边亮，[iou³⁵y²¹tʰian³³pian³³liaŋ⁵³]

无雨顶上光。[u³⁵y²¹tiŋ²¹ʂaŋ⁵³kuaŋ³³]

9. 喜鹊枝头叫，[ɕi²¹tɕʰyɛ⁵³tʂɿ³³tʰou³⁵tɕiau⁵³]

出门儿晴天报。[tʂʰu³³mər³⁵tɕʰiŋ³⁵tʰian³³pau⁵³]

10. 蚊子咬得怪，[uən³⁵tsɿ²¹iau²¹təᵒkuai⁵³]

天气要变坏。[tʰian³³tɕʰi⁵³iau⁵³pian⁵³xuai⁵³]

11. 河里泛青苔，[xɤ³⁵li²¹fan⁵³tɕʰiŋ³³tʰai³³]

必有大雨来。[pi⁵³iou²¹ta⁵³y²¹lai³⁵]

12. 蚯蚓路上爬，[tɕʰiou³³in²¹lu⁵³ʂaŋ⁵³pʰa³⁵]

雨水乱如麻。[y³⁵suei²¹luan⁵³ʐu³⁵ma³⁵]

13. 蝼蛄唱歌儿，[lou³⁵ku³³tʂʰaŋ⁵³kɤr³³]

天气晴和。[tʰian³³tɕʰi⁵³tɕʰiŋ³⁵xɤ³⁵]

14. 长虫过道，[tʂaŋ³⁵tʂʰəŋᵒkuɤ⁵³tau⁵³]长虫：蛇

下雨之兆，[ɕia⁵³y²¹tʂɿ³³tsau⁵³]

蛤蟆哇哇叫，[xa³⁵maᵒua³³uaᵒtɕiau⁵³]

大雨就要到。[ta⁵³y²¹tɕiou⁵³iau⁵³tau⁵³]

15. 老牛抬头朝天嗅，[lau²¹ȵiou³⁵tʰai³⁵tʰou³⁵tʂau³⁵tʰian³³ɕiou⁵³]

雨临头。[y²¹lin³⁵tʰou³⁵]

马嘴朝天，[ma³⁵tsuei²¹tsʰau³⁵tʰian³³]

大雨在前。[ta⁵³y²¹tsai⁵³tɕʰian³⁵]

16. 鱼儿出水跳，[y³⁵ɚ³⁵tʂʰu³³ʂuei²¹tʰiau⁵³]

风雨就要到。[fəŋ³³y²¹tɕiou⁵³iau⁵³tau⁵³]

17. 蜻蜓儿飞得低，[tɕʰiŋ³³tʰiɚ³⁵fei³³təᵒti³³]

出门儿戴斗笠。[tʂʰu³³mər³⁵tai⁵³tou²¹li⁵³]

18. 黑蜻蜓儿乱，[xei³³tɕʰiŋ³³tʰiɚ³⁵luan⁵³]

天气要旱。[tʰian³³tɕʰi⁵³iau⁵³xan⁵³]

19. 扑地烟，［pʰu³³ti⁵³ian³³］

　　雨连天。［y²¹lian³⁵tʰian³³］

20. 早晨下雨，当天晴。［tʂau²¹tʂʰən⁰ɕia⁵³y²¹², taŋ³³tʰian³³tɕʰiŋ³⁵］

　　晚上下雨，到天明。［uan²¹ʂaŋ⁰ɕia⁵³y²¹², tau⁵³tʰian³³miŋ³⁵］

21. 雾过儿晌儿，［u³³kuɤr⁵³ʂãr²¹²］

　　听雨响。［tʰiŋ³³y³⁵ɕiaŋ²¹²］

　　（大雾越过中午，中午以后会听到下雨的响声。）

22. 雨打五更，［y³⁵ta³⁵u²¹kəŋ³³］

　　日晒水坑。［ʐʅ⁵³ʂai⁵³ʂuei²¹kʰəŋ³³］

23. 南风暖，北风寒。［nan³⁵fəŋ³³nuan²¹², pei²¹fəŋ³³xan³⁵］

　　东风潮湿，西风干。［tuŋ³³fəŋ³³tʂʰau³³ʂʅ³³, ɕi³³fəŋ³³kan³³］

24. 蜜蜂迟归，［mi⁵³fəŋ³³tʂʰʅ³⁵kuei³³］

　　雨来风吹。［y²¹lai³⁵fəŋ³³tʂʰuei³³］

25. 日暖夜寒，［ʐʅ⁵³nuan²¹iɛ⁵³xan³⁵］

　　东海也干。［tuŋ³³xai³⁵iɛ²¹kan³³］

26. 青蛙叫得欢，［tɕʰiŋ³³ua³³tɕiau⁵³tiɛ⁰xuan³³］

　　必有连雨天。［pi⁵³iou²¹lian³⁵y²¹tʰian³³］

27. 一场秋雨一场寒，［i⁵³tsʰaŋ²¹tɕʰiou³³y²¹i⁵³tsʰaŋ²¹xan³⁵］

　　十场秋雨穿上棉。［sʅ³⁵tsʰaŋ²¹tɕʰiou³³y²¹tsʰuan³³saŋ⁵³mian³⁵］

28. 先下牛毛无大雨，［ɕian³³ɕia⁵³ȵiou³⁵mau³⁵u³⁵ta⁵³y²¹²］

　　后下牛毛不晴天。［xou⁵³ɕia⁵³ȵiou³⁵mau³⁵pu⁵³tɕʰiŋ³⁵tʰian³³］

29. 男愁唱，［nan³⁵tsʰou³⁵tʂʰaŋ⁵³］

　　女愁哭，［ȵy²¹tʂʰou³⁵kʰu³³］

　　老太太愁了，［lau²¹tʰai⁵³tʰai⁰tsʰou³⁵lə⁰］

　　乱嘟嘟。［luan⁵³tu³³tu⁰］嘟嘟：唠叨

　　（男人愁会唱，女人愁会哭，老太太发愁会一个劲地唠叨。）

30. 棒打狍子，瓢舀鱼，［paŋ⁵³ta²¹pʰau³⁵tsʅ⁰, pʰiau³⁵iau²¹y³⁵］

　　野鸡飞进饭锅儿里。［iɛ²¹tɕi³³fei³³tɕin⁵³fan⁵³kuɤr³³li²¹²］

（以上由发音人范云德提供）

宁　安

一　歌谣

(一)丢手绢儿

丢手绢儿，[tiou ʂou tɕyɐr]

丢手绢儿，[tiou ʂou tɕyɐr]

轻轻地放在，[tɕʰiŋ tɕʰiŋ ti faŋ tsai]

小朋友的后面，[ɕiau pʰəŋ iou ti xou mian]

大家不要告诉他，[ta tɕia pu iau kau su tʰa]

快点儿快点儿抓住他，[kʰuai tiɐr kʰuai tiɐr tʂua tʂu tʰa]

快点儿快点儿抓住他。[kʰuai tiɐr kʰuai tiɐr tʂua tʂu tʰa]

(二)小小子，坐门墩儿

小小子，坐门墩儿。[ɕiau²⁴ ɕiau²¹ tsʐ⁰ , tsuɣ⁵³ mən²⁴ tuɐr³³]

哭着喊着要媳妇儿，[kʰu³³ tʂə⁰ xan²¹ tʂə⁰ iau⁵³ ɕi²⁴ fɐr⁰]

要媳妇儿，想干啥？[iau⁵³ ɕi²⁴ fɐr⁰ , ɕiaŋ²¹ kan⁵³ ʂa²⁴]

点灯，做活儿，[tian²¹ təŋ³³ , tsuɣ⁵³ xuɣr²⁴]

吹灯，做伴儿，[tʂʰuei³³ təŋ³³ , tsuɣ⁵³ pɐr⁵³]

做鞋，做袜儿。[tsuɣ⁵³ ɕiɛ²⁴ , tsuɣ⁵³ uar⁵³]

(三)大雨哗哗下

大雨哗哗下，[ta⁵³ y²¹ xua³³ xua³³ ɕia⁵³]

北京来电话，[pei²¹ tɕiŋ³³ lai²⁴ tian⁵³ xua⁵³]

让我去当兵，[ʐ̢aŋ⁵³ uɣ²¹ tɕʰy⁵³ taŋ³³ piŋ³³]

我还没长大。[uɣ²¹ xai²⁴ mei²⁴ tʂaŋ²¹ ta⁵³]

（四）腊八歌

小孩儿小孩儿你别哭，[ɕiau²¹xɐr²⁴ɕiau²¹xɐr²⁴n̠i²¹piɛ²⁴kʰu³³]
过了腊八儿就杀猪；[kuɤ⁵³lə⁰la⁵³par³³tɕiou⁵³ʂa³³tʂu³³]
小孩儿小孩儿你别馋，[ɕiau²¹xɐr²⁴ɕiau²¹xɐr²⁴n̠i²¹piɛ²⁴tʂʰan²⁴]
过了小年儿过大年；[kuɤ⁵³lə⁰ɕiau²¹n̠iɐr²⁴kuɤ⁵³ta⁵³n̠ian²⁴]
小孩儿小孩儿你别急，[ɕiau²¹xɐr²⁴ɕiau²¹xɐr²⁴n̠i²¹piɛ⁵³tɕi²⁴]
过年给你买新衣；[kuɤ⁵³n̠ian²⁴kei²⁴n̠i²⁴mai²¹ɕin³³i³³]
小孩儿小孩儿你别闹，[ɕiau²¹xɐr²⁴ɕiau²¹xɐr²⁴n̠i²¹piɛ²⁴nau⁵³]
过年给你放鞭炮。[kuɤ⁵³n̠ian²⁴kei²⁴n̠i²¹faŋ⁵³pian³³pʰau⁵³]

（五）董存瑞

董存瑞，[tuŋ²¹tsʰuən²⁴z̠uei⁵³]
十八岁，[ʂʅ²⁴pa³³suei⁵³]
参加了革命游击队。[tsʰan³³tɕia³³lə⁰kɤ²⁴min̠⁵³iou²⁴tɕi³³tuei⁵³]
炸碉堡，[tʂa⁵³tiau³³pau²¹¹]
牺牲了，[ɕi³³ʂəŋ³³lə⁰]
党的任务完成了。[taŋ²¹tə⁰z̠ən⁵³u⁵³uan²⁴tʂʰəŋ²⁴lə⁰]

（六）拉大锯

拉大锯，[la³³ta⁵³tɕy⁵³]
扯大锯，[tʂʰɤ²¹ta⁵³tɕy⁵³]
姥姥家门前唱大戏。[lau²¹lau⁰tɕia³³mən²⁴tɕʰian²⁴tʂʰaŋ⁵³ta⁵³ɕi⁵³]
接姑娘，[tɕiɛ³³ku³³n̠iaŋ⁰]
唤女婿，[xuan⁵³n̠y²¹ɕy⁵³]
小外孙儿也要去。[ɕiau²¹uai⁵³suər³³iɛ²¹iau⁵³tɕʰy⁵³]

（七）学习李向阳

学习李向阳，[ɕyɛ²⁴ɕi²⁴li²¹ɕiaŋ⁵³iaŋ²⁴]
坚决不投降，[tɕian³³tɕyɛ²⁴pu⁵³tʰou²⁴ɕiaŋ²⁴]
敌人来抓我，[ti²⁴z̠ən²⁴lai²⁴tʂua³³uɤ²¹¹]
我就过大江，[uɤ²¹tɕiou⁵³kuɤ⁵³ta⁵³tɕiaŋ³³]
大江过不去，[ta⁵³tɕiaŋ³³kuɤ⁵³pu²⁴tɕʰy⁵³]
我就钻地洞，[uɤ²¹tɕiou⁵³tsuan³³ti⁵³tuŋ⁵³]

地洞有枪子儿，［ti⁵³tuŋ⁵³iou²¹tɕʰiaŋ³³tsər²¹¹］

专打……［tʂuan³³ta²¹……］

（八）你拍一，我拍一

你拍一，我拍一，［n̪i²¹pʰai³³i³³，uɤ²¹pʰai³³i³³］

织毛衣；［tʂʅ³³mau²⁴i³³］

你拍二，我拍二，［n̪i²¹pʰai³³ɐr⁵³，uɤ²¹pʰai³³ɐr⁵³］

两个花手绢儿；［liaŋ²¹kə⁰xua³³ʂou²¹tɕyɐr⁵³］

你拍三，我拍三，［n̪i²¹pʰai³³san³³，uɤ²¹pʰai³³san³³］

爬高山；［pʰa²⁴kau³³ʂan³³］

你拍四，我拍四，［n̪i²¹pʰai³³sʅ⁵³，uɤ²¹pʰai³³sʅ⁵³］

少林寺；［ʂau⁵³lin²⁴sʅ⁵³］

你拍五，我拍五，［n̪i²¹pʰai³³u²¹，uɤ²¹pʰai³³u²¹］

摇摆舞；［iau²⁴pai²⁴u²¹¹］

你拍六，我拍六，［n̪i²¹pʰai³³liou⁵³，uɤ²¹pʰai³³liou⁵³］

六碗包子六碗肉；［liou⁵³uan²¹pau³³tsʅ⁰liou⁵³uan²¹ʐou⁵³］

你拍七，我拍七，［n̪i²¹pʰai³³tɕʰi³³，uɤ²¹pʰai³³tɕʰi³³］

刷油漆；［ʂua³³iou²⁴tɕʰi³³］

你拍八，我拍八，［n̪i²¹pʰai³³pa³³，uɤ²¹pʰai³³pa³³］

吹喇叭；［tʂʰuei³³la²¹pa⁰］

你拍九，我拍九，［n̪i²¹pʰai³³tɕiou²⁴，uɤ²¹pʰai³³tɕiou²¹］

喝啤酒；［xɤ³³pʰi²⁴tɕiou²¹¹］

你拍十，我拍十，［n̪i²¹pʰai³³ʂʅ²⁴，uɤ²¹pʰai³³ʂʅ²⁴］

打倒……［ta²⁴tau²¹……］省略号处放一个人名

（以上由发音人郭雪丹提供）

（九）节气歌

打春阳气转哪，［ta tʂuən iaŋ tɕʰi tʂuan na］

雨水沿河边。［y ʂuei ian xɤ pian］

惊蛰乌鸦叫，［tɕiŋ tʂɤ u ia tɕiau］

那么春分地皮干。［na mə tʂʰuən fən ti pʰi kan］

清明忙种麦呀，［tɕʰiŋ miŋ maŋ tʂuŋ mai ia］

谷雨种大田。［ku y tsuŋ ta tʰian］

哎了哎嗨哎嗨呦，［ai lə ai xai ai xai iou］

春呀么春天。［tʂʰuən ia mə tʂʰuən tʰian］

立夏鹅毛住哇，［li ɕia ɤ mau tʂu ua］

小满雀儿来全。［ɕiau man tɕʰiaur lai tɕʰyan］雀儿：鸟儿

芒种开了铲，［maŋ tsuŋ kʰai liau tʂʰan］

夏至不拿棉儿。［ɕia tʂʐ pu na miɐr］

小暑莫算热呀，［ɕiau ʂu mɤ suan ʐɤ ia］

大暑三伏天儿。［ta ʂu san fu tʰiɐr］

哎了哎嗨哎嗨呦，［ai lə ai xai ai xai iou］

夏呀么夏天。［ɕia ia mə ɕia tʰian］

立秋忙打靛啊，［li tɕʰiou maŋ ta tian ŋa］

处暑动刀镰。［tʂʰu ʂu tuŋ tau lian］

白露割蜜薯，［pai lu kɤ mi ʂu］

秋分不生田。［tɕʰiou fən pu ʂəŋ tʰian］

寒露不算冷，［xan lu pu suan ləŋ］

霜降变了天。［ʂuaŋ tɕiaŋ pian liau tʰian］

哎了哎嗨哎嗨呦，［ai lə ai xai ai xai iou］

秋呀么秋天。［tɕʰiou ia mə tɕʰiou tʰian］

立冬交十月儿啊，［li tuŋ tɕiou ʂʐ yɐr ʐa］

小雪地封严。［ɕiau ɕyɛ ti fəŋ ian］

大雪河汉牢，［ta ɕyɛ xɤ tʂʰa lau］

冬至不行船。［tuŋ tʂʐ pu ɕiŋ tʂʰuan］

小寒大寒冰如铁，［ɕiau xan ta xan piŋ ʐu tʰiɛ］

迎来又一年。［iŋ lai iou i ȵian］

盼望冰消雪融化艳阳天，［pʰan uaŋ piŋ ɕiau ɕyɛ ʐuŋ xua ian iaŋ tʰian］

哎了哎嗨嗯哎哎嗨呦。［ai lə ai xai əŋ ŋai ai xai iou］

（十）九九歌

一九二九不出手，［i³³tɕiou²¹ɐr⁵³tɕiou²¹pu⁵³tʂʰu³³ʂou²¹³］

三九四九棒打不走，［san³³tɕiou²¹sʐ⁵³tɕiou²¹paŋ⁵³ta²¹pu⁵³tsou²¹³］棒打不走：用棍子打也不
外出，形容三九、四九时特别冷，不出门

五九六九，［u²⁴tɕiou²¹liou⁵³tɕiou²¹³］

隔河看柳，［kɤ²⁴xɤ²⁴kʰan⁵³liou²¹³］

七九河开，［tɕʰi³³tɕiou²¹xɤ²⁴kʰai³³］

八九燕来，［pa³³tɕiou²¹ian⁵³lai²⁴］

九九加一九，［tɕiou²⁴tɕiou²¹ɕia³³i⁵³tɕiou²¹³］

耕牛遍地走。[kəŋ³³ ȵiou²⁴ pian⁵³ ti⁵³ tsou²¹³]

(十一)小皮球儿,架脚踢

小皮球儿,架脚踢,[ɕiau²¹ pʰi³³ tɕʰiour²⁴ , tɕia⁵³ tɕiau²¹ tʰi³³]

马莲开花儿二十一,[ma²¹ lian²⁴ kʰai³³ xuar³³ ɐr⁵³ ʂʅ⁰i³³]

二五六,二五七,[ɐr⁵³ u²¹ liou⁵³ , ɐr⁵³ u²¹ tɕʰi³³]

二八二九三十一;[ɐr⁵³ pa³³ ɐr⁵³ tɕiou²¹ san³³ ʂʅ⁰i³³]

三五六,三五七,[san³³ u²¹ liou⁵³ , san³³ u²¹ tɕʰi³³]

三八三九四十一;[san³³ pa³³ san³³ tɕiou²¹ sʅ⁵³ ʂʅ⁰i³³]

四五六,四五七,[sʅ⁵³ u²¹ liou⁵³ , sʅ⁵³ u²¹ tɕʰi³³]

四八四九五十一;[sʅ⁵³ pa³³ sʅ⁵³ tɕiou²⁴ u²¹ ʂʅ⁰i³³]

五五六,五五七,[u²⁴ u²¹ liou⁵³ , u²⁴ u²¹ tɕʰi³³]

五八五九六十一;[u²¹ pa³³ u²⁴ tɕiou²¹ liou⁵³ ʂʅ⁰i³³]

六五六,六五七,[liou⁵³ u²¹ liou⁵³ , liou⁵³ u²¹ tɕʰi³³]

六八六九七十一;[liou⁵³ pa³³ liou⁵³ tɕiou²¹ tɕʰi³³ ʂʅ⁰i³³]

七五六,七五七,[tɕʰi³³ u²¹ liou⁵³ , tɕʰi³³ u²¹ tɕʰi³³]

七八七九八十一;[tɕʰi³³ pa³³ tɕʰi³³ tɕiou²¹ pa³³ ʂʅ⁰i³³]

八五六,八五七,[pa³³ u²¹ liou⁵³ , pa³³ u²¹ tɕʰi³³]

八八八九九十一;[pa³³ pa³³ pa³³ tɕiou²⁴ tɕiou²¹ ʂʅ⁰i³³]

九五六,九五七,[tɕiou²⁴ u²¹ liou⁵³ , tɕiou²⁴ u²¹ tɕʰi³³]

九八九九一百一。[tɕiou²¹ pa³³ tɕiou²⁴ tɕiou²¹ i⁵³ pai²¹ i³³]

(以上由发音人王杰提供)

二　规定故事

牛郎和织女

古时候哇,[ku²¹ ʂʅ²⁴ xou⁰ ua⁰]

有一个小山村,[iou²¹ i²⁴ kə⁰ ɕiau²¹ ʂan³³ tsʰuən³³]

村子里有一个小伙子,[tsʰuən³³ tsʅ⁰ li⁰ iou²¹ i²⁴ kə⁰ ɕiau²⁴ xuɤ²¹ tsʅ⁰]

小伙子的父母都去世了,[ɕiau²⁴ xuɤ²¹ tsʅ⁰ ti⁰ fu⁵³ mu²¹ tou³³ tɕʰy⁵³ ʂʅ⁵³ lə⁰]

家里就他自己。[ɕia³³ li⁰ ɕiou⁵³ tʰa³³ tsʅ⁵³ tɕi²¹¹]

他养了一头老牛,[tʰa³³ iaŋ²¹ lə⁰ i⁵³ tʰou²⁴ lau²¹ ȵiou²⁴]

因此,[in³³ tsʰʅ²¹¹]

村子里的人都叫他牛郎。[tsʰuən³³ tsʅ⁰ li⁰ tə⁰ ʐ̩ən²⁴ tou³³ ɕiau⁵³ tʰa³³ ȵiou²⁴ laŋ²⁴]

牛郎靠老牛耕地为生，[ȵiou²⁴lan²⁴kʰau⁵³lau²¹ȵiou²⁴kəŋ³³ti⁵³uei²⁴ʂəŋ³³]

和老牛相依为命。[xɤ²⁴lau²¹ȵiou²⁴ɕiaŋ³³i³³uei²⁴miŋ⁵³]

其实呢，[tɕʰi³³ʂʅ²⁴nə⁰]

老牛就是天上的金牛星，[lau²¹ȵiou²⁴ɕiou⁵³ʂʅ⁵³tʰian³³ʂaŋ⁰təⁿtɕin³³ȵiou²⁴ɕiŋ³³]

金牛星很喜欢牛郎[tɕin³³ȵiou²⁴ɕiŋ³³xən²⁴ɕi²¹xuan⁰ȵiou²⁴laŋ²⁴]

勤劳善良，[tɕʰin²⁴lau²⁴ʂan⁵³liaŋ²⁴]

就想帮牛郎[tɕiou⁵³ɕiaŋ²¹paŋ³³ȵiou²⁴laŋ²⁴]

找个媳妇儿成个家。[tʂau²¹kəⁿɕi²⁴fɚⁿtʂʰəŋ²⁴kəⁿtɕia³³]

牛郎家的东边儿是一片大山，[ȵiou²⁴laŋ²⁴tɕia³³ti⁰tuŋ³³piɐr³³ʂʅ⁵³i²⁴pʰian⁵³ta⁵³ʂan³³]

山里有一个湖。[ʂan³³li⁰iou²¹i²⁴kəⁿxu²⁴]

这一天，[tʂei⁵³i⁵³tʰian³³]

金牛星得到了天上的仙女 [tɕin³³ȵiou²⁴ɕiŋ³³tə²⁴tau⁵³ləⁿtʰian³³ʂaŋ⁰təⁿɕian³³ȵy²¹¹]

要到湖中洗澡儿的消息，[iau⁵³tau⁵³xu²⁴tsuŋ³³ɕi²⁴tsaur²¹tiⁿɕiau³³ɕiⁿ]

于是，[y²⁴ʂʅ⁵³]

晚上它托梦给牛郎，[uan²¹ʂaŋ⁵³tʰa³³tʰuɤ³³məŋ⁵³kei²¹ȵiou²⁴laŋ²⁴]

对牛郎说：[tuei⁵³ȵiou²⁴laŋ²⁴ʂɤ³³]

"明天早晨你要早点儿起来，["miŋ²⁴tʰian³³tsau²¹tʂʰənⁿȵi²¹iau⁵³tsau²⁴tiɐr²¹tɕʰi²¹lai²⁴]

赶到湖边儿去，[kan²¹tau⁵³xu²⁴piɐr³³tɕʰy⁵³]

躲到树林里，[tuɤ²¹tau⁵³ʂu⁵³lin²⁴li²¹¹]

看到仙女在湖中洗澡儿，[kʰan⁵³tau⁵³ɕian³³ȵy²¹tsai⁵³xu²⁴tsuŋ³³ɕi²⁴tsaur²¹¹]

你就赶紧出来，[ȵi²¹tɕiou⁵³kan²⁴tɕin²¹tʂʰu³³lai²⁴]

把仙女挂在树上的衣服，[pa²¹ɕian³³ȵy²¹kua⁵³tsai⁵³ʂu⁵³ʂaŋ⁰təⁿi³³fu⁰]

拿走一套粉红色的，[na²⁴tsou²¹i²⁴tʰau⁵³fən²¹xuŋ²⁴sɤ⁵³təⁿ]

头也不回地跑回家中，[tʰou²⁴iɛ²¹pu⁵³xuei²⁴təⁿpʰau²¹xuei²⁴tɕia³³tsuŋ³³]

你就会得到一个，[ȵi²¹tɕiou⁵³xuei⁵³tə²¹tau⁵³i²⁴kɤ⁵³]

美丽的仙女做你的媳妇。"[mei²¹li⁵³təⁿɕian³³ȵy²¹tsuɤ⁵³ȵi²¹təⁿɕi²⁴fu⁰。"]

牛郎听了半信半疑。[ȵiou²⁴laŋ²⁴tʰiŋ³³ləⁿpan⁵³ɕin⁵³pan⁵³i²⁴]

第二天早晨，[ti⁵³ɐr⁵³tʰian³³tsau²¹tʂʰənⁿ]

他早早地起了来，[tʰa³³tsau²⁴tsau²¹təⁿtɕʰi²¹ləⁿlai²⁴]

赶到了湖边，[kan²¹tau⁵³ləⁿxu²⁴pian³³]

按照老牛说的，[an⁵³tʂauⁿlau²¹ȵiou²⁴ʂɤ³³təⁿ]

他躲进了树林里。[tʰa³³tuɤ²¹tɕin⁵³ləⁿʂu⁵³lin²⁴li²¹¹]

天蒙蒙亮的时候，[tʰian³³məŋ²⁴məŋ²⁴liaŋ⁵³təⁿʂʅ²⁴xou⁰]

他看见仙女[tʰa³³kʰan⁵³tɕian⁵³ɕian³³ȵy²¹]

从天上飞了下来，[tsʰuŋ²⁴tʰian³³ʂaŋ⁰fei³³ləⁿɕia⁵³lai⁰]

落到湖边，[luɤ⁵³tau⁵³xu²⁴pian³³]

把衣服挂在了树上，[pa²¹i³³fu⁰kua⁵³tsai⁵³lə⁰ʂu⁵³ʂaŋ⁰]

仙女们走进了湖水中。[ɕian³³ȵy²¹mən⁰tsou²¹tɕin⁵³lə⁰xu²⁴suei²¹tsuŋ³³]

牛郎赶紧跑了出来，[ȵiou²⁴laŋ²⁴kan²⁴tɕin²⁴pʰau²¹lə⁰tʂʰu³³lai⁰]

从树上摘下了那套[tʂʰuŋ²⁴ʂu⁵³ʂaŋ⁰tsai⁵³ɕia⁵³lə⁰na⁵³tʰau⁵³]

粉红色的衣裳，[fən²¹xuŋ²⁴sɤ⁵³tə⁰i³³ʂaŋ⁰]

头也不回地跑回了家中。[tʰou²⁴iɛ²¹pu⁵³xuei²⁴tə⁰pʰau²¹xuei²⁴lə⁰tɕia³³tsuŋ³³]

被牛郎拿走衣服的仙女[pei⁵³ȵiou²⁴laŋ²⁴na²⁴tsou²⁴i³³fu⁰tə⁰ɕian³³ȵy²¹]

就是织女，[tɕiou⁵³ʂɿ⁵³tʂɿ³³ȵy²¹¹]

织女半夜的时候[tʂɿ³³ȵy²¹pan⁵³iɛ⁵³ti⁰ʂɿ²⁴xou⁰]

来到了牛郎的家，[lai²⁴tau⁵³lə⁰ȵiou²⁴ laŋ²⁴tə⁰ɕia³³]

敲开了门，[tɕʰiau³³kʰai³³lə⁰mən²⁴]

和牛郎结成了夫妻。[xɤ²⁴ȵiou²⁴laŋ²⁴tɕiɛ²⁴tʂʰəŋ²⁴lə⁰fu³³tɕʰi³³]

一晃儿三年过去了，[i⁵³xuãr²¹san³³ȵian²⁴kuɤ⁵³tɕʰy⁵³lə⁰]

牛郎和织女[ȵiou²⁴laŋ²⁴xɤ²⁴tʂɿ³³ȵy²¹]

生了一个儿子和一个闺女，[ʂəŋ³³lə⁰i²⁴kɤ⁵³ɚ²⁴tsɿ⁰xɤ²⁴i²⁴kɤ⁵³kuei³³ȵy⁰]

一家人快快乐乐地[i⁵³tɕia³³ʐən²⁴kʰuai⁵³kʰuai⁵³lə⁵³lə⁵³tə⁰]

过着开心的日子。[kuɤ⁵³tʂau⁰kʰai³³ɕin³³tə⁰ʐɿ⁵³tsɿ⁰]

不久，[pu⁵³tɕiou²¹¹]

天上的王母娘娘[tʰian³³ʂaŋ⁰tə⁰uaŋ²⁴mu²¹ȵiaŋ²⁴ȵiaŋ⁰]

知道了织女下凡的事情，[tʂɿ³³tau⁰lə⁰tʂɿ³³ȵy²¹ɕia⁵³fan²⁴tə⁰ʂɿ⁵³tɕʰiŋ⁰]

派来了天兵天将。[pʰai⁵³lai²⁴lə⁰tʰian³³piŋ³³tʰian³³tɕiaŋ⁵³]

就在阴历[tɕiou⁵³tsai⁵³in³³li⁵³]

七月初七的这一天，[tɕʰi²⁴yɛ⁵³tʂʰu³³tɕʰi³³tə⁰tʂei⁵³i⁵³tʰian³³]

天上电闪雷鸣，[tʰian³³ʂaŋ⁰tian⁵³ʂan²¹lei²⁴miŋ²⁴]

刮起了大风还下起了雨，[kua²⁴tɕʰi²¹lə⁰ta⁵³fəŋ³³xai²⁴ɕia⁵³tɕʰi²¹lə⁰y²¹¹]

天兵天将抓走了织女，[tʰian³³piŋ³³tʰian³³tɕiaŋ⁵³tʂua³³tsou²¹lə⁰tʂɿ³³ȵy²¹¹]

向着天宫飞去。[ɕiaŋ⁵³tʂau⁰tʰian³³kuŋ³³fei³³tɕʰy⁵³]

两个孩子呼喊着要找妈妈，[liaŋ²¹kɤ⁰xai²⁴tsɿ⁰kʰu³³xan²¹tʂau³³iau⁵³tʂau²¹ma³³ma⁰]

牛郎急得不知如何是好。[ȵiou²⁴laŋ²⁴tɕi⁵³tə⁰pu⁵³tʂɿ³³ʐu²⁴xɤ²⁴ʂɿ⁵³xau²¹¹]

就在这时，[tɕiou⁵³tsai⁵³tʂei⁵³ʂɿ²⁴]

老牛突然开口说道：[lau²¹ȵiou²⁴tʰu³³ʐan²⁴kʰai³³kʰou²¹ʂuɤ³³tau⁵³]

"牛郎你不要急，["ȵiou²⁴laŋ²⁴ȵi²¹pu²⁴iau⁵³tɕi²⁴]

我头上的角[uɤ²¹tʰou²⁴ʂaŋ⁰tə⁰tɕiau²¹]

会变成两个箩筐，[xuei⁵³pian⁵³tʂʰəŋ²⁴liaŋ²¹kɤ⁰luɤ²⁴kʰuaŋ³³]

你把两个孩子装到箩筐里，［ȵi²⁴pa²⁴liaŋ²¹kə⁰xai²⁴tsʅ⁰tʂuaŋ³³tau⁵³luɤ²⁴kʰuaŋ³³li²¹¹］

用扁担挑起箩筐，［yŋ⁵³pian²¹tan⁰tʰiau³³tɕʰi²¹luɤ²⁴kʰuaŋ³³］

你就会飞到天上［ȵi²¹tɕiou⁵³xuei⁵³fei³³tau⁵³tʰian³³ʂaŋ⁰］

去追赶织女。"［tɕʰy⁵³tsuei³³kan²¹tʂʅ³³ȵy²¹¹。"］

话刚说完，［xua⁵³kaŋ³³ʂuɤ³³uan²⁴］

就见两个角掉到了地上［tɕiou⁵³tɕian⁵³liaŋ²¹kə⁰tɕiau²¹tiau⁵³tau⁵³lə⁰ti⁵³ʂaŋ⁰］

变成了箩筐。［pian⁵³tʂʰəŋ²⁴lə⁰luɤ²⁴kʰuaŋ³³］

牛郎赶紧把孩子［ȵiou²⁴laŋ²⁴kan²⁴tɕin²⁴pa²¹xai²⁴tsʅ⁰］

装到箩筐中，［tʂuaŋ³³tau⁵³luɤ²⁴kʰuaŋ³³tʂuŋ³³］

用扁担挑起箩筐。［yŋ⁵³pian²¹tan⁰tʰiau³³tɕʰi²¹luɤ²⁴kʰuaŋ³³］

一阵，一阵清风过后，［i²⁴tʂən⁵³，i²⁴tʂən⁵³tɕʰiŋ³³fəŋ³³kuɤ⁵³xou⁵³］

牛郎飞到了天上，［ȵiou²⁴laŋ²⁴fei³³tau⁵³lə⁰tʰian³³ʂaŋ⁵³］

向着天宫追去，［ɕiaŋ⁵³tʂə⁰tʰian³³kuŋ³³tsuei³³tɕʰy⁵³］

追呀追呀，［tsuei³³ia⁰tsuei³³ia⁰］

眼瞅着就要追上了织女，［ian²⁴tʂʰou²¹tʂə⁰tɕiou⁵³iau⁵³tsuei³³ʂaŋ⁵³lə⁰tʂʅ³³ȵy²¹¹］

这时王母娘娘知道了，［tʂɤ⁵³ʂʅ²⁴uaŋ²⁴mu²¹ȵiaŋ²⁴ȵiaŋ⁰tʂʅ³³tau⁵³lə⁰］

从头上取下了一只金钗，［tsʰuŋ²⁴tʰou²⁴ʂaŋ⁰tɕʰy²¹ɕia⁵³lə⁰i⁵³tʂʅ³³tɕin³³tsʰai³³］

向着天空中一划，［ɕiaŋ⁵³tʂə⁰tʰian³³kʰuŋ³³tsuŋ³³i⁵³xua²⁴］

天空中立刻出、出现了，［tʰian³³kʰuŋ³³tsuŋ³³li⁵³kʰɤ⁵³tʂʰu³³、tʂʰu³³ɕian⁵³lə⁰］

一条波涛滚滚的天河，［i⁵³tʰiau²⁴pɤ³³tʰau³³kuən²⁴kuən²¹ti⁰tʰian³³xɤ²⁴］

天河很宽，［tʰian³³xɤ²⁴xən²¹kʰuan³³］

宽得一眼望不到边儿，［kuan³³tə⁰i⁵³ian²¹uaŋ⁵³pu²⁴tau⁵³piɐr³³］

隔开了牛郎和织女，［kɤ²⁴kʰai³³lə⁰ȵiou²⁴laŋ²⁴xɤ²⁴tʂʅ³³ȵy²¹¹］

让牛郎和织女［zaŋ⁵³ȵiou²⁴laŋ²⁴xɤ²⁴tʂʅ³³ȵy²¹］

不能够相见。［pu⁵³nəŋ²⁴kou⁵³ɕiaŋ³³tɕian⁵³］

天上的喜鹊看到以后，［tʰian³³ʂaŋ⁵³tə⁰ɕi²¹tɕʰyɛ⁵³kʰan⁵³tau⁵³i²¹xou⁵³］

非常同情牛郎和织女，［fei³³tʂʰaŋ²⁴tʰuŋ²⁴tɕʰiŋ²⁴ȵiou²⁴laŋ²⁴xɤ²⁴tʂʅ³³ȵy²¹¹］

成千上万的喜鹊［tʂʰəŋ²⁴tɕʰian³³ʂaŋ⁵³uan⁵³tə⁰ɕi²¹tɕʰyɛ⁵³］

飞到了天河上，［fei³³tau⁵³lə⁰tʰian³³xɤ²⁴ʂaŋ⁵³］

结成了一条长长的鹊桥，［tɕiɛ³³tʂʰəŋ²⁴lə⁰i⁵³tʰiau²⁴tʂʰaŋ²⁴tʂʰaŋ²⁴tə⁰tɕʰyɛ⁵³tɕʰiau²⁴］

牛郎和织女［ȵiou²⁴laŋ²⁴xɤ²⁴tʂʅ³³ȵy²¹］

在鹊桥上相会了。［tsai⁵³tɕʰyɛ⁵³tɕʰiau²⁴ʂaŋ⁵³ɕiaŋ³³xuei⁵³lə⁰］

从此以后，［tsʰuŋ²⁴tsʰʅ²⁴i²¹xou⁵³］

每年的阴历七月初七，［mei²⁴ȵian²⁴tə⁰in³³li⁵³tɕʰi²⁴yɛ⁵³tʂʰu³³tɕʰi³³］

喜鹊都会飞到天河上，[ɕi²¹tɕʰyɛ⁵³tou³³xuei⁵³fei³³tau⁵³tʰian³³xɤ²⁴ʂaŋ⁵³]

结成一条长长的鹊桥，[tɕiɛ²⁴tʂʰəŋ²⁴i⁵³tʰiau²⁴tʂʰaŋ²⁴tʂʰaŋ²⁴təⁿtɕʰyɛ⁵³tɕʰiau²⁴]

让牛郎和织女[ʐaŋ⁵³ȵiou²⁴laŋ²⁴xɤ²⁴tʂʅ³³ȵy²¹]

在鹊桥上相会。[tʂai⁵³tɕʰyɛ⁵³tɕʰiau²⁴ʂaŋ⁵³ɕiaŋ³³xuei⁵³]

（以上由发音人王莹提供）

三　其他故事

（一）放牛沟的传说

从前，[tsʰuŋ²⁴tɕian²⁴]

有一个人叫秃虎里，[iou²¹i²⁴kəⁿʐən²⁴tɕiau⁵³tʰu²¹xu³³liⁿ]

他呢，[tʰa³³nəⁿ]

逼着他家的农工［pi³³tʂəⁿtʰa³³tɕia³³təⁿnuŋ²⁴kuŋ³³]

给他开垦了许多的地，[kei²¹tʰa³³kʰai³³kʰən²¹ləⁿɕy²¹tuɤ³³təⁿti⁵³]

他后来成为了大粮户。[tʰa³³xou⁵³lai²⁴tʂʰəŋ²⁴uei²⁴ləⁿta⁵³liaŋ²⁴xu⁵³]

他们家呢，[tʰa³³mənⁿtɕia³³nəⁿ]

有一头大黄牛，[iou²¹i⁵³tʰou²⁴ta⁵³xuaŋ²⁴ȵiou²⁴]

这个牛长得是[tʂei⁵³kəⁿȵiou²⁴tʂaŋ²¹təⁿʂʅ⁵³]

膘肥体壮，毛管儿通亮，[piau³³fei²⁴tʰi²¹tʂuaŋ⁵³, mau²⁴kuɐr²¹tʰuŋ³³liaŋ⁵³]

全家人都把这个大黄牛［tɕʰyan²⁴tɕia³³ʐən²⁴tou³³pa²¹tʂei⁵³kəⁿta⁵³xuaŋ²⁴ȵiou²⁴]

看成宝贝。[kʰan⁵³tʂʰəŋ²⁴pau²¹peiⁿ]

秃虎里呢[tʰu²¹xu³³liⁿnəⁿ]

还雇了一个小牛倌儿，[xai²⁴ku⁵³ləⁿi²⁴kəⁿɕiau²¹ȵiou²⁴kuɐr³³]

专门看管大黄牛。[tʂuan³³mən²⁴kʰan³³kuan²¹ta⁵³xuaŋ²⁴ȵiou²⁴]

秃虎里给小牛倌儿说：[tʰu²¹xu³³liⁿkei³³ɕiau²¹ȵiou²⁴kuɐr³³ʂuɤ³³]

"大黄牛要是瘦了，["ta⁵³xuaŋ²⁴ȵiou²⁴iau⁵³ʂʅ⁵³ʂou⁵³ləⁿ]

我就抽你五十鞭子。"[uɤ²¹tɕiou⁵³tʂʰou³³ȵi²⁴u²¹ʂʅ²⁴pian³³tsʅⁿ。"]

有一天，[iou²¹i⁵³tʰian³³]

小牛倌儿带着大黄牛［ɕiau²¹ȵiou²⁴kuɐr³³tai⁵³tʂəⁿta⁵³xuaŋ²⁴ȵiou²⁴]

上山里去放牛，[ʂaŋ⁵³ʂan³³liⁿtɕʰy⁵³faŋ⁵³ȵiou²⁴]

他看到有一对儿老两口儿［tʰa³³kʰan⁵³tau⁵³iou²¹i²⁴tuɐr⁵³lau²¹liaŋ²⁴kour²¹]

正在种地，[tʂəŋ⁵³tsai⁵³tʂuŋ⁵³ti⁵³]

小牛倌儿呢，[ɕiau²¹ȵiou²⁴kuɐr³³nəⁿ]

就带着大黄牛去帮他耕地，[tɕiou⁵³tai⁵³tʂəⁿta⁵³xuaŋ²⁴ȵiou²⁴tɕʰy⁵³paŋ³³tʰa³³kəŋ³³ti⁵³]

干活儿累呀，[kan⁵³ xuɣr²⁴ lei⁵³ ia⁰]

大黄牛就有点儿瘦了。[ta⁵³ xuaŋ²⁴ ȵiou²⁴ tɕiou⁵³ iou²⁴ tiɐr²¹ ʂou⁵³ lə⁰]

这件事儿呢，[tʂei⁵³ tɕian⁵³ ʂər⁵³ nə⁰]

被秃虎里后来发现了，[pei⁵³ tʰu²¹ xu³³ li⁰ xou⁵³ lai²⁴ fa³³ ɕian⁵³ lə⁰]

秃虎里呢，[tʰu²¹ xu³³ li⁰ nə⁰]

就抽打了小牛倌儿[tɕiou⁵³ tʂʰou³³ ta²¹ lə⁰ ɕiau²¹ ȵiou²⁴ kuɐr³³]

五十鞭子。[u²¹ ʂʅ²⁴ pian³³ tsʅ⁰]

又有一天呢，[iou⁵³ iou²¹ i⁵³ tʰian³³ nə⁰]

小牛倌儿赶着大黄牛[ɕiau²¹ ȵiou²⁴ kuɐr³³ kan²¹ tʂə⁰ ta⁵³ xuaŋ²⁴ ȵiou²⁴]

帮一个人，[paŋ³³ i²⁴ kə⁰ ʐən²⁴]

往城里运了点儿粮，[uaŋ²¹ tʂʰəŋ²⁴ li²¹ yn⁵³ lə⁰ tiɐr²¹ liaŋ²⁴]

这件事儿呢，[tʂei⁵³ tɕian⁵³ ʂər⁵³ nə⁰]

又被秃虎里知道了，[iou⁵³ pei⁵³ tʰu²¹ xu³³ li⁰ tʂʅ³³ tau⁵³ lə⁰]

他又抽了小牛倌儿[tʰa³³ iou⁵³ tʂʰou³³ lə⁰ ɕiau²¹ ȵiou²⁴ kuɐr³³]

五十鞭子。[u²¹ ʂʅ²⁴ pian³³ tsʅ⁰]

小牛倌儿带着大黄牛[ɕiau²¹ ȵiou²⁴ kuɐr³³ tai⁵³ tʂə⁰ ta⁵³ xuaŋ²⁴ ȵiou²⁴]

去山里，[tɕʰy⁵³ ʂan³³ li⁰]

遇到了一头大老虎，[y⁵³ tau⁵³ lə⁰ i⁵³ tʰou²⁴ ta⁵³ lau²⁴ xu²¹¹]

大老虎出来之后，[ta⁵³ lau²⁴ kʰu²¹ tʂʰu³³ lai²⁴ tʂʅ³³ xou⁵³]

把大黄牛给吓跑了。[pa²¹ ta⁵³ xuaŋ²⁴ ȵiou²⁴ kei²¹ ɕia⁵³ pʰau²¹ lə⁰]

小牛倌儿在山里哭呀哭呀，[ɕiau²¹ ȵiou²⁴ kuɐr³³ tsai⁵³ ʂan³³ li⁰ kʰu³³ ia⁰ kʰu³³ ia⁰]

最后在一块儿石头上[tsuei⁵³ xou⁵³ tsai⁵³ i²⁴ kʰuɐr⁵³ ʂʅ²⁴ tʰou⁰ ʂaŋ⁰]

睡着了。[ʂuei⁵³ tʂau²⁴ lə⁰]

梦里出现了一个[məŋ⁵³ li²¹ tʂʰu³³ ɕian⁵³ lə⁰ i²⁴ kɣ⁵³]

白胡子老头儿，[pai²⁴ xu²⁴ tsʅ⁰ lau²¹ tʰour²⁴]

他就说道：[tʰa³³ tɕiou⁵³ ʂuɣ³³ tau⁵³]

"嘿，小牛倌儿，["xei⁵³，ɕiau²¹ ȵiou²⁴ kuɐr³³]

你别哭啦，[ȵi²¹ piɛ⁵³ kʰu³³ la⁰]

你到山底下石碴子根儿下，[ȵi²¹ tau⁵³ ʂan³³ ti²¹ ɕia⁰ ʂʅ²⁴ la²⁴ tsʅ⁰ kər³³ ɕia⁰]

去磕三个响头，[tɕʰy⁵³ kʰɣ³³ san³³ kə⁰ ɕiaŋ²¹ tʰou²⁴]

就会变出一头大黄牛。"[tɕiou⁵³ xuei⁵³ pian⁵³ tʂʰu³³ i⁵³ tʰou²⁴ ta⁵³ xuaŋ²⁴ ȵiou²⁴ 。"]

小牛倌儿醒来以后，[ɕiau²¹ ȵiou²⁴ kuɐr³³ ɕiŋ²¹ lai²⁴ i²¹ xou⁵³]

来到了山碴子底下，[lai²⁴ tau⁵³ lə⁰ ʂan³³ la²⁴ tsʅ⁰ ti²¹ ɕia⁰]

"乓乓乓"磕了三个响头，["pʰaŋ⁵³ pʰaŋ⁵³ pʰaŋ³³" kʰɣ³³ lə⁰ san³³ kə⁰ ɕiaŋ²¹ tʰou²⁴]

大声说道：[ta⁵³ ʂeŋ³³ ʂuɣ³³ tau⁵³]

"我给石头爷爷磕了头，["uɤ²⁴kei²¹ʂʅ²⁴tʰou⁰iɛ²⁴iɛ⁰kʰɤ³³lə⁰tʰou²⁴]

石头爷爷赐我一头大黄牛。"[ʂʅ²⁴tʰou⁰iɛ²⁴iɛ⁰tsʰʅ⁵³uɤ²¹i⁵³tʰou²⁴ta⁵³xuaŋ²⁴n̠iou²⁴。"]

"砰"的一声，["pʰəŋ³³"tə⁰i⁵³ʂeŋ³³]

出现了一只大黄牛，[tʂʰu³³ɕian⁵³lə⁰i⁵³tʂʅ³³ta⁵³xuaŋ²⁴n̠iou²⁴]

这个大牛，[tʂei⁵³kə⁰ta⁵³n̠iou²⁴]

比之前的牛还高还壮。[pʰi²¹tʂʅ³³tɕʰian²⁴tə⁰n̠iou²⁴xai⁵³kau³³xai⁵³tʂuaŋ⁵³]

小牛倌儿赶着大黄牛，[ɕiau²¹n̠iou²⁴kuɐr³³kan²¹tʂə⁰ta⁵³xuaŋ²⁴n̠iou²⁴]

回到了秃虎里的家里，[xuei²⁴tau⁵³lə⁰tʰu²¹xu³³li⁰tə⁰tɕia³³li⁰]

秃虎里一看，[tʰu²¹xu³³li⁰i²⁴kʰan⁵³]

这并不是我的大黄牛，[tʂɤ⁵³piŋ⁵³pu²⁴ʂʅ⁵³uɤ²¹tə⁰ta⁵³xuaŋ²⁴n̠iou²⁴]

但是，比我的牛还好。[tan⁵³ʂʅ⁵³，pʰi²⁴uɤ²¹tə⁰n̠iou²⁴xai²⁴xau²¹¹]

他也没有说破，[tʰa³³iɛ²¹mei²⁴iou²¹ʂuɤ³³pʰɤ⁵³]

并且，告诉小牛倌儿：[piŋ⁵³tɕʰiɛ²¹¹，kau⁵³su⁵³ɕiau²¹n̠iou²⁴kuɐr³³]

"明天，["miŋ²⁴tʰian³³]

你带着大黄牛[n̠i²¹tai⁵³tʂə⁰ta⁵³xuaŋ²⁴n̠iou²⁴]

去耕四十亩的地，[tɕʰy⁵³kəŋ³³sʅ⁵³ʂʅ²⁴mu²¹tə⁰ti⁵³]

耕不出来，[kəŋ³³pu⁵³tʂʰu³³lai²⁴]

我还要抽你五十鞭子。"[uɤ²¹xai²⁴iau⁵³tʂʰou³³n̠i²⁴u²¹ʂʅ²⁴pian³³tsʅ⁰。"]

小牛倌儿领着大黄牛[ɕiau²¹n̠iou²⁴kuɐr³³liŋ²¹tʂə⁰ta⁵³xuaŋ²⁴n̠iou²⁴]

第二天去耕地去了，[ti⁵³ɐr⁵³tʰian³³tɕʰy⁵³kəŋ³³ti⁵³tɕʰy⁵³lə⁰]

耕到天黑，[kəŋ³³tau⁵³tʰian³³xei³³]

正好耕出了四十亩的地。[tʂəŋ⁵³xau²¹kəŋ³³tʂʰu³³lə⁰sʅ⁵³ʂʅ²⁴mu²¹tə⁰ti⁵³]

秃虎里高兴啊，[tʰu²¹xu³³li⁰kau³³ɕiŋ⁵³ŋa⁰]

他对小牛倌儿说：[tʰa³³tuei⁵³ɕiau²⁴n̠iou²⁴kuɐr³³ʂuɤ³³]

"明天，["miŋ²⁴tʰian³³]

你去给我耕出八十亩的地。"[n̠i²¹tɕʰy⁵³kei²⁴uɤ²¹kəŋ³³tʂʰu³³pa³³ʂʅ²⁴mu²¹tə⁰ti⁵³。"]

小牛倌儿心想：[ɕiau²¹n̠iou²⁴kuɐr³³ɕin³³ɕiaŋ²¹¹]

这怎么可能呢？[tʂɤ⁵³tsən²¹mə⁰kʰɤ²¹nəŋ²⁴nə⁰]

第二天，[ti⁵³ɐr⁵³tʰian³³]

小牛倌儿领着大黄牛[ɕiau²¹n̠iou²⁴kuɐr³³liŋ²⁴tʂə⁰ta⁵³xuaŋ²⁴n̠iou²⁴]

上山了，[ʂaŋ⁵³ʂan³³lə⁰]

也没有耕地，[iɛ²¹mei²⁴iou²¹kəŋ³³ti⁵³]

躺在石头上睡了一会儿。[tʰaŋ²¹tsai⁵³ʂʅ²⁴tʰou⁰ʂaŋ⁰ʂuei⁵³lə⁰i⁵³xuɐr²¹¹]

秃虎里来到地里，[tʰu²¹xu³³li⁰lai²⁴tau⁵³ti⁵³li⁰]

看到小牛倌儿正在睡觉，[kʰan⁵³tau⁵³ɕiau²¹n̠iou²⁴kuɐr³³tʂəŋ⁵³tsai⁰ʂuei⁵³tɕiau⁵³]

很生气，[xən²¹ ʂəŋ³³ tɕʰi⁵³]

他就要抽打小牛倌儿。[tʰa³³ tɕiou⁵³ iau⁵³ tʂʰou³³ ta²⁴ ɕiau²¹ ȵiou²⁴ kuɐr³³]

这个时候，[tʂei⁵³ kə⁰ ʂɻ²⁴ xou⁰]

大黄牛来了，[ta⁵³ xuaŋ²⁴ ȵiou²⁴ lai²⁴ lə⁰]

像老虎一样地飞奔向秃虎里，[ɕiaŋ⁵³ lau²⁴ xu²¹ i²⁴ iaŋ⁵³ tə⁰ fei³³ pən³³ ɕiaŋ⁵³ tʰu²¹ xu³³ li⁰]

阻挡着他抽打小牛倌儿。[tsu²⁴ taŋ²¹ tʂə⁰ tʰa³³ tʂʰou³³ ta²¹ ɕiau²¹ ȵiou²⁴ kuɐr³³]

秃虎里不敢打，[tʰu³³ xu³³ li⁰ pu⁵³ kan²⁴ ta²¹¹]

只好驾着车 [tʂɻ²⁴ xau²¹ tɕia⁵³ tʂə⁰ tʂʰɤ³³]

把小牛倌儿拉了回去。[pa²⁴ ɕiau²¹ ȵiou²⁴ kuɐr³³ la³³ lə⁰ xuei²⁴ tɕʰiɛ⁰]

小牛倌儿到家里的时候哇，[ɕiau²⁴ ȵiou²⁴ kuɐr³³ tau⁵³ tɕia³³ li⁰ tə⁰ ʂɻ²⁴ xou⁰ ua⁰]

好像生病了，[xau²¹ ɕiaŋ⁵³ ʂəŋ³³ piŋ⁵³ lə⁰]

然后他就对秃虎里说：[ʐan²⁴ xou⁵³ tʰa³³ tɕiou⁵³ tuei⁵³ tʰu²¹ xu³³ li⁰ ʂuɤ³³]

"没关系的，["mei²⁴ kuan³³ ɕi⁵³ tə⁰]

你上牛尾巴上薅下一根儿毛，[ȵi²¹ ʂaŋ⁵³ ȵiou²⁴ i²¹ pa⁰ ʂaŋ⁰ xau³³ ɕia⁰ i⁵³ kər³³ mau²⁴]

给我冲水喝，[kei²⁴ uɤ²¹ tʂʰuŋ³³ ʂuei⁵³ xɤ³³]

我的病就全好了。" [uɤ²¹ tə⁰ piŋ⁵³ tɕiou⁵³ tɕʰyan²⁴ xau²¹ lə⁰ 。"]

秃虎里照做以后，[tʰu²¹ xu³³ li⁰ tʂau⁵³ tsuɤ⁵³ i²¹ xou⁵³]

小牛倌儿他的身体[ɕiau²¹ ȵiou²⁴ kuɐr³³ tʰa³³ tə⁰ ʂən³³ tʰi²¹]

真的好了起来，[tʂən³³ tə⁰ xau²¹ lə⁰ tɕʰi²¹ lai²⁴]

扑棱一下子，[pʰu³³ ləŋ³³ i²⁴ ɕia⁵³ tsɻ⁰]

从车上跳了下来。[tsʰuŋ²⁴ tʂʰɤ³³ ʂaŋ⁰ tʰiau⁵³ lə⁰ ɕia⁵³ lai⁰]

秃虎里一想：[tʰu²¹ xu³³ li⁰ i⁵³ ɕiaŋ²¹¹]

这牛尾巴的毛还能治百病？[tʂɤ⁵³ ȵiou²⁴ i²¹ pa⁰ tə⁰ mau²⁴ xai²⁴ nəŋ²⁴ tʂɻ⁵³ pai²¹ piŋ⁵³]

从那儿以后哇，[tsʰuŋ²⁴ nər⁵³ i²¹ xou⁵³ ua⁰]

方圆几十里[faŋ²⁴ yan²⁴ tɕi²¹ ʂɻ²⁴ li²¹]

谁家有什么疾病，[ʂuei²⁴ tɕia³³ iou²¹ ʂən²⁴ mə⁰ tɕi²⁴ piŋ⁵³]

他都拿着一根儿牛毛 [tʰa³³ tou³³ na²⁴ tʂə⁰ i⁵³ kər³³ ȵiou²⁴ mau²⁴]

去给人家冲水，[tɕʰy⁵³ kei²¹ ʐən²⁴ tɕia⁰ tʂʰuŋ³³ ʂuei²¹¹]

并且，[piŋ⁵³ tɕʰiɛ²¹¹]

大家的病也都治好了。[ta³³ tɕia³³ tə⁰ piŋ⁵³ iɛ²¹ tou³³ tʂɻ⁵³ xau²¹ lə⁰]

这件事儿呢，[tʂei⁵³ tɕian⁵³ ʂər⁵³ nə⁰]

被传到了大阿哥的耳朵里，[pei⁵³ tʂʰuan²⁴ tau⁵³ lə⁰ ta⁵³ a⁵³ kə⁰ tə⁰ ɚ²¹ tuɤ⁰ li⁰]

大阿哥一直就身患重疾，[ta⁵³ a⁵³ kə⁰ i⁵³ tʂɻ²⁴ tɕiou⁵³ ʂən³³ xuan⁵³ tʂuŋ⁵³ tɕi²⁴]

四处求医，[sɻ⁵³ tʂʰu⁵³ tɕʰiou²⁴ i³³]

他就把秃虎里请来，[tʰa³³ tɕiou⁵³ pa²¹ tʰu²¹ xu³³ li⁰ tɕʰiŋ²¹ lai²⁴]

秃虎里拽下了一根儿［tʰu²¹xu³³li⁰tsuai⁵³ɕia⁵³lə⁰i⁵³kər³³］

牛尾巴上的毛，［ȵiou²⁴i²¹pa⁰ʂaŋ⁰tə⁰mau²⁴］

给他冲水喝，［kei²¹tʰa³³tʂʰuŋ³³ʂuei²¹xɤ³³］

哎！［ei²⁴］

大阿哥的病也好了。［ta⁵³a⁵³kə⁰tə⁰piŋ⁵³iɛ²⁴xau²¹lə⁰］

大阿哥就对秃虎里说，［ta⁵³a⁵³kə⁰tɕiou⁵³tuei⁵³tʰu²¹xu³³li⁰ʂɤ³³］

说："你这牛尾巴呀真神！［ʂɤ³³："ȵi²¹tʂɤ⁵³ȵiou²⁴i²¹pa⁰ia⁰tʂən³³ʂən²⁴］

这牛尾巴，［tʂei⁵³ȵiou²⁴i²¹pa⁰］

咱们给它一人一半儿，［tsan²⁴mən⁰kei²¹tʰa³³i⁵³ʐən²⁴i²⁴pɐr⁵³］

我给你一座金山、［uɤ²¹kei²⁴ȵi²¹i²⁴tsuɤ⁵³tɕin³³ʂan³³］

两座银库，［liaŋ²¹tsuɤ⁵³in²⁴kʰu⁵³］

我再给你一个［uɤ²¹tsai⁵³kei²⁴ȵi²¹i²⁴kɤ⁵³］

三等的官儿当当。"［san³³təŋ²¹tə⁰kuɐr³³taŋ³³taŋ⁰。"］

秃虎里心里高兴，［tʰu²¹xu³³li⁰ɕin³³li⁰kau³³ɕiŋ⁵³］

说："行！［ʂɤ³³："ɕiŋ²⁴］

我回家就把牛尾巴砍下来。"［uɤ²¹xuei²¹tɕia³³tɕiou⁵³pa²¹ȵiou²⁴i²¹pa⁰kʰan²¹ɕia⁵³lai⁰。"］

他拿着砍刀来到院子里，［tʰa³³na²⁴tʂə⁰kʰan²¹tau³³lai²⁴tau²⁴yan⁵³tsʐ⁰li⁰］

就要砍牛尾巴，［tɕiou⁵³iau⁵³kʰan²¹ȵiou²⁴i²¹pa⁰］

小牛倌儿呢，［ɕiau²¹ȵiou²⁴kuɐr³³nə⁰］

牵着大黄牛就往山里跑，［tɕʰian³³tʂə⁰ta⁵³xuaŋ²⁴ȵiou²⁴tɕiou⁵³uaŋ²¹ʂan³³li⁰pʰau²¹¹］

眼瞅着秃虎里［ian²¹tʂʰou²¹tʂə⁰tʰu²¹xu³³li⁰］

就要追到大黄牛了，［tɕiou⁵³iau⁵³tsuei³³tau⁵³ta⁵³xuaŋ²⁴ȵiou²⁴lə⁰］

大黄牛钻到了石头缝下，［ta⁵³xuaŋ²⁴ȵiou²⁴tsuan³³tau⁵³lə⁰ʂʐ²⁴tou⁰fəŋ⁵³ɕia⁵³］

不见了。［pu²⁴tɕian⁵³lə⁰］

秃虎里呀，被石头绊倒了，［tʰu²¹xu³³li⁰ia⁰，pei⁵³ʂʐ²⁴tʰou⁰pan⁵³tau²¹lə⁰］

这个脸哪［tʂei⁵³kə⁰lian²¹na⁰］

正好磕到了牛粪上。［tʂəŋ²⁴xau²¹kʰɤ³³tau⁵³lə⁰ȵiou²⁴fən⁵³ʂaŋ⁰］

从那儿以后，［tsʰuŋ²⁴nər⁵³i²¹xou⁵³］

秃虎里的脸上［tʰu²¹xu³³li⁰tə⁰lian²¹ʂaŋ⁰］

流着黄黄的脓水儿，［liou²¹tʂə⁰xuaŋ²⁴xuaŋ²⁴tə⁰nuŋ²⁴ʂuər²¹¹］

又腥又臭。［iou⁵³ɕiŋ³³iou⁵³tʂʰou⁵³］

而小牛倌儿呢，［ɚ²⁴ɕiau²¹ȵiou²⁴kuɐr³³nə⁰］

早就跑得不见人影儿了。［tsau²¹tɕiou⁵³pʰau²¹tə⁰pu²⁴tɕian⁵³ʐən²⁴iɚ²¹lə⁰］

从此以后哇，［tsʰuŋ²⁴tsʰʐ²⁴i²¹xou⁵³ua⁰］

这个地方就叫放牛沟。［tʂei⁵³kə⁰ti⁵³faŋ⁰tɕiou⁵³tɕiau⁵³faŋ⁵³ȵiou²⁴kou³³］

(二)莺歌岭的传说

据说，［tɕy⁵³ ʂuɤ³³］

梅合乐氏族是最早［mei²⁴xɤ²⁴lə⁵³ ʂʅ⁵³tsu²⁴ ʂʅ⁵³tsuei⁵³tsau²¹］

在镜泊湖一带打猎的民族。［tsai⁵³tɕiŋ⁵³pɤ³³xu²⁴i²⁴tai⁵³ta²¹liɛ⁵³tə⁰min²⁴tsu²⁴］

在族内呢，有一个小伙子，［tsai⁵³tsu²⁴nei⁵³nə⁰,iou²¹i²⁴kə⁰ɕiau²⁴xuɤ²¹tsʅ⁰］

叫梅合乐尼湛，［tɕiau⁵³mei²⁴xɤ²⁴lə⁵³ȵi²⁴tʂan⁵³］

他在族内呢是非常地有名，［tʰa³³tsai⁵³tsu²⁴nei⁵³nə⁰ʂʅ⁵³fei³³tʂʰaŋ²⁴tə⁰iou²¹miŋ²⁴］

他能骑善射，［tʰa³³nəŋ²⁴tɕi²⁴ʂan⁵³ʂɤ⁵³］

他的箭，箭无虚发，［tʰa³³tə⁰tɕian⁵³,tɕian⁵³u²⁴ɕy³³fa³³］

他，标枪、投掷，［tʰa³³,piau³³tɕʰiaŋ³³,tʰou²⁴tʂʅ⁵³］

指哪儿打哪儿，［tʂʅ²⁴nər²¹ta²⁴nər²¹¹］

非常了得。［fei³³tʂʰaŋ²⁴liau²¹tə²⁴］

而且，［ər²⁴tɕʰiɛ²¹¹］

他特别会使鱼鹰。［tʰa³³tʰɤ⁵³piɛ²⁴xuei⁵³ʂʅ²¹y²⁴iŋ³³］

他打猎的时候，［tʰa³³ta²¹liɛ⁵³tə⁰ʂʅ²⁴xou⁰］

他在前走，［tʰa³³tsai⁵³tɕʰian²⁴tsou²¹¹］

一群鱼鹰跟在他的身后，［i⁵³tɕʰyn²⁴y²⁴iŋ³³kən³³tsai⁵³tʰa³³tə⁰ʂən³³xou⁵³］

当他发出指令之后，［taŋ³³tʰa³³fa³³tʂʰu³³tʂʅ²¹liŋ⁵³tʂʅ³³xou⁵³］

鱼鹰们飞奔而去，［y²⁴iŋ³³mən⁰fei³³pən³³ər²⁴tɕʰy⁵³］

每一趟打猎，［mei²⁴i²⁴tʰaŋ⁵³ta²¹liɛ⁵³］

鱼鹰们绝对不会空手而归，［y²⁴iŋ³³mən⁰tɕyɛ²⁴tuei⁵³pu²⁴xuei⁵³kʰuŋ³³ʂou²¹ər²⁴kuei³³］

所以他在族内［suɤ²⁴i²¹tʰa³³tsai⁵³tsu²⁴nei⁵³］

非常地有名气。［fei³³tʂʰaŋ²⁴tə⁰iou²¹miŋ²⁴ tɕʰi⁵³］

老罕王要成立一个八旗兵，［lau²¹xan⁵³uaŋ²⁴iau⁵³tʂʰəŋ²⁴li⁵³i²⁴kɤ⁵³pa³³tɕʰi²⁴piŋ³³］

小伙子呢就被征，［ɕiau²⁴xuɤ²¹tsʅ⁰nə⁰tɕiou⁵³pei⁵³tʂəŋ³³］

编入了军队。［pian³³ʐu⁵³lə⁰tɕyn³³tuei⁵³］

要入军了，［iau⁵³ʐu⁵³tɕyn³³lə⁰］

要离开鱼鹰们了，［iau⁵³li²⁴kʰai³³y²⁴iŋ³³mən⁰lə⁰］

非常地不舍。［fei³³tʂʰaŋ²⁴tə⁰pu²⁴ʂɤ²¹¹］

他就对鱼鹰们说：［tʰa³³tɕiou⁵³tuei⁵³y²⁴iŋ³³mən⁰ʂuɤ³³］

"我要去当兵啦，［"uɤ²¹iau⁵³tɕʰy⁵³taŋ³³piŋ³³la⁰］

你们都飞到山上吧。"［ȵi²¹mən⁰tou³³fei³³tau⁵³ʂan³³ʂaŋ⁵³pa⁰。"］

鱼鹰们跟小伙子很有感情，［y²⁴iŋ³³mən⁰kən³³ɕiau²⁴xuɤ²¹tsʅ⁰xən²⁴iou²⁴kan²¹tɕʰiŋ²⁴］

舍不得, [ʂɤ²¹pu⁵³tə²⁴]

在他的身边飞着转着, [tsai⁵³tʰa³³tə⁰ʂən³³pian³³fei³³tʂə⁰tʂuan⁵³tʂə⁰]

直到好久之后, [tʂɭ²⁴tau⁵³xau⁵³tɕiou²¹tʂɭ³³xou⁵³]

才飞向了山里。 [tsʰai²⁴fei³³ɕiaŋ⁵³lə⁰ʂan³³li⁰]

小伙子呢, 骁勇善战, [ɕiau²⁴xuɤ²¹tsɭ⁰nə⁰, ɕiau³³yŋ²¹ʂan⁵³tʂan⁵³]

屡立战功, [ly²¹li⁵³tʂan⁵³kuŋ³³]

很快在部队里呢 [xən²¹kʰuai⁵³tsai⁵³pu⁵³tuei⁵³li⁰nə⁰]

就获得了提升。 [tɕiou⁵³xuɤ⁵³tə²⁴lə⁰tʰi²⁴ʂəŋ³³]

在行军的时候, [tsai⁵³ɕiŋ²⁴tɕyn³³tə⁰ʂɭ²⁴xou⁰]

在一处山下, [tsai⁵³i²⁴tʂʰu⁵³ʂan³³ɕia⁵³]

正准备埋锅造饭的时候, [tʂəŋ⁵³tsuən²¹pei⁵³mai²⁴kuɤ³³tsau⁵³fan⁵³tə⁰ʂɭ²⁴xou⁰]

有一头鱼鹰 [iou²¹i⁵³tʰou²⁴y²⁴iŋ³³]

飞进了小伙子的怀里, [fei³³tɕin⁵³lə⁰ɕiau²⁴xuɤ²¹tsɭ⁰tə⁰xuai²⁴li²¹¹]

小伙子一看, [ɕiau²⁴xuɤ²¹tsɭ⁰i²⁴kʰan⁵³]

这不正是 [tʂɤ⁵³pu²⁴tʂəŋ⁵³ʂɭ⁵³]

他分离了七八年的鱼鹰吗? [tʰa³³fən³³li⁰lə⁰tɕʰi⁵³pa³³ɲian²⁴tə⁰y²⁴iŋ³³ma⁰]

高兴地抱起了鱼鹰。 [kau³³ɕiŋ⁵³tə⁰pau⁵³tɕʰi²¹lə⁰y²⁴iŋ³³]

从那儿以后, [tsuŋ²⁴nər⁵³i²¹xou⁵³]

小伙子在哪儿, 鱼鹰就在哪儿。 [ɕiau²⁴xuɤ²¹tsɭ⁰tsai⁵³nər²¹, y²⁴iŋ³³tɕiou⁵³tsai⁵³nər²¹¹]

外出打仗时, [uai⁵³tʂʰu³³ta²¹tʂaŋ⁵³ʂɭ²⁴]

有一次被敌军埋伏了。 [iou²¹i²⁴tsʰɭ⁵³pei⁵³ti²⁴tɕyn³³mai²⁴fu⁰lə⁰]

小伙子的军队, [ɕiau²⁴xuɤ²¹tsɭ⁰tə⁰tɕyn³³tuei⁵³]

被敌军埋得 [pei⁵³ti²⁴tɕyn³³mai²⁴tə⁰]

里三层外三层儿, [li²¹san³³tsʰəŋ²⁴uai⁵³san³³tsʰə̃r²⁴]

小伙子呢, [ɕiau²⁴xuɤ²¹tsɭ⁰nə⁰]

想给将军写一封救援信, [ɕiaŋ²⁴kei²¹tɕiaŋ³³tɕyn⁰ɕiɛ²¹i⁵³fəŋ³³tɕiou⁵³yan²⁴ɕin⁵³]

但是没有人 [tan⁵³ʂɭ⁵³mei²⁴iou²¹ʐən²⁴]

能把信送出去。 [nəŋ²⁴pa²¹ɕin⁵³suŋ⁵³tʂʰu³³tɕʰy⁵³]

这时鱼鹰飞来了, [tʂei⁵³ʂɭ²⁴y²⁴iŋ³³fei³³lai²⁴lə⁰]

鱼鹰把信带走了, [y²⁴iŋ³³pa²¹ɕin⁵³tai⁵³tsou²¹lə⁰]

鱼鹰呢飞到了军队, [y²⁴iŋ³³nə⁰fei³³tau⁵³lə⁰tɕyn³³tuei⁵³]

给将军送去了救援信。 [kei²¹tɕiaŋ³³tɕyn⁰suŋ⁵³tɕʰy⁵³lə⁰tɕiou⁵³yan²⁴ɕin⁵³]

在鱼鹰的带领下呢, [tsai⁵³y²⁴iŋ³³tə⁰tai⁵³liŋ²¹ɕia⁵³nə⁰]

援军很快地就来到了, [yan²⁴tɕyn³³xən²¹kʰuai⁵³tə⁰tɕiou⁵³lai²⁴tau⁵³lə⁰]

那小伙子的军队 [na⁵³ɕiau²⁴xuɤ²¹tsɭ⁰tə⁰tɕyn³³tuei⁵³]

跟鱼鹰的救援队呢，［kən³³y²⁴iŋ³³tə⁰tɕiou⁵³yan²⁴tuei⁵³nə⁰］

里外夹击，［li²¹uai⁵³tɕia²⁴tɕi³³］

把敌军打得落花流水。［pa²¹ti²⁴tɕyn³³ta²¹tə⁰luɤ⁵³xua³³liou²⁴ʂuei²¹¹］

从那儿以后哇，［tsʰuŋ²⁴nər⁵³i²¹xou⁵³ua⁰］

这支部队可热闹了，［tʂei⁵³tʂʅ³³pu⁵³tuei⁵³kʰɤ²¹ʐɤ⁵³nau⁵³lə⁰］

地上走的步兵，［ti⁵³ʂaŋ⁵³tsou²¹tə⁰pu⁵³piŋ³³］

马上骑的是骑兵，［ma²¹ʂaŋ⁵³tɕʰi²⁴tə⁰ʂʅ⁵³tɕʰi²⁴piŋ³³］

天上飞的是鹰群。［tʰian³³ʂaŋ⁵³fei³³tə⁰ʂʅ⁵³iŋ³³tɕʰyn²⁴］

鹰群呢，［iŋ³³tɕʰyn²⁴nə⁰］

经常还在平时呢［tɕiŋ³³tʂʰaŋ²⁴xai²⁴tsai⁵³piŋ²⁴ʂʅ²⁴nə⁰］

还给士兵们打鱼吃，［xai²⁴kei²¹ʂʅ⁵³piŋ³³mən⁰ta²¹y²⁴tsʰʅ³³］

这支部队总是获得胜利。［tʂei⁵³tʂʅ³³pu⁵³tuei⁵³tsuŋ²¹ʂʅ⁵³xuɤ⁵³tə²⁴ʂəŋ⁵³li⁵³］

有一次，［iou²¹i²⁴tsʰʅ⁵³］

小伙子呢跟几个士兵，［ɕiau²⁴xuɤ²¹tsʅ⁰nə⁰kən³³tɕi²¹kə⁰ʂʅ⁵³piŋ³³］

到周围去打探一下［tau⁵³tʂou³³uei²⁴tɕʰy⁵³ta²¹tʰan⁵³i²⁴ɕia⁵³］

敌军的阵型，［ti²⁴tɕyn³³tə⁰tʂən⁵³ɕiŋ²⁴］

半路上呢，［pan⁵³lu⁵³ʂaŋ⁵³nə⁰］

被敌军埋伏的军队跟踪了。［pei⁵³ti²⁴tɕyn³³mai²⁴fu³³tə⁰tɕyn³³tuei⁵³kən³³tsuŋ³³lə⁰］

小伙子和几个士兵，［ɕiau²⁴xuɤ²¹tsʅ⁰xɤ²⁴tɕi²¹kə⁰ʂʅ⁵³piŋ³³］

躲在了一处山上，［tuɤ²¹tsai⁵³lə⁰i²⁴tʂʰu⁵³ʂan³³ʂaŋ⁰］

又饿又困，［iou⁵³ɤ⁵³iou⁵³kʰuən⁵³］

那这几个人呢睡着了，［na⁵³tʂei⁵³tɕi²¹kə⁰ʐən²⁴nə⁰ʂuei⁵³tʂau²⁴lə⁰］

敌军呢想到了一个办法：［ti²⁴tɕyn³³nə⁰ɕiaŋ²¹tau⁵³lə⁰i²⁴kə⁰pan⁵³fa⁰］

放火烧山。［faŋ⁵³xuɤ²¹ʂau³³ʂan³³］

大火烧了起来，［ta⁵³xuɤ²¹ʂau³³lə⁰tɕʰi²¹lai²⁴］

眼看着就要烧到了［ian²¹kʰan⁵³tʂə⁰tɕiou⁵³iau⁵³ʂau³³tau⁵³lə⁰］

小伙子和几个士兵的时候，［ɕiau²⁴xuɤ²¹tsʅ⁰xɤ²⁴tɕi²¹kə⁰ʂʅ⁵³piŋ³³tə⁰ʂʅ²⁴xou⁰］

鱼鹰们飞奔而来，［y²⁴iŋ³³mən⁰fei³³pən³³ɚ²⁴lai²⁴］

鱼鹰们一个一个地来到河里，［y²⁴iŋ³³mən⁰i²⁴kɤ⁵³i²⁴kɤ⁵³tə⁰lai²⁴tau⁵³xɤ²⁴li²¹¹］

用身上的羽毛儿沾满了河水，［yŋ⁵³ʂən³³ʂaŋ⁵³tə⁰y²¹maur²⁴tʂan³³man²¹lə⁰xɤ²⁴ʂuei²¹¹］

然后，［ʐan²⁴xou⁵³］

飞喷向士兵们，［fei³³pʰən³³ɕiaŋ⁵³ʂʅ⁵³piŋ³³mən⁰］

把他们身边的火都扑灭了。［pa²¹tʰa³³mən⁰ʂən³³pian³³tə⁰xuɤ²¹tou³³pu³³miɛ⁵³lə⁰］

一只又一只，［i⁵³tʂʅ³³iou⁵³i⁵³tʂʅ³³］

一次又一次，［i²⁴tsʰʅ⁵³iou⁵³i²⁴tsʰʅ⁵³］

很多鱼鹰都被烧死了，[xən²¹tuɤ³³y²⁴iŋ³³tou³³pei⁵³ʂau³³sʅ²¹lə⁰]

有的鱼鹰翅膀被烧没了，[iou²¹tə⁰y²⁴iŋ³³tʂʰʅ⁵³paŋ²¹pei⁵³ʂau³³mei²⁴lə⁰]

再也飞不起来了，[tsai⁵³iɛ²¹fei³³pu⁵³tɕʰi²¹lai²⁴lə⁰]

就只剩下莺歌儿一个小鱼鹰[tɕiou⁵³tʂʅ²¹ʂəŋ⁵³ɕia⁵³iŋ³³kɤr⁰i²⁴kɤ⁵³ɕiau²¹y²⁴iŋ³³]

还在坚持着，[xai²⁴tsai⁵³tɕian³³tʂʰʅ²⁴tʂə⁰]

它又一次地飞奔向河水，[tʰa³³iou⁵³i²⁴tsʰʅ⁵³tə⁰fei³³pən⁵³ɕiaŋ⁵³xɤ²⁴ʂuei²¹¹]

沾湿自己的身体，[tʂan⁵³ʂʅ³³tsʅ⁵³tɕi²¹tə⁰ʂən³³tʰi²¹¹]

再来到小伙子的身边，[tsai⁵³lai²⁴tau⁵³ɕiau²⁴xuɤ²¹tsʅ⁰tə⁰ʂən³³pian³³]

把他身上的、身边的火扑灭。[pa²¹tʰa³³ʂən³³ʂaŋ⁵³tə⁰、ʂən³³pian³³tə⁰xuɤ²¹pʰu³³miɛ⁵³]

小伙子和士兵们[ɕiau²⁴xuɤ²¹tsʅ⁰xɤ²⁴ʂʅ⁵³piŋ³³mən⁰]

醒来的时候呢，[ɕiŋ²¹lai²⁴tə⁰ʂʅ²⁴xou⁵³nə⁰]

看到了莺歌儿，[kʰan⁵³tau⁵³lə⁰iŋ³³kɤr⁰]

莺歌儿已经奄奄一息[iŋ³³kɤr⁰i²¹tɕiŋ³³ian²⁴ian²¹i⁵³ɕi³³]

再也飞不动了，[tsai⁵³iɛ²¹fei³³pu⁵³tuŋ⁵³lə⁰]

小伙子抱着它，[ɕiau²⁴xuɤ²¹tsʅ⁰pau⁵³tʂə⁰tʰa³³]

莺歌儿最后在小伙子的怀里[iŋ³³kɤr⁰tsuei⁵³xou⁵³tsai⁵³ɕiau²⁴xuɤ²¹tsʅ⁰tə⁰xuai²⁴li⁰]

闭上了眼睛，死了。[pi⁵³ʂaŋ⁰lə⁰ian²¹tɕiŋ⁰、sʅ²¹lə⁰]

为了纪念这些鱼鹰们[uei⁵³lə⁰tɕi⁵³ȵian⁵³tʂei⁵³ɕiɛ³³y²⁴iŋ³³mən⁰]

英勇善战救主的精神，[iŋ³³yŋ²¹ʂan⁵³tʂan⁵³tɕiou⁵³tʂu²¹tə⁰tɕiŋ³³ʂən⁰]

这座山呢，[tʂei⁵³tsuɤ⁵³ʂan³³nə⁰]

后来就被叫作莺歌岭。[xou⁵³lai²⁴tɕiou⁵³pei⁵³tɕiau⁵³tsuɤ⁵³iŋ³³kɤ³³liŋ²¹¹]

（有删减）

（以上由发音人郭雪丹提供）

四　自选条目

俗语

1. 八月十五云遮月，[pa²¹yɛ⁵³ʂʅ²⁴u²¹yn³³tʂɤ³³yɛ⁵³]
   正月十五雪打灯。[tʂəŋ³³yɛ⁵³ʂʅ²⁴u²¹ɕyɛ²⁴ta²¹təŋ³³]

2. 雷声大，[lei²⁴ʂəŋ³³ta⁵³]
   雨点儿小。[y²⁴tiɐr²¹ɕiau²¹¹]

3. 早看东南，[tsau²¹kʰan⁵³tuŋ³³nan²⁴]
   晚看西北。[uan²¹kʰan⁵³ɕi⁵³pei²¹¹]

4. 早上下雨一天晴。[tsau²¹ʂaŋ⁵³ɕia⁵³y²¹i⁵³tʰian³³tɕʰiŋ²⁴]

5. 蚂蚁上树, [ma²⁴i²¹ ʂaŋ⁵³ ʂu⁵³]

　　大雨如注。[ta⁵³y²¹ ʐu²⁴tʂu⁵³]

6. 谷雨前后, [ku²⁴y²¹tɕʰian²⁴xou⁵³]

　　种瓜点豆。[tʂuŋ⁵³kua³³tian²¹tou⁵³]

7. 天上下雨地下流, [tʰian³³ʂaŋ⁵³ɕia⁵³y²¹ti⁵³ɕia⁰liou²⁴]

　　小两口打架不记仇, [ɕiau²⁴liaŋ²¹kʰou⁰ta²¹tɕia⁵³pu²⁴tɕi⁵³tʂʰou²⁴]

　　白天吃的一锅饭, [pai²⁴tʰian³³tʂʰʅ³³tə⁰i⁵³kuɤ³³fan⁵³]

　　晚上睡觉一个枕头。[uan²¹ʂaŋ⁵³ʂuei⁵³tɕiau⁵³i²⁴kɤ⁵³tʂən²¹tʰou⁰]

8. 一场秋雨一场寒。[i⁵³tʂʰaŋ²¹tɕʰiou³³y²¹i⁵³tʂʰaŋ²¹xan²⁴]

（以上由发音人郭雪丹提供）

尚　志

一　歌谣

(一)四季歌

春季到来绿满窗，[tsʰuən tɕi tau lai ly man tsʰuaŋ]

大姑娘窗下绣鸳鸯。[ta ku n̠iaŋ tʂʰuaŋ ɕia ɕiou yan iaŋ]

忽然一阵无情棒，[xu z̠an i tʂən u tɕʰiŋ paŋ]

打得鸳鸯各一方。[ta ti yan iaŋ kɤ i faŋ]

夏季到来柳叶儿长，[ɕia tɕi tau lai liou iɛr tʂʰaŋ]

大姑娘漂泊到长江。[ta ku n̠iaŋ pʰiau pʰɤ tau tʂʰaŋ tɕiaŋ]

江南江北风光好，[tɕiaŋ nan tɕiaŋ pei fəŋ kuaŋ xau]

遍地青纱起高粱。[pian ti tɕʰiŋ ʂa tɕʰi kau liaŋ]

秋季到来荷儿花儿香，[tɕʰiou tɕi tau lai xɤ ɚ xuar ɕiaŋ]

大姑娘夜夜梦家乡。[ta ku n̠iaŋ iɛ iɛ məŋ tɕia ɕiaŋ]

醒来不见爹娘面，[ɕiŋ lai pu tɕian tiɛ n̠iaŋ mian]

只见窗前明月光。[tʂʅ tɕian tʂʰuaŋ tɕʰian miŋ yɛ kuaŋ]

冬季到来雪儿茫茫，[tuŋ tɕi tau lai ɕyɛ ɚ maŋ maŋ]

寒衣做好送情郎。[xan i tsuo xau suŋ tɕʰiŋ laŋ]

血肉筑成长城长，[ɕyɛ z̠ou tʂu tʂʰəŋ tʂʰaŋ tʂʰəŋ tʂʰaŋ]

侬愿做在当年的小孟姜。[nuŋ yan tsuo tsai taŋ n̠ian ti ɕiau məŋ tɕiaŋ]

(二)人民军队忠于党

雄伟的井冈山，[ɕyŋ uei ti tɕiŋ kaŋ ʂan]

八一军旗红。[pa i tɕyn tɕʰi xuŋ]

开天辟地第一回，[kʰai tʰian pʰi ti ti i xuei]

人民有了子弟兵，[in min iou liau tsʅ ti piŋ]

从无到有靠谁人？[tsʰuŋ u tau iou kʰau suei z̠ən]

伟大的共产党，［uei ta ti kuŋ tʂʰan taŋ］

伟大的毛泽东。［uei ta ti mau tʂɤ tuŋ］

两万五千里万水千山，［liaŋ uan u tɕʰian li uan suei tɕʰian ʂan］

革命战争得胜利，［kɤ miŋ tʂan tʂəŋ tɤ ʂəŋ li］

高举红旗上延安。［kau tɕy xuŋ tɕʰi ʂaŋ ian an］

从无到有靠谁人？［tsʰuŋ u tau iou kʰau suei ʐən］

伟大的共产党，［uei ta ti kuŋ tʂʰan taŋ］

伟大的毛泽东。［uei ta ti mau tʂɤ tuŋ］

（以上由发音人李桂珍提供）

（三）摸摸毛儿

摸摸毛儿，［mɤ³³mɤ³³maur²⁴］

吓不着，［ɕia⁵³pu⁵³tʂau²⁴］

摸摸耳，［mɤ³³mɤ³³ɚ²¹¹］

吓一会儿。［ɕia⁵³i⁵³xuər²¹¹］

（四）小小子儿坐门墩儿

小小子儿坐门墩儿，［ɕiau²⁴ɕiau²¹tsər⁰tsuo⁵³mən²⁴tuər⁰］

哭哭啼啼要媳妇儿。［kʰu³³kʰu⁰tʰi³³tʰi³³iau⁵³ɕi²⁴fər⁵³］

（五）小板凳儿四条腿儿

小板凳儿四条腿儿，［ɕiau²⁴pan²¹tə̃r⁵³sʅ⁵³tʰiau²⁴tʰuər²¹¹］

我给奶奶嗑瓜子儿。［uo²⁴kei²⁴nai²¹nai⁰kʰɤ⁵³kua³³tsər²¹¹］

奶奶说我嗑得香，［nai²¹nai⁰ʂuo³³uo²¹kʰɤ⁵³tə⁰ɕiaŋ³³］

我给奶奶熬鸡汤。［uo²⁴kei²⁴nai²¹nai⁰au²⁴tɕi³³tʰaŋ³³］

奶奶说我没搁油，［nai²¹nai⁰ʂuo³³uo²¹mei²⁴kɤ³³iou²⁴］

我给奶奶磕个头。［uo²⁴kei²⁴nai²¹nai⁰kʰɤ³³kə⁰tʰou²⁴］

奶奶嫌我磕得慢，［nai²¹nai⁰ɕian²⁴uo²¹kʰɤ³³tə⁰man⁵³］

我给奶奶煮鸡蛋。［uo²⁴kei²⁴nai²¹nai⁰tʂu²¹tɕi³³tan⁵³］

（六）小白兔儿白又白

小白兔儿白又白，［ɕiau²¹pai²⁴tʰur⁵³pai²⁴iou⁵³pai²⁴］

两只耳朵竖起来。［liaŋ²¹tʂʅ³³ɚ²¹tuo⁰ʂu⁵³tɕʰi²¹lai²⁴］

爱吃萝卜爱吃菜，［ai⁵³tʂʰʅ³³luo²⁴pə⁰ai⁵³tʂʰʅ³³tsʰai⁵³］

蹦蹦跳跳真可爱。［pəŋ⁵³pəŋ⁵³tʰiau⁵³tʰiau⁵³tʂən³³kʰɤ²¹ai⁵³］

（七）编花篮儿

编花篮儿，编花篮儿，［pian³³xua³³lɐr²⁴，pian³³xua³³lɐr²⁴］
花篮儿里面儿有小孩儿。［xua³³lɐr²⁴li²¹miɐr⁵³iou²⁴ɕiau²¹xɐr²⁴］
小孩儿的名字叫什么？［ɕiau²¹xɐr²⁴təⁿ⁰miŋ²⁴tʂʅⁿ⁰tɕiau⁵³ʂən²⁴məⁿ⁰］
叫秀兰儿。［tɕiau⁵³ɕiou⁵³lɐr²⁴］

（八）蛤蟆儿蛤蟆儿气鼓

蛤蟆儿蛤蟆儿气鼓，［xa²⁴marⁿ⁰xa²⁴marⁿ⁰tɕʰi⁵³ku²¹¹］
一气气到八月十五。［i²⁴tɕʰi⁵³tɕʰi⁵³tauⁿ⁰pa²⁴yɛ⁵³ʂʅ²⁴u²¹¹］
八月十五杀猪，［pa²⁴yɛ⁵³ʂʅ²⁴u²¹ʂa³³tʂu³³］
气得蛤蟆儿直哭。［tɕʰi⁵³təⁿ⁰xa²⁴marⁿ⁰tʂʅ²⁴kʰu³³］

（九）拉钩上吊

拉钩上吊，［la³³kou³³ʂaŋ⁵³tiau⁵³］
一百年不许要。［i⁵³pai²¹ȵian²⁴pu⁵³ɕy²¹iau⁵³］

（十）拉大锯扯大锯

拉大锯扯大锯，［la²⁴ta⁵³tɕy⁵³tʂʰɤ²¹ta⁵³tɕy⁵³］
姥家门口儿唱大戏。［lau²¹tɕia³³mən²⁴kʰour²¹tʂʰaŋ⁵³ta⁵³ɕi⁵³］
接姑娘唤女婿，［tɕiɛ³³ku³³ȵiaŋⁿ⁰xuan⁵³ȵy²¹ɕy⁵³］
小外甥儿也要去。［ɕiau²¹uai⁵³ʂ ɤrⁿ⁰iɛ²¹iau⁵³tɕʰy⁵³］

（十一）小孩儿小孩儿你别哭

小孩儿小孩儿你别哭，［ɕiau²¹xɐr²⁴ɕiau²¹xɐr²⁴ȵi²¹piɛ²⁴kʰu³³］
过了腊八儿就杀猪。［kuo⁵³ləⁿ⁰la⁵³par³³tɕiou⁵³ʂa³³tʂu³³］
小孩儿小孩儿你别馋，［ɕiau²¹xɐr²⁴ɕiau²¹xɐr²⁴ȵi²¹piɛ²⁴tʂʰan²⁴］
过了腊八儿就是年。［kuo⁵³ləⁿ⁰la⁵³par³³tɕiou⁵³ʂʅ⁵³ȵian²⁴］

（以上由发音人汉志玉提供）

（十二）一二三四五

一二三四五，［i⁴⁴ɐr⁵³san⁴⁴sʅ⁵³u²¹¹］
上山打老虎。［ʂaŋ⁵³ʂan⁴⁴ta²¹lau²⁴xu²¹¹］
老虎没打着，［lau²⁴xu²¹mei²⁴ta²¹tʂau²⁴］

打到小松鼠。[ta²¹ tau⁵³ ɕiau²¹ suŋ⁴⁴ ʂu²¹¹]

松鼠有几只,[suŋ⁴⁴ ʂu²¹ iou²⁴ tɕi²¹ tʂʅ⁴⁴]

让我数一数。[ʐaŋ⁵³ uo²⁴ ʂu²¹ i⁵³ ʂu²¹¹]

数来又数去,[ʂu²¹ lai²⁴ iou⁵³ ʂu²¹ tɕʰy⁵³]

一二三四五。[i⁴⁴ ɚr⁵³ san⁴⁴ sʅ⁵³ u²¹¹]

（以上由发音人张琪提供）

二　规定故事

牛郎和织女

古时候有一个小伙子,[ku²¹ ʂʅ²⁴ xou⁰ iou²¹ i²⁴ kə⁰ ɕiau²¹ xuo²¹ tsʅ⁰]

父母都去世了,孤苦伶仃,[fu⁵³ mu²¹ tou²⁴ tɕʰy⁵³ ʂʅ⁵³ lə⁰ , ku³³ kʰu²¹ liŋ²⁴ tiŋ³³]

家里只有一头老牛,[tɕia³³ li²¹ tʂʅ²⁴ iou²¹ i⁵³ tʰou²⁴ lau²¹ ȵiou²⁴]

大家都叫他牛郎。[ta⁵³ tɕia³³ tou³³ tɕiau⁵³ tʰa³³ ȵiou²⁴ laŋ²⁴]

牛郎靠老牛耕地为主,[ȵiou²⁴ laŋ²⁴ kʰau⁵³ lau²¹ ȵiou²⁴ kəŋ³³ ti⁵³ uei²⁴ tʂu²¹¹]

与老牛相依为命。[y²⁴ lau²¹ ȵiou²⁴ ɕiaŋ³³ i³³ uei²⁴ miŋ⁵³]

老牛其实是天上的金牛星,[lau²¹ ȵiou²⁴ tɕʰi²⁴ ʂʅ²⁴ ʂʅ⁵³ tʰian³³ ʂaŋ⁰ ti⁰ tɕin³³ ȵiou²⁴ ɕiŋ³³]

他喜欢牛郎的勤劳善良,[tʰa³³ ɕi²¹ xuan³³ ȵiou²⁴ laŋ²⁴ ti⁰ tɕʰin²⁴ lau²⁴ ʂan⁵³ liaŋ²⁴]

所以呀,想帮他成个家。[suo²⁴ i²¹ ia⁰ , ɕiaŋ²¹ paŋ³³ tʰa⁰ tʂʰəŋ²⁴ kə⁰ tɕia³³]

有一天,金牛星得知上天,[iou²¹ i⁵³ tʰian³³ , tɕin³³ ȵiou²⁴ ɕiŋ³³ tɤ²⁴ tʂʅ³³ ʂaŋ⁵³ tʰian³³]

那个天上的那个仙女呀[nei⁵³ kə⁰ tʰian³³ ʂaŋ⁰ ti⁰ nei⁵³ kə⁰ ɕian³³ ȵy²¹ ia⁰]

要到那个,[iau⁵³ tau⁵³ nei⁵³ kə⁰]

东边儿山脚下的湖里洗澡儿。[tuŋ³³ piɚ³³ ʂan³³ tɕiau²¹ ɕia⁵³ ti⁰ xu²⁴ li⁰ ɕi²⁴ tsaur²¹]

它就托梦给牛郎,[tʰa³³ tɕiou⁵³ tʰuo³³ məŋ⁵³ kei²¹ ȵiou²⁴ laŋ²⁴]

说:"第二天早晨哪,[ʂuo³³ : "ti⁵³ ɚr⁵³ tʰian³³ tsau²¹ ʂən⁰ na⁰]

你上那个湖边儿去,[ȵi²¹ ʂaŋ⁵³ nei⁵³ kə⁰ xu²⁴ piɚ³³ tɕʰy⁵³]

趁美女洗澡儿的时候儿,[tʂʰən⁵³ mei²⁴ ȵy²¹ ɕi²⁴ tsaur²¹ ti⁰ ʂʅ²⁴ xour⁰]

取走一件你喜欢,[tɕʰy²⁴ tsou²¹ i²⁴ tɕian⁵³ ȵi²⁴ ɕi²¹ xuan⁴⁴]

喜欢的颜色的衣服。[ɕi²¹ xuan³³ tə⁰ ian²⁴ sɤ⁵³ ti⁰ i³³ fu⁰]

然后哇,头也不回地往家跑,[ʐan²⁴ xou⁵³ ua⁰ , tou²⁴ iɛ²¹ pu⁵³ xuei²⁴ ti⁰ uaŋ²¹ tɕia³³ pʰau²¹¹]

然后就会有一个美女呀,[ʐan²⁴ xou⁵³ tɕiou⁵³ xuei⁵³ iou²¹ i²⁴ kə⁰ mei²⁴ ȵy²¹ ia⁰]

做你的妻子。"[tsuo⁵³ ȵi²¹ tə⁰ tɕʰi³³ tsʅ⁰ 。"]

这天早晨牛郎啊 [tʂei⁵³ tʰian³³ tsau²¹ ʂʰən⁰ ȵiou²⁴ laŋ²⁴ a⁰]

半信半疑地到山脚下,[pan⁵³ ɕin⁵³ pan⁵³ i²⁴ ti⁰ tau⁵³ ʂan³³ tɕiau²¹ ɕia⁵³]

在朦胧之中啊，[tsai⁵³məŋ²⁴luŋ²⁴tʂʅ³³tʂuŋ³³ŋa⁰]

果然看见了七个美女 [kuo²¹ʐan²⁴kʰan⁵³tɕian⁵³lə⁰tɕʰi²⁴kə⁰mei²⁴n̠y²¹]

在湖里面儿洗澡儿。[tsai²⁴xu²⁴li²¹mɐr⁵³ɕi²⁴tsaur²¹¹]

他立刻拿起这个树枝啊，[tʰa³³li⁵³kʰɤ⁵³na²⁴tɕʰi²¹tsei⁵³kə⁰ʂu⁵³tʂʅ³³ʐa⁰]

挑了一件儿红色的衣服 [tʰiau²⁴lə⁰i²⁴tɕiɐr⁵³xuŋ²⁴sɤ⁵³ti⁰i³³fu⁰]

飞快地跑回家。[fei³³kʰuai⁵³ti⁰pʰau²⁴xuei²⁴tɕia³³]

这个被抢走衣服的美女呀 [tʂɤ⁵³kə⁰pei⁵³tɕʰiaŋ²⁴tsou²¹i³³fu⁰ti⁰mei²⁴n̠y²¹ia⁰]

就叫织女，[tɕiou⁵³tɕiau⁵³tʂʅ³³n̠y²¹¹]

当天夜里，[taŋ³³tʰian³³iɛ⁵³li²¹¹]

她轻轻地敲着 [tʰa³³tɕʰiŋ³³tɕʰiŋ³³ti⁰tɕʰiau³³tʂə⁰]

那个牛郎家的门，[nei⁵³kə⁰n̠iou²⁴laŋ²⁴tɕia³³ti⁰mən²⁴]

然后后来呀两个人哪 [ʐan²⁴xou⁵³xou⁵³lai²⁴ia⁰liaŋ²¹kə⁰ʐən²⁴na⁰]

就恩爱地做了夫妻。[tɕiou⁵³ən³³ai⁵³tə⁰tsuo⁵³lə⁰fu³³tɕʰi³³]

一转眼三年过去了，[i⁵³tsuan²⁴ian²¹san³³n̠ian²⁴kuo⁵³tɕʰy⁰lə⁰]

牛郎和织女呀 [n̠iou²⁴laŋ²⁴xɤ²⁴tʂʅ³³n̠y²¹ia⁰]

生了一个男孩儿一个女孩儿，[ʂəŋ³³lə⁰i²⁴kə⁰nan²⁴xɐr²⁴i²⁴kə⁰n̠y²¹xɐr²⁴]

一家人过得很开心。[i⁵³tɕia³³ʐən²⁴kuo⁵³tə⁰xən²¹kʰai³³ɕin³³]

但是啊，[tan⁵³ʂʅ⁵³ʐa⁰]

这个织女呀 [tʂei⁵³kə⁰tʂʅ³³n̠y²¹ia⁰]

私自下凡的那个消息呀，[sʅ³³tsʅ⁵³ɕia⁵³fan²⁴tə⁰nei⁵³kə⁰ɕiau³³ɕi⁰ia⁰]

被玉皇大帝给知道了。[pei⁵³y⁵³xuaŋ²⁴ta⁵³ti⁵³kei²¹tʂʅ³³tau⁵³lə⁰]

有一天，这个天上啊，[iou²¹i⁵³tʰian³³, tsei²⁴kə⁰tʰian³³ʂaŋ⁵³ŋa⁰]

就电闪雷鸣刮起了大风啊，[tɕiou⁵³tian⁵³ʂan²¹lei²⁴miŋ²⁴kua³³tɕʰi²¹lə⁰ta⁵³fəŋ³³ŋa⁰]

下起大雨，[ɕia⁵³tɕʰi²¹ta⁵³y²¹¹]

织女突然不见了。[tʂʅ³³n̠y²¹tʰu³³ʐan²⁴pu²⁴tɕian⁵³lə⁰]

两个孩子呀 [liaŋ²¹kə⁰xai²⁴tsʅ⁰ia⁰]

哭着喊着要妈妈呀，[kʰu³³tʂə⁰xan²¹tʂə⁰iau⁵³ma³³ma⁰ia⁰]

牛郎急得呀 [n̠iou²⁴laŋ²⁴tɕi²⁴ti⁰ia⁰]

不知怎么办是好哇。[pu⁵³tʂʅ³³tsən²¹mə⁰pan⁵³ʂʅ⁵³xau²¹ua⁰]

这时候哇，[tʂɤ⁵³ʂʅ²⁴xou⁰ua⁰]

这老牛哇突然开口说话了，[tʂɤ⁵³lau²¹n̠iou²⁴ua⁰tʰu³³ʐan²⁴kʰai³³kʰou²¹ʂuo³³xua⁵³lə⁰]

说：[ʂuo³³]

"那个，你也别着急，别难过，["nei⁵³kə⁰, n̠iɛ²¹piɛ⁵³tʂau³³tɕi²⁴, piɛ⁵³nan²⁴kuo⁵³]

你把我这个两个牛角 [n̠i²⁴pa²⁴uo²¹tsei⁵³kɤ⁵³liaŋ²¹kə⁰n̠iou²⁴tɕiau²¹]

摘下来，[tsai²⁴ɕia⁵³lai⁰]

那个变成两个箩筐，［nei⁵³kə⁰pian⁵³tʂʰəŋ²⁴liaŋ²¹kə⁰luo²⁴kʰuaŋ³³］

装上两个孩子，［tʂuaŋ³³ʂaŋ⁵³liaŋ²¹kə⁰xai²⁴tə⁰］

你就可以到天空上啊，［n̠i²¹tɕiou⁵³kʰɤ²⁴i²¹tau⁵³tʰian³³kʰuŋ³³ʂaŋ⁵³a⁰］

去找这个织女了。"［tɕʰy⁵³tʂau²¹tʂɤ⁵³kə⁰tʂʅ³³n̠y²¹lə⁰。"］

牛郎正寻思这事儿［n̠iou²⁴laŋ²⁴tʂəŋ⁵³ɕin²⁴sʅ⁰tʂɤ⁵³ʂər⁵³］

挺奇怪呀，［tʰiŋ²¹tɕʰi²⁴kuai⁵³ia⁰］

这牛角就掉地上了，［tʂɤ⁵³n̠iou²⁴tɕiau²¹tɕʰiou⁵³tiau⁵³ti⁵³ʂaŋ⁰lə⁰］

真的变成了两个箩筐，［tʂən³³tə⁰pian⁵³tʂʰəŋ²⁴lə⁰liaŋ²¹kə⁰luo²⁴kʰuaŋ³³］

然后牛郎把两个孩子［z̩an²⁴xou⁵³n̠iou²⁴laŋ²⁴pa²⁴liaŋ²¹kə⁰xai²⁴tə⁰］

放到箩筐里面儿，［faŋ⁵³tau⁵³luo²⁴kʰuaŋ³³li²¹miɐr⁰］

用扁担挑起来。［yŋ⁵³pian²¹tai⁵³tʰiau³³tɕʰi²¹lai⁰］

只觉得一阵清风吹过呀，［tʂʅ²¹tɕyɛ²⁴tə⁰i²⁴tʂən⁵³tɕʰiŋ³³fəŋ³³tsʰuei³³kuo⁵³ia⁰］

这个箩筐啊长了翅膀，［tʂei⁵³kə⁰luo²⁴kʰuaŋ³³ŋa⁰tʂaŋ²¹lə⁰tʂʅ⁵³paŋ²¹¹］

突然就飞起来了，［tʰu³³z̩an²⁴tɕʰiou⁵³fei³³tɕʰi²¹lai⁰lə⁰］

腾云驾雾啊，［tʰəŋ²⁴yn²⁴tɕia⁵³u⁵³a⁰］

在天空上就飞呀飞呀的。［tsai²¹tʰian³³kʰuŋ³³ʂaŋ⁰tɕiou⁵³fei³³ia⁰fei³³ia⁰tə⁰］

哎，一看［ei³³，i²⁴kʰan⁵³］

马上就要追上那个织女了，［ma²¹ʂaŋ⁵³tɕiou⁵³iau⁵³tsuei³³ʂaŋ⁰nei⁵³kə⁰tʂʅ³³n̠y²¹lə⁰］

被这个王母娘娘给发现了，［pei⁵³tʂei⁵³kə⁰uaŋ²⁴mu²¹n̠iaŋ²⁴n̠iaŋ⁰kei²¹fa³³ɕian⁵³lə⁰］

她就在头发上［tʰa³³tɕiou⁵³tsai²¹tʰou²⁴fa⁰ʂaŋ⁰］

拔下来一根儿金钗，［pa²⁴ɕia⁵³lai²⁴i⁵³kər⁰tɕin³³tsʰai³³］

在这个织女［tsai²¹tʂei⁵³kə⁰tʂʅ³³n̠y²¹］

和牛郎的中间儿一划，［xɤ²⁴n̠iou²⁴laŋ²⁴ti⁰tʂuŋ³³tɕiɐr³³i²⁴xua⁵³］

立刻就出现了［li⁵³kʰɤ⁵³tɕiou⁵³tʂʰu²⁴ɕian⁵³lə⁰］

一个波涛滚滚天河，［i²⁴kə⁰pɤ³³tʰau³³kuən²¹kuən⁰tʰian³³xɤ²⁴］

觉得望不到边儿，［tɕyɛ²⁴tə⁰uaŋ⁵³pu²⁴tau⁵³piɐr³³］

怎么瞅也看不着对岸哪，［tsən²¹mə⁰tʂʰou²⁴iɛ²¹kʰan⁵³pu²⁴tʂau⁵³tuei⁵³an⁵³na⁰］

把这个小两口儿［pa²¹tʂei⁵³kə⁰ɕiau²⁴liaŋ²⁴kʰour²¹］

就给隔开了。［tɕiou⁵³kei²¹kɤ²⁴kʰai³³lə⁰］

这喜鹊呀［tʂɤ⁵³ɕi²¹tɕʰyɛ⁵³ia⁰］

非常同情这个［fei³³tʂʰaŋ²⁴tʰuŋ²⁴tɕʰiŋ²⁴tsei⁵³kə⁰］

牛郎和织女，［n̠iou²⁴laŋ²⁴xɤ²⁴tʂʅ³³n̠y²¹¹］

每年农历的七月初七，［mei²¹n̠ian²⁴nuŋ²⁴li⁵³tə⁰tɕʰi²⁴yɛ⁵³tʂʰu³³tɕʰi³³］

成千上万只那个喜鹊［tʂʰəŋ²⁴tɕʰian⁵³ʂaŋ⁵³uan⁵³tʂʅ³³nei⁵³kə⁰tɕʰi²¹tɕʰyɛ⁵³］

就飞到了天河上，［tɕiou⁵³fei³³tau⁵³lə⁰tʰian³³xɤ²⁴ʂaŋ⁵³］

一只衔着另一只的尾巴，[i⁵³tʂʅ³³ɕian²⁴tʂə⁰liŋ⁵³i⁵³tʂʅ³³tə⁰uei²¹pa⁰]

搭起了一座长长的喜鹊桥，[ta³³tɕʰi²¹lə⁰i²⁴tsuo⁵³tʂʰaŋ²⁴tʂʰaŋ²⁴ti⁰ɕi²¹tɕʰyɛ⁵³tɕʰiau²⁴]

让这个牛郎和织女团聚。[ʐaŋ⁵³tsei⁵³kə⁰ȵiou²⁴laŋ²⁴xɤ²⁴tʂʅ³³ȵy²¹tʰuan²⁴tɕy⁵³]

（以上由发音人汉志玉提供）

三　其他故事

（一）老虎妈子①

有一个妈妈呀，[iou²¹i²⁴kə⁰ma³³ma⁰ia⁰]

她有三个孩子，[tʰa³³iou²¹san²⁴kə⁰xai²⁴tə⁰]

三个小、小女孩儿。[san²⁴kə⁰ɕiau²¹、ɕiau²⁴ȵy²¹xɐr²⁴]

然后吧，她这个寻思，[ʐan²⁴xou⁵³pa⁰，tʰa³³tsei⁵³kə⁰ɕin²⁴sʅ⁰]

出去那个上她姥姥家，[tʂʰu²⁴tɕʰy⁵³nei⁵³kə⁰ʂaŋ⁵³tʰa³³lau²¹lau⁰tɕia³³]

那个就把三个孩子 [nei⁵³kə⁰tɕiou⁵³pa⁰san²⁴kə⁰xai²⁴tə⁰]

想放家里面儿放下，[ɕiaŋ²¹faŋ⁵³ɕia³³li²¹miɐr³³faŋ⁵³ɕia⁰]

说的：[ʂuo³³ti⁰]

"哎呀，孩子啊，["ai³³ia⁰，xai²⁴tə⁰a⁰]

我那个三天就回来啊，[uo²¹nei⁵³kə⁰san³³tʰian³³tɕiou⁵³xuei²⁴lai⁰a⁰]

三天以后我就回来，[san³³tʰian³³i²¹xou⁵³uo²¹tɕiou⁵³xuei²⁴lai⁰]

但咱这个村子里面儿啊 [tan⁵³tsan²⁴tsei⁵³kə⁰tsʰuən²⁴tə⁰li²¹miɐr³³ʐa⁰]

有一个老虎妈子，[iou²¹i²⁴kə⁰lau²⁴xu²¹ma⁵³tə⁰]

它会变，[tʰa³³xuei⁵³pian⁵³]

能变成妈妈的模样儿[nəŋ²⁴pian⁵³tʂʰəŋ²⁴ma³³ma⁰ti⁰mɤ²⁴iãr⁵³]

来骗你们，[lai²⁴pian⁵³ȵi²¹mən⁰]

你们千万不能上当哈。"[ȵi²¹mən⁰tɕʰian³³uan⁵³pu⁵³nəŋ²⁴ʂaŋ⁵³taŋ⁵³xa⁰。"]

然后三个孩子说：[ʐan²⁴xou⁵³san²⁴kə⁰xai²⁴tə⁰ʂuo³³]

"行，妈妈你走吧。"["ɕiŋ²⁴，ma³³ma⁰ȵi²¹tsou²¹pa⁰。"]

然后这个她妈妈[ʐan²⁴xou⁵³tsei⁵³kə⁰tʰa³³ma³³ma⁰]

就上她姥姥家。[tɕiou⁵³ʂaŋ⁵³tʰa³³lau²¹lau⁰ɕia³³]

然后那个，[ʐan²⁴xou⁵³nei⁵³kə⁰]

走的她妈妈这个[tsou²¹ti⁰tʰa³³ma³³ma⁰tsei⁵³kə⁰]

说话的时候哇，[ʂuo³³xua⁵³ti⁰ʅ²⁴xou⁵³ua⁰]

---

① 老虎妈子：老虎的俗称。

这老虎妈子［tʂei⁵³lau²⁴xu²¹ma³³tə⁰］

就在她家窗户台底下，［tɕiou⁵³tsai²¹tʰa³³tɕia³³tʂʰuaŋ³³xu⁵³tʰai²⁴ti²¹ɕia⁰］

听着了，［tʰiŋ³³tʂau⁰lə⁰］

听着她妈妈［tʰiŋ³³tʂʰau⁰tʰa³³ma³³ma⁰］

说的这个这些事儿了，［ʂuo³³ti⁰tsei⁵³kə⁰tsei⁵³ɕiɛ³³ʂər⁵³lə⁰］

都一切都看在眼里。［tou²⁴i²⁴tɕʰiɛ⁵³tou²⁴kʰan⁵³tsai⁵³ian²⁴li²¹¹］

老虎妈子寻思：你走吧，［lau²⁴xu²¹ma³³tə⁰ɕin²⁴sʅ⁰：n̠i²⁴tsou²¹pa⁰］

我第二天我就去。［uo²¹ti⁵³ɤr⁵³tʰian³³uo²¹tɕiou⁵³tɕʰy⁵³］

哎，果然第一天呢，风平浪静。［ai²⁴，kuo²¹ʐan²⁴ti⁵³i³³tʰian³³nə⁰，fəŋ³³pʰiŋ²⁴laŋ⁵³ɕiŋ⁵³］

老虎妈子也没去，［lau²⁴xu²¹ma³³tə⁰iɛ²¹mei²⁴tɕʰy⁵³］

第二天了，老虎妈子就去了。［ti⁵³ɤr⁵³tʰian³³lə⁰，lau²⁴xu²¹ma³³tə⁰tɕiou⁵³tɕʰy⁵³lə⁰］

然后那个就敲门儿，咔咔敲，［ʐan²⁴xou⁵³nei⁵³kə⁰tɕiou⁵³tɕʰiau³³mər²⁴，kʰa³³kʰa³³tɕiau³³］

然后大姑娘说："谁呀？"［ʐan²⁴xou²⁴ta⁵³ku³³n̠iaŋ²⁴ʂuo³³："sei²⁴ia⁰？"］

然后老虎妈子说：［ʐan²⁴xou⁵³lau²⁴xu²¹ma³³tə⁰ʂuo³³］

"我是你妈妈，我回来了。"［"uo²¹ʂʅ⁵³n̠i²¹ma³³ma⁰，uo²¹xuei²⁴lai⁰lə⁰。"］

大姑娘说：［ta⁵³ku³³n̠iaŋ⁰ʂuo³³］

"我妈妈说走三天呢，［"uo²¹ma³³ma⁰ʂuo³³tsou²¹san³³tʰian³³nə⁰］

你怎么两天你就回来了？"［n̠i²⁴tsən²¹mə⁰liaŋ²¹tʰian³³n̠i²¹tɕiou⁵³xuei²⁴lai⁰lə⁰？"］

老虎妈子说的：［lau²⁴xu²¹ma³³tsʅ⁰ʂuo³³ti⁰］

"那个公路那个修好了，［"nei⁵³kə⁰kuŋ³³lu⁵³nei⁵³kə⁰ɕiou³³xau²¹lə⁰］

你姥姥家那边儿路哇［n̠i²⁴lau²¹lau²¹tɕia³³nei⁵³piɤr³³lu⁵³ua⁰］

可平坦了，［kʰɤ²¹pʰin²⁴tʰan²¹lə⁰］

我那个回来得快，［uo²¹nei⁵³kə⁰xuei²⁴lai⁰ti⁰kʰuai⁵³］

我这提前一天就到家了。"［uo²¹tʂɤ⁵³tʰi²⁴tɕian²⁴i⁵³tian³³tɕiou⁵³tau⁵³tɕia³³lə⁰。"］

大姑娘说："我不信。"［ta⁵³ku³³n̠iaŋ⁰ʂuo³³："uo²¹pu²⁴ɕin⁵³。"］

老虎妈一看没招儿哇，说：［lau²⁴xu²¹ma³³i²⁴kʰan⁵³mei²⁴tʂaur³³ua⁰，ʂuo³³］老虎妈：即老虎妈子

"二姑娘，［"ɤr⁵³ku³³n̠iaŋ⁰］

你快，快给我开门儿。"［n̠i²¹kʰuai⁵³，kʰuai⁵³kei²⁴uo²¹kʰai³³ mər²⁴。"］

然后二姑娘说的：［ʐan²⁴xou⁵³ɤr⁵³ku³³n̠iaŋ²⁴ʂuo³³ti⁰］

"那个妈妈［"nei⁵³kə⁰ma³³ma⁰］

你这个脸有点儿太黑了，［n̠i²¹tsei²¹kə⁰lian²⁴iou²¹ tiɤr²¹tʰai⁵³xei³³lə⁰］

长得跟我妈妈［tʂaŋ²¹ti⁰kən³³uo²¹ma³³ma⁰］

有点儿不太像啊，［iou²⁴tiɤr²¹pu⁵³tʰai⁵³ɕiaŋ⁵³ŋa⁰］

我有点儿不太相信［uo²⁴iou²⁴tiɤr²¹pu²⁴tʰai⁵³ɕiaŋ³³ɕin⁵³］

你是我妈妈。"［n̠i²¹ʂʅ⁵³uo²¹ ma³³ma⁰。"］

这老虎妈子一听，[tsɤ³⁵lau²⁴xu²¹ma³³tə⁰i³⁵tʰiŋ³³]

赶紧抓了一把白面[kan²⁴tɕin²¹tsua³³lə⁰i⁵³pa²¹pai²⁴mian⁵³]

糊脸上了，[xu³³lian²¹ʂaŋ⁰lə⁰]

然后那个说：[ʐan²⁴xou⁵³nei⁵³kə⁰ʂuo³³]

"你看我这回是不是你妈妈。"["n̠i²¹kʰan⁵³uo²¹tsei⁵³xuei²⁴ʂʅ⁵³puⁿ⁰ʂʅ⁵³n̠i²¹ma³³maⁿ⁰。"]

二姑娘说：[ɐr⁵³ku³³n̠iaŋ⁰ʂuo³³]

"我不相信你。"["uo²¹pu⁵³ɕiaŋ³³ɕin⁵³n̠i²¹¹。"]

然后老虎妈子说的：[ʐan²⁴xou⁵³lau²⁴xu²¹ma³³tsə⁰ʂuo³³tiⁿ⁰]

"小姑娘小姑娘，["ɕiau²¹ku³³n̠iaŋ⁰ɕiau⁰ku³³n̠iaŋ⁰]

你快看看，妈妈回来了，[n̠i²¹kʰuai⁵³kʰan⁵³kʰanⁿ⁰，ma³³maⁿ⁰xuei²⁴laiⁿ⁰lə⁰]

快给妈妈开门儿。"[kʰuai⁵³kei²¹ma³³maⁿ⁰kʰai³³mər²⁴。"]

然后小姑娘就说，说的：[ʐan²⁴xou⁵³ɕiau²¹ku³³n̠iaŋ²⁴tɕiou⁵³ʂuo³³，ʂuo³³tiⁿ⁰]

"妈妈你这后边儿["ma³³maⁿ⁰n̠i²¹tʂei⁵³xou⁵⁴piɐr⁵³]

怎么还有一条大尾巴呢？[tsən²¹məⁿ⁰xai⁵³iou²¹i⁵³tʰiau²⁴ta⁵³i²¹paⁿ⁰nəⁿ⁰]

我妈妈也没有尾巴呀。"[uo²¹ma³³maⁿ⁰iɛ²¹mei²⁴iou²⁴i²¹paⁿ⁰iaⁿ⁰。"]

然后老虎妈子就说，[ʐan²⁴xou⁵³lau²⁴xu²¹ma³³təⁿ⁰tɕiou⁵³ʂuo³³]

说的："这哪是尾巴呀？[ʂuo³³tiⁿ⁰："tsɤ⁵³na²¹ʂʅ⁵³i²¹paⁿ⁰iaⁿ⁰]

这是你姥姥给我做的腰带，[tsɤ⁵³ʂʅ⁵³n̠i²⁴lau²¹lauⁿ⁰kei²⁴uo²¹tʂuo⁵³tiⁿ⁰iau³³tai⁵³]

你看我这一下子我就没了，[n̠i²¹kʰan⁵³uo²¹tʂɤ⁵³i²⁴ɕia⁵³təⁿ⁰uo²¹tɕiou⁵³mei²⁴lə⁰]

我把腰带系上。"[uo²⁴pa²¹iau³³taiⁿ⁰tɕi⁵³ʂaŋⁿ⁰。"]

然后小姑娘说：[ʐan²⁴xou⁵³ɕiau²¹ku³³n̠iaŋ⁰ʂuo³³]

"啊，那你进来吧，妈妈。"["aⁿ⁰，na⁵³n̠i²¹tɕin⁵³laiⁿ⁰paⁿ⁰，ma³³maⁿ⁰。"]

然后就给它放进去了，[ʐan²⁴xou⁵³tɕiou⁵³kei²¹tʰa³³faŋ⁵³ɕinⁿ⁰tɕy⁵³lə⁰]

放进去了。[faŋ⁵³ɕinⁿ⁰tɕy⁵³lə⁰]

这老虎妈子一看到晚上了呀，[tsei⁵³lau²⁴xu²¹ma³³təⁿ⁰i²⁴kʰan⁵³tau⁵³uan²¹ʂaŋⁿ⁰ləⁿ⁰iaⁿ⁰]

老虎妈子说的：[lau²⁴xu²¹ma³³təⁿ⁰ʂuo³³tiⁿ⁰]

"那个谁跟我睡呀，我搂一个。"["nei⁵³kəⁿ⁰sei²⁴kən²⁴uo²¹suei⁵³iaⁿ⁰，uo²⁴lou²¹iⁿ²⁴kəⁿ⁰。"]

然后那个大姑娘和二姑娘啊[ʐan²⁴xou⁵³nei⁵³kəⁿ⁰ta⁵³ku³³n̠iaŋⁿ⁰xɤ²⁴ɐr⁵³ku³³n̠iaŋⁿ⁰ŋaⁿ⁰]

总是有点儿怀疑，[tsuŋ²¹ʂʅ⁵³iou²⁴tiɐr²¹xuai²⁴iⁿ²⁴]

就说那个：[tɕiou⁵³ʂuo³³nei⁵³kəⁿ⁰]

"嗯，我们不跟你睡。"["ənⁿ⁰，uo²¹mənⁿ⁰pu⁵³kən³³n̠i²¹suei⁵³。"]

然后小姑娘说：[ʐan²⁴xou⁵³ɕiau²¹ku³³n̠iaŋⁿ⁰ʂuo³³]

"我跟你睡，妈妈。"["uo²¹kən³³n̠i²¹suei⁵³，ma³³maⁿ⁰。"]

然后她们就那个[ʐan²⁴xou⁵³tʰa³³mənⁿ⁰tɕiou⁵³nei⁵³kəⁿ⁰]

在一张床上睡的，[tsai²¹i⁵³tʂaŋ³³tʂʰuaŋ²⁴ʂaŋⁿ⁰suei⁵³tiⁿ⁰]

大姑娘和二姑娘［ta⁵³ku³³n̠iaŋ⁰xɤ²⁴ɐr⁵³ku³³n̠iaŋ⁰］

在一张床上睡的,［tsai²¹i⁵³tʂaŋ³³tʂʰuaŋ²⁴ʂaŋ⁰suei⁵³ti⁰］

然后这老虎妈子那个［ʐan²⁴xou⁵³tʂɤ⁵³lau²⁴xu²¹ma³³tə⁰nei²¹kə⁰］

就搂着小姑娘,［tɕiou⁵³lou²¹tʂə⁰ɕiau²¹ku³³n̠iaŋ⁰］

小姑娘说:［ɕiau²¹ku³³n̠iaŋ²⁴ʂuo³³］

"妈妈,妈妈,你这,［"ma³³ma⁰,ma³³ma⁰,n̠i²¹tʂɤ⁵³］

这汗毛儿也太长了,［tʂɤ⁵³xan⁵³maur²⁴iɛ²¹tʰai⁵³tsʰaŋ²⁴lə⁰］

你怎么长这么多毛呢?"［n̠i²⁴tsən²¹mə⁰tʂaŋ²¹tʂən⁵³mə⁰tuo³³mau²⁴nə⁰?"］

然后老虎妈说:［ʐan⁵³xou⁵³lau²⁴xu²¹ma³³ʂuo³³］

"哎呀,［"ei⁵³ia⁰］

这那个妈妈岁数大了,［tʂʰɤ⁵³nei⁵³kə⁰ma³³ma⁰suei⁵³ʂu⁰ta⁵³lə⁰］

这长得多。"［tʂɤ⁵³tʂaŋ²¹ti⁰tuo³³。"］

小姑娘说:"哦。"［ɕiau²¹ku³³n̠iaŋ⁰ʂuo³³:"au⁵³。"］

然后就睡觉。［ʐan²⁴xou⁵³tɕiou⁵³suei⁵³tɕiau⁵³］

这大姑娘二姑娘听着,［tʂɤ⁵³ta⁵³ku³³n̠iaŋ⁰ɐr⁵³ku³³n̠iaŋ⁰tʰiŋ³³tʂə⁰］

老虎妈子都打呼噜了,［lau²⁴xu²¹ma³³tə⁰tou³³ta²¹xu³³lou⁰lə⁰］

悄悄地呀［tɕʰiau³³tɕʰiau³³tə⁰ia⁰］

就把那个小妹儿啊［tɕiou⁵³pa²¹nei⁵³kə⁰ɕiau²¹mər⁵³ʐa⁰］

就给抱走了,［tɕiou⁵³kei²¹pau⁵³tsou²¹lə⁰］

抱给邻居家去了,［pau⁵³kei²¹lin²⁴tɕy⁰tɕia³³tɕʰi⁵³lə⁰］

放到邻居家寻思能安全哪,［faŋ⁵³tau⁵³liŋ²⁴tɕy⁰ɕia³³ɕin²⁴ʂʅ²⁴nəŋ²⁴an³³tɕʰuan²⁴na⁰］

就拿了一个特别大的萝卜,［tɕiou⁵³na²⁴lə⁰i²⁴kə⁰tʰɤ⁵³piɛ²⁴ta⁵³ti⁰luo²⁴pə⁰］

放那个老虎妈子［faŋ⁵³nei⁵³kə⁰lau²⁴xu²¹ma³³tə⁰］

那个被窝儿里了。［nei⁵³kə⁰pei⁵³uor³³li²¹lə⁰］

等到睡到半夜的时候［təŋ²¹tau⁵³suei⁵³tau⁵³pan⁵³iɛ⁵³ti⁰ʂʅ²⁴xou⁰］

听到这老虎妈子呀,［tʰiŋ³³tau⁵³tʂɤi⁵³lau²⁴xu²¹ma³³tə⁰ia⁰］

起来咔咔嗑萝卜,［tɕʰi²¹lai²⁴kʰa³³kʰa³³kʰɤ⁵³luo²⁴pə⁰］

老虎妈子可能也是饿了,［lau²⁴xu²¹ma³³tə⁰kʰɤ²⁴nəŋ²⁴iɛ⁰ʂʅ⁵³ɤ⁵³lə⁰］

嗑得可来劲儿了,［kʰɤ⁵³ti⁰kʰɤ²¹lai²⁴tɕiər⁵³lə⁰］

一会儿就嗑完了,［i⁵³xuər²¹tɕiou⁵³kʰɤ⁵³uan²⁴lə⁰］

等到第二天早晨了,［təŋ²¹tau⁵³ti⁵³ɐr⁵³tʰian³³tsau²¹ʂən⁰lə⁰］

这个大姑娘［tʂɤ⁵³kə⁰ta⁵³ku³³n̠iaŋ⁰］

和二姑娘就问哪:［xɤ²⁴ɐr⁵³ku³³n̠iaŋ⁰tɕiou⁵³uən⁵³na⁰］

"妈妈,妈妈我小妹儿呢?"［"ma³³ma⁰,ma³³ma⁰uo²⁴ɕiau²¹mər⁵³nə⁰?"］

然后老虎妈子说的：[ʐan²⁴xou⁵³lau²⁴xu²¹ma³³tə⁰ʂuo³³tiᵒ]

"你这小妹儿啊["n̠i²¹tsei⁵³ɕiau²¹mər⁵³ʐaᵒ]

那个晚上上厕所，[nei⁵³kə⁰uan²¹ʂaŋ⁰ʂaŋ⁵³tʂʰɤ⁵³ʂuo²¹¹]

出去了可能掉井里了。"[tʂʰu²⁴tɕʰi⁵³lə⁰kʰɤ²¹nəŋ²⁴tiau⁵³tɕiŋ²⁴li²¹lə⁰。"]

然后那个[ʐan²⁴xou⁵³nei⁵³kə⁰]

大姑娘和二姑娘说的，[ta⁵³ku³³n̠iaŋ⁰xɤ²⁴ɐr⁵³ku³³n̠iaŋ⁰ʂuo³³tiᵒ]

说："妈妈你正好儿[ʂuo³³:"ma³³man̠i²¹tsəŋ⁵³xaur²¹]

你这个脸哪，[n̠i²¹tʂei⁵³kə⁰lian²¹naᵒ]

这个头发上有点儿灰呀，[tʂɤ⁵³kə⁰tʰou²⁴faᵒʂaŋ⁰iou²⁴tiɐr²¹xuei³³iaᵒ]

给你洗洗吧。"[kei²⁴n̠i²¹ɕi²⁴ɕiᵒpaᵒ。"]

老虎妈子说：[lau²⁴xu²¹ma³³tə⁰ʂuo³³]

"行，你给我洗洗。"["ɕiŋ²⁴，n̠i²¹kei²⁴uoᵒɕi²⁴ɕiᵒ。"]

然后就坐到井边儿了，[ʐan²⁴xou⁵³tɕio⁵³tsuo⁵³tau⁵³tɕiŋ²¹piɐr³³lə⁰]

这大姑娘和二姑娘[tʂɤ⁵³ta⁵³ku³³n̠iaŋ⁰xɤ²⁴ɐr⁵³ku³³n̠iaŋ⁰]

就给它洗、洗开头了。[tɕiou⁵³kei²¹tʰa³³ɕi²⁴、ɕi²¹kʰai²¹tʰou²⁴lə⁰]

这家洗得全是沫儿啊，[tʂɤ⁵³tɕia³³ɕi²¹tiᵒtɕʰyan²⁴ʂɻ⁵³mɤr⁵³ʐaᵒ]

特意把这肥皂哇[tʰɤ⁵³i⁵³pa²¹tʂɤ⁵³fei²⁴tsau⁵³uaᵒ]

整得全是沫儿，[tsəŋ²¹tiᵒtɕʰyan²⁴ʂɻ⁵³mɤr⁵³]

都整这老虎妈子[tou³³tʂəŋ²¹tʂɤ⁵³lau²⁴xu²¹ma³³tə⁰]

眼睛里去了。[ian²¹tɕiŋ⁰li²¹tɕʰi⁵³lə⁰]

老虎妈也看不见了，[lau²⁴xu²¹ma³³iɛ²¹kʰan⁵³pu²⁴tɕian⁵³lə⁰]

也不敢睁眼睛啊，[iɛ²¹pu⁵³kan²¹tsəŋ³³ian²¹tɕiŋ³³ŋaᵒ]

这大姑娘和二姑娘[tʂɤ⁵³ta⁵³ku³³n̠iaŋ⁰xɤ²⁴ɐr⁵³ku³³n̠iaŋ⁰]

一使眼神儿，[i⁵³ʂɻ²⁴ian²¹ʂər²⁴]

齐心协力就把这老虎妈子，[tɕʰi²⁴ɕin³³ɕiɛ²⁴li⁵³tɕiou⁵³pa²¹tʂɤ⁵³lau²⁴xu²¹ma³³tə⁰]

一下子就推井里去了，[i²⁴ɕia⁵³tsɻ⁰tɕiou⁵³tʰuei³³tɕiŋ²⁴li²¹tɕʰi⁵³lə⁰]

老虎妈子就再也没上来。[lau²⁴xu²¹ma³³tə⁰tɕiou⁵³tsai⁵³iɛ²¹mei²⁴ʂaŋ⁵³lai²⁴]

（以上由发音人汉志玉提供）

（二）黑龙江的故事

今天给大家讲一个[tɕin⁴⁴tʰian⁴⁴kei²¹ta⁵³tɕia⁴⁴tɕiaŋ²¹i²⁴kə⁰]

黑龙江的故事。[xei⁴⁴luŋ²⁴tɕiaŋ⁴⁴tə⁰ku⁵³ʂɻ⁰]

话说在很久以前，[xua⁵³ʂuo⁴⁴tsai⁵³xən²⁴tɕiou²⁴i²¹tɕʰian²⁴]

黑龙江其实叫作白龙江，[xei⁴⁴luŋ²⁴tɕiaŋ⁴⁴tɕʰi²⁴ʂɻ²⁴tɕiau⁵³tsuo⁵³pai²⁴luŋ²⁴tɕiaŋ⁴⁴]

江中住着一条白龙，[tɕiaŋ⁴⁴tʂuŋ⁴⁴tʂu⁵³tʂəᵒi⁵³tʰiau²⁴pai²⁴luŋ²⁴]

但它时常为非作歹，[tan⁵³tʰa⁴⁴ ʂ⻊²⁴ tʂʰaŋ²⁴ uei²⁴ fei⁴⁴ tsuo⁵³ tai²¹¹]

不受百姓的喜欢。[pu²⁴ ʂou⁵³ pai²¹ ɕiŋ⁵³ tə⁰ ɕi²¹ xuan⁴⁴]

江畔住着一户李姓人家，[tɕiaŋ⁴⁴ pʰan⁵³ tʂu⁵³ tʂə⁰i²⁴ xu⁵³ li²¹ ɕiŋ⁵³ ʐən²⁴ tɕia⁴⁴]

家中夫妻二人生活美满，[tɕia⁴⁴ tʂuŋ⁴⁴ fu⁴⁴ tɕʰi⁴⁴ ɚ⁵³ ʐən²⁴ ʂəŋ⁴⁴ xuo²⁴ mei²⁴ man²¹¹]

十分和睦，[ʂ⻊²⁴ fən⁴⁴ xɤ²⁴ mu⁵³]

但唯一不足的是，[tan⁵³ uei²⁴i⁴⁴ pu⁵³ tsu²⁴ tə⁰ ʂ⻊⁵³]

夫妻二人没有孩子，[fu⁴⁴ tɕʰi⁴⁴ ɚ⁵³ ʐən²⁴ mei²⁴ iou²¹ xai²⁴ tsɭ⁰]

这也让李大娘十分苦恼，[tʂɤ⁵³ iɛ²¹ ʐaŋ⁵³ li²¹ ta⁵³ ɲiaŋ²⁴ ʂ⻊²⁴ fən⁴⁴ kʰu²⁴ nau²¹¹]

时常去村边的寺庙[ʂ⻊²⁴ tʂʰaŋ²⁴ tɕʰy⁵³ tsʰuən⁴⁴ pian⁴⁴ tə⁰ sɭ⁵³ miau⁵³]

烧香祈福。[ʂau⁴⁴ ɕiaŋ⁴⁴ tɕʰi²⁴ fu²⁴]

一天李大娘在烧香过后，[i⁵³ tʰian⁴⁴ li²¹ ta⁵³ ɲiaŋ²⁴ tsai⁵³ ʂau⁴⁴ ɕiaŋ⁴⁴ kuo⁵³ xou⁵³]

就去江边洗衣服了，[tɕiou⁵³ tɕʰy⁵³ tɕiaŋ⁴⁴ pian⁴⁴ ɕi²¹ i⁴⁴ fu⁰lə⁰]

但她却感觉到十分地疲惫，[tan⁵³ tʰa⁴⁴ tɕʰyɛ⁵³ kan²¹ tɕyɛ²⁴ tau⁵³ ʂ⻊²⁴ fən⁴⁴ tə⁰ pʰi²⁴ pei⁵³]

便收拾东西回到了家中，[pian⁵³ ʂou⁴⁴ ʂɭ⁰ tuŋ⁴⁴ ɕi⁰ xuei²⁴ tau⁵³ lə⁰ tɕia⁴⁴ tʂuŋ⁴⁴]

请大夫来一看，[tɕʰiŋ²¹ tai⁵³ fu⁰ lai²⁴ i²⁴ kʰan⁵³]

发现竟然是怀孕了，[fa⁴⁴ ɕian⁵³ tɕiŋ⁵³ ʐan²⁴ ʂ⻊⁵³ xuai²⁴ yn⁵³ lə⁰]

这让李大娘十分开心，[tʂɤ⁵³ ʐaŋ⁵³ li²¹ ta⁵³ ɲiaŋ²⁴ ʂ⻊²⁴ fən⁴⁴ kʰai⁴⁴ ɕin⁴⁴]

一直精心将养。[i⁵³ tʂ⻊²⁴ tɕiŋ⁴⁴ ɕin⁴⁴ tɕiaŋ⁴⁴ iaŋ²¹¹]

而到了生产的那天，[ɚ²⁴ tau⁵³ lə⁰ ʂəŋ⁴⁴ tʂʰan²¹ tə⁰ na⁵³ tʰian⁴⁴]

李大娘却迟迟[li²¹ ta⁵³ ɲiaŋ²⁴ tɕʰyɛ⁵³ tʂʰ⻊²⁴ tʂ⻊²⁴]

无法将孩子生出，[u²⁴ fa²¹ tɕiaŋ⁴⁴ xai²⁴ tsɭ⁰ ʂəŋ⁴⁴ tʂʰu⁴⁴]

这时天空乌云密布，[tʂɤ⁵³ ʂ⻊²⁴ tʰian⁴⁴ kʰuŋ⁴⁴ u⁴⁴ yn²⁴ mi⁵³ pu⁵³]

电闪雷鸣，[tian⁵³ ʂan²¹ lei²⁴ miŋ²⁴]

随着一道闪电的落下，[suei²⁴ tʂə⁰i²⁴ tau⁵³ ʂan²¹ tian⁵³ tə⁰ luo⁵³ ɕia⁵³]

李大娘终于将孩子生出了。[li²¹ ta⁵³ ɲiaŋ²⁴ tʂuŋ⁴⁴ y²⁴ tɕiaŋ⁴⁴ xai²⁴ tsɭ⁰ ʂəŋ⁴⁴ tʂʰu⁴⁴ lə⁰]

而让李氏夫妇震惊的是，[ɚ²⁴ ʐaŋ⁵³ li²¹ ʂ⻊⁵³ fu⁴⁴ fu⁵³ tʂən⁵³ tɕiŋ⁴⁴ tə⁰ ʂ⻊⁵³]

出生的孩子[tʂʰu⁴⁴ ʂəŋ⁴⁴ tə⁰ xai²⁴ tsɭ⁰]

竟带有一条尾巴。[tɕiŋ⁵³ tai⁵³ iou²¹ i⁵³ tʰiau²⁴ uei²¹ pa⁰]

这让李大爷[tʂɤ⁵³ ʐaŋ⁵³ li²¹ ta⁵³ iɛ⁰]

认为是不祥的征兆，[ʐən⁵³ uei²⁴ ʂ⻊⁵³ pu⁵³ ɕiaŋ²⁴ tə⁰ tʂəŋ⁴⁴ tʂau⁵³]

便要将孩子[pian⁵³ iau⁵³ tɕiaŋ⁴⁴ xai²⁴ tsɭ⁰]

扔到江中自生自灭。[ʐəŋ⁴⁴ tau⁵³ tɕiaŋ⁴⁴ tʂuŋ⁴⁴ tsɭ⁵³ ʂəŋ⁴⁴ tsɭ⁵³ miɛ⁵³]

可是李大娘[kʰɤ²¹ ʂ⻊⁵³ li²¹ ta⁵³ ɲiaŋ²⁴]

对于辛苦得来的孩子，[tuei⁵³ y²⁴ ɕin⁴⁴ kʰu²¹ tɤ²⁴ lai²⁴ tə⁰ xai²⁴ tsɭ⁰]

并不想要放弃，[piŋ⁵³ pu⁵³ ɕiaŋ²¹ iau⁵³ faŋ⁵³ tɕʰi⁵³]

便劝说自己的丈夫［pian⁵³tɕʰyan⁵³ʂuo⁴⁴tsʅ⁵³tɕi²¹təⁿⁿⁿⁿⁿⁿⁿⁿⁿⁿⁿⁿⁿⁿⁿⁿⁿⁿⁿⁿ

便劝说自己的丈夫［pian⁵³tɕʰyan⁵³ʂuo⁴⁴tsʅ⁵³tɕi²¹tə⁰tʂaŋ⁵³fu⁰］

将孩子留下。［tɕiaŋ⁴⁴xai²⁴tsʅ⁰liou²⁴ɕia⁵³］

于是李大爷［y²⁴ʂʅ⁵³li²¹ta⁵³iɛ⁰］

便将孩子的尾巴砍断，［pian⁵³tɕiaŋ⁴⁴xai²⁴tsʅ⁰tə⁰uei²¹pa⁰kʰan²¹tuan⁵³］

把孩子留在了身边，［pa²¹xai²⁴tsʅ⁰liou²⁴tsai⁵³lə⁰ʂən⁴⁴pian⁴⁴］

从此孩子便有了［tsʰuŋ²⁴tsʰʅ²¹xai²⁴tsʅ⁰pian⁵³iou²¹lə⁰］

"秃尾巴老李"的名字。［"tʰu⁴⁴uei²¹pa⁰lau²⁴li²¹"tə⁰miŋ²⁴tsʅ⁰］

随着时间的推移，［suei²⁴tʂə⁰ʂʅ²⁴tɕian⁴⁴tə⁰tʰuei⁴⁴i²⁴］

秃尾巴老李一天天长大，［tʰu⁴⁴uei²¹pa⁰lau²⁴li²¹i⁵³tʰian⁴⁴tʰian⁴⁴tʂaŋ²¹ta⁵³］

而到了十八岁的那天，［ɚ²⁴tau⁵³lə⁰ʂʅ²⁴pa⁴⁴suei⁵³tə⁰na⁵³tʰian⁴⁴］

他的尾巴却突然出现了。［tʰa⁴⁴tə⁰uei²¹pa⁰tɕʰyɛ⁵³tʰu⁴⁴ʐan²⁴tʂʰu⁴⁴ɕian⁵³lə⁰］

这让他明白［tʂɤ⁵³ʐaŋ⁵³tʰa⁴⁴miŋ²⁴pai⁰］

自己并不是［tsʅ⁵³tɕi²¹piŋ⁵³pu²⁴ʂʅ⁵³］

什么普通的孩子，［ʂən²⁴mə⁰pʰu²¹tʰuŋ⁴⁴tə⁰xai²⁴tsʅ⁰］

而是一条要世代守护［ɚ²⁴ʂʅ⁵³i⁵³tʰiau²⁴iau⁵³ʂʅ⁵³tai⁵³ʂou²¹xu⁵³］

村民生活安定的黑龙。［tsʰuən⁴⁴min²⁴ʂəŋ⁴⁴xuo²⁴an⁴⁴tiŋ⁵³tə⁰xei⁴⁴luŋ²⁴］

当晚，他便与村民托梦，［taŋ⁴⁴uan²¹¹，tʰa⁴⁴pian⁵³y²¹tsʰuən⁴⁴min²⁴tʰuo⁴⁴məŋ⁵³］

告诉自，告诉他们，［kau⁵³su⁰tsʅ⁵³，kau⁵³su⁰tʰa⁴⁴mən⁰］

自己要去与白龙做斗争了，［tsʅ⁵³tɕi²¹iau⁵³tɕʰy⁵³y²¹pai²⁴luŋ²⁴tsuo⁵³tou⁵³tʂəŋ⁴⁴lə⁰］

希望得到他们的帮助。［ɕi⁴⁴uaŋ⁵³tɤ²⁴tau⁵³tʰa⁴⁴mən⁰tə⁰paŋ⁴⁴tʂu⁵³］

第二天，［ti⁵³ɚ⁵³tʰian⁴⁴］

如果村民们发现，［ʐu²⁴kuo²¹tsʰuən⁴⁴min²⁴mən⁰fa⁴⁴ɕian⁵³］

江边黑浪在上，［tɕiaŋ⁴⁴pian⁴⁴xei⁴⁴laŋ⁵³tsai⁵³ʂaŋ⁵³］

便是自己要赢了，［pian⁵³ʂʅ⁵³tsʅ⁵³tɕi²¹iau⁵³iŋ²⁴lə⁰］

请投掷粮食［tɕʰiŋ²¹tʰou²⁴tʂʅ⁵³liaŋ²⁴ʂʅ⁰］

来支持与鼓励他，［lai²⁴tʂʅ⁴⁴tsʰʅ²⁴y²⁴ku²¹li⁵³tʰa⁴⁴］

如果是白浪在上，［ʐu²⁴kuo²¹ʂʅ⁵³pai²⁴laŋ⁵³tsai⁵³ʂaŋ⁵³］

便是白龙要赢了，［pian⁵³ʂʅ⁵³pai²⁴luŋ²⁴¹iau⁵³iŋ²⁴lə⁰］

请大家投掷石子［tɕʰiŋ²¹ta⁵³tɕia⁴⁴tʰou²⁴tʂʅ⁵³ʂʅ²⁴tsʅ²¹］

来帮助自己击败他。［lai²⁴paŋ⁴⁴tʂu⁵³tsʅ⁵³tɕi²¹tɕi⁴⁴pai⁵³tʰa⁴⁴］

第二天，［ti⁵³ɚ⁵³tʰian⁴⁴］

村民们到江中一看，［tsʰuən⁴⁴min²⁴mən⁰tau⁵³tɕiaŋ⁴⁴tʂuŋ⁴⁴i²⁴kʰan⁵³］

果然江中浪花翻滚，［kuo²¹ʐan²⁴tɕiaŋ⁴⁴tʂuŋ⁴⁴laŋ⁵³xua⁴⁴fan⁴⁴kuən²¹¹］

一会儿黑在上，［i⁵³xuər²¹xei⁴⁴tsai⁵³ʂaŋ⁵³］

一会儿白在上。［i⁵³xuər²¹pai²⁴tsai⁵³ʂaŋ⁵³］

村民们便按照 [tsʰuən⁴⁴min²⁴mən⁰pian⁵³an⁵³tʂau⁵³]

黑龙梦中所说的, [xei⁴⁴luŋ²⁴məŋ⁵³tʂuŋ⁴⁴suo²¹ʂuo⁴⁴tə⁰]

当黑浪在上时, [taŋ⁴⁴xei⁴⁴laŋ⁵³tsai⁵³ʂaŋ⁵³ʂʅ²⁴]

便投掷粮食来支持他, [pian⁵³tʰou²⁴tʂʅ⁵³liaŋ²⁴ʂʅ⁰lai²⁴tʂʅ⁴⁴tʂʰʅ²⁴tʰa⁴⁴]

当白浪在上时, [taŋ⁴⁴pai²⁴laŋ⁵³tsai⁵³ʂaŋ⁵³ʂʅ²⁴]

便投掷石子 [pian⁵³tʰou²⁴tʂʅ⁵³ʂʅ²⁴tsʅ²¹]

帮助黑龙一起击败它。 [paŋ⁴⁴tʂu⁵³xei⁴⁴luŋ²⁴i⁵³tɕʰi²¹tɕi⁴⁴pai⁵³tʰa⁴⁴]

最终,黑龙战胜了白龙, [tsuei⁵³tʂuŋ⁴⁴,xei⁴⁴luŋ²⁴tʂan⁵³səŋ⁵³lə⁰pai²⁴luŋ²⁴]

白龙江便改名为黑龙江。 [pai²⁴luŋ²⁴tɕiaŋ⁴⁴pian⁵³kai²¹miŋ²⁴uei²⁴xei⁴⁴luŋ²⁴tɕiaŋ⁴⁴]

（以上由发音人张琪提供）

四　自选条目

（一）二人转《双思五更》

一更啊,月牙儿啊, [i kəŋ ŋa,yɛ ia ɚ z̩a]

出在了东南山哪啊。 [tʂʰu tsai liau tuŋ nan ʂan na a]

林黛玉潇湘馆内唤声紫鹃哪, [lin tai y ɕiau ɕiaŋ kuan nei xuan ʂəŋ tsʅ tɕyan na]

快把乐琴搬哪, [kʰuai pa yɛ tɕʰin pan na]

悲哀呀,啊抚哇出哇千百般怨哪啊, [pei ai ia,a fu ua tʂʰu ua tɕʰian pai pan yan na a]

好姻缘变成了哇落泪的姻缘哪。 [xau in yan pian tʂʰən liau ua luo lei ti in yan na]

贾宝玉他坏了心田哪啊。 [tɕia pau y tʰa xuai liau ɕin tʰian na a]

二更啊,月牙儿啊, [ɚ kəŋ ŋa,yɛ ia ɚ z̩a]

出在了东南山哪啊。 [tʂʰu tsai liau tuŋ nan ʂuan na a]

王司徒在绣阁唤声貂蝉啊, [uaŋ sʅ tʰu tsai ɕiou kɤ xuan ʂəŋ tiau tsʰan ŋa]

为国去除奸哪啊。 [uei kuo tɕʰy tʂʰu tɕian na a]

明许呀董卓老贼呀, [miŋ ɕy ia tuŋ tsuo lau tsei ia]

身旁为妻妾呀啊, [ʂən pʰaŋ uei tɕʰi tɕʰiɛ ia a]

暗许温侯哇那个吕奉先哪, [an ɕy uən xou ua nei kə ly fəŋ ɕian na]

为国去锄奸哪啊。 [uei kuo tɕʰy tʂʰu tɕian na a]

三更啊,月牙儿啊, [san kəŋ ŋa,yɛ ia ɚ z̩a]

出在了正南哪啊。 [tʂʰu tsai liau tʂəŋ nan na a]

崔莺莺为母降香来到后花园哪, [tsʰuei iŋ iŋ uei mu tɕiaŋ ɕiaŋ lai tau xou xua yan na]

一搂罗裙儿跪在地平川哪哈啊。 [i lou luo tɕʰyɚr kuei tsai ti pʰiŋ tsʰuan na xa a]

头一愿哪,啊下世我的父哇, [tʰou i yan na,a ɕia ʂʅ uo ti fu ua]

超升三界呀啊,[tsʰau ʂəŋ san tɕiɛ ia a]

第二愿高堂老母寿比南山哪,[ti ɐr yan kau tʰaŋ lau mu ʂou pi nan ʂan na]

三愿张生中了状元哪啊。[san yan tʂaŋ ʂəŋ tʂuŋ liau tʂuaŋ yan na a]

四更啊,月牙儿啊,[sʅ kəŋ ŋa,yɛ ia ɚ z̩a]

出在了西山哪啊。[tʂʰu tsai liau ɕi ʂan na a]

英台放学山伯送她下山哪啊哈,[iŋ tʰai faŋ ɕyɛ ʂan pai suŋ tʰa ɕia ʂan na a xa]

梁山伯儿呀,[liaŋ ʂan pɣr ia]

本当我是啊男儿汉哪啊,[pən taŋ uo ʂʅ z̩a nan ɚ xan na a]

我本是一位呀,[uo pən ʂʅ i uei ia]

二八女婵娟哪,[ɐr pa ŋy tsʰan tɕyan na]

同床共枕整三年哪啊。[tʰuŋ tʂʰuaŋ kuŋ tʂən tʂəŋ san ȵian na a]

五更啊,月牙儿啊,[u kəŋ ŋa,yɛ ia ɚ a]

落下了西山哪啊。[luo ɕia liau ɕi ʂan na a]

陈靖远出塞呀去打北番哪,[tʂʰən ɕiŋ yan tʂʰu sai ia tɕʰy ta pei fan na]

梅梁玉送他出关哪啊,[mei liaŋ y suŋ tʰa tʂʰu kuan na a]

行走哇路哇过呀,[ɕiŋ tsou ua lu ua kuo ia]

潼台关一座呀啊,[tʰuŋ tʰai kuan i tsuo ia a]

手扒那垛台呀,眼望江南哪,[ʂou pa na tuo tʰai ia,ian uaŋ tɕiaŋ nan na]

今生今世见面难哪啊哈。[tɕin ʂəŋ tɕin ʂʅ tɕian mian nan na a xa]

对儿呼嗨嗨,哪里一呼嗨呀,[tuɚ xu xai xai,na li i xu xai ia]

对儿呼嗨嗨,哎,哪里一呼嗨呀,[tuɚ xu xai xai,ai,na li i xu xai ia]

一呼嗨呀,哪呼嗨呀,[i xu xai ia,na xu xai ia]

今生今世见面难哪啊哈。[tɕin ʂəŋ tɕin ʂʅ tɕian mian nan na a xa]

(以上由发音人李国昌、刘淑芬提供)

(二)评剧《花为媒》

玫瑰花开颜色鲜,[mei kuei xua kʰai ian sɣ ɕian]

梨花赛雪满栏杆,满栏杆。[li xua sai ɕyɛ man lan kan,man lan kan]

我张家姐妹有五个,[uo tʂaŋ tɕia tɕiɛ mei iou u kɣ]

五朵鲜花肩挨着肩,[u tuo ɕian xua tɕian ai tʂə tɕian]

肩挨着肩。[tɕian ai tʂə tɕian]

只因为女大都当嫁,[tʂʅ in uei ŋy ta tou taŋ tɕia]

四位姐姐风流云散各个配姻缘,[sʅ uei tɕiɛ tɕiɛ fəŋ liou yn san kɣ kɣ pʰei in yan]

配姻缘。[pʰei in yan]

撇下我张五可[piɛ ɕia uo tʂaŋ u kʰɣ]

闺中寂寞无人伴。［kuei tʂuŋ tɕi mɤ u ʐ̩ən pan］

怕的是春去百花残，百花残。［pʰa ti ʂ̩ tʂʰuən tɕʰy pai xua tsʰan,pai xua tsʰan］

粉皮墙锁深深院，［fən pʰi tɕʰaŋ suo ʂən ʂən yan］

辜负了日暖风和四月天，［ku fu liau ʐ̩ nuan fəŋ xɤ s̩ yɛ tʰian］

闷坏了女婵娟，［mən xuai liau ȵy tʂʰan tɕyan］

闷坏了女婵娟。［mən xuai liau ȵy tʂʰan tɕyan］

（以上由发音人周建秋提供）

（三）俗语

1. 姑舅亲姑舅亲，［ku³³tɕiou⁵³tɕʰin³³ku³³tɕiou⁵³tɕʰin³³］

   打断骨头连着筋。［ta²¹tuan⁵³ku²¹tʰou⁰lian²⁴tʂə⁰tɕin³³］

2. 惯子如杀子，［kuan⁵³ts̩²¹ʐ̩u²⁴ʂa³³ts̩²¹¹］

   烧火棍儿里出孝子。［ʂau³³xuo²¹kuər⁵³li⁰tʂʰu³³ɕiau⁵³ts̩²¹¹］

（以上由发音人汉志玉提供）

参考文献

[1] 张世方.北京官话语音研究[M].北京:北京语言大学出版社,2010.

[2] 曹志耘.汉语方言地图集　语音卷[M].北京:商务印书馆,2008.

[3] 曹志耘.汉语方言地图集　词汇卷[M].北京:商务印书馆,2008.

[4] 曹志耘.汉语方言地图集　语法卷[M].北京:商务印书馆,2008.

[5] 钱曾怡.汉语官话方言研究[M].济南:齐鲁书社,2010.

[6] 郭正彦.黑龙江方言分区略说[J].方言,1986(3):182-185.

[7] 贺巍.东北官话的分区(稿)[J].方言,1986(3):172-181.

[8] 侯精一.现代汉语方言概论[M].上海:上海教育出版社,2002.

[9] 李荣.官话方言的分区[J].方言,1985(1):2-5.

[10] 林焘.北京官话溯源[J].中国语文,1987(3):161-169.

[11] 聂志平.黑龙江方言概说[J].哈尔滨学院学报,2005(6):109-113.

[12] 熊正辉,张振兴.汉语方言的分区[J].方言,2008(2):97-108.

[13] 游汝杰.汉语方言学导论[M].上海:上海教育出版社,2000.

[14] 曹志耘.汉语方言的地理分布类型[J].语言教学与研究,2011(5):11-19.

[15] 丁声树,李荣.汉语音韵讲义[J].方言,1981(4):241-274.

[16] 陈立中.黑龙江站话研究[M].北京:中国社会科学出版社,2005.

[17] 李蓝.文白异读的形成模式与北京话的文白异读[J].中国社会科学,2013(9):
163-179,208.

[18] 刘勋宁.中原官话与北方官话的区别及《中原音韵》的语言基础[J].中国语文,
1998(6):463-469.

[19] 刘小南,姜文振.黑龙江方言词典[M].哈尔滨:黑龙江教育出版社,1991.

[20] 李荣,尹世超.哈尔滨方言词典[M].南京:江苏教育出版社,1997.

[21] 哈尔滨市地方志编纂委员会.哈尔滨市志·宗教 方言[M].哈尔滨:黑龙江人民
出版社,1998.

[22] 侯精一,尹世超.哈尔滨话音档[M].上海:上海教育出版社,1998.

[23] 聂志平.黑龙江方言词汇研究[M].长春:吉林人民出版社,2005.

[24] 尹世超.东北方言概念词典[M].哈尔滨:黑龙江大学出版社,2010.

[25] 马彪.汉语语用词缀系统研究——兼与其他语言比较[M].北京:中国社会科学

出版社,2010.

[26]杨松柠.黑龙江站话中程度副词"诚"的语义考察及用法探源[J].学术交流,2011
  (9):146-149.

[27]刘丽丽.黑龙江虎林方言岛音系研究[J].现代语文(语言研究版),2013(10):
  20-21.

[28]杨松柠.站话对黑龙江方言及其格局形成的作用[J].黑龙江民族丛刊,2014(6):
  152-156.

[29]邢军.佳木斯方言纪要[J].佳木斯教育学院学报,1993(4):51-55.

[30]王磊.牡丹江方言词汇[J].牡丹江师范学院学报(哲学社会科学版),1995(4):
  47-50.

[31]尹世超.《哈尔滨方言词典》引论[J].方言,1995(1):17-25.

[32]尹世超.哈尔滨话是和北京话最为接近的一种特大城市方言[M]//尹世超.汉语
  语法修辞论集.北京:中国社会科学出版社,2002.

[33]聂志平.从封闭形式类角度看黑龙江方言与北京话的一致性[J].汉语学报,2006
  (2):24-30,95.

[34]李英姿.东北方言研究综述[J].现代语文(语言研究版),2008(10):95-98.

[35]靳开宇.黑龙江方言概况及其研究述评[J].边疆经济与文化,2009(4):71-73.

[36]李淑芝,邱博.北海道与黑龙江方言向标准话变迁的相似性[J].齐齐哈尔大学学
  报(哲学社会科学版),2009(4):138-140.

[37]杨松柠,徐晶,刘爱玲.移民背景下黑龙江方言的形成与发展[J].大庆师范学院
  学报,2014(5):72-75.

[38]孙梦.黑龙江方言与少数民族风俗研究[J].边疆经济与文化,2012(10):39-40.

[39]刘丽丽.方言:不可忽视的语文教学资源[J].语文建设,2014(4):73-74.

[40]孟宪,梁晓玲.流民文化与宁古塔方言[J].边疆经济与文化,2014(4):7-8.

[41]周晓燕,张宇.黑龙江方言的多元文化内涵探析[J].哈尔滨学院学报,2015(10):
  139-142.

[42]梁晓玲,刘宇.编写词典时如何处理状态形容词与其后的"的"[J].辞书研究,
  2015(1):29-34.

[43]梁晓玲,王双宁.关于在高校开展方言文化保护工作的设想[J].语文教学通讯.D
  刊(学术刊),2016(1):11-12.

[44]聂志平,李雪.黑龙江方言带后缀"巴""哧""咕"的双音谓词[J].哈尔滨师专学
  报,1994(4):76-80.

[45]尹世超.东北官话的否定词[C]//汉语方言语法研究——第二届国际汉语方言语
  法学术研讨会论文集,2004.

[46]尹世超.东北官话的介词[J].方言,2004(2):117-124.

[47]尹世超.东北官话的副词[C]//全国汉语方言学会第十三届年会暨汉语方言国际学术研讨会论文集,2005.

[48]尹世超.东北官话的"咋"及相关词语与格式[J].语文研究,2008(1):41-44.

[49]陈一,梁晓玲.东北官话主观性复述标记"说的"的语用功能[J].语文研究,2018(4):49-52.

[50]王磊,张颖.黑龙江中介语不同等级的语言表征探析[J].牡丹江师范学院学报(哲学社会科学版),2006(2):47-49.

[51]王亚凤.试析黑龙江方言中后附多音节词缀的四音节词语[J].牡丹江师范学院学报(哲学社会科学版),2007(6):63-65.

[52]聂志平.黑龙江方言带后缀"乎""拉"的双音谓词[J].佳木斯师专学报,1994(4):50-54.

[53]聂志平,焦继顺.东北方言中的熟语[J].绥化师专学报,1997(2):44-47.

[54]梁晓玲.黑龙江方言的量词[J].方言,2010(3):273-278.

[55]杨松柠,王静敏.浅析黑龙江方言词语的色彩意义[J].大庆社会科学,2010(3):152-153.

[56]印文霞,梁晓玲.试论北方口语中"等"类话语标记[J].学术交流,2012(5):149-152.

[57]梁晓玲.东北、华北方言中后置原因标记"的事儿"[J].语文教学通讯.D刊(学术刊),2013(9):76-78.

[58]张洪杰,梁晓玲.东北方言语法研究的新进展[J].语文教学通讯.D刊(学术刊),2013(4):62-67.

[59]赵丽娟.论黑龙江方言附加式形容词演变的理据[J].学术交流,2013(6):171-174.

[60]闫晶淼,才娟.东北方言附加式空间词的不对称性分析[J].哈尔滨学院学报,2014(10):131-132.

[61]郭风岚.文化缺失与语言的濒危——以站人、站话为例[J].中国文化研究,2007(2):144-149.

[62]苏春梅,胡明志.从哈尔滨方言中的俄语借词看俄语与汉语的相互影响[J].黑龙江社会科学,2007(1):32-35.

[63]郭风岚.黑龙江科洛站话记略[J].文化学刊,2008(3):27-33.

[64]吴昊.黑龙江嫩江方言的形成及其多元特色[J].哈尔滨学院学报,2009(5):90-94.

[65]马彪.哈尔滨方言状态词缀的类型学特征——兼与周边的满语等语言对比[J].满语研究,2009(1):38-43.

[66]亓海峰.虎林方言濒危趋势的个案研究[J].南开语言学刊,2011(1):132-

141,184.

[67]陈亚喃.哈尔滨方言概况及其研究综述[J].现代语文(语言研究版),2014(10):7-11.

[68]杨松柠,金颖男.站话"子"缀词语的构成及特征[J].大庆师范学院学报,2015(4):100-104.

[69]梁晓玲,张树青,丛丽华.拉林阿勒楚喀京旗所保留的北京话方言岛[J].语文教学通讯.D刊(学术刊),2015(1):77-80.

[70]姜文振.试谈黑龙江方言中的合音现象[J].求是学刊,1997(6):100-102.

[71]姜文振.试谈黑龙江方言中的一种音变现象——脱落[J].学术交流,2002(6):119-122.

[72]刘彤.黑龙江方言中舌面音发音问题调查研究[J].中国科教创新导刊,2008(2):82.

[73]梁晓玲.黑龙江方言声调与北京话声调的比较研究[J].北方论丛,2018(4):116-120.

[74]吴媛媛."趣舍"中"趣"的读音[J].语文建设,2011(1):44-45.

[75]冯华,王晶.漫谈黑龙江人声调与普通话声调的差异[J].科教文汇(中旬刊),2012(8):70,77.

[76]邹德文.近百年来汉语东北方言语音研究述论[J].哈尔滨师范大学社会科学学报,2012(4):42-45.

[77]刘砾泽.浅谈黑龙江方言的语音特点[J].黑龙江教育学院学报,2013(10):124-126.

[78]梁晓玲,陈一.东北官话中申明话语非现实性、非行事性的"说的话儿"[J].中国语文,2018(3):330-332.

[79]吴媛媛,刘哲.试析东北官话中的后缀"咕"[J].牡丹江师范学院学报(社会科学版),2019(5):87-94.

[80]刘丽丽.大连方言语音的过渡性特征[J].语言研究,2020(3):23-30.

附　　录

附录 1　《中国语言地图集》黑龙江方言

方言片	方言小片	方言点
黑松片	佳富小片（22）	伊春、鹤岗、汤原、佳木斯、依兰、萝北、绥滨、同江、抚远、富锦、饶河、宝清、集贤、双鸭山、桦川、桦南、勃利、七台河、密山、林口、牡丹江、友谊
	嫩克小片（32）	漠河、塔河、呼玛、黑河、嫩江、讷河、甘南、龙江、泰来、杜尔伯特、齐齐哈尔、富裕、依安、孙吴、逊克、五大连池、北安、克东、克山、海伦、拜泉、明水、林甸、大庆、青冈、望奎、绥棱、兰西、绥化、通河、铁力、嘉荫
哈阜片	肇扶小片（15）	安达、肇东、肇州、肇源、哈尔滨、阿城、庆安、木兰、方正、延寿、宾县、巴彦、呼兰、五常、双城
吉沈片	蛟宁小片（8）	宁安、东宁、穆棱、绥芬河、海林、尚志、鸡东、鸡西

附录2　中国语言资源保护工程·黑龙江汉语方言调查任务分工表

调查地点	申请时间	完成时间	课题负责人	所属单位	验收结果
林口	2016年	2017年	吴媛媛	牡丹江师范学院文学院	合格
肇东	2016年	2017年	梁晓玲	哈尔滨师范大学文学院	合格
哈尔滨	2016年	2017年	吴立红	黑龙江大学文学院	合格
泰来	2016年	2017年	赵丽娟	齐齐哈尔大学文学与历史文化学院	合格
尚志	2016年	2017年	周晓燕	哈尔滨学院文法学院	合格
同江	2017年	2018年	孙英杰	牡丹江师范学院文学院	合格
佳木斯	2017年	2018年	陈大志	牡丹江师范学院文学院	合格
密山	2017年	2018年	王　崇	黑龙江大学国际文化教育学院	优秀
宁安	2017年	2018年	张　颖	牡丹江师范学院文学院	合格
黑河	2017年	2018年	闫晶淼	绥化学院文学与传媒学院	合格
漠河	2017年	2018年	苏天运	齐齐哈尔大学文学与历史文化学院	合格
嫩江	2017年	2018年	梁晓玲	哈尔滨师范大学文学院	合格
集贤	2018年	2019年	吴媛媛	牡丹江师范学院文学院	优秀
嘉荫	2018年	2019年	刘　宇	黑龙江大学文学院	优秀
勃利	2018年	2019年	金洪臣	牡丹江师范学院文学院	合格
兰西	2018年	2019年	方　悦	黑河学院科研处	合格
肇州	2018年	2019年	赵丽娟	齐齐哈尔大学文学与历史文化学院	合格
东宁	2018年	2019年	张　颖	牡丹江师范学院文学院	合格
穆棱	2018年	2019年	程亚恒	牡丹江师范学院文学院	合格
鸡西	2018年	2019年	孙英杰	牡丹江师范学院文学院	合格

附录3　中国语言资源保护工程·黑龙江汉语方言调查管理、摄录任务情况表

任务	申请时间	完成时间	负责人	所属单位	验收结果
管理	2016 年	2017 年	金　阳	黑龙江省教育厅	合格
管理	2017 年	2018 年	刘　涛	黑龙江省语言文字应用研究中心	合格
管理	2018 年	2019 年	齐天华	黑龙江省教育厅	合格
摄录	2018 年	2019 年	潘宇莹	牡丹江师范学院文学院	合格

附录4　调查点发音人信息表

地点	姓名	性别	出生年月	出生地	文化程度	职业	备注
勃利	潘书文	男	1956.06	勃利县勃利镇全胜村	初中	农民	方言老男
	刘子玉	男	1987.04	勃利县勃利镇城西村	初中	农民	方言青男
	姜春玲	女	1964.06	勃利县勃利镇东岗村	大专	教师	方言老女
	殷秀玲	女	1989.04	勃利县勃利镇元明村	初中	农民	方言青女口头文化
	曲占奎	男	1965.06	勃利县勃利镇全胜村	初中	农民	口头文化
	杨义	男	1961.09	勃利县勃利镇星华村	大专	教师	地普
	徐文财	男	1956.12	勃利县勃利镇全胜村	初中	农民	地普
	高峰	男	1986.10	勃利县勃利镇元明村	初中	农民	地普
集贤	张春祥	男	1963.08	集贤县集贤镇	初中	工人	方言老男
	孙吉龙	男	1990.10	集贤县集贤镇德胜村	初中	农民	方言青男地普
	管金玲	女	1963.07	集贤县集贤镇保安村	高中	教师	方言老女
	王圆圆	女	1991.05	集贤县集贤镇城新村	初中	婚庆歌手	方言青女口头文化地普
	陈海	男	1948.07	集贤县集贤镇城新村	专科	教师	口头文化
	洪花	女	1983.10	集贤县集贤镇城新村	初中	婚庆主持	口头文化

续表

地点	姓名	性别	出生年月	出生地	文化程度	职业	备注
集贤	石继廷	男	1961.02	集贤县集贤镇双胜村	初中	教师	口头文化地普
佳木斯	张亚忠	男	1951.06	佳木斯市前进区	初中	工人	方言老男
	马 群	男	1982.08	佳木斯市前进区	本科	工程师	方言青男口头文化地普
	闫敏霞	女	1954.06	佳木斯市前进区	中专	教师	方言老女
	许佳燕	女	1985.10	佳木斯市前进区	中专	职员	方言青女
	王 爽	女	1994.02	佳木斯市郊区	研究生	学生	口头文化
	陈继春	女	1975.03	佳木斯市前进区	大专	职员	口头文化地普
	刘春玲	女	1982.05	佳木斯市前进区	研究生	学生	地普
林口	吴永清	男	1954.11	林口县林口镇团结村	初中	工人	方言老男
	于海洋	男	1983.08	林口县林口镇东街办事处	本科	公务员	方言青男
	王艳琴	女	1956.07	林口县林口镇七星村	初中肄业	农民	方言老女口头文化
	王海娟	女	1982.11	林口县林口镇新发村	初中肄业	农民	方言青女口头文化地普
	赵常福	男	1958.08	林口县林口镇	中专	教师	口头文化地普
	李道华	女	1982.11	林口县五林镇	中专	教师	口头文化
	武孟超	女	1990.02	林口县林口镇	本科	学生	口头文化地普

续表

地点	姓名	性别	出生年月	出生地	文化 程度	职业	备注
同江	汪文春	男	1962.10	同江市向阳镇 红旗村	大专	教师	方言老男 口头文化
	吴广辉	男	1986.09	同江市同江镇	大专	公务员	方言青男
	丁凤琴	女	1956.12	同江市同江镇	大专	公务员	方言老女 地普
	王东平	女	1986.08	同江市同江镇	高中	个体	方言青女 口头文化
	邱德勇	男	1976.03	同江市同江镇	大专	教师	口头文化
	宗桂秋	女	1955.03	同江市同江镇	高中	工人	地普
	李国财	男	1956.11	同江市同江镇	初中	工人	地普
黑河	张 杰	男	1957.08	黑河市爱辉区 瑷珲镇	初中	个体	方言老男 口头文化
	罗松松	男	1992.09	黑河市爱辉区 瑷珲镇腰屯村	本科	公务员	方言青男
	刘玉霞	女	1953.04	黑河市爱辉区 瑷珲镇	中专	职工	方言老女
	刘艳梅	女	1981.07	黑河市爱辉区 四嘉子满族乡大乌斯力村	高中	自由 职业	方言青女 地普
	肖 琦	男	1954.10	黑河市爱辉区 瑷珲镇外三道沟村	中专	职员	口头文化
	于 洋	女	1978.11	黑河市爱辉区 瑷珲镇	本科	职员	口头文化 地普
	张 祥	男	1984.03	黑河市爱辉区 西岗子镇杨树村	初中	农民	地普

续表

地点	姓名	性别	出生年月	出生地	文化程度	职业	备注
嘉荫	王世海	男	1954.03	嘉荫县朝阳镇	初中	司机	方言老男口头文化地普
	宋云涛	男	1993.08	嘉荫县朝阳镇	大专	职员	方言青男地普
	王亚军	女	1956.11	嘉荫县朝阳镇	初中	职员	方言老女口头文化地普
	李可心	女	1990.08	嘉荫县朝阳镇	高中	个体	方言青女
	代宇涵	女	1999.07	嘉荫县朝阳镇	本科	学生	口头文化地普
	孙洪丽	女	1981.10	嘉荫县朝阳镇	本科	教师	地普
兰西	徐孝文	男	1959.03	兰西县兰西镇	高中	教师	方言老男
	吕俊达	男	1992.10	兰西县兰西镇	本科（函授）	职员	方言青男
	于德云	女	1955.03	兰西县兰西镇	初中	工人	方言老女
	常海珍	女	1986.11	兰西县兰西镇	中专	职工	方言青女
	杨显凤	女	1970.10	兰西县兰西镇	中专	职员	口头文化地普
	孙淑兰	女	1974.10	兰西县兰西镇	中专	演员	口头文化
	于德玲	女	1964.07	兰西县兰西镇	高中	退休	口头文化
	王晨旭	女	1977.11	兰西县兰西镇	大专	职员	口头文化地普
	杨泽	男	1999.01	兰西县兰西镇	大专	待业	口头文化地普
	李宝军	男	1969.03	兰西县兰西镇	中专	演员	口头文化

续表

地点	姓名	性别	出生年月	出生地	文化程度	职业	备注
漠河	刘景福	男	1959.05	漠河市北极镇北极村	高中	工程师	方言老男口头文化地普
	刘智冰	男	1984.08	漠河市北极镇北极村	专科	职员	方言青男地普
	李淑梅	女	1957.06	漠河市北极镇北极村	高中	播音员	方言老女口头文化地普
	吕　朝	女	1990.05	漠河市北极镇北极村	本科	职员	方言青女
嫩江	方儒成	男	1957.06	嫩江市嫩江镇	高中	职员	方言老男
	邵春生	男	1983.02	嫩江市嫩江镇	高中	工人	方言青男
	梁　杰	女	1960.01	嫩江市嫩江镇	高中	工人	方言老女
	康丽丽	女	1985.08	嫩江市嫩江镇	高中	自由职业	方言青女
	李　军	男	1972.12	嫩江市嫩江镇	大专	教师	口头文化地普
	何学言	女	1951.10	嫩江市嫩江镇	小学	自由职业	口头文化
	刘桂春	女	1950.09	嫩江市嫩江镇	小学	自由职业	口头文化
	王　彬	男	1996.02	嫩江市嫩江镇	本科	学生	地普
	曹兴臣	男	1962.10	嫩江市嫩江镇	大专	教师	地普

续表

地点	姓名	性别	出生年月	出生地	文化程度	职业	备注
泰来	房玉军	男	1956.02	泰来县泰来镇	初中	职工	方言老男地普
	张祥亮	男	1987.08	泰来县泰来镇宏程村	初中	农民	方言青男
	杨凤芹	女	1951.03	泰来县泰来镇宏程村	小学	农民	方言老女口头文化地普
	张 阳	女	1987.07	泰来县泰来镇宏程村	小学	农民	方言青女
	张淑清	女	1953.03	泰来县泰来镇宏程村	初中	农民	口头文化
	胡艳伟	女	1975.03	泰来县泰来镇	初中	业余演员	口头文化
	李 晶	女	2003.01	泰来县泰来镇	高中	学生	口头文化
	王凯锋	男	1996.11	泰来县泰来镇	高中	学生	地普
哈尔滨	段智华	男	1961.12	哈尔滨市道外区	初中	工人（退休）	方言老男
	孙中恺	男	1987.06	哈尔滨市道外区	本科	职员	方言青男口头文化
	苏丽梅	女	1958.08	哈尔滨市道外区	初中	工人	方言老女口头文化地普
	王欣悦	女	1984.03	哈尔滨市道外区	大专	教师	方言青女
	王作俭	男	1984.03	哈尔滨市道外区	初中	司机	口头文化
	谭慧琳	女	1980.04	哈尔滨市道外区	专科	教师	地普
	周红梅	女	1968.01	哈尔滨市道外区	专科	公务员	地普

续表

地点	姓名	性别	出生年月	出生地	文化程度	职业	备注
肇东	马景才	男	1957.02	肇东市	中专	教师	方言老男地普
	史佳楠	男	1992.08	肇东市	本科	自由职业	方言青男地普
	王淑敏	女	1961.03	肇东市	高中	自由职业	方言老女
	胡樱繁	女	1990.01	肇东市	高中	自由职业	方言青女
	梁晓丽	女	1997.12	肇东市德昌乡	初中	农民	口头文化地普
	王小刚	男	1973.07	肇东市四站镇	小学	自由职业	口头文化
	张丽敏	女	1983.10	肇东市四站镇	小学	农民	口头文化
肇州	刘凯	男	1956.08	肇州县肇州镇	初中	工人	方言老男
	宋占领	男	1984.03	肇州县肇州镇	初中	个体	方言青男
	闫莉	女	1954.12	肇州县肇州镇	高中	公务员（退休）	方言老女
	赵雪君	女	1988.06	肇州县肇州镇	本科	教师	方言青女地普
	刘音	男	1983.03	肇州县肇州镇	初中	演员	口头文化
	刘律	女	1994.10	肇州县肇州镇	本科	待业	口头文化
	刘海凤	女	1993.04	肇州县肇州镇	初中	演员	口头文化
	刘春凤	女	1978.10	肇州县肇州镇	大专	教师	口头文化地普
	赵中义	男	1953.07	肇州县肇州镇	初中	工人	地普
东宁	牛国春	男	1954.04	东宁市东宁镇	高中	职工（退休）	方言老男
	张超	男	1984.03	东宁市东宁镇	大专	职工	方言青男
	张雅慧	女	1959.03	东宁市东宁镇	高中	工人（退休）	方言老女地普
	唐雪琳	女	1987.11	东宁市东宁镇	本科	教师	方言青女
	周雅君	女	1962.07	东宁市三岔口镇新立村	初中	农民	口头文化

续表

地点	姓名	性别	出生年月	出生地	文化程度	职业	备注
东宁	邴国华	男	1962.09	东宁市东宁镇	高中	农民	口头文化
	宋吉富	男	1970.02	东宁市东宁镇	本科	职员	口头文化
	李红霞	女	1975.09	东宁市东宁镇	本科	教师	地普
	宋克民	男	1956.09	东宁市东宁镇	高中	工人	地普
鸡西	王做国	男	1957.04	鸡西市鸡冠区红星乡红星村	初中	农民	方言老男
	林宝亮	男	1984.11	鸡西市鸡冠区红星乡红星村	初中	个体	方言青男
	孔祥芝	女	1953.08	鸡西市鸡冠区红星乡红星村	小学	农民	方言老女
	王玉娟	女	1988.04	鸡西市鸡冠区红星乡红星村	初中	工人	方言青女
	杨宝刚	男	1983.03	鸡西市鸡冠区红星乡红星村	初中	农民	口头文化 地普
	杨亚丽	女	1956.02	鸡西市鸡冠区红星乡红星村	小学	工人	口头文化
	杜辉	女	1968.05	鸡西市鸡冠区	本科	职员	地普
	李亚杰	女	1978.02	鸡西市鸡冠区红星乡鸡兴村	初中	农民	地普
密山	马永禄	男	1962.05	密山市当壁镇	中专	教师	方言老男
	杨奇	男	1987.04	密山市当壁镇	初中	农民	方言青男
	郭丛霞	女	1962.11	密山市当壁镇	文盲	农民	方言老女
	孙玉鑫	女	1990.05	密山市当壁镇	初中	农民	方言青女
	于桂秋	女	1964.08	密山市当壁镇	中专	医生	口头文化
	杨喜秋	女	1963.11	密山市当壁镇	专科	教师	口头文化 地普
	张微	女	1987.11	密山市当壁镇	本科	教师	口头文化 地普
	姜福文	男	1965.06	密山市当壁镇	本科	教师	地普
穆棱	范云德	男	1955.10	穆棱市八面通镇中山村	高中	农民	方言老男
	陶琳明	男	1993.10	穆棱市八面通镇中山村	中专	职工	方言青男
	王玉华	女	1958.08	穆棱市八面通镇四合村	高中	农民	方言老女
	林新茹	女	1988.05	穆棱市八面通镇	本科	教师	方言青女 地普
	王玉娥	女	1953.06	穆棱市八面通镇四合村	本科	教师	口头文化

续表

地点	姓名	性别	出生年月	出生地	文化程度	职业	备注
穆棱	王健航	男	1990.07	穆棱市八面通镇	中专	自由职业	口头文化地普
	李志强	男	1991.07	穆棱市八面通镇	初中	自由职业	口头文化地普
	林玉菁	女	2003.06	穆棱市八面通镇	高中	学生	口头文化
	范云德	男	1955.10	穆棱市八面通镇中山村	高中	农民	口头文化
宁安	王莹	男	1952.04	宁安市宁安镇	初中	职工（退休）	方言老男口头文化地普
	宋振宇	男	1984.01	宁安市宁安镇	本科	教师	方言青男
	王杰	女	1960.10	宁安市宁安镇	高中	工人（退休）	方言老女口头文化
	郭雪丹	女	1985.03	宁安市宁安镇	本科	教师	方言青女口头文化地普
	白金羲	男	1951.01	宁安市宁安镇	高中	演员	口头文化
	李云艳	女	1986.10	宁安市宁安镇	初中	教师	地普
尚志	胡友庆	男	1960.01	尚志市尚志镇南平村	初中	农民	方言老男地普
	宋文江	男	1988.01	尚志市乌吉密乡和平村	中专	教师	方言青男地普
	李桂珍	女	1951.12	尚志市乌吉密乡红联村农场屯	小学肄业	农民	方言老女
	汉志玉	女	1988.12	尚志市乌吉密乡三股流村三合屯	初中	销售	方言青女口头文化地普
	李国昌	男	1951.03	尚志市尚志镇胜利村	小学	演员	口头文化
	刘淑芬	女	1951.09	尚志市尚志镇胜利村	小学	演员	口头文化
	周建秋	女	1971.06	尚志市尚志镇向阳村	中专	演员	口头文化
	张琪	女	2004.09	尚志市尚志镇	高中	学生	口头文化

附录5　方言点调查情况表

方言点	调查人	调查时间	调查地点	当地协助调查人员
勃利	负责人：金洪臣 其他：孙英杰、刘丽丽、程亚恒、金丽娜、郑皓心、刘金达、樊杰、李久晶	2018年7月—2018年8月	勃利县勃利镇	王瑞莹、鄂智慧
集贤	负责人：吴媛媛 其他：朱华、孙鸿达、魏国岩、曲竟玮	2018年7月—2019年1月	集贤县集贤镇	赵金凤、赵丽丽
佳木斯	负责人：陈大志 其他：李红、潘宇莹、王领、舒耘华	2017年1月—2017年11月	佳木斯市前进区	李巍、赵宝江、曲迎仁
林口	负责人：吴媛媛 其他：金洪臣、潘宇莹、陈大志、方悦	2016年6月—2016年9月	林口县林口镇	祖若曦、谢在清、蒋雪林、王丽娟
同江	负责人：孙英杰 其他：金洪臣、梁世磊、张悦、葛丽媛	2016年12月—2017年11月	同江市	滕晓霞、姜天翔、薛成义
黑河	负责人：闫晶淼 其他：刘春梅、刘娟、李莉莉、高铭	2017年4月—2017年9月	黑河市爱辉区	郝玉春、曹福泉
嘉荫	负责人：刘宇 其他：王文婷、刘哲、薛启航、侣宏钢	2018年7月—2018年8月	嘉荫县朝阳镇	梁玉霞、佟云霞
兰西	负责人：方悦 其他：王磊、张悦、闫月明	2018年7月—2018年8月	兰西县兰西镇	董野、朱建飞、赵庆
漠河	负责人：苏天运 其他：寇占民、焦继顺、唐秀伟、赵丽娟	2017年1月—2017年8月	漠河市北极镇	蒋春凯、毛凯、潘景志
嫩江	负责人：梁晓玲 其他：张树青、王彬、孙馥秀、徐珊珊	2017年2月—2017年8月	嫩江市嫩江镇	蔡永杰、邵国锋、邵靖涵、曹兴臣

续表

方言点	调查人	调查时间	调查地点	当地协助调查人员
泰来	负责人:赵丽娟 其他:邬文清、吴晓旭、王井辉	2016 年 5 月—2016 年 8 月	泰来县泰来镇	齐斌斌、胡亚范、张秋华
哈尔滨	负责人:吴立红 其他:殷树林、董爱丽、郭莹、张天	2016 年 6 月—2016 年 12 月	哈尔滨市道外区	安红岩、吴媛媛、尚鲁冰
肇东	负责人:梁晓玲 其他:张树青、李梦迪、张权、李冰	2016 年 6 月—2016 年 8 月	肇东市	周树志
肇州	负责人:赵丽娟 其他:邬文清、吴晓旭、王井辉、邓树强、陈宁来	2018 年 6 月—2018 年 8 月	肇州县肇州镇	刘彦书、王长亮、张立国、李文双、陶晓颖
东宁	负责人:张颖 其他:魏巍巍、刘丽丽、王文婷、盖莹	2018 年 1 月—2018 年 12 月	东宁市东宁镇	王春玲、李红霞、张静茹、宋吉富、崔云准、栾海涛
鸡西	负责人:孙英杰 其他:金洪臣、张悦、于跃、朱曼玉	2018 年 7 月—2018 年 8 月	鸡西市鸡冠区红星乡	无
密山	负责人:王崇 其他:殷树林、杨微、尹若男、张震	2017 年 7 月—2017 年 11 月	密山市当壁镇	刘秀娟
穆棱	负责人:程亚恒 其他:王磊、关乐、黄昱	2018 年 7 月—2018 年 8 月	穆棱市八面通镇	马宁、金雁
宁安	负责人:张颖 其他:王磊、肖庆峰、王文婷、刘金达	2017 年 7 月—2017 年 12 月	宁安市宁安镇	高杨、李忠贤
尚志	负责人:周晓燕 其他:金铭霞、毕丹丹、李成彬、陆雁云	2016 年 7 月—2016 年 8 月	尚志市	刘秀杨、矫升才

后　记

在《中国语言资源集·黑龙江》即将付梓之际,受黑龙江省汉语方言调查团队委托,怀着敬畏与惶恐之心续以后记。

此项工作始于2016年之春,如今历时八年交上这份答卷,内心有感激,有忐忑,更有期待。团队成员一致的想法是:这是新的开始!

2016年3月,黑龙江汉语方言调查秘书处设在了牡丹江师范学院,吴媛媛担任秘书处负责人。自此,中国语言资源保护工程(以下简称"语保工程")在黑龙江省正式启动,在金阳、刘涛和齐天华三位年度管理项目负责人的指导下,代表省教育厅、省语委组织专家团队在三年内完成黑龙江省各调查点的调查任务,以及摄录语料的采集和整理任务,完成项目的方案制定和实施、人员培训、结项管理任务,同时做好专家团队、管理团队和地方语言文字工作者三方面的协调工作,按时保质保量完成"中国语言资源保护工程·黑龙江汉语方言调查"系列项目的全部任务。

在全省八所高校(哈尔滨工程大学、黑龙江大学、哈尔滨师范大学、齐齐哈尔大学、哈尔滨学院、绥化学院、黑河学院、牡丹江师范学院)的支持下,在时任省语委副主任孟广智教授,黑龙江大学戴昭铭教授、马彪教授、殷树林教授,哈尔滨师范大学刘小南教授、陈一教授,牡丹江师范学院王磊教授的指导和帮助下,我们组建了一支40余人的专家团队。我们于2016年4月提交了"黑龙江省语言资源保护工程立项申请书",5月在哈尔滨市召开了"黑龙江省汉语方言调查项目"启动会,曹志耘教授现场致辞,刘晓海研究员组织了摄录培训,王磊教授、吴媛媛教授分别组织了关于记音与调研方式的培训。

2016年7月至2019年3月,黑龙江省八所高校的专家、学者、研究生克服了洪涝灾害、施工影响、交通不便、极寒天气等困难,共完成了4个方言小片合计20个调查点的汉语方言调查任务,连续三年获得国家语保中心专家的一致好评。在此期间,黑龙江汉语方言调查秘书处于2017年4月协助国家语保中心召开了"中国语言资源保护工程汉语方言调查第三期培训会",来自黑、吉、辽、内蒙古调查点的54位负责人参加了培训。2017年11月,我们承办了"第二届东北汉语方言学术研讨会暨语保工程预验收工作会",共有98位专家学者参加了研讨会议。

为促进黑龙江省语保工程成果的整理、开发和应用,按照教育部语信司工作部署,黑龙江汉语方言调查秘书处于2019年年初根据《中国语言资源集(分省)编写规范

(2018 年修订)》的要求制定了《中国语言资源集·黑龙江省编写要求》,于 5 月开始申报"中国语言资源集·黑龙江"项目,6 月立项获批(项目编号:YB19ZYA012)。之后,黑龙江省成立了"《中国语言资源集·黑龙江》编委会",刘涛主任提出要严格按照编写规范要求整理单字音、词汇、语法条目及口头文化语料,吴媛媛教授就连读变调、异读做出了详细要求,王磊教授提出了音系整理的整体要求。

黑龙江方言各调查点的材料整理和书稿编写分工如下:

方言调查点	负责人	方言调查点	负责人
集贤、林口	吴媛媛	肇东、嫩江	梁晓玲
肇州、泰来	赵丽娟	宁安、东宁	张　颖
同江	孙英杰	鸡西	王　磊
勃利	金洪臣	佳木斯	陈大志
漠河	苏天运	哈尔滨	吴立红
密山	王　崇	穆棱	程亚恒
尚志	周晓燕	黑河	闫晶淼
嘉荫	刘　宇	兰西	方　悦

从 2020 年年初开始,吴媛媛、王磊、胡宗华、安红岩对各调查点负责人提交的全部音系整理材料进行了整体检查。在确保上交材料符合编写要求、不缺项的基础上,对连读变调进行了详细打磨。之后,刘涛、郭孝宇、陈大志带领研究生归纳、整理、校对了单字音、词汇和语法语料,牡丹江师范学院中国语言文学研究生黄昱、毛佳丽、蒋文琪、杨福兵、郇志枭、李烨、刘蓉、田博文、任佩、罗玉清、郭怡鑫等分工合作,最终高质高效地完成了规定任务。为了充实口头文化卷,国家语保中心下达了将全部口头文化语料转写为国际音标的任务,赵丽娟、方悦、吴媛媛带领研究生李思敏、樊继敏、邓锦怡、王添巍、张婧涵(江苏师范大学)、刘格雨(俄罗斯国立师范大学)、陈沐梓(东北师范大学)完成了此项转写与核对任务。至同年 5 月初,黑龙江各调查点材料汇总工作全部完成。按照教育部语信司关于项目中期检查工作的通知要求,编委会认真检查已经完成的全部材料,形成书面意见,并填报系统,于 6 月初报送国家语保中心。

在线上举办的主要编审人员会议上,按照专家意见建议开展工作,编委会两次审阅、校对文稿后,吴媛媛重新分析、总结了 20 个调查点的"文白异读""新老异读"现象。2022 年 7 月,黑龙江中国语言资源保护工程秘书处邀请张世方、黄晓东、张树铮、邹德文、秦曰龙等专家审校了书稿,完成验收工作。编委会按照专家意见再次修改书稿。

在此期间,编委会与专业出版实力雄厚的黑龙江大学出版社沟通协商出版事宜。

在论证了我们提交的出版说明及目录后,黑龙江大学出版社认为本套丛书的出版将是对黑龙江省近年来语言资源保护调查成果的全面总结和展示,是对黑龙江省语言资源实态面貌的全面呈现,这些成果对于黑龙江方言内部各方言小片之间的比较研究具有重要的学术价值和应用价值,能为龙江语言文化在新时代更好地发扬光大提供理论支撑。基于此,黑龙江大学出版社决定推荐本套丛书申报国家出版基金资助项目。同时,黑龙江大学出版社从出版专业角度提出了多个方面的修改意见,编委会按照这些修改意见,历时数月,再次对书稿做了全方位调整。2023年,本套丛书被列为国家出版基金资助项目。

能够参与中国语保工程的建设,见证这一浩大伟业,是黑龙江语言学人的一件幸事!感谢在方言调查、资源集编撰过程中张振兴、曹志耘、沈明、赵日新、王莉宁、张世方、黄晓东、高晓虹、孙林嘉、贾坤、刘晓海、辛永芬、桑宇红、张树铮、岳立静、王红娟、涂良军、邹德文、秦曰龙、张薇、聂志平等专家学者的指导和帮助!

感谢黑龙江省教育厅金阳、齐天华、宗希云等领导和各市县语委负责人的支持!

感谢黑龙江大学出版社张永超社长、刘剑刚总编辑的鼎力支持!感谢编辑魏玲和编校团队严谨、认真、专业的加工!

感谢所有参与黑龙江省语保工作的专家学者、研究生、合作发音人!

《中国语言资源集·黑龙江》既是对八年语保成果的凝结,又是黑龙江汉语方言调查研究的新起点。传承好、保护好地方语言文化,将是我们语言文字工作者美好的追求、永恒的工作主题。